HANDBUCH RELIGIONSWISSENSCHAFTLICHER GRUNDBEGRIFFE

(HrwG)

Handbuch religionswissenschaftlicher Grundbegriffe

unter Mitarbeit von
Hildegard Cancik-Lindemaier
Günter Kehrer
Hans G. Kippenberg
Matthias Laubscher

herausgegeben von
Hubert Cancik
Burkhard Gladigow
Karl-Heinz Kohl

Band IV

Kultbild – Rolle

Verlag W. Kohlhammer
Stuttgart Berlin Köln

Die Deutsche Bibliothek – CIP-Einheitsaufnahme

Handbuch religionswissenschaftlicher Grundbegriffe / unter Mitarb. von Hildegard Cancik-Lindemaier ... hrsg. von Hubert Cancik ... - Stuttgart ; Berlin ; Köln : Kohlhammer
ISBN 3-17-010531-0

Bd. 4. Kultbild - Rolle. - 1998
ISBN 3-17-009556-0

Stuttgart Berlin Köln
Verlagsort: Stuttgart
Umschlag: Data Images GmbH
Gesamtherstellung:
W. Kohlhammer Druckerei GmbH + Co. Stuttgart
Printed in Germany

BAND IV

Kultbild – Rolle

Kultbild

A Definition B Systematik I. Rituelle Praxis 1. Rituale vor Kultbildern 2. Opfer und Kultbild 3. Die Mobilität von Kultbildern II. ›Theologie‹ der Kultbilder: Präsenz und Identität, Epiphanie und ›Einwohnung‹, Kritik an Kultbildern C Historische Perspektiven: Epiphanie, Statuette und Kultbild

A Definition

Als Kultbild wird die bildliche Wiedergabe eines Gottes bezeichnet, der unmittelbare kultische Verehrung zukommt, die also ständig oder zeitweilig mit dem Gott gleichgesetzt wird oder ihn repräsentiert. Polytheistische Religionen kennen in der Regel anthropomorphe oder theriomorphe Kultbilder[1], schließen freilich in Sonderfällen wenig gestaltete Kultbilder oder anikonische Kultformen[2] nicht aus. Eine feste Verbindung von Kultbild und Kultort oder Tempel[3] mündet in den meisten Fällen in die Verpflichtung zu regelmäßiger Versorgung des Bildes, zu einem ›Tempeldienst‹, und stellt so die Grundanforderungen religiöser Institutionen und Organisationen her.

B Systematik

I. Rituelle Praxis

Kultbilder ziehen im allgemeinen Rituale nach dem Modell sozialer Interaktion oder als soziale Interaktion an sich: Sie werden begrüßt und angeredet, berührt und geküßt, darüber hinaus regelmäßig versorgt, gespeist, gewaschen, gekleidet, geschminkt[4]; ihnen wird – in Form von Räucherwerk, Gastmählern, Ausfahrten, musikalischen und szenischen Aufführungen – jede Art von Unterhaltung zuteil, die kulturell jeweils üblich ist.

1. Rituale vor Kultbildern

Zu den Grundhandlungen vor dem Kultbild gehört ohne Zweifel ein ›Ernähren‹ der Gotttheit[5], das als Darbringung von Speisen und Getränken vor dem Kultbild prakti-

---

1 Überblick und systematische Ansätze bei GLADIGOW, Zur Konkurrenz von Bild und Namen im Aufbau theistischer Systeme.

2 Für den griechischen Bereich in Opposition zu den großen rundplastischen Statuen zusammengestellt von M. W. DE VISSER, Die nicht menschengestaltigen Götter der Griechen, 1903.

3 Im Blick auf verschiedene Gesellschaftstypen aufgearbeitet bei M. V. FOX (Hrsg.), Temple in Society, 1988.

4 Zusammenstellung für den mediterranen Bereich bei GLADIGOW, Präsenz der Bilder – Präsenz der Götter.

5 Für Ägypten MORET, Le rituel du culte divin; für den Alten Orient und Israel NÖTSCHER, »Das Angesicht Gottes schauen» nach biblischer und babylonischer Anschauung; Überblick über die hinduistischen Riten bei M. THIEL-HORSTMANN, Gestalthaft – Jenseits von Gestalt: Hinduistische Diskussionen zum heiligen Bild, in: H.-J. KLIMKEIT (Hrsg.), Götterbild 141 ff.

ziert wird. Das Geben von Nahrung an ein Kultbild gewinnt seine Plausibilität – und damit seine Stabilität als Verhaltensmuster – in Vorstellungen von der grundsätzlichen Belebtheit des Bildes: Sprechende, lachende, weinende, schwitzende und blutende Kultbilder[6] werden in den unterschiedlichsten kulturellen Kontexten erwähnt und bezeugt. Eine regelmäßige Ernährung der Kultbilder findet sich bereits in voller kultischer Ausprägung in Mesopotamien, in Ägypten, im Raum des alten Syrien, in Griechenland, im Indien der nachvedischen Phase und schließlich in der römischen Religion. Im mesopotamischen Bereich wird das Kultbild[7] zweimal am Tag mit einem ›Menu‹ aus Nahrungsmitteln aller Art, Fleisch und Getränken versorgt. Von der Darbringung von zubereiteten Speisen an das Kultbild, im allgemeinen in Tempeln auf besonderen Tischen präsentiert, ist das blutige Opfer an die Gottheit zu unterscheiden[8], zu dessen rituellem Vollzug die Tötung des Tieres mitgehörte. Im westsemitischen – hier auch ohne Kultbild praktiziert – und im griechisch-römischen Bereich hat sich auf diese Weise ein doppeltes Opfersystem nebeneinander gehalten: Es gibt blutige Opfer *vor* dem Tempel, ohne eine sichtbare Präsenz des Gottes, die ihm ›seinen Teil‹ über Brandopfer zukommen lassen, und Opfer *im* Tempel, vor dem Kultbild, die Speisen im Schema von Gabendarbringungen ›vorlegen‹.

2. Opfer und Kultbild

Neben der Ernährung des Kultbildes stehen jene Akte von ›Pflege‹ und ›Dienst‹, die über Waschen, Salben und Schminken hinaus das Einkleiden der Bilder zum Ziel haben.[9] Auch hier verbindet sich ein Besorgungs- mit einem Gabenaspekt: Das dem Bild übergeworfene Gewand ist ein Geschenk an die Gottheit[10], zugleich wird im Ritual der Wiedereinkleidung das Kultbild ›erneuert‹. Insbesondere für die Bildtypen, bei denen das Kleid den wesentlichen Teil der Kultstatue ausmachte, fallen ›Investitur‹ und Weihung des Bildes zusammen. Die Darbringung des Kleides an die Gottheit ist in Griechenland als Ritual selbst dann noch beibehalten worden, als die Kultstatue bereits eine Bronze- oder Marmorstatue mit fest verbundener Kleidung war. Ein besonderes Problem der antiken Religionsgeschichte stellt die mehrfach belegte Möglichkeit dar, daß Menschen die Kleider der Götter tragen. Sie treten damit in die Funktion der Kultstatue, sind gewissermaßen Träger des Gottes auf Zeit[11]; der Rollenwech-

---

[6] F. Poulsen, Talking, Weeping and Bleeding Sculptures; reiches Material zu modernen Analoga im süditalienischen Heiligenkult bei Th. Hauschild, Studien zum religiösen Diskurs in Süditalien, (im Druck). Zur Gestaltwahrnehmung als Ausgangspunkt von Appellqualitäten grundsätzlich K. Lorenz, Vom Weltbild des Verhaltensforschers, 1968, 97–147.

[7] A. L. Oppenheim, Ancient Mesopotamia, 1964, 183–198 (»The Care and the Feeding of the Gods»); ferner W. Hermann, Götterspeise und Göttertrank in Ugarit und Israel.

[8] Forschungsgeschichte und Systematik bei B. Gladigow, Die Teilung des Opfers. Zur Interpretation von Opfern in vor- und frühgeschichtlichen Epochen, in: Frühmittelalterliche Studien 18 (1984) 19–43. Im Anschluß an Meuli hat vor allem W. Burkert die Grundintentionen des blutigen Opfers entwickelt: Homo Necans. Interpretationen altgriechischer Opferriten und Mythen, 1972; ders., The Problem of Ritual Killing, in: R. G. Hamerton-Kelly (Hrsg.), Violent Origins, 1987, 164 ff.

[9] Kuhnert, De cura statuarum.

[10] Zum Kleid als wesentlichem Teil des Kultbildes Gladigow, Epiphanie, Statuette, Kultbild, 100 ff.

[11] Vgl. Kiechle, Götterdarstellungen durch Menschen.

sel vollzieht sich hier durch den Wechsel der Kleidung (zu der Maske oder Schminke gehören) und ändert ihren Status bis hin zur Identität mit dem Gott.

3. Die Mobilität von Kultbildern

Die Ortsbindung des Kultbildes und seine prinzipielle (oder exzeptionelle) Mobilität liegen im Interferenzbereich unterschiedlicher Ansprüche und Funktionen. Einerseits sichert das Kultbild die Präsenz, zumindest Erreichbarkeit des Gottes an einem definierten Ort, andererseits scheint es gerade dadurch seine Präsenz an anderen Orten auszuschließen. In der Dialektik von Immobilität und Mobilität, von auf den Ort begrenzter Präsenz und potentieller Omnipräsenz, scheint es beispielsweise zwischen den altmediterranen Religionen unterschiedliche Akzentuierungen zu geben. Die Kultbilder der altorientalischen und ägyptischen Götter sind eher klein[12], zumindest sind sie, sei es auf Tragen, Wagen oder Barken, transportabel: Prozessionen mit den Kultbildern sind, selbst wenn die Bilder in Schreinen verborgen bleiben, als Epiphanierituale[13] konzipiert – oder ersetzen diese. Mit dem Aufkommen der überlebensgroßen Kultbilder[14] im griechischen Bereich scheinen sich, unabhängig von den konkreten technischen Problemen, die Akzente verschoben zu haben. Das Kultbild ist nun grundsätzlich fest in seiner Cella angesiedelt; wenn es unter besonderen Bedingungen beweglich wird, bedarf es legitimierender und schützender Rahmenbedingungen. Prozessionen mit eigentlich ›gefesselten Kultbildern‹, von denen im griechischen Bereich mehrfach berichtet wird[15], münden häufig in ausgelassene Masken- und Tanzfeste. In den wenigen Stunden, in denen das Kultbild entfesselt durch die Stadt und über das Land getragen wird, herrscht ein Bruch von Ordnung und Formalität. Mit der Rückkehr des Bildes an seinen Platz, wenn also die Fesselung nicht mehr suspendiert ist, ist die neue Ordnung der Stadt wieder die alte Ordnung.

Prozessionen sind die Gelegenheiten, bei denen die Menschen ihre Götter auch außerhalb der Kultorte oder Tempel sehen können; Prozessionen mit Bildern[16] sind bis heute Bestandteil vieler Feste. In das Ritual von Ausfahrt und Wiederkehr des Bildes, von *profectio* und *adventus*, gehen, häufig verbunden mit Erneuerungszeremonien wie Waschen, Kleiden oder auch Wiederfinden, die sematische Analoga ›Triumph des Gottes‹ und ›Einsetzung seines Kultes‹ ein.

Dasselbe Schema wird auch bei Kultübertragungen[17] mit Hilfe einer Kultstatue angewandt. Bei Kultübertragungen spielt meist die überraschende Mobilität des Kultbildes die entscheidende Rolle: Es taucht wunderbarerweise am Ort des neuen Kultes auf, bewegt sich mit großem Geleit zu Schiff oder zu Wagen zu dem neuen Tempel, oder

---

12 Einen guten Überblick, auch unter Berücksichtigung der Größe der Kultbilder, bietet H. SCHÜTZINGER, Bild und Wesen der Gottheit im alten Mesopotamien, in: H.-J. KLIMKEIT (Hrsg.), Götterbild, 61–80

13 Zum Verhältnis von Kultbild und Epiphanie GLADIGOW, Epiphanie, Statuette, Kultbild

14 Zum Verhältnis von Kultbild und Königsbild, auch im Blick auf die Tendenz zum anthropomorphen Bild, SCHRADE, Der verborgene Gott, 16ff

15 K. MEULI (R. MERKELBACH), Die Gefesselten Götter, in: K. MEULI, Gesammelte Schriften Bd. 2 (1975) 1035–1081; R. MERKELBACH, Gefesselte Götter, in: Antaios 12 (1971) 549–565

16 M. P. NILSSON, Prozessionstypen im griechischen Kult (1916), in: ders., Opuscula selecta Bd. 1 (1951) 166–214

17 SCHMIDT, Kultübertragungen

willigt in ein Verlassen einer sturmreifen Stadt[18] ein. Die Gründungslegenden von Kulten und Tempel beziehen sich gern auf das konkrete Kultbild, um Neueinrichtung oder Verlagerung von Kulten zu legitimieren. Kultbilder sichern Tradition und Identität von Kulten ›unmittelbar‹; wenn diese identitätsstiftenden Institute von Religionen aufgegeben werden oder nicht existieren, können Definitionen prekär werden.

II. ›Theologie‹ der Kultbilder

Eine explizite Kritik an der Religion beginnt allem Anschein mit einer Kritik an den Kultbildern.[19] Heraklit vergleicht die Anbetung von Kultbildern mit einem Sprechen zu Häuserwänden[20], Xenophanes läßt jede (Tier-)Gattung Göttergestalten mit solchen Körpern bilden »so wie jede Art selbst körperlich beschaffen ist»[21], also auch Ochsen, Pferde und Löwen. Religionskritik als Kritik am Institut ›Kultbild‹ verbindet die Motive ›Kritik am anthropomorphen Bild‹[22] und ›Kritik am Kultbild als Artefakt‹ mit der grundsätzlicheren Frage nach dem Verhältnis von Kultbild und Gott. Aus der Sicht des Christen Arnobius müßte sich einem traditionellen Bilderkult das Problem einer Vielzahl von Kultbildern jeweils nur eines Gottes in folgender Form stellen: *In simulacris di habitant, singuline in singulis toti, an partiter, atque in membra divisi? Nam neque unus Deus in compluribus potis est uno tempore inesse simulacris, neque rursus in partes sectione interveniente divisus.*[23] Wenn Plutarch, selber Apollon-Priester, tadelt, daß die Griechen die Bilder als die Götter selbst anreden[24], stellt er sich mit dieser aufklärerischen Kritik weitgehend außerhalb der allgemeinen antiken Kultfrömmigkeit. Die Appellwirkung der Götterbilder dominiert auf einer bestimmten Anspruchsebene bis heute über die Kritik an ihrer Authentizität. Die Attraktivität der Kultbilder und der vor ihnen vollzogenen Riten läßt sich wohl vor allem auf die Paradoxie zurückführen, daß der übermächtige, vielleicht sogar ›ferne‹ Gott Alltagshandlungen zugänglich ist: Die Routinen vor dem Kultbild sind möglicherweise die frühesten konkret faßbaren Beispiele für ›Veralltäglichung‹[25]

Drei große Verteidigungslinien lassen sich aus der Geschichte des Bilderstreits (im weitesten Sinne) herauslösen: Der Vorwurf, die Kultbilder seien von Menschenhand gemacht, heben die Rituale der Bilderweihen[26] weitgehend auf, oder die Legenden

---

[18] Zum Sonderfall der evocatio V. Basanoff, Evocatio, 1947.

[19] Geffcken, Der Bilderstreit des heidnischen Altertums, 286ff.; Überblick über Positionen und Konsequenzen des Ikonoklasmusstreits bei J. Wohlgemuth (Hrgs.), Streit um das Bild, 1989.

[20] Heraklit fr. 5 D.-K.

[21] Xenophanes fr. 15 D.-K.

[22] Eine (moderne) Apologie bei Koch, Vom Wirkungsgeheimnis des menschengestaltigen Gottes

[23] Arnobius, Adversus gentes VI 19.

[24] Plutarch, De Iside 379 C.

[25] Zu den korrespondierenden Relationen von Personalität und Außeralltäglichkeit und Institution und Alltäglichkeit W. Schluchter, Die Entwicklung des okzidentalen Rationalismus, 1979, 53ff.

[26] Zu ›Mundwaschung‹ und ›Mundöffnung‹ im mesopotamischen und ägyptischen Bereich H. Ringren, The symbolism of Mesopotamian cult images, in: H. Biezais, Religious Symbols, 105–109, und E. Otto, Das ägyptische Mundöffnungsritual, 1960; zur (auf Schmücken) begrenzten griechischen Praxis G. Hock, Griechische Weihegebräuche, 1905; zu hinduistischen Weiheriten Rasik Vihari Joshi, Le rituel de la dévotion krsnaite, 1959.

über wunderbare Herkunft der Bilder[27] lassen ihn erst gar nicht aufkommen. Die Kritik am anthropomorphen Götterbild wird, sofern zutreffend, mit der didaktischen oder psychagogischen Funktion des Bildes konfrontiert.[28] Die ins Zentrum der Verehrung von Kultbildern führende Frage nach dem Verhältnis von Bild und Gottheit[29] scheint – gegen Arnobius' Sicht – das Verständnis der Kultbilder eher affirmativ begleitet zu haben. Epiphanie der Götter in ihren Kultbildern[30] oder ›Einwohnung‹ als besondere Form der Präsenz[31] sind solche Modelle, die den Ritualen vor dem Kultbild ihre ungebrochene Authentizität zu sichern suchten.

C Historische Perspektiven: Epiphanie, Statuetten und Kultbild

Mit dem Aufkommen der großen ortsfesten und im Tempel gegen den beliebigen Zugriff geschützten Kultstatue ändert sich eine zentrale Größe religiöser Konstruktion und ritueller Praxis. Wenn die Götterdarstellungen, in Form von Statuetten, nicht mehr *Instrument* des Kultus, etwa Hilfsmittel für Epiphanierituale, sind, sondern *Gegenstand* des Kultes werden, ändert sich auch die Struktur der Gottesvorstellungen. Die rituelle Besorgung des Kultbildes steht im Mittelpunkt eines aufwendigen Zeremoniells, das Kult und Kultbild der jeweiligen Orts- und Territorialherrschaft unterstellt. Der Zugang zum Kultbild ist unter diesen Bedingungen kontrollierbar, von gänzlichem Verschluß bis hin zu Abschrankungen um die Kultbilder[32], und gegebenenfalls von ›Eintrittsgeldern‹ abhängig. Die Konsequenzen der festen Verbindung von Kultbild und Kultbezirk oder Tempel haben wohl tiefer in die Entwicklung der Religionen eingegriffen als andere Innovationen: Ortsfeste Kultbilder erzeugen eine Regionalisierung neuen ›Typus‹, an die Stelle von Epiphanieritualen an vielen möglichen Orten tritt der Weg zu wenigen Tempeln; die Besorgung des Kultbildes erfordert Spezialisten und eine Organisation; sie unterliegt einer Ortsherrschaft oder ist Teil des Herrschaftssystems. Mit dem ortsfesten Kultbild im Tempel ändern sich die kultischen und organisatorischen Rahmenbedingungen von Gottesvorstellungen erheblich: Die regelmäßige Versorgung der Kultbilder erfordert einerseits eine – auch ökonomisch[33]

---

[27] Zu christlichen Acheiropoiiten DOBSCHÜTZ, Christusbilder.

[28] Dies vor allem die ›Lösung‹ des Ikonoklasmus-Streits, wozu die Beiträge in WOHLGEMUTH (Hrsg.), Streit um das Bild, 31 ff.; ferner L. W. BARNARD, The Graeco-Roman and Oriental Background of the Iconoclastic Controversy, 1974.

[29] Dieser Fragestellung sind die meisten Beiträge in BIEZAIS (Hrsg.), Religious symbols and their functions, gewidmet.

[30] Zu Kultbild und ›Erscheinungsbild‹ GLADIGOW, Epiphanie, Statuette, Kultbild, 99 ff.

[31] Für den ägyptischen Bereich gut belegt, s. E. HORNUNG, Der Eine und die Vielen. Ägyptische Gottesvorstellungen, 1971.

[32] Ägyptische Kultbilder befinden sich in der Regel in einem nur dem Pharao oder seinem Vertreter zugänglichen Schrein, sie ›sind im Dunkeln‹; s. S. MORENZ, Ägyptische Religion, 1960, 91 ff. Zu Abschrankungen um griechische Kultbilder R. E. CORBETT, Greek Temples and Greek Worshippers, in: Bulletin of the Institute of Classical Studies 17 (1970) 149–158.

[33] Konsequenzen einer solchen Entwicklung sind Tempel als wirtschaftliche Einheiten mit einer spezifischen Finanzverfassung. In der römischen Kaiserzeit scheint es möglich gewesen zu sein, Tempel(einnahmen) zu verpachten; eine der Konsequenzen ist, daß für den Zugang zum Kultbild eine Eintrittsgebühr verlangt wurde: *Non licet deos gratis nosse...* spottet Tertullian, Apologeticum 13.

– anspruchsvollere Institution, andererseits liefert der gleiche Rahmen die Möglichkeit, die Annäherung des Kultteilnehmers an das Kultbild zu kontrollieren, oder sie – wie im alten Ägypten – regelmäßig allein dem Herrscher vorzubehalten.

Literatur

Bevan, E., Holy Images, 1940; Biezais, H. (Hrsg.), Religious Symbols and Their Functions, Scripta Instituti Donneriani Aboensis X (1979); Dobschütz, E. v., Christusbilder, Texte und Untersuchungen 3 (1899); Eisler, R., Weltenmantel und Himmelszelt, 1910; Fascher, E., Deus invisibilis. Eine Studie zur biblischen Gottesvorstellung, in: Marburger theologische Studien 1 (1931) 41–77; Geffcken, J., Der Bilderstreit des heidnischen Altertums, in: ARW 19 (1916/19) 286–315; Gladigow, B., Epiphanie, Statuette, Kultbild. Griechische Gottesvorstellungen im Wechsel von Kontext und Medium, in: Visible Religion VII (1990) 98–121; ders., Präsenz der Bilder – Präsenz der Götter, in: Visible Religion IV/V (1985–1986) 114–133; ders., Zur Konkurrenz von Bild und Namen im Aufbau theistischer Systeme, in: Brunner, H., Kannicht, R., Schwager, K. (Hrsg.), Wort und Bild, 1979, 103–122; Herrmann, W., Götterspeise und Göttertrank in Ugarit und Israel, in: Zeitschrift für alttestamentliche Wissenschaft 72 (1960) 205–216; Hock, G., Griechische Weihegebräuche, 1905; Holte, R., Gottessymbol und soziale Struktur, in: Biezais, H. (Hrsg.), Religious Symbols 1–14; Kiechle, F. K., Götterdarstellungen durch Menschen in den altmediterranen Religionen, in: Historia 19 (1970) 259–271; Kitzinger, E., The Cult Images before Iconoclasm, Dumbarton Oaks Papers 8 (1954); Klimkeit, H. J. (Hrsg.), Götterbild in Kunst und Schrift, 1984; Koch, C., Vom Wirkungsgeheimnis des menschengestaltigen Gottes, in: ders., Religio, 1960, 205–252; Kuhnert, E., De cura statuarum, Berliner Studien für klassische Philologie 1 (1884); Loretz, O., Die Gottesebenbildlichkeit des Menschen, 1967; Martin, H. G., Römische Tempelkultbilder. Eine Archäologische Untersuchung zur späten Republik, 1987; Matz, E., Göttererscheinung und Kultbild im minoischen Kreta, Abh. Akademie Mainz, Geistes- und sozialwiss. Klasse 1958, 7; Merz, R., Die numinose Mischgestalt, in: RVV 36 (1978); Mettinger, T., The Veto on Images and the Aniconic God in Ancient Israel, in: H. Biezais Hrsg.), Religious Symbols, 15–29; Metzler, D., Anikonische Darstellungen, in: Visible Religion IV/V (1985/6) 96–113; Moret, A., Le rituel du culte divin journalier en Égypte, 1902; Müller, H.-P., Die kultische Darstellung von Epiphanien, in: Vetus Testamentum 14 (1964) 183–191; Nötscher, F., ›Das Angesicht Gottes schauen‹ nach biblischer und babylonischer Anschauung, 1924; Papadopoulos, J., Xoana e sphyrelata, 1980; Rydén, L., The Role of the Icon in Byzantine Piety, in: H. Biezais (Hrsg.), Religious Symbols, 41–52; Schmidt, E., Kultübertragungen, RVV 8 (1909); Schoene, W., Krollmann, Campenhausen, H. v. (Hrsg.), Das Gottesbild im Abendland, 1957; Schrade, H., Der verborgene Gott, 1949; Trimborn, H., Das Götterbild in den alten Kulturen Amerikas, in: Klimkeit, H.-J. (Hrsg.), Götterbild 19–36; Waters, F., Masked Gods 1950; Wohlgemuth, J. (Hrsg.), Streit um das Bild. Das Zweite Konzil von Nizäa (787) in ökumenischer Perspektive, 1989.

Burkhard Gladigow

→*Anikonische Kulte, Epiphanie, Gottesvorstellungen, Ikonoklasmus, Kultobjekte, Kultort, Ritual/Ritus*

Kultgeschichtliche Methode

1. Die kultgeschichtliche Methode fragt nach dem »Sitz im Leben« (HERMANN GUNKEL)[1] einer vorliterarischen Gattung; sie komplementiert die → Formgeschichte und ist ein eingeführter Begriff in der Bibelwissenschaft.

2. *Begriffsbildung:* Gegen den Grundsatz des Historismus gerichtet, daß Geschichte durch das Auftreten großer Persönlichkeiten »fortschreite«[2], setzte die Religionsgeschichtliche Schule die Priorität des Kultes, die Handlung vor die sprachliche Gestaltung. Während GUNKEL romantisierend »das Volk« als schöpferischen Genius der reinen und einfachen ursprünglichen Kultdichtung oder -erzählung verstand[3], sahen RUDOLF BULTMANN und GEORG BERTRAM ein soziologisches Problem: Nicht das (jüdische) Selbstverständnis Jesu und die apokalyptische Reich-Gottes-Predigt, also der »historische Jesus«, waren entscheidend, sondern die Predigt und der Kult der nachösterlichen Gemeinde von der Auferstehung des Kyrios Christos. Als kultisches Modell dienten die Mysterienreligionen (bzw. ein panbabylonischer Religionstyp)[4] mit dem Mythos des sterbenden und auferstandenen Kultheros. Die kultgeschichtliche Methode verwarf also gerade die Geschichte.

3. *Forschungsgeschichtliche Variationen der Fragestellung:* (a) In der neutestamentlichen Forschung waren die Antworten eng begrenzt: Situierung der Perikopen in Gottesdienst und Eucharistie. Die Passionsberichte über den Tod Jesu und seine Aufnahme in den Himmel werden jetzt eher aus der literarischen Tradition der hellenistisch-jüdischen Martyrien erklärt.[5] (b) Von hoher Bedeutung dagegen bleibt die Kultgeschichtliche Methode in der Psalmenforschung. Von der englischen *Myth-and-Ritual-School*[6] beeinflußt, suchte die skandinavische Schule (der etwa SIGMUND MOWINCKEL, JOHANNES PEDERSEN, IVAR ENGNELL, GEO WIDENGREN zuzurechnen sind) die kultischen, das heißt die vor dem Exil entstandenen Psalmen an dem Ritual des Sakralen → Königtums festzumachen. Eine theologisch geprägte Schule bemängelt das fast völlige Fehlen des Mythos in Israel.[7] Die These, der Drachenkampfmythos sei in Israel historifiziert zum Kampf Jahwes gegen die Völker, antwortete darauf. In der gegenwärtigen Forschung versucht man durch die Annahme eines doppelten Sitzes im Leben (nachexilische Bearbeitung vorexilischer Kultlieder) beide Positionen zu verbinden.[8] (c) Wie vom babylonischen Weltschöpfungsepos (»*Enuma eliš*«) bezeugt ist, daß

---

1 H. GUNKEL, Art. Bibelwissenschaft (I. C), in: RGG[1] 1 (1909) 1189–1194, hier 1193.

2 Vgl. etwa A. HARNACK, Das Christentum und die Geschichte, 1895.

3 Kurzfassung von GUNKELS Thesen s. Anm. 1.

4 Der alttestamentliche König-Messias als Vorbild Christi: A. BENTZEN, Messias, Moses redivivus, Menschensohn. (AThANT 17) 1948; engl. Neuausgabe 1977; C. COLPE, Die Religionsgeschichtliche Schule, 1961; ders., Ho hyiós tou anthrópou, in: ThWB 8 (1969), 403–481.

5 H. J. W. VAN HENTEN u. a. (Hrsg.), Die Entstehung der jüdischen Martyriologie (Studia Post-Biblica 38), 1989.

6 K.-H. BERNHARDT, Das Problem der altorientalischen Königsideologie im AT, 1961.

7 Vgl. A. OHLER, Mythologische Elemente im AT, 1969; C. PETERSEN, Mythos im AT (BZAW 157), 1982; S. KREUZER, Der lebendige Gott (BWANT 116), 1983.

8 STOLZ, Psalmen; O. LORETZ, Die Königspsalmen. Die Altorientalische Königstradition in jüdischer Sicht (UBL 6), 1988.

es am Vorabend der Neujahrsfestwoche vorgetragen wurde, so ist die Frage nach der kultischen Situation nicht nur für vor-literarische, sondern erst recht und historisch kontrollierbar für die uns überlieferten literarischen Werke zu stellen. Daher sind die kultischen Elemente herauszuarbeiten, die Kultrufe, Hymnen, Gebete, poetisch verarbeiteten Kultrequisiten. Freilich läßt sich ein Fest nicht aus seiner literarischen Gestaltung rekonstruieren, die Gefahr eines Zirkelschlusses ist unausweichlich.[9] (d) Für die griechische Tragödie ist der forschungsgeschichtliche Konsens, der eine rituelle Bindung für die vor-literarischen Formen annahm, aber die literarische Form der uns überlieferten Dramen[10] vom Ritus gelöst betrachtete, nicht mehr zu halten. Die Tragödie bleibt kultisch eingebunden und reflektiert z. B. das Opfer vielfach.[11] Doch ist am Beispiel der *»Bakchen«* des EURIPIDES deutlich gemacht worden, wie die Realität des Rituals qualitativ streng zu scheiden ist von der Überhöhung des in der Tragödie dramatisierten Mänadenrituals.[12]

4. *Folgerungen:* Die ältere kultgeschichtliche Methode hat sich nicht um die Erklärung der vorliegenden Texte bemüht. Sie konnte nach eigenen Kriterien eine vor-literarische Stufe rekonstruieren. Die Fragestellung nach dem Sitz im Leben bleibt aber von größter Bedeutung, wenn sie 1. von der konkreten Gestalt der literarischen Texte ausgeht und 2. die literarische Gestaltung mit ebenfalls überlieferten Kulthandlungen (nicht Einzelmotiven) vergleicht, um so das Selbstverständnis der Kultteilnehmer und die Absicht des Schriftstellers erkennen zu können. Ritual und Mythos (hier literarische Verarbeitung) folgen je eigenen Traditionen, stehen aber immer in Bezug zueinander.

Literatur

AUFFARTH, C., Der drohende Untergang (RGV 39), 1991; BERTRAM, G., Die Bedeutung der kultgeschichtlichen Methode für die neutestamentliche Forschung, in: Theologische Blätter 2 (1923) 25–36; HOOKE, S. H. (Hrsg.), Myth an Ritual. Essays in the Myth and Ritual of the Hebrews in Relation to the Culture Pattern of the Ancient East, 1933; ders. (Hrsg.), The Labyrinth, 1935; STOLZ, F., Psalmen im nachkultischen Raum (ThS 129), 1983.

Christoph Auffarth

→ *Form- und Gattungsgeschichte, Königtum (sakrales)*

[9] Aus dem ugaritischen Baal-Zyklus rekonstruierte J. C. DE MOOR (»The Seasonal Pattern in the Ugaritic Myth of Ba'lu«, 1971; »New Year with Canaanites and Israelites«, 1972) ein ugaritisches Herbstfest. Vgl. dazu M. SMITH, Interpreting the Baal-Cycle, In: Ugarit-Forschungen 18 (1986) 313–339.

[10] Vgl. A. LESKY, Die tragische Dichtung der Hellenen, [3]1972.

[11] W. BURKERT, Greek Tragedy and Sacrificial Ritual, in: Greek, Roman and Byzantine Studies 7 (1966) 87–121; J.-P. GUÉPIN, The Tragic Paradox, 1968; R. SEAFORD in seinem Kommentar zu EURIPIDES, Kyklops, 1984.

[12] A. HENRICHS, Greek Maenadism... in: Harvard Studies in Classical Philology 82 (1978) 121–160; J. BREMMER, Greek Maenadism Reconsidered, in: Zeitschrift für Papyrologie und Epigraphik 55 (1984) 267–286.

Kultobjekte

A I. Begriffsbestimmung II. Begriffsgeschichte 1. Antiker Kultbegriff 2. Moderner Sprachgebrauch und Definitionsprobleme B Das Kultobjekt als Gegenstand ritualisierter Handlungen und Gefühle I. Klassifikationsproblematik II. Repräsentation sozialer Funktionen in Übergangsriten III. Kultobjekte als Organe hierarchischer Steuerung IV. Schutz vor Profanierung V. Kultbild und Spiritualisierung 1. Götterstatuen und Göttervorstellungen 2. Emanzipatorische Funktionen und Risiken spiritueller Kultobjekte 3. Materielle Kultobjekte privater und öffentlicher Art 4. Grenzmarkierung und Dämonenkult 5. Legitimierungs- und Reifungsfunktionen 6. Sind Kinderpuppen Kultobjekte? VI. Paläopsychische Determinanten C Kulturphaseologische Transformationen I. Jäger- und Sammlerstufe 1. Kulthöhle 2. Heiliger Baum 3. Heilige Tiere und Götter 4. Tote II. Neolithische Innovationen III. Komplexe Kulturen 1. Fortwirken der Ackerbauriten 2. Pantheon-Bildung 3. Heilige Texte

A Zum Begriff

I. Begriffsbestimmung

Kultobjekte sind heilige Personen, Tiere, Pflanzen und unbelebte Dinge bzw. ihre artifiziellen oder spirituellen Äquivalente. Die ihnen zugeschriebene Heiligkeit ist die Projektion einer mehr oder weniger detaillierten Heilserwartung und löst Verhaltensweisen der Demut (Selbstverkleinerung, vitale Verzichte, Bitten, Geschenke) aus, wobei die Grundhaltung der Devotion mit Nebeneinstellungen wie Liebe, Angst, Vertrauen variabel kombinierbar ist. Auch Kultrequisiten, -plätze, -texte und -handlungen partizipieren an der Heiligkeit des Kultobjekts und erscheinen deswegen oft als Kultobjekte abgeleiteter Art.

II. Begriffsgeschichte

1. Antiker Kultbegriff

Das lateinische Wort *cultus* verbindet sich vorzugsweise mit Genitivobjekten wie »Äcker« und »Gärten«[1], steht also für die Tätigkeit, durch welche »Naturland« in »Kulturland« umgewandelt wird. In Analogie dazu erscheint auch der Mensch, insofern er durch einen Sozialisationsprozeß dem zivilisatorischen Standard angepaßt wird, als Kultobjekt, sowohl sein Körper als auch seine innere Wesensanlage. Ganz entsprechend haben die Griechen Begriffe, die das Urbarmachen des Landes und das Zähmen wilder Tiere bezeichnen, auf die menschliche Erziehung angewandt, so daß der erwachsene, ausgebildete Mensch in einer symbolischen Parallelbeziehung zum kultivierten Boden steht.[2] Auf die Götter und Heroen, die den Ackerbau in der Urzeit gestiftet haben sollen, werden zugleich die Gesetze des Zusammenlebens zurückgeführt, die *conditio sine qua non* für die Entstehung weiterer sozialer Institutionen, die ihrerseits göttliche Stifter haben. Von daher erklärt es sich, daß das lateinische Wort *cultus* auch die Verehrung der Götter bezeichnet, die als Kulturschöpfer die Funktio-

---

1 Belege bei: SIGWART, Cultus, 1325 ff.

2 H. HENRICHS, Zwei Fragmente über die Erziehung (Antisthenes), in Ztschr. f. Papyrologie u. Epigraphik 1 (1967) 45–53, S. 50 ff.

nen repräsentieren, durch die der Mensch seine Identität als Bauer – Kultivierer des Bodens und kultivierter Zivilisationsmensch in einem – empfangen hat.

2. Moderner Sprachgebrauch und Definitionsprobleme

Im modernen Sprachgebrauch hat sich der Begriff des Kultobjekts ebenso wie der Begriff der Kultur von seiner ursprünglichen Bedeutung entfernt. Wie wir heute von »Industriekultur« sprechen und selbst Völkern der Jäger- und Sammlerstufe »Kultur« zugestehen, so nennen wir Kultobjekte auch heilige Dinge, die der Institution des Ackerbaus historisch vorausliegen oder zu ihr in keiner erkennbaren Nahbeziehung stehen. Umgekehrt erfolgen seit der Erfindung von Dreschmaschine und Traktor Arbeitsverrichtungen landwirtschaftlicher Art kaum noch unter religiösen Vorzeichen, das heißt, sie werden nicht mehr kultisch inszeniert.[3] Während wir das Wort *kultivieren* durchweg profan verwenden, reservieren wir die Begriffe *Kult* und *kultisch* für die von uns als religiös betrachteten Phänomene.

Damit aber hängt es von der jeweiligen Definition von Religion ab, ob wir etwas als Kultobjekt bezeichnen oder nicht. Bei einem engen Religionsbegriff gibt es die Möglichkeit profaner Verehrung, während ein weiter gefaßter Religionsbegriff es erlaubt, jedwede Verehrung, mag sie dem betreffenden Subjekt auch noch so profan erscheinen, für wenigstens kryptoreligiös zu halten. In diesem Fall gilt das Kultobjekt durch den Akt der Verehrung allein schon für konstituiert, und Religion erscheint dann als Zusammenschluß der Kultakte zu einem ganzheitlichen System privaten oder öffentlichen Charakters.

Für wissenschaftliche Zwecke ist es wohl geboten, eine weite Definition von Religion zu wählen. Ansonsten wäre es nötig, das →»Heilige«, wodurch das Kultobjekt zum Devotionsziel wird, entweder als eine selbständige, das heißt adorationsunabhängige Größe zu betrachten, deren tatsächliche Anwesenheit im Gegenstand der Verehrung seine Kultwürdigkeit begründete, oder aber wenigstens klar zu definieren, was das »Heilige« sein soll. Ein sakrales Fluidum ist aber außerhalb des Bewußtseins des Adoranten selbst nicht nachweisbar, und den von der Ambivalenz des gefühlten Fluidums ausgehenden Definitionsversuchen, wonach das Heilige als zugleich faszinierend und beängstigend erlebt wird[4], gelingt es gerade nicht, zwischen angeblich profanen und angeblich religiösen Objekten der Verehrung einen qualitativen Unterschied evident zu machen. Alles, was verehrt wird, erregt zugleich Anziehung und Scheu, die Handlungsbereitschaften je nachdem steigern oder paralysieren können.

Ferner bietet ein weiterer Religionsbegriff den methodischen Vorteil, →hermeneutische Barrieren zwischen eigener und fremder Kultur zu beseitigen. Diese Barrieren haben dazu geführt, daß man die in historischen Dokumenten oder bei der Begegnung mit Fremdvölkern registrierten Akte von Verehrung, Anbetung und scheuem Umgang, die man schwer oder überhaupt nicht nachvollziehen konnte, als religiös bezeichnete, während man die gleichen Akte innerhalb der eigenen Kultur, wo man mit ihrem Kontext vertraut war, als durchaus profan empfand und allenfalls säkularisierte *survivals* einer religiöseren Vergangenheit darin erblicken mochte.[5]

---

3 SIGWART, Cultus, 1329ff.

4 R. OTTO, passim.

5 Ein rezentes Beispiel: I. WEBER-KELLERMANN, Erntebrauch in der ländlichen Arbeitswelt des 19. Jhs. auf Grund der Mannhardtbefragung in Deutschland von 1865, 1965, bes. 23. 366ff.

Damit rückte das Kultobjekt ein in die Sphäre des Irrationalen, Exotischen und Antiquierten, wurde mitunter pseudohistorisch einer angeblich prälogischen Mentalität[6] zugeordnet und provozierte spekulative Erklärungen. Polytheistische Göttersysteme sollten etwa aus Personifikationen von Naturbereichen hervorgegangen sein, Steine, Bäume und Artefakte (»Fetische«, →Fetischismus) deswegen als heilig gelten, weil Geister der Verstorbenen dort lokalisiert würden (→Animismus) oder der »Primitive« überall anonyme numinose Mächte (*Mana*, →*Orenda*) wirksam sähe (→Präanimismus).[7]
All diese Hilfskonstruktionen der Gelehrten drückten nur ihre Unfähigkeit zu wirklichem Verstehen aus. In Abkehr von solchen →evolutionistischen Modellen hat die neuere Kulturwissenschaft eine funktionalistische Interpretationsmethode entwickelt, die das jeweilige Kultobjekt nicht mehr losgelöst von dem Handlungszusammenhang, in dem es jeweils steht, deutet. Als integrale Elemente von rituellen Handlungen haben Kultobjekte eine Signal- und Steuerfunktion, durch die eine Gesellschaft ihre Struktur inszeniert und aufrechterhält.[8]
Für den individuellen Bereich gilt das gleiche. Das Kultobjekt ergänzt szenendialogisch den Rahmen, in dem die einzelne Person ihre →Identität stabilisiert, sei es als symbolischer Ersatz für etwas Verlorengegangenes, sei es als Platzhalter für etwas noch nicht Erreichtes (Vorbilder, Ideale) oder auch als Symbol einer gewählten Daseinsorientierung.

B Das Kultobjekt als Gegenstand ritualisierter Handlungen und Gefühle

I. Klassifikationsproblematik

Wie frühere, in antiken Denktraditionen wurzelnde[9], evolutionistische Theorien suggerieren auch moderne phänomenologische Darstellungen[10], daß es eine ebenso logische wie historische Stufenfolge in der Entwicklung der Kultobjekte gebe. Denn wer mit Baum- und Steinkult beginnt, mit Dämonen und Götterbildern fortfährt und mit dem monotheistischen Gottesbegriff endet, perpetuiert allein durch sein Klassifikationsschema ein Geschichtsbild, für welches das materielle Objekt als das scheinbar Einfache den Anfang, die Person die Mitte und der reine Geist das Ende der religiösen Evolution markiert. Gerade der impersonale Begriff des Heiligen, der nichts anderes ist als der →Manabegriff des Präanimismus[11], verführt dazu, Naturobjekte vor Artefakten, anikonische Götterbilder vor Sakralplastiken, theriomorphe Gottesdarstellungen vor anthropomorphen zu behandeln. Selbst wenn der Theorie nach dabei keine

---

[6] L. Lévy-Bruhl, Das Denken der Primitiven, ²1926; E. Cassirer, Das mythische Denken, Philosophie der symbolischen Formen II (1924), 1973.
[7] Zur Kritik: Widengren, Evolutionistische Theorien; Baetke, Aufgabe und Struktur der Religionswissenschaft, 151 ff.
[8] So im Prinzip schon: Durkheim, Formen des religiösen Lebens, 556 ff.; Berger, Dialektik von Religion und Gesellschaft, 26 ff.; Burkert, Glaube und Verhalten, 93 ff.
[9] Funke, Götterbild, 670 ff.
[10] Overbeck, Cultusobjekt, 121 ff.; Pfister, Kultus, 2186 ff.; Van der Leeuw, Phänomenologie der Religion, 3 ff.; Goldammer, Formen des Religiösen, 62 ff., bes. 69 ff.; Heiler, Erscheinungsformen, 34 ff.
[11] Vgl. Widengren, Evolutionistische Theorien, 103.

zeitliche Sukzession impliziert ist, so tut man doch rein darstellungstechnisch weiterhin so, als ob es sie gäbe.
In Wahrheit stehen auf allen Kulturstufen Kultobjekte impersonaler, personaler und spiritueller Art gleichursprünglich nebeneinander. Als Kultobjekt kommt alles in Frage, was eine unmittelbare oder symbolische Steuerfunktion in den lebenswichtigen Bereichen des Individuums und der Gesellschaft ausüben kann.

II. Repräsentation sozialer Funktionen in Übergangsriten

Kultobjekte haben stets eine repräsentative Aufgabe. Sie vertreten in einer idealisierten und oft zugleich archaisierten Form *Dinge des täglichen Bedarfs*, wie Nahrungsmittel, Kleidungsstücke, Werkzeuge, Waffen, territoriale Anspruchszonen, aber auch *Personen* und Personengruppen. Aufgrund ihrer Vertretungsrolle kann man sie gleichsam als →Symbolsystem auffassen, über dessen Dechiffrierung der Interpret das Bewußtsein einer Kultur erschließt (→Strukturalismus). Von einem neutralen Informationsträger wie einem Alltagswort unterscheidet die Kultobjekte indes der affektive Wert, der an ihnen haftet und der es unmöglich macht, sich ihrer ohne weiteres zu bedienen. Sie sind am ehesten Begriffen einer Geheimsprache vergleichbar, die nur von befugten Leuten zu definierten Zeiten und an vorgegebenen Orten gesprochen werden darf. Eben dieses Tabu sorgt dafür, daß die Auslöserwirkung des Kultobjekts nicht verlorengeht.
Der heilige Charakter des Kultobjekts erklärt sich aus der prägenden Kraft der archetypischen →Orientierung, die in ihm verkörpert gedacht wird. Zum Kultobjekt gehört ein *aitiologischer Mythos*, der von urzeitlichen Heroen oder Göttern handelt, welche die sozialen Institutionen schufen (→Ätiologie). Eben jene mythischen Kulturbringer und die von ihnen erfundenen bzw. geschenkten Güter sind es, die der Kult vergegenwärtigt, und zwar naturgemäß zu den Terminen, an welchen aufgrund der jahreszeitlichen Gegebenheiten das Gruppenverhalten der Umwelt neu angepaßt werden muß. Die dabei neu einbezogenen Novizen reproduzieren die Anpassungsleistungen, die zur Schaffung der Institution führten, erstmals in eigener Person und treten daher in der Rolle der Urmenschen auf, die die Kultur von den Göttern empfingen und daraufhin selber als Kulturbringer fungierten. Als Vergegenwärtiger einer mythischen Rolle in einer zugleich lebensgeschichtlichen und wirtschaftlich-saisonalen Übergangszeit[12] erlangt der Initiand selbst den Status eines Kultobjekts, den er nach vollzogener Initiation wieder verliert.
Die beauftragten Initiationsmeister, die ihrerseits vorübergehend einen Sakralstatus innehaben, können aufgrund persönlichen →Charismas oder als verbeamtete Kultfunktionäre (Priester, Sakralkönige) zu Objekten dauernder Verehrung werden, wobei im Einzelfall schwer zu entscheiden ist, ob die Verehrung der Person oder der Rolle gilt, die sie verkörpert. Denn jederzeit kann das individuelle Charisma des Amtsträgers vorgegebene Rollenerwartungen sprengen und ihn selbst zum Devotionsziel werden lassen. Typisch bleibt indes selbst für den amtslosen Charismatiker die Berufung auf den mythischen Präzedenzfall.

---

12 A. v. Gennep, Les rites de passage (1909), 1969, 93ff.; vgl. H. Jeanmaire, Couroi et Courètes, 1939; A. Brelich, Paides e parthenoi, 1969.

III. Kultobjekte als Organe hierarchischer Steuerung

Aufgabe des religiösen Funktionärs ist die →Wiederholung der heilswichtigen Handlungen, das rituelle Hantieren mit den Geräten und andern Heilsgütern, die vom Gott (Heros) – laut Mythos – gestiftet wurden. Die *Kulthandlung* kann daher, wenn sie die zentralen Institutionen betrifft, die symbolische Abbreviatur der Stadtgründung (auf einer mythischen Ebene: der Weltschöpfung) selbst sein; die verwendeten *Kultrequisiten* bilden zusammen eine Art archetypische Matrize, die die Konstanz der Institutionen dadurch gewährleistet, daß sie sie jederzeit und überall reproduzieren kann.
Wenn ursprünglich alle sozialen Einrichtungen mythisch-rituell begründet erscheinen, so beruht das darauf, daß jedwede soziale Kooperation eine Hierarchisierung der Sozialstruktur erzwingt. Der mit Signal- und Kontrollprivilegien ausgestattete Anführer der Gruppe, der entscheidet, wann man wohin aufbricht und wie man sich jeweils verhält, zieht die Restgruppe aufgrund seines Prestigevorsprungs schon allein auf der Ebene nonverbaler Kommunikation mit sich. Seine bloßen Intentionsbewegungen lösen bei den andern auf dem Wege der Stimmungsübertragung die Bereitschaft zu gleichartigen Verhaltensweisen aus. Flucht und gelöste Ruhe, Nahrungsaufnahme und Schlaf werden durch hierarchische Stimmungsübertragung rituell synchronisiert (→Hierarchie). In einfachen Gesellschaften stehen Beginn und Ende [13] von überlebenswichtigen Gruppenaktivitäten wie Jagd, Feldrodung, Aussaat und Ernte unter religiösen Vorzeichen: Das *Handlungssignal*, das die kooperative Gruppenarbeit auslöst, besteht in idealisierten Handlungsabläufen oder wenigstens ritualisierten Intentionsbewegungen, die den nunmehr einzuschaltenden Funktionskreis mehr oder weniger spielerisch antizipieren. Die Jagd kann etwa im Tanz mimisch vorbereitet, die Feldbestellung durch das rituelle Besäen eines der Allgemeinheit oder dem Häuptling gehörenden heiligen Felds eingeleitet werden.
Die *Gerätschaften,* die dabei zum Einsatz gelangen, unterscheiden sich oft von den normalen Arbeitsgeräten, sei es, daß sie kostbarer, sei es, daß sie archaischer sind; denn sie repräsentieren die mythischen Werkzeuge, mit denen die urzeitlichen Kulturbringer erstmals jene Tätigkeiten verrichteten. Die Altertümlichkeit des Kultobjekts läßt sich schlicht aus dem Konservatismus des Kults erklären, der einmal gewonnene Lösungen beibehält, weil Symbolgesten nicht dem gleichen Optimierungsdruck ausgesetzt sind wie profane Arbeitsverrichtungen.[14] Der Kult braucht daher Innovationen im Werkzeugbereich so lange nicht nachzuvollziehen, wie das alte Werkzeug den Funktionsbereich der neuen Gerätegeneration symbolisch mitabzudecken vermag.
Die Zugehörigkeit der Kultobjekte zu einer idealen Vergangenheit, in der alle kulturellen Verbindlichkeiten verankert sind, sichert der symbolischen Geste Appellkraft selbst dann zu, wenn der jeweilige Amtsträger, der die Signalgesten monopolisiert, keinen wirklichen sozialen Spitzenrang bekleidet. Je komplexer nämlich eine Gesellschaft ist, desto notwendiger wird es, daß der Inhaber des Alpharangs Funktionen delegiert. Für die Symbolwelt der handlungsauslösenden und -legitimierenden Ritualsignale entwickelt sich sodann als eigener Expertenstand das Priestertum, das als soziales Subsystem sofort auch Riten und Mythen ausbildet, die die Perpetuierung seiner eigenen Existenz sicherstellen.

---

[13] Vgl. z. B. C. W. v. Sydow, Die Begriffe des Ersten und Letzten in der Volks-Überlieferung mit besonderer Berücksichtigung der Erntebräuche, in: Folk-Liv 3 (1939) 242–254.
[14] Burkert, Urgeschichte der Technik, bes. 292.

Im Zentrum aller Festriten steht die gemeinsame Mahlzeit der Festteilnehmer, die bei den Hochfesten als heiliges Mahl (→Opfer) inszeniert wird. Das Verteilen des Opfertiers durch den Häuptling, König oder Priester macht jedem Beteiligten die Anspruchsgrenzen, die er zu respektieren hat, unmittelbar evident. Da die Fleischverteilung das hierarchische Rollengefüge der Gruppe symbolisch neu konstituiert, kann das Opfertier selbst als dominantes Kultobjekt erscheinen.[15] In zweiter Linie gilt das auch für die wichtigsten Nahrungs- und Genußpflanzen. Als Symbol der Gruppenganzheit, deren Binnenstruktur Distributionsregeln festschreiben, können Opfertier und Pflanze geradezu als Manifestation eines mythischen Ahnherrn, der den Stamm in der Urzeit erschaffen hat, aufgefaßt werden (→Totemismus).
Die heiligen Mähler sind naturgemäß in das *Initiationswesen* einbezogen. Insofern nämlich allein die erwachsenen Stammesangehörigen bzw. Bürger am Mahl teilnehmen dürfen, wird die erstmalige Partizipation am Opfermahl als Eintritt in die Erwachsenenwelt inszenierbar. Synchron dazu muß der Novize seine Fähigkeit beweisen, für seinen und der andern Lebensunterhalt nunmehr selbst aufzukommen. Das tut er beispielsweise, indem er als Jäger die Fleischnahrung für das Opfermahl beschafft oder als Ackerbaunovize ein eigenes Stück Land rodet und besät und den Stier schlachtet, der für das Festmahl bestimmt ist. Alle in dieser ritualisierten Übergangssituation auftauchenden Requisiten können sakralisiert, das heißt Kultobjekte sein.

IV. Schutz vor Profanierung

Es versteht sich, daß alle heiligen Gegenstände zunächst nur innerhalb des kultischen Handlungszusammenhangs den Charakter von Kultobjekten haben. Damit man sie wieder verwenden kann, müssen sie außerhalb der rituellen Handlungszeiten besonders markiert oder verwahrt und damit vor Profanierung geschützt werden. Denn man sieht einem Kultobjekt seine Heiligkeit nicht ohne weiteres an; der prototypische Ritus stellt sie erst her, ohne sie jedoch für immer im Gedächtnis zu fixieren. Um die sakrale Qualität eines Objekts zu erhalten, muß man seinen Ausnahmecharakter sichtbar betonen. Unansehnliche Kultobjekte haben in der profanen Zwischenzeit, bis zum nächsten Ritual, im Allerheiligsten eines Tempels, in einer *cista mystica*, zu verschwinden. Das Schöne und Eindrucksvolle jedoch kann auch in der profanen Alltagssituation im Hintergrund präsent bleiben, vorausgesetzt, es wird seiner Rolle, archetypische Modelle zu verkörpern, ständig gerecht. So erklären sich die starren Verhaltensnormen, denen Sakralkönige unterworfen sind, und die Überdimensionalität der Götterstatuen bzw. ihre vom alltäglichen Erscheinungsbild des Menschen abweichende Idealität oder ihre theriomorphen Merkmale – Projektionen mythischer Urzeitwesen bzw. der Ritualkostüme der Initianden, die gerade dabei sind, den Schritt von der Natur (dem »Tier«) zur Kultur (dem »Menschen«) zu vollziehen.

---

[15] G. J. Baudy, Hierarchie oder: Die Verteilung des Fleisches, in: B. Gladigow/H. G. Kippenberg (Hrsg.), Neue Ansätze in der Religionswissenschaft, 1983, 131–174, S. 145.

V. Kultbild und Spiritualisierung

1. Götterstatuen und Göttervorstellungen

Die Götterstatuen stellen gewissermaßen die →Epiphaniesituation, die das Ritual periodisch inszeniert, auf Dauer und halten den Gott als Ansprechpartner ständig verfügbar. Das einmal geschaffene →Kultbild[16] macht eine mimetische Vergegenwärtigung des Gottes durch menschliche Ritualakteure tendenziell überflüssig; in diesem Fall wird es bei Epiphaniefeiern aus dem Tempel getragen oder auf Prozessionswagen herumgefahren. Was dem Bild gegenüber einem lebenden Repräsentanten der Gottheit fehlt, die Eigenbeweglichkeit und Reaktionsfähigkeit, sind nunmehr Qualitäten, die das Kultbild entweder der Theorie nach besitzt oder die einem spirituellen Gott zugeschrieben werden, der sich im Kultbild nur punktuell und symbolisch manifestieren soll.
Im letzteren Fall ist das eigentliche Kultobjekt zu einer rein geistigen Größe geworden, die plastisch zu machen und zu definieren den Tradenten und Erklärern des Mythos allein obliegt. Das gilt verstärkt für ritualarme Religionen, die auch noch die Darstellung des Gottes im Kultbild verpönen, so daß die Gottheit Synonym ethischer Begriffe und abstrakter Naturgewalten wird.
Die Respezifizierung des Gottes für den individuellen Heilsbedarf erfolgt dann auf der Ebene sozial unkontrollierbarer Phantasieleistungen, auf der der Gott in allen Lebenslagen gewissermaßen als transportable Du-Attrappe chronisch erreichbar bleibt und einen imaginären Sozialschutz überall dort zusichert, wo das Individuum sich von handlungshemmenden Ängsten emanzipieren, seine gefährdete Selbsteinschätzung stabilisieren und Einsamkeit erträglich machen muß.
Hier werden anstelle des einen, von Theologen verwalteten Staats- und Weltengotts, der über allen Parteien steht, gern kleinere Untergötter oder Geister bemüht, die als Ahnherrn der Familie oder Lokalheilige und Standespatrone gelten oder auch vom Individuum persönlich erworben werden, sei es automatisch bei der Geburt (*genius*, Schutzengel), sei es aufgrund besonderer Initiationsleistungen. Auch verstorbene Personen können diese Rolle übernehmen.

2. Emanzipatorische Funktionen und Risiken spiritueller Kultobjekte

Alle spirituellen Kultobjekte, ob Götter, Heroen, Geister oder Verstorbene, haben den Vorteil, daß der mit ihnen umgehende Adorant soziale Rollenspiele phantasieren kann, die ihm eine produktive Überwindung von inneren Hemmungen und Krisen ermöglichen, ohne ihn psychisch zu versklaven, was bei einer engen Bindung an lebende Autoritätspersonen oft der Fall ist. Die spirituelle Du-Attrappe bleibt immer die abhängige Variable der produktiven Phantasie des Adoranten. Sie beschert ihm seelische Autarkie, indem sie ihn von wirklichen sozialen Rückmeldungen tendenziell unabhängig macht. Der Gefahrenpunkt solcher Kultobjekt-Bildungen ist ein geistiger Narzißmus, der von der Gemeinschaft nicht mehr akzeptiert und als pathologisch eingestuft wird.
Letzteres erfolgt dann, wenn das Individuum das im Umgang mit inneren Bezugspersonen entwickelte Sprachspiel publiziert ohne Rücksicht auf Verständlichkeit. In diesem Fall überläßt die Gesellschaft dem Psychiater die Mühsal der Dechiffrierarbeit.[17]

---

16 Literatur zum Thema Kultbild bei Funke, Götterbild.

17 Parallelisierung schizophrener Symptome mit archaischer Religion: A. Storch, Das archaisch-primitive Erleben und Denken der Schizophrenen, 1922.

Zwischen der Privatreligion des als geisteskrank Abgeschobenen und der öffentlichen Religion stehen →Sektenreligionen verschiedener Größenordnungen, die von häretischen Charismatikern begründet wurden, denen es gelang, einen Kreis von Personen von der Heilswichtigkeit ihrer privat konzipierten Kultobjekte zu überzeugen. Dabei sind es gerade die Anleihen, die der Charismatiker bei diversen religiösen Überlieferungen macht, die seine Botschaft mit der Aura der Authentizität ausstatten.

3. Materielle Kultobjekte privater und öffentlicher Art

Was für die geistigen Kultobjekte gilt, trifft auch zu für materielle Objekte. Diese können sakralisiert werden auf einer rein individuellen, einer sekten- und einer gesamtgesellschaftlichen Ebene. Für den einzelnen hat etwa das *Erinnerungsbild* an einen Verstorbenen einen affektiven Wert, den es für andere naturgemäß nicht hat. Ebenso können alle möglichen Alltagsgegenstände aufgrund lebensgeschichtlicher Assoziationen einen nicht kommunizierbaren Symbolwert erhalten, der das Handeln der Person unter Umständen so tiefgreifend beeinflußt, daß es für äußere Beobachter »gestört« wirkt. Die psychotherapeutische Fachsprache nennt solche Kultobjekte »Fetische«[18], wobei sie einen Begriff verwendet, der von der geltenden Religion nur auf fremde Primitivreligionen und angeblich atavistische Relikte bezogen wird, die letztlich intolerabel erscheinen (→Fetischismus I/II).

Doch gelten individuelle »Fetischisierungen« nicht zwangsläufig als pathologisch; sie können sogar kulturell gefordert werden, so wenn nordamerikanische Indianer Dinge, die mit der individuellen Initiationsphase in einem wie immer gearteten Assoziationszusammenhang stehen, als *Amulette* verwenden[19] – symbolische Außenhalte, die die kritische Phase der Persönlichkeitsformierung materiell konservieren.

Äquivalent des mit Amuletten gefüllten Medizinbeutels ist auf der Ebene kollektiver Religionspraxis die *cista mystica*[20], in der die Zentralsymbole verwahrt werden, über die die Gesellschaft ihre Struktur bei den Initiations-, Neujahrs- und Stadtgründungsriten regeneriert. Als Symbole kommen etwa Saatkörner in Frage[21], was die *cista mystica* zur Miniaturform des Speichers macht, ferner Werkzeuge der Nahrungsverarbeitung und die fertigen Nahrungsprodukte selbst, schließlich Götterbilder bzw. anikonische Repräsentationen von mythischen Kulturbringern. Solche mystischen Objekte sind gern gleichzeitig als Sexualsymbole gestaltet, so daß das Aufheben des Deckels bei der Initiationsfeier die Novizen mit dem Geheimnis der gesellschaftlichen Reproduktion in doppelter Weise vertraut macht.[22] Der Novize lernt im zeremoniellen Umgang mit den mystischen Gegenständen simultan, wie er als Erwachsener die Nahrung zu reproduzieren hat, von der er lebt, und wie er das Leben selbst durch sexuelle Fortpflanzung zu erneuern vermag. Dieser Doppelbezug schlägt sich in der Sprache

---

[18] Z. B. S. Freud, Fetischismus (1927), in: Studienausgabe 3 (1975) 379–388.

[19] W. Müller, Die Religionen der Indianervölker Nordamerikas, in: RDM (1961) 171–267, S. 181.

[20] Zur *cista mystica* als Symbol einer technischen Invention: Burkert, Zur Urgeschichte der Technik, 292.

[21] F. Speiser, Die eleusinischen Mysterien als primitive Initiation, in: Ztschr. f. Ethnologie 60 (1928) 362–372, S. 370.

[22] Vgl. z. B. Burkert, Homo Necans, 301; ders., Kekropidensage und Arrhephorien, in: Hermes 94 (1966) 1–25, S. 14ff.

insofern nieder, als der Geschlechtsakt als Metapher für Pflügen und das Pflügen wiederum metaphorisch für den Geschlechtsakt stehen kann.[23] Pauschal darf man sagen, daß die *cista mystica* die Überlebensbedingungen, das heißt die besonderen Anpassungsleistungen einer Gesellschaft in konzentrierter Form enthält. Bei einer Teilung des Kollektivs nehmen die Kolonisten ein Duplikat der *cista mystica* mit, so daß die Kolonien die Institutionen der Mutterstadt auf fremdem Boden symbolisch reproduzieren können und keine Einbuße an kultureller Identität erleiden. Das gilt verstärkt dort, wo die äußere Form der mystischen Kiste den Haupttempel der Mutterstadt kopiert.[24] Auch in Konkurrenz zum individuellen Fetisch multipliziert das offizielle Religionssystem seine Zentralsymbole und bietet sie den Kulturteilnehmern zur persönlichen Nutzung an. Dabei kann eine Spaltung zwischen theologischer Theorie und religiöser Praxis sichtbar werden: Während jene den Symbolwert betont, verwendet letztere das Kultobjekt gern als direkten Heilsgaranten, was die Kirchentheologie dann als verzeihlichen Aberglauben hinnimmt. Miniaturgötter, -tempel oder -kreuze ziehen jede Privatwohnung in den Bannkreis der Schutzwirkung, die von den religiösen Zentren ausstrahlt. Kleinstkopien, die man mit sich herumtragen kann, spielen als Talismane eine weit wichtigere Rolle im religiösen Leben, als die offizielle Lehrmeinung es wahrhaben will. Gegenüber rein spirituellen Heilsvorstellungen hat das sinnlich faßbare Objekt den Vorteil der unmittelbaren Evidenz für sich. Das angeborene Verlangen, bei einem fürsorglichen und mächtigen Du in Situationen der Bedrohung Zuflucht zu suchen, sich bei ihm anzuklammern und hinter ihm zu verstecken, wird durch Objekte, nach denen man greifen kann, besser befriedigt als durch bloße Phantasiebildungen.

Alle materiellen Kultobjekte können leicht depotenziert, das heißt ihres sakralen Mehrwerts entkleidet und dennoch weiterverwendet werden, sei es aus einer nostalgischen Erinnerung an eine früher erlebte Glaubensgeborgenheit heraus oder aufgrund eines unbewußten Kalkulierens mit der Eventualität einer Heilswirkung.

4. Grenzmarkierung und Dämonenkult

Oft gibt es unmerkliche Übergänge zwischen Objekten rein praktischer Natur und solchen, die ein religiöser Mehrwert auszeichnet. Eine territoriale Markierung etwa, die anzeigt, daß ein bestimmter Fruchtbaum oder ein Gebiet bereits zur Eigentumssphäre eines andern gehört, erlaubt es jedem Passanten, der mit dem Signalsystem vertraut ist, durch gezieltes Meideverhalten sozialen Konflikten aus dem Weg zu gehen. Weil der als *Markierungszeichen* benutzte Zweig, Stab oder Stein aber die dauernde Präsenz des Besitzers entbehrlich macht, kann er mitunter als beauftragter Wächter empfunden und auch entsprechend stilisiert werden. In diesem Fall wird er zu einem – oft in phallischer Imponierhaltung dasitzenden oder mit Artfeindattributen ausgestatteten – Kultobjekt.[25] Einen analogen Zweck erfüllen *spirituelle Schreckfiguren*, die etwa Kinder davon

---

23 A. DIETERICH, Mutter Erde (1905), ^{3}1925, 97 ff.

24 Z. B. Gründung von Massilia nach STRABON 4, 1, 4 (179); vgl. Gründungsmythos von Thasos bei PAUSANIAS 10, 28, 3.

25 D. FEHLING, Ethologische Überlegungen auf dem Gebiet der Altertumskunde (= Zetemata 61) 1974, 7 ff.

zurückhalten sollen, ins Getreidefeld zu laufen[26], oder Dämonen, die der Schamane an den Dorfgrenzen postiert.[27] Obwohl die Gespenster nicht zu dem Gruppenpantheon gehören, mit dem die Gruppenangehörigen sich identifizieren, empfangen sie periodische Opfergaben, weil ihre Instrumentalisierung zu Grenzmarkierern, die Bereiche des Verbotenen abstecken, nicht durch einmalige Stiftungsakte erfolgen kann. Vielmehr muß eine nach bestimmten Fristen wiederholte Ritualsuggestion die Anwesenheit von Dämonen öffentlich beglaubigen.
Diese kollektiven Kultakte unterscheiden sich von individualistischer (bzw. sektiererischer) Dämonenverehrung (schwarze Magie, Besessenheitskulte) durch deren oppositionelle Orientierung.[28] Wer die Gruppengesetze nicht anerkennen mag und das öffentlich Verbotene für sich beansprucht, kann sich gerade mit den dämonischen Grenzwächtern, die die Grenzen sichern sollen, oder sogar den außerhalb der sozialen Ordnung und des Gruppenterritoriums angesiedelten Feindmächten, vor denen die »domestizierten« Grenzdämonen schützen sollen, zu verbünden suchen. Solche Tendenzen fängt wiederum der staatliche Kult durch Etablieren von →Ventilriten auf, welche die öffentliche Ordnung vorübergehend auf den Kopf stellen. Als Symbolfiguren und Kultobjekte der →verkehrten Welt dienen neben den Dämonen ekstatische Götter des »Draußen« vom Dionysos-Typus. [29]

5. Legitimierungs- und Reifungsfunktionen

Neben den Immobilien markierenden sowie räumliche Grenzen absteckenden Kultsymbolen bzw. Wächterfiguren gibt es solche, die sich aus Rang- und Funktionsattributen entwickelt haben, welche die soziale Infrastruktur durchschaubar machen. So hat in Amtsantrittsriten die Übergabe eines Stabs, etwa vom Herdenbesitzer an den Hirten, vom König an seinen Erben, an Herolde und Fürsten, die Funktion eines legitimierenden Akts. Im Stab trägt der beauftragte Amtsinhaber fortan das Einverständnis dessen sichtbar bei sich, der ihn in das Amt einzusetzen befugt war. Nun werden solche Stäbe, die zunächst einen rein praktischen Nutzen als Hirten- und Wanderstab besitzen, wegen ihrer autoritätsverleihenden Wirkkraft gern besonders verziert und achtsamer behandelt, als ihr Materialwert notwendig machte. Nicht selten gelten sie als Nachbildung eines archetypischen Urstabs, der von einem mythischen Urhirten oder Urkönig in der Generationenfolge vererbt worden sein soll. Damit ist aus dem profanen Werkzeug ein Kultobjekt geworden.[30] Die öffentliche Bedeutungszuweisung bei den Amtseinsetzungen entlastet den Amtsinhaber vom ständigen Legitimations-

---

26 L. Mackensen, Tierdämonen? Kornmetaphern!, in: Mitteldt. Blätter f. Volksk. 8 (1933) 109–121

27 A. Friedrich, Das Bewußtsein eines Naturvolkes von Haushalt und Ursprung des Lebens, in: W. E. Mühlmann/E. W. Müller (Hrsg.), Kulturanthropologie, 1966, 186–195, S. 190. – Sicherung von Jagdrevieren durch Geisterfurcht: F. G. Speck, Family Hunting Territories of the Lake St. John Montagnais and Neighboring Bands, in: Anthropos 22 (1927) 387–403, S. 389f.

28 I. M. Lewis, Ecstatic Religion, 1971, 100ff.; B. Gladigow, Ekstase und Enthusiasmos, in: H. Cancik (Hrsg.), Rausch – Ekstase – Mystik, 1978, 23–40, S. 38.

29 R. Kraemer, Ecstatics and Ascetics: Studies in the Functions of Religious Activities for Women in the Greco-Roman World, Diss. Princeton University 1976, 74ff.

30 Typologie heiliger Stäbe bei: F. J. M. de Waele, The Magic Staff or Rod in Graeco-Italian Antiquity, 1927.

zwang. Den Stab oder andere äquivalente Symbole in der Hand haltend, kann er sich rückversichert und in seiner Rolle geborgen fühlen.

Auch der →Baum, von dem die Stäbe gebrochen werden, erhält einen religiösen Mehrwert, zumal wenn er an heiligen Orten steht, wo die Initiationsriten stattfinden (→Kultort). Insofern nämlich Bäume mehrere menschliche Generationen überdauern können, sind sie ideale religiöse Zentren der Gruppe, von wo sich die Novizen jeder Generation die legitimierenden Zweige holen dürfen. Dies um so mehr, wenn sie auf dem Grab eines Urzeitheros gewachsen oder von ihm gepflanzt bzw. aus dessen eigenem Initiationsstab herausgewachsen sein sollen[31], wie es den Initianden ihrerseits zur Pflicht gemacht werden kann, als erste Kulturleistung einen Baum zu pflanzen.[32]

Oft gilt der Baum als Repräsentant eines mythischen Weltenbaums und zugleich einer Urmutter[33], so daß sein Ableger, der *Zweig* und seine Derivate (Stab, Knüppel, Speer), einen symbolischen Fernkontakt zum schützenden mütterlichen Zentrum gewährleistet. Hier wird die Grundfunktion des transportablen Kultobjekts, ein Sicherheitsempfinden über weite Distanzen hin zu schaffen, um zu räumlichen Trennungen von sozialen Schutzinstanzen zu befähigen, besonders deutlich. Die lebensgeschichtlichen Übergangsriten symbolisieren das Sichlösen vom mütterlichen Zentrum durch spielerisches Wiederholen der Geburt, beispielsweise durch Kappen einer symbolischen Nabelschnur, die den Novizen mit dem Baum verbindet, und Verlassen des Elysiums (heiliger Hain). Das aber, worauf der Novize zeremoniell Verzicht leistet, bleibt ihm indirekt erhalten in dem Zweig, der zwar vom Baum getrennt ist wie er nunmehr von der Mutter, als Teil des Baums aber diesen *pars pro toto* in sich trägt. Ihn mitnehmend, um ihn entweder zu einem Werkzeug zu verarbeiten, das ihn als Erwachsenen ausweisen wird, oder um ihn – in symbolischer Parallele zum eigenen Seßhaftwerden – einzupflanzen, damit ein neuer Baum entsteht, vermag der Novize die Emanzipation von bisherigen lebensgeschichtlichen Bindungen mittels ritueller Substitutionen zu beschleunigen.

Eine vergleichbare Funktion haben *Kultpfähle* oder *Kultsteine*, die an Verstorbene erinnern sollen.[34] Solange die Trauer vorhält, empfinden die Hinterbliebenen ein Bedürfnis nach Bezugssurrogaten, deren Schaffung dann die allmähliche Ablösung rituell unterstützt. Die Aufmerksamkeitsgesten und Pflegehandlungen, die einem stellvertretenden Baum, Pfahl oder Stein zuteil werden, sind Emanationen eines affektiv hochbesetzten Interaktionsprogramms, das durch den Tod der Bezugsperson nicht plötzlich gelöscht werden kann und seine affektive Energie durch Wiederholungen im Leerlauf verbrauchen muß. Dazu eben müssen Symbolübertragungen stattfinden, weil das Programm ansonsten nicht rituell inszenierbar wäre. Entweder gelten daher Stein und Pfahl als Seelensitze, oder sie werden zum anthropomorphen Kultbild ausgestaltet, durch Gemälde und Photographien oder auch bloße Totengeistvorstellungen ersetzt, was dann mit einer Verlagerung des rituellen Handelns auf die Phantasieebene einhergeht. Auch in diesem Fall hat das jeweilige Kultobjekt, das einen Abwesenden (Toten) vergegenwärtigt, einen emanzipatorischen Wert, weil es die psychohygienisch notwendige Trauerarbeit, die idealiter in die Ablösung vom Toten mündet, schneller voranbringt (→Tod).

---

31 Z. B. C. Boetticher, Der Baumcultus der Hellenen, 1856, 254ff.

32 M. Detienne, L'olivier: un mythe politico-religieux, in: Revue d'Histoire des Religions 178 (1970) 5–23, bes. 21f.

33 G. J. Baudy, Exkommunikation und Reintegration, 1980, 21f. 78ff. 181ff. 233ff. 283ff.

34 J. Röder, Pfahl und Menhir, 1949, 58ff.

6. Sind Kinderpuppen Kultobjekte?

Schwer oder gar nicht abgrenzbar gegen Du-Attrappen dieser Art sind Spielobjekte für den kindlichen Gebrauch. Eine Puppe oder ein Teddybär erlangt für das Kind unter Umständen eine so hohe emotionale Bedeutung, daß sie ihm tatsächliche Sozialkontakte vorübergehend ersetzen können. In variablen Rollenzuweisungen vermag das Kind im Umgang mit den artifiziellen Spielgefährten seine sozialen Ängste zu verbrauchen und Handlungschanen experimentell einzustudieren. Insofern ist der Teddybär durchaus das funktionale Äquivalent von Schutzengeln und Göttern, zugunsten deren das Kind später auf die Puppe verzichten soll. Daß diese üblicherweise nicht als Kultobjekt angesprochen wird, hängt allein damit zusammen, daß die Erwachsenen den Religionsbegriff für sich monopolisieren und das kindliche Bewußtsein nicht ernst nehmen. Für das Kind selbst aber dürften seine artifiziellen Spielgefährten die gleiche Bedeutung haben wie für den Heranwachsenden ein ihn auf seinen einsamen Wegen imaginär begleitender Gott. Hier wie dort erhöht das Kultobjekt in Zeiten von Reifungskrisen die geforderte Frustrationstoleranz, indem es einen zwischenzeitlichen Ersatz schafft für aufgelöste oder noch nicht aufgebaute soziale Nahbeziehungen (→Frustration).

VI. Paläopsychische Determinanten

Aufgrund der in der menschlichen Natur angelegten Grundbedürfnisse pflegen alle Kulturen zu allen Zeiten ähnliche Objekte zu sakralisieren, nämlich die konstanten Minimalbedingungen des Überlebens: die dominante Nahrung, die primären Schutzbereiche und die zentralen Steuerfunktionen.

Da die Vorfahren des Menschen wie auch die andern Primaten ihre Schlaf- und Zufluchtsorte auf Höhenplätzen, insbesondere auf Bäumen hatten, kann man die überall verbreiteten Höhenkulte[35], die Lokalisierung der regierenden Götter im Himmel und die notorische Erwartung, daß alles Heil oben liegt, auf eine paläopsychische Disposition zurückführen.[36]

Aus einer paläopsychischen Erbkoordination kann auch die Bereitschaft erklärt werden, die Gruppenhierarchie kultisch zu ergänzen durch Heroen und Götter, die als Schöpfer der Institutionen und Ahnherren der Menschen gelten und von denen man sich eventuell Fürsorge, Schutz und Verhaltenskontrollen mit Einschluß von strafenden Interventionen verspricht.

Da nämlich alle Primaten Rangordnungen ausbilden und die jeweils ranghohen Gruppenmitglieder Verteidigungsfunktionen wahrnehmen, kann eine instinktive Bereitschaft, bei Höherrangigen Zuflucht zu suchen, angenommen werden. Wenn dieses Bedürfnis ins Leere hängt, sei es, weil die Rangordnung beim Übergang zur gemeinsamen Jagd vergleichsweise eingeebnet wird[37], sei es, weil die angesehenen Individuen, die den andern Geborgenheit garantieren, ihrerseits ein Schutzbedürfnis empfinden, können imaginäre Hochranger die empfundene Lücke im Sicherungssystem fiktiv

---

[35] F. Frh. v. Andrian, Der Höhencultus asiatischer und europäischer Völker, 1891; Eliade, Die Religionen und das Heilige, 61ff.

[36] R. Bilz, Studien über Angst und Schmerz (1971), 1974, 92. 291.

[37] D. Morris, Der nackte Affe (1967), 1974, 92. 291.

schließen. Wenn nun die symbolischen Steuerungsmechanismen der Gesellschaft sich über den Kult solcher projektiv erzeugten Führerfiguren konstituieren, so hängt das damit zusammen, daß die lebenden Autoritätspersonen die Institutionsregeln ihrerseits von früheren Autoritäten ererbt haben, so daß die jeweilige Autoritätsrolle ein generationenübergreifender →Archetyp ist, den kein menschliches Individuum auf Dauer verkörpern kann. Die Götter eines Volkes sind demnach identisch mit den prototypischen Rollen, die es in jeder Generation neu zu besetzen gilt.

C Kulturphaseologische Transformationen

I. Jäger- und Sammlerstufe

1. *Kulthöhle*: Das Okkupieren von Höhlen als Schlaf- und Feuerstellen durch die altsteinzeitlichen Jäger war eine Innovation, die ein Überwinden der elementaren Angst tagaktiver Tiere vor dunklen, unübersichtlichen Räumen verlangte.[38] Die ambivalenten Gefühle, welche die Höhle auslöst, ihre Eigenschaft als Angst- und Schutzraum zugleich, machte sie auch für Initiationsriten geeignet, die das Drama von Tod und Wiedergeburt in kultischen Grotten inszenierten. Objekte von Wiedergeburtsriten waren vermutlich auch die in Höhlen bestatteten Toten und die Knochen der erbeuteten Jagdtiere, die man dort deponierte.[39]

2. *Heiliger Baum*: Da nun die Baumwohnung stammesgeschichtlich älter ist als die Höhlenwohnung, dürften auch die den Baum als Initiations- und Wiedergeburtsort benutzenden Riten älter sein als die analogen Höhlenriten. Hier wie dort erwartete man vom Kultort, der zugleich Kultobjekt war, die Erneuerung des menschlichen Lebens und der Lebensmittel (Jagdtiere). Wie die Höhle einen Uterus, so repräsentierte auch der Baum eine weibliche Gottheit.[40]

3. *Heilige Tiere und Götter*: Ausgewählte, zeremoniell verspeiste Jagdtiere konnten Objekte kultischer Verehrung werden[41], deren sakramentale Verteilung die Rang- und Ordnungsstrukturen innerhalb der Gruppe sichtbar ausdrückte. Wenn das beim Opfermahl gegessene Tier daher den mythischen Ahnherrn der Gruppe verkörpert, dann vertritt es zugleich den Initianden, der die kulturschaffenden Leistungen des Ahnherrn in eigener Person nachvollzieht und am Ende in die Gemeinschaft der erwachsenen Kommensalen aufgenommen wird. Entsprechend stirbt der Novize in den Initiationsriten symbolisch nach Art des Beutetiers, wird von mythischen Wesen zerstückelt und verzehrt, um dann in einer neuen Identität wiederaufzuerstehen.

---

[38] D. F. Jonas/R. Fester/A. D. Jonas, Kinder der Höhle. Die steinzeitliche Prägung des Menschen, 1980, 16.

[39] B. Gladigow, Unsterblichkeit und Moral. Riten der Regeneration als Modelle einer Heilsthematik; in: ders. (Hrsg.), Religion und Moral, 1976, 99–117.

[40] K. Meuli, Die Baumbestattung und die Ursprünge der griechischen Göttin Artemis (1965), in: Ges. Schriften 2 (1975) 1083–1118.

[41] Findeisen, Das Tier als Gott, Dämon und Ahn.

Die Jagdtiere haben auch einen spirituellen Repräsentanten, einen → *Herrn* (oder eine *Herrin*) der *Tiere*, den man für ausbleibendes Jagdglück verantwortlich macht. Seine Funktionen werden bisweilen auch von dem Höchsten (Schöpfer-)Wesen wahrgenommen, das freilich oft als → *deus otiosus* konzipiert ist.[42]

4. Auch die *Toten* dürften seit jeher während des Trauerprozesses eine bestimmte Zeit hindurch kultisch verehrt worden sein, solange die emotionale Bindung Ängste produzierte und die Bereitschaft zur Fürsorge und Kontaktsuche nicht abreißen ließ, zumal dies nichts spezifisch Menschliches, sondern für soziale Lebewesen mit engen interindividuellen Bindungen überhaupt charakteristisch ist[43] (→ Totenkult).

II. Neolithische Innovationen

Beim Übergang zu Ackerbau und Viehzucht gingen die alten religiösen Traditionen nicht verloren, sondern wurden der neuen Wirtschaftsform angepaßt.[44] Das sakramental verzehrte Opfertier erhält nunmehr zusätzliche Bedeutungszuweisungen. Es gilt als Inkarnation des mythischen Kulturbringers, der sich nach seinem Tod in die Nahrungspflanzen verwandelt hat. Der Kulturbringer wiederum ist – wie schon auf der Jägerstufe – Archetyp des Initianden, der beim Übergang zum Erwerbsleben des Erwachsenen einen Ritualtod erleidet, indem er durch Identifikation mit dem Opfertier symbolisch stirbt.

Die Analogisierung der Opferstruktur mit landwirtschaftlichen Tätigkeiten wie Ernte, Verarbeiten des Getreides, Speicherung und neuer Aussaat, die das scheintote Getreide wieder zum Keimen bringt, führt zum *Typus des sterbenden Vegetationsgotts*[45], der die mythische Spiegelung des in den Getreidebauzyklus eingeweihten Initianden ist und in Gestalt des Opfertiers den Tod erleidet, um in Gestalt der Kulturpflanzen verwandelt wieder aufzuerstehen. Die jährlich wiederholte Ritualtötung des Opfertiers gilt in diesem Kulturkreis als Voraussetzung für die Feldfruchtbarkeit (→ Fruchtbarkeit; Vegetationskult).

Parallel zu den Ackerbaugöttern entsteht eine neue Generation von Kultobjekten, die eine repräsentative Auswahl der Lebensmittel sowie der Werkzeuge zu deren Gewinnung, Verarbeitung und Speicherung bilden.

III. Komplexe Kulturen

1. *Fortwirken der Ackerbauriten*: Die Hochzivilisationen basieren wesentlich auf der Institution des Ackerbaus; ihre Religionsformen bleiben daher von den im Ackerbau heimischen Riten geprägt. Sakralkönige übernehmen als oberste Priester die mythischen Kulturbringerrollen. So pflügte der chinesische Kaiser zu Beginn der Frühjahrsaussaat ein heiliges Feld und gab dadurch den Auftakt zur allgemeinen Feldbestellung.[46] Mysterienreligionen konservieren die Stirb-Werde-Rituale der Ackerbauinitiation und orientieren sie im Sinne symbolischer Vorvollzüge auf ein jenseitiges Heil hin (→ Königtum, sakrales; Mysterien).

---

42 N. Söderblom, Das Werden des Gottesglaubens, 1916.

43 Baudy, Exkommunikation u. Reintegration (Anm. 33), 129ff.

44 Burkert, Homo Necans, 20ff.

45 Jensen, Die getötete Gottheit, passim.

46 Belege bei O. Franke, Kêng Tschi T'u. Ackerbau und Seidengewinnung in China, 1913, 3ff.

2. *Pantheon-Bildung*: Zu Kult-Innovationen kommt es infolge beruflicher Differenzierungen in den städtischen Metropolen, die sich im kultischen Repräsentationssystem in Gestalt neuer Funktionsgötter oder Heroen (Heiliger) niederschlägt (→Polytheismus). Kultnotwendig wird nunmehr eine Pantheonbildung unter hierarchischen Gesichtspunkten.
Wie der Kult die leitenden Ideen (Rollenerwartungen) einer Gesellschaft in göttlichen Vorbildern inkarniert, so kann eine reflexive →Theologie das Ideen-Pantheon auch abstrakt formulieren und den ganzen sozialen Kosmos in einem metaphysischen Wertehimmel fundiert sehen. Da die Götter aber nicht nur Menschen, sondern auch die Naturbereiche vertreten, die von der menschlichen Arbeit jeweils betroffen werden, entsteht gleichursprünglich eine metaphysische →Kosmologie, für die das Weltganze Emanation übersinnlicher Mächte ist. Die daraus resultierenden Makrokosmos-Mikrokosmos-Relationen können für die Legitimierung sozialer Ordnungen nutzbar gemacht werden.[47] Gleichzeitig wird für eine theologische bzw. philosophische Elite ein abstrakter, das Gute schlechthin oder die schöpferische Weltenergie bezeichnender Gottesbegriff zum Objekt kultischer Verehrung.[48]

3. *Heilige Texte*: Ein ganz neuer Typus von Kultobjekten entsteht durch die Erfindung der Schriftsprache. Diese machte es möglich, die in der kultischen Epiphaniesituation gesprochenen Handlungsanweisungen literarisch zu fixieren und als heilige Texte etwa in einer *cista mystica* bis zum nächsten Festtermin aufzubewahren (s. B V 3). Der komplexere und detailliertere Informationswert des Wortes gegenüber einem dinglichen Symbol konnte zu dessen schließlicher Verdrängung führen. So lagen in der Lade Jahwes am Ende angeblich nur noch Gesetzestafeln, deren Texte als Garanten der sozialen Ordnung an den Festtagen verlesen wurden.[49] Heilige Bücher, die unter göttlicher Inspiration verfaßt sein sollen, können nationale Traditionen nunmehr stabilisieren und Handlungsanweisungen für alle Lebenslagen jederzeit verfügbar halten.

Literatur

Baetke, W., Aufgabe und Struktur der Religionswissenschaft (1952), in: G. Lanczkowski (Hrsg.), Selbstverständnis und Wesen der Religionswissenschaft, 1979, 133–158; Berger, P. L., Zur Dialektik von Religion und Gesellschaft, 1973 (am. Orig. u. d. T. The Sacred Canopy, 1967); Burkert, W., Glaube und Verhalten: Zeichengehalt und Wirkungsmacht von Opferritualen, in: Le sacrifice dans l'Antiquité (Entretiens Fondation Hardt 27), 1981, 91–133; ders., Homo Necans. Interpretationen altgriechischer Opferriten und Mythen (RGVV 32), 1972; ders., Urgeschichte der Technik im Spiegel antiker Religion, in: Technikgeschichte 34 (1967) 281–299; Durkheim, É., Die elementaren Formen des religiösen Lebens (frz. Orig. 1912), [3]1984; Eliade, M., Die Religionen und das Heilige (1954), 1976; Findeisen, H., Das Tier als Gott, Dämon und Ahn. Eine Untersuchung über das Erleben des Tieres in der Altmenschheit, 1956; Funke, H., Art. Götterbild, in: RAC 11 (1981) 659–827; Goldammer, K., Die Formen des Religiösen, 1960; Heiler, F., Erscheinungsformen und Wesen der Religion, 1961; Jensen, A. E., Die getötete Gottheit. Weltbild einer frühen Kultur, 1966; Leeuw, G. van der, Phänomenologie der Religion (1933), [3]1956; Otto, R., Das Heilige (1917), 1971; Overbeck, F., Das Cultusobjekt bei den Griechen in seinen ältesten Gestaltungen (Ber. ü. d. Verh. d. königl. sächs. Ges. d. Wiss. z. Leipzig, Philol.-hist. Kl. 16), 1864, 121–172; Pfister, F., Art. Kultus,

[47] E. Topitsch, Vom Ursprung und Ende der Metaphysik. Eine Studie zur Weltanschauungskritik (1958), 1972, 47ff.
[48] Die abendländische Spielart dieser kultischen Orientierung ist die Philosophie Platons.
[49] Literatur zur Lade Jahwes bei: R. Schmitt, Zelt und Lade als Thema alttestamentlicher Wissenschaft, 1972.

in: RE 22 (1922) 2106–2192; Sigwart, Art. Cultus, in: Thesaurus Linguae Latinae IV (1909) 1324–1339; Widengren, G., Evolutionistische Theorien auf dem Gebiet der vergleichenden Religionswissenschaft (1945), in: G. Lanczkowski (Hrsg.), Selbstverständnis und Wesen der Religionswissenschaft, 1974, 87–113.

Gerhard Baudy

→*Baum, Gottesvorstellungen, Hierarchie, Kultbild, Kultort, Projektion, Ritus/Ritual, Symbol, Zeichen*

Kultort

A Allgemeines

I. Begriffsbestimmung

1. »Kultort« bezeichnet, weithin gleichbedeutend mit »Heiligtum«, eine natürliche oder künstlich geformte Stätte dauerhafter religiöser Verehrung. An Kultorten werden (a) religiöse Handlungen geleistet (→Ritus/Ritual), sie werden (b) als bevorzugte Kommunikationsorte zu jenseitigen Mächten, Göttern oder Geistern (›Gotteserlebnis‹, Orakel, Opferpraxis; →Divination) angesehen, sie sind (c) durch Erzählungen wie Gründungslegenden oder Mythen von den Kultteilnehmern begründet, sie bilden schließlich (d) die Kristallisationspunkte des Zusammenschlusses und der organisatorischen Selbstversicherung der Kultgemeinde. Ihre soziale Funktion erhalten sie auch als Wirkungsstätte von Spezialisten(verbänden), als Orte gemeinschaftlicher Kontrolle, Überlieferungsbildung sowie lebenszyklischer Regulierung und Akzentsetzung (bei Taufe, Hochzeit, Begräbnis etc.). »Kultbau« bezeichnet die mit architektonischen Mitteln (Steinsetzung, Hütte, Gebäude) vorgenommene zeichenhafte und inszenatorische Ausgestaltung des Kultorts.

2. Wie etwa aus der Etymologie der griechischen Bezeichnung für »Tempelbezirk« *témenos* (von *témnein*, »schneiden«), mit Entsprechung im lateinischen *templum*, hervorgeht, s. u. B II.2), gehört diese Stätte der Gottheit als ein von der profanen Umgebung reserviertes, »abgeschnittenes« Gebiet. Das ausgegrenzte Gebiet um den Kultplatz ist *sanctus*, »unverletzlich«, was etymologisch *sancire* (»begrenzen«) zugehört.

II. Funktionen im Verhältnis von Heiligem und Profanem

1. Bestimmung des Ortes

Wie es im juristischen Denken der Römer klar festgelegt wurde, sind Orte, die von einem Augur für den öffentlichen Kult bestimmt wurden, heilige Stätten (*loca sacra*) und als solche durch priesterliche Weihe (*dedicatio*) zu bestätigen. Wie die Erstreckung des Kultortes kann auch der Umriß eines Kultbaus als gottbestimmt heilig angesehen werden.[1]

2. Ausrichtung

Schon in Stammesreligionen ist der Gedanke der Einordnung der Kultstätte im Universum bekannt, vorzugsweise durch astronomische Ausrichtung nach Gestirnen und ›Himmelsrichtungen‹ vollzogen. Neben der Ostung, der Ausrichtung nach Sonnenaufgang, steht die →Orientierung der Betenden nach dem Zentralheiligtum der betreffenden Religion (so im Islam: nach Mekka).[2]

Der Zutritt zum Kultort ist oft durch Restriktionen geregelt, beispielsweise derjenigen der kultischen Reinheit. So heißt es etwa in einer griechischen Inschrift: »In das Heiligtum soll niemand eintreten, der nicht rein ist, oder er wird zahlen müssen oder es bereuen.[3] Mit der Aura des Geheimnisvollen, das die unzugänglichen Teile eines Kultkomplexes (griechisch *ábaton, ádyton*) umgab, hängt die Überzeugung zusammen, daß hier die Gottheit ihre Weisheit verkünde. »Orakel« (von *orare,* »reden«) bezeichnet eine solche heilige »Sprechstätte«, an der eine Gottheit durch Priester auf Fragen antwortete und Weissagungen erteilte. Oder aber man übte die Inkubation[4], den sogenannten Tempelschlaf, d. h. schlief an einem Kultort – in einer Höhle, an einem Grab, an einer Quelle – in der Absicht, durch direkten Kontakt mit göttlichen Kräften Offenbarungen zu erhalten.

Kultorte können in der Erwartung aufgesucht werden, daß sich hier wiederholt, was sich einmal als Außergewöhnliches ereignet hat: erstmaliges Erscheinen, eine →Epiphanie. Vor allem uralte und bewährte Wunderorte sowie Stätten der Geburt, der Bekehrung, des Wirkens und des Todes von Religionsstiftern und Heiligen sind es, die die Gläubigen an sich ziehen. So bezeichnet »Wallfahrtsort« eine durch ein Gnadenbild, eine Reliquie oder ähnliches berühmte heilige Stätte, die der Gläubige zur Buße, Suche nach Segnung, Heilung, Erleuchtung oder um religiöses Verdienst zu erwerben, aufsucht.[5]

3. Verwaltung von Kultort und Kultbauten

Kultorte stehen häufig im Besitz gesellschaftlicher und ökonomischer Korporationen mit Selbstverwaltung und oft weitreichendem politischen Einfluß der sie tragenden

---

[1] Ex. 25,8 f.; 1. Chron. 28,10 ff.

[2] C.-M. EDSMANN, F. MERKEL, Art. Orientation, in: RGG[3] IV, 1690 f.; C. A. DOXIADIS, Art. Tempelorientierung, in: RE Suppl. 7 (1940) 1283–1293; T. D. ATKINSON, Art. Points of the Compass, in: ERE 10 (1918) 73–88.

[3] W. DITTENBERGER, Sylloge inscriptionum graecarum III ([4]1960) 980.

[4] H. DÖRRIE, Art. Inkubation, in: RGG[43] III, 755 f.; C. ZINTZEN, Art. Tempelschlaf, in: Kl. Pauly V (1975) 583 f.

[5] HEILER, Erscheinungsformen, 142–4; S. M. BHARDWAJ, Hindu Places of Pilgrimage in India, 1973.

Priesterschaft (Ägypten). In Griechenland unterschied man sakralrechtlich zwischen dem heiligen Tempelbezirk und dem abgetrennten Grundbesitz eines Gottes.[6] Ersterer durfte nur für Kultakte in weiterem Sinne genutzt werden, letzterer aber konnte verpachtet werden. Aus solchem dem Kultort verbundenen wirtschaftlich-politischen und – durch die Einbeziehung der göttlichen Sphäre – legitimierenden Einfluß resultiert das Interesse der Mächtigen in allen Gesellschaften, die Kultorte und -bauten unter ihre Kontrolle zu bringen. Bemerkenswert ist die potentielle Konstanz von Kultorten gegenüber Religionswechseln: Von den Trägern einer neuen Religion werden die früheren Kultorte und -bauten zwar auch gemieden oder zerstört, häufig werden sie aber auch demonstrativ überbaut und im neuen Kontext genutzt.

B Konstitutive Elemente von Kultorten und -bauten in Phänomenologie und Geschichte

I. Abgegrenzter offener Raum

1. Gewässer[7]

Leben und damit auch Möglichkeiten für menschliche Siedlungen sind weithin vom Vorhandensein von Quellen abhängig, die als heilige Orte verehrt wurden.[8]
In den heiligen Flüssen Indiens baden Scharen von Pilgern, um Vergebung der Sünden zu erlangen, und dort wird die Totenasche versenkt. Auch im Raum des Juden- und Christentums gilt fließendes Wasser als machthaltige Substanz, welche von Sünden reinigt. Flußopfer zur Abwendung von Wassergefahren waren Volksbrauch vieler Kulturen. Am Ufer von Seen und Meeren finden sich vielfach Kultorte. Teiche konnten auch symbolisch in Tempelanlagen einbezogen werden: In Ägypten[9] war ein Wasserbassin, das man als Repräsentation des Urozeans schlechthin »See« nannte, als Ort der Erholung für die Gottheit gedacht, darüber hinaus zur Reinigung für den Kult. In den antiken Tempeln wie später in Kirchen waren Weihwasserbecken zur Lustration aufgestellt.

2. Baum und Pfahl[10]

Verknüpft mit dem Symbol der »Weltachse« und oft verbunden mit der umfassenderen Symbolik des Lebensbaums als Repräsentation des Geheimnisses von Wachstum und Vergehen, der zyklischen Erneuerung von Leben und Fruchtbarkeit wird der →Baum zu einem bevorzugten Kultort oder bildet in größeren Kultkomplexen einen

---

[6] H. Volkmann, Art. Temenos (1), in: Kl. Pauly V (1975) 577f.
[7] Heiler, Erscheinungsformen, 39f.; R. Hünnerkopf, Art. Fluß / fließendes Wasser, in: HWDA II (1929/30) 1681–94; E. R. Lange, Art. Quellen, in: RGG[3] V, 734f.; E. Vykonkal, Art. Wasser, in: Lexikon f. Theol. u. Kirche[2]10, 759–65.
[8] R. Hünnerkopf, Art. Brunnen, in: HWDA I (1927) 1672–85, bes. 1681–4.
[9] H. Bonnet, Art. See (heiliger), in: Reallexikon der ägyptischen Religionsgeschichte (= RÄRg)[2](1971) 694f.
[10] Heiler, Erscheinungsformen, 67–70; H. Marzell, Art. Baum, in: HWDA I (1927) 954–8; J. De Vries, Art. Haine (heilige), in: RGG[3]III, 30f.; K. Erdmann, F. Schmidtke, Th. Klauser, H. E. Killy, M. Hoepfner, O. Hagemeyer, Art. Baum, in: RAC II (1954) 1–34; J. Goetz, Art. Baumkult, in: Religionswiss. Wörterbuch (= RwWb), hrsg. v. F. König, 1956, 109–11.

Teil der Ausstattung.[11] Die Errichtung von Kultpfählen ist eine schon steinzeitliche Übung.[12] Israel übernahm die sumerische Baumsymbolik und den kanaanäischen Kultpfahl (hebr. *aschera*) neben den Altären im Tempel zu Jerusalem.[13]

3. Stein[14], Säule und Berg

a) Himmlische Herkunft eines Steins als Meteor, Auffälligkeiten der Form, wie bei sogenannten Phallussteinen oder beim minoischen Stalaktiten- bzw. Stalagmitenkult in kretischen Höhlen, auch Vertiefungen im Stein, die etwa als Fußabdruck eines übernatürlichen Wesens oder eines Heiligen interpretiert wurden, oder Löcher, durch die man sich im Glauben, so Sünde oder Krankheit zurückzulassen, hindurchzwängte, haben in vielen Fällen zur Begründung eines Kultortes geführt.[15] Herausragende Steine – wie der Omphalos von Delphi – konnten kosmologisch als »Nabel« der Welt und Weltachse gedeutet werden.

b) Steine werden vielfach errichtet, um einen Kultort zu markieren:[16] (1) *Megalith*, von griechisch *mégas* »groß«, und *líthos*, »Stein«, ist Bezeichnung eines großen, rohen Steinblocks, der in vorgeschichtlicher Zeit zum Errichten von Monumenten und Gräbern diente, wobei die Seele der Toten im Stein wohnend gedacht wurde (→ Ahnenverehrung). (2) *Menhir*, von bretonisch *maen-hir*, eigentlich »langer Stein«, und »Hünenstein« sind Bezeichnungen für säulenartige Steinsetzungen von kultischer Bedeutung aus vorgeschichtlicher Zeit. Diese wurden, in langen Reihen aufgestellt, wohl zur Markierung von Prozessionswegen verwendet oder alleinstehend bei Grabkammern errichtet, häufig in Verbindung mit einer Opfergrube. *Mazzebe* – von westsemitisch *masseba* – bezeichnet entsprechende Kultpfeiler im syrisch-palästinensischen Raum.[17] Zu den Mazzeben gehörig sind die von Kanaanäern und Phönikern bekannten *Bethel-Steine*[18] und die Opfersteine in Zentralarabien.[19] Vergleichbare Erscheinungen sind die griechische *Herme* und der *Obelisk* (nach griechisch *obelískos* von *obelós*, »Spitzsäule«), der den ägyptischen Kultstein bezeichnet. (3) *Kromlech*, von walisisch *crom*, »Krümmung«, »Kreis«, und *lch*, »flacher Stein«, bezeichnet eine Anlage von kreis- oder halbkreisförmig aufgestellten Steinen, wie sie aus der keltischen Jungsteinzeit als Kultstätte bekannt ist. Im (west)semitischen Bereich bezeichnet *Gilgal* (von hebr. *hag-gilgal*, »(Stein)kreis«),

---

11 Homer, Odyssee 3, 273 f.; Plinius, Naturalis historia 12,3.

12 G. Siegmund, Der Glaube des Urmenschen, 1962, 16 f.

13 Ri. 6,25; 5 Mos. 16,21 f.

14 Heiler, Erscheinungsformen, 34–36; K. Galling, Art. Steine (heilige), in: RGG³ VI, 348–350; E. Sidney Hartland, P. Gardner, W. Crooke, G. A. Barton, Art. Stones, in: ERE 11 (1920) 864–877; J. Goetz, Art. Stein (heiliger), in: RwWb, 835 f.; W. Fauth, Art. Steinkult, in: Kl. Pauly V (1975) 354 f.; R. Hünnerkopf, Art. Stein (II), in: HWDA VIII (1936/37) 390–401; E. Otto, Art. Benben, in LÄ 1, 694 f.

15 Hier sprach die ältere anthropologische Forschung von »fetischistischer Litholatrie«: E. B. Tylor, Primitive Culture II (¹1872), 1958, 209 ff. (→ Fetisch II).

16 D. J. Wölfel, Art. Megalithreligion, in: RwWb, 529–532; ders., Art. Menhire, in: ebd., 532; R. A. S. Macalister, Art. Stone Monuments, in: ERE 11 (1920) 877–881; G. Beer, Steinverehrung bei den Israeliten, 1921.

17 Ex. 27,2; 5 Mos. 12,2 f.

18 Vgl. 1 Mos 28,10-22; der semitischen Etymologie nach bedeutet *bethel* »Haus der Macht«.

19 M. Höfner, Die vorislamischen Religionen Arabiens, in: H. Gese u. a., Die Religionen Altsyriens, Altarabiens und der Mandäer (RdM 10,2), 1970, 328 f.

berühmt durch das Heiligtum bei Jericho[20], einen entsprechenden Steinring oder Steinkreis, der Gräber – wie bis heute bei Beduinen – und Kultstätten umfriedet. Säulen und Pfeiler gehören wahrscheinlich zur schon vorgeschichtlich bezeugten kosmologischen Symbolik der Weltachse. Wie die Hermen in der griechisch-römischen Religion waren in Indien aufgerichtete Grenzsteine Trennungsmarkierungen zwischen dem Kulturland als dem Heiligen und dem Bedrohlich-Wüsten als dem Profanen.

c) Nicht selten erzeugt die Größe eines Gebirgsmassivs[21] den Eindruck einer Mächtigkeit, die religiös thematisiert ist: Nicht nur die vielen Erzählungen von Berggeistern gehören hierher, sondern auch ein so verbreiteter Kult wie der der kleinasiatischen Kybele als der Göttin der Berghöhen und ihrer Bewaldung, sowie die Vorstellung von Totenbergen als Wohnstätten der Ahnen (Korea).[22] Berggipfel, die dem Himmel nah und oft von Wolken umgeben sind, können als Wohnsitze von Göttern gedacht werden (Olymp in Nordwestgriechenland).
d) Als künstliche Berge stellen in Babylonien der Stufentempel *zikkurat*, in Altamerika die Stufenpyramide *teokalli*[23] und auf Java der Tempel *Barabudur* symbolisch den Weltenberg und in ihm das Universum dar, wobei die Stockwerke oder Terrassen den kosmischen Ebenen gleichgesetzt werden.

4. Der Altar im Freien[24]

→*Altar*, etymologisch auf latainisch *altaria*, »Opferherd« zurückgehend, bezeichnet im allgemeinen Sinn jede Erhebung über dem Boden, sei sie natürlich oder künstlich, die der Kommunikation zwischen Gott und Mensch dient. Der Charakter des Altars als Ort der im Opfer sich vollziehenden Begegnung von Gott und Mensch erklärt seine sakrale Achtung, die zur Achtung der Altarstätte als Zufluchtsort (→Asyl) führte. Die Tisch- und Thronformen der Altäre sind als sichtbare »Einladung« zur →Epiphanie zu verstehen, die Tische werden aber auch immer wieder Sammelplatz der Opfernden und Ort der Mahlgemeinschaft (→Kommensalität). Als Teil eines Komplexes diente der Altar nicht zuletzt zur Heiligung und Legitimierung von Besitz und Ordnung, so im arischen Indien[25] und in China.[26]

---

20 Jos 4,19ff.
21 Heiler, Erscheinungsformen, 37f.; M. Eliade, K. Galling, Art. Berge (heilige), in: RGG³ I, 1043f.; J. A. MacCulloch, Art. Mountains/Mountain-Gods, in: ERE VIII (1915) 863-868; L. Weiser, Art. Berg, in: HWDA I (1927) 1043–1056; D. J. Wölfel, Art. Bergheiligtum, in: RwWb, 113f.
22 C. Hentze, Funde in Alt-China, 1967, 29.
23 W. Krickeberg, Die Religionen der Kulturvölker Mesoamerikas, in: ders. u. a., Die Religionen des alten Amerika (RdM 7), 1961, 13f.
24 C. H. Ratschow, K. Galling, Art. Altar, in: RGG³ I, 251–255; W. Fauth, Art. Altar, in: Kl. Pauly 1 (1964) 279–281; C. H. Ratschow, Art. Altar (I), in: TRE II (1978) 305–308; L. H. Gray u. a., Art. Altar, in: ERE I (1908) 333–354; L. Ziehen, K. Galling, Art. Altar (I/II), in: RAC I (1950) 310–334.
25 Eliade, Geschichte der religiösen Ideen I, 186; vgl. 202–204 u. 213f.
26 C. C. Müller, Untersuchungen zum »Erdaltar« she im China der Chou- und Han-Zeit, 1980, bes. 14–35.

5. Stadien und Theater

Für →agonale und szenisch-dramatische Rituale haben einige Kulturen eigene Architekturformen entwickelt: Tanzplätze, Circusanlagen, Stadien, Theater. In der kretisch-minoischen Kultur fanden in den Stufenhöfen, den sogenannten »Theatern« der Paläste, heilige Stierkämpfe und Initiationsprüfungen statt.[27] Im klassischen Griechenland wurden, wie in Olympia, Wettkampfstadien für Spiele zu Ehren von Heroen und Göttern errichtet. In mittelamerikanischen Hochkulturen spielten von Tribünen umgebene Anlagen für Ballspiel eine große Rolle im Sonnenkult.

II. Gedeckter Raum

1. Höhlen, Höhlen- und Mysterientempel[28]

Höhlen waren die frühesten Zufluchtsstätten für den Menschen und dienten sowohl als Wohn- wie auch als Bestattungsort. Seit paläolithischer Zeit haben Jägerkulturen Höhlen für Riten zur Regeneration des Wildbestands benutzt (Höhlenzeichnungen und Knochendepots, →Schamanismus). Bei den Australiern sind Höhlen der Aufbewahrungsort des *tjurunga*, des »mystischen Leibes« der Ahnen, und dürfen nur von den eingeweihten Männern betreten werden. In einem Hypogäum, einem unterirdischen Heiligtum auf Malta[29], das zugleich Nekropole, d. h. Totenstadt, und Kapelle war, haben die in den Fels gehauenen Gräber die Form einer Gebärmutter, und es liegt nahe, daß die eigenartig oval gebauten dunklen Tempel Maltas in größerem Maßstab das gleiche Modell darstellten. Im griechischen Kulturbereich wurden nur in Eleusis[30] die zentralen Opfer und Rituale in einem verdunkelten Raum vorgenommen. Auch die Mysterien des aus dem Stein geborenen persisch-kleinasiatischen Mithras wurden in Höhlen oder höhlenartigen Gebäuden (Mithräen) begangen.

2. Wohnstatt[31], Schrein, Zelt und Kulthütte

a) In vielen Stammesgesellschaften, aber auch in staatlich verfaßten Gesellschaften wird eine kosmologische Symbolik von Zelt und Haus greifbar, die an Herd und Feuerloch als geheiligtem Mittelpunkt der ›Welt‹ orientiert ist, über den die Kommunikation mit den übermenschlichen Wesen erfolgt.
b) Nahezu universal verbreitet ist der Brauch, eine Ecke der Behausung als Aufbewahrungsort für Kultbilder und heilige Objekte abzuteilen und diese in einem Schrein aufzubewahren. »Schrein«, etymologisch auf lateinisch *scrinium*, »zylinderförmiger Behälter für Buchrollen« zurückgehend, bezeichnet einen verschließbaren, kastenförmigen Behälter aus Holz meist für kostbare Gegenstände, insbesondere Reliquien.

---

27 Eliade, Geschichte der religiösen Ideen I, 130.
28 Heiler, Erscheinungsformen, 130; R. Hünnerkopf, Art. Höhle, in: HWDA IV (1931/32) 175–183; Eliade, Geschichte der religiösen Ideen I, 24–31, 59, 117f., 127–133.
29 G. Zuntz, Persephone, 1961, 8, 25.
30 F. Noack, Eleusis, 1927; L. Deubner, Zum Weihehaus der eleusinischen Mysterien (Akad.-Abh. Berlin 1945/46, 2), 1948.
31 Heiler, Erscheinungsformen, 131; C. H. Ratschow, Art. Herd, in: RGG³ III, 234f.; V. Geramb, Art. Herd, in: HWDA III (1930/31) 1758–1776.

Besondere Bedeutung hat die schreinartige »Bundeslade«[32] als tragbares Stammesheiligtum in der frühen Geschichte Israels erlangt. Im minoisch-griechischen Raum kann man die noch in den Boden eingegrabenen Steinkisten von Knossos als Vorläufer der eleusinischen *cistae* verstehen[33], heiliger Schreine, die tragbar geworden sind.

c) In Analogie zur menschlichen Wohnstätte errichtete man für die Aufbewahrung der heiligen Objekte, insbesondere eines Kultbildes, eigene Bauten und verknüpft damit wohl die Erwartung an den Aufenthalt bzw. das Erscheinen des Numen.[34] In Anbetracht der nomadischen Lebensweise wird man die Zeltheiligtümer, wie sie vor allem durch das »Zelt der Begegnung« (*ohel mo'ed*)[35], die »Stiftshütte«, aus der frühen Geschichte Israels bekannt sind, nicht grundlegend von einer mit anderen sozialen Gegebenheiten sich vollziehenden Entwicklung zum Tempelkult abzuheben haben: Daß Gott im Zelt bei seinem Volk Wohnung nimmt zum Zweck der Begegnung, legt später die priesterschriftliche Darstellung in der Bibel auch dem Verständnis des Jerusalemer Tempels zugrunde. *Templum* ist die römische Spezialbezeichnung für einen konsekrierten Kultplatz oder -bau von rechteckiger, auf die vier Himmelsrichtungen bezogener Gestalt. *Cella*, im Lateinischen eigentlich »Kammer«, bedeutet im antiken Tempel den nur vom Eingang her erhellten rechteckigen Hauptraum, in dem das Götterbild stand. In Entsprechung zum griechischen *ábaton*, das das Unbetretbare, Unzugängliche meint, wird »Allerheiligstes« (*debir*) speziell für den hintersten Raum des Tempels in Jerusalem verwendet, in dessen Dunkel die Bundeslade stand. Von dort übertragen auf den Leib Christi, in dem Gott Wohnung genommen hat, bezeichnet im Katholizismus »Allerheiligstes« die geweihte Hostie. Sie wird in der Monstranz aufbewahrt, dem liturgischen Gefäß, das sie – nach lateinisch *monstrare* – hinter Glas »zeigt«, oder im »Tabenakel«, dem »Sakramentshäuschen« – von lateinisch *tabernaculum*, »Hütte, Zelt«.

d) In Stammeskulturen ist bis heute die verbreiteste Form des Gotteshauses die Hütte.[36] Die japanischen Shinto-Heiligtümer werden bis heute als *miya*, »heiliges Haus«, oder *jinya*, »*kami*-Wohnung» bezeichnet.[37] Darstellungen zu frühgeschichtlicher Zeit Ägyptens[38] zeigen als Behausungen göttlicher Mächte Rundhütten aus Matten mit Kuppeldach inmitten eines abgegrenzten heiligen Platzes, dessen Eingang von zwei »Fahnen«, Stangen mit Stofflappen, eingefaßt wird. Auch bei späteren Erweiterungen bleibt dieser Grundplan immer erhalten.

---

[32] E. Kutsch, Art. Lade Jahwe, in: RGG³ IV, 197–199; Th. Busink, Der Tempel von Jerusalem I, 1970, 276–281.

[33] Ch. Picard, Les religions préhélleniques: Crète et Mycène, 1948, 142.

[34] Heiler, Erscheinungsformen, 131f.; MacCulloch, 236f., 240f.; Turner, From Temple to Meeting House, 40–46.

[35] B. Reicke, Art. Stiftshütte, in: Bibl.-histor. Handwörterbuch III (1966) 1871–1874; K. Galling, Art. Stiftshütte, in: Bibl. Reallexikon, ²1977, 325; E. Kutsch, Art. Zelt, in: RGG³ VI, 1893f.; Busink, Der Tempel von Jerusalem (Anm. 32), 588–617; Turner, From Temple to Meeting House, 88–96; V. Fritz, Tempel und Zelt, 1977.

[36] Für Afrika: P. Fuchs, Kult und Autorität, 1970, 156–165.

[37] H. Henne, Die Religionen Japans, in: J. P. Asmussen u. a. (Hrsg.), Handbuch der Religionsgeschichte III (1973) 82–87.

[38] W. Wolf, Art. Kunst (II E), in: RGG³ IV, 144; W. Helck, Art. Tempel, in: Lexikon d. Alten Welt, 2994f.; H. Bonnet, Art. Kultbild, in: RÄRg, 410f.; ders., Art. Naos, in: ebd., 504f.; ders., Art. Peripteros, in: ebd., 586; ders., Art. Tempel, in: ebd., 778–788; D. Wildung, Art. Naos, in: LÄ 4 (1982) 341f.; W. Helck, Art. Kapelle, in: LÄ 3 (1980) 321–323; F. Teichmann, Der Mensch und sein Tempel: Ägypten, 1978.

Sowohl Sumerer wie Akkader benutzten das Wort »Haus« (sumer. *é* = akk. *bitum*) für den Tempel. Dem babylonischen Hofhaus und Stadttor entspricht dabei der Tortempel mit breitem Hof als Kultraum, bei dem sich Eingangstor und Allerheiligstes in der Mitte der längeren Seite gegenüberliegen. In gleicher Weise bildet der assyrische knickachsige Herdhaustempel die Architektur des profanen Wohnhauses nach.[39]
Der griechische[40] Tempel, der seit dem 9./8. Jahrhundert v. Chr. die Kultstätte im Freien ablöste, trägt die *naio*, »wohnen«, zugehörige Bezeichnung *naós*. Er war festes Haus für das Kultbild zur Einladung der Gottheit, kein Versammlungsraum, und der wichtigste Raum entsprach dem Megaron, dem steinzeitlichen »Haus« und der »Halle« mykenischer Königspaläste. Sehr alte griechische Tempel enthalten als Relikt der Hausform auch den Herdaltar.

3. Grabbauten[41], Reliquien-, Gedenk- und Ahnenstätten

Im Neolithikum (2500–1000 v. Chr. in Mittel- und Nordeuropa) werden den Toten größere und dauerhaftere Häuser gebaut als den Lebenden, da die Ahnen als Träger des Lebens und der Fruchtbarkeit gelten. Die Ganggräber und Steinkisten sowie die Dolmen, die nach ihrem flachgelegten Deckstein (bretonisch *taol*, »Tisch«, und *maen*, »Stein«) benannten Steintischgräber, sind Ausdruck dieses Denkens. Bis zur Gegenwart dienen vor allem in Indonesien und Melanesien *Megalithbauten* den Seelen der Toten als Sitz bei ihren Besuchen im Dorf und als Mittelpunkt des gesellschaftlichen Lebens. Über afrikanischen Königs- bzw. Häuptlingsgräbern hat man große Hütten errichtet, die mit Kultpersonal ausgestattet sind und in denen die Geister der Verstorbenen konsultiert werden. Bei anderen *Stammeskulturen* gibt es wie etwa in Melanesien außer Ahnenbildern, die im Wohnhaus oder in Miniaturhäusern in einem besonderen Raum kultisch verehrt werden, auch Schreine für alle Ahnenbilder im Hause des Häuptlings. Hier schließt sich der Gedanke des *Bauopfers* an: In Analogie zum Verständnis von Gräbern als Häuser der Toten sollen die Seelen der Opfer die Unvergänglichkeit der Konstruktion sichern, indem das neu errichtete Gebäude der Seele des Opfers als neuer Körper dient.[42]
In *Ägypten*[43] standen früh zwei Typen nebeneinander: das bald dem König vorbehaltene Hügelgrab mit einer Opferstelle zwischen zwei Stelen und das Hausgrab, an dessen modellartig angegebenem »Eingang« man die Opfer niederlegte. In der Pyramidenzeit ist der herrschende Grabtypus dann die sogenannte Mastaba (arab. »Bank«),

---

39 W. ANDRAE, Das Gotteshaus und die Urformen des Bauens, 1930; H. RINGGREN, Die Religionen des Alten Orients, 1979, 87f.; K. H. GOLZIO, Der Tempel im alten Mesopotamien und seine Parallelen in Indien, 1983.

40 W. H. GROS, Art. Tempel, in: Kl. Pauly (1975) 581–583; G. GRUBEN, Art. Tempel (B), in: Lex. d. Alten Welt, 2995–3004; W. BURKERT, Griechische Religion der archaischen und klassischen Epoche (RdM 15), 1977, 148–157.

41 ELIADE, Geschichte der religiösen Ideen I, 114–121; MACCULLOCH, Art. Temples, 238–241; H. KÜHN, Art. Grab, in: RGG³ II, 1815f.; C.-M. EDSMAN, Art. Totenverehrung (I), in: RGG³ VI, 959–961.

42 ELIADE, Geschichte der religiösen Ideen II, 16.

43 H. BONNET, Art. Mastaba, in: RÄRg, 442–444; ders., Art. Osirisgrab, in: ebd., 576f.; ders. Art. Pyramide, in: ebd., 619f.; ders., Art. Totentempel, in: ebd., 833f.; J. BRINKS, Art. Mastaba, in: LÄ 3 (1980) 1214–1231; R. STADELMANN, D. ARNOLD, Art. Pyramiden, in: LÄ 4 (1982) 1205–1272; S. MORENZ, Ägyptische Religion (RdM 8), 1960, 192–223; E. HORNUNG, Tal der Könige, 1982, 32–41.

ein flacher rechteckiger Oberbau mit Statuen- und Kultkammer über einer Felssargkammer. Den daraus entwickelten Pyramiden, deren Spitze schon früh mit der gleichgeformten des Obelisken in Beziehung gesetzt wird, ist an der Ostseite ein Totentempel vorgelagert. Im Neuen Reich wird das Königsgrab als Felsengrab im Tal der Könige angelegt, das eine pyramidenförmige Bergspitze überragt. Die Kultstätte ist weit davon getrennt, am Rande des Fruchtlandes als Teil eines Göttern geweihten Tempels. Daneben gab es die sogenannten Osirisgräber, Bauten des Osiriskultes an den Stätten, die eines der »Gottesglieder« – Reliquien – zu besitzen sich rühmten.
Auch in der ältesten bekannten *chinesischen*[44] Kultur waren Königs-Grabhügel Orte des Kults. Sonst fanden die Vorfahrenopfer in von Säulen getragenen Vorfahrentempeln (*tsung*) vor den »Seelentafeln« (*shih*) der Verstorbenen statt, die man als Sitz für die verehrte Seele während der Kulthandlung aufstellte. Bei Königen und Fürsten der Chou-Zeit hatte jeder herausgehobene Vorfahre seine eigene »Kapelle« (*miao*). Die weniger Vornehmen verehrten ihre Toten in einem Heiligtum zu Hause.
Nach dem Grabkult benannt sind auch die *buddhistischen*[45] Sakralbauten *stupa* – von sanskrit »Grabhügel« – und *chaitya* – von sanskrit »zum Grabpfeiler gehörig« und von daher sowohl ein Grabhügel als auch ein den Ort markierender Baum. Der Stupa – in Tibet »Kultschrein« (*tschorten*) genannt – ist für die Aufnahme von Reliquien des Buddha oder buddhistischer Heiliger bestimmt oder reines Kultmal zu deren Gedenken.
In *Griechenland*[46] mußten die Grälber außerhalb der Städte angelegt werden. Nur die Gebeine der Heroen wurden innerhalb der Stadt begraben und sogar in Heiligtümern zugelassen; sie erhielten dort im *heróon* Opfer. Während die *Etrusker* den Toten durch einen Schacht Opfer zuführten, war bei den Römern die Tischgemeinschaft der Lebenden mit den Toten am Grab üblich.
Die *Christen*[47] übernahmen diesen Brauch und feierten alljährlich an den Gräbern der Verstorbenen und besonders der Märtyrer das eucharistische Mahl. Unter Konstantin wurden Memorialbauten, Gedenkkapellen, über den Märtyrergräbern errichtet, in denen es zur festen Verbindung von Altar und Grab kam. Daher bezeichnet »Krypta«, von griechisch *krypte*, »verdecktes, unterirdisches Gewölbe«, abgeleitet, in frühchristlicher Zeit die unterirdische Grabkammer eines Märtyrers in den Katakomben, dann den Raum unter dem Altar der ihm geweihten Kirche.

4. Palastheiligtum und Monumentaltempel

a) Da sich die Städte von einem zeremoniellen Zentrum ausgehend entwickelten, mußte in China[48] die Hauptstadt einen »*ming-t'ang*« besitzen, einen rituellen Palast,

[44] Hentze, Funde in Alt-China (Anm. 22), 28–31. 73–83; G. Malmquist, Die Religionen Chinas, in: Asmussen u. a. (Hrsg.), Hdb. d. Religionsgeschichte III (Anm. 37), 7f., 12f., 29f.; E. M. Ahern, The Cult of the Dead in a Chinese Village, 1973, 93–97.
[45] Eliade, Geschichte der religiösen Ideen II, 187f.; J. Jolly, Art. Stupa, in: ERE XI (1920) 901–904; E. J. Rapson, Art. Chaitya, in: ERE III (1910) 335; P. Mus, Barabudur, 2 Bde., 1935; H. Hoffmann, Symbolik der Tibetanischen Religionen und des Schamanismus, 1967, 38f.
[46] G. Gruben, Art. Grab, in: Lex. d. Alten Welt, 1965, 1116–1120; F. Pfister, Der Reliquienkult im Altertum, 1910–1912.
[47] H. Claussen, Art. Altar (3 A), in: RGG^3 I, 257; E. Schäfer, Art. Katakomben (I), in RGG^3 III, 1171–1174.
[48] Eliade, Geschichte der religiösen Ideen II, 22; H. Köster, Symbolik des chinesischen Universismus 1958, 34ff., 48ff.

der zugleich Abbild der Welt und Kalender ist. Er wird auf rechteckigem Grund – der Erde– errichtet und mit einem runden Strohdach – dem Himmel – gedeckt. Während des ganzen Jahres macht der König unter diesem Dach seine Rundgänge, indem er sich dem Kalender gemäß bewegt undd kleidet und dadurch die Weltachse verkörpert.
b) Daneben gibt es die monumentale Anlage besonderer Tempelbauten, die auffällig auf das Königtum bezogen sind. So gelten die im Ägypten[49] der Pharaonenzeit vom König eingeweihten Heiligtümer als mikrokosmische Abbilder der um ihr Land und seinen Götterkult zentrierten Welt. Das weitaus meiste Land gehört Tempeln, die keine Steuern zu zahlen brauchen und vom König mit Stiftungen begünstigt werden – doch sind sie zugleich staatliche Betriebe in der Verfügung des Königs. In der Amarna-Zeit übt der Gott in repräsentativer Theokratie durch das Königshaus die Herrschaft aus, das deshalb in den offenen Tempelhöfen den Kult vollzieht und selbst für das Volk zum Kultbild wird. In Babylonien und Assyrien[50] ist der Tempel nach der akkadischen Zeit in erster Linie Gottespalast mit repräsentativem Thron- und Audienzsaal. Die Bezeichnung des jüdischen[51] Tempels, *hekal*, geht wie die akkadische, *ekallu*, zurück auf das sumerische *e-gal,* »großes Haus, Palast«. Daß Salomo den Tempel in Jerusalem nahe beim Königspalast erbaute, legt die Verbindung des Kultes am Heiligtum mit der erblichen Monarchie nahe. Auch die hinduistischen[52] Könige der mittelalterlichen Regionalreiche setzten den Bau monumentaler Reichstempel sowie den Ausbau bestehender Wallfahrtszentren zu großen Tempelstädten als Machtmittel der Reichsintegration ein.

5. Gemeinschafts- und Lehrhaus

a) Bei vielen Stammesreligionen sind *Dorfgemeinschaftshäuser* zugleich auch der gemeinschaftliche Kultort. Wie die *kiwa* bei den Pueblo-Indianern in New-Mexiko[53] bezeichnet »Männerhaus« in der Völkerkunde allgemein ein Gebäude, in dem sich Männer bzw. Männerbünde in Stammeskulturen zu Beratungen, Gerichtssitzungen und religiösen Zeremonien versammeln.
b) Daneben kennt die Religionsgeschichte *Versammlungsräume für Kultmähler.* Nachdem man im griechischen[54] Herdhaus-Tempel des 8. Jahrhunderts v. Chr. auch kochte und aß, wurden in oder neben dem Temenos eigene Häuser fürs Opfermahl (*hestiatória*) errichtet. In Rom[55] besaß jede Gilde (*collegium*) als Versammlungshaus die *schola,*

---

49 H. Bonnet, Art. Sonnenheiligtum, in RÄRg 735–738; ders., Art. Tempelgut, in: ebd., 788–791; J. Assmann, Ägypten – Theologie und Frömmigkeit einer frühen Hochkultur, 1984, 25–51, 243–257; ders., Art. Atonheiligtümer, in: LÄ I (1975) 541–549.

50 Golzio, Der Tempel im alten Mesopotamien (Anm. 39), 20–22, 52f.; A. Moortgat, Art. Kunst (II F), in: RGG³ IV, 147f.; Th. Dombart, Der Sakralturm I: Zikkurat, 1920, 34–37, 52f., 62–64; G. Martini, Die Gegensätze im babylonischen und assyrischen Tempelbau, ²1966.

51 H. P. Rüger, Art. Tempel, in: Bibl. Histor. Handwörterbuch III (1966), 1940–1947; A. Kuschke, Art. Tempel, in: Bibl. Reallexikon (²1977) 333–342; Busink, Der Tempel von Jerusalem (Anm. 32), 618–662, 772–779.

52 E. Waldschmidt, Art. Kunst (II D), in: RGG³ IV, 143; MacCulloch, Art. Temples, 243f; Golzio, Der Tempel im alten Mesopotamien (Anm. 39), 111–156.

53 W. Müller, Die Religionen der Indianervölker Nordamerikas, in: Krickeberg, Die Religionen des alten Amerikas (Anm. 23), 231–240.

54 Burkert, Griechische Religion (Anm. 40), 149f., 157.

55 J. Stambaugh, The Functions of Roman Temples, in ANRW II.16.1, hrsg. v. W. Haase, 1978, 554–608.

einen Gebäudekomplex mit Tempel und Räumen für Mahlzeiten. Bei den Germanen[56] vermutet man den Gebrauch der großen Bauernstube oder der Gildeshalle (*hof*) auch für kultische Handlungen vor allem in Gestalt von Konvivienmahlzeiten.
c) *Stätten gemeinsamen Lebens* am Kultort sind neben dem christlichen »Kloster« (von lat. *claustrum* »abgeschlossener Raum«) auch für den Raum des Buddhismus (*vihara*) und Islam (*tekke*) bekannt.
d) Versammlungsräume dienen häufig zur Vermittlung der Lehre. Hierfür nahmen sowohl die buddhistische *chaitya*-Halle wie auch der Kultraum des Wortgottesdienstes der Pythagoreer, Synagoge, Kirche und Moschee die Form der Basilika[57] auf, die auf griech. *basiliké* (*stoá*), »königliche Halle« zurückgeht.
– »Synagoge«[58], abgeleitet von griech. *synagogé*, »Versammlung«, bezeichnet die sich versammelnde Gemeinde und ihren Versammlungsort, speziell den Ort, der der jüdischen Gemeinde wahrscheinlich seit der Tempelzerstörung zur Zeit des babylonischen Exils für den Gottesdienst und zugleich für profane Versammlungen dient. Er enthielt schon früh ein betont kultisches Zentrum, die »heilige Lade« mit den Schriftrollen (Tora-Schrein), auch »Arche«, »Heiligtum« (*kodesch*) oder sogar »Tempel« (*hekal*) genannt. Möglicherweise hat ein erweiterter Gebrauch von »Haus Davids« für das Volk Gottes die Vorstellung vorbereitet, daß die Gemeinde »Gottes Haus« sei. In der jüdischen Sondergruppe der Essener von Qumran[59] dient dann »Haus« zur Eigenbezeichnung dieser Gemeinschaft, die sich selbst als Tempel bzw. als Heiligtum versteht.
– Die christliche[60] Gemeinde wird schon im Neuen Testament im Bild vom Bau und Tempel gefaßt, dessen Fundament Christus und dessen Säulen die Kultteilnehmer selbst seien. Die Hauptbezeichnung für den christlichen Kultbau, → »Kirche«, geht etymologisch auf das griech. *kyriakón* zurück, das ursprünglich »das zum Herrn Gehörende« bezeichnet und von daher sowohl auf Menschen wie auf einen Raum angewandt werden kann. Die Bezeichnung »Dom« leitet sich von *domus* (*ecclesiae*) nach griech. *oíkos tes ekklesías,* »Haus der Christengemeinde«, her, und wird speziell für eine Bischofs-, Haupt- oder Stiftskirche mit ausgedehntem Chor verwendet. »Kathedrale« als »zum Bischofssitz gehörende Kirche« nennt sich nach griech. *kathédra*, »(Lehr-)Stuhl«. »Baptisterium«, von griech. *baptízein*, »taufen«, bezeichnet das christliche Taufbecken und darüber hinaus den besonderen, für den Taufakt genutzten

---

56 O. Olsen, Vorchristliche Heiligtümer in Nordeuropa, in: H. Jankuhn (Hrsg.), Vorgeschichtliche Heiligtümer und Opferplätze in Mittel- und Nordeuropa (Akad.-Abh. Göttingen, phil.-hist. Kl. III, 74) 1970, 263–277.

57 W. H. Gross, Art. Basilica, in: Kl. Pauly I (1964) 836f.; A. Langlotz, F. W. Deichmann, Art. Basilika, in: RAC I (1950) 1225–1259.

58 Heiler, Erscheinungsformen, 136f.; F. Hüttenmeister, M. Hengel, Art. Synagoge, in: Bibl. Reallexikon (²1977) 327–332; Busink, Der Tempel von Jerusalem (Anm. 32), Bd. II, 1362–1393; Turner, From Temple to Meeting House, 96–101, 278–302.

59 J. Goetzmann, Art. Haus (bauen), in: Theol. Begriffslexikon zum NT, 1969, 636–645; B. Gärtner, The Temple and the Community in Qumran and the New Testament, 1965, 12–35.

60 Heiler, Erscheinungsformen, 135, 138–142; Gärtner, Temple and Community (Anm. 59), 49–141; Turner, From Temple to Meeting House, 106–195; F. W. Deichmann, Art. Baptisterium, in: RGG³ I, 867–869; ders., Art. Basilika, in: ebd., 910–912; A. Fuchs, Art. Kirchenbau, in: Lexikon f. Theol. u. Kirche² 6 (1961) 199–205; G. Bandmann, W. Hager, W. Ponomarew, Art. Kirchenbau (III/IV/VI), in: RGG³ III, 1356–1410; L. Ouspensky, Symbolik des orthodoxen Kirchengebäudes und der Ikone, in: E. Hammerschmidt u. a., Symbolik des orthodoxen und orientalischen Christentums, 1962, 56–68; H. Schwebel, Art. Kirchenbau, in: Taschenlexikon Religion und Theologie⁴ III, 66–69.

Raum, dessen bauliches Vorbild die römischen Mausoleen waren. Zum frühchristlichen Kultraum gehörte ein zunächst beweglicher Tisch[61] zur Feier des eucharistischen Mahls, der aber bald, als Opfertisch verstanden, Objekt der Verehrung wurde, so daß nur Kleriker den →»Altar«-Raum betreten durften.

– Die Bezeichnung für den islamischen[62] Kultbau, Moschee, geht etymologisch auf arab. *masdschid*, »Ort, wo man sich (vor Gott) niederwirft«, zurück und betont damit deren Charakter als Stätte der um das Gebet zentrierten Versammlung. Als Modell für die meisten später gebauten Moscheen diente die als religiöses und politisches Zentrum fungierende Wohnhaus-Moschee Mohammeds in Medina. Sie enthielt einen von Mauern umgebenen quadratischen Hof, mit einer Markierung der Gebetsrichtung zum Zentralheiligtum in Mekka (*qibla*), sowie Brunnen und gesonderte Räume für die Frauen. Hinzu kam das Minarett, dessen Benennung zunächst »Leuchtturm« (arab. *manara*) bedeutet und nach theologischer Deutung (vgl. Sure 24,35) auf das Licht als das Einzige Bezug nimmt, was auch in der Moschee neben der Koranschrift auf Gott hinzuweisen vermag.

Literatur

Anwander, A., Art. Heiligtum, in: Wörterbuch der Religion, ²1962, 277f.; Davidson, T., Art. Places (Sacred), in: ERE 10 (1918) 50–52; Eliade, M., Die Religionen und das Heilige, 1954; ders., Das Heilige und das Profane, 1957; ders., Geschichte der religiösen Ideen, I–III/1, 1978/79/83; Galling, K., Art. Tempel, in: RGG³ VI, 681–6; Goetz, J./Probst, B./Eder, M./Regamey, C./Spies, O./Kuchi Numazawa, F., Art. Kult, in: Religionswissenschaftliches Wörterbuch, 476–88; Goldammer, K., Die Formenwelt des Religiösen, 1960, 190–205; ders., Wörterbuch der Religionen, ³1976; Heiler, F., Erscheinungsformen und Wesen der Religion, ²1979 (bes. 128–50); Le Bonniec, H., Art. Kultstätten, in: Lexikon der Alten Welt, 1635–7; Leeuw, G. van der, Phänomenologie der Religion, ²1956, 445–457; MacCulloch, J. A., Art. Temples, in: ERE 12 (1921) 236–246; Mowinckel, S., Art. Kultus, in RGG³IV, 120–126; Turner, H. W., From Temple to Meeting House, 1979; Widengren, G., Religionsphänomenologie, 1969.

Christoph Elsas

→*Baum, Kult, Kultbild, Kultobjekt, Orientierung, Raum*

Leben (ewiges)

→*Jenseits, Postmortale Existenz, Seele*

[61] J. P. Kirsch, Th. Klauser, Art. Altar (III), in: RAC I (1950) 334–354; A. Stuiber, P. Poscharsky, Art. Altar (II–V), in: TRE II (1978) 308–327; C. Krause, C. Andresen, Art. Altar, in: Lex. d. Alten Welt, 128 f.; F. Claussen, G. Merkle, W. Jannasch, K. Onasch, Art. Altar, in: RGG³ I, 255–265

[62] Heiler, Erscheinungsformen, 137 f.;Turner, From Temple to Meeting House, 260–277; K. Otto-Dorn, Art. Kunst (II I.), in: RGG³IV, 158 f.; dies., Art. Moschee, in: ebd., 1445–1450; S. J. Wensinck, J. H. Kramers, Art. masdschid, in: Handwörterbuch d. Islam (1941), 423–462; B. Finster, Art. Moschee, in: Lex. d. islam. Welt II (1974) 182–186

Lebenszyklus

1. Das Doppelwort *Lebenszyklus* ist eine 1804 im Umfeld der Weimarer Klassik neugeschöpfte Kompositionsmetapher. Die entscheidende Weichenstellung für die Wortgeschichte von *Leben/life* haben die neutestamentlichen Texte geliefert, die das in der klassischen Gräzität übliche Wort *bíos,* das das Leben von Pflanzen, Tieren und Menschen gleichermaßen umfaßt hatte, gegen *zoé* und *psyché* austauschten. Das im lateinischen Mittelalter allgemein verbreitete, mit der Vulgata-Übersetzung verbundene Wort *vita* erhielt dadurch eine unauflösbare religiöse, moralische und normative Konnotation im Sinn einer bestimmten, guten oder schlechten Lebensweise. In direkter Anknüpfung führten in der deutschen Sprachgeschichte die Schriften von J. Böhme, N. L. Graf von Zinzendorf und F. Ch. Oetinger dann zur schließlich »idealistischen« Fassung des Lebens als einem inneren, selbsttätigen Erfahrungs- und Handlungsprinzip durch I. Kant, J. G. Herder und J. W. v. Goethe. *Leben/life* gehört heute zu den – sowohl allgemein wie wissenschaftlich – am weitesten verbreiteten und meistgebrauchten Worten.

2. Die Metaphorisierung des Wortes durch das Genitiv-Kompositum *Lebenszyklus* verdeckt den aus religiösen Quellen gespeisten normativ-idealistischen Wortsinn zugunsten einer universalistischen objektiven Kategorisierung. Diese zugleich universalisierende und überlagernde Potenz des Wortes »*Zyklus*« – ihm liegt das zum griechischen Wortstamm fortgebildete »*kýklos*« zugrunde – wurde in der homerischen Ilias ausgebildet. Dort wird der Ausdruck für den gerundeten Kampfbogen, die Räder der Streitwagen, den »heiligen Kreis« der Ratsversammlung der alten Krieger, die Umzingelung der Feinde und die Umringung der eigenen Toten und Verletzten, vor allem aber in der Hälfte der Fälle für den runden, der Sonne nachgemachten funkelnden Kampfschild verwendet. Dieser kreisrund glänzende Schild ist gleichsam der Inbegriff okzidentaler Zyklusmetaphorik, in der es um die Herstellung vollendet gerundeter Gegenstände menschlicher Tätigkeit geht, die im – zuerst archaisch kriegerischen, dann philosophischen, theologischen und schließlich heute szientifischen – Kampf um (eigenes) Leben und (fremden) Tod der eigenen, vorwärtsdrängenden, Eigenschutz verleihenden, expansiven Selbstbehauptung dienen. In der Folgezeit erfaßte die literarische Auszeichnung mit dem Wort »*kýklos*« solche Einrichtungen und Unternehmungen der griechischen Polis, durch welche radiale Identitätsformierung material, sozial und symbolisch über den unmittelbaren Augenblick und direkten Körpereinsatz hinaus auf Dauer gestellt werden konnte: durch Rad und Ringmauer, Theater und Chorkreis, Gefängnis und Richtplatz, Versammlungsort und Pflanzhain, Heldengesang und sophistische Logik. Das Wort *kýklos*, seine Zusammensetzungen und seine grammatischen Ableitungen wurden somit semantisch an höchst Bedeutsames geknüpft, an Fragen und Probleme »auf Tod und Leben«, wo Furcht und Fluchtimpuls durch Weitblick und klare Beobachtung, durch rechnende Methode und institutionell gestützte Tatkraft überwunden sein wollten, da es ja »ums Ganze« ging. Zum *kýklos* konnte alles werden, was der integralen Raum-Zeit-Synthetisierung von Menschen und Material dienlich war. Dieses zyklische Konzept radialer Identitätsformierung zur Herstellung eigener, gegenüber Tod und Vergehen möglichst immuner Wirkmacht, in Verein mit der Niederringung widerstreitender Mächte und Gewalten, wurde dann gedanklich von Sokrates dialektisch dynamisiert, von Platon im Timaios (33 a ff.) ins Kosmologische ausgeweitet und von Aristoteles astronomisch, mathematisch, meteorologisch und logisch fundiert.

3. Auf diesem Wege war die metaphorische Übertragung des Wortes auf alles, was wie ein Kreis vollständig, vollendet und vollkommen sein sollte oder wie im Kreis sich kyklisch wiederholen mochte, entdeckt. Der *kýklos* wurde ebenso zur reinen geometrischen Figur, zum Symbol gedanklicher Vollendung und kosmologischer Ewigkeit, wie sein mathematischer und metaphorischer Einsatz der zyklischen Bewältigung innerster und äußerster Probleme dienstbar gemacht werden konnte. Das Amalgam aus Mathematik, Metaphorik und Metaphysik machte *kýklos* zu einem Schlüsselwort der religiösen Sprachgeschichte des Okzidents: Zuerst griechisch-philosophisch als (neu-)platonischer »kosmischer Kyklos« der Seelen-Gestirne, der den flüchtigen Augenblick menschlicher Existenz in die Ewigkeit kosmologischer Kreisläufe zu zwingen suchte; dann im 5. Jahrhundert n. Chr. latinisiert-theologisch als *cyclus paschalis*, der das christologische »Geheimnis« von Tod und Auferstehung Christi für die Heilsökonomie der westlichen Christenheit erfolgreich chronologisierte; schließlich szientifisch als Lebenszyklus/*life cycle*. Mit dieser Weiterbildung des Begriffs auf der Grundlage des biologischen Weltbildes hat der zyklische Diskurs des modernen Westens um Leben und Tod endlich sein aufgeklärtes Ende erreicht. An diesem Punkt ist – über J. G. Herder – die bisherige metaphysische und theologische Fassung des Gedankens in die Selbstreflexivität geschichtlicher Erinnerung und anthropologischer Besinnung überführt worden. Über Protozoen- und Malariaforschung (A. Braun, R. Ross) gelingt der mikroskopische Einblick in den bisher verborgenen Lebenszyklus biologischer Organismen jenseits der Schranke des natürlichen Gesichtssinns und mit den Mitteln moderner Statistik, kultur-anthropologischer Feldforschung und psychohistorisch-therapeutischer Identitätsrekonstruktion (E. H. Erikson) scheint nun auch der menschliche »Lebenszyklus« wissenschaftlich erfaßbar geworden zu sein.

4. In diesen Metamorphosen von Sonnenschild und kosmischem Kreis, Osterfest und Lebenszyklus laufen die homerischen und heutigen Diskurse um Bewältigung der gravierenden Identitätsprobleme, die im Kontakt und im Konflikt des eigenen Selbst, der eigenen Gruppe, der eigenen Kultur mit Anderen und Fremden entstehen. In diesem Ablauf wird die Lösung des Streites nicht im Kompromiß, im Respekt und in der Akzeptanz des Fremden und Anderen gesucht, sondern zur jeweiligen Alles-oder-Nichts-Alternative totalisiert. Nicht verschiedene Lebensformen und unterschiedliche Erinnerungskulturen nebeneinander, sondern »Leben oder Tod«, Universalgeschichte oder Textvernichtung bestimmen den Zyklusdiskurs in seinen verschiedenen Metamorphosen. Der Beitrag der mit Überlebenserfolg ausgezeichneten Textprodukte für diese Bewegungsform expansiver Identitätsdynamik liegt in der Entwicklung einer »zyklischen«, das heißt umfassenden, vollständigen, vollkommenen, universalen Diskursivität. Das gilt vor allem für die gegenwärtig zirkulierenden *life cycles* von Männern und Frauen, Familien und Institutionen, Industriegütern und Businesstätigkeiten im Gefolge der Globalisierung des *american way of life*.

Hemma Boneberg

→*Heirat, Interpretationsmodelle, linear / zyklisch, Tod*

Legitimation / Legitimität

1. Die neulateinischen Wortbildungen *Legitimation* und *Legitimität* gehören der Rechtssprache und dem politisch-rechtlichen Diskurs des 19. Jahrhunderts an. Im Kontext der historischen Rechtsschule waren diese Begriffe gegen die abstrakte naturrechtliche Begründung von Staat und politischer Herrschaft gerichtet (F. J. STAHL). Dieser konservative Grundzug hat sich in den monarchistischen Bewegungen für die Wiederherstellung abgesetzter Dynastien bis ins 20. Jahrhundert erhalten. Erst in der politischen Soziologie *Max Webers*[1] hat sich eine neutrale Verwendung der Begriffe Legitimation und Legitimität durchgesetzt. Die von WEBER vorgenommene und klassisch gewordene Unterscheidung zwischen →Macht und Herrschaft bezieht sich unmittelbar auf den Aspekt der Legitimität. Während »Macht« definiert wird als Chance, den eigenen Willen auch gegen das Widerstreben anderer durchzusetzen, versteht WEBER unter »Herrschaft« die Chance, für einen Befehl bestimmten Inhalts bei angebbaren Personen Gehorsam zu finden.[2] Gehorsam impliziert, daß die Beherrschten die Anordnung der Herrschenden für berechtigt (legitim) erachten. Der Glaube an die Legitimität der Herrschenden kann nach WEBER traditional, charismatisch oder legal-rational begründet sein.[3]

2. Legitimation und Legitimität wurden in der Folge MAX WEBERs zu Schlüsselbegriffen der politischen Soziologie und der Politikwissenschaft. Sie griffen auch auf die allgemeine Soziologie und andere spezielle Soziologien über und gelangten erneut in die politische Alltagssprache. Zentral ist in der Wissenschaftssprache immer das *subjektive Moment*: Es geht nicht um eine objektive Legitimität, sondern immer um den Glauben der handelnden Subjekte, daß Institutionen, Aktionen usw. legitim seien, was meistens durch Rekurs auf höherwertige Bezugssysteme gewährleistet wird: Tradition, Verfassung, Natur des Menschen usw. In diesem Zusammenhang kommt auch die Religion ins Spiel, die als Legitimationsgrund agieren kann.

3. Der Zusammenhang von Religion und Legitimation bzw. Legitimität ist in zweifacher Hinsicht zu thematisieren: (a) Religion als Legitimation von nicht-religiösem Handeln bzw. von nicht-religiösen Institutionen; (b) die Legitimation von religiösem Handeln bzw. von religiösen Institutionen. Obwohl diese Unterscheidung religionshistorisch nicht immer klar getroffen werden kann, ist sie analytisch hilfreich:
(a) Die Legitimation politischer Herrschaft durch Rekurs auf Religion scheint seit Entstehung des Staates üblich gewesen zu sein. Obwohl wir in der Regel für die frühen Staaten auf die Texte der Herrschenden angewiesen sind, also über die Beherrschten streng genommen wenig sagen können, ist es plausibel anzunehmen, daß ein Legitimationszusammenhang bestand, der die Herrschenden (Könige) in einen engen Kontakt zu einzelnen Göttern brachte: entweder direkt genealogisch als ›Sohn eines Gottes‹ oder als ›erster Diener‹ der Gottheit. Während in Ägypten das erste Modell vorherrschte, dominierte in Mesopotamien das zweite. Die religiöse Legitimierung staatlicher Herrschaft geht von der Antike über das Mittelalter bis in die Neuzeit und kann in republikanischer Form sogar im 20. Jahrhundert weiterbe-

[1] WEBER, Wirtschaft und Gesellschaft.
[2] A.a.O., 26.
[3] A.a.O., 124 ff.

stehen.[4] Allerdings scheint die Tendenz unverkennbar, daß moderne Gesellschaften zunehmend weniger auf religiöse Legitimation zurückgreifen, sondern eher auf Legitimität durch Verfahren[5] oder auf Behauptung von Austauschvorteilen rekurrieren. Sinngemäß gilt das oben Gesagte auch für den Komplex der Legitimation von sozialer Ungleichheit.[6] Die Konstruktion eines homo hierarchicus[7] entlang von religiös determinierten Reinheitslinien ist in modernen Gesellschaften nicht mehr plausibel zu machen (→ Hierarchie).

(b) Religionen, die ihre Anhänger in vertikal gestuften Organisationen zusammenfassen (→ Kirchen) unterliegen einem Legitimationsdruck, den weniger organisierte Religionen so nicht kennen.[8] Das gilt besonders, wenn die religiöse Ideologie von einer Gleichheit der Glaubensgenossen ausgeht. Ein probates Mittel ist das Argument von der besonderen religiösen Qualifikation der in der Organisation bevorzugten Positionsinhaber (Priester usw.). Allerdings ist der mögliche Rückgriff auf charismatische Qualitäten organisationsgefährdend, da dadurch das Moment der Stabilität in Frage gestellt wird. Eine Lösung stellt die Kategorie des Amtscharisma dar, die die besondere Qualifizierung an die Korrektheit der Amtsübernahme bindet (→ Charisma).

Literatur

Dumont, L., Homo hierarchicus. Le système des castes et ses implications, 1966; Kehrer, G. (Hrsg.), »Vor Gott sind alle gleich«. Soziale Gleichheit, soziale Ungleichheit und die Religionen, 1983; Mol. H., Identity and the Sacred, 1976; Weber, M., Wirtschaft und Gesellschaft, 51976.

Günter Kehrer

→ Charisma, Hierarchie, Macht, Religion (Definition und Funktionen)

Leiden

---

4 Mol, Identity and the Sacred, 109–128.
5 N. Luhmann, Legitimation durch Verfahren, 31978.
6 Kehrer (Hrsg.), »Vor Gott sind alle gleich«.
7 Dumont, Homo hierarchicus.
8 G. Kehrer, Organisierte Religion, 1982.

I. Wort und Begriff

Das Wort ›Leiden‹ gehört zu einem Wortfeld, das Schmerzerfahrungen verschiedener Art, Intensität und Dauer bezeichnet: Gram, Kummer, Leid, Pein, Qual, Schmerz, Trauer, Weh; zur selben Wortfamilie gehören Mitleid und Leidenschaft. Eine ähnliche Gruppierung findet sich im christlichen Latein. Neben das klassische Verbum *pati* – aushalten, ertragen, dulden, leiden – treten das Substantiv *passio*/pl. *passiones* – Leiden, Leidenschaft(en) und Bildungen wie *compatior* – mit jem. leiden, Mitleid – *compassio* – haben, *(im)passibilis* – dem Leiden (nicht) unterworfen. In der Geschichte dieser Wortgruppe verbinden sich eine philosophische und eine religiöse bzw. theologische Tradition. Das etymologisch verwandte griech. Substantiv *páthos* bezeichnet ganz allgemein ›was einem widerfährt, auf einen zukommt‹; es kann in besonderen Fällen auch ›Leiden‹ bedeuten. Als Fachausdruck der Ethik heißt es ›Gemütsbewegung‹ – neutral gefaßt bei ARISTOTELES, als etwas Störendes und zu Vermeidendes in der Stoa. Der Begriff *páthos* wird im klassischen Latein mit *affectus* (→ Emotion) übersetzt; *passio* ist eine späte Konkurrenzbildung, die bei christlichen Autoren nicht unumstritten war wegen der tiefen religiösen Bedeutung, die dem Wort aus der Leidensgeschichte (Passion) Jesu und den Passionen jener, die als Martyrer ihm nachfolgten, zugewachsen war.[1] ERICH AUERBACH hat diese religiöse Prägung, die in der Wortgeschichte greifbar wird, als etwas Neues, eine in der Antike unerhörte und für die europäische Literatur- und Geistesgeschichte folgenreiche Dialektik aufgefaßt, »das leidenschaftliche Leiden in der Welt«.[2]
›Schmerz‹ und ›Leiden‹ sind die allgemeinsten Ausdrücke in dem skizzierten Wortfeld. Im Unterschied zu ›Schmerz‹, der punktuell sein kann, bezeichnet das Wort ›Leiden‹ einen Zustand.[3] Weder ›Leiden‹ noch ›Schmerz‹ sind religionswissenschaftliche Begriffe. Da sie aber zu den unausweichlichen Erfahrungen jedes Individuums gehören, sind sie ein wichtiger Gegenstand kultureller Bearbeitung; so werden sie auch religiös thematisiert und philosophisch und theologisch reflektiert. Der Versuch einer Begriffsklärung steht unter dem Vorbehalt der logischen Schwierigkeiten mit dem Gebrauch des Begriffes ›Schmerz‹, die WITTGENSTEIN offengelegt hat: »Den Begriff ›Schmerz‹ hast du mit der Sprache gelernt.«[4]

II. Biologie des Schmerzes

Die kulturwissenschaftliche Untersuchung beginnt bei der biologisch-medizinischen Beschreibung des Phänomens Schmerz und seiner Funktionen. Eine internationale Expertenkommission hat folgende Definition für die Praxis erarbeitet: »Schmerz ist eine unangenehme Sinnes- und Gefühlserfahrung, die mit akuter oder möglicher Gewebeschädigung verbunden ist oder mit Begriffen für eine derartige Schädigung beschrieben

---

[1] AUGUSTIN, de nuptiis et concupiscentia 2,55.
[2] E. AUERBACH, Literatursprache und Publikum in der lateinischen Spätantike und im Mittelalter, 1958, darin: Gloria Passionis, 54–63.
[3] Eine gängige Unterscheidung von ›körperlichen‹ und ›seelischen‹ Leiden mag von praktischem Nutzen sein, kann aber, da sie auf bestimmten philosophischen Voraussetzungen beruht, einer kulturwissenschaftlichen Analyse nicht zugrunde liegen. Auf die philosophische Diskussion des Leib-Seele-Problems ist hier nicht einzugehen.
[4] L. WITTGENSTEIN, Philosophische Untersuchungen (beendet 1945) 1953, ²1958, Nr. 384; vgl. noch z. B. Nr. 244–246; 253; 257; 286–289; 303f.; 314f.

wird.«[5] Schmerz ist nicht an einen pathophysiologischen Befund gebunden; Schmerz ist immer subjektiv; maßgebend sind Erfahrung und Äußerungen des Patienten.[6]
Der Körper besitzt ein eigenes System zur Aufnahme und Verarbeitung schädigender Einflüsse. Der potentiell schädigende Reiz wird von Nozizeptoren – freien Nervenendigungen, nicht Sinneszellen – aufgenommen und durch spezielle Nervenfasern zum Rückenmark und zum Gehirn geleitet. Bereits im Rückenmark werden bestimmte Abwehrreaktionen ausgelöst, motorische, wie das Zurückzucken des betreffenden Körperteils, und vegetative, wie Veränderungen von Herzschlag, Durchblutung, Atmung. Erst im Gehirn wird Schmerz erfahren. Schmerz wird subjektiv erlebt und also verschieden bewertet. In diese Bewertung gehen aber transsubjektive Größen ein: Die Schmerzschwelle, definiert als die Reizintensität, bei der ein Schmerz gerade wahrgenommen wird, scheint bei allen Menschen ziemlich gleich zu sein; die Schmerztoleranzschwelle, definiert als die Reizintensität, bei der eine Versuchsperson den Reiz freiwillig nicht mehr erhöht, ist in beiden Körperhälften verschieden und unterscheidet sich vor allem bei Angehörigen verschiedener Kulturen.[7]
Schmerz soll den Organismus vor Schädigung schützen. Heftiger Schmerz aber kann seinerseits so dominant sein, daß er andere ebenfalls notwendige Aktivitäten des Körpers lähmen würde. Dieser Gefahr beugt ein körpereigenes Kontrollsystem vor, das unter bestimmten Umständen mit Hilfe von Schmerzhemmern, den Endorphinen, die Schmerzwahrnehmung abschwächt.
Die Ambivalenz des Systems wird bereits auf der biologischen Ebene deutlich. Damit der Schutz vor Schädigung effizient sei, muß der Organismus nachhaltig in seinem Wohlbefinden gestört und so gedrängt werden, die Ursache des Schmerzes und damit auch diesen selbst zu beseitigen. Gelingt dies nicht, so wird der Schmerz seinerseits zum schädigenden oder gar zerstörenden Moment. Die Linderung chronischer Schmerzen ist zu einem wichtigen Problem der modernen Medizin geworden. Es spitzt sich zu in der Frage, ob bei unerträglichen Schmerzen infolge einer unheilbaren Krankheit aktive Sterbehilfe ethisch oder juristisch zu rechtfertigen sei.[8] Diese Ambivalenz des Schmerzes macht ihn als Manipulationsinstrument geeignet.

III. Die kulturelle Bearbeitung des Schmerzes

1. Erziehung durch / zum Leiden

Schmerz ist, im Gegensatz zu den Sinneswahrnehmungen, Reaktion; er wird durch Gewalteinwirkung – woher auch immer – ›provoziert‹. Diese Gewalt kann in der ›Natur der Sache‹ bestehen, z. B. der Härte des Gegenstandes, an dem ein Kind ›sich stößt‹, einem Erdbeben, durch das Menschen verletzt oder getötet werden. Jede Gewalteinwirkung setzt eine komplexe Wechselwirkung von Reaktionen und Aktio-

---

[5] Pain terms, 250: »*An unpleasant sensory and emotional experience associated with actual or potential tissue damage, or described in terms of such damage.*«
[6] S. ebd., die Erläuterungen zur Definition.
[7] Vgl. PÖPPEL, Lust und Schmerz. Ich danke Jürgen Heitmann für freundliche naturwissenschaftliche Belehrung und Nachweis von Literatur.
[8] Eine umsichtige Zusammenfassung der juristischen Diskussion: A. ESER, Freiheit zum Sterben – Kein Recht auf Tötung, in: Juristenzeitung 1986, 786–795.

nen in Gang; diese gewinnen eine neue Qualität, wenn Gewalt von Subjekten oder von Gruppen ausgeübt, d. h. bewußt zugefügt wird.[9]

Aus der Vielfalt gesellschaftlich regulierter Gewaltanwendung, d. h. Zufügung von Schmerzen, sind vier Bereiche hervorzuheben: (a) die Erziehung, (b) das Strafsystem der Justiz, (c) die Folter, (d) der → Krieg. In allen vier Bereichen wurden (werden) geplant zugefügte Schmerzen als legitime und geeignete Mittel zur Erreichung bestimmter Ziele aufgefaßt. Die Geschichte der Kindheit ist auch eine Geschichte der Traumatisierungen (gr. *trauma* – Verletzung, Wunde). Jede individuelle Leidens-Geschichte beginnt mit dem ersten Schmerz.[10] Erst in neuester Zeit wurden im Bereich der europäischen Zivilisation Körperstrafen in Erziehung und Justiz offiziell abgeschafft.[11] Ob die Plausibilität von Weisheiten wie ›wer nicht hören will, muß (Schmerz) fühlen‹ ebenfalls schwindet, ist ungewiß.[12] Die Tauglichkeit des Einsatzes von Schmerzen zur Erreichung bestimmter Ziele wird – auch abgesehen von der moralischen Dimension – von Pädagogen, Psychologen, Psychoanalytikern bestritten. Bruno Bettelheim hat z. B. der Deutung schmerzhafter Prozeduren bei der → Initiation als Erziehungsmittel widersprochen; da die Folgen von Traumatisierungen nicht vorhersehbar seien, könnten diese nicht auf die Dauer mit Erfolg im Sozialisierungsprozeß angewandt werden.[13] Besonders scharf formuliert, wenn auch in anderem Zusammenhang, Michael Balint: »Man wird schlecht durch Leiden«.[14]

2. Schmerz als Strafe

Die Folter ist allgemein geächtet und wird weithin praktiziert; die Dokumentationen der Menschenrechtsausschüsse und von »*Amnesty International*« sind überreich und erfassen doch nur einen Teil der Realität. Der Krieg ist noch nicht geächtet; es besteht die Gefahr, daß seine Akzeptanz erneut wächst, da die unmittelbare Drohung eines Atomschlags in Mitteleuropa sich verringert hat. Die Demonstration seiner Technisierung und Elektronisierung in den Medien soll sein Zerstörungspotential in Faszination umsetzen, das Töten und Verstümmeln vergessen machen; der → Euphemismus des »chirurgischen Eingriffs« stellt sich wie von selbst ein. Das Bild des Arztes, der ›heilsamen‹ Schmerz zufügt, ist altbewährt, wenn es gilt, Gewalt zu rechtfertigen.

---

[9] Das Verhältnis eines Begriffs ›Leiden‹ zu anderen zugehörigen Begriffen wie Gewalt, → Aggression, → Angst, → Emotion, → Mangel oder gar Leben kann noch nicht konstruiert werden.

[10] Zur allgemeinen Orientierung: N. Elias, Über den Prozeß der Zivilisation. Zweiter Band. Wandlungen der Gesellschaft. Entwurf zu einer Theorie der Zivilisation, Tb. 1980. Vgl. auch H. Bast u. a. (Hrsg.), Gewalt gegen Kinder, 1975; W. Hocheimer, Zur Psychologie von strafender Gesellschaft, in: Kritische Justiz 1 (1969) 27–49; K. Horn, Dressur oder Erziehung. Schlagrituale und ihre gesellschaftliche Funktion, 1967.

[11] Hierher gehört auch die strengere Fassung des Tierschutzgesetzes: Bundesgesetzblatt 1986, Nr. 42, und der Kampf gegen Tierversuche.

[12] Daß die Abschaffung der Körperstrafen einen Fortschritt zur Humanität bedeute, hat vor allem M. Foucault geleugnet; der Zugriff der Macht auf die Individuen sei vielmehr totaler geworden, s. ders., Surveiller et punir. La naissance de la prison, 1975, dt.: Überwachen und Strafen. Die Geburt des Gefängnisses, Tb. 1979.

[13] B. Bettelheim, Die symbolischen Wunden (1954) dt. 1975, 98 f. Diese Interpretation der Initiationsrisiken gilt in der Ethnologie als überholt.

[14] M. Balint, Zur Kritik der Lehre von der prägenitalen Libidoorganisation (1935), in: ders., Die Urformen der Liebe und die Technik der Psychoanalyse, 1966, 66, vermittelt durch W. Loch, der diesen Satz als Motto benutzt; ders., Über psychoanalytische Zusammenhänge zwischen Angst, Terror und Gewalt, in: v. Stietencron (Hrsg.), Angst und Gewalt, 43–58 (= Loch, Perspektiven, 167–180).

3. Gewalt des Schmerzes – Kraft des Leidens

Andererseits ist diesem Bild – und darauf beruht seine Suggestionskraft – ein Wahrheitsgehalt nicht abzusprechen. Es ist die ›natürliche‹ Funktion des Schmerzes, zu warnen und zu schützen. Schmerz ist eine Begleiterscheinung der im Leben eines jeden Individuums notwendigen Prozesse der Trennung, Lösung, Verluste. Nicht Vermeidung, sondern Aushalten dieser Schmerzen ist die Bedingung für die Entwicklung von Kreativität und schließlich für ein Gelingen des Lebens.[15] Menschen haben prinzipiell die Fähigkeit, Schmerzen und Leiden nicht nur zu ertragen, sondern sie sich kreativ nutzbar zu machen. Die Isolation in schwerer Krankheit oder Behinderung kann dazu führen, daß höhere Sensibilität, neue Aufmerksamkeitsfelder und schließlich neue Formen der Zuwendung zu Welt und Menschen erreicht werden. Beispiele geistiger und künstlerischer Produktivität, die dem Leiden abgewonnen wurden, brauchen nicht aufgezählt zu werden; zur religiösen Leidens-Mystik s. u.

Menschenwürde und Leiden stehen in einem paradoxen Verhältnis: Es läßt sich ethisch nicht rechtfertigen, daß einem Menschen Leid zugefügt wird, sei es als Ausbruch reiner Destruktivität, sei es als Mittel zu irgendeinem – moralisch, religiös, pädagogisch, politisch etc. – legitimierten Zweck. Andererseits wären Versuche, Schmerz und Leiden grundsätzlich zu vermeiden, zu umgehen oder andere davor zu bewahren, weder möglich noch richtig. Leiden und menschliche Würde sind nicht prinzipiell unvereinbar. Von philosophischen und religiösen ›Sinngebungen‹ sei hier abgesehen und nochmals auf die Probleme der Sterbehilfe bzw. der Selbsttötung hingewiesen: Unerträgliche Schmerzen bei unheilbarer Krankheit an sich bilden kein hinreichendes Kriterium.[16]

Elaine Scarry hat in ihrem Buch »*The Body in Pain*« die Ambivalenz des Schmerzes – bewußt? – nicht berücksichtigt; das verleiht ihrem Plädoyer gegen Folter und Krieg eine fast verzweifelte Eindringlichkeit: Im Schmerz, der den Körper sprachlos in sich selbst einschließt,[17] wird die Welt zerstört (»*unmaking of the world*«); die Schaffung von Welt, Kultur, Artefakten hat das Ziel, Schmerz zu mindern, so lautet, unziemlich verkürzt, ihre These,[18] die freilich nicht als pessimistisches Statement verstanden werden, sondern Appelle zum Handeln freisetzen will. Unter den in der europäischen Kultur privilegierten Deutesystemen – Philosophien und Theologien – ist solche Eindeutigkeit nicht gebräuchlich, auch dann nicht, wenn, wie bei Schopenhauer, das Leiden zum Wesen der Welt erklärt und daraus eine Ethik des Mitleids und der Toleranz abgeleitet wird.

---

15 Knappe Übersicht zur psychoanalytischen Theorie bei Loch, Perspektiven, bes.: Triebe und Objekte – Bemerkungen zu den Ursprüngen der emotionalen Objektwelt, 213–240.

16 S. Die Zusammenfassung von Eser, o. Anm. 8. Auf die Bedeutung dieser Überlegungen für die vor allem durch die Publikationen von P. Singer (Praktische Ethik) aufgerissene Diskussion um den ›Wert‹ behinderten Lebens sei hingewiesen.

17 Die These von der Einzigartigkeit des Schmerzes hat Plausibilität, insofern sie sich in extremer Schmerzerfahrung aufdrängt, die jede analytische Relativierung als unangemessen erscheinen läßt. Gegen ihre Verabsolutierung ist auf Wittgenstein zu verweisen: die Grammatik von Schmerz ist Teil einer Grammatik der Empfindungen. Scarry zitiert nur Wittgensteins Gedankenexperiment über die »Schmerzflecken« (Nr. 312), das sie ihrem Konzept von der Materialisierung des Schmerzes in der Waffe anpaßt.

18 Eine Auseinandersetzung mit dem außerordentlich materialreichen Buch, das auch ein Kapitel Religionskritik umfaßt, ist hier nicht möglich. Hilfreich ist eine knappe vergleichende Vorstellung von Aleida Assmann, Die Häuslichkeit der Welt, in: Delfin XII (1989) 37–46.

IV. Philosophie

1. Theodizee und Anti-Theodizee

Theorien über das Leiden in der europäischen Philosophie lassen sich sehr vereinfacht zwei Gruppen zuordnen, die plakativ als ›Theodizee‹ und ›Anti-Theodizee‹ bezeichnet werden können. Die philosophische Formulierung des Problems einer Rechtfertigung Gottes angesichts der Übel in der Welt, das LEIBNIZ »*théodicée*« genannt hat,[19] wird EPIKUR (341–271 v. Chr.) zugeschrieben: »Entweder will Gott die Übel aufheben und kann nicht, oder er kann und will nicht, oder er will nicht und kann nicht, oder er will und kann. Wenn er will und nicht kann, ist er schwach, und das trifft für Gott nicht zu. Wenn er kann und nicht will, ist er neidisch, und das ist ebenso unvereinbar mit Gott. Wenn er nicht kann und nicht will, ist er neidisch und schwach und dementsprechend auch kein Gott. Wenn er aber will und kann, wie das allein angemessen für Gott ist – wo kommen dann die Übel her, und warum hebt er sie nicht auf?«[20] Philosophien und Theologien haben verschiedene Lösungen und Umformulierungen dieses Problems angeboten (→Theodizee).

2. Leben als Leiden

ARTHUR SCHOPENHAUER (1788–1860) lehrt, daß das Leben selbst Leiden sei.[21] Er hat den Gegensatz seiner Philosophie zu den »meisten metaphysischen Systeme(n)« darin gesehen, daß diese »das Übel für etwas Negatives erklären«[22], und alle Versuche zur Theodizee als grundsätzlich gescheitert erklärt; ihre Voraussetzung selbst, »das Dasein Gottes nebst Eigenschaften« sei »die Quelle der Verlegenheit«.[23]
LEIBNIZ*ens* These, die Welt sei die beste aller möglichen, könne Gott gar nicht rechtfertigen, da dieser ja die Möglichkeit einer besseren Welt hätte schaffen können.[24] Das Leiden müsse als Folge menschlicher Schuld begriffen werden. Diese Einsicht findet er in der christlichen Erbsündenlehre »allegorisiert«.[25]
SCHOPENHAUER beruft sich wiederholt auf verschiedene religiöse Überlieferungen: »Brahmanismus und Buddhaismus«, »Empedokles und Pythagoras«, besonders auf asketische Sekten des frühen Christentums. Der Gegensatz zwischen AUGUSTIN, dem Schöpfer der Erbsündenlehre, und PELAGIUS erscheint ihm als konstitutiv für die

---

[19] G. W. LEIBNIZ, Essais de Théodicée sur la bonté de Dieu, la liberté de l'homme et l'origine du mal, 1710; dt. Die Theodizee, ²1968. Zu den antiken Quellen s. z. B. PLATZ, Fatum et libertas; speziell zur Ethik der Stoa: FORSCHNER, Ethik, 160–165.

[20] LACTANZ, De ira Dei 13,20f. (lat.-dt. Ausgabe, eingel., hrsg. übertr. u. erl. v. H. KRAFT u. A. WLOSOK, 1957, 46f.) = EPIKUR frg. 374 (USENER, Epicurea, 1887, Ndr. 1966); G. ARRIGHETTI (Epicuro, Opere, 1960) hat diese Stelle nicht unter die Fragmente aufgenommen. Dasselbe Raisonnement überliefert SEXTUS EMPIRICUS in seinem ›Grundriß der pyrrhonischen Skepsis‹ (Pyrrhoneioi hypotheseis 2, 9–11, verf. 180–200 n. Chr.) zugespitzt als Argument gegen die Erkennbarkeit der Existenz Gottes.

[21] S. z. B. Die Welt als Wille und Vorstellung (abgek.: Welt), Bd. 1, 426; 543; vgl. »Von der Nichtigkeit und dem Leiden des Lebens«: Bd. 2, 733–754.

[22] Paralipomena § 149, Bd. 5, 344.

[23] Welt, Bd. 1, 445ff.; 551f. die Anmerkung.

[24] Paralipomena § 156, Bd. 5, 354ff.

[25] Paralipomena ebd. Bd. 5, 357; vgl. Welt, Bd. 1, 450.

Geschichte der christlichen Konfessionen.[26] In diesem Streit der Theologen ist in der Tat die Differenz zwischen dem christlichen und einem ›positiven‹ Naturbegriff, wie ihn in der Antike vor allem die Stoiker vertraten, festgehalten.[27]
Askese und Quietismus bilden für SCHOPENHAUER den Maßstab für eine Rangfolge unter den Religionen; das »griechische Heidentum« und der Islam stehen als »optimistisch« auf der untersten Stufe.[28] Das Christentum ist dem – bis auf den Adam-Mythos optimistischen – Judentum weit überlegen.[29] In den asketischen und quietistischen Traditionen aller Welt findet SCHOPENHAUER die Bestätigung seiner Philosophie, daß nur durch Leiden der Weg zur Erlösung führt, zum Verstummen des Willens, der die Quelle allen Leidens ist.[30] Die Menschen sind Leidensgenossen, die eben deswegen einander »Toleranz, Geduld, Schonung und Nächstenliebe« schulden.[31] »Alle Liebe ... ist Mitleid«, Mitleid macht sich fremdes Leiden zu eigen.[32]

3. Überwindung oder Rettung der Theodizee?

Aus der neueren Theodizee-Diskussion seien nur zwei Positionen erwähnt. ODO MARQUARD schlägt vor, die Geschichtsphilosophie als Theodizee zu betrachten, insofern diese die Geschichte allein den Menschen zurechne und durch den ›Tod Gottes‹ diesen endgültig vom Rechtfertigungszwang entlastet habe.[33]
HANS JONAS läßt angesichts Auschwitz nur noch mythisches Sprechen über Gott gelten; von Gottes Güte könne nur sprechen, wer das – bis dahin als Bestimmungsstück obligatorische – Prädikat der Allmacht aufgibt; hier klingt die Lehre vom *zimzum* aus der Kabbala des ISAAC LURIA (1534–1572) an: Gott hat sich zurückgezogen, um seiner Schöpfung Raum zu geben.[34]
Beim neunten Kolloquium zur Gegenwartsphilosophie im Jahre 1985 wurde das Thema »Leiden« verhandelt. Vor allem in der Schlußdiskussion wurde deutlich, daß in der Fragestellung der Theodizee nur begrenzte Aspekte des Leidens erfaßt werden; in einer gewissen Verlegenheit scheint sich die Einsicht anzudeuten, daß philosophische Reflexion allein mit diesem Thema überfordert ist.

---

26 Vgl. Paralipomena § 180, Bd. 5, 457f.; s. auch Welt, Bd. 2, 551.
27 Eben dagegen polemisiert SCHOPENHAUER, vgl. Paralipomena § 156a, Bd. 5, 359.
28 Welt, Bd. 2, 775.
29 S. z. B. ebd. Bd. 2, 795.
30 S. bes. ebd. Bd. 2, 782–808.
31 Paralipomena Kap. 12 § 156, Bd. 5, 358.
32 Welt, Bd. 1, 510–514 und 515.
33 Pointierte Kurzfassung: O. MARQUARD, Das gnostische Rezidiv als Gegenneuzeit, in: J. TAUBES (Hrsg.), Gnosis und Politik, 1984, 31–36, vgl. seine Diskussionsbeiträge in: OELMÜLLER, Leiden. H. BLUMENBERG hatte bereits 1966 auf die »Anthropodizee« als neuzeitliche Fortsetzung einer Linie »Kosmodizee« – »Theodizee« hingewiesen, s. ders., Säkularisierung und Selbstbehauptung, Tb. 1974, 165.
34 H. JONAS, Der Gottesbegriff nach Auschwitz, in: O. HOFIUS (Hrsg.), Reflexionen in finsterer Zeit, 1984, 61–86, Zur *zimzum*-Lehre vgl. G. SCHOLEM, Zur Kabbala und ihrer Symbolik, 1960, 148–150.

V. Religion

1. Strukturelle Beziehungen zwischen Leiden und Religiosität

Der Bezug des leidenden Menschen zur ›Welt‹ ist tiefgreifend verändert. Er nimmt sich und die Welt anders wahr, ist isoliert, in seiner Kommunikation begrenzt und doch mehr oder weniger auf die Hilfe anderer angewiesen. Diese Situation ähnelt in einigen Zügen der Abhängigkeit des kleinen Kindes von seinen Eltern. Anders als das kleine Kind aber leidet der Erwachsene zusätzlich darunter, daß er nicht mehr selbständig handeln kann.

Diese körperliche und seelische Erfahrung des Ausgeliefertseins, des Angewiesenseins auf andere wurde verschiedentlich zur Definition von Religion benutzt. SCHLEIERMACHER hat ein »Gefühl einer schlechthinnigen Abhängigkeit« als definiens angesetzt; die Phänomenologische Schule bestimmt Religion als Reaktion auf die Erscheinung des Tremendum und Fascinosum.[35]

Im Christentum wurde, auf verschiedenen Ebenen der praktizierten und reflektierenden Religion, ein Vater-Kind-Modell aufgebaut. In der Lehre von der Dreifaltigkeit und der Erlösung (Trinitätsdogmen und Soteriologie) findet das Vater-Kind-Verhältnis seinen spezifischen Ausdruck im Leiden des Gottes-Sohnes, wodurch sich der Gehorsam gegen den Vater erweist. Der Wille des Vaters wird erfüllt und Versöhnung und Erlösung bewirkt.

2. Leiden im Bereich jüdisch-christlicher Traditionen

Die Leidensgeschichte Jesu steht, wie ihre älteste Fassung im Markusevangelium zeigt, in der Tradition jüdischer Leidensgeschichten und Leidenstheologie: die Klagen des leidenden Gerechten in den Psalmen, Leidensgeschichten in den Prophetenbüchern, vor allem bei Jeremia, und der ›leidende Gottesknecht‹ des (Deutero-)Jesaja sowie die beginnende Martyrertheologie, wie sie im 2. Makkabäerbuch bezeugt ist.[36]

Das Buch Hiob, abgefaßt zwischen 400 und 200 v. Chr., inszeniert den Protest des leidenden Gerechten, der nicht bereit ist, sein Elend als Folge eigener Schuld zu ›erklären‹; Hiob streitet um sein Recht gegen seine Freunde und gegen Jahwe. Der Verfasser des Textes läßt diesen am Ende auftreten und Hiob Recht geben gegen dessen Freunde und deren Straf-Theologie. Jahwe rechtfertigt nicht das Leiden Hiobs, aber er rechtfertigt auch nicht sich. Er tritt gar nicht in den Rechtsstreit ein, sondern verweist Hiob in die Schranken seiner Menschennatur; anstelle einer argumentierenden Theodizee steht das göttliche Machtwort.[37]

---

[35] Siehe F. SCHLEIERMACHER, Über die Religion. Reden an die Gebildeten unter ihren Verächtern (1799), 1956, 50. – B. GLADIGOW, Gegenstände und wissenschaftlicher Kontext von Religionswissenschaften, in: HrwG Bd. 1, 26–38: 2. ›Das Heilige zeigt sich‹.

[36] S. CANCIK, Gattung Evangelium, 97 und Literatur 112f.; jüdische Leidenstheologie: ders., Franziskanische Leidensmystik, 111; Reiche Diskussion und Literatur bei VAN HENTEN, Jüdische Martyrologie.

[37] Im allgemeinen wird das Hiobbuch in die weisheitliche Literatur eingeordnet, s. z. B. neuerdings J. LEBRAM, Jüdische Martyrologie und Weisheitsüberlieferung, in: VAN HENTEN, Martyrologie, 88–126. Dagegen betont J. EBACH, Thesen zum Hiobbuch, in: OELMÜLLER, Leiden, 20–27, die Verweigerung der Theodizee und jedweder ›Erklärung‹, das Insistieren auf der Klage über das Leiden, wobei er als ›Antwort‹ Jahwes deutet, was eher ein Rede- und Frageverbot ist.

Die Christen bekennen Jesus von Nazareth als den Gott-Menschen[38], der in seinem Leiden und Sterben das Leid der Welt auf sich genommen und die Menschen von der Sünde erlöst hat. In der freiwilligen Annahme des Leidens folgen die Christen ihrem Erlöser nach. Christliche Leidenstheologie und Leidensmystik[39] gehen über Theodizee und das ›Dulden‹ Hiobs hinaus; das Leiden wird zu einem ausgezeichneten Heilsweg. Insofern beruft SCHOPENHAUER sich zu Recht auf die deutschen Mystiker, vor allem MEISTER ECKART und JAKOB BÖHME.

Die poetische Kraft der Passionsfrömmigkeit auf allen Gebieten der Kunst ist bekannt. Vermittels des Gedankens der »Nachfolge Christi« sind die gemalten und plastischen Darstellungen des Leidenswegs und der Kreuzigung Jesu, der Schmerzensmutter, die den toten Sohn auf dem Schoß hält, die Gebete, Meditationstexte, die dramatischen Wiederaufführungen und nicht zuletzt die Passionsmusik Angebote an die Gläubigen, ihre eigenen Schmerzen und Leiden als Mit-Leiden mit dem Erlöser und dadurch sinnvoll und heilbringend zu erfahren. Eben dieses Konzept des stellvertretenden Sühneleidens hat aber auch dazu gedient, Exzesse von Gewalt gegen den eigenen Körper und gegen andere zu rechtfertigen, wenn nicht auszulösen. Die Asketen kasteien sich und »töten sich selbst ab« in lebenslangem Martyrium.

3. Schmerz und Leiden in der Kultur der Griechen und Römer

a) Der von christlicher Kreuzestheologie und Leidensmystik gelenkte Blick findet keinen Anhaltspunkt in der Kultur der Griechen und Römer. NIETZSCHE*s* Protest gegen den fortschrittsgläubigen Optimismus des Industriezeitalters und des liberalen Kulturprotestantismus ist selbst christlich motiviert.[40] Er mußte eher marginale dionysische Mythologeme benutzen, um dem Leiden die Mitte der griechischen, ja der Welt überhaupt zu sichern. Am Ende seines Denkens fallen »Dionysos« und »der Gekreuzigte« in seiner Person zusammen.

Griechen und Römer haben keine ›Theologie‹ des Leidens entwickelt. Ihre Dichter haben, wie oft, die Philosophen an psychologischem Scharfblick übertroffen. Die Philosophen aber haben es sich versagt, das Theodizee-Problem durch ein böses Prinzip oder die grundsätzliche Sündhaftigkeit der menschlichen Natur zu erledigen.

b) Das Tragische – *papapai*

Das Vokabular der griechischen Tragödie ist reich an Bildern und Metaphern, die Schmerzerfahrungen aller Art zur Sprache bringen; die Tragiker bilden das nackte Leiden ab: Stöhnen, Heulen und Zähneklappern lassen sie – zur Verlegenheit ihrer Übersetzer – in ihren Versen laut werden: *papapai – otototototoi – io – pheu...* Philoktet, einer der Großen, Gefährte des Herakles und Erbe seiner Waffen, ist von SOPHOKLES auf die Bühne gebracht in den gänzlich unheroischen Qualen seiner stinkenden Wunde.

---

38 Die Vorstellung von leidenden Heroen oder Gottessöhnen ist der Antike nicht fremd: zu Leiden und Apotheose des Hercules auf dem Scheiterhaufen s. u. – Das wohl im 12. Jh. n. Chr. verfaßte Drama »Der leidende Christus« (griech. *Christós páschon*) besteht zum größten Teil aus Tragödienversen des EURIPIDES. Maria klagt um den toten Jesus mit den Worten der Agaue in EURIPIDES' Bacchae; diese hat ihren Sohn Pentheus im Wahn zerrissen.

39 Vgl. z. B. CANCIK, Franziskanische Leidensmystik, 95–119, mit Literatur.

40 R. KNODT, Friedrich Nietzsche – Die ewige Wiederkehr des Leidens, 1987, ist für die religionsgeschichtlichen Zusammenhänge unergiebig.

Die römischen Tragiker haben die Elendsschilderungen verschärft, die Leiden und Foltern ins Monströse übersteigert; die Tragödie ist zum Trauerspiel geworden. Grell und hart inszeniert SENECA Schmerz und Gewalt, demonstriert in sich überschlagenden Perversionen, wie die Menschlichkeit zerstört wird. Das Drama »Hercules auf dem Oeta« markiert ein Extrem, die Qual schlägt um in Apotheose. Das Sterben des Hercules ist als Passion des Gottessohnes dargestellt, der so die Göttlichkeit erringt, zu seinem Vater heimkehrt. Das Stück endet mit einer Kultstiftung.[41]

c) Ob der Schmerz das größte Übel sei

In der Ethik der Griechen und Römer werden Schmerz und Leiden, so scheint es, nur bedacht, um überwunden zu werden. Die Stoiker behaupten sogar, der Schmerz sei kein Übel; daß sie dabei zwischen diesem Satz, als einem ethischen Urteil, und der Erfahrung, daß Schmerz unangenehm, schwer zu ertragen und durchaus nicht erstrebenswert sei, unterschieden, wird in der überwiegend polemischen Überlieferung meist unterschlagen.[42]
Das immer wiederholte und immer halbwahre Wort von der »Apathie« des stoischen Weisen als seiner ›Fühllosigkeit‹ steht einer angemessenen Einschätzung des – gewiß nicht ohne Gewaltsamkeit einhergehenden – Ideals der Schmerzverachtung und Selbstbeherrschung im Wege.[43] Wie schon ZENON, der Gründer der Stoa, leugnet SENECA nicht die Schmerzempfindung, sondern daß der ›Weise‹ von Unrecht oder überhaupt einem Übel betroffen werden könne, obwohl es geschieht und dem Täter auch zugerechnet wird.[44] Das ständig variierte Paradox, daß der Schmerz etwas Äußerliches sei und kein Übel, hält wider allen Augenschein die Überzeugung aufrecht, daß die Natur wesentlich gut sei, der Mensch nicht wirklich zerstört werden könne.[45]
Dem Anthropozentrismus der Stoiker liegt eine Verklärung des Schmerzes oder die Entwicklung einer Leidensmystik ebenso fern wie der Gedanke einer Erlösung. Trotzdem handelt es sich hier nicht um ein ›oberflächliches‹ Verleugnen der *condicio humana*, die in der Antike immer als Sterblichkeit und Schmerzanfälligkeit gefaßt ist: allein die Götter sind todlos (griech. *athánatoi*, lat. *im-mortales*) und dem Schmerz nicht zugänglich (griech. *a-pématoi)*.
Um der Gewalt zu widerstehen, tun freilich die Stoiker der Kaiserzeit sich selbst Gewalt an. Als letzter Akt der Freiheit gilt ihnen der Freitod. Dies ist eine Widerstandsethik, die sich in Extremsituationen zu behaupten sucht: ›Leben ist kämpfen‹ – die Tugend ist männlich, Militär und Arena liefern die Bilder.[46] Von der Brutalität

---

41 Ob diese Tragödie von SENECA verfaßt ist oder nicht, ist hier nicht von Belang. Vgl. H. CANCIK, Seneca und die römische Tragödie, in: M. FUHRMANN (Hrsg.), Römische Literatur. Neues Handbuch der Literaturwissenschaft, Bd. 3, 1974, 251–260, hier 258 f.

42 Eine Übersicht bietet CICERO im 2. Buch der Tusculanae disputationes; zur stoischen Affektenlehre s. FORSCHNER, Ethik, 134–141, bes. 139 f.

43 Vgl. H. CANCIK, H. CANCIK-LINDEMAIER, Senecas Konstruktion des Weisen, in: ALEIDA ASSMANN (Hrsg.), Weisheit, 1991, 205–222.

44 Z. B. de constantia sapientis IV; XVI 2; vgl. de tranquillitate animi XI 1–3.

45 Indem der ›Weise‹ dies demonstriert, dient er der gesamten Menschheit: z. B. de constantia sapientis XIX 5.

46 Frauen können keinen Schmerz ertragen, der Mann kann sich beherrschen, Frauen müssen beherrscht werden, z. B. CICERO, Tusc. 2,37.43.47 f.

ihrer Bedingungen sprechen die Reihen der ›Martyrer‹ bei SENECA und in den Annalen des TACITUS.[47]

Literatur

1. Biologie, Medizin, Psychoanalyse
LOCH, W., Perspektiven der Psychoanalyse, 1986; MELZACK, R., WALL, P. D., The Challenge of Pain, 1983; Pain terms: a list with definitions and notes on usage, in: Pain 6 (1979) 249–252; PÖPPEL, E., Lust und Schmerz, 1982; Wall, P. D. Melzack, R. (Hrsg.), Textbook of Pain, 1984.

2. Kulturwissenschaft
CANCIK, H., Grundzüge franziskanischer Leidensmystik. Zur Religionsgeschichte des Schmerzes, in: ders. (Hrsg.), Rausch – Ekstase – Mystik. Grenzformen religiöser Erfahrung, 1978, 95–119; ders., Die Gattung Evangelium, in: ders. (Hrsg.), Markusphilologie, 1984, 85–113; DÖRRIE, H., Leid und Erfahrung. Die Wort- und Sinnverbindung PATHEIN – MATHEIN im griechischen Denken. Abh. Ak. d. Wiss. u. Lit. Mainz, Geistes- u. sozialwiss. Kl. 1956, Nr. 5; NATOLI, S., L'esperienza del dolore. Le forme del patire nella cultura occidentale (1986) [4]1988; SCARRY, ELAINE, The Body in Pain, 1985; STIETENCRON, H. v. (Hrsg.), Angst und Gewalt. Ihre Präsenz und ihre Bewältigung in den Religionen, 1979; SCHULTZ, H. J. (Hrsg.), Schmerz, 1990.

3. Philosophie
FORSCHNER, M., Die stoische Ethik, [2]1995; GEYER, C.-F., Leid und Böses in philosopischen Deutungen, 1983; JANSSEN. H.-G., Gott – Freiheit – Leid. Das Theodizeeproblem in der Philosophie der Neuzeit, 1989 (mit reicher Bibliographie); OELMÜLLER, W. (Hrsg.), Leiden, 1986; ders., Theodizee – Gott vor Gericht? 1991; PLATZ, BÄRBEL, Fatum et Libertas. Untersuchungen zu Leibniz' ›Theodizee‹ und verwandten Schriften sowie Ciceros ›De fato‹. Diss. Köln 1973; SCHOPENHAUER, A., Sämtliche Werke, hrsg. v W. FRHR. V. LÖHNEYSEN, 5 Bde., 1974; SPANNEUT, M., Permanence du stoïcisme. De Zénon à Malraux. 1973.

4. Religionen, Theologie
Apostolisches Schreiben Salvifici Doloris von Papst JOHANNES PAUL II. über den christlichen Sinn des menschlichen Leidens. 11. Februar 1984; CRELL, R. E., Divine Impassibility. An essay in philosophical theology, 1986; DAVIS, TH. J. (Hrsg.), Theodicy, Suffering and Good and Evil. A Bibliography selected from the ATLA Religion Database, July 1987; FROHNHOFEN. H., APATHEIA TOU THEOU. Über die Affektlosigkeit Gottes in der griechischen Antike und bei den griechischen Kirchenvätern bis zu Gregorius Thaumaturgos, 1987; HENGEL, M., The Atonement. A Study of the Doctrine in the New Testament, 1981; KRAUSE, B., Leiden Gottes – Leiden des Menschen. Eine Untersuchung zur Kirchlichen Dogmatik Karl Barths, 1980; MCWILLIAMS, W., The Passion of God. Divine Suffering in Contemporary Protestant Theology, 1985; NOSSENT, G. SJ, Joie, Souffrance et Vie morale, 1968; SÖLLE, DOROTHEE, Leiden, 1973; VAN HENTEN, J. W. (Hrsg.), Die Entstehung der jüdischen Martyrologie, 1989.

Hildegard Cancik-Lindemaier

→*Aggression, Angst, Emotion, Krieg, Mangel, Theodizee*

47 Ein Beispiel: H. CANCIK, H. CANCIK-LINDEMAIER, Zensur und Gedächtnis. Zu Tacitus, Annales IV 32–38, in: ALEIDA und JAN ASSMANN (Hrsg.), Kanon und Zensur, 1986, 169–189; zu ›heidnischen Martyrerakten‹ vgl. CANCIK, Gattung Evangelium, 108 ff.

Liminalität

I. Begriff II. Übernahme des Begriffs in die religionsethnologische Forschung 1. Übergangsriten 2. Symbolanalyse und Konflikt 3. Liminalität und Communitas 4. Transformation III. Kulturtheoretische Implikationen 1. Liminales und Liminoides 2. Performance und die Grenzen des Konzepts »Liminalität«

I. Begriff

Limen (lat.): Schwelle, Türschwelle; wird metonymisch auch im Sinne von Wohnung, Behausung, Aufenthalt, insbesondere für Eingang und Ausgang verwendet. In der Anatomie bezeichnet Limen die Grenzlinie bzw. den Rand eines Organs. Allgemein bekannt wurde der Begriff im Zusammenhang mit den römischen Grenzbefestigungen (limes). Sie dienten seit der Kaiserzeit zur Absicherung der Reichsgrenzen gegenüber den Römern feindlich gesonnenen Stämmen.

II. Übernahme des Begriffs in die religionsethnologische Forschung

1. Übergangsriten

Arnold van Gennep hatte in seiner grundlegenden Arbeit »*Les rites de passage*« (1909) sein Konzept der Übergangsriten entworfen, dessen Bedeutung erst sehr viel später erkannt werden sollte. Bereits hier spielt der Begriff ›Grenze‹ eine wesentliche Rolle. »Räumliche Übergänge« – das Überqueren einer Schwelle, die Grenzüberschreitung – dienten ihm als Modell zur Systematisierung zeitlicher und sozialer Übergänge, wie sie in allen Ritualen auftreten, die durch einen Seins- bzw. Statuswechsel gekennzeichnet sind (etwa bei Geburt, Initiation, Heirat, Begräbnis). Für dieses rituelle Überschreiten von Grenzen wählte van Gennep den Begriff der »*rites de passage*«, denen eine charakteristische Abfolge dreier Phasen gemeinsam ist: den *Trennungsriten* folgen die *Schwellen-* bzw. *Umwandlungsriten* mit den daran anschließenden *Angliederungsriten* als Abschluß.[1]
Van Genneps Schema gehört heute zum sozialanthropologischen Allgemeingut. Von der französischen Soziologenschule um die Zeitschrift *L'Année sociologique*, die die Tragweite seines Konzepts nicht erkannte, wurde van Gennep scharf angegriffen und schließlich ganz ignoriert – mit der Folge, daß er in Frankreich kaum noch rezipiert wurde. Erst mit der Übersetzung seiner Arbeit ins Englische folgte die längst überfällige positive Aufnahme der »*rites de passage*« vor allem seitens der britischen Sozialanthropologie.
Insbesondere dem schottischen Sozialanthropologen Victor Turner blieb es vorbehalten, den von van Gennep vorgezeichneten Rahmen theoretisch zu fundieren und systematisch auszubauen. Er war es, der die Bedeutung des van Gennep*schen* Schemas in vollem Umfang erkannte und gerade der zweiten Phase, nämlich den Schwellen- oder Umwandlungsriten, seine Aufmerksamkeit widmete.

---

[1] Gennep, Übergangsriten, 25 ff.

2. Symbolanalyse und Konflikt

Ausgangspunkt für TURNERs Überlegungen bildeten seine Feldforschungen bei den Ndembu in Zentralafrika. Sein Interesse galt vor allem ihrem Ritualsystem und den ihm zugrunde liegenden Symbolen, die er als die »elementaren Bausteine«, als »Moleküle« des Rituals ansah.[2] TURNER merkte bald, daß ein und dasselbe Symbol in verschiedenen Zusammenhängen – Zeit und Ort eines Rituals etwa konnten hierfür ausschlaggebend sein – verschiedene Bedeutungen annehmen konnte. Um einen Zugang zu dieser »Multivokalität« oder »Polysemie« der Symbole zu finden, schied ihre isolierte Betrachtung aus. Eine Erklärung des komplexen Ritualsystems der Ndembu war nur möglich, wenn die Symbole in ihrer Gesamtheit mit dem kontextuellen Gebrauch verknüpft werden konnten.
Über die Erforschung der »Semantik der rituellen Symbole«[3] drang TURNER vor zur »Eigenart« des Rituals und seiner Bedeutung im sozialen Leben der Ndembu. TURNER fand heraus, daß die Durchführung eines Rituals häufig an soziale Krisen gebunden war. So bildete die matrilineare Deszendenzregelung der Ndembu bei gleichzeitiger Virilokalität eine latente Quelle für Konflikte. In seiner meisterhaften Darstellung des *Isoma*-Rituals der Ndembu werden die Widersprüche zwischen den unterschiedlichen Motivationen der Individuen und den an sie herangetragenen gesellschaftlichen Erwartungen deutlich. Diese Konfliktsituation werde nun – so TURNER – im Ritual aufgehoben, indem die sozialen Imperative mit lustbetonten Erfahrungen verbunden werden. Die dem *Isoma*-Ritual zugrunde liegenden Symbolbeziehungen verweisen nicht nur auf ihre Bedeutung als »kognitive Klassifikationen zur Ordnung des Ndembu-Universums«, sondern sie sind ebenso »sinnreiche Mittel zur Mobilisierung, Kanalisierung und Kontrolle starker Emotionen wie Haß, Furcht, Zuneigung und Leid«[4]. Konflikt, Krise und die Bewältigung dieses »sozialen Dramas« – ein in TURNERs Werk zentrales Konzept – sind daher grundlegend für seine gesamte Theorie des Rituals.

3. Liminalität und Communitas

Es verwundert nicht, daß gerade VAN GENNEPs Dreiphasenmodell der »*rites de passage*« TURNERs Aufmerksamkeit weckte, insbesondere die Schwellenphase. Denn die Erfahrung dieser »interstrukturellen« Situation war bei den von ihm beobachteten Ndembu-Ritualen sowohl notwendige Voraussetzung, um vollwertiges Mitglied einer festgefügten sozialen Ordnung mit ihren traditionellen Normen und Wertmaßstäben zu werden, wie sie auch – im Falle von Krisensituationen – zu einer Rückführung in diese Ordnung beitrug und damit die Stabilität sozialen Seins absichern half. TURNER hatte bereits 1964 in einem Aufsatz mit dem bezeichnenden Titel »*Betwixt and Between*« für diesen Schwellenzustand den Begriff »«Liminalität« geprägt. Während der liminalen Phase von Übergangsriten sind ihre Teilnehmer, die Schwellenwesen oder »*liminal personae*«, durch eine Reihe von Eigenschaften und Merkmalen gekennzeichnet. Dazu zählen ihre Rang-, Status- und Besitzlosigkeit, die Gleichheit der Neophyten untereinander, ihre Sakralität und Marginalität, sowie Demut und Schweigen

[2] TURNER, Das Ritual, 21.
[3] Ebd., 17. Schon in einem Vortrag aus dem Jahre 1960 hat TURNER sein Konzept einer vergleichenden Symbolforschung vorgetragen, vgl. Forest of Symbols, 48ff.
[4] TURNER, Das Ritual, 47.

während der Übergangsphase – nicht selten verbunden mit körperlichen Torturen –, um nur einige Charakteristika zu nennen. Während dieser Phase werden die Neophyten angehalten, über die Werte und Normen ihrer Gesellschaft nachzudenken: Liminalität kann somit als eine Phase der Reflexion bezeichnet werden. Sie ist, wie TURNER sagt, »*the realm of primitive hypothesis, where there is a certain freedom to juggle with the factors of existence*«.[5]

Dieser Freiheit sind freilich enge Grenzen gesetzt. ›Liminalität‹ ist nur ein Durchgangsstadium, das die Neophyten notwendig durchlaufen, um hernach wieder in die institutionalisierte Daseinsform, in die strukturierte Gesellschaft, zurückzukehren. In seinem Buch »*The Ritual Process*« hat TURNER sein Konzept der Liminalität weiter ausgebaut und theoretisch untermauert. Auf der einen Seite steht die Gesellschaft als strukturiertes Ganzes mit ihrem System aus politischen, rechtlichen, wirtschaftlichen Beziehungen, mit ihren Rang- und Statusunterschieden; auf der anderen Seite das Modell eines unstrukturierten, auf Gleichheit angelegten Gesellschaftstypus, wie er in der Schwellenphase hervortritt und den TURNER »*Communitas*« nennt. TURNER sieht sich außerstande, eine präzise Definition dieses Begriffs zu geben. In Anlehnung an MARTIN BUBER versteht er darunter ein »wesenhaftes Wir«, eine »«Gemeinschaft Gleicher«, die ebendort zu finden ist, wo »Sozialstruktur nicht ist«.[6] Liminalität, Marginalität und Inferiorität sind Eigenschaften der Communitas, und ohne diese Dialektik von Anti-Struktur und Struktur, von Communitas und Sozialstruktur, kann nach TURNER keine Gesellschaft auskommen. Communitas birgt in sich die potentielle Möglichkeit zur Veränderung und Neuerung, sie steht gleichsam für das Prinzip einer »offenen Gesellschaft« gegenüber der »geschlossenen Gesellschaft« mit ihren festgefügten Strukturen. Während »Struktur« auf die Absicherung und Erhaltung des Status quo zielt, verhält sich »Communitas« demgegenüber wie ein anarchisches Element.

4. Transformation

TURNER überträgt nun sein Konzept von »Liminalität« und »Communitas«, das er aus Untersuchungen verwandtschaftlich organisierter Gesellschaften gewonnen hatte, auch auf Gesellschaften zunehmender kultureller Spezialisierung und ständig wachsender Komplexität. Insbesondere das Klosterleben zeigt alle Eigenschaften des Schwellenzustands, der hier geradezu eine institutionalisierte Form angenommen hat. Gleichheit, Sakralität, Besitzlosigkeit, Marginalität, Demut, das Ertragen von Schmerzen – die Liste der Eigenschaften, die Ordensgemeinschaften mit den Schwellenwesen in tribalen Gesellschaften teilen, ist lang, und viele dieser Merkmale gelten für millenarische Bewegungen und Revolutionen ebenso wie für die Träger utopischer Gesellschaftsmodelle und ›Aussteiger‹ aller Couleur wie Hippies und *Dharma*-Gammler. Diese Communitasqualität, die allen hier genannten Gruppen gemeinsam ist, hat jedoch nur vorübergehenden Bestand. »Communitas« erhält sich nur »im Hier und Jetzt«, wie TURNER am Beispiel des hl. Franziskus verdeutlicht. Nacktheit, Armut und Besitzlosigkeit als »expressive Symbole«[7] von Communitas wie auch als Mittel zu ihrer Erlangung waren unter dem kirchlichen Druck, der eine Institutionalisierung und angebbare Rechtsnormen verlangte, nicht mehr aufrechtzuerhalten. Die Dauer-

---

[5] TURNER, Betwixt and Between, 106.
[6] TURNER, Das Ritual, 124.
[7] Ebd., 141.

haftigkeit des Ordens war nur durch seine Überführung in »Struktur« gegeben, damit einher ging jedoch auch die Preisgabe seiner ursprünglichen Communitasqualitäten. Dieser Prozeß läßt sich allenthalben in religiösen, sozialreformerischen, utopischen Bewegungen beobachten: die Marginalen, strukturell Inferioren bleiben zunächst unter Communitasbedingungen miteinander verbunden, ihr Streben nach struktureller Superiorität führt häufig zur Ausbildung hierarchischer Organisationsformen, und ›erfolgreiches‹ Handeln im Sinne dieser Gruppen gilt als gegeben, wenn die ursprünglich anti-strukturellen, auf Veränderung oder gar Ablösung der bestehenden Struktur zielenden Innovationen selbst den Bestand des normativen Systems ausmachen.

III. Kulturtheoretische Implikationen

1. Liminales und Liminoides

Turner hat mit seinen Begriffen von Liminalität und Communitas eine Kulturtheorie, eine Theorie soziokultureller Evolution angesteuert, was bislang aber kaum beachtet wurde. So geht z. B. die aus einer rollentheoretischen Perspektive ansetzende Kritik von Honko an den Intentionen Turners vorbei.[8] Bereits in »*The Ritual Process*« hatte Turner Gesellschaft als dialektischen Prozeß aufeinanderfolgender Struktur- und Communitasphasen begriffen.[9] Ein Jahr vor seinem Tod hat er in seiner Arbeit »*From Ritual to Theatre*« diesen schon Jahre vorher angelegten theoretischen Entwurf noch einmal präzisiert: zum Begriff des »Liminalen« gesellt sich nun der des »Liminoiden«, des Schwellenähnlichen. Liminale Phänomene im eigentlichen Sinn will Turner auf tribale und frühagrarische Gesellschaften eingeschränkt wissen, auf relativ stabile, zyklische, »geschlossene« Gesellschaften, die in etwa Durkheims »mechanischer Solidarität« entsprechen. Liminoide Phänomene treten dagegen erst in komplexen Gesellschaften mit »organischer Solidarität« auf, voll ausgebildet finden sie sich im frühkapitalistischen Europa mit dem Beginn der Industrialisierung. Liminales und Liminoides sind durch die beiden Pole Pflicht und Freiwilligkeit gekennzeichnet: die Neophyten können sich den Übergangsriten nicht entziehen, die Erfahrung des Schwellendaseins ist ein gesellschaftliches »Muß«, das jedoch trotz seines Verbindlichkeitscharakters auch noch ein Stück »Freiheit« in sich birgt mit der »Möglichkeit zur Hervorbringung neuer Ideen«.[10] Liminale Phänomene tragen so keimhaft das künftig Liminoide in sich, gleichsam als »Samen, der nur darauf wartet, daß umfangreiche Veränderungen im soziokulturellen Kontext ihn zum vielarmigen ›Kandelaber‹ der liminoiden Kulturgattungen heranreifen lassen«[11].
Mit zunehmender gesellschaftlicher Komplexität wächst demnach das Bewußtsein für mögliche Alternativen – ohne darauf explizit Bezug zu nehmen, nähert sich Turner hier auffallend dem Luhmann*schen* Begriff von ›Kontingenz‹. Der evolutionäre Aspekt in Turner*s* Theorie ist unverkennbar, und wie Luhmann mit seiner »Weltgesellschaft«,

[8] Honko, Theories, 384 ff. Hier zeichnen sich inzwischen jedoch weiterführende Perspektiven ab, vgl. Bianchi (Hrsg.), Transition Rites, 1986.
[9] Turner, Das Ritual, 193.
[10] Turner, Vom Ritual zum Theater, 85.
[11] Ebd., 68 und auch 69: »Ich sehe [im Liminalen] ... eine Art institutioneller Kapsel oder Hülle, die den Samen künftiger sozialer Entwicklung, gesellschaftlichen Wandels ... in sich birgt«.

so kommt auch TURNER über das »vorindustriell Liminale« hin zu einem Nachdenken über die »globale menschliche Gesellschaft, auf die sich alle spezifischen Sozialgebilde vielleicht einmal zubewegen«[12].
TURNERs Ausgangspunkt ist freilich ein ganz anderer. Theoretischen Konstrukten nach Art eines sozialwissenschaftlichen Funktionalismus oder Strukturalismus erteilt er eine Absage. Was ihn bei den Ndembu faszinierte – die im Ritual sichtbar werdenden lebendigen Prozesse, »Erlebnisstrukturen« im Sinne DILTHEYs – prägt auch seinen Umgang mit sozialen Dramen unserer Tage. Beides, Liminales wie Liminoides, lasse sich »nicht aus sicherer Entfernung zum menschlichen Leben« erforschen.[13] Das Liminale, wie es in den Übergangsriten tribaler Gesellschaften auftritt, gleicht jedoch nur einem »subversiven Aufflackern«[14], aber eben hier werden die Grundlagen für den liminoiden Bereich gelegt, wo die im Liminalen verankerten Möglichkeiten erst zu voller Entfaltung gelangen. In modernen Gesellschaften treten liminoide Phänomene vor allem in den Bereichen der Kunst, des Theaters, im Sport und in Spielen auf; sie sind häufig Bestandteil sozialer Kritik, die auf die Veränderung bestehender politischer Strukturen abzielt oder auf die Anprangerung von Mißständen. Erschließbar wurde dieser Bereich durch die im Zeitalter der Industrialisierung beginnende Trennung von Arbeit und Muße. So sind Liminales und Liminoides nicht nur durch Pflicht und Freiwilligkeit, sondern ebenso durch Arbeit und Spiel gekennzeichnet: »Man *arbeitet* am Liminalen, *spielt* aber mit dem Liminoiden«.[15] Gerade diesen spielerischen, »ludischen« Charakter liminoider Phänomene hebt TURNER besonders hervor: es ist »der Ernst des menschlichen Spiels«[16], der kreative, experimentelle und phantasievolle Umgang mit den »*factors of existence*«, der soziostrukturelle Grenzen aufzusprengen vermag und zur Schaffung neuer symbolischer Welten führt.

2. Performance und die Grenzen des Konzepts »Liminalität«

Mit seiner Loslösung von den ursprünglich aus der Analyse afrikanischer Rituale gewonnenen Einsichten eröffnen sich TURNER neue Wege zu einer *performativen Ethnologie,* und es ist nur konsequent, daß er sich in seinen letzten Lebensjahren verstärkt dem experimentellen Theater zuwandte.[17] Das darstellerische Moment – *performance* – bildete die Nahtstelle zwischen Ritual und Theater, in dem TURNER die »stärkste kulturelle Darstellungsgattung« sah.[18] Das *soziale Drama* mit seinen vier Phasen – Bruch, Krise, Bewältigung, Reintegration oder Anerkennung –, das »Drama des Lebens«, ist selbst latenter Bestandteil der ästhetischen Darstellungsform des Bühnendramas. Rituelle Liminalität mit der ihr inhärenten Möglichkeit zur soziokulturellen Innovation, so begrenzt sie in tribalen Gesellschaften auch sein mag, lieferte hierfür das Modell. Wie bei sonst kaum einem Autor läßt sich in TURNERs Schriften eine nahezu lückenlose, fast folgerichtig erscheinende Entwicklung eines theoretischen Modells nachvollziehen. Insbesondere die subkulturelle Szenerie der ›liminalen‹ 60er Jahre mit

---

[12] Ebd., 70.
[13] Ebd., 88.
[14] Ebd., 69.
[15] Ebd., 87, kursiv i. Original.
[16] Diesen Punkt hat bereits HUIZINGA in seinem »*Homo Ludens*« hervorgehoben.
[17] In einem Workshop erarbeitete TURNER zusammen mit Ethnologie- und Theaterstudenten die Inszenierung eines Ndembu-Rituals. Er selbst übernahm dabei die Rolle eines Dorfoberhaupts.
[18] Ebd., 164.

ihrem Höhepunkt in der 68er-Bewegung – TURNER selbst erwähnt Hippiekommunen, ALLEN GINSBERG, BOB DYLAN, in diese Zeit fallen auch die Wurzeln des experimentellen Theaters – haben ihm für die Weiterführung seines Konzeptes entscheidende Impulse geliefert. Es sind die marginalen Typen, Grenzgänger, Schauspieler, denen TURNER eine tragende Rolle bei der Negation von Struktur zuweist. Es stellt sich jedoch die Frage, ob seine Kulturtheorie mit ihrer Betonung von Kunst, Musik, Literatur und Theater als Säulen eines kritischen Potentials, aber auch als quasi »höher« stehende kulturelle Darstellungsgattungen, nicht eine Theorie moderner Freizeitgesellschaften ist, die im Kern affirmative Züge aufweist. Tatsächlich sind es gerade die vielfältigen »Freizeitaktivitäten«, die TURNER als »liminoide Bereiche« schlechthin kennzeichnet.[19] Mit seiner Gegenüberstellung von notwendiger Arbeit einerseits und Muße, Spiel, Freizeit andererseits entspricht TURNERs Kulturbegriff weitgehend der traditionellen Unterscheidung von »Zivilisation« und »Kultur«. Hier bietet sich an, seine Theorie vor dem Hintergrund anderer Gesellschaftstheorien zu befragen – erwähnt sei nur die eines HERBERT MARCUSE –, denen gerade die Zeit, in der auch TURNER seine Theorie entwikkelte, bedeutende gesellschafts- und kulturkritische Anstöße verdankt.

Literatur

BIANCHI, U., (Hrsg.), Transition Rites. Cosmic, Social and Individual Order, 1986; HONKO, L., Theories Concerning the Ritual Process, in: ders. (Hrsg.), Science of Religion: Studies in Methodology (Religion and Reason 13) 1979, 369–390; GENNEP, A. VAN, Les rites de passage, 1909, dt.: Übergangsriten, 1986; HUIZINGA, J., Homo Ludens. Vom Ursprung der Kultur im Spiel, (1938) 1956; LUHMANN, N., Die Weltgesellschaft, in: ders., Soziologische Aufklärung 2, 1975, 51–71; MARCUSE, H., Kultur und Gesellschaft I und II, 1965; TURNER, V., Betwixt and Between: The Liminal Period in *Rites de Passage*, in: ders., The Forest of Symbols: Aspects of Ndembu Ritual, (1964) 1967, 93–111; ders., Ritual Symbolism, Morality, and Social Structure among the Ndembu, in: ders., The Forest of Symbols: Aspects of Ndembu Ritual, (1965) 1967, 48–58; ders., The Ritual Process. Structure and Anti-Structure, 1969, dt.: Das Ritual. Struktur und Anti-Struktur, 1989; ders., Dramas, Fields, Metaphors. Symbolic Action in Human Society, 1974; ders., From Ritual to Theatre. The Human Seriousness of Play, 1982, dt.: Vom Ritual zum Theater. Der Ernst des menschlichen Spiels, 1989.

Rolf Gehlen

→ *Grenze, Initiation, Ritual, Spiel, Symbol*

Linear / zyklisch

1. Das Gegensatzpaar ›linear – zyklisch‹ (lat. *linea* – Linie, griech. *kýklos* – Kreis) dient dazu, besondere Bewegungsformen von physikalischen Prozessen, Himmelserscheinungen und menschlicher Geschichte und ihre Erlebnis- und Ausdrucksformen mit einem einfachen Bild aus der Geometrie bzw. Mechanik zu veranschaulichen. Demsel-

[19] Vgl. ebd., 55 ff.

ben Zwecke dienen biologische (›Geburt‹ und ›Blüte‹ einer Kultur) oder anthropomorphe Bilder:[1] ›Geschichte – eine zielstrebige Bewegung zu Lande‹. An jene einfache geometrische Konfiguration sind jedoch reiche Symbolik und widerstreitende Wertvorstellungen geknüpft worden. Das Schema gibt einen kleinen Ausschnitt aus der Fülle der Bezüge:

		linear	zyklisch
positiv			
	Beleuchung	Morgen: die Sonne geht auf	Mittag: die Sonne steht im Süden still
	Bewegung	gehen von ... nach ...	Tanz auf der Stelle
	Handlung	zielbewußt, zukunftsgerichtet	erfüllter, gegenwärtiger Augenblick
negativ			
	Beleuchtung	blutrot	weiß und heiß
	Bewegung	weder im Ursprung noch im Ziel	im Kreise gebannt
	Handlung	die Gegenwart von Sinn entleert	zukunftslos

Das zyklische Modell postuliert die Wiederkehr »derselben« Ereignisse in kleineren oder sehr großen (»unendlichen«) Perioden. Die Annahme der identischen Wiederholung bleibt allerdings wegen der Differenz der Anzahl der Wiederholungen schon logisch bedenklich. Das Modell ist dadurch verunklärt und aufgeladen, daß die lateinische Benennung für die Kreisbewegung der Gestirne (*revolutio* – Zurück-, Umwälzung; Kopernikus, 1543) in der Neuzeit zur Losung für einen Bruch in der sozialen und politischen Entwicklung und den Sprung in die neue Zeit geworden ist.[2]
Das einfache, evidente Bild von Kreis und Linie dient ebenso wie die verwickelte physikalische, metaphysische und poetische Sprache von der ewigen Wiederkehr der politischen und philosophischen Auseinandersetzung über die Kontinuität von Geschichte, ihre Regelhaftigkeit und Voraussagbarkeit (Periodizität; →Kausalität), die Möglichkeit und Wünschbarkeit von Fortschritt, die Bestimmung letzter Ziele, bzw. über die Diskontinuität oder die Notwendigkeit, *jetzt* den Fortgang des Unheils durch Notbremsung zu beenden.

2. Die Figur ›linear – zyklisch‹ wird in einigen Teilgebieten und von einigen Richtungen der Religionswissenschaft benutzt. Dabei werden Naturzyklen (Jahreszeiten, Saat – Ernte) und Lebenszyklen (→Geburt, Hochzeit, Tod/Wiedergeburt bzw. Nachkommenschaft), kalendarische Perioden (Magna-Mater-Zyklus), astrale Zyklen (Planetenwoche, das Große Weltenjahr) einer linearen, auf ein (letztes) Ziel gerichteten Geschichte von Kosmos und Menschheit entgegengesetzt. Eine Typologie komplexer Hochkulturen mit Hilfe dieser ebenso anschaulichen wie einfachen Figur kann jedoch nicht gelingen. Weder sind die jüdische und die christlichen Religionen (und die von ihnen mehr oder weniger stark geprägten Kulturepochen) ganz oder in zentralen Teilen dem Modell ›lineares Denken, lineare Zeit- und Geschichtsauffassung‹ zuzuord-

---

[1] Demandt, Metaphern, 198ff.; vgl. physikalische Metaphern wie ›heiße/kalte‹ Kultur, ›Bruch‹ und ›Riß‹ in der Geschichte; andere Bilder sind von Gewässern, Wegen, Geweben etc. genommen
[2] Vgl. Koselleck, Historische Kriterien.

nen, noch die hellenische und römische Kultur dem Modell ›zyklisches, naturmythisches, eigentlich geschichtsloses Denken‹. Deshalb ist auch der Versuch, neuzeitliche Vorstellungen von Fortschritt, Zukunft, Menschheitsgeschichte, Universalgeschichte direkt und monokausal, mit Hilfe des Denkmittels →Säkularisierung, aus jüdischer Religion abzuleiten, nicht gelungen.
Es gibt bei Hellenen und Römern, vom 6. Jh. vor bis zum 6. Jh. nach Christus, von Anaximander und Xenophanes bis Plotin und Boethius, eine reiche und elaborierte Tradition über Zeit, Fortschritt, Geschichte, die sich nicht in die Schablone ›linear – zyklisch‹ pressen läßt. In den lateinischen Klassikern finden sich beachtliche Theoreme zu Fortschritt, Natur und »zweite Natur«, zur Begründung der Universalgeschichte aus der Idee von Menschheit und Vorsehung, aber auch zu einer ›nationalen‹ Geschichtstheologie mit vielfältigen Bezügen zum Kult.[3]

3. Kritik der Moderne als Kritik ihres Zeit-, Fortschritts-, Geschichtsbegriffs ist ein Leitthema der Philosophie FRIEDRICH NIETZSCHEs. Er hat, um den liberalen Fortschrittsoptimismus, die sozialistischen Versuche, die Lebens- und Arbeitsbedingungen des vierten Standes zu verbessern und die christliche Eschatologie samt Hegels Geschichtsphilosophie zu bekämpfen, das aufgelöst, was er für deren gemeinsame Voraussetzung hielt: den Glauben an die Möglichkeit des Fortschritts. Weltgeschichte, meint NIETZSCHE, gibt es nicht:[4] »Das Ziel derselben ist fortwährend erreicht.« »Ewige Wiederkehr« ist »Jenseits der Zeit«, ist »Zeit ohne Ziel«: »die Mitte ist überall; krumm ist der Pfad der Ewigkeit«.[5] NIETZSCHE hat diese Zeitphilosophie mit seiner »*Philosophie im tragischen Zeitalter der Griechen*«[6] verschmolzen und ein antijüdisches, antichristliches und antimodernes Antikebild konstruiert, das große und nicht nur gute Wirkung ausgeübt hat. MARTIN BUBER, GERSCHOM SCHOLEM, KARL LÖWITH, WALTER BENJAMIN, THORLEIF BOMANN, JACOB TAUBES, aber auch OSWALD SPENGLER und die »Kykliker« haben früh – »schon auf der Schulbank«[7] – NIETZSCHEs Antike rezipiert und später als bequeme Zielscheibe benutzt bzw. sie zu den Grundlagen der konservativen Revolution erklärt.[8] Die Konfiguration ›linear – zyklisch‹ ist jedoch, wie die sprachgeschichtliche (JAMES BARR), exegetische, historische und philosophische Kritik gelehrt hat, zu einfach und ungenau, als daß sie das Zeit- und Geschichtsverständnis dieser Hochkulturen erfassen könnte. Mit dieser wissenschafts-, begriffsgeschichtlichen und historischen Kritik des Bildes von Kreis und Linie ist eine spezifisch philosophische Kritik an NIETZSCHEs Philosophie der ewigen Wiederkehr, die in die-

---

[3] Vgl. z. B. M. TULLIUS CICERO († 43 v. Chr.), de re publica, 3, 22, 33: *una lex, unus deus erit* – »es wird sein ein einziges Gesetz, ein einziger Gott« (sc. im zukünftigen Weltstaat); de natura deorum 2, 152 f. (Herrschaft des Menschen über die Natur; die »zweite Natur«); 3,65 (Fortschritt und Theodizee); Tusculanae disputationes 4,1 (der wunderbare Fortschritt) u. a. m.

[4] NIETZSCHE (Nachlaß Ende 1870 / Frühjahr 1871), in: Kritische Studienausgabe (KSA), hrsg. v. G. Colli u. M. Montinari, 1980, 7,197.

[5] NIETZSCHE (Nov. 1882 / Febr. 1883), KSA 10, 150; vgl. 10, 107; 3, 649 (1887); 11, 308.

[6] NIETZSCHE (Apr. 1873), KSA 1, 801 ff.

[7] K. LÖWITH, Mein Leben in Deutschland vor und nach 1933, 1989, 5; diese Ausgabe bezieht sich auf die Zeit kurz vor dem ersten Weltkrieg; vgl. ebd. 150 ff. zur Entstehungsgeschichte von Löwiths Nietzsche-Studien, insbesondere des einflußreichen Buches »Meaning in History« mit einer wichtigen Selbstinterpretation.

[8] A. MOHLER, Die konservative Revolution in Deutschland 1918–1932. Ein Handbuch (Diss. Basel 1949 bei H. Schmalenbach und K. Jaspers), ²1972.

sem Bilde symbolisiert wurde und die antiken Kulturen als Muster benutzte, nicht geleistet.

Literatur

BARR, J., Biblical Words for Time, 1962; ders., The Semantics of Biblical Language, 1961; dt. Bibelexegese und andere Semantik, 1965; BOMANN, TH., Das hebräische Denken im Vergleich mit dem griechischen, [3]1959, [6]1977; CANCIK, H., Die Rechtfertigung Gottes durch den »Fortschritt der Zeiten«. Zur Differenz jüdisch-christlicher und hellenisch-römischer Zeit- und Geschichtsvorstellungen, in: Die Zeit (hrsg. v. A. PEISEL und A. MOHLER), 1983, 257–288; DEMANDT, A., Geschichte als Argument. Die Formen politischen Zukunftsdenkens im Altertum, 1972; ders., Metaphern für Geschichte, 1978 (bes. 236ff.: »Geschichte als Kreisbewegung«); ELIADE, M., Le mythe de l'éternel retour, 1949 (dt. 1953); ders., Birth and Rebirth, 1957; FRIESE, J., Die Denkformen von Kreislauf und Fortschritt und die Weltgeschichte, in: Studium generale 11 (1958) 215–237; JÄSCHKE, W., Die Suche nach den eschatologischen Wurzeln der Geschichtsphilosophie (Beiträge zur evangelischen Theologie 76) 1976; KOSELLECK, R., Historische Kriterien des neuzeitlichen Revolutionsbegriffs (1969), in: ders., Vergangene Zukunft. Zur Semantik geschichtlicher Zeiten, 1979, 67–86; LÖWITH, K., Nietzsches Philosophie der ewigen Wiederkunft des Gleichen, 1935; 2. stark veränderte Aufl. 1956; [3]1978; ders., Meaning in History, 1949; dt. »Weltgeschichte und Heilsgeschehen«, 1952, [7]1979 (196–205: Nietzsche); MOMIGLIANO, A., Time in Ancient Historiography, in: History and Theory, Beiheft 6: History and the Concept of Time, 1966, 1ff.; STAMBOUGH, J., Untersuchungen zum Problem der Zeit bei Nietzsche, 1959; TROMPF, G. W., The Idea of Historical Recurrence in Western Thought. From Antiquity to the Reformation, 1979 (Polybios, Lukas, Origenes, Joachim, Plethon, Machiavelli; berücksichtigt zyklische und nichtzyklische Modelle von historischer Wiederkehr).

Hubert Cancik

→*Eschatologie, Geschichte, Rhythmus, Wiederholung, Zeit*

Lokalgötter

1. Verwendung des Begriffs

Die Bezeichnung Lokalgötter wird insbesondere im Bereich der Religionen des Alten Orients, Ägyptens und der Klassischen Antike verwendet. Sie impliziert einen Gegensatz zwischen Göttern, die allgemein (innerhalb des betreffenden Kulturbereichs) bekannt sind und Verehrung genießen, und Göttern mit lediglich auf einen Ort beschränkter Bedeutung. Unklar bleibt oft, ob für den Lokalgott die Begrenztheit der Verehrung oder die Verwurzelung an einem bestimmten Ort besonders charakteristisch ist.

2. Klassifikation

Die lokale Bindung eines Numens kann primär durch eine geographische oder tektonische Auffälligkeit gegeben sein. Solche Auffälligkeiten dienen der Orientierung und gewinnen leicht eine Rolle im religiösen Symbolsystem.

In dieser Weise gelten etwa Flüsse, Berge, Quellen in vielen Religionen als Numina, wobei ihre Verarbeitung im Symbolsystem unterschiedliche Formen annehmen kann. Sie können als »heiliger Plan« repräsentiert sein oder als sakrale Architektur; sie können aber auch einer anthropomorphen Interpretation unterliegen. Im Symbolsystem berücksichtigte Örtlichkeiten erhalten dann eine »Persönlichkeit«, welche sich in höherem oder geringerem Maße vom sinnlich wahrnehmbaren Ort (etwa dem Berg) abheben kann. Selbst wenig genau lokalisierte Größen können in dieser Weise zu Gottheiten werden (z. B. Landstriche im alten Griechenland). Auch auffällige Phänomene in der Landschaft erhalten häufig religiöse Berücksichtigung, z. B. besondere Steine (etwa Meteoriten – wie die Ka^cba in Mekka) oder Bäume.
Eine andere Art lokaler Geltung haben Götter, welche einem politischen Gemeinwesen zugeordnet sind und dieses gewissermaßen seiner →Identität versichern. Siedlungen haben häufig ihren Orts- bzw. (in städtischer Kultur) ihren Stadtgott, der die Schutzfunktionen für das von ihm repräsentierte Gemeinwesen übernimmt. Funktional vergleichbar, wenngleich üblicherweise nicht als »Lokalgötter« bezeichnet, sind Numina, welche dem kleinräumigen Siedlungsbereich des Hauses oder dem variablen Standort nomadischer Gruppierungen zugeordnet sind; in größerem Zusammenhang sind auch Nationalgötter analog zu verstehen.
Der Geltungsbereich geographisch und topographisch verwurzelter Götter ist ganz unterschiedlich. Normalerweise sind sie nur im Umkreis der unmittelbar benachbarten Ethnie von Bedeutung; doch kommt es auch zu weitergehender Wirkung. Die →Wallfahrt gilt einem Besuch eines lokalisierten Numens, das nicht in unmittelbarer Nähe seiner Verehrer angesiedelt ist.
Eine besondere Situation ergibt sich, wenn Gruppierungen, die durch je eigene, lokal geltende Götter bestimmt sind, zu größeren politischen und kulturellen Gebilden zusammenwachsen. Die Lokalgötter geraten jetzt in wechselseitigen Kontakt und erlangen Bedeutung über ihren bisherigen Wirkungskreis hinaus. Die Organisationsmuster sind verschieden: Es kommt zu Identifikationsvorgängen, wobei natürlich die identifizierten Figuren Namen und Eigenarten nicht vollständig austauschen, so daß sich »lokale« Färbungen von allgemein verehrten Gottheiten ausprägen; ferner zur Konstruktion von Verwandtschaftsverhältnissen und anderen Hierarchisierungen. (→Synkretismus).

3. Religionsgeschichtliche Konkretisierungen

Besonders hohen Stellenwert haben die geographischen und topographischen Gegebenheiten in Religionssystemen schriftloser Kulturen, deren Technologie auf größtmögliche Einpassung in die Umwelt ausgerichtet ist. So gehört bei den *Australiern* die Geographie zentral in die Stammesmythologie; die *tjurungas*, die Schwirr- und Seelenhölzer, enthalten häufig stilisierte Pläne des Siedlungsraums mit den für das Leben zentralen Stellen. Eine anthropomorphe Interpretation kann damit verbunden sein.[1] Aufschlußreich für polytheistische Verhältnisse ist ein Beispiel aus dem antiken *syrisch-palästinischen* Bereich.[2] Hier dienen verschiedene Berge der Orientierung und werden entsprechend als Götter konzipiert. Ein besonders wichtiger Berg nördlich von Ugarit

---

1 T. G. H. Strehlow, Geography and the Totemic Landscape in Central Australia, in: R. M. Berndt (Hrsg.), Australian Aboriginal Anthropology, 1970, 95ff.
2 H. Gese u. a., Die Religionen Altsyriens, Altarabiens und der Mandäer, 1970, 123ff.

(Ṣaphon, hellenistisch: Kasios) wird zum Sitz eines Gottes; Berg und Berggott treten also auseinander, die anthropomorphe Interpretation verdrängt den geographischen Sachverhalt. Der Ba^c^al Ṣaphon hat zunächst Bedeutung für die unmittelbare Umgebung, er ist Schutzgottheit für den Stadtstaat Ugarit, dessen Tempelarchitektur ist auf den heiligen Berg hin ausgerichtet. Gleichzeitig erreicht er aber überlokale Verbreitung als Schutzmacht der Seeleute; er erhält einen neuen zusätzlichen Verehrungsort in Ägypten, am Ostende des Nildeltas. In hellenistischer Zeit ergeben sich Identifikationen, insbesondere mit Zeus; Zeus Kasios wird nun an verschiedenen Stellen lokalisiert und verehrt. In *Mesopotamien* zeigt sich, daß alle großen Götter eine lokale Bindung aufweisen: Enlil hat seinen (Haupt-)Kultort in Nippur, Enki in Eridu usw. Daneben haben diese Götter gemeinsumerische Bedeutung, wogegen andere Götter auf ihren Verehrungsort beschränkt bleiben. Ein Verwandtschaftssystem sowie eine Reihe von Mythen bringen die Götter in eine wechselseitige Beziehung und gliedern so ein überregionales Pantheon. Entsprechendes ließe sich in Ägypten, Griechenland oder weiteren polytheistischen Bereichen, z. B. bei den westafrikanischen Yoruba, zeigen: Die meisten Götter haben bestimmte »Haftpunkte« und erhalten von da her ihr Lokalkolorit.
Solche Lokalfärbung setzt sich dann im christlichen Heiligenkult fort; die Marienverehrung beispielsweise nimmt stark lokale Züge an und zieht Wallfahrten auf sich.

Literatur

Brelich, A., Gli eroi greci, 1958; Franke, Art. Lokalgötter, in: RE XIII (1926) 1110–1134; Lambert, M., Polythéisme et monolâtrie des cités sumériennes, in: Rev. de l'hist. des religions 79 (1960) 1–20; Werbner, R. P., Regional Cults, 1977.

Fritz Stolz

→ *Gottesvorstellungen, Kultort, Numen, Orientierung, Raum*

Macht

A Überblick

Eine Diskussion über Machtbegriffe begleitet die Frühgeschichte der Vergleichenden Religionswissenschaft; sie ist durch das Interesse geleitet, einen spezifischen Gegenstand der Religionswissenschaft zu bestimmen, der in allen Kulturen in gleicher Weise greifbar sein soll. Innerhalb der religionswissenschaftlichen Theorie-Diskussion ist der Machtbegriff in mindestens drei, zunächst grundsätzlich voneinander zu trennenden Kontexten gebraucht worden: Im Anschluß an die im 19. Jahrhundert beginnende Mana-Tabu-Diskussion wird Macht zum einen als unpersönliche Macht generalisiert und in physikalischen Modellvorstellungen beschrieben. Zum anderen ist Macht als eine Entstehungsbedingung des Göttlichen (»die Signatur des Göttlichen ist die Macht«[1]) oder Erscheinungsform des Heiligen (Kratophanie[2]) gefaßt; schließlich wird mit der Anwendung des Machtbegriffs eine ontologische Option verbunden (»Das Heilige ist gesättigt an Sein«[3]). Durch die Polemik N. SÖDERBLOMs gegen DURKHEIMs Deutung des Heiligen »als Objektivierung und Idealisierung der Gemeinschaft als einer Kraft«[4] war für die Religionswissenschaft eine sozialwissenschaftliche Deutung von Macht lange Zeit ausgeschlossen. Eine Konzeption von Macht als ›relationaler Begriff‹, oder ›mehrstelliges Prädikat‹, die, an MAX WEBERs Definition[5] orientiert, Macht als besondere Form einer sozialen Beziehung faßt, wird praktisch nur in den Gesellschaftswissenschaften diskutiert.[6]

B Forschungsgeschichte

I. Die frühen Ansätze

1. Die Manatheorien und ihre Rezeption

In einem 1877 an MAX MÜLLER gerichteten Brief hat der angelsächsische Missionar R. H. CODRINGTON[7] einen Begriff und Vorstellungskomplex in Religionswissenschaft und Völkerkunde eingeführt, der in der Folgezeit vor allem für weitreichende Religionstheorien von Bedeutung wurde. CODRINGTON war bei den Melanesiern auf die Vorstellung des ›Mana-Haben‹ gestoßen und umschrieb seine Einschätzung von Wortfeld und Sprachpragmatik folgendermaßen[8]: »Mana ist eine Macht oder Wirkung, nicht eine physische, sondern in gewissem Sinne übernatürliche; es offenbart sich aber in körperlicher Kraft und in jeder Art Fähigkeit, die ein Mensch besitzt: es ist nicht an bestimmte Gegenstände gebunden, kann aber von jedem Gegenstand übertragen werden; Geister besitzen es und können es mitteilen. Die ganze melanesische Religion besteht darin, daß man diese Macht für sich selbst erwirbt und dafür sorgt, daß sie zum eigenen Vorteil angewandt wird.« Die sehr differenzierte, später noch einmal präzisierte Darstellung CODRINGTONs hat MAX MÜLLER zunächst als ›melanesischen

---

1 N. SÖDERBLOM, Das Werden des Gottesglaubens (1915), 1926², 90.
2 ELIADE, Die Religionen und das Heilige, 18–60.
3 ELIADE, Das Heilige und das Profane, 9.
4 SÖDERBLOM, ERE 6 (1913), 731, s. v. Holiness.
5 M. WEBER, Wirtschaft und Gesellschaft, Tübingen ⁵1976, 28.
6 Gute Präsentation der sozialwissenschaftlichen Möglichkeiten und Strategien ›Macht‹ zu definieren bei HOLM, Zum Begriff der Macht.
7 Mitgeteilt von F. M. MÜLLER, in den Hibbert Lectures von 1878. Zuvor hatte bereits W. WILLIAMS in: The Dictionary of the New Zealand Language von 1844 das Wort übernommen; zur Rezeptionsgeschichte gut A. M. DI NOLA, Enciclopedia delle Religioni 4 (1972), Sp. 1741 s. v. Potenza.
8 R. H. CODRINGTON, The Melanesians, 1891, S. 118, Anm. 1.

Namen für das Unendliche‹[9] vereinnahmt und eine Metaphorik eingeleitet, die, für seine Zeit zugleich aktuell und plausibel, eine Fülle von Irrtümern eingeleitet hat: Man spricht nun ›das Mana‹ als ›zauberhaftes Fluidum‹ an, der ›Elektrizität vergleichbar‹.[10]

2. Der Dynamismus

Die damit unterstellte Vorstellung einer unpersönlichen Kraft, die in unterschiedlichen Ladungszuständen überall anwesend gedacht sein sollte, löste sich noch weiter von der ethnographischen Notiz CODRINGTONS und bestimmte für die folgenden Jahrzehnte die Diskussion über Ursprung und Wesen der Religion.[11] So postuliert der englische Ethnologe R. R. MARETT auf der Basis einer generalisierten Mana-Theorie eine universale, dem Animismus vorausgehende Stufe von Religion, den Animatismus oder Präanimismus.[12] Manaismus, etwas später, Orendismus[13] werden zu Schlagwörtern einer an einem Kraft-Energie-Gedanken orientierten Religionswissenschaft; die Tabu-Mana-Formel kann als eine Minimum-Definition von Religion[14] diskutiert werden. Mit verschiedenen Akzentsetzungen haben NATHAN SÖDERBLOM (›Die Signatur des Göttlichen ist die »Macht«. Machtgeladene Wesen und Gegenstände bezeichnen die Anfänge der Gottesidee. Die »Macht« entscheidet, ob Wesen und Dinge der Religion zugehören oder nicht‹[15]) und vor allem G. VAN DER LEEUW[16] eine Substruktion von Religion vertreten, die an der Rezeption der Mana-Vorstellung durch das 19. Jahrhundert orientiert blieb. ›Dynamismus‹ ist die am weitesten in die Gegenwart hineinreichende Bezeichnung für Interpretationsmuster[17], die in einer grundsätzlich unpersönlichen Kraftvorstellung Grundlage und meistens auch Urform von Religion sehen wollen. »Das Wirksame in der Welt ist weiten Kreisen der primitiven und antiken Völker immer wieder unpersönliche Macht« – VAN DER LEEUWs programmatische Zusammenfassung[18] dieser seiner Position.

Diese Entwicklung, vom melanesischen Gebrauch von Mana zum Dynamismus, ist um so verwunderlicher, als von seiten der Völkerkunde schon sehr bald auf die grundlegenden Fehler von Interpretation und Rezeption (→ Mana) hingewiesen wurde: auf den eher attributiven Gebrauch von Mana, auf die Bindung an persönliches Handeln oder seine Auswirkungen.

---

9 F. M. MÜLLER (wie Anm. 1).

10 Zur Geschichte dieser Metaphorik GLADIGOW, Naturwissenschaftliche Modellvorstellungen in der Religionswissenschaft.

11 Überblick bei G. D. ALLES, Encyclopedia of Religion, Bd. 4 (1987), 527–532 s. v. Dynamism.

12 R. R. MARETT, Pre-animistic Religion, in: Folklore 11 (1900), 160–182; ders., The Threshold of Religion, 1909.

13 J. N. B. HEWITT, Orenda and a Definition of Religion, in: American Anthropologist 4 (1902) 33–46. – A. VAN GENNEP hat in: Les rites de passage, 1909, die Diskussion von den Ursprungsfragen auf den Bereich rituellen Handelns und seiner Ziele umgesetzt.

14 R. R. MARETT, The Taboo-Mana Formula as a Minimum Definition of Religion, in: ARW 12, 1909, 186–195 (auch in: J. WAARDENBURG (Hrsg.), Classical Approaches to the Study of Religions, Bd. 1 (1973), 258–263).

15 SÖDERBLOM, Das Werden des Gottesglaubens, 90; im gleichen Sinne in: RGG 4² (1930), Sp. 564–567, s. v. Macht I Religionsgeschichtlich.

16 G. VAN DER LEEUW, Phänomenologie der Religion (1933), ³1970, 3–27.

17 GLADIGOW, Naturwissenschaftliche Modellvorstellungen in der Religionswissenschaft.

18 G. VAN DER LEEUW (wie Anm. 16), S. 8.

3. Die Macht und das Heilige

Dem ersten Anschein nach außerhalb der Mana-Diskussion stehend, hat RUDOLF OTTO mit seinem Konzept des ›Numinosen‹ einen ›modernen‹ Begriff in die Diskussion eingeführt[19], der bei genauerem Hinsehen wesentliche Gemeinsamkeiten zeigt. Das ›Übermächtige‹ und das ›Energische‹ als Momente des Numinosen werden von ihm zwar eher auf Kreaturgefühl und Voluntarismus hin interpretiert, gewinnen aber doch ihren Inhalt aus einem erweiterten und in die Objekte selbst hineinverlagerten Machtgedanken. OTTO selbst faßt die »sonderbare Idee der »Macht« (Orenda)‹ als geschichtlich bedingtes Auftreten im ›Vorhof der Religions-Geschichte‹[20]: »In den Vorhof der Religion tritt die ›Macht‹ ...erst dann, wenn sich die Idee des ›Zaubers‹ des ›Magischen‹ und des ›Übernatürlichen‹, kurzum wiederum des ›Ganz-anderen‹ in sie hineingesetzt hat.« Weitgehend an dieses Konzept anschließend, hat schließlich M. ELIADE die Begriffe Hierophanie und Kratophanie kreiert[21], dergestalt, daß jede historische Hierophanie zugleich als Kratophanie, als Erscheinung von Macht und Wirksamkeit, klassifiziert wird. Beide Begriffe, die sich ausdrücklich an der aktuellen Diskussion über Mana, Orenda und Wakan orientieren, suggerieren, Eigenschaften von Dingen und Personen zu fassen und nicht Interpretationskategorien des Betrachters.

4. Antisoziologische Affekte in der Konstitution des Machtbegriffs

Die Attraktivität des antisoziologisch konzipierten Machtbegriffs liegt in der Möglichkeit, auf einem *unpersönlichen* Machtbegriff zu insistieren, der, in den Modellvorstellungen von Physik gedacht, historische Differenzierungen ausschließt.[22] Ein unpersönlicher Machtbegriff, der die europäischen und neuzeitlichen Disjunktionen ›persönlich-unpersönlich‹ und ›materiell-immateriell‹ universal voraussetzt, erlaubt es dann, Religionen (und Religionswissenschaft) einen gemeinsamen und objektiv gegebenen Gegenstand[23] gegenüberzustellen.

In Abwehr gegen soziologische Zugangsweisen hat vor allem N. SÖDERBLOM ›Macht‹ eine logische Priorität selbst innerhalb einer Gottesvorstellung zugewiesen: »The Idea of God without the conception of the holy is not Religion (F. SCHLEIERMACHER, Reden über die Religion, Berlin 1799). Not the mere existence of the divinity, but its *mana*, its power, its holiness, is what religion involves.«[24]

---

19 R. OTTO, Das Heilige (1917), 35 1963, 22ff., vgl. auch 147.

20 R. OTTO, Das Heilige, 147 und 143. Zur Wirkungsgeschichte W. E. MÜHLMANN, Geschichte der Anthropologie, 1968, 207.

21 A. L. MILLER, Encyclopedia of Religion 11 (1987), 467ff. Doxographisch und affirmativ OLSON, The Concept of Power in the Works of Eliade and van der Leeuw; auf S. 50 die weiterführenden Überlegungen: »If this paper implies any message, it communicates the following fact: Power *is*. In other words, power is equivalent to being. Within the religious way of life, power conquers non-being and makes life possible.«

22 Dazu GLADIGOW, Naturwissenschaftliche Modellvorstellungen in der Religionswissenschaft.

23 Zur Geschichte dieser Fragestellung B. GLADIGOW, Religionsgeschichte des Gegenstandes Gegenstände der Religionsgeschichte, in: H. ZINSER (Hrsg.), Religionswissenschaft. Eine Einführung, 1988, 6–37.

24 N. SÖDERBLOM, ERE Bd. 6 (1913), 731.

II. Die phänomenologische Option: N. Söderblom, G. van der Leeuw, M. Eliade

1. N. SÖDERBLOM hat nicht nur ›Heiligkeit‹ (holiness) in das Zentrum der Religionen gestellt[25], sondern im gleichen Zusammenhang eine folgenreiche Verbindung mit ›geheimnisvoller Macht‹ hergestellt: »Holiness is viewed as a mysterious power or entity connected with certain beings, things, events, or actions.« Im gleichen Zusammenhang wird auch die Gleichsetzung mit einem Mana-Haben vollzogen. Damit ist, über F. M. A. MÜLLER vermittelt, SCHLEIERMACHERs ›Sinn und Geschmack fürs Unendliche« als Definiens für Religiosität auf ›Macht und Heiligkeit‹ als zentrale Vorstellung von Religion umgesetzt worden.[26] Auch SÖDERBLOMs Rückführung des Gottesglaubens auf drei wesentliche Elemente, den Mana-Glauben, den Animismus und den Urhebergedanken, gipfelt in der Macht-Konzeption: »Die ›Macht‹ entscheidet, ob Wesen der Religion zugehören oder nicht. Daneben hat die Macht den direkten Ursprung göttlicher Wesen bewirkt.«[27]

2. Noch konkreter faßt G. VAN DER LEEUW in seiner Phänomenologie der Religion[28] die Macht als das ›Objekt‹ der Religion und widmet ihr die ersten 200 Seiten der Darstellung. Als Grundphänomen von Religion wird Macht von der einfachen ›beobachtbaren‹ Mächtigkeit von Dingen bis hin zum »schlechthin Mächtigen« verfolgt, das dann in eine Art pantheistisches Muster eingeht.[29] Der Machtbegriff ist von VAN DER LEEUW sowohl als »vox media« zwischen »heiliger Substanz« und »Gott« bezeichnet, wie ›heilig‹ als die bevorzugte Eigenschaft von Macht gehalten wird: »Die von Macht erfüllten Gegenstände und Personen haben ein Wesen für sich, das wir *heilig* nennen.«[30]

3. M. ELIADE steht einerseits in der Tradition, die über SÖDERBLOM, R. OTTO und VAN DER LEEUW läuft, andererseits versucht er, zugleich DURKHEIMs Dichotomie heilig/profan zur zentralen Bestimmung seines Religionsbegriffs zu machen. Ausgangspunkt von ELIADEs Gesamtentwurf ist die Grundüberzeugung von der kontinuierlichen Selbstoffenbarung des Heiligen: »Das Heilige manifestiert sich.«[31] Ein breiter Katalog an Worten und Begriffen verdeutlicht dieses Grundschema ELIADEs: Hierophanien, Kratophanien, Manifestationen, Theophanien, Ontophanien, Verkörperungen, Epiphanien, unter deutlicher Bevorzugung des Neologismus ›Hierophanie‹. Neben einer ontologischen Komponente

---

[25] N. SÖDERBLOM, ERE Bd. 6 (1913), 731, verbunden mit einem pauschalen Verweis auf F. SCHLEIERMACHER, Reden über die Religion von 1799. Gemeint ist wohl die Bemerkung SCHLEIERMACHERs a. a. O., S. 128 f., wo die ›Anschauung des Universums‹ zum Maßstab der Religiosität gemacht wird.

[26] SÖDERBLOMs Option spiegelt unmittelbar die Präferenzen der Jahrhundertwende; dazu GLADIGOW, Naturwissenschaftliche Modellvorstellungen in der Religionswissenschaft.

[27] SÖDERBLOM, Das Werden des Gottesglaubens, 90, im Rahmen des Kapitels 3 ›Die Macht‹ (26–92).

[28] G. VAN DER LEEUWs, Phänomenologie der Religion, [3]1970. Unkritische Zusammenstellung von VAN DER LEEUWs Positionen bei C. OLSON, Power in the Works of Eliade and van der Leeuw.

[29] G. VAN DER LEEUW, Phänomenologie der Religion, 207: »Jede Grenze, jede Beschränkung stürzt. Alles ruht in der einen, ungeteilten Mächtigkeit, alle Sehnsucht ist gestillt, aller Streit behoben ...«

[30] A.a.O. 9.

[31] ELIADE, Das Heilige und das Profane, 8.

des Hierophanie-Begriffs[32] steht, mindestens gleichberechtigt, eine dynamistische: »Jede Hierophanie ist eine Kratophanie, eine Kraftoffenbarung.«[33] Trotz einer expliziten Ablehnung eines Manaismus vom Typ der Thesen MARETTs, sind dynamistische Konnotationen in ELIADE Epiphanie-Begriff unverkennbar: »...für die ›Primitiven‹ wie für alle vormodernen Gesellschaften ist das *Heilige* soviel wie Kraft und letztlich *Realität* schlechthin. Das Heilige ist gesättigt an Sein. Heilige Kraft bedeutet Realität, Ewigkeit und Wirkungskraft in einem ... Es ist deshalb begreiflich, daß der religiöse Mensch sich danach sehnt, zu *sein*, an der Realität teilzuhaben, sich zu sättigen mit Kraft.«[34]

C Soziologische und kulturanthropologische Diskurse

I. Die Gesellschaft, die Macht und das Heilige

Einen Weg aus der Sackgasse dynamistischer Interpretationsmuster[35] hatte kurz nach der Jahrhundertwende bereits É. DURKHEIM gewiesen[36], indem er, modern gesprochen, die Soziogenese von Begriffen wie Totem und Mana als den eigentlichen Gegenstand wissenschaftlicher Forschung postulierte. Von einem Werk über die Arbeitsteilung ausgehend[37] hatte DURKHEIM die Konzepte einer mechanischen und organischen Solidarität entwickelt, die ihrerseits die Grundlage dafür abgaben, das Problem von ›Religion« auf die Struktur der sie tragenden Gesellschaft[38] zu konzentrieren. Ein wesentlicher Teil der religionssoziologischen Postulate DURKHEIMs ist aus einer Frontstellung gegen zeitgenössische Religionstheorien entwickelt worden, allen voran gegen die These des ›Animismus‹.

Religion ist für DURKHEIM der zentrale Faktor und Träger menschlicher Solidarität und Integration, ist der Ausdruck der Unterwerfung des Menschen unter die kollektiven Vorstellungen und Ausdruck der Abhängigkeit von kollektiven Normen. Bezogen auf das hier im Vordergrund des Interesses stehende Verhältnis von Macht und Religion gelangt DURKHEIM zu der These der unmittelbaren Kohärenz der Relationen Macht und Gesellschaft und Religion (bzw. Heiligkeit, le sacré) und Gesellschaft. Die Komponente, die nach DURKHEIM der gesellschaftlichen Macht vor allem ihre ›Heiligkeit‹ verleiht, liegt in der Verbindung von Verbindlichkeit und grundsätzlicher Anonymität. Die positiven Regelungen der Religion, bis hin zu den Gottesvorstellungen, stellen dementsprechend die Einheit des sozialen Systems dar und dienen zugleich dazu, sie herzustellen. Die als Macht der Götter konzipierten Vorstellungskomplexe sind in der Konsequenz des DURKHEIM*schen* Ansatzes personalisierte und individualisierte Darstellungen der Macht des

---

32 S. oben S. 70f.

33 M. ELIADE, 1961, 181.

34 ELIADE, Das Heilige und das Profane, 9.

35 Zu Eurozentrismus und Anachronismus dieses Deutungsmusters GLADIGOW, Naturwissenschaftliche Modellvorstellungen in der Religionswissenschaft.

36 Summarische Zusammenstellung der Positionen DURKHEIMs bei GUSTAFSON, Durkheim on Power and Holiness; kritische Einordnung bei EVANS-PRITCHARD, Theorien über primitive Religionen, 92ff.

37 De la division du travail social, Paris 1893; zu der daran anschließenden Kontroverse R. KÖNIG, Émile Durkheim zur Diskussion, 1978, 144ff.

38 R. OTTO, Das Heilige (1917), [35]1963, 22ff., vgl. auch 147.

Kollektivs[39], insoweit sind sie abgeleitet und sekundär. Oder, anders ausgedrückt, konkrete Macht und religiöse Selbstthematisierung des Kollektivs sind unmittelbar aufeinander bezogen. Mit dem Aufkommen, der Notwendigkeit einer organischen Solidarität (– ein Begriff DURKHEIMS) im Rahmen von arbeitsteiligen Gesellschaften wird Macht von Personen zugleich sichtbar und legitimationsbedürftig. In der Macht der Götter und der ›Heiligkeit‹ der Macht bildet sich für DURKHEIM am Beginn kultureller Differenzierungsprozesse dieses Problemfeld sehr deutlich heraus: Macht und Heiligkeit müssen nunmehr explizit aufeinander bezogen werden. Eine wirkliche Ausdifferenzierung von Macht und Sakralität[40] sieht DURKHEIM jedoch erst am Ende der angesprochenen Entwicklung, mit dem Auftreten der modernen Industriegesellschaften, vollzogen.
In den bisher vorgestellten Ansätzen ist ›Macht‹ als einfach vorhanden, gegeben oder aber als kollektiv ausgeübt (beziehungsweise vom Kollektiv verliehen) angesehen worden. Die Struktur der sozialen Beziehungen im Funktionskreis von Machtausübung bleibt insoweit außerhalb der Betrachtung wie auch mögliche Inhalte und Grenzen der Macht. Der Grund für das Fehlen entsprechender Bestimmungen liegt wohl in der Wahl von ›Naturvölkern‹[41] als primären Demonstrationsobjekten. Macht wird hier auf der Basis eines gesellschaftlichen Grundkonsenses und unter der Garantie ritueller Konformität als vorhanden unterstellt, jedoch außerhalb des von dem jeweiligen Herrschaftsverband gesetzten Rahmens nicht eigentlich sichtbar. Diese Differenz und die Frage, unter welchen Bedingungen Macht außerhalb ›kollektiver Tautologien‹ sichtbar werden kann, bedarf einer weiteren Untersuchung.

II. Macht und Herrschaft bei Max Weber

Als Macht wird in der klassisch gewordenen Definition von MAX WEBER[42] »jede Chance« bezeichnet, »innerhalb einer sozialen Beziehung den eigenen Willen auch gegen Widerstreben durchzusetzen, gleichviel worauf diese Chance beruht«. Im Unterschied zu ›Macht‹ wird ›Herrschaft‹ von WEBER als die Chance definiert, »für einen Befehl bestimmten Inhalts bei angebbaren Personen Gehorsam zu finden«. Gegenüber der strukturell definierten Herrschaft ist Macht also als »amorphe Größe« konzipiert: sie beruht auf einem Durchsetzungsvermögen gegenüber einem nicht präzisierten Personenkreis und bezieht sich auf den Willen des Machthabers, nicht auf einen Gehorsam gegenüber bestimmten Inhalten. Macht und Herrschaft stehen in WEBERS Konzept in einem dialektischen Verhältnis zueinander: »Auch die institutionalisierte Herrschaft ist immer prekär, immer in Gefahr, zu illegitimer Macht zu werden

---

39 Vgl. etwa É. DURKHEIM, Die elementaren Formen des religiösen Lebens (1912), 1981, 400: »Was den Begriff des großen Gottes betrifft, so stammt er völlig aus dem Gefühl, dessen Wirkung wir bereits bei der Genese des Totemglaubens beobachtet haben: es ist das Stammesgefühl ... Dieses Gefühl der Stammeseinheit nun drückt sich im Begriff eines obersten Gottes aus, der dem ganzen Stamm gemeinsam zugehört.« Zur Beschränkung von DURKHEIMS Thesen auf ›primitive Religionen‹ R. N. BELLAH, Durkheim on History, in: American Sociological Review 24 (1959) 447–461.

40 Dazu GUSTAFSSON, Durkheim on Power and Holiness.

41 Eine Weiterführung über DURKHEIM hinaus ist skizziert bei BELLAH, Religiöse Evolution, 278 ff.

42 M. WEBER, Wirtschaft und Gesellschaft, Kap. I § 16, Tübingen 51976, 28. Systematische Einordnung der Definition WEBERS bei HOLM, Zum Begriff der Macht, 272 ff.

– wie umgekehrt jeder Machtanspruch in sich den Keim einer neuen Form legitimierter Herrschaft trägt« (R. DAHRENDORF[43]).

Strenggenommen ist die Differenz von Macht und Herrschaft, von fragloser Ausübung von Macht und der Ausübung von Herrschaft in einem vorgegebenen formalen Rahmen erst mit dem Vorhandensein des klassischen Herrschaftsverbandes ›Staat‹ zugleich bedeutungsvoll und angebbar. Erst auf der Basis von Herrschaft kann ›Macht‹ jenes Mehr an Möglichkeiten[44] bedeuten, das in seiner theoretischen Präzisierung als Macht der Götter theologisch interessant wird.

Die ›Macht‹ eines Herrschers, Königs findet in vorstaatlichen Gesellschaften üblicherweise in der rituellen Garantie auf Übereinstimmung von göttlicher, kosmischer Ordnung und gesellschaftlichen Verhältnissen[45] ihre systematische Ausformung. Demgegenüber hat die Macht eines Herrschers in staatlichen Gesellschaften nicht nur eine andere Legitimationsform gefunden, sondern auch einen ›anderen‹ theoretischen Gehalt bekommen.

III. Die Macht der Götter

Dieser neue theoretische Gehalt von Macht kann sich am deutlichsten in der Zuweisung von Macht an die Götter[46] als deren gemeinsame Qualität ausdrücken. Die Struktur der Beziehung, die zwischen der Institutionalisierung staatlicher Herrschaft und der Herausbildung von Macht als dominanter Eigenschaft von Göttern besteht, spiegelt kulturelle Lernprozesse.[47] Die Frage nach den Entsprechungen, die zwischen der Selbstinterpretation von Herrschern und der Theologie großer Götter bestehen, kann zugleich als Transformation der Frage nach dem Verhältnis von Gesellschaft und Religion gesehen werden.

Erst im Kontext etablierter Hochkulturen läßt sich ein Typos von Gottesvorstellung[48] fassen, in dem der Gott nicht einen Bereich, eine Funktion, eine Vorstellung ›verkörpert‹, sondern sie beherrscht, herstellt, garantiert. In dem Maße, in dem – für bestimmte Götter zunächst – Gott und Bereich, Gott und Manifestation nicht mehr fraglos identisch oder unmittelbar aufeinander bezogen gesehen werden, ergibt sich die Notwendigkeit, die Art der Beziehung, von Gott und Bereich etwa, näher zu bestimmen.

Das plausibelste Modell zur Interpretation dieser Beziehungen ist augenscheinlich den politischen Innovationen der Zeit entnommen: der Gott ›beherrscht‹ den Bereich, kontrolliert oder garantiert ihn; auf diese Weise kann er schließlich auch über andere Götter Herrschaft ausüben. Die Situation der altorientalischen Stadtstaaten und die Bedingungen ihrer Zusammenschlüsse spiegeln sich

---

43 R. DAHRENDORF, RGG[3] 4 (1960) Sp. 572 s. v. Macht und Herrschaft, soziologisch.

44 Hierzu, in anderem Rahmen, LENSKI, Macht und Privileg, 223ff.

45 Am Beispiel afrikanischer Konzeptionen von Herrschaft gezeigt von BALANDIER, Politische Anthropologie.

46 Zu den einzelnen Kulturen FINET, Le pouvoir et les dieux en Mésopotamie; HALDAR, Myth and Reality; FRANKFORT, Kingship and the Gods; BERGMANN, Zum ›Mythos vom Staat‹ im Alten Ägypten. Allgemein L. DE HEUSCH, Pour une dialectique de la sacralité du pouvoir und V. D. GABLENTZ, Religiöse Legitimation politischer Macht.

47 K. EDER, Die Entstehung staatlich organisierter Gesellschaften, 1980.

48 GLADIGOW, Der Sinn der Götter.

so in einer ›Politisierung‹ des Weltbildes.[49] Die Götter nehmen einerseits an der politischen Karriere ihrer Verehrer teil und stellen andererseits die Abbildungsebene, die politischen Ansprüche der Herrscher zu publizieren und theoretisch zu fassen.

Dafür ist es notwendig, daß Hierarchie als das neue Organisationsprinzip[50] nicht nur zwischen Menschen einerseits und Göttern andererseits – und jeweils – auftritt, sondern in einer neuen Weise zwischen Göttern und Herrschern sichtbar wird. Die staatliche Verfassung der Götter[51] gipfelt in einem König der Götter, der seinerseits den irdischen König einsetzt und legitimiert. Die Zuwendung des Götterkönigs an den König steht am Ende eines Prozesses gegenseitiger Legitimierung, in dem zusammen mit einer Institutionalisierung des Machthabens die Kategorien von Personalität und Subjektivität entwickelt werden. Aus der Verbindung dieser neuen Institutionen und Kategorien geht ein spezifischer Handlungsbegriff hervor, der sich sukzessiv in Mythos und Geschichtsschreibung niederschlägt.

Zugleich ist offensichtlich, daß die systematische Entfaltung göttlicher Macht und Personalität immer zugleich Abbildungsebene herrscherlicher Ansprüche ist. Die legitimationsbedürftige Institution Herrschaft ist in diesem Rahmen ein wichtiger Gegenstand des neu gefaßten Instruments ›Mythos‹.

IV. Die Darstellbarkeit von Macht

Daß die (Selbst-)Darstellung einer Person als handelndes Subjekt nur auf der Basis eines realen Macht›überschusses‹ möglich ist, ist wohl im Prinzip einsichtig und in einem vergleichbaren Kontext im allgemeinen auch gesehen worden.[52] Nicht ohne weiteres einsehbar ist dagegen, in welcher Weise sich jeder Machtüberschuß thematisieren läßt, in welcher Weise er eigentlich darstellbar ist. Wahrscheinlich lassen sich Subjektivität und Machtüberschuß am deutlichsten durch den Spielraum beschreiben, der den handelnden Personen zur Verfügung steht. Ein Spielraum an Alternativen[53] in diesem Sinn erlaubt erst eine Zurechenbarkeit von Handlungen an Personen.

Grundsätzlich findet eine Reflexion über göttliche Macht, in dem zu Beginn angesprochenen Sinn, vor allem im Mythos statt. In Religionen mit einem polytheistischen Pantheon (→Polytheismus) fordert die Annahme einer Mehrzahl mächtiger, handelnder Götter Modelle von Kooperation und Konflikt, die ihrerseits mit einer vorgegebenen Wirklichkeit, vor allem mit dem politischen Verhältnis, in Korrespondenz stehen können. Eine Darstellung göttlichen Handelns unter den Prämissen ›Macht‹ und, subsidiär, ›Wissen‹ wird im wesentlichen auf zwei Wegen erreicht: Durch eine Verdeutli-

---

[49] Dies eine der zentralen Thesen von E. Topitsch, Vom Ursprung und Ende der Metaphysik (1958), 1972; ders. Erkenntnis und Illusion. Grundstrukturen unserer Weltauffassung, 1979, 59ff.

[50] Vgl. die Zusammenfassung von K. Eder in ders. (Hrsg.). Seminar: Die Entstehung von Klassengesellschaften, 1973, 294: »Die Hierarchie ist das ideologische Modell der Selbstthematisierung hochkultureller Gesellschaften, ist das Modell, auf dem diese Gesellschaften nur ihre (neue) Legitimität aufbauen konnten.«

[51] Weiteres →Gottesvorstellungen II 1.

[52] Vgl. etwa A. Heuss, Zum Problem einer geschichtlichen Anthropologie, in: H.-G. Gadamer, P. Vogler (Hrsg.), Neue Anthropologie 4. Kulturanthropologie, 1973, 179f.

[53] Hierzu N. Luhmann, Funktion der Religion, 1977, 96.

chung der Differenz von göttlichen Möglichkeiten und tatsächlich Realisiertem (– der Gott kann mehr als er ›will‹ oder ausführt) und durch eine generalisierte Sinnvorgabe an die göttlichen Intentionen. Göttliche Macht läßt sich im Mythos vor allem in den Handlungen der Götter untereinander und gegeneinander sichtbar machen. Der Vorteil der polytheistischen Systeme liegt in dem logischen Ausschluß eines allmächtigen Gottes und in der signifikanten Erweiterung, die die Erfaßbarkeit von Potentialität und Alternativen im Handlungssystem Mythos[54] erfährt. Eine Konjunktion mehrerer mächtiger Götter erlaubt es, in Machtrelationen komplexe Problemstellungen abzubilden, Problemstellungen, die in einem monotheistischen System nur in Abstraktionen erfaßbar wären.

Literatur

BAAREN, T. P. VAN, Menschen wie wir. Religionen und Kult der schriftlosen Völker, Gütersloh 1964; BALANDIER, G., Politische Anthropologie, 1972; BEERLING, R. F., Unheilige Dreifaltigkeit: Macht, Aggressionen, Gewalt, in: Sachlichkeit. Festschrift Helmuth Plessner, hrsg. v. G. DUX, TH. LUCKMANN 1974, 258–266; BELLAH, R. N., Religiöse Evolution, in: C. SEYFARTH, W. M. SPRONDEL (Hrsg.), Seminar: Religion und gesellschaftliche Entwicklung, 1973, 267–302; BERGMANN, J., Zum ›Mythos vom Staat‹ im Alten Ägypten, in: H. BIEZAIS (Hrsg.), The Myth of the State, 1972, 80–102; BÖMER, F. »The slave has no *mana* at all«–? Zu einer religionsgeschichtlichen und soziologischen Grundsatzfrage, in: Gymnasium 97 (1990), 3–14; ELIADE, M., Die Religionen und das Heilige. Elemente einer Religionsgeschichte (1949/53), 1954; ders., Puissance et sacralité dans l'Histoire des Religions, in: Eranos Jahrbuch XXI (1953), 11–44; Das Heilige und das Profane. Vom Wesen des Religiösen, 1957; EVANS-PRITCHARD, E. E., Theorien über primitive Religionen, 1968; FINET, A., Le pouvoir et les dieux en Mésopotamie, in: Le Pouvoir et le Sacré, 75–81; FRANKFORT, H., Kingship and the Gods, 1948; GABLENTZ, O. H. V. D., Religiöse Legitimation politischer Macht, in: Sprache und Politik. Festschrift D. Sternberger, 1968, 164–188; GLADIGOW, B., Der Sinn der Götter, in: P. EICHER (Hrsg.), Gottesvorstellung und Gesellschaftsentwicklung, 1979, 41–62; ders., (Hrsg.), Staat und Religion, 1981; ders., Naturwissenschaftliche Modellvorstellungen in der Religionswissenschaft zwischen den Weltkriegen, in: H. G. KIPPENBERG, B. LUCHESI (Hrsg.), Religionswissenschaft und Kulturkritik, 1991, 177–182; GUSTAFFSON, G., Durkheim on Power and Holiness, in: H. BIEZAIS (Hrsg.), The Myth of the State, 1972, 20–30; HALDAR, A., Myth and Reality, in: H. BIEZAIS (Hrsg.), The Myth of the State, 1972, 31–44; HEUSCH, L. DE, Pour une dialectique de la sacralité du pouvoir, in: Le Pouvoir et le Sacré, 15–47; HOLM, K., Zum Begriff der Macht, in: Kölner Zeitschrift für Soziologie und Sozialpsychologie 21 (1969), 269–288; Le Pouvoir et le Sacré. Annales du Centre d'Etudes des Religions 1, Brüssel 1962; LENSKI, G., Macht und Privileg, 1977; OLSON, C., The Concept of Power in the Works of Eliade and van der Leeuw, in: Studia Theologica 42 (1988), 39–53; SCHÜSSLER, W., Ontologie der Macht. Zur philosophischen Bestimmung der Macht im Denken Paul Tillichs, in: Zeitschrift für Katholische Theologie 111 (1989), 1–25; SÖDERBLOM, N., Das Werden des Gottesglaubens (1915), ^{2}1926; STRÖHM, A. V., Gottesstaat und Götterstaat unter den vorchristlichen Germanen, in: H. BIEZAIS (Hrsg.), The Myth of the State, 143–159.

Burkhard Gladigow

→ *Gottesvorstellungen, Das Heilige, Klassengesellschaft, Mana, Orenda*

[54] Dazu GLADIGOW, Der Sinn der Götter.

Männerbund

→*Bünde*

Märchen

I. Wort- und Bedeutungsgeschichte II. Das Märchen in der heutigen Forschung 1. Literaturwissenschaft 2. Volkskunde 3. Kulturwissenschaft

I. Wort- und Bedeutungsgeschichte

Das Märchen ist nach modernem Sprachgebrauch eine phantastische Erzählung, die einerseits der unterhaltenden Kinderlektüre zugerechnet, andererseits als anthropologischer Urtyp des Erzählens angesehen wird. Die Definition des Märchens ist im europäischen Kulturraum sehr schwierig, da die Gattung von der Literaturwissenschaft und von der Volkserzählforschung völlig unterschiedlich gehandhabt wird, ohne jedoch einen jeweils eindeutigen Prototyp zu entwickeln; der Begriff war zudem in der Kulturtradition und der Wissenschaftsgeschichte Europas einem erheblichen Bedeutungswandel unterworfen.

Das Wort leitet sich von ahd. »mâri«, mhd. »diu/daz maere« = Bericht/Nachricht her, also »Erzählung« im Sinn von Aussage über wahrhaftig Geschehenes im Rahmen eines allgemein anerkannten Weltbildes; über die davon abgeleitete Diminutivform mhd. »maerlin« und über die Entsprechungen des Terminus in anderen Sprachen Belege bei Bolte-Polivka[1] und Lüthi.[2] Die heute gebräuchliche Form »Märchen« und das ältere »Märlein« verschoben sich im späten Mittelalter, endgültig im 15. Jh., zur pejorativen Bedeutung einer erfundenen Geschichte (= *fabula*) im Gegensatz zum wahren Geschehen (= *historia*), blieb aber stets Erwachsenen-Erzählung.[3] Als literarische Form erfreute sich diese Kurzprosa im europäischen Barock und in der Aufklärung großer Beliebtheit; die Eigenart des Märchens, seine mündliche Form, wurde dabei überhaupt nicht wahrgenommen. Das heißt nicht, daß es keine echten Märchen gegeben hat, aber deren Existenz ist nicht nachweisbar, sondern kann allenfalls aus Spuren märchenhafter Elemente in literarischen Quellen erschlossen werden.[4] Erst Herder erkannte (zumindest als Postulat) die Tatsache der Mündlichkeit als Konstituens des Märchens und generell der Volkserzählung und unterschied die »Kunstpoesie« (= Literatur) scharf von der »Naturpoesie« (= Volksüberlieferung, die sich in Lied und Prosa »von selber macht«). Darauf fußend setzten die Brüder Grimm bei der Abfassung ihrer Sammlung *Kinder- und Haus-*

---

1 Bolte, J./Polivka, G., Anmerkungen, hier bes. Band IV (1932).

2 Lüthi, M., Märchen, 1979; ders., Das europäische Volksmärchen, 1981.

3 Vgl. die Stichwörter ›Märchen‹, ›Märlein‹ in Grimms Deutschem Wörterbuch, 1885, Bd. IV, Sp. 1618–1660.

4 Exemplarisch dazu Karlinger, Grundzüge, 1983.

märchen neue Akzente und leiteten damit die moderne Märchenforschung ein, doch ergaben sich aus der GRIMM-Rezeption auch folgenschwere Mißverständnisse.
Zwar enthielten die KHM im großen und ganzen die meisten europäischen Märchentypen in mehr oder minder bearbeiteter Form und wurden somit zum Modell für fast alle großen Volksgutsammlungen des 19. Jh., andererseits stiftete die widersprüchliche Handhabung des Begriffs der Überlieferungstreue große Verwirrung. Die GRIMM*sche* Definition des Märchens als mündlich tradierte Volkserzählung sorgte zwar für die grundsätzliche Unterscheidung in »Volksmärchen« und »Kunstmärchen« und begründete damit die Verzweigung der Märchenforschung in eine literaturwissenschaftliche Diskussion und in ein völlig neues volkskundliches Erkenntnisinteresse, die Fiktion der »wörtlichen« Aufzeichnung, wie sie JACOB GRIMM forderte, erweckte aber den Anschein, als gebe es trotz alledem eine eindeutige Märchenform und nicht lediglich »Märchenmotive«, die niemals textlich festgelegt werden können.[5] Das Mißverständnis einer letztlich doch textphilologisch ausgerichteten Märchenforschung erschwert bis heute die Einsicht in die Komplexität des Märchens, dessen Durchleuchtung ein interdisziplinäres Zusammenspiel von volkskundlichen, soziologischen, psychologischen und eventuell religionswissenschaftlichen Methoden (→ Mythos) erfordert. Das zweite Mißverständnis liegt in der Umfunktionierung der Gattung Märchen: wie bereits der Titel der GRIMM*schen* Sammlung suggeriert, wurden die Märchen, ursprünglich Erwachsenen-Erzählung, zu Kinderliteratur, wobei zumindest JACOB GRIMM das nicht bewußt angestrebt hat, sondern eher der romantischen Vorstellung seiner Zeit von der Naturpoesie als dem »Kindheitsstadium« eines Volkes nachhing. Ihm ging es um den Stellenwert des Märchens im Rahmen von Geschichte und Mythologie als quasi »gesunkenen« Kulturgutes, das, als Anknüpfungspunkt der Moderne an eine verlorene Antike, dem erwachenden Nationalbewußtsein der Deutschen (aber auch aller anderen europäischen Völker) ein notwendiges Kontinuum bieten sollte. Daraus zog die GRIMM-Nachfolge den bis heute noch nicht überwundenen Schluß vom Märchen als »nationalem« Erbe, was auf die Gleichsetzung der Märchentradition mit einem Sprach- und Kulturraum hinausläuft, obwohl die moderne Märchenforschung längst Einblick in den grundsätzlich ubiquitären Charakter dieser Erzählform gewonnen hat. Aus dem nationalen Verständnis des Märchens resultiert wiederum das einseitig mythologisch ausgerichtete Interesse der frühen volkskundlichen Märchenforschung. Unzweifelhaft enthalten Märchen Spuren hochinteressanter Motive alter Glaubensvorstellungen wie z. B. Tabu, Jenseitsreise, magische Partizipation, totemistische Tierverwandtschaft, Initiationsbrauchtum usw., die wahrscheinscheinlich überhaupt erst durch die märchentypische Entwirklichung realer Glaubensinhalte in Formelhaftigkeit und stereotyper Erzählstruktur bewahrt werden konnten; daraus aber kulturgeschichtliche Folgerungen zu ziehen, bedarf bei den komplexen kulturgeschichtlichen Verwerfungen, die durch die mündliche Tradierung bedingt sind, großer Vorsicht. Zudem ist das Märchen keineswegs qua natura mythischen Ursprungs: neben einer sicher religiös verankerten Erzähltradition gab es vermutlich schon früh reine Fabuliermärchen, die als bloße Spielformen oder auch kollektive Wunschvorstellungen zu deuten sind, in denen dann freilich scharfe Sozialsatire stecken kann («z. B. *Mundus-*

[5] ›Märchenmotive‹ oder besser: Motive, die heute in märchenhaften Erzählzusammenhängen auftauchen, sind schon in frühen religiösen Texten (etwa Gilgamesch/altägyptisches Zweibrüdermärchen/AT) und früher Hochliteratur (etwa Homer/Herodot/Hesiod) nachweisbar, ohne daß man daraus eine Märchentextur herleiten kann. Vgl. dazu Stichwort ›Märchen‹ in RGG[3], 1960, Bd. IV, Sp. 581–587.

inversus-Motive, Lügenmärchen, Klugheitsproben, Schlaraffenland-Utopien usw.). Die Abgrenzung des Märchens gegen die verwandten Gattungen der Sage, Legende, Fabel und des Schwanks ist angesichts der Mündlichkeit dieser Formen nicht eindeutig zu treffen. Als wichtigster Unterscheidungsfaktor vor allem zur Sage dient heute die Wirklichkeitseinstellung der Erzählung: bei »Eindimensionalität«, d. h. Zeitlosigkeit, utopischer Raumvorstellung, Ineinanderfließen von Diesseits und Jenseits, spricht man von märchenhaften Strukturen (= Fabulat), bei »Zweidimensionalität«, d. h. bei realem Zeitempfinden, Raumbindung (kann übertragbar sein), deutlicher Unterscheidung zwischen vertrautem Alltag und traumatischer Jenseitserfahrung, spricht man von sagenhaften Erzählungen (= Memorat), doch ist auch diese Gattungsgrenze fließend.

II. Das Märchen in der heutigen Forschung

1. Literaturwissenschaftliche Diskussion

Vorerst ist zwischen der eigentlichen Märchenforschung und einer vielfältigen Märchendeutung zu unterscheiden, wenn in der Praxis das Interpretationsinteresse auch häufig die Erforschung des Phänomens Märchen überlagert und eine verwirrende Termindiskussion auslöst.[6]

Die literaturwissenschaftliche Auseinandersetzung beginnt mit den Brüdern GRIMM, da ihre Märchensammlung, bei aller Betonung der mündlichen Quellenlage, literarisch überformt ist. Schon BRENTANO und ARNIM erkannten die Fiktionalität des »Sich-von-selber-Machens«, ebenso NOVALIS, der das Märchen als bevorzugte Gattung des romantischen Literaturverständnisses rein ästhetisch definierte.[7] Seitdem entwickelt sich das Kunstmärchen in steter Spannung zum Volksmärchen GRIMM*scher* Prägung (für dessen Mittelstellung man heute den Begriff »Buchmärchen« verwendet) und zur verwandten Novelle, wenn auch Ansätze zu einer Theorie des Kunstmärchens erst in jüngster Zeit sichtbar wurden.[8]

Die Märchenforschung folgte zunächst dem Gedanken JACOB GRIMMS, daß die Märchen Reste alter Mythen seien, wobei durch BENFEY (und damit durch ethnologische Überlegungen) der enge Rahmen der germanischen Mythologie gesprengt wurde. BENFEYS Theorie von der indischen Provenienz der europäischen Volksmärchen gilt zwar heute als überholt, doch ging daraus um die Jahrhundertwende die sogenannte »*Finnische Schule*« (= KROHN/AARNE/THOMPSON u. a.) hervor, die in der historisch-geographisch möglichst exakten Erfassung des Märchengutes die unabdingbare Voraussetzung für eine aufschlußreiche Märchenforschung sieht. Mit der *Finnischen Schule* beginnt die folkloristische Märchenforschung, die mit der literaturwissenschaftlichen Diskussion kaum noch vergleichbar ist.

Dazwischen verzerrte die nationalsozialistische Ideologie den GRIMM*schen* Mythos-Gedanken zu »nordischer« Inanspruchnahme der Märchentradition, was die germanistische Märchenforschung sehr belastet hat.

---

6 Den besten Überblick bietet LÜTHI, s. o. Anm. 2.

7 Vgl. dazu die ansatzweise formulierte Märchentheorie von NOVALIS, die sich im berühmten Satz vom Märchen als dem »Canon aller Poesie« nicht erschöpft. Novalis' Schriften, Bd. III (Tagebücher, vor allem: Das Allgemeine Brouillon. Materialien zur Enzyklopädistik 1798–99), 1960, Nr. 234/688/vor allem: 833 ff.

8 Vgl. exemplarisch APEL, Zaubergärten, 1978; KLOTZ, Das europäische Kunstmärchen, 1985.

Als bedeutendster Versuch einer literaturwissenschaftlichen Auseinandersetzung mit dem Märchen ist die typologische Begriffsbestimmung anzusehen, die JOLLES in seinen *Einfachen Formen* vorschlägt.[9] JOLLES erkennt die nicht-literarische Form des Märchens an und will es dementsprechend nicht normativ festlegen; ihm geht es um eine brauchbare Absetzung des mündlich geprägten Erzählens von den literarischen Kunstformen. Dafür greift er auf HERDERS »Naturpoesie« zurück und versucht, die daraus entstehenden Formen in ihrer Entstehung, sprachlichen Ausformung und Gestalt zu beschreiben: eine jeweils besondere »Geistesbeschäftigung« sei für das Zustandekommen einer »einfachen Form« konstituierend, was wiederum eine unverkennbare »Sprachgebärde« erzeuge, die dann für die resultierende Form typisch sei. JOLLES' Ansatz erwies sich auch für die volkskundliche Diskussion als fruchtbar: K. RANKE bezeichnet die einfachen Formen als »ontologische Gattungs-Archetypen«, die Grundbedürfnissen des Menschen entsprächen und also ubiquitär seien.[10] Radikaler noch als JOLLES räumte die (in Westeuropa erst spät rezipierte) strukturalistische Untersuchung zur *Morphologie des Märchens* des Russen V. J. PROPP[11] mit der noch philologisch orientierten Märchenforschung auf: an die Stelle des Märchentextes trat endgültig die Struktur, die nur eine bestimmte Anzahl von festen Motiven vorsieht, sonst aber mit dem Begriff der variablen Motivreihe (= Sequenz) arbeitet. Damit war die Grundlage geschaffen, nicht-historische Hilfsdisziplinen zur Märchenforschung heranzuziehen, wenn auch bis heute keine überzeugende Definition des Märchens entwickelt wurde, auf deren Grundlage die Theoriebildung beginnen könnte.

2. Volkskundliche Diskussion

Die Grundlage der volkskundlichen Diskussion bildet die von AARNE ausgebaute Methodik der *Finnischen Schule*, die epistomologisch zwar im romantischen Historismus wurzelt, mit der Erarbeitung des Typenkatalogs aber die Voraussetzung schuf, das nicht faßbare Märchenmaterial systematisch zu erschließen (= Numerierung nach AaTh) und der Forschung zugänglich zu machen. Der Typenkatalog beruht auf der Erkenntnis,[12] daß sich das Märchen niemals als Text fassen läßt, sondern nur als in »Sinnzusammenhängen«[13] organisierter, proteushafter Stoff. Dementsprechend kann nur aus der Erfassung einer möglichst großen Anzahl von Varianten ein »Typ« abstrahiert werden, was aber nicht mit der Suche nach einer postulierten »Urform« verwechselt werden darf.[14] Nach dem Vorbild des Typenkatalogs legte THOMPSON auch einen Motiv-Index[15] an, der nicht nur Märchenmotive, sondern Motivkonstellationen auch in Sagen, Mythen usw. erfaßt. Das entspricht zwar der richtigen Erkenntnis, daß die Erzählforschung sich nicht nur auf das Märchen beschränken soll, erzeugt aber wegen

9 JOLLES, Einfache Formen, 1929.
10 Vgl. RANKE, Welt der einfachen Formen, 1978.
11 PROPP, Morphologie, 1928, engl. Übers. 1958, it. (mit Auseinandersetzung mit LÉVI-STRAUSS) 1966, dt. 1972, daher die späte Rezeption.
12 Vgl. dazu AARNE, Leitfaden, FFC 13, 1913; AARNE/THOMPSON, Types of the Folktale (^{2}1961), FFC 184 (unter dieser Nummer laufend erweitert).
13 Begriff nach KARLINGER, Einführung in die romanische Volksliteratur, Bd. 1, 1969, bes. S. 14f
14 Vgl. dazu KARLINGER, Grundzüge, S. 101ff.
15 THOMPSON, Motif-Index, VI Bde, ^{3}1975; weiter auch: Narrative Motif-analysis as a folklore method, FFC 161, 1955.

des ungelösten Gattungsproblems ein schwerfälliges Durcheinander. Im Kontext der Finnischen Schule entstand auch die Serie der FFC (*Folklore Fellows Communications*), bis heute das wichtigste Diskussionsforum der internationalen Folkloristik.[16]
Vom ungelösten Problem der Gattungsdefinition verschob sich der Akzent volkskundlichen Interesses aber zunehmend von der Erzählung selbst auf den Erzählkontext. Das Phänomen der mündlichen Überlieferung wurde zum zentralen Forschungsanliegen, womit Material und Materialforschung endgültig scharf voneinander getrennt wurden. Damit rückte ein Problemkreis ins Blickfeld, den die textorientierte Märchenforschung gar nicht gesehen hatte und dessen Untersuchung die moderne volkskundliche Märchenforschung kennzeichnet: die Erzählerpersönlichkeit, die Wechselbeziehung zwischen Erzähler und Erzählgemeinschaft, das Tradierungsproblem zwischen bewahrender Überlieferungstreue im sozialen Kontrollbereich und verändernder Adaption des Erzählgutes an neue Gegebenheiten, wobei eventuell vorhandene Interferenzen einer verschriftlichten Märchenkultur (z. B. Lesebuch, Kinderfunk, Film) eine noch kaum erforschte Rolle spielen. Bahnbrechende Umorientierungen bei RANKE, RÖHRICH und BAUSINGER.[17] Aus dieser neuen Problemstellung ergab sich erneut die Frage nach der Funktion des Märchens, was weniger von der Volkskunde selbst als von unterschiedlichen Kulturwissenschaften untersucht wird.

3. Kulturwissenschaftliche Diskussion

Zur Funktion des Märchens hat vor allem die soziologische Märchenforschung interessante Aspekte erarbeitet. Von der Tatsache ausgehend, daß die Trägerschicht der Märchenüberlieferung in Europa vorwiegend das einfache (vor allem illiterate) Volk war, wird spezifisch nach dem gesellschaftlichen Erkenntniswert des Phänomens gefragt; dazu grundlegende Arbeiten von z. B. L. SCHMIDT, L. RÖHRICH, R. RANKE und auch J. ZIPES.[18] Einen Sonderfall stellt die historische Verhaltensforschung dar, die in Märchenstoffen Indikatoren für Verhaltensnormen innerhalb eines gewissen Gesellschaftsaufbaus sieht. Die Ergebnisse, etwa bei NITSCHKE[19], sind umstritten. Im Schnittfeld zwischen Soziologie und Religionswissenschaft bewegt sich die Märchenforschung, die der Funktion (bzw. der Funktionalisierung) der Volkserzählung im Kontext ideologiegeschichtlicher Umbrüche nachgeht; über die Rolle des Märchens als Exempel, Predigtstoff usw. vgl. etwa W. BRÜCKNER.[20]
Einen ganz anderen Weg verfolgt die psychologische Märchenforschung, deren erste große Arbeiten im frühen 20. Jh. erschienen.[21] Die Psychologie, vor allem die

16 Die FFC wurden 1910 in Helsinki von AARNE gegründet.

17 RANKE, Betrachtungen, 1958; Welt der einfachen Formen, 1978; dazu 1957 Gründung der Zeitschrift Fabula, heute wichtiges Organ der modernen Erzählforschung; zwei Supplementserien: A (Texte), B (Untersuchungen). RÖHRICH, Märchen und Wirklichkeit, [3]1974; Sage und Märchen, 1976. BAUSINGER, Alltägliches Erzählen, in: Fabula 1; Formen der Volkspoesie, [2]1978. Zudem 1975 Beginn der EM (= Enzyklopädie des Märchens), wichtige Neuorientierung im Bereich moderner Erzählforschung.

18 Dazu exemplarisch: SCHMIDT, Volkserzählung, 1963, RÖHRICH (s. Anm. 17), dazu: RÖHRICH/LINDIG (Hrsg.), Volksdichtung, 1988. ZIPES, Magic Spell, 1979.

19 NITSCHKE, Soziale Ordnungen, 2 Bde., 1976–77.

20 BRÜCKNER, Volkserzählung und Reformation, 1974.

21 Guter Überblick über den Forschungsstand bei LAIBLIN (Hrsg.), Märchenforschung und Tiefenpsychologie, [2]1975.

Schule von C. G. JUNG, sieht das Märchen als Symbol, als Chiffre für die Auseinandersetzung mit dem Unbewußten und stellt es als solches neben den Traum, was bis zur (überspitzten) Definition des Traums als »Individualmärchen« gehen kann. Ein kulturgeschichtlich höchst komplexes Gebilde wird somit als Erklärungsmodell für menschliche Grundkonflikte im heutigen Kontext funktionalisiert; die Ergebnisse dieses Ansatzes (exemplarisch genannt seien die gewagten Märcheninterpretationen der JUNG-Schülerin V. BEIT[22]) sind gemäß ihren Voraussetzungen zweifellos legitim, für die eigentliche Märchenforschung jedoch unverwertbar. Dasselbe gilt für die (im Rahmen der Psychologie berechtigten) Arbeiten von BETTELHEIM oder CRAMERS.[23] Geeigneter (und für die religionswissenschaftliche Diskussion fruchtbarer) scheint der psychologische Ansatzpunkt bei der Sagenforschung zu sein[24], da es sich bei der Sage ihrer Definition nach um eine Form der Auseinandersetzung mit dem Numinosen handelt, was das strikt eindimensionale Märchen niemals leisten kann.

Neben diesen vielfältigen Märchendeutungen kam die mythengeschichtliche Erforschung nie völlig zum Erliegen. Erwähnt seinen exemplarisch die Arbeiten von FR. VON DER LEYDEN und vor allem von DE VRIES[25], dessen an sich einleuchtende Argumentation vom zeitlichen Nach- und Nebeneinander mythenspezifischer Verarbeitung in Märchen, Heldensagen und Mythos jedoch vom nach wie vor ungelösten Gattungsproblem sehr belastet ist.

Literatur

1. Material zum Märchen

Die exemplarische Märchensammlung Europas sind die Kinder- und Hausmärchen der Brüder GRIMM, III Bde., Berlin 1812–1822, ^{7}1857 Ausgabe letzter Hand, mit einem Anhang sämtlicher, nicht in allen Auflagen veröffentlichter Märchen und Herkunftsnachweisen hrsg. von H. RÖLLEKE, 1980.

Nach diesem Vorbild wurden so gut wie alle nationalen Märchensammlungen des 19. Jahrhunderts zusammengestellt.

1912 gründeten FR. VON DER LEYEN und P. ZAUNERT die Reihe Märchen der Weltliteratur; die Reihe wird bis heute in München (Diederichs) fortgesetzt.

Um die Erfassung des Märchenmaterials im 20. Jahrhundert kümmert sich die Europäische Märchengesellschaft, die auch die Serie Märchen der Welt (Kassel) betreut.

Wichtige frühe, heute wissenschaftlich interessante Sammlungen erscheinen laufend als Nachdrucke (Hildesheim) in der Reihe »Volkskundliche Quellen«, begr. von W. E. PEUCKERT; wichtig für das Märchen: Reihe III (»Märchen und Schwank«), hrsg. von K. RANKE.

Die heute bedeutsamste Forschungsstelle für das Märchen hat sich in Göttingen gebildet, wo auch die EM herausgegeben wird.

---

22 BEIT, Symbolik, III Bde., 1971; Das Märchen. Sein Ort in der geistigen Entwicklung, 1965.

23 BETTELHEIM, Kinder brauchen Märchen, (1976), 1977. CRAMERS, Das Märchen in der Psychiatrie, 1975.

24 Vgl. dazu L. PETZOLDT, Dämonenfurcht und Gottvertrauen. Zur Geschichte und Erforschung unserer Volkssagen, WB-Forum 45, 1989, bes. S. 31 ff. – Exemplarisch für den Versuch, Jungsches Ideengut in der Sagenforschung weiter zu entwickeln: G. ISLER, Die Sennenpuppe. Eine Untersuchung über die religiöse Funktion einiger Alpensagen, 1971.

25 Vgl. vor allem DE VRIES, Betrachtungen, FFC 150, 1954.

2. Hinweise zur Märchenforschung
AARNE, A., Leitfaden der vergleichenden Märchenforschung, FFC 13 (1913); AARNE, A./ THOMPSON, S., The Types of the Folktale, FFC 184, 1961; BAUSINGER, H. Strukturen des alltäglichen Erzählens, in: Fabula I/1958; ders., Formen der Volkspoesie, ²1978; BEIT, H. v., Symbolik des Märchens. Versuch einer Deutung, III Bde., 1952-57, ⁴1971; BOLTE, J., POLIVKA, G., Anmerkungen zu den Kinder- und Hausmärchen der Brüder Grimm, V Bde., 1913–32; BRÜCKNER, W. (Hrsg.), Volkserzählung und Reformation. Ein Handbuch zur Tradierung und Funktion von Erzählstoffen und Erzählliteratur im Protestantismus, 1974; BÜRGER, CHR., Die soziale Funktion volkstümlicher Erzählformen, in: projekt deutschunterricht 1/1971; DÉGH, L., Märchen, Erzähler und Erzählgemeinschaft, 1962; EM = Enzyklopädie des Märchens, hrsg. von K. RANKE, u. a. Handwörterbuch zur historischen und vergleichenden Erzählforschung, 1975 ff.; JOLLES, A., Einfache Formen (1929) ²1956; KARLINGER, F., Grundzüge einer Geschichte des Märchens im deutschen Sprachraum, 1983; ders. (Hrsg.), Wege der Märchenforschung 1973; KROHN, K., Vergleichende Märchenforschung, 1907; ders., Die folkloristische Arbeitsmethode, 1926; LAIBLIN, W. (Hrsg.), Märchenforschung und Tiefenpsychologie (1969) ²1975; LEHMANN, A., KUNTZ, A. (Hrsg.), Sichtweisen der Volkskunde. Zur Geschichte und Forschungspraxis einer Disziplin, 1988; LEYEN, FR. VON DER, Die Welt der Märchen, II Bde., 1954; ders., Das Märchen. Ein Versuch (1911) ⁴1958; LÜTHI, M., Märchen (1962) ⁷1979; ders., Das europäische Volksmärchen. Form und Wesen (1949) ⁷1981; ders. Volksmärchen und Volkssagen. Zwei Grundformen erzählender Dichtung (1961) ³1975; ders., Das Volksmärchen als Dichtung, Ästhetik und Anthropologie, 1975; MOSER, D.-R., Kritik der oralen Tradition, in: Folk Narrative Research, 1976, 209–221; ders., Theorie- und Methodenprobleme der Märchenforschung, in: Jb. f. Volkskunde, Neue Folge 3/1980, 47–64; NITSCHKE, A., Soziale Ordnungen im Spiegel der Märchen, II Bde, (problemata) 1976–77; PAUKSTADT, B., Paradigmen der Erzähltheorie. Ein methodengeschichtlicher Forschungsbericht mit einer Einführung in Schemakonstitution und Moral des Märchenerzählers, 1980; PEUCKERT, W.-E., Sagen – Geburt und Antwort der mythischen Welt, 1965; PROPP, V. J., Morfologija skazki, 1928 (dt. 1972); RANKE, K., Die Welt der einfachen Formen, 1978; ders., Betrachtungen zum Wesen und zur Funktion des Märchens, in: Studium Generale 11/1958, 647–664; RÖHRICH, L., Märchen und Wirklichkeit. Eine volkskundliche Untersuchung, ³1974; ders., Sage und Märchen. Erzählforschung heute, 1976; RÖHRICH, L., LINDIG, E. (Hrsg.), Volksdichtung zwischen Mündlichkeit und Schriftlichkeit, 1988; SCHERF, W., Lexikon der Zaubermärchen, 1982; SCHMIDT, L., Die Volkserzählung. Märchen, Sage, Legende, Schwank, 1963; THOMPSON, S., The Folktale, ²1951; ders., Motif-Index of Folk-Literature, VI Bde. (1955–58) ³1975; UTHER, H.-J., Katalog zur Volkserzählung, II Bde., 1987; VRIES, J. DE, Betrachtungen zum Märchen, besonders in seinem Verhältnis zu Heldensage und Mythos, FFC 150, 1954; WEHSE, R. (Hrsg.), Märchenerzähler, Erzählgemeinschaft, 1983; ZIPES, J., Breaking the Magic Spell, 1979.

Hinweise zum Kunstmärchen
APEL, FR., Die Zaubergärten der Phantasie. Zur Theorie und Geschichte des Kunstmärchens, 1978; KLOTZ, V., Das europäische Kunstmärchen. Fünfundzwanzig Kapitel seiner Geschichte von der Renaissance bis zur Moderne (mit umfangreicher Bibliographie), 1985.

Ulrike Kindl

→ *Geschichte, Mythos*

Magie

A Zum Begriff B Analyse von Magie-Interpretationen I. Paradigma: »Der alternde Priester-König muß getötet werden« (G. FRAZER) II. Zweites Paradigma: »Der Mensch ist ein Vogel« (L. LÉVY-BRUHL) III. Drittes Paradigma: »Das Risiko beim Fischen« (B. MALINOWSKI) IV. Viertes Paradigma: »Hexerei erklärt Unglücke« (E. E. EVANS-PRITCHARD) C Analogien und Homologien zu magischen Handlungen

A Zum Begriff

Der Begriff Magie geht auf das Griechische *mageia* zurück und dieses wiederum auf *mágoi*. Die Magoi waren ein medischer Stamm von Priestern, die sich unter anderem auch als Deuter von Vorzeichen betätigten. Das Griechische *magoi* verlor jedoch schon früh diese beschränkte Bedeutung und weitete sich zur Bezeichnung von ›Zauberern‹ auch außerhalb der persischen Kultur aus. Übernatürliches Können, rituelle Praktiken, automatische Wirkungen, private Kundschaft waren Merkmale dieser ›Magie‹, die ungeachtet der Ablehnung von christlichen Kirchen weiter existierte. Im 19. Jahrhundert griffen dann vergleichende Religionswissenschaftler den Begriff auf und erhoben ihn zu einer Grundkategorie ihrer Wissenschaft, ebenso fundamental wie der Begriff der Religion.[1] Klassisch formulierte dann B. MALINOWSKI 1931 diese Teilung der Sphären: »Magie unterscheidet sich von Religion dadurch, daß letztere Werte schafft und Zwecke direkt erfüllt, während Magie aus Handlungen besteht, die einen praktischen Nutzwert haben und wirksam sind nur als Mittel zu einem Zweck«.[2] Jedoch haben historische und ethnographische Forschungen eine so reinliche Trennung der Sphären nicht bestätigt: zu eng sind Magie und Religion konzeptionell (im Blick auf kosmologische Annahmen) und praktisch verflochten. Ebensowenig hat sich bewährt, Magie und Wissenschaft scharf voneinander abzugrenzen. Wissenschaft müßte dann als ein Handeln definiert werden, das Ziele mit ›angemessenen‹ Mitteln zu erreichen versucht (intrinsische Beziehungen zwischen Mittel und Zweck), während Magie ein Handeln darstellt, das nicht ›angemessene‹ (sondern ›symbolische‹) Mittel gebraucht.[3] Die Schwierigkeit hierbei liegt offen zutage: Wie kann man ›angemessen‹ universal definieren! Ein Beispiel: Die Diagnose einer Krankheit als ›Malaria‹ koppelt diese an physiologische Vorgänge (Stich der Anophelis-Mücke), die Diagnose ›Hexerei‹ verbindet sie mit dem bösen Willen von Nachbarn. Wieso und warum soll diese ›psychosomatische‹ Erklärung unangemessen sein? Auch die Grenzziehung Magie/Wissenschaft ist daher problembelastet. Ich ziehe aus dem Gesagten die Konsequenz, daß die Definitionen von Magie zu unsicher sind, um die Basis eines Artikels *Magie* abgeben zu können. Auch der Weg zurück zu einem naiven Sammelbegriff ist versperrt, da die historischen und ethnographischen Studien die Verwendung einer solchen Sammel-

---

[1] C. COLPE, Art. Magie, in: Wörterbuch der Mythologie, hrsg. v. W. HAUSSIG, Bd. 4 (1982) 385–387.

[2] MALINOWSKI, Culture. Lessa, Vogt, 65.

[3] GOODY, Religion and Ritual

kategorie untergraben haben. Ein Artikel *Magie* wird in dieser Lage nicht viel mehr tun können, als dem Zerfall dieser Kategorie nachzugehen und die Interpretationszüge zu simulieren.

B Analyse von Magie-Interpretationen

Die klassischen Interpretationen von Magie enthalten das, was I. LAKATOS ›Kernaussagen‹ genannt hat: Aussagen metaphysischen Charakters, die als solche nicht direkt widerlegbar oder verifizierbar sind. Ich würde B. MALINOWSKIS Kategorie der Mittel-Zweck-Beziehung hierzu rechnen. Solche Kernaussagen haben in den Magie-Interpretationen Anwendung gefunden, jedoch ist ihr primärer Kontext der einer allgemeinen Kulturtheorie. Wir werden auf diesen Aspekt daher nicht wirklich eingehen können. Jedoch sind die klassischen Magie-Interpretationen ausgearbeitete Forschungsprogramme gewesen, die neben Kernaussagen auch Hypothesen und Wahrnehmungstheorien enthalten haben. Der Zerfall der Kategorie *Magie* ging von diesem erfahrungsnahen Bereich aus. Zugleich erhoben sich aus Neuinterpretationen der üblicherweise als Magie bezeichneten Handlungen neue, überraschende Begriffe. Da die Definition von Magie keine verläßliche Objektbasis liefert, wird sich dieser Artikel auf diese Neuinterpretationen und ihre Begriffsfindungen konzentrieren. Nacheinander in der historischen Folge bespreche ich die Forschungen, die mit den Namen J. G. FRAZER, L. LÉVY-BRUHL, B. MALINOWSKI und E. E. EVANS-PRITCHARD verbunden sind. Sicher ist eine solche Auswahl in gewissem Sinne auch willkürlich. Andererseits sind in der Diskussion um diese Forschungen alle wichtigen Aspekte der Magie-Interpretation zur Sprache gekommen.

I. Erstes Paradigma: »Der alternde Priester-König muß getötet werden«(J. G. FRAZER)

J. G. FRAZER (1854–1941), von Hause ein klassischer Philologe, war von der Erzählung über das Amt *des rex nemorensis* im Hain der Diana von Aricia, wie sie STRABO (5, 3, 12) berichtet[4], fasziniert und suchte nach einer Erklärung. Um sie zu finden, verließ er das antike Italien und begab sich auf »eine Entdeckungsreise, auf der wir viele fremde ferne Länder besuchen, mit fremden fernen Völkern und noch fremderen Bräuchen. Der Wind ist in den Wanten: wir setzen die Segel und lassen eine Zeit lang die Küste Italiens hinter uns«.[5] Die Reise (hinter dem Schreibtisch in Cambridge) führte zum sakralen Königtum primitiver Völker, das FRAZER aus der Magie heraus erklärte. Magie basiere nämlich auf einem (falschen) Naturgesetz, demzufolge Dinge durch eine geheime *Sympathie* aufeinander einwirken. Gleiches erzeugt Gleiches: zum Beispiel die Vernichtung des Bildes vom Feind dessen Untergang (*imitative* bzw. *homöopathische Magie*). Dinge, die früher in Kontakt miteinander standen, wirken auch auf Distanz noch aufeinander: zum Beispiel gibt der Besitz von Haaren oder Fingernägeln Macht über die Person, der sie einst gehört haben (*kontagiöse Magie*). Die primitiven Völker glaubten an dieses Naturgesetz, bis besseres Wissen sie zur Einsicht brachte, daß übernatürliche bewußte

[4] CANCIK, Jungfrauenquelle.
[5] FRAZER, Golden Bough, 11.

und persönliche Wesen ihre Geschicke bestimmten. Bevor jedoch Magie durch Religion ersetzt wurde, hing das Wohl und Wehe eines jeden Volkes von der richtigen Anwendung der Magie ab. Die Vorgänge der Natur wurden vom Magier kontrolliert. Daher ist der Magier bei diesen Völkern ein öffentlicher Funktionär, der über absolute Macht verfügt. Wenn dieser Magier aber seine Vitalität verliert, dann kann er auch der äußeren Natur keine Fruchtbarkeit mehr abringen. Der Priester-König des Heiligtums von Aricia aber war noch vom Typus dieses primitiven öffentlichen Magiers. Er mußte umgebracht werden, wenn seine Kräfte zu schwinden begannen. Und als Beispiel für diesen wahrhaft befremdlichen Brauch nennt FRAZER das Volk der Schilluk in Afrika.

Bevor auf die Kritik eingegangen wird, muß man festhalten, daß FRAZERs Begriff *sympathetische Magie*, unterteilt in imitative und kontagiöse Magie, sich als nützlich erwiesen hat. Viele der späteren Magie-Forscher haben ihn aufgegriffen und als Beschreibungsinstrumentarium gebraucht. Ansonsten aber wurde FRAZERs These scharf kritisiert. Kritik richtete sich gegen die beiden Pfeiler seines Werkes: (a) daß das sakrale →Königtum primitiver Staaten Parallelen zu den Vorgängen am Diana-Heiligtum liefere und (b) daß Magie aus einem elementaren Prozeß der Erklärung von Naturvorgängen hervorgegangen sei.

An beide Stützen hat E. E. EVANS-PRITCHARD die Axt gelegt:

a) In seiner »Frazer-Lecture« 1948 prüfte er die Behauptungen, die Schilluk-Könige seien wiederholt getötet worden, wenn ihre physische Kraft zu schwinden begonnen habe. Er mußte zugeben, daß es keinen einzigen nachweisbaren Fall gab. Was es gab, das waren wiederkehrende Rebellionen. Schillukland bestand nämlich aus zwei Hälften, die miteinander um das Königtum rivalisierten. Versagte ein König und verschuldete er nationale Unglücke, dann war es durchaus legitim, daß ein Prinz mit der Unterstützung der anderen Hälfte des Landes ihn stürzte und umbrachte. Der Königsmord hatte primär einen politischen Kontext: nämlich eine strukturelle Opposition.[6] In einer solchen Struktur herrscht ein besonderes Nachfolgeprinzip. Man kann an dieser Stelle zu dem Thema sakraler Herrschaftslegitimation übergehen, wie dies L. DE HEUSCH getan hat. Er unterscheidet zwischen einem religiösen Königtum, das auf dynastischer Heiligkeit, Erstgeburt und Erblichkeit beruht, und einer magischen Herrschaft, die dem wagemutigen aufsässigen jugendlichen Helden zukommt.[7] Sein →Charisma bringt dem Land Glück und wirkt ›magisch‹. Auch außerhalb Afrikas kennen wir Fälle solcher charismatischer Nachfolge (etwa im sogenannten Nordreich Israels).[8] So hat sich der Priester-König FRAZERs als charismatischer Herrschertyp entpuppt.

b) E. E. EVANS-PRITCHARD hat sich auch mit dem anderen Pfeiler des Werkes von J. G. FRAZER (und übrigens auch von E. B. TYLOR) auseinandergesetzt: daß Magie ein (fehlgeleiteter) Versuch der *Naturerklärung* ist. FRAZER deduzierte Magie »from the elementary process of reasoning«.[9] In einem elementaren Denkprozeß habe der Primitive vorgestellte Verbindungen (*ideal associations*), die in Ähnlichkeit oder Kontakt bestanden (seine sympathetische Magie), mit tatsächlichen Verbindungen verwechselt und darauf sein Handeln gegründet. Nebenbei findet sich diese Verwechslungstheorie auch noch bei neueren Ethnologen. E. LEACH etwa meint vom Zauberer, er verwechsele ein Symbol mit einem Zeichen, behandele das Zeichen als einen natürlichen Index

---

6 EVANS-PRITCHARD, Divine Kingship of the Shilluk.
7 DE HEUSCH, Le Pouvoir et le Sacré, 15–48.
8 ALT, Königtum in den Reichen Israel und Juda.
9 FRAZER, Golden Bough, 72.

und glaube, mit seiner Hilfe eine Fernwirkung auszulösen.[10] E. E. EVANS-PRITCHARD hat FRAZERS Argumentarion irreführend genannt: einen Sprung von beobachtbarem sozialem Handeln ins Dunkle individueller psychischer Vorgänge. Es könne nicht Aufgabe sein, die Empfindungen, die Objekte bei Menschen hervorrufen, zu erklären. Wir könnten lediglich feststellen, daß soziale Gruppen bestimmten Dingen mystische Qualitäten zuschreiben würden. Solche Verbindungen sind soziale, nicht aber psychische Tatsachen. Es sind kollektive Konzepte, die die Einheimischen in gleicher Weise akzeptieren wie wir unsere wissenschaftlichen.[11] EVANS-PRITCHARD formuliert hier eine Kritik, die später auch gegen die einfühlende Verstehensmethode gerichtet wurde (C. GEERTZ). Wir haben Zugang nur zu den Ausdrücken fremder Erfahrungen, nicht aber zu diesen Erfahrungen selber. Unter den vielen oft scharfen Kritiken an FRAZER (etwa die von E. LEACH 1965) erscheint mir die von EVANS-PRITCHARD am plausibelsten. Sie bewahrt nämlich eine fundamentale Einsicht FRAZERS, die in neuerer Zeit wieder aufgegriffen worden ist: Daß Magie sich um die Erklärung von Naturvorgängen bemüht (also kognitiv ist) und sich nicht zum Symptom von Emotionen machen läßt. Die Kontinuität, die J. G. FRAZER zwischen Magie und Wissenschaft behauptete, konnte – wenn vom →Evolutionismus befreit – auch kritisch gegen ein empirisches Mißverständnis von Wissenschaft gewendet werden. Ein sogenannter Neo-Frazerianer wie R. HORTON sollte davon Gebrauch machen.[12]

II. Zweites Paradigma: »Der Mensch ist ein Vogel« (L. LÉVY-BRUHL)

LUCIEN LÉVY-BRUHL (1857–1939) war wie FRAZER ein Schreibtischethnologe gewesen, der selber keine Feldforschung durchgeführt hatte. Und er war wie dieser von einer anderen Disziplin her zur Ethnologie gekommen: von der Philosophie. Als Philosoph suchte er im Denken primitiver Völker Funktionen und Gesetze, die ein Pendant zu denen des westlichen rationalen Denkens bildeten. Er zog das Problem KANTS, wie synthetische Urteile a priori möglich seien, am ethnographischen Material durch. Damit rückt er einen Begriff ins Zentrum, der bis heute insbesondere in Frankreich nichts an Aktualität eingebüßt hat: den Begriff der *mentalité*. LÉVY-BRUHL lag an einer Verfremdung dieser Mentalität: Sie sollte als Kontrast zum rationalen Denken dargestellt werden. Von diesem Interesse getrieben untersuchte er die Operationen primitiven Denkens. Sein Ergebnis war, daß ihnen ein Gesetz eigener Art zugrunde lag: ein Gesetz, das er als *Gesetz der Teilhabe (loi de participation)* bezeichnete. Er brachte es auf folgende »Formel«: »Ich würde sagen, daß in den Kollektiv-Vorstellungen der primitiven Mentalität die Objekte, die Wesen oder die Phänomene in einer für uns unverständlichen Weise zugleich sie selbst und etwas anderes als sie selbst sein können«.[13]

Ich möchte an einem Beispiel demonstrieren, wieweit die Argumentation von L. LÉVY-BRUHL trägt. Er behauptet, daß im Denken primitiver Völker Gegenstände in einer uns unbegreiflichen Weise zugleich sie selber und etwas anderes sein können. Dieses Gesetz der Teilhabe erläutert er an den südamerikanischen *Bororo-Indianern*, von

[10] LEACH, Kultur und Kommunikation, 42f.
[11] EVANS-PRITCHARD, Interpretation of Magic, 306–308.
[12] HORTON, Paradox and Explanation.
[13] LÉVY-BRUHL, Das Gesetz der Teilhabe, 35.

denen einst K. VON DEN STEINEN berichtet hatte: »Die Bororo rühmen sich selbst, daß sie rote Araras seien. Sie gehen nicht nur nach dem Tode in Araras über, wie auch in gewisse andere Tiere, nicht nur sind die Araras Bororo und werden entsprechend behandelt – sie drücken ihr Verhältnis zu dem farbenprächtigen Vogel kaltblütig so aus, daß sie sich selbst als Araras bezeichnen, wie wenn eine Raupe sagte, daß sie ein Schmetterling sei«.[14] Diesem Bericht aus dem Ende des 19. Jahrhunderts hat LÉVY-BRUHL dann folgende Deutung gegeben: »Es ist kein Name, den sie sich geben; es ist keine Verwandtschaft, die sie sich zuschreiben. Was sie darunter verstehen, ist eine Wesens-Identität. Daß sie die menschlichen Wesen seien, die sie sind, und zugleich Vögel mit rotem Gefieder, hielt VON DEN STEINEN für unbegreiflich. Aber für eine vom Gesetz der Teilhabe regierte Mentalität besteht keine Schwierigkeit dabei«.[15] LÉVY-BRUHL verweist noch auf andere Beispiele, die diese Annahme eines mystischen Denkens stützen sollen. Doch kranken sie alle an einem Gebrechen, das an dem genannten Fall durch TH. VAN BAAREN diagnostiziert worden ist. Die Gleichung »Bororo = Arara« ist nicht direkt, sondern über ein Drittes vermittelt: nämlich die *Vorstellung vom Seelenvogel*. Nur weil ein Bororo erwartet, daß seine Seele nach dem Tode zum Seelenvogel wird, kann er sich selber und den Arara-Vogel als Manifestationen derselben Entität sehen.[16] Ganz ähnliche Fälle haben E. E. EVANS-PRITCHARD und C. LÉVY-STRAUSS[17] en détail behandelt. Es ist nach diesen weiteren Untersuchungen offensichtlich, daß wir es hier nicht mit einer anderen Denkform zu tun haben. Vielmehr geht es um eine mit den Seelenkonzeptionen zusammenhängende Symbolik, wobei das Symbol (der Vogel) mit dem Symbolisierten (der Seele) identifiziert wird. So fällt das Beispiel insgesamt unter die Begriffe der *Symboltheorie*, Ich nenne die wichtigsten von ihnen: primäre und sekundäre Bedeutung, Metonymie und Metapher, Denotation und Konnotation. Diese drei Begriffspaare würden das Verhältnis von Vogel und Seele unterschiedlich beschreiben.[18] Trotz dieser Differenzen aber teilen sie die Annahme, daß der Symbolprozeß eine inhaltliche Tradition ist und nicht eine quasi kategoriale Denkform.

LÉVY-BRUHL hat mit seinem Versuch, das primitive Denken prinzipiell von dem logischen zu trennen und damit zu verfremden, keinen Erfolg gehabt. Er hat in gewissem Umfang der Kritik, die an ihm geübt wurde, sogar zugestimmt. So richtete er in einem Brief vom 14. XI. 1934 an E. E. EVANS-PRITCHARD die Worte: »Ich gebe zu, daß in meinem Werk (und hier bekenne ich mich ›*schuldig*‹) der Wilde mystischer und der Zivilisierte rationaler dargestellt wurden, als sie in Wirklichkeit sind. Aber ich habe dieses ›*absichtlich*‹ getan: ich beabsichtigte, so den mystischen *Aspekt* primitiver Mentalität in seinem Kontrast mit dem rationalen Aspekt der Mentalität unserer Gesellschaft ans Licht zu bringen«.[19] Gleichzeitig beharrt LÉVY-BRUHL in seinem Brief an EVANS-PRITCHARD darauf, daß bestimmte Texte aus seiner Feder dieses Mißverständnis vermieden hätten: die Einleitung in »*Le Surnaturel et la nature dans la mentalité primitive*« (1931) zum Beispiel. Tatsächlich liegen in dieser Einleitung Einsichten vor, die alles andere als überholt sind. LÉVY-BRUHL spricht hier von der *catégorie affective du surnaturel*. »Kategorie« soll heißen: die Einheit inhaltlich verschiedener Vorstellun-

---

14 Zit. nach: VAN BAAREN, Bororo Parrots, 10.
15 LÉVY-BRUHL, Das Gesetz der Teilhabe, 36.
16 VAN BAAREN, Bororo Parrots.
17 EVANS-PRITCHARD, Nuer Religion, 131f.; LÉVI-STRAUSS, Das Ende des Totemismus, 102–108.
18 DOLGIN, KEMNITZER, SCHNEIDER (Hrsg.), Symbolic Anthropology, 3–44; TENNEKES, Symbolen.
19 LÉVY-BRUHL, Letter to Evans-Pritchard, 119; dazu: CAZENEUVE, Lévy-Bruhl, 85–87.

gen. Diese Einheit sieht er in dem Schrecken, den die übernatürlichen Mächte im Menschen hervorrufen. Ihre absolute Unberechenbarkeit intensiviert noch den Terror-Effekt. Diese Argumentation ist ebenfalls nicht unproblematisch und paßt auch nicht auf das gesamte von ihm herangezogene Material. Dennoch kann man ihr etwas Weiterführendes abgewinnen: daß primitives Denken emotionaler ist und dem *Emotionalen* kognitive Funktion gibt.[20] Wo ein Zeitgenosse heute ein Unglück als Zufall abtut, da wird in primitiven Gesellschaften übernatürlichen Wesen die Schuld gegeben. Eine solche Erklärung gibt der Furcht und anderen → Emotionen zweifellos mehr Platz. Da das Anomale, wie ein Unglück es ist, nicht als Scheitern menschlicher Anstrengungen erfahren wird, sondern als Schuld übernatürlicher Kräfte und Wesen, treten Emotionen sozusagen gleichberechtigt neben das technische alltägliche Normalwissen. Es ist ein Verdienst L. LÉVY-BRUHLs gewesen, dies erkannt zu haben.[21]

III. Drittes Paradigma: »Das Risiko beim Fischen« (B. MALINOWSKI)

Mit BRONISLAW MALINOWSKI (1884–1942) begann das Zeitalter empirischer Überprüfung. Die Theorien von J. G. FRAZER nahmen nun den Charakter von Hypothesen an, die erst noch verifiziert werden mußten. MALINOWSKI, der sich FRAZER verbunden fühlte, fand dessen Annahmen durch seine Studien auf den Trobriand-Inseln bestätigt. In einer Fußnote zu »*Argonauts of the Western Pacific*« (1922) schreibt MALINOWSKI: »Obwohl ich meine Feldforschung in der Überzeugung begann, daß die im ›Golden Bough‹ dargelegten Theorien von Religion und Magie unzutreffend seien, wurde ich durch alle meine Beobachtungen in Neu Guinea gezwungen, zu FRAZERs Position überzugehen«.[22] Die Feldstudien bestätigten, daß Magie und Religion unabhängig voneinander sind. MALINOWSKI brachte den Gegensatz zwischen beiden auf die bereits eingangs zitierte klassische Formel (s.o. A).

Die Beobachtungen, die MALINOWSKI zu dieser Position »gezwungen« haben sollen, betrafen das Fischen auf Boyowa, der größten Insel des Trobriand-Archipels. In einem kurzen Beitrag zur Zeitschrift »*Man*« teilte MALINOWSKI 1918 den Lesern mit, daß sich der *Fischfang* in den seichten Gewässern der Lagunen von dem Fischen auf offener See vor der Nordküste unterscheide. »In den westlichen Dörfern ist das Fischen in der Lagune eine Tätigkeit, die immer einen reichen Ertrag erbringt, ohne Unsicherheit und ohne Risiko für die Fischer. Dies trifft besonders zu, wenn zwischen den Korallenbänken Fisch vergiftet wird. Da ist ein Mann jedesmal, wenn er auszieht, sicher, einen reichen Fang zu machen. In Verbindung mit der Vergiftung von Fischen gibt es überhaupt keine Magie und in Verbindung mit dem gewöhnlichen Netzfischfang (in den Lagunen H. G. K.) nur sehr wenig. An der Nordküste jedoch werden die ganzen Vorgänge, sowohl beim *kalalá*-Fischfang (und dessen Erscheinen in großen Schwärmen zu einem bestimmten Zeitpunkt H. G. K.) wie beim Haifischfang (auf offener See H. G. K.) von Magie beherrscht. Der *kalala*-Fisch muß nach dem Glauben der Einheimischen durch Magie herangezogen werden, und der Erfolg beim Fischen hängt ihrer Meinung nach gänzlich von der strikten Einhaltung zahlreicher Tabus und der Verrichtung bestimmter Riten ab. Der Haifischfang ist ebenfalls magisch-religiösen Handlungen unterworfen.

[20] MÜHLMANN, Geschichte der Anthropologie, 176f.
[21] HORTON, FINNEGAN, Modes of Thought.
[22] MALINOWSKI, Argonauts of the Western Pacific, 73.

Der Bau spezieller Kanus, die Eröffnung der Fischfangsaison und die eigentlichen Expeditionen selber sind alle mit magischen Zeremonien und Tabus umgeben. Es ist wichtig festzuhalten, daß im Unterschied zu den Umständen an der Lagune hier an der Nordküste die Elemente von Glück und Risiko beim Fischen stark vorherrschen«.[23]

Bezogen hierauf entwickelte MALINOWSKI seine Theorie von der Magie. In dem Essay »*Magie, Wissenschaft und Religion*« aus dem Jahre 1925[24] wird es gleich auf den ersten Seiten erneut herangezogen. Es gestattet die entscheidende Behauptung, daß der Eingeborene Magie nur dann gebrauchte, »wenn er die Unzulänglichkeit seines Wissens und seiner rationalen Methoden anerkennen muß«.[25] Magie hat eine *kompensatorische Funktion*: sie sichert dem Postulat rationalen Denkens und Handelns auch dann noch Glaubwürdigkeit, wenn es versagt.

MALINOWSKI gab seine Erklärung von Magie als Resultat von Beobachtung aus, jedoch spiegelt sich in seiner Beschreibung des Beobachteten auch seine eigene Kultur. In diesem unbeabsichtigten hermeneutischen Zirkel liegt der Reiz, aber auch die Beschränkung von MALINOWSKIs Theorie. Zuerst ein Wort zu ihren Vorzügen. MALINOWSKI ließ ohne viel Worte das Entwicklungsschema von FRAZER und anderen fallen. Damit wurde Magie eine eigene Klasse Handlungen, selbständig neben dem instrumentellen und dem religiösen Handeln. Alle drei Handlungstypen sind synchron. So fragwürdig die kategoriale Trennung an sich ist (dazu gleich): der prinzipielle Verzicht auf eine Entwicklungsabfolge ist die wichtigste intellektuelle Leistung MALINOWSKIs gewesen (→Evolutionismus). Im Gefolge hiervon bahnen sich bei ihm neue Interpretationen und Problembeschreibungen den Weg. Ich nenne eine besonders symptomatische Problematik MALINOWSKIs: »Warum wurden – so fragt er sich – die trügerischen Ansprüche der Magie nicht erkannt?«[26] Damit formulierte er eine Problematik, die die Religionsethnologie seitdem nicht mehr loslassen sollte: Wie ist die *Blockade von Falsifizierung* zu erklären?[27] Die Antwort MALINOWSKIs lautet: psychologisch. Ich halte diese Überlegung deshalb für symptomatisch, weil sie eine bestimmte wissenschaftstheoretische Situation anzeigt: der Evolutionismus ist auf dem absteigenden Ast, der Wissenschaftsglaube (noch) ungebrochen.

Man kann die Überlegungen MALINOWSKIs auch existenzphilosophisch wenden: Magie zeigt eine *menschliche Grenzsituation* an. Andere Denker sollten diese Idee weiter ausarbeiten. Ich nenne E. DE MARTINO, der Magie in hyperkritischen Momenten menschlicher Existenz ansiedelte, in denen sich persönliche Identität aufzulösen droht. »Statt der Erfahrung, ein *handelndes* Wesen zu sein, macht man die Erfahrung, ein *verhandeltes* Wesen zu sein.[28] Ein wenig empathisch gesagt: Magie wurde nun der *conditio humana* zugerechnet. Diese Wendung zeigt den Reiz von MALINOWSKIs Theorie.

Fragwürdig ist die Art und Weise, wie B. MALINOWSKI die drei Handlungstypen getrennt hatte. Koordinaten sind auf der einen Seite eine Mittel-Zweck-Rationalität (bzw. deren Fehlen) und auf der anderen Seite eine Dichotomie Sakral-Profan. In allen Gesellschaften – so MALINOWSKIs Eröffnungszug in dem genannten Essay – hat man »zwei deutlich unterscheidbare Bereiche gefunden, das Sakrale und das Profane; mit

23 MALINOWSKI, Fishing in the Trobriand Islands, 90.
24 Die dt. Übersetzung ist abgedruckt in: ders., Magie, Wissenschaft und Religion, 3–74.
25 Ebd., 16–18; Zitat 18.
26 Ebd., 66.
27 SKORUPSKI, Symbol and Theory, 5 u. ö.
28 WASSNER, Ernesto de Martino, 48.

anderen Worten, den Bereich der Magie und Religion sowie den der Wissenschaft«.[29] In diesem Eröffnungszug liegt alles folgende beschlossen: ein profanes wissenschaftliches Handeln, ein zweckfreies religiöses Handeln und ein zweckhaftes magisches Handeln. Eine glasklare Konstruktion, die dennoch im Laufe der Jahre demontiert worden ist. Der Ansatzpunkt war hierbei die besonders unschuldig scheinende erste Kategorie. MALINOWSKI hat nämlich etwas unterstellt: Daß die alltäglichen profanen Handlungen, die auch nach westlichen Maßstäben rational sind, dem wissenschaftlichen Postulat von *zweckrationaler Naturbeherrschung* folgen würden. Jedoch ist in einer Gesellschaft, die nicht Waren produziert, sondern Güter für den eigenen Gebrauch, die Natur nicht ausschließlich Objekt menschlicher Manipulation. Sie behält persönlichen Charakter. Die sozialen Aktivitäten und Beziehungen werden zum Modell auch der Erklärung natürlicher Abläufe.[30] Sicherlich gibt es rationales Alltagshandeln in primitiven Gesellschaften und muß es geben. Jedoch hat dieses rationale Handeln (noch) nicht das Monopol auf die Beziehung zur Natur erobert, wie dies in der wissenschaftlich-technischen Zivilisation sehr wohl der Fall ist. Anomalien wurden nicht als Herausforderung für rationales Handeln empfunden, sondern als Handlungen übernatürlicher Wesen. Anders gesagt: man kann die alltäglichen rationalen Handlungen nicht unabhängig von den kosmologischen Weltbildern der Handelnden beschreiben.[31]
Die Kosmologie ist bei B. MALINOWSKI tatsächlich notorisch zu kurz gekommen. Ihm lag alles daran, Magie als ein *anthropozentrisches* Phänomen zu konstruieren, das ursprünglich nichts mit kosmologischen Konzepten wie Mana zu tun hat. Doch schon das eigene Material sprach da eine andere Sprache: auch auf den Trobriand-Inseln wandten Menschen sich an übernatürliche mächtige Wesen um Hilfe.[32] Es ist nur auf sehr verschlungenen Wegen zu rechtfertigen, diesen kosmologischen Kontext, der den Einheimischen implizit gegenwärtig war, auszublenden und Magie anthropozentrisch (das heißt psychologisch) aufzulösen. Es muß hier erwähnt werden, daß MALINOWSKI sich hiermit auch nicht hat durchsetzen können. Es gibt eine ganze Reihe Religionswissenschaftler, die auf den Zusammenhang von Magie und Mana (hier stellvertretend für *kosmologische Kontexte* überhaupt) bestanden haben: M. MAUSS /H. HUBERT (1902/03); G. VAN DER LEEUW (1920/21); A. BERTHOLET (1942). Sie alle nehmen an, daß Magie die Existenz von → Macht voraussetzt, die durch bestimmte Handlungen freigesetzt werden kann. So sind die Kategorien ›Magie, Wissenschaft und Religion‹ nicht an sich, aber als Mittel der Beschreibung von Handlungen in anderen Kulturen untauglich. Eine solche Beschreibung gibt nämlich nicht an, wie *common sense* Handlungen und offizielle erklärende Konzeptionen aufeinander bezogen sind.

IV. Viertes Paradigma: »Hexerei erklärt Unglücke« (E. E. EVANS-PRITCHARD)

Hatte MALINOWSKI das klassische Paradigma von Naturmagie vorgelegt, so E. E. EVANS-PRITCHARD (1902–1973) das für Gesellschaftsmagie. Seine Studie »*Hexerei, Orakel und Magie bei den Zande*« (1937) schildert nicht das Drama einer Beschwörung natürlicher Gefahren. Es schildert den Versuch, die Verantwortlichen für menschliches

29 MALINOWSKI, Magie, Wissenschaft und Religion, 3.
30 HORTON, Ritual Man in Africa, 356.
31 Siehe hierzu: SAHLINS, Kultur und praktische Vernunft; HORTON, African Traditional Thought.
32 PHILSOOPH, Primitive Magic and Mana.

Unglück zu finden. Damit verdunkelt sich das Bild der Magie: kein strahlendes Vorbild mehr für unüberwindlichen menschlichen Optimismus, sondern ein schlimmer Fall einer Verschwörungstheorie. »Ich denke, ich lernte etwas von meiner Untersuchung der Hexerei bei den Zande für das Verständnis des kommunistischen Rußland«, so meint EVANS-PRITCHARD am Schluß seines Buches »*Social Anthropology*«.[33] Er unterstreicht nur, was er auch sonst nicht verschweigt: daß er es mit Unvernunft zu tun zu haben glaubt.

Um dennoch der Hexerei gerecht zu werden, führt EVANS-PRITCHARD eine Unterscheidung ein: nämlich zwischen der Wahrheit von Anschauungen und der Konsequenz bei ihrem Gebrauch. »Das Verhalten der Zande ist, obgleich rituell, folgerichtig, und die Gründe, die sie für ihr Verhalten angeben, sind logisch, auch wenn sie mystisch sind«.[34] Damit ist auch das Prinzip gefunden, nach dem er sein Material organisiert. Hexerei – Orakel – Magie bilden ein kohärentes System: Hexerei erklärt unglückliche Ereignisse. Im Zandeland kann es geschehen, daß ein Getreidespeicher einstürzt. Da im Sommer Menschen unter solchen Speichern Schutz vor der Mittagshitze suchen, kann ein solcher Einsturz tödliche Folgen haben. »Wir« – so EVANS-PRITCHARD – »haben keine Erklärung dafür, warum die beiden Kausalketten sich zu einem bestimmten Zeitpunkt und einem bestimmten Ort überschneiden, da es keine Interdependenz zwischen ihnen gibt. Die Philosophie der Zande kann dazu das fehlende Glied liefern. Ein Zande weiß, daß die Stützen von Termiten unterhöhlt waren und daß Leute unter dem Speicher saßen, um der Hitze und dem gleißenden Sonnenlicht zu entgehen. Aber er weiß außerdem, warum diese beiden Ereignisse zur genau gleichen Zeit am gleichen Ort eintraten. Es war eine Folge der Wirkung von Hexerei. Hätte es keine Hexerei gegeben, hätten die Leute unter dem Speicher gesessen, ohne daß er auf sie gefallen wäre; oder er wäre eingestürzt, ohne daß sich jemand zu diesem Zeitpunkt darunter befunden hätte. Hexerei erklärt die Koinzidenz dieser beiden Ereignisse«.[35]

Für die Bezeichnung dieser »*mystischen*« Kausalität haben die Zande eine Metapher aus der Jagd: die des zweiten Speers. Das Fleisch gejagter Tiere wird zwischen dem Mann mit dem ersten Speer und dem des zweiten Speeres geteilt. Wird nun ein Mann durch einen Elefanten getötet, so sagen die Zande, daß der Elefant der erste Speer, die Hexerei der zweite Speer sei und daß sie gemeinsam den Mann getötet haben.[36] In fast jedem Todesfall, aber auch bei vielen anderen Unglücksfällen nehmen sie an, daß Hexerei im Spiel war. Um zu erfahren, wer der Hexer ist, legt man dem Orakel oder auch den Medizinmännern die Namen derer vor, die einem feind sind. Oberste Instanz ist das Giftorakel der Prinzen. Gegen den so entdeckten Hexer kann im ärgsten Fall Rachemagie eingesetzt werden. Die Darstellung von EVANS-PRITCHARD durchschreitet die Stationen von Hexerei – Orakel – Magie und vergegenwärtigt so die Kohärenz des Denkens der Zande. Das Postulat dieser Einsichtigkeit wirkt sich bis in die Darstellung hinein aus, entrollt es uns doch die Logik des ganzen Dramas. »Im System ihrer Glaubensanschauungen denken sie sehr vernünftig«.[37] Die Prämissen dieser Anschauungen aber sind wissenschaft-

---

33 EVANS-PRITCHARD, Social Anthropology, 129. – Zur Verschwörungstheorie s. E. GILLIES, Einleitung, in: EVANS-PRITCHARD, Hexerei, Orakel und Magie, 7–36, S. 25; DOUGLAS (Hrsg.), Witchcraft, XVI; POPPER, Conjectures and Refutations, 123 ff., 341 ff.

34 EVANS-PRITCHARD, Hexerei, Orakel und Magie, 225.

35 Ebd., 65 f.

36 Ebd., 69.

37 Ebd., 226.

lich falsch. EVANS-PRITCHARD muß sich darum dieselbe Frage vorlegen, die einst MALINOWSKI beschäftigt hatte: Warum erkennen sie nur die Nutzlosigkeit ihrer Magie nicht?[38] Hält man an diesem Punkte inne, melden sich Zweifel. Gibt es denn wirklich eine universal anerkannte Wirklichkeitsinstanz, die der Beobachter als Kriterium für richtige und falsche Anschauungen gebrauchen kann? Diese Frage hat die *Rationalitätsdiskussion* der sechziger und siebziger Jahre bewegt. Und wieder – wie schon bei MALINOWSKI – spielen wissenschaftstheoretische Neuorientierungen in die Magie-Interpretation hinein. EVANS-PRITCHARD hatte noch mit zwei Kriterien von Gültigkeit gerechnet: der Wahrheit von Anschauungen und der Folgerichtigkeit des darauf gegründeten Handelns. P. WINCH plädierte nun dafür, beide Kriterien in einem umfassenderen *Modell von Sprachspielen* aufgehen zu lassen. Hauptargument: »Wirklichkeit ist nicht etwas, das der Sprache Sinn gibt. Was wirklich und was unwirklich ist, zeigt sich in dem Sinn, den die Sprache hat«.[39] Auch die Kriterien für Wirklichkeit sind kontextabhängig und nur relativ gültig. Damit erhalten primitive Lebensformen ein eigenes Bestehensrecht, sie können sogar gegen die Lebensform der wissenschaftlich-technischen Kultur ausgespielt werden: »Unsere Blindheit gegenüber dem Sinn primitiver Lebensformen ist eine Folge der Sinnlosigkeit eines großen Teils unseres eigenen Lebens«.[40] Magie ist nicht, wie noch EVANS-PRITCHARD meinte, eine falsche Anschauung. Magie zeigt die Relativität unserer Rationalität. Sie zeigt vor allem dies: unsere wissenschaftliche Borniertheit. Es ist nur konsequent, daß in dieser Debatte dann auch zum Generalangriff auf die Kategorie Magie geblasen wurde. J. D. PEEL erhob die Forderung, ›Magie‹ ganz aus dem soziologischen Vokabular zu streichen: »Vom soziologischen Standpunkt aus ist eigentlich kein Verhalten irrational«.[41] Der Zerfall des Empirismus hatte den kritischen Vorbehalt, den EVANS-PRITCHARD gegenüber der Hexerei der Zande gemacht hatte, weggespült. Die Hexerei der Zande wurde geradezu zum Kronzeugen für die Thesen von WITTGENSTEIN: daß die Grenzen des Wirklichen wesentlich auch von ›Sprachspielen‹ gezogen werden. Es ist beachtlich, daß auch noch der schärfste Kritiker von L. WITTGENSTEIN und P. WINCH, nämlich E. GELLNER, nicht zu der Position von E. E. EVANS-PRITCHARD zurückkehrt. Ich meine, daß GELLNER begründet feststellt, daß der Relativismus selber ein philosophisches Problem erster Klasse ist und nicht zur Lösung eines anderen Problems, nämlich des Bedeutungsproblems, gebraucht werden kann.[42] Dieser Einwand zieht. Aber GELLNER verteidigt den *Empirismus* nicht mehr. Seiner Meinung nach erledigt die schnelle und globale Ausbreitung der wissenschaftlich-industriellen Lebensform das philosophische Problem faktisch, beweist sie doch so ihre Überlegenheit gegenüber anderen Lebensformen.[43] Auch wem diese Argumentation zu flach ist, dem muß doch das Verschwinden des induktiven Empirismus auffallen. Der kritische Rationalismus hatte sich inzwischen breit gemacht.

Was hat diese Diskussion für die Magie-Interpretation ergeben? Sie hat auf die Frage ›Blockade von Falsifizierung‹ neue und bessere Antworten gefunden. Auch wissenschaftliche Konzepte sind sehr viel weniger induktiv zustande gekommen, als man angenommen hatte. Wenn eine kritische Tradition fehlt, die systematisch nach Alter-

[38] Ebd., 277.
[39] WINCH, Was heißt ›eine primitive Gesellschaft verstehen‹?, 78.
[40] Ebd., 112.
[41] PEEL, Was heißt ›fremde Glaubenssysteme verstehen‹?, 172.
[42] GELLNER, Der neue Idealismus.
[43] Ebd., 111.

nativen zu akzeptierten Erklärungen Ausschau hält, werden Konzepte nur in seltenen Fällen nicht falsifiziert werden. Die Diskussion aber hat auch neue Probleme erzeugt. Ist Magie wirklich eine Art erklärender Theorie, wie Wissenschaft bei uns? Sind nicht Religion und Wissenschaft in den primitiven Kulturen noch miteinander verbunden? So führt diese Diskussion zu neuen und zugleich alten Fragen: nach dem Kontext von Magie.

Ehe ich zum Schluß hierauf Antworten zu skizzieren unternehme, möchte ich in der Form einer *Zwischensumme* die Begriffe zusammenstellen, die sich als tauglich erwiesen haben bzw. die aus Neuinterpretationen hervorgegangen sind: Es gibt Handlungen, die mit einer geheimen Sympathie zwischen Dingen rechnen, die einander ähneln (imitative Magie) oder die einst miteinander in Kontakt standen (kontagiöse Magie). Das Symbol wird mit dem Symbolisierten identifiziert. Solche Handlungen sind in ein kosmologisches →Weltbild eingebettet, das der äußeren Natur die Züge von Personen (Machtpersonen vor allem) gibt. Auch die in primitiven Gesellschaften besonders intensiv gespürte Machtwirkung des gesprochenen Wortes hat zu dieser Kosmologie beigetragen.

C Analogien und Homologien zu magischen Handlungen

Magie wird immer eine Restkategorie bleiben, vom wissenschaftlichen Beobachter geschaffen, um Handeln, das ihm unverständlich (irrational) erscheint, zusammenzufasssen.[44] Aus dieser Eigenart der Magie-Kategorie folgen methodische Instruktionen. So ist es unhaltbar, Magie erst aus der Beobachter-Perspektive als irrational zu beschreiben und diese (künstliche) Kategorie dann aus psychologischen oder soziologischen Ursachen herzuleiten. Der Aufruf L. Wittgensteins: »*Alle Erklärung* muß fort und nur Beschreibung an ihre Stelle treten« [45] ist hier vollauf berechtigt. Selbstverständlich kann (und muß sogar) eine Anschauung mit Begriffen *erklärt* werden, die den Beteiligten selber fremd sind. Jedoch ist die Bedingung hierfür, daß die entsprechende Anschauung mit den Begriffen der Beteiligten selber *identifiziert* worden ist.[46]

Es ist eine vordringliche Aufgabe, die unter dem Begriff Magie zusammengescharten Vorstellungen in diesem Sinne zu identifizieren. Damit sind wir scheinbar wieder zurück bei E. E. Evans-Pritchard, der genau hierfür plädiert hatte. Er schrieb: »Beim Gebrauch der ethnologischen Bezeichnungen ist es mir vor allem wichtig, dem Denken der Zande zu folgen. Ich habe all das, was die Zande mit einem Wort benennen, unter einer Rubrik klassifiziert, und zwischen Verhaltensweisen, die sie als verschieden ansehen, unterschieden. Mir liegt nichts daran, Hexerei, Orakel und Magie als Idealtypen des Denkens zu bestimmen, sondern möchte vielmehr beschreiben, was die Zande unter *mangu, soroka* und *ngua* verstehen.[47]

In der vergleichenden Religionswissenschaft wurde von H. Frick und dann erneut von Th. van Baaren[48] eine Unterscheidung zwischen *Analogie und Homologie* getroffen: Jesus von Nazareth und Mohammed sind als Religionsstifter homolog. Jedoch ist die

44 Dazu Goody, Religion and Ritual.
45 Wittgenstein, Philosophische Untersuchungen, 78f.
46 Runciman, The Sociological Explanation of ›Religious Beliefs‹, 150.
47 Evans-Pritchard, Hexerei, Orakel und Magie, 306.
48 Frick, Vergleichende Religionswissenschaft, 16; van Baaren, Leertouwer, Doolhof der Goden, 7.

Heilsbedeutung, die Jesus Christus im Christentum zugeschrieben wurde, analog der Bedeutung, die der Koran im Islam hat. In dieser Unterscheidung wird auf etwas reflektiert, was in ethnologischer Terminologie *contextual approach* genannt wird.[49] Allerdings ist die Unterscheidung Homologie/Analogie raffinierter, da sie damit rechnet, daß gleiche Positionen auch durch Unähnliches besetzt werden können. Diese Unterscheidung hilft, zwei Diskussionsfäden zu entwirren, die sich in der Magie-Diskussion immer wieder verhakt haben: (a) Welche Erscheinungen unserer eigenen Kultur ähneln den magischen Handlungen in anderen Kulturen (Homologie)? und (b): Welche Positionen besetzen diese Handlungen in den jeweiligen kulturellen Kontexten (Analogie)?

a) E. E. Evans-Pritchard hat eine überzeugende Lösung dafür, wie Hexerei als *homologe Erscheinung* studiert werden kann: Die Konzepte der Zande selber werden aufgenommen und mit ähnlichen der eigenen Kultur übersetzt. Dazu bedarf es keiner Definition von Hexerei. Es ist auch zugestanden, Erscheinungen zu vergleichen, die nicht ein gemeinsames invariables Merkmal teilen, sondern die eine Anzahl variabler Gemeinsamkeiten haben: die bekannten *Familienähnlichkeiten* L. Wittgensteins.[50] Der Zande Begriff für Hexerei muß mit europäischen Begriffen kein identisches Merkmal gemein haben. Sehr wohl aber müssen sie eine Reihe von variablen Gemeinsamkeiten teilen. Auf der Suche nach Ähnlichkeiten muß man allerdings auch noch andere Vergleichsmöglichkeiten ergreifen. Ich denke vor allem an die Vergleiche mit *Sprachhandlungen*, die in der Interpretation sympathetischer Magie ihren Nutzen bewiesen haben. Es gibt hiervon mehrere Versionen, ich beschränke mich auf zwei. J. Goody hat auf die Macht des gesprochenen Wortes in schriftlosen Kulturen hingewiesen. Es ist direkt mit Handlungen verbunden. Erst, wenn Schrift gebraucht wird, wird das Wort von dieser direkten Wirksamkeit getrennt und eine abstrakte Aussage.[51] Eine andere Version dieses Vergleichs hat J. Skorpupski vorgetragen. Er verweist auf öffentliche Zeremonien, die eine Statusveränderung bewirken (Krönung, Eheschließung etc.). Diese wirksamen Sprachhandlungen sind in traditionalen Gesellschaften kausal effektiv aufgefaßt worden und haben so ein Modell für magische Handlungen geliefert.[52] Magische Handlungen ähneln performativen Sprachhandlungen.

b) Sehr viel weniger intensiv ist das behandelt worden, was oben *Analogie* genannt wurde. Noch vor kurzem lebte die alte Streitfrage wieder auf, ob Magie in anderen Kulturen die Funktion von Wissenschaft oder von Religion habe: R. Horton plädierte für Wissenschaft, J. Skorpupski für Religion.[53] Symptomatisch an dieser Debatte ist, daß sie die Lösung in einer Verfeinerung unseres Verständnisses von Wissenschaft bzw. Religion suchte. Damit aber wurde die ebenso knifflige wie entscheidende Interpretationsarbeit geradewegs übersprungen: Welche Position nehmen magische Handlungen in anderen Kulturen ein? Und wie läßt sich diese erkennen? Man hat nichts davon, wenn man diese Positionen mit Hilfe der modernen Spezialisierungen Wissenschaft, Religion, Politik erfassen will. Interessanter erscheinen mir da schon Begriffe wie »Verschwörungstheorie« oder »Grenzsituation«. Wenn Gesellschaften sich eine Ordnung zuschreiben, dann muß auch das dieser Ordnung Widerstrebende irgendwie

---

49 Gellner, Concepts and Society.

50 Wittgenstein, Philosophische Untersuchungen 66f.; vgl. Needham, Polythetic Classification.

51 Goody, The Domestication of the Savage Mind, 46.

52 Skorupski, Symbol and Theory, Kp. 7.

53 Vgl. Horton, Paradox and Explanation und die Arbeiten von Skorupski (s. Lit.-Verz.).

erklärt werden. Daß die Erfahrung des Irrationalen die Religionsentwicklung vorangetrieben habe, war schon eine Einsicht M. WEBERs gewesen.[54] Magische Konzepte können hierbei ihre Arbeit leisten.
Sie können in dieser Funktion aber auch durch andere Konzepte wie einen →Dualismus oder eine Prädestinationslehre ersetzt werden. In diesem Zusammenhang erhielte auch die Entzauberungstheorie M. WEBERs ihr Recht. Zu wenig ist nämlich bislang berücksichtigt worden, daß magische Handlungen selber in allen Kulturen anzutreffen sind und daß Kulturen sich (nur) darin unterscheiden, welche Position magische Konzepte im Ganzen einer Kultur einnehmen. Die europäische Geschichte zeigt uns, daß magische Konzepte auch zu einem offiziellen Idiom befördert werden bzw. als solche auch wieder abgesetzt werden konnten.[55]

Literatur

ALT, A., Das Königtum in den Reichen Israel und Juda, in: ders., Kleine Schriften, Bd. 2 (1953) 116–134; BAAREN, TH. VAN, Are the Bororo Parrots Or Are We? in: Liber Amicorum. Festschrift C. J. BLEEKER, 1969, 8–13; ders., LEERTOUWER, L., Doolhof der Goden, 1980; BERTHOLET, A., Der Sinn des kultischen Opfers (Abhandlungen der Preußischen Akademie der Wissenschaften zu Berlin Phil.-Hist. Klasse 1942, 2); CANCIK, H., Die Jungfrauenquelle. Ein religionswissenschaftlicher Versuch zu Ovid, Met. 3, 138–255, in: Der altsprachliche Unterricht 25 (1982) 52–75; CAZENEUVE, J., L. Lévy-Bruhl, 1963; COHN, N., Europe's Inner Demons. An Enquiry Inspired by the Great Witch-Hunt, 1975; DOLGIN, J., KEMNITZER, D., SCHNEIDER, D. (Hrsg.), Symbolic Anthropology. A Reader in the Study of Symbols and Meanings, 1977; DOUGLAS, M. (Hrsg.), Witchcraft. Confessions and Accusations, 1970; DUERR, H. P., Traumzeit. Über die Grenze zwischen Wildnis und Zivilisation, 1978; EVANS-PRITCHARD, E. E., The Intellectualist (English) Interpretation of Magic, in: Bulletin of the Faculty of Arts (Alexandria) 1 (1933) 282–311; ders., Lévy-Bruhl's Theory of Primitive Mentality, in: Bulletin of the Faculty of Arts (Alexandria) 2 (1934) 1–36; ders., Social Anthropology, 1951; ders., Nuer Religion, 1956; ders., The Divine Kingship of the Shilluk of the Nilotic Sudan, in: ders., Essays in Social Anthropology, 1962, 66–86; ders., Hexerei, Orakel und Magie bei den Zande (Orig. engl. 1937). Von E. GILLIES gekürzte und eingeleitete Ausgabe, 1978; FINNEGAN, R., How to Do Things With Words: Performative Utterances among the Limba of Sierra Leone, in: Man 4 (1969) 537–553; FRAZER, J. G., The Golden Bough. A Study in Magic and Religion. Abridged Edition, 1963; FRICK, H., Vergleichende Religionswissenschaft, 1928; GEERTZ, C., »From the Native's Point of View«: On the Nature of Anthropological Understanding, in: DOLGIN, KEMNITZER, SCHNEIDER, Symbolic Anthropology, 480–492; GELLNER, E., Concepts and Society, in: WILSON, Rationality, 18–49; ders., Der neue Idealismus – Ursache und Sinn in den Sozialwissenschaften, in: H. ALBERT (Hrsg.), Theorie und Realität, ²1972, 87–112; GINZBURG, C., Die Benandanti. Feldkulte und Hexenwesen im 16. und 17. Jahrhundert (ital. 1966), 1980; GOODY, J., Religion and Ritual: The Definitional Problem, in: British Journal of Sociology 12 (1961) 142–164; ders., The Domestication of the Savage Mind, 1977; HEUSCH, L. DE, Le Pouvoir et le Sacré, 1962; HORTON, R., African Traditional Thought and Western Science, in: WILSON, Rationality, 131–171; ders., Ritual Man in Africa, in: LESSA, VOGT, Comparative Religion, 347–358; ders., Paradox and Explanation: A Reply to Mr. Skorupski, in: Philosophy of the Social Sciences 3 (1973) 231–256. 289–314; ders., FINNEGAN, R., Modes of Thought. Essays on Thinking in Western and Non-Western Societies, 1973; KIPPENBERG, H. G., LUCHESI, B. (Hrsg.), Magie. Die sozialwissenschaftliche Kontroverse über das Verstehen fremden Denkens, 1978 Nachdr. 1987; LEACH, E., Frazer and Malinowski, in: Encounter 25 (1965) 24–36; ders., Kultur und Kommunikation. Zur Logik symbolischer Zusammenhänge, 1978; LEEUW, G. VAN DER, Die do-ut-des-Formel in der Opfertheorie, in: Archiv für Religionswissenschaft 20 (1920/21)

54 WEBER, Soziologie, 177f.
55 COHN, Europe's Inner Demons; TREVOR-ROPER, The European Witch-Craze.

241–253; LESSA, W., VOGT, E. (Hrsg.), Reader in Comparative Religion. An Anthropological Approach, ³1972; LÉVI-STRAUSS, C., Das Ende des Totemismus (frz. 1962), 1968; LÉVY-BRUHL, L., Le Surnaturel et la nature dans la mentalité primitive, 1931; ders., A. Letter to E. E. Evans-Pritchard, in: The British Journal of Sociology 3 (1952) 117–123; ders., Das Gesetz der Teilhabe, in: C. A. SCHMITZ (Hrsg.), Religionsethnologie, 1964, 30–50; MALINOWSKI, B., Fishing in the Trobriand Islands, in: Man 53 (1918) 87–92; ders., Argonauts of the Western Pacific (1922), 1961; ders., Art. Culture; in Encyclopedia of the Social Sciences 4 (1931) 634–642; zit. nach Teilabdruck in: LESSA, VOGT, Comparative Religion, 63–72; ders., Magie, Wissenschaft und Religion und andere Schriften (engl. 1948), 1973; MARTINO, DE E., Le Monde Magique (ital. 1948), 1971; MARWICK, M. (Hrsg.), Witchcraft and Sorcery, 1970; MAUSS, M., HUBERT, H., Esquisse d'une théorie générale de la magie, in L'Année Sociologique 7 (1902/03) 1–146; MÜHLMANN, W. E., Geschichte der Anthropologie, ²1968; NEEDHAM, R., Polythetic Classification: Convergence and Consequences, in: Man 10 (1975) 349–369; PEEL, J. D., Was heißt ›fremde Glaubenssysteme verstehen‹?, in: KIPPENBERG, LUCHESI, Magie, 1978, 150–173; PHILSOOPH, H., Primitive Magic and Mana, in: 6 (1971) 182–203; POPPER, K., Conjectures and Refutations, 1963; RUNCIMAN, W. G., The Sociological Explanation of ›Religious‹ Beliefs, in: Archives Européennes de Sociologie 10 (1969) 149–191; SAHLINS, M., Kultur und praktische Vernunft (1976), 1981; SKORUPSKI, J., Science and Traditional Religious Thought, in: Philosophy of the Social Sciences 3 (1973) 97–116. 209–231; ders., Symbol and Theory. A Philosophical Study of Theories of Religion in Social Anthropology, 1976; TENNEKES, J., Symbolen en hun boodschap, 1982; THURNWALD, R., Neue Forschungen zum Begriff Mana, in: Archiv für Religionswissenschaft 27 (1929) 93–112; TREVOR-ROPER, H. R., The European Witch-Craze of the 16th and 17th Centuries, 1969; TYLOR, E. B., Primitive Culture (1871), 1958; WASSNER, R., Der Beitrag von Ernesto de Martino zur italienischen Kulturanthropologie, in: Anthropos 78 (1983) 41–70; WEBER, M., Soziologie – Weltgeschichtliche Analysen – Politik, 1968; WILSON, B. (Hrsg.), Rationality, 1970; WINCH, P., Was heißt ›eine primitive Gesellschaft verstehen‹? in: KIPPENBERG, LUCHESI, Magie, 1978, 73–119; WITTGENSTEIN, L., Philosophische Untersuchungen (1953), 1975. A. Zingerle / C. Mongardini (Hg.), Magie und Moderne. Berlin 1987.

Hans G. Kippenberg

→*Divination, Hexe / Hexenmuster, Irrationalismus, Klassifikationssystem, Mantik, Religion (Definitionen u. Funktionen), Sprache*

Mana

Der durch ethnographische Berichte über den südpazifischen Inselraum zu Beginn des 19. Jahrhunderts nach Europa gelangte Begriff Mana gilt in populären Nachschlagewerken als Bezeichnung für eine »geheimnisvolle Kraft in Menschen, Tieren und Dingen, die Außergewöhnliches bewirkt«; als polynesische Variante des »Glaubens mancher Naturvölker an die Wirkung unpersönlicher übernatürlicher Kräfte« kennzeichne er »die religiöse Vorstellung der Südseemenschen«, die in →Orenda und Manitu (»zauberhafte Macht«) ihre indianische Entsprechung habe.[1]

---

[1] Aus: Der Große Duden, 1966, Bd. 5; ähnliche Definitionen finden sich auch in den einschlägigen ethnologischen Lehr- und Wörterbüchern.

Wie kaum ein anderer ethnographischer Begriff ist das in Ozeanien weit verbreitete Mana popularisiert und verfälscht worden. Der von R. H. CODRINGTON durch seine Monographie über die Melanesier in die Fachdiskussion eingebrachte Begriff geriet von einer indigenen, kaum adäquat übersetzbaren Bezeichnung für »außergewöhnliche Wirksamkeit« (LEHMANN, 1922) zu einem der am meisten diskutierten und umstrittenen Termini technici anthropologischer Metasprache.[2] Der aufgrund konzeptioneller und kategorialer Probleme im wissenschaftlichen Diskurs schon lange und weithin obsolet gewordene, von EVANS-PRITCHARD (1965) auf die »Liste unhaltbarer Hypothesen« gesetzte Begriff erfreut sich dennoch großer Beliebtheit und trägt dazu bei, Ethnofiktion und ethnozentristische Klischees in die Gegenwart zu verlängern[3].

CODRINGTONS klassisch gewordene Definition von Mana als nicht-physische, quasi übernatürliche Macht (*power*) oder Einwirkung (*influence*), die sich in menschlichen Fähigkeiten und allen möglichen Gegenständen manifestiere, ohne daran gebunden zu sein, und die zu erwerben und sich zunutze zu machen die Quintessenz der melanesischen Religion sei, eröffnete trotz der respektablen Bemühungen um den Begriff jenes interkulturelle Mißverständnis, das die ethnologische, religionswissenschaftliche und völkerpsychologische Theoriebildung nachhaltig belastete. Mit zunehmender Entfernung vom ethnographischen Tatbestand wurden die jeweiligen Deutungsrahmen an das exotische Material herangetragen und gemäß den gängigen und gültigen Paradigmata interpretiert. Mit nomothetischem Impetus wurden die Begriffe aus den unterschiedlichsten Kulturen analogisiert, szientistisch nivelliert und die indigenen Begriffsinhalte auf jene substanzlose Allgemeinheit reduziert, die einen inflationären Gebrauch begünstigt.[4] CODRINGTONS Mana-Begriff und die etwa zeitgleichen ethnographischen Daten aus anderen Kulturen, so über das irokesische Orenda (HEWITT, 1902), das Manitu der Algonkin (JONES, 1905) und das Wakan der Sioux (FLETCHER, 1911) wurden weithin als die großen anthropologischen Entdeckungen der Zeit gefeiert und im Gefolge von MARETTS Tabu-Mana-Formel als Minimaldefinition von Religion zum Fundament, auf dem zahlreiche primär gegen den Animismus gerichtete Theorien errichtet wurden. Im Kontext der nach der Jahrhundertwende den kulturwissenschaftlichen Diskurs bestimmenden universalistischen Theorien über Wesen, Ursprung und Entwicklung »primitiver« Religion und Magie (Animismus, Präanimismus, Monotheismus, Fetischismus, Totemismus, Dynamismus, Magie- und Zaubertheorien) avancierte CODRINGTON zum Kronzeugen anthropologischer Theoriebildung. Verkürzt auf die Formel einer *unpersönlichen, übernatürlichen Macht* und im Gefolge als magisch-religiöse Potenz, alldurchdringende Kraft oder Machthypostase

---

2 Der akademische Streit ist z. T. so hart und polemisch geführt worden, daß KOCK (1951) nicht zu Unrecht von »Kampffront« spricht. Neben der Terminologie bzw. Übersetzung (Mana sein oder Mana haben) waren wesentliche Streitpunkte: das Wesen, die Verbreitung und phaseologische Stellung, ist Mana eine persönliche oder unpersönliche, eine natürliche oder übernatürliche Kraft (wobei schon HOCART (1914) geltend machte, daß dies eine europäische Abstraktion sei), ist Mana Substanz oder Eigenschaft (Subjekt oder Attribut), Naturkraft oder kulturell zu erwerbender Besitz, ist Mana universal und analogisierbar mit Begriffen und Vorstellungen anderer Kulturen (Orenda, Manitu, Wakan, Nyama, Dema etc.)?

3 So zuletzt THIEL 1984, 1986, 1988.

4 Zur Rezeption des Mana in diesen Theorien s. LEHMANN 1922, WIDENGREN 1945; zu den Theorien selbst s. EVANS-PRITCHARD 1981; zur Rezeption in der Religionswissenschaft s. GLADIGOW 1981, 1990.

apostrophiert, wurde sein ethnographischer Befund zum Synonym und Modell des Kraftglaubens. Über alle erkenntnis- und wissenschaftstheoretischen Differenzen hinweg konvergierten die verschiedenen Theorien in ihren generalisierenden, die realen Grundlagen verlierenden Abstraktionen im Topos der universalen, unpersönlichen, übernatürlichen Kraft und stilisierten CODRINGTONS metaphysische Mana-Konzeption zum Wesen einer »Art Urreligion« (M. MÜLLER) und konstitutiven Element aller Kosmologien »primitiver« Jäger- und Sammler-Kulturen. Mana wurde zur Schlüsselkategorie der Theorien über »primitive« Religion resp. Magie, wurde zum Signum und Stigma der archaischen Kultur und ihres »primitiven« Weltbildes. Die Idee der Macht und des Glaubens an das »die Welt durchwirkende, dynamische Fluidum« (A. GEHLEN), diese »allgegenwärtigen, anonymen Kräfte mit der unpersönlichen Strenge der physikalischen Kräfte« (DURKHEIM), für den VAN GENNEP den Begriff Dynamismus prägte, verfestigte sich zum sakrosankten Axiom der »Machttheoretiker«. Der Mana-Begriff wurde zum Passepartout der religionsethnologischen Schubladen: Der Mana-Orenda-Manitu-Wakan-Glaube begründete und erklärte die Wirksamkeit von Amuletten, Fetischen, magischen Medizinen und Praktiken, Kannibalismus, Kopfjagd, Opfern etc.

Die dynamistische Diktion von Mana, dem »frühesten und unbeholfensten Ausdruck (...) für das Unendliche« (M. MÜLLER), reicht – wenn auch mit unterschiedlichen Interpretationen – von den evolutionistischen Religionstheorien[5] über die französische Religionssoziologie[6] und die Religionsphänomenologie[7] bis in die FREUD*sche* Psychoanalyse und komplexe Psychologie C. G. JUNG*s*[8]. Dabei wurden die Auffassungen der ›Primitiven‹ überwiegend gemäß den »physikalischen Phantasmen« jener Zeit (W. MÜLLER) interpretiert. Bezeichnungen wie Seelenstoff, Seelenfluidum, Mana-Fluidum, Mana-Stoff, Substanz, Energie, animalische Elektrizität, eine Art Äther und Analogisierungen zu Magnetismus oder Elektrizität zeugen von jenem epidemisch werdenden »religionshistorischen Galvanismus« (GLADIGOW), der sich aller zeitgenössischen Kritik zum Trotz

---

[5] S. v. a. MARETT 1909; das evolutionistische Paradigma reicht bis in die Religionsphänomenologie (VAN DER LEEUW, ARBMAN u. a.), vgl. WIDENGREN 1945, s. a. KOCK 1951.

[6] Für M. MAUSS (1978, 140 ff.) kommt »alle Magie aus dem Orenda«, ist Mana eine absurde, »unbewußte Kategorie des Verstandes«, »eine Art innerer oder Sonderwelt«, die außerhalb der Gesellschaft keinen Seinsgrund hat; s. a. DURKHEIM*s* (1981) Konzeption des Mana als totemistisches Prinzip; zu Dynamismus s. VAN GENNEP 1906.

[7] S. VAN DER LEEUW 1933, ARBMAN 1931; vgl. WIDENGREN 1945; zur Rezeption des Macht-Begriffs s. GLADIGOW 1981.

[8] Bei S. FREUD (Totem und Tabu, 1913) ist die furchtbare und magische Zauberkraft des Mana die Quelle des Tabus; »Personen und Dinge, die tabu sind, können mit elektrisch geladenen Gegenständen verglichen werden.« Bei C. G. JUNG (Erinnerungen, Träume, Gedanken, (1961) [2]1984) und in Gefolge E. NEUMANN (Kulturentwicklung und Religion, (1953) [2]1978, 56) ist Mana ein »primitiver Begriff der psychischen Energie«, »lebt der Frühmensch in einer manageladenen Mächtewelt«. Weiterhin findet der Mana-Begriff auch Eingang in die Philosophische Anthropologie A. GEHLEN*s* (Urmensch und Spätkultur, 1956) sowie in E. CASSIRER*s* »*Philosophie der symbolischen Formen*«, 1924, Bd. 2.

Bahn brach[9]. Die physikalistische Diktion von Mana, dem »Urstoff, aus dem die vielfältigsten Wesen erschaffen werden« (DURKHEIM), durchzieht selbst die soziologischen Deutungen des Mana-Glaubens als ›Kategorie des kollektiven Denkens ohne Seinsgrund außerhalb der Gesellschaft‹ (HUBERT, MAUSS, DURKHEIM) und kulminiert in THURNWALDs Plädoyer, Mana-Glauben trotz aller kulturspezifischen Konditionierung nicht als philosophische Konstruktion zu deuten, ihm vielmehr einen objektiven, physikalischen Seinsgrund in Form »animalischer Elektrizität« zu konzedieren, der in kulturspezifischen Bildern zum Ausdruck gebracht würde (1927, 111). Diese Auffassung – am konsequentesten vielleicht von W. REICH mit seinem Orgon-Akkumulator umgesetzt – erlebte zuletzt eine gewisse Neuauflage bei Theoretikern auch außerhalb der New-Age-Szene, die Mana- oder Kraftglauben mit Psi-Phänomenen vergleichen und den hinter Magie, Trance, Besessenheit und ähnlichen Phänomenen stehenden ›Kräften‹ nicht nur eine kulturelle Realität zuerkennen. So sehr diese Theorien in der Negation positivistischer, rationalistischer oder soziologistischer Orthodoxien ihre Berechtigung haben mögen, mit dem Mana der Ozeanier haben sie wenig gemein.[10]

Der aus dem Austronesischen stammende, in seiner Etymologie letztlich ungesicherte Begriff Mana, der in vielen Variationen und Derivaten mit einem Hilfsverb, als Kompositum, Attribut oder nominalisiertes Verb in unterschiedlichen Kontexten und Bedeutungen gebräuchlich ist, macht insbesondere durch seine wechselhafte metaphorische Vieldeutigkeit eine adäquate Übersetzung schwierig. Seiner semantischen Bedeutung ist wohl am ehesten mit »erfolgreich« oder »wirksam« zu entsprechen[11]. Im säkularen wie sakralen Bereich ist sein Gebrauch immer an ein konkretes Ereignis, eine Handlung oder deren Resultat gebunden, bezieht sich auf natürliche Erscheinungen (Nahrung, Krankheit) oder die individuelle Persönlichkeit und bezeichnet und begründet deren Qualität und Zustand: wo immer der Mensch erfolgreich ist, sei es bei kriegerischen, jägerischen, pflanzerischen, heilerischen oder anderen menschlichen Anstrengungen, sei es im gesellschaftlichen Leben (Prestige, Status) oder im persönlichen Schicksal (Glück, Gesundheit, Fertigkeiten, Errungenschaften, Gehör bei Göttern und Geistern), ist die Rede von Mana; bleibt der Erfolg aus, hat man kein Mana. Dem pragmatischen Weltbild der Ozeanier entsprechend ist Mana keine metaphysi-

---

[9] So bei HEWITT 1902, JONES 1905, FLETCHER 1911, insbesondere auch RÖHR 1919/1920, THURNWALD 1929, vgl. GLADIGOW 1981, 1990; frühe Skepsis schon bei BEST 1905: »Wir hören von so mancher eigentümlichen Theorie des Glaubens und Denkens der Maori, aber in Wahrheit verstehen wir sie nicht, und was noch mehr bedeutet, wir werden sie niemals verstehen«, zit. in LEHMANN 1922; siehe auch die Kritik der britischen Sozialanthropologie (MALINOWSKI 1948; FIRTH 1940; EVANS-PRITCHARD 1981), die sich insbesondere gegen die Universalisierung wandte; ähnlich auch ELIADE 1986, der Abstand vom Mana-Begriff und seiner unpersonalistischen Interpretation nimmt; als »elementare Modalität des Sakralen« kehrt die machttheoretische Konzeption des »Heiligen« aber in der Kratophanie als besonderer Form der Hierophanie wieder; nach FISCHER 1965 sind die Aussagen über die »Lebenskraft« noch zu dürftig, um genauere Kenntnis zuzulassen; s. a. PHILSOOPH 1971, KEESING 1984, MAC CLANCY 1986.

[10] Vgl. z. B. WINKELMANN 1982, HUIZER 1989.

[11] Mana wird letztlich auf das altindonesische Wort *»menang«* oder *»manang«* (= gewinnen, vermögen, erfolgreich sein) zurückgeführt; s. LEHMANN 1922; nach CAPELL (1938) ist Mana ein überwiegend polynesisches Konzept mythologischen Ursprungs mit eindeutigen personalen Bezügen und in engem Zusammenhang mit dem Ahnenkult stehend, in Melanesien und Indonesien jedoch wenig verbreitet; zur Verbreitung s. auch FIRTH 1940. Die verschiedenen Übersetzungen von Mana zeigen die Vieldeutigkeit von Wort und Idee: *»power, influence, intelligence, prestige, might, authority, strength, energy, skill, cleverness, glory, majesty, effectual, effective«* (HANDY 1927, 26ff.).

sche Begründung, sondern eine irreduzible Erklärung, die einem »retrospektiven Pragmatismus« (KEESING) entspringt. Nur wo menschliche Bemühungen zur Erlangung von Erfolg nicht hinreichen, bedarf es zu seiner Realisierung der Vermittlung durch Geister (»*spirits*«) oder Götter, nicht aber einer unabhängigen, unpersönlichen, übernatürlichen Macht. Im sakralen Bereich ist Mana immer verbunden mit einem ›persönlichen Wesen‹: »*The Melanesians never ›pray‹ to mana*, but to the agents for *mana.*«[12] Das Mana-Konzept kreiert ein Bezugssystem, das Ereignisse und Zustände kommunizierbar macht, klassifiziert und legitimiert, im gesellschaftlichen, politischen und religiösen Bereich. Die um den Begriff Mana kreisenden Vorstellungen geben, auch wenn sie nicht in allen Gesellschaften Ozeaniens vorhanden bzw. identisch sind, diesen Kulturen ein charakteristisches Gepräge, das trotz der Destruktion der Kohärenz der traditionellen Wissens- und Deutungssysteme durch Kolonialisierung und Christianisierung in veränderter Form fortbesteht; sie sind Ausdruck und Zeugnis der Flexibilität und Innovationsfähigkeit dieser Kulturen[13].

Literatur

ARBMAN, E., Seele und Mana, in: ARW 29 (1931) 293–394; BAUMANN, H., Nyama, die Rachemacht – über einige mana-artige Vorstellungen in Afrika, in: Paideuma 4 (1950) 191–230; CAPELL, A., Mana – a linguistic study, in: Oceania 9 (1938) 89–96; CODRINGTON, R. H., The Melanesians, 1891; DURKHEIM, E., Die elementaren Formen des religiösen Lebens, (1912) ³1981; ELIADE, M., Die Religionen und das Heilige, (1949) ³1986; EVANS-PRITCHARD, E. E., Theorien über primitive Religionen, (1965) ³1981; FIRTH, R., The Analysis of Mana, in: Journal of the Polynesian Society 49 (1940) 483–510; FISCHER, H., Studien über Seelenvorstellungen in Ozeanien, 1965; FLETCHER, A. C., The Omaha Tribe (27. Annual Report of the Bureau of American Ethnology 1905–06) 1911; GENNEP, A. VAN, Les Rites de Passage, 1906; GLADIGOW, B., Kraft, Macht, Herrschaft, in: ders. (Hrsg.), Staat und Religion, 1981; ders., Naturwissenschaftliche Modellvorstellungen in der Religionswissenschaft zwischen den beiden Weltkriegen, Ms., 1990; HANDY, E. S. C., Polynesian Religion, 1927; HEWITT, J. N. B., Orenda and a Definition of Religion, in: American Anthropologist N. S. 4 (1902) 33–46; HOCART, A. M., Mana, in: Man 14 (1914) 97–101; HOGBIN, H. I., Mana, in: Oceania 6 (1936) 241–274; HUIZER, G., Anthropologie in der Krise, in: Trickster (1989) 82–111; JONES, W., The Algonkin Manitu, in: Journal of American Folk-Lore 18 (1905) 183–190; KEESING, R. M., Rethinking Mana, in: Journal of Anthropological Research 40 (1984) 137–156; KOCK, G., Die evolutionistische Manatheorie und ihre Kritik, in: Ethnos (1951) 83–92; LANE, R. B., Power Concepts in Melanesia and Northwestern North America, in: FOGELSON, R. D., und R. N. ADAMS (Hrsg.), The Anthropology of Power. Ethnographic Studies from Asia, Oceania and the New World, 1977; LEEUW, G. VAN DER, Phänomenologie der Religion, (1933) ³1970; LEHMANN, F. R., Mana, Eine begriffsgeschichtliche Untersuchung auf ethnologischer Grundlage, 1915; ders., Mana, Der Begriff des »außerordentlichen Wirkungsvollen« bei Südseevölkern, 1922; MAC CLANCY, J., Mana: An Anthropological Metaphor for Island Melanesia, in: Oceania 57 (1986) 142–153; MACKENZIE, M., Mana in Maori Medicine – Rarotonga, Oceania, in: FOGELSON, R. D., und R. N. ADAMS (Hrsg.), a. a. O.; MALINOWSKI, B., Magic, Science and Religion, 1948; MAUSS, M., Entwurf einer Theorie der Magie, in: ders., Soziologie und Anthropologie, Bd. 1, (1950) ²1978; MARETT, R. R., The Threshold of Religion, 1909; MÜLLER, M., Lectures of the Origin and Growth of Religion, 1909; MÜLLER, W., Die Religionen der Waldlandindianer, 1956; PHILSOOPH, H., Primitive Magic and Mana, in: Man N. S. 6 (1971) 181–203; RADIN, P., Die religiöse Erfahrung der Naturvölker, 1951; RÖHR, J., Das Wesen des Mana, in: Anthropos 14/15 (1919/20) 97–124; SÖDERBLOM, N., Das Werden des Gottesglauben, (1916) ²1926; THIEL, J. F., Religionsethnologie, 1984; ders.: Was sind Fetische, 1986; ders., Mana,

[12] PHILSOOPH 1971, 197.
[13] Vgl. KEESING 1984, MAC CLANCY 1966.

in: W. HIRSCHBERG (Hrsg.), Neues Wörterbuch der Völkerkunde, 1988; THURNWALD, R., Neue Forschungen zum Mana-Begriff, in: ARW 27 (1929) 93–112; WIDENGREN, G., Evolutionism and the Problem of Origin of Religion, in: Ethnos 10 (1945) 57–96; WINKELMANN, M., Magic: A Theoretical Reassessment, in: Current Anthropology 23 (1982) 37–67; WIRZ, P., Die Marind-anim von holländisch Neu-Guinea, Bd. 2, o. J.

Dieter Sefrin

→ *Macht, Magie, Orenda*

Mangel

Auf den verschiedensten Ebenen der Wirklichkeitsbetrachtung taucht in den Analysen des Negativen der Begriff ›Mangel‹ auf: in einigen Philosophien ergibt er sich ontologisch aus dem Begriff des Nichts, in der Soziologie gehört der Begriff des ökonomischen Mangels zur Grundlage einer antagonistischen Geschichtsbetrachtung, und in der Psychologie ist der Begriff ›Mangel‹ zur Beschreibung seelischer Defizite wesentlich geworden.

A Der Begriff des ontologischen Mangels

Der Begriff des Mangels wurde in der aristotelisch-thomistischen Metaphysik, freilich nur der Sache, nicht dem Worte nach, unter zwei Stichwörtern behandelt, die beide mit dem Problem des Bösen zusammenhängen: dem Begriff der Endlichkeit bzw. der Kontingenz und der Beraubung einer Seinsvollkommenheit (griech. *stéresis*, lat. *privatio boni*). Beide Termini spielen auch in der Neuzeit eine große Rolle, wenngleich sie unter dem Sammelbegriff ›Mangel‹ recht unterschiedliche Deutungen erfahren haben.

I. Endlichkeit und Kontingenz als Mangel

Die griech. Philosophie legte mit der Entdeckung des unbewegt gedachten Seins bei den Eleaten[1] den Grundstein zu der Unterscheidung zwischen einer Sphäre des »wahrhaft Seienden«, das in sich als ewig, unendlich, unwandelbar, notwendig und vollkommen

[1] Vgl. PARMENIDES, Vom Wesen des Seienden. Die Fragmente, griechisch und deutsch, hrsg., übers. u. erl. v. U. HÖLSCHER, 1969, 19, Fr. 8.

gedacht wurde, und der Welt des endlichen Seienden, das als in sich begrenzt, veränderlich, abhängig und unvollkommen betrachtet wurde und nur vermöge der ›Teilhabe‹ an jener Sphäre des unendlichen Seins als existierend vorgestellt werden konnte. Näherhin bestimmte sich die Welt des Unendlichen als eine rein geistige Sphäre, während das Prinzip der Endlichkeit gerade in der Materialität gesehen wurde. Nun mußte die Vorstellung der Teilhabe des Endlichen am Unendlichen bei PLATON[2] oder, noch stärker, der substantiellen Einheit der immateriellen Form und des materiellen Stoffes in jedem endlichen Seienden nach der Lehre des Hylemorphismus bei ARISTOTELES[3] nicht von vornherein auf eine Abwertung der materiellen Welt als eines Insgesamt des Mangelhaften hinauslaufen; im Gegenteil ließ sich gerade der Gedanke der »Teilhabe«, oder der »Einheit« auch als Auszeichnung des endlich Seienden interpretieren. Gleichwohl war in dieser Konzeption auch eine »unendliche Resignation« an allem Endlichen angelegt: dem Endlichen fehlte der Charakter des Absoluten, es *ermangelte* der Vollkommenheit des Unendlichen, es war, in der Sprache der christlichen Philosophie, nur ein geschaffenes, kein göttliches Sein. Daß es überhaupt ein geschaffenes Seiendes gibt, lag nach diesem Ansatz an einer dreifachen Überwindung des Nichts durch die Schöpfermacht Gottes, der 1) das Nichts überwand, das ihn selbst unendlich von allem Geschaffenen trennt und aus dem er das geschaffene Sein ins Dasein rief; der 2) das Nichts überwand, das ontologisch zwischen den an sich unendlichen Wesenheiten und dem Sein als solchem waltet; und der 3) das Nichts überwand, das die an sich formlose Materie von der sie substantiell prägenden Form trennt;[4] mit anderen Worten: alles, was existiert, ist in seinem Dasein, in seinem Wesen und in seiner individuellen Existenz radikal *kontingent*. Die christlich bestimmte Metaphysik des Abendlandes wollte mit diesen Überlegungen zweifellos vor allem betonen, daß alles Endliche seinen Wert und seine Würde durch die Schöpfungstat Gottes erhielt; aber es lag in der Spannung dieses Ansatzes begründet, daß eine andere philosophische Akzentuierung auch dahin führen konnte, die Welt aufgrund ihrer Endlichkeit und Materialität als in sich haltlos, ohnmächtig, leidvoll, ja als in sich *schlecht* zu kennzeichnen bzw. umgekehrt von einer atheistischen Position her gegen die gesamte christliche Theologie als Weltverleumdung Front zu machen. Die Endlichkeit und Kontingenz, der ontologische Mangel des geschaffenen Daseins bildete den Kern der sog. →Theodizeefrage, des Problems der »Rechtfertigung« Gottes als eines allervollkommensten Wesens angesichts einer »unvollkommenen« Welt.[5]

1. Der Mangel der Materialität und die Frage nach dem physischen Übel

Gilt die materielle Welt ontologisch als die gewissermaßen unterste Stufe, bis wohin der Geist sich entäußern kann, wie in der Emanationslehre der Neuplatoniker,[6] so liegt es nahe, in der Materialität eine Hauptursache für die vielfältigen Mängel der

---

[2] PLATON, Staat, 504a–509b.

[3] Vgl. ARISTOTELES, Metaphysik, XII. Buch, 1072a,20–1072b,10, wo ARISTOTELES die Lehre von dem ersten Bewegenden entfaltet. Zum aristotelischen Begriff *stéresis* s. H. Happ, Hyle. Studien zum aristotelischen Materie-Begriff, 1971, bes. 448–472.

[4] G. SIEWERTH, Das Schicksal der Metaphysik. Von Thomas zu Heidegger, 1954, 393: »›Gott schafft aus dem Nichts‹ besagt... ineins: Er schafft aus der vielfältigen Nichtigkeit der ewigen rationes, aus der Nichtsubsistenz des strömenden Aktes, aus dem potentiellen Nichtsein der ideellen Wesenheiten und aus dem Noch-nicht-sein der Einheit beider.«

[5] G. SIEWERTH, Das Schicksal der Metaphysik, 56.

[6] PLOTIN, Enneaden, IV 8, 6.

Welt zu erblicken, und zahlreiche Religions- und Philosophie-Systeme haben in der Tat – auch außerhalb der dualistischen Weltanschauung der Iranier und der von ihnen beeinflußten Manichäer – diese Auffassung vertreten. Die indischen Erlösungslehren des Brahmanismus und des Buddhismus versuchten, die Vergeltungskausalität des Karma-Gesetzes zu durchbrechen[7] und von einer Welt zu befreien, die infolge der Verhaftung an die äußere Materialität zutiefst durch Krankheit, Armut und Tod gekennzeichnet ist. Alles materiell Seiende entsteht in der Zeit und geht in der Zeit zugrunde, und dieser leidvolle Antagonismus von Werden und Vergehen scheint am deutlichsten auf den Mangel der materiellen Welt hinzuweisen. Ferner bringt die Materie die Begrenzung alles endlich Seienden im Raum mit sich und zersplittert, wie in der Lehre A. SCHOPENHAUERs, als *principium individuationis* den allem Lebenden innewohnenden Willen zum Leben in unzählige individuelle Wesen, die, getrieben von Hunger und im Kampf um den für sie nötigen Raum zum Dasein, sich gegenseitig bekämpfen und töten[8]: die Endlichkeit alles materiell Seienden wird mithin in der Todespraxis aller Lebewesen aufgrund des Mangels an Raum und Energie zum Instrument begrenzter Lebenserhaltung; der ontologische Mangel der Materialität erweitert sich somit zu den *physischen Übeln*, denen die Einzelwesen sich notgedrungen ausgesetzt sehen, und findet seinen Abschluß in dem *Bösen*, das die Lebewesen einander zur Erhaltung des eigenen Daseins zufügen müssen. Der immanente Pessimismus, der in einer solchen Weltsicht angelegt ist, kann so weit gehen, die Möglichkeit der Schöpfung einer materiellen Welt durch eine absolute Gottheit a priori zu leugnen und die Mangelhaftigkeit der Welt zu einem Argument des Atheismus zu erheben. Umgekehrt mußte es das Anliegen christlicher Argumentation sein, die Mängel der materiellen Welt als in sich notwendig zum Erhalt eines größtmöglichen Glücks aller Lebewesen zu verstehen, wie es G. W. LEIBNIZ zu zeigen versucht hatte.[9]

2. Die Endlichkeit und das moralisch Böse

Eine besondere Zuspitzung erfährt die Problematik des Mangels durch die Frage nach dem Ursprung des moralisch Bösen. Der christlichen Anthropologie war es betont darum zu tun, die Bedeutung des freien Willens hervorzuheben und mithin das moralisch Böse allein als Tat und →*Schuld* des Menschen zu verstehen. Aber es scheint, daß bereits die Verstrickung in die Mängel und Engpässe der Materialität auch das menschliche Dasein zu Taten zwingt, die es objektiv schuldig machen: die Sterblichkeit des Einzelwesens muß kompensiert werden durch das ständige Tötenmüssen zur Selbsterhaltung sowie durch den Drang zur Vermehrung, und beide Triebe, die Aggression sowohl wie die Sexualität, sind offensichtlich nur in begrenztem Umfang vom Willen her zu steuern; tatsächlich war die »leibfeindliche« Einstellung weiter Teile der christlichen Asketik denn auch vor allem von der Angst geprägt, der moralische Wille könne durch die Übermacht der Triebe überwältigt werden.

---

[7] H. VON GLASENAPP, Die Philosophie der Inder, ²1958, 409–414.

[8] A. SCHOPENHAUER, Die Welt als Wille und Vorstellung, hrsg. v. A. HÜBSCHER, Werke, Bd. 2, 1965, 182–192 (2. Buch, § 28).

[9] G. W. LEIBNIZ, Die Theodizee, übers. v. A. BUCHENAU, eingef. v. M. STOCKHAMMER, ²1968 (Philos. Bibl. 71), 186–188 (II. Teil, 124, IX–125, X).

Auf zweifache Weise hat darüberhinaus vor allem G. W. F. HEGEL in seiner Religions- und Geschichtsphilosophie auf das Problem des Bösen als eines geistigen Phänomens der Endlichkeit hingewiesen.[10] Zum einen, meinte HEGEL, müsse der Geist des Menschen, eben weil er seiner selbst nur im Endlichen bewußt werden könne, seine eigene Endlichkeit im Akt der Bewußtwerdung mit unendlicher Energie ergreifen, er verabsolutiere damit notwendigerweise den Standpunkt der selbstbezogenen Reflexivität, und die so bedingte Verunendlichung des Subjektiven komme wesenhaft einer Leugnung der objektiven substantiellen Wahrheit gleich; zum anderen müsse jede Wahrheit im Augenblick ihres historisch vermittelten Auftretens trotz ihrer Endlichkeit dem Subjekt als etwas schlechthin Gültiges, Absolutes erscheinen, das sich im späteren Prozeß des Geistes seiner Auflösung in eine höhere Form der Wahrheit widersetze und damit selbst in seiner verunendlichten Endlichkeit zur Unwahrheit, zum Bösen werde. Sowohl die beharrende Regression in der substantiellen Form der Wahrheit als auch die Progression der geschichtlichen Bewegung im Bewußtwerden des Subjektes führen nach HEGEL notwendig zur Unwahrheit des Geistes und zur Verfälschung des moralischen Willens innerhalb des unendlichen Prozesses der menschlichen Freiheitsgeschichte.

3. Der Mangel an Sein und der Skandal der Kontingenz

Im Anschluß an HEGEL hat insbesondere J. P. SARTRE die Existenzphilosophie wesentlich um den Begriff des Mangels zentriert, indem er das menschliche Dasein grundlegend vom Mangel her bestimmte[11]. Das Bewußtsein des Menschen deutete Sartre als Nicht-Koinzidenz mit sich selbst. »Das Sein des Bewußtseins ist, *im Abstand zu sich* zu sein als Anwesenheit bei sich, und dieser Null-Abstand, den das Sein in das Sein hineinträgt, ist das Nichts«.[12] Und: »So ist das Nichts jenes Loch des Seins, jener Sturz des Ansich zum Sich, durch den sich das Für-sich herstellt.«[13] Insofern das Bewußtsein aus der Seinsdichte des An-sich-seins herausgefallen ist, entdeckt es sein eigenes Sein in der → *Angst* des Nichts, die den subjektiven Reflex der Freiheit bildet, sowie in der *Scham* vor der völligen Beliebigkeit und Überflüssigkeit, vor der radikalen Kontingenz der faktischen Existenz. Der radikale Mangel an Sein, der die menschliche Wirklichkeit konstituiert, treibt zu dem Versuch, nicht nur das eigene Wesen selbst zu konstituieren, sondern vor allem einen Grund zu gewinnen, der das eigene Dasein als notwendig ausweisen könnte. Die Leidenschaft der Selbstbegründung, der Konstituierung eines An-sich, das als sein eigener Grund der Kontingenz entgeht, zwingt den Menschen dazu, den Skandal der eigenen Seinsnichtigkeit vor den Augen des Anderen zu verbergen bzw. den Anderen in einem sadomasochistischen, stets vergeblichen Kampf zur Anerkennung des eigenen Daseins zu nötigen. Vor allem der *Tod* beweist, daß es die gesuchte Vollkommenheit vom Typus »An-sich-für-sich« niemals gibt: der

---

[10] Zur Darstellung (und Kritik) der HEGEL*schen* Auffassung von dem Zusammenhang zwischen der Endlichkeit und dem Bösen vgl. E. DREWERMANN, Strukturen des Bösen. Die jahwistische Urgeschichte in exegetischer, psychoanalytischer und philosophischer Sicht, 3 Bde., [3]1981–82, Bd. 3, 76–96; 97–185.

[11] Zur Darstellung der phänomenologischen Ontologie SARTRE*s* vgl. E. DREWERMANN, Strukturen des Bösen, Bd. 3, 198–226.

[12] J. P. SARTRE, Das Sein und das Nichts. Versuch einer phänomenologischen Ontologie, übers. v. J. STRELLER, K. A. OTT und A. WAGNER, 1962, 131.

[13] Ebd.

Tod verwandelt das Dasein in ein radikales An-sich-sein zurück und macht mein Leben den anderen endgültig zur Beute. Der große Protest NIETZSCHES gegen die Nicht-Göttlichkeit des Menschen, sein Appell an den dionysischen Willen, den Menschen nur als Übergang, als Brücke zur Selbstvergöttlichung zu lieben, verwandelt sich so in ein müdes und lustloses Wissen um die Absurdität und Vergeblichkeit aller menschlichen Anstrengungen: »Jedes Existierende«, meinte SARTRE, »wird ohne Grund geboren, lebt aus Schwäche weiter und stirbt durch äußere Einwirkung.«[14] Drastischer ist der Ekel an dem Seinsmangel der Kontingenz aller Dinge, die sich im menschlichen Bewußtsein enthüllt, nicht zu formulieren. Jenseits des Schöpfungsgedankens stürzt das menschliche Bewußtsein in eine Welt hinein, zu deren Kontingenz es sich verflucht sieht, weil es keinen Gott mehr gibt, der die Seinslücke der Nicht-Notwendigkeit des Seins durch seinen positiven Willen zum Sein-Dürfen aller Wesenheiten schließen würde. Der ontologische Mangel des Bewußtseins und von daher der gesamten Welt des Faktischen enthüllt sich ohne die Idee eines allervollkommensten Wesens im Hintergrund der Dinge als Ursprung einer nicht endenden Qual, einer vollendeten Hölle.

II. Der Mangel der Seinsberaubung und das Böse

Während in der Sichtweise des existentialistischen Atheismus mithin das Dasein selbst aufgrund des Seinsmangels der Kontingenz als etwas zu Überwindendes, als Nicht-sein-Sollendes und doch nicht zu Überwindendes verstanden wird, versuchte die mittelalterliche Philosophie das Böse gerade nicht als Folge oder Ausdruck der Endlichkeit des Seins zu begreifen, sondern als einen Mangel auszulegen, der in einem faktischen Fehlen der wesenhaft angelegten Seinsvollkommenheit eines Seienden gelegen sei. Ein jedes Seiende, lehrte die Scholastik, sei ontisch gut, insoweit es am Sein teilhabe; nur infolge einer Beraubung der Vollkommenheit des ihm zukommenden Seins, einer *privatio boni*, werde es böse;[15] das Böse sei also eigentlich nur der Mangel des Guten, ein Nichtsein an Sein. Während die mittelalterlichen Philosophen allerdings bei der seinshaften Betrachtung des Mangels stehen blieben, richtet sich das Augenmerk der modernen Anthropologie und Soziologie vor allem auf die Frage, wie der Mangel subjektiv erlebt und objektiv verarbeitet wird.

B Der Begriff des Mangels in der Anthropologie

Zu den wichtigsten Einsichten eines *biologischen* Beitrags zur Anthropologie zählt die Auffassung des Menschen als eines Mangelwesens, das seine Intelligenz benutzen muß, um mit technischen Mitteln die Waffen und Werkzeuge nachzubilden, welche

---

14 J. P. SARTRE, Der Ekel, übers. v. H. WALLFISCH, 1949; Neuausgabe 1963 (Tb.), 142.

15 ARISTOTELES, Metaphysik, Buch V 1022b, 25–1023a, 5; Thomas v. Aquino, Summa theologiae I 48, a.3; a.5; vgl. E. CORETH, Metaphysik. Eine methodisch-systematische Grundlegung, ^{2}1964, 390–393.

die Natur den Tieren von Hause aus mitgegeben hat.[16] So umstritten dieser Ansatz auch sein mag, so versteht man von ihm her doch am besten, warum im individuellen wie im kollektiven Dasein der Mensch aufgrund der faktischen – nicht ontologischen – Mängel seines Daseins ins Böse gedrängt wird.

I. Der Begriff des Mangels in der Tiefenpsychologie der Neurose

Für die tiefenpsychologische Anthropologie ist der Begriff des Mangels vor allem zum Verständnis seelischer Erkrankungen unerläßlich geworden. Jede Neurose stellt sich psychoanalytisch als das Ergebnis einer seelischen Fehlverarbeitung bestimmter psychischer Mangelerlebnisse dar: z. B. mangelnder affektiver Zufuhr, mangelnder Geborgenheit, mangelnder Akzeptation etc. Besonders in der Lehre vom Kastrationskomplex (S. FREUD) und vom »männlichen Protest« (A. ADLER) erblickte die Psychoanalyse in der Neurose den Versuch, einen zentralen (körperlichen oder seelischen) Mangel durch eigenes Tun auszugleichen.[17] Es ist dabei nicht einmal so wichtig, ob ein bestimmter Mangel objektiv gesehen wirklich vorliegt; es genügt, daß subjektiv ein Mangel erlebt wird und die Reaktionen der Umgebung als Strafe dafür verstanden werden (→Schuld). In seiner angstgetönten, liebeleeren Welt muß der Neurotiker bestrebt sein, die fehlende Akzeptation und Bestätigung in autarker Weise bei sich selbst zu suchen, oder aber den Anderen durch Überkompensationen vor allem im Leistungsbereich dazu zu bringen, ihm schließlich doch das nötige Maß an Zuwendung und Liebe zu geben. Zwischen autarker Egozentrik und unterwürfiger Abhängigkeit, zwischen Minderwertigkeitsgefühlen und Selbstüberforderungen, zwischen der Flucht vor sich selbst und der Flucht zu sich selbst wird der Neurotiker hin und her gestoßen, indem er immer wieder einen Mangel zu schließen sucht, den er im Grunde mit aller Anstrengung nur erweitert.[18]

II. Der Begriff des Mangels in der Sozialphilosophie

So wie die Widersprüche der individuellen Praxis sich tiefenpsychologisch am besten vom Begriff des Mangels und, damit verbunden, vom Erleben von Angst- und Minderwertigkeitsgefühlen her erschließen, so lassen sich auch die Widersprüche der Gruppenpraxis in der menschlichen Geschichte am tiefsten vom Erleben eines fundamentalen Mangels her verstehen. Sehr klar hat wiederum J. P. SARTRE in seiner Neuinterpretation der marxistischen Geschichtsphilosophie den Zusammenhang zwischen der Unüberschreitbarkeit des *materiellen* Mangels und der latenten und offenen

---

[16] A. GEHLEN, Ein Bild vom Menschen (1942) in: Anthropologische Forschung. Zur Selbstbegegnung und Selbstentdeckung des Menschen, (1961), 44–54.

[17] Vgl. S. FREUD, Zur Geschichte der psychoanalytischen Bewegung (1914) in: Werke X, 100; A. ADLER, Über den nervösen Charakter. Grundzüge einer vergleichenden Individual-Psychologie und Psychotherapie, 1912; Ndr. 1972, eingel. v. W. METZGER, 163; 239.

[18] Zur Darstellung des circulus vitiosus zwischen dem Gefühl der Minderwertigkeit und den vergeblichen Versuchen der Überkompensation sowie der Unmöglichkeit einer Selbstheilung vgl. E. DREWERMANN, Strukturen des Bösen, Bd. 2, 571–586.

Unmenschlichkeit der menschlichen Geschichte herausgestellt.[19] Im Feld des historisch vorgegebenen und nicht zu überwindenden Mangels ist das Auftreten des Anderen notwendig mit dem Entstehen einer radikalen Konkurrenzsituation verbunden. Der Mangel macht den Einzelnen notwendig zum Überzähligen und zur Gefahr der Nicht-Existenz für den Anderen; er macht ihn, wie SARTRE auch sagt, zum »Gegen-Menschen«, zum »Träger einer Todesdrohung«, zu einem objektiven Übel und zu einem ständigen Ursprung der Angst vor der Gewalt, die als »Gegen-Gewalt« den Mangelzustand zu beantworten und damit den Anderen als Unmenschen zu liquidieren versucht. Die »transzendierende Transzendenz«, die Negation der eigenen Negiertheit durch den Anderen, bestimmt sich im Feld des Mangels als Macht, Gewalt und Krieg, als »Arbeit des Menschen am Menschen.« Dabei wird in der marxistischen Geschichtsphilosophie SARTREs wohl betont, »daß die Unmenschlichkeit des Menschen nicht von der Natur herrührt..., aber daß es, solange die Herrschaft des Mangels kein Ende genommen hat, in jedem einzelnen Menschen und in allen eine inerte Unmenschlichkeitsstruktur geben wird, die im Grunde nichts anderes darstellt als die verinnerte materielle Negation.«[20]

Die Menschen können, mit anderen Worten, solange nicht menschlich sein, als sie, getrieben von Angst, die Situation des Mangels in einer Praxis der Gewalt verinnern müssen. Von daher ist es eine Frage vor allem an die Erlösungsvorstellung des Christentums, ob es seine Lehre plausibel zu machen versteht, daß der Mensch in seiner Existenz an sich nicht zu scheitern brauchte, wenn er den ontologischen Mangel durch den Glauben an die Schöpfung Gottes, den physischen Mangel durch die Hoffnung auf eine höhere Berufung in Gott, den psychischen Mangel durch die Liebe eines tieferen Angenommenseins, den moralischen Mangel durch das Vertrauen und die Bereitschaft zur Vergebung und den materiellen Mangel durch die Gerechtigkeit eines solidarischen Handelns überwinden könnte.

Eugen Drewermann

→ *Materialismus, Schuld, Sünde, Theodizee*

Mantik

1. Der Begriff »Mantik« (gr. mantiké sc. téchne, lat. divinatio) bedeutet Weissagung – Verfahren um Künftiges und Verborgenes, das aufgrund alltäglicher, normaler und wissenschaftlicher Erfahrung und Erkenntnis nicht anzugeben ist, zu ahnen und vorherzusagen. Was als ›normal‹ und ›alltäglich‹ anzusehen ist, ist jeweils historisch und gesellschaftlich bestimmt.

---

[19] Zur Darstellung der SARTRE*schen* Geschichts- und Sozialphilosophie vgl. E. DREWERMANN, Strukturen des Bösen, Bd. 3, 331–352.

[20] J. P. SARTRE, Kritik der dialektischen Vernunft, 1. Bd., Theorie der gesellschaftlichen Praxis, übers. v. T. KÖNIG, 1967, 138.

2. Die verschiedenen mantischen Techniken dienen dazu: a) »das Heutige, das Kommende und das Vergangene« zu kennen, wie HOMER in der »Ilias« (I, 70) bereits von dem Seher Kalchas verkündet; b) als Entscheidungshilfe in Situationen, in denen man aus subjektiven Gründen oder objektiven Ursachen eine Entscheidung nicht fällen kann. Dies ist wahrscheinlich die wichtigste Aufgabe, die die mantischen Techniken zu erfüllen haben; c) um sich von der Verantwortung für Entscheidungen zu entlasten bzw. sich diesen zu entziehen, indem diese durch die Inanspruchnahme einer mantischen Technik auf Götter, Geister, das Schicksal oder die Natur geschoben werden und d) zur Rechtfertigung und Legitimation durch höhere, als außermenschlich aufgefaßte Instanzen, seien es Götter oder das Fatum.

3. Es gibt außerordentlich viele verschiedene mantische Techniken. Bei diesen wird eine mehr oder weniger genau bestimmte Frage oder Problemlage vorgetragen und soll durch vorgeblich unabhängig von den Menschen erscheinende Zeichen beantwortet werden. Was als Zeichen angesehen wird und wie dies zu deuten ist, ist freilich von den Menschen gemacht. Als Zeichen bei mantischen Verfahren werden herangezogen: Beobachtung des Vogelfluges, Eingeweideschau, Beobachtung außergewöhnlicher Naturereignisse (Erdbeben, Blitze, Schneefall im Sommer etc.), Hühnerfraß, Träume, Beobachtung der Gestirne (Astrologie), Schreien eines Käuzchens, Aufschlagen eines Buches (der Bibel, der sibyllinischen Bücher), Lose, Würfel, Gottesurteil durch Schwimmen oder Untergehen im Wasser, Befragung von Spezialisten mit und ohne Trance, Befragung von Toten (Nekromantik), Deutung von außergewöhnlichen Ereignissen und Gegenständen.[1] Irgendeine Form der Mantik hat es bei allen Völkern und in allen Religionen gegeben, auch wenn sie – wie im Judentum und Christentum – von der religiösen Obrigkeit offiziell als untaugliches Mittel verworfen werden. Es gibt verschiedene Vorschläge, die mantischen Techniken einzuteilen.[2]
Alle diese Einteilungen sind unbefriedigend, da sie sich an den äußeren Erscheinungsformen der Mantik und an den Erklärungsvorstellungen in den Religionen selber festmachen oder religiöse Vorstellungen – wie das Einwirken von Göttern und Geistern – hineintragen, die aber von den Betroffenen z. B. beim Werfen einer Münze gar nicht mitgedacht sind. Mantische Techniken sind zunächst psychische und soziale Prozesse, deren Deutung als von Geistern oder Göttern gelenkt oder inspiriert bereits Resultat eines Reflexionsvorganges zur Erklärung dieser Prozesse darstellt. Insofern Einteilungs- und Erklärungmodelle von Göttern und Geistern als außerhalb der Menschen existierende Realität, die bei der Mantik erscheinen und wirksam werden, ausgehen, legen sie die religiöse Deutung des psychischen und sozialen Vorganges der Mantik zugrunde und sind als religionswissenschaftliche Erklärung bzw. Theoriebildung unbrauchbar. Es muß streng zwischen der Sache, zum Beispiel der Befragung eines Orakels durch einen Menschen in einer bestimmten Situation und dessen »theoretischer« Erklärung in den Religionen als Inspiration durch Götter und Geister etc. unterschieden werden. Die religionswissenschaftliche Forschung hat mithin zwei Aufgaben: 1) die Analyse des psychi-

---

[1] Zusammenstellungen von Divinationsverfahren finden sich bei A. BOUCHÉ-LECLERQ, Histoire de la divination, für die Antike; bei M. LEIBOVICI und A. CAQUOT (Hrsg.), La Divination; bei J. P. VERNANT et al., Divination et Rationalité und bei H. J. Rose, Art. Divination.
[2] Vgl. M. T. CICERO, de divinatione; E. EVANS-PRITCHARD, Hexerei, Orakel und Magie, 309; E. M. ZUESSE, Divination and Deity, 158 ff. und R. DEVISCH, Perspectives on Divination, 52 ff.

schen und sozialen Prozesses der Divination und 2) die Analyse der Vorstellungen, mit denen in den Religionen oder, bei säkular aufgefaßten Orakeln, auch außerhalb dieser Prozeß interpretiert wird. Dies wird noch kompliziert dadurch, daß, nachdem einmal die religiösen Erklärungsmodelle und Vorstellungen entwickelt sind, diese wiederum den Prozeß gestalten und in neuen Formen sogar hervorzubringen in der Lage sind.

4. Mit den verschiedenen mantischen Verfahren werden unterschiedliche Vorstellungen, wer oder was Auskunft oder ein Zeichen gibt, verbunden. So gibt es Verfahren, die ohne Mitwirkung »höherer« Mächte gedacht sind; meistens aber wird Auskunft bei Göttern oder Geistern gesucht, denen entweder ein Vorherwissen (Allwissenheit) oder eine Einflußnahme auf die Zukunft (Allmacht) zugeschrieben wird. Auch soll der Wille der Götter erkundet oder ihre Zustimmung zu einem Vorhaben eingeholt werden (Auguralverfahren). Die verschiedenen mantischen Verfahren können insoweit auch als Methoden zur Erforschung des göttlichen Willens angesehen werden. Da Wille und Wunsch eines Gottes zu seinen Eigenschaften gehört, kann man sagen, daß mantische Techniken auch Methoden der Erkenntnis des oder der Götter darstellen. Dies führt zu der Frage, wie in den Religionen die Erscheinung (Epiphanie) der Götter, ihre Offenbarung[3] oder die Kommunikation mit den Menschen gedacht ist.

5. In der Religionsgeschichte läßt sich beobachten, daß mantische Verfahren und, vermittelt durch diese, ein Zugang zu den Göttern, Priestern und anderen religiösen Spezialisten, die zum Beispiel als Sprecher der Götter sich darstellen (Propheten), vorbehalten werden sollen, um eine willkürliche und individuelle Deutung dessen, was kollektiv verbindlich als göttlich und göttlicher Wille und Gesetz anzuerkennen ist, zu verhindern bzw. einzuschränken. Selbstverständlich wurde dies auch zur Rechtfertigung von Herrschaftsinteressen eingesetzt. Allein dieser Anspruch hat sich wohl niemals vollständig durchsetzen lassen. Da das Bedürfnis, Zukünftiges und Verborgenes in Erfahrung zu bringen, bzw. Entscheidungshilfen und Legitimationen zu erhalten, allen Menschen gemein ist und die Bescheidenheit bzw. die Spannung, daß dies eben nicht oder nur begrenzt möglich ist, nicht ertragen wird, werden mantische Techniken – mehr oder weniger ernsthaft – von fast allen Menschen in Anspruch genommen, auch wenn sie in einigen Religionen – wie im Judentum, Christentum und Islam – perhorresziert sind. Dabei macht es keinen Unterschied, ob altehrwürdige Orakel wie Delphi oder Praeneste, das tägliche Zeitungshoroskop, ein *I-Ging*-Orakel oder die heute verbreiteten Tarotkarten befragt werden.

6. Da es den verschiedenen mantischen Techniken um ein Vorherwissen meist der Zukunft, gelegentlich auch vergangener und verborgener Ereignisse (z. B. Aufklärung eines Diebstahls) oder um ein Urteil zu geplanten Handlungen geht, stellt sich die Frage, wie man etwas über die Zukunft bzw. etwas über die Folgen einer Entscheidung wissen kann. Dies führt nicht nur zur erkenntnistheoretischen Frage, wie man etwas von Gott wissen kann, wie man wissen kann, was gut, also gottgefällig, und böse ist, sondern auch zur Frage nach der Möglichkeit der Erkenntnis gesellschaftlicher und natürlicher Vorgänge. Die Wissenschaft hat aufgrund ihrer Methodenkritik besonders die ekstati-

---

[3] Es ist sicher kein Zufall, daß bei CALVIN, Institutio Christianae Religionis (I, 6, 2) in der Übersetzung von OTTO WEBER *oracula* mit »Offenbarungsworte« wiedergegeben ist.

schen Formen der Divination als Erkenntnisquelle verworfen; gleichwohl hat sie in verschiedenen Formen (Prognosen, Hochrechnungen, wissenschaftliche Vorhersagen, Zufallsgeneratoren) selber Aussagen über die Zukunft zu geben versucht. Auch die sog. Naturgesetze, die Voraussagen von Ereignissen ermöglichen sollen, dienen dem gleichen Interesse. Nun können zwar Regelmäßigkeiten der Naturprozesse beobachtet werden und in »Gesetzen«, die die Menschen der Natur geben (Kant), formuliert werden, allein dies gilt genau besehen nur für bestimmbare Einzelfälle, bei denen die »Randbedingungen« genau angegeben werden. Wenn diese nicht mitgeteilt werden, was außerhalb von Laborexperimenten auch selten möglich ist, besteht immer die Möglichkeit, daß sich für diejenigen, die diese Voraussagen in Anspruch nehmen, wissenschaftliche Prognose und Mantik nicht oder kaum unterscheiden.

7. Die Diskussion über eine Theorie der Mantik ist noch weitgehend offen. Wenn man die Situationen, in denen von Einzelnen oder sozialen und politischen Gruppen (z. B. Befragung des Orakels vor einer Koloniegründung, Befragung der sibyllinischen Bücher zur Sühnung von Vorzeichen, vorherige oder nachträgliche Einholung der Zustimmung der Götter zur Wahl eines Königs oder Beamten etc.) ein mantisches Verfahren in Anspruch genommen wird, analysiert, so findet man regelmäßig Ambivalenzkonflikte: im Individuum zwischen gegensätzlichen bewußten oder auch unbewußten Tendenzen, die anders nicht hatten ausgeglichen werden können und nun durch ein mantisches Verfahren geklärt werden sollen (vgl. Zinser, 1988), gelegentlich ist deshalb von einer therapeutischen Funktion der Mantik gesprochen worden; oder es handelt sich um Konflikte zwischen oder innerhalb von sozialen Gruppen und Einheiten, für die kein brauchbares Klärungsverfahren vorgesehen ist oder zu keinem Ergebnis geführt hat und nun durch ein Divinationsverfahren entschieden werden soll.[4] Selbstverständlich können und sind, wie bereits CICERO (de divinatione II, 43) affirmativ hervorhebt, Divinationen zu politischen Manipulationen eingesetzt worden.[5]

Es ist bei der Inanspruchnahme von mantischen Techniken auch zu berücksichtigen, daß es zahlreiche Situationen und Konflikte gibt, die aufgrund des vorhandenen Wissens und der Kenntnis der Umstände wie auch der Interessen, Bedürfnisse und Möglichkeiten der Beteiligten gar nicht zureichend und vernünftig entschieden werden können. Da nun in solchen Fällen häufig dennoch eine Entscheidung aus praktischen Gründen, da sie nicht aufgeschoben werden kann, erforderlich ist, bestehen die psychischen und sozialen Voraussetzungen für die Mantik auch weiterhin und scheinen – wenn man die Spannungen eines Aufschubes nicht aushalten kann – nicht ohne weiteres aufhebbar. Dies gilt auch für Mehrheitsentscheidungen, die wie die Geschichte lehrt nicht zwingend vernünftig und d. h. auch menschlich sein müssen. Auch kennt das Prinzip der Mehrheitsentscheidungen, z. B. bei Stimmengleichheit, die Entscheidung durch Los, also ein vielleicht säkular aufgefaßtes mantisches Verfahren. Mantische Techniken entlasten in solchen Fällen individuell von der Verantwortung für Entscheidungen und können gesellschaftlich helfen, den sozialen Konsens aufrechtzuerhalten.

---

[4] Siehe G. K. PARK, Divination; H. M. SEIWERT, Orakelwesen und Zukunftsdeutung, 235ff.; K. THOMAS, Religion, 231–244.

[5] Vgl. H. ZINSER, *Vox populi vox dei.*

Literatur

BOUCHÉ-LECLERQ, A., Histoire de la divination dans l'antiquité, 4 Bde., (1879–1882) 1963; CICERO, M. T., de divinatione (44 v.); DEVISCH, R., Perspectives on divination in contemporary Sub-Saharan Africa, in: BINSBERGEN, W. VAN, SCHOFFELEERS, M. (Hrsg.), Theoretical Explorations in African Religion, 1985; EVANS-PRITCHARD, E. E., Hexerei, Orakel und Magie bei den Zande, (1937) 1978; FENICHEL, O., Das mißverstandene Orakel, 1942; FORTES, M., Religious premises and logical technique in divinatory ritual, in: Philosoph. Transactions of the Royal Society of London, Series B, 251 (1966); LOEWE, M., BLAKER, C., Divination and Oracles, 1981; LEIBOVICI, M., CAQUOT, A. (Hrsg.), La divination, 2 Bde., 1968; MULTHAUPT, T., Hexerei und Antihexerei im subsaharischen Afrika, Diss. 1989; PARK, G. K., Divination and its social context, in: Journ. of the Royal Society of GB and NI, 93 (1947); PARKE, H. W., Greek Oracles, 1947; ROSE, H. J., Art. divination, in: ERE 4 (1951), 775ff.; SEIWERT, H. W., Orakelwesen und Zukunftsdeutung im chinesischen Altertum, Diss. 1979; THOMAS, K., Religion and the Decline of Magic, 1971; TURNER, V., Revelation and divination in Ndembu ritual, (1962) 1975; VAN DER LEEUW, G., Phänomenologie der Religion, (1925) ²1956, § 54; VERNANT, J. P. et al., Divination et rationalité, 1974; ZINSER, H., *Vox populi vox dei.* Über die Divination im Kriege bei den Römern, in: Die Welt des Islams XVIII (1988), 628–639; ders., Religionspsychologische Bemerkungen zum Orakel und anderen Divinationsverfahren, Fragmente 29 (1989); ZUESSE, E. M., Divination and Deity in African Religion, in: History of Religions 15 (1975).

Hartmut Zinser

→ *Divination*

Maske

I. Begriffsbestimmung II. Verbreitung von Masken III. Theorien zu Entstehung und Funktion

I. Begriffsbestimmung

Maske steht für Gesichtslarve, Verkleidung, kostümierte Person.
Das Wort ist arabischen Ursprungs und von *maskhara* – verkleidete Person, Spaßmacher – herzuleiten (*sakhira* – verspotten). Es gelangte im 16. Jahrhundert über Italien und Spanien nach Deutschland (mlat. *masca* auch mit der Bedeutung ›Hexe‹).
Ältere Bezeichnungen für (Gesichts-)Maske sind Larve, Schemen, Butzenantlitz. Aus mhd. Scheme (gr. *skia* – Schatten) bildete sich Schemebart, Schönbartspiel, ein Maskenspiel mit bärtigen Masken. Larve (von lat. *larva* – Spukgestalt, Geist) wird seit dem 14. Jahrhundert im Sinne von Schreckmaske verwendet.
Maske bedeutet 1. zunächst die aus Stoff gefertigte Hülle des Gesichts, hauptsächlich von Frauen als Schutz gegen Staub oder Kälte getragen; 2. Gesichtsverhüllung (an fürstlichen Höfen, zu Fastnachtsbräuchen); Maskenfreiheit bedeutete, daß man einer Maske nichts übelnehmen durfte; 3. die fremdartige Tracht, Verkleidung; 4. der Träger selbst in seiner Verkleidung; 5. Gleichnis für Verstellung, List, Heuchelei. In der Literatur des 18. und 19. Jahrhunderts wird Maske mit Person, Rolle, Narr verbunden und steht antonym zu Wahrheit, wahrem Gesicht.

II. Verbreitung von Masken

1. Im europäischen Raum: Früheste Überlieferungen zeigen Menschen mit Tiermasken (und Mischwesen) auf steinzeitlichen Felsbildern. Tierverkleidungen sind aus den antiken Hochkulturen bekannt; in Griechenland etwa traten in zahlreichen lokalen Kulten maskierte Personen auf. Dem Dionysoskult entlehnte das griechische Drama die Maske (*prosopon*).[1] Unter romanischen Völkern haben sich Maskierungen anläßlich von Heiraten, Beerdigungen und Winter- und Frühlingsbräuchen erhalten.[2] Totenmasken sind aus der Neusteinzeit und dem gesamten antiken Kulturraum (aber auch Ostasien und Mesoamerika) bekannt. Nach dem Tod angesehener Personen wurde ein Abbild derselben gefertigt, mit Bemalungen und Zeichen versehen und z. T. auch zur Beerdigungszeremonie aufgeführt. Die Römer nannten die Maske, die das Gebaren des Verstorbenen mimte, *persona*.

2. Im außereuropäischen Raum: Gehäuft treten Masken in West- und Zentralafrika, in Nord- und Südamerika und in Melanesien auf. Sie finden bei wichtigen gesellschaftlichen Ereignissen Verwendung, insbesondere bei Initiationen.[3] In anderen Gebieten trifft man Masken nur vereinzelt (z. B. in Asien bei Schamanen). Jäger und Sammler kennen meist keine Maskentraditionen, jedoch Körperbemalung (z. B. Pygmäen, australische Aborigines). In rein islamischen Gebieten gibt es keine Masken aufgrund des Verbotes, lebende Wesen bildlich darzustellen.

III. Theorien zu Entstehung und Funktion

1. Die Kulturkreislehre ordnete Masken und Bräuche und die Kultur, in der sie auftraten, einem bestimmten Entwicklungsstadium der Menschheitsgeschichte zu, das ihrer Auffassung nach durch eine matriarchale Gesellschaftsordnung gekennzeichnet war. Maskenbräuche in patriarchalen Gesellschaften galten als Überreste dieser früheren Kulturstufe. In Bünden und Masken sah FROBENIUS ein Mittel der Männer, gegen die Vormachtstellung der Frauen anzutreten, denen der mythischen Überlieferung zufolge sie ehemals gehörten[4] (Frauen sind bis auf wenige Ausnahmen, z. B. im Sandebund der Mendefrauen, vom Umgang mit Masken ausgeschlossen). Man versuchte, die Masken nach dem in sie eingegangenen Geist zu klassifizieren. Tiermasken wurden in Verbindung mit Totems oder als Überreste derselben interpretiert. Klassifikationsversuche setzten sich fort in zahlreichen Werken zu Stilregionen, besonders über Afrika.[5]

2. Die Ansicht, während des Tanzes verwandle sich der Maskenträger und werde mit dem in die Maske eingegangenen Geist identisch, ist unter psychologischen Aspekten

---

1 KLINGBEIL, Kopf-, Masken- und Maskierungszauber.
2 SCHMIDT, Masken in Mitteleuropa.
3 FROBENIUS, Kulturgeschichte Afrikas; HARTMANN, Masken südamerikanischer Naturvölker; INVERARITY, Northwestcoast Indians; NEVERMANN, Masken und Geheimbünde Melanesiens.
4 FROBENIUS, Masken und Geheimbünde Afrikas.
5 S. z. B. E. VAN SYDOW, Kunst der Naturvölker.

untersucht worden. Wunschprojektionen sollen mittels Maskierung ausgelebt werden. KERÉNYI spricht von Maskierung als einer Kollektiväußerung der Menschheit.[6]

3. LÉVI-STRAUSS analysiert, analog zu seiner Mythentheorie, Veränderungen in Form und Bedeutung von Masken innerhalb eines größeren kulturellen Gebietes. Masken lassen sich ebensowenig wie Mythen als isolierte Gegenstände deuten. Ein Maskentypus entspricht anderen Typen, deren Form und Farben er transformiert. An ihn binden sich Mythen, die seinen Ursprung erklären und die seine Rolle im Ritual, in der Ökonomie und in der Gesellschaft begründen.[7] Es gibt Versuche, diese Theorie auf afrikanische Masken zu übertragen.[8]

4. In Anlehnung an VAN GENNEPs Studie der ›*rites de passage*‹ untersucht LEACH die Struktur des Rituals und zeigt, daß Masken zu bestimmten Phasen dieser Riten auftreten.[9]

5. M. GRIAULE vertritt die Ansicht, in Maskenspielen werde tribale Mythologie rezitiert. Sie kann in ein ganzes Maskenensemble eingehen oder in einer einzelnen Maske zusammengefaßt sein.[10] Daraus folgert er, daß Masken nicht nur eine Person, einen Geist, sondern auch Ereignisse verkörpern können.

6. M. MAUSS weist auf die enge Verbindung von Masken mit der sozialen Rolle ihres Trägers hin. Er sieht eine Parallele des antiken Maskenverständnisses – wer Masken aufführen durfte, mußte eine *persona* (→ Person) haben – zu dem der Indianer Nordwestamerikas, bei denen der einzelne durch Zeremonien (Initiation) das Recht erhielt, für die Dauer eines Rituals eine der von den Ahnen überlieferten Masken zu tragen. Sie verlieh ihm soziale Identität.[11]

7. F. KRAMERs Interpretation von afrikanischen Masken stellt einen Zusammenhang zwischen ihren sozialen Aufgaben, stilistischen Kriterien und dem durch sie repräsentierten Geist (Person, Ereignis) her. Masken, die die Ahnen darstellen, unterliegen einem Ähnlichkeitsverbot mit lebenden Personen. Sie treten auf, um Moral und Ordnung einzuklagen und werden oft vor Nichteingeweihten verborgen. Andere Masken, oft ein ganzes Maskenensemble, verkörpern verschiedene Typen der Gesellschaft (Frauen, Alte, Fremde, Europäer, Tiere) oder Ereignisse. Sie tragen individuelle Gesichtszüge und versammeln sich zu einem ausgelassenen Fest der Verwandlung, indem sie das der idealen gesellschaftlichen Einheit Fremde, das Andere der eigenen Kultur, verkörpern. Diese Masken werden oft auch als Ahnenmasken bezeichnet, da sie über die Ahnen tradiert werden, sie verkörpern jedoch nicht die reine Ahnenschaft, sondern verleihen im MAUSS*schen* Sinne soziale Identität.[12]

---

6 KERÉNYI, Mensch und Maske; SEGY, Masks of Black Africa.
7 LÉVI-STRAUSS, Weg der Masken, 16.
8 FRASER (Hrsg.), African Art.
9 LEACH, Time and false noses.
10 GRIAULE, Masques Dogon.
11 MAUSS, Kategorie des menschlichen Geistes.
12 KRAMER, Der rote Fes.

Zwei Aspekte werden mit dem Begriff Maske transportiert: der der Verhüllung, der Nichtidentifizierbarkeit ihres Trägers und der, daß durch das Tragen einer bestimmten Maske eine zusätzliche Identität hergestellt werden kann. Der Begriff Maske hat seit der Antike, wo er eng mit Person, Rolle verbunden war, eine Umkehrung der Bedeutung erfahren. Heute steht er dem Begriff des Unpersönlichen näher.

Literatur

EINSTEIN, C., Afrikanische Plastik, 1922; FRASER, D. (Hrsg.), African Art as Philosophy, 1974; FROBENIUS, L., Masken und Geheimbünde Afrikas, 1898; ders., Kulturgeschichte Afrikas, 1933; GRIAULE, M., Masques Dogon, 1938; HARTMANN, G., Masken südamerikanischer Naturvölker, 1967; INVERARITY, R., Art of the Northwestcoast Indians, 1971; JEDREJ, M., A comparison of some masks from North America, Africa, and Melanesia, in: J. Anthrop. Research 36 (1980) 220–30; KERÉNYI, K., Mensch und Maske, in: Eranos Jb. 1949; KLINGBEIL, W., Kopf-, Masken- und Maskierungszauber, 1935; KRAMER, F., Der rote Fes. Über Kunst und Besessenheit in Afrika, 1987; LEACH, E., Time and false noses, in: ders., Rethinking Anthropology, 1961; LÉVI-STRAUSS, C., Der Weg der Masken, (1975) 1977; MAUSS, M., Eine Kategorie des menschlichen Geistes: Der Begriff der Person und des ›Ich‹, in: ders. Soziologie und Anthropologie, Bd. 2, (1938) 1975; NEVERMANN, H., Masken und Geheimbünde Melanesiens, 1933; RAABE, E. C. (Hrsg.), Mythos Maske. Ideen, Menschen, Weltbilder, 1992; SCHMIDT, L., Masken in Mitteleuropa, 1955; SEGY, L., Masks of Black Africa, 1976; SYDOW, E. VAN, Die Kunst der Naturvölker und der Vorzeit, 1923.

Ute Röschenthaler

→*Apotropäisch, Geheimkult, Initiation, Person*

Materialismus

1. Obwohl die philosophische Verwendung des Adjektivs ›materialistisch‹ (*materialist(ic)*; *matérialiste*) und das auf ihn zurückgehende abstrakte Nomen ›Materialismus« (*materialism*; *matérialisme*) erst um die Wende des 18. Jh. in den europäischen Kultursprachen belegt ist, indiziert das damit Bezeichnete eine ontologische Grundhaltung, die so alt ist wie die Philosophie selbst. Im Jahre 1702 stellte LEIBNIZ den Gegensatz zwischen »*des plus grands Materialistes et des plus grands Idealistes*«[1] fest, der die paradigmatische Opposition zwischen EPIKUR und PLATO verallgemeinernd wiedergibt. Der Gegensatz Materialismus / Idealismus, der von KARL MARX und FRIEDRICH ENGELS wohl am radikalsten erfaßt wurde, stellt eines der wichtigsten Kriterien zur Ortung und Beschreibung ontologischer Grundpositionen der abendländischen Philosophiegeschichte dar. In Abweichung von der Terminologie, die sich schließlich allgemein durchsetzte, hebt HEINRICH HEINE die Opposition zwischen »dem Materialismus des imperia-

---

[1] G. W. v. LEIBNIZ, Die philosophischen Schriften. Hrsg. v. C. J. GERHARDT. Nachdruck der Ausgabe Berlin 1880, 1978, Bd. 4, S. 560.

len Frankreichs« und dem »deutschen Spiritualismus«[2] hervor, welcher – nicht anders als sein Gegensatz – im Atheismus der HEGEL*schen* Philosophie gipfelt. Die Hauptströmung des abendländischen Philosophierens fällt zusammen mit den verschiedenen Varianten des den Vorrang der Idee bzw. des Ideals postulierenden Denkens; dieses wiederum begreift sich als ein Transzendieren des bloß Physischen, d. h. als ›Meta-Physik‹. Infolgedessen wird die materialistische Verneinung der Transzendenz zuweilen im Sinne einer mangels differierender Ideale unkritischen Identifikation mit dem unmittelbar Vorhandenen mißverstanden. Dabei wird verkannt, daß zu den unabdingbaren Voraussetzungen des philosophischen Materialismus eine fundamental-ontologische Reflexion gehört, die darum bemüht ist, das wahrgenommene Reale durch den ausschließlichen Rekurs auf das für die Reflexion selbst nicht restlos einholbare Zugrundeliegende (aristotelisch gedacht: *tó hypokeímenon),* d. h. auf das dem Seienden immanente und als Materie aufgefaßte Sein zu begreifen. Als Ontologie des Immanenten vollzieht der Materialismus einen Weg in die ›Cis-szendenz‹ des Seienden mit dem hauptsächlichen Ziel, die Postulierung eines sich den Bedingungen der Materialität entziehenden »Jenseits« als unhaltbar bzw. als überflüssig zu erweisen. Im Zusammenhang damit steht die für Erkenntnistheorie und wissenschaftliche Methodik entscheidenden Prämisse, daß die formale (d. h. auf die Idee bezogene) und die theologische Ursächlichkeit – zumindest in ihrem von der Materie unabhängigen Bestand – negiert werden.

2. Das Seinsverständnis des Materialismus geht davon aus, daß die Gesamtwirklichkeit von einer sich selbst tragenden, irreduktiblen Stofflichkeit und den auf sie zurückführenden Kräften begründet werden kann. Der Materialismus ist also ein ontologischer Monismus. Der Ausschluß geistiger Prinzipien (*tópos ouránios*, Weltvernunft, Gott, Seele), die als von der Materie unabhängige Quellen des Weltgeschehens eine Dualität des Seinsgrundes bedingen würden, führt zu antimetaphysischen und atheistischen Positionen. Deren kritisches Potential, das sich gegen die organisierte Religion wendet, wird in der Regel, aber voreilig, mit schlechthinniger Antireligiosität gleichgesetzt. Die umgangssprachliche, abwertende Verwendung von ›Materialismus‹ impliziert die Beschränkung auf egoistische bzw. nur die unmittelbaren Triebe befriedigende Handlungsziele. Dabei wird übersehen, daß philosophische Materialisten durchaus gemeinnützige Handlungsmotive bzw. »Ideale« postuliert haben, die allerdings dem seinsmäßigen Primat der Materie untergeordnet wurden. Gegensätze zum Materialismus bilden der Idealismus, der die auf dem Weg der Abstraktion gewonnenen Ideen als von ihrem stofflichen Substrat unabhängige Entitäten (Hypostasen) behandelt, und der Spiritualismus, der gemeinhin den personenhaften Charakter des vorausgesetzten geistigen Prinzips betont. Der Naturalismus verneint hauptsächlich die offenbarungsmäßig erschlossene Wirklichkeit einer das Diesseits verklärenden, ›idealisierenden‹ Übernatur. Der Materialismus hingegen negiert entschieden jegliche transzendente Idealität, unabhängig davon, ob diese auf Offenbarung oder auf metaphysischer Einsicht fußt. Für den Empirismus und seine Varianten (Positivismus, Sensualismus) kann das Nichterfahrbare kein Gegenstand der Erkenntnis sein. Der Materialismus hingegen führt über das Erkenntnistheoretische hinaus, indem er eine das letzte Sein des Wirklichen betreffende, d. h. ontologische Aussage miteinschließt. Von daher wird ersichtlich, daß jede Form

---

2 HEINRICH HEINE, Geständnisse, in: Sämtliche Schriften in zwölf Bänden. Hrsg. v. KLAUS BRIEGLEB, 1976, Bd. 11 (Schriften 1851–1855), S. 451.

des Materialismus sich zugleich als Realismus versteht, während der Realismus selbst auch anders als im Rahmen des Materialismus entfaltet und begründet werden kann.

3. In der Philosophiegeschichte wird ›Materialismus‹ als (Selbst-)Bezeichnung von theoretischen Positionen verwendet, die von der griechischen Atomistik bis zu dem von der ehemaligen Sowjetunion offiziell propagierten »Diamat« (Dialektischer Materialismus) reichen und die sich darum hinsichtlich philosophischer Druchdringung und Reflexivität sehr voneinander unterscheiden. Folgende Gestalten des Materialismus lassen sich in historisch-typologischer Absicht unterscheiden. Der *kosmologische* Materialismus, der in der Antike von LEUKIPP von Milet, DEMOKRIT von Abdera, EPIKUR und LUKREZ vertreten wurde, konstruiert den Kosmos aus einer Vielzahl nicht weiter teilbarer Elemente (Atome); ihre Bewegung setzt das dem Stoff entgegengesetzte Prinzip der Leere bzw. des Vakuums (*to kenón*) voraus. Die neuzeitliche Wiederbelebung des Materialismus durch PIERRE GASSENDI und THOMAS HOBBES führt zu seiner *mechanistischen* Auffassung, die insbesondere von den vorrevolutionären Aufklärern Frankreichs (PAUL-HENRI THIRY DE HOLBACH, JULIEN OFFRAY DE LAMETTRIE und CLAUDE ADRIEN HELVÉTIUS) mit betonter religionskritischer Wendung repräsentiert wurde. Hiervon ist der eher evolutionistische, die Empfindungsfähigkeit des Urstoffs postulierende Materialismus DENIS DIDEROTs zu unterscheiden. Unter dem Einfluß des Sensualismus LUDWIG FEUERBACHs und der Entwicklung von Chemie und Physiologie entwarfen JACOB MOLESCHOTT (1822–1893) und LUDWIG BÜCHNER (1824–1899) den sog. *naturwissenschaftlichen* Materialismus, dessen popularisierender Tenor und vereinfachende Tendenz ihm die Bezeichnung »Vulgärmaterialismus« einbrachten. An die Evolutionstheorie CHARLES DARWINs anknüpfend, entwickelten ERNST HAECKEL (1834–1919) und WILHELM OSTWALD (1853–1932) den am Phänomen des Lebens orientierten *dynamischen* Materialismus, dessen stark monistischer Grundzug auf die Gestaltung der pantheistischen bzw. pantheisierenden Religiosität der Deutschen Unitarier und ähnlicher Gruppierungen wirkte. Der *dialektische* Materialismus – von KARL MARX und FRIEDRICH ENGELS begründet – versucht, eine Umkehr des Idealismus HEGELs dadurch zu vollziehen, daß die Artikulationen des Bewußtseins als theoretische, »ideologische« Umsetzungen der materiellen Wirklichkeit aufgefaßt werden, deren dialektische Bewegung – anders als das mechanistische Modell – den Übergang von quantitativen in qualitative Veränderungen begreiflich machen soll. Der *historische* Materialismus ergibt sich aus der Anwendung der materialistischen Dialektik auf das konkret geschichtliche Leben der Gesellschaft. Das Ziel ist, den Interessengegensatz zwischen Kapitalismus und Proletariat durch die revolutionäre Praxis des letzteren aufzulösen und die Menschheitsgeschichte in das Stadium einer nicht mehr entfremdenden, weil klassenlosen Gesellschaft einzuleiten.

4. Die Verwerfung des Materialismus seitens metaphysisch orientierter Philosophien ist seiner methodischen Verwertung durch die neuzeitliche Wissenschaft bekanntlich nicht hinderlich gewesen. Da der Materialismus jeglichen unabhängigen Bestand immaterieller Instanzen höchstens als Hypostasierungen von materiell gebundenen Funktionen ansah, war die Konzentration auf die Erschließung und Erforschung des empirisch Überprüfbaren schon in den Prämissen des Materialismus mitenthalten. Als kohärentes Instrumentarium im Dienst einer Wirklichkeitserfassung ohne Rekurs auf transzendente Prinzipien konnte er unschwer mit der technologischen Pragmatik des 20. Jh. vermittelt werden, welche ihrerseits keinen Ort für mögliche Manifestationen des »Heiligen« bzw. der »Götter« vorsieht. Die einseitige Betonung des ohnehin überragenden Einflusses des Materialismus auf die Wissenschaft läßt jedoch übersehen, daß seine Geschichte facet-

tenreicher ist als zumeist angenommen. Insbesondere ist festzustellen, daß Materialismus und Religion bzw. Religiosität ein komplexeres Verhältnis zueinander aufweisen, als die antimaterialistische Polemik des Idealismus in der Regel wahrhaben will. Ein pertinentes Beispiel dafür ist die Tatsache, daß Gott und Götter in der Religions- und Theologiegeschichte nicht selten als ›materiell‹ vorgestellt wurden, wie im Falle der griechischen Atomistik; diese leugnete die Existenz der Götter ja nicht, sondern lehnte nur die auf Angst und Todesfurcht basierende Bindung an sie ab. Wenn man bedenkt, daß Religion – wie der Buddhismus exemplarisch zeigt – sich als durchgängig atheistisch begreifen kann, dann ist die spezifisch religiöse Kategorialität, die radikal atheistische Materialisten der Neuzeit – wie DE SADE[3] ODER DE LAMETTRIE[4] – auf den der gesamten Wirklichkeit zugrundeliegenden Urstoff, bzw. auf die mit diesem identische Natur, anwandten, nicht als eine unerhebliche Konzession an die herrschenden Sprach- und Denkgewohnheiten abzutun. Sie läßt sich vielmehr als Hinweis auf eine den christlich-theistischen Rahmen sprengende, auf Immanenz bedachte und zuweilen stark pantheistische Religiosität begreifen. In kirchlich-theologischen Kreisen sorgte das Denken des Jesuitenpaters und Anthropologen PIERRE TEILHARD DE CHARDIN jahrzehntelang für Aufregung, der sich um eine theologische Integration von Marxismus und Evolutionstheorie bemühte. Sein ›materialistisches‹ Anliegen kommt in dem kurzen, aber symptomatischen »*Hymne à la Matière*« deutlich zum Ausdruck: »*Tu règnes, Matière, dans les hauteurs sereines où s'imaginent t'éviter les Saints, – Chair si transparente et si mobile que nous ne te distinguons plus d'un esprit.*«[5] Schließlich sei darauf verwiesen, daß die marxistische Lehre der Diktatur des Proletariats zu den Hauptverwandlungen der abendländischen Eschatologie gehört und daß im Zusammenhang mit dieser auch WALTER BENJAMINS »messianischer Materialismus« zu würdigen ist. Daß die Religionsgeschichte und -wissenschaft diese hier nur durch Beispiele angedeutete Komplexität des Verhältnisses von Religion und Materialismus ernst zu nehmen hat, braucht nicht besonders hervorgehoben zu werden. Freilich muß eine stringent verfahrende, selbstkritische Religionswissenschaft mögliche Existenzsetzungen religiöser Instanzen auf materialistischer Basis genausowenig selbst mitsetzen wie die der an übernatürlichen bzw. spiritualistischen Idealen orientierten Religionsgebilde.

Literatur

BECKER, W., Idealistische und materialistische Dialektik, 1970; BERNHARDT, J., Platon et le matérialisme ancien. 1971; BLOCH, O., Le Matérialisme, 1985; BOCHENSKI, I. M., Der sowjetrussische dialektische Materialismus, [2]1956; BÜCHNER, L., Kraft und Stoff, 1955; DAKSHINARANJAN, SHASTRI, A Short History of Indian Materialism, Sensationalism and Hedonism, [2]1957; DEBIPRASAD, CHATTOPADHYAYA, Lokayata: A Study in Ancient Indien Materialism, 1959; DIJKSTERHUIS, E. J., Die Mechanisierung des Weltbildes, 1956; ELIOT, HUGH, Modern Science and Materialism, 1919;

---

3 Belege sind vielfach vorhanden in: MARQUIS DE SADE, La Philosophie dans le boudoir (1795). Édition présentée, établie et annotée par YVON BELAVAL, 1976. Siehe auch die Auswahl: MARQUIS DE SADE: Discours contre Dieu. Réunis et préfacés par GILBERT LELY, 1980.

4 Verwiesen sei hier auf sein bekanntestes Werk: L'Homme-Machine (1748). Édition présentée et établie par PAUL LAURENT ASSOUN, 1981.

5 PIERRE TEILHARD DE CHARDIN, Hymne de l'Univers. Publié sous le Haut Patronage de Sa Majesté la Reine Marie-José. 1961, S. 114. Die »*Hymne à la Matière*« (1919) ist Bestandteil eines Textes mit dem Titel: »*La Puissance Spirituelle de la Matière.*«

FEYERABEND, P. K., Materialism and the Mind-Body Problem, in: The Review of Metaphysics 17, 1 (1963) 49–66; GILLI, M., L'influence de Spinoza dans la formation du matérialisme allemand, in: Archives de Philosophie 46, 4 (1983) 590–610; GUNDERSON, K., Descartes, La Mettrie, Language and Machines, in: Philosophy 39 (1964) 193–207; HARRIS, M., Cultural Materialism, 1979; JORAVSKY, D., Soviet Marxism and Natural Science (1917–1932), 1961; JOUARY, J. P., Denis Diderot ou le matérialisme en chantier, in: La Pensée 239 (1984) 46–59; MC MULLIN, E., (Hrsg.), The Concept of Matter, 1963; MOLESCHOTT, J., Der Kreislauf des Lebens, 1852; NOVAK, M., Le matérialisme historique et l'athéisme, in: Revue Thomiste 83, 3 (1983) 445–466; PLEBE, A., Entwurf eines semistischen Materialismus, in: Semiosis 11, 43 (1986) 48–58; QUINIOU, J., Problèmes du matérialisme, 1987; RAYMOND, P., Le passage au matérialisme, 1973; ROSENTHAL, D. M. (Hrsg.), Materialism and the mind-body problem, 1971; SPINK, J. S., French free-thought from Gassendi to Voltaire, 1960; VAN VELZEN, H. T., System des religiösen Materialismus, 1909; WARTOFSKY, M. W., Diderot and the development of materialist monism, in: Boston Studies in the Philosophy of Science 48 (1979) 297–337; Wetter, G. A., Der dialektische Materialismus, [3]1956.

J. Edgar Bauer

→*Gottesvorstellungen, Idealismus, Kausalität, Weltbild*

Matriarchat / Patriarchat

A Allgemeines I. Begriffsbestimmung II. Begriffsgeschichte B Theoretische Ansätze I. Klassische Mutterrechtstheorien II. Matriarchatsforschung und ihre Kritiker III. Konzepte geschlechtsegalitärer Gesellschaften C Ethnologische Beispiele nichtpatriarchaler Gesellschaften I. Verbreitung II. Sozialstruktur

A Allgemeines

I. Begriffsbestimmung

Der Begriff ›Patriarchat‹ setzt sich zusammen aus *pater* (gr.) = ›Stammvater, Urvater, Vater‹, hiervon abgeleitet *patria* (gr.) = ›Volk, Abstammung‹, und *árchein* (gr.) = ›herrschen, Führer sein‹.[1] Unter Patriarchat versteht man eine Gesellschaftsordnung, in der die Männer sowohl im öffentlichen als auch im privaten Leben eine Vormachtstellung innehaben, die in der Regel den ökonomischen, sozialen und politischen Bereich umfaßt. Innerhalb der Familie besitzen besonders die älteren Männer eine weitgehende Entscheidungs- und Verfügungsgewalt über die einzelnen Familienmitglieder.
Der Begriff ›Matriarchat‹ ist eine Nachbildung zu ›Patriarchat‹ und wird gebildet aus *mater* (lat.) = ›Mutter‹ und ebenfalls *árchein* (gr.). Insoweit wird Matriarchat oft mit ›Mutter- bzw. Frauenherrschaft übersetzt; treffender ist es jedoch, hierbei nicht von unserem Begriff politischer Herrschaft auszugehen, sondern von einer gesellschaftlichen Dominanz der Frauen, die aber keineswegs als Umkehrung patriarchaler Machtverhältnisse zu verstehen ist.

[1] Etymologisches Wörterbuch der deutschen Sprache, hrsg. v. F. KLUGE u. a., [22]1989, 532.

II. Begriffsgeschichte

Für die irokesische Gesellschaft, in der die Frauen dominierten, prägte LAFITAU 1724 als erster den Begriff ›Gynaikokratie‹.[2] Dieser wurde von BACHOFEN übernommen, um damit eine geschichtliche Phase innerhalb seiner kulturhistorischen Mutterrechtstheorie zu bezeichnen. In der kritischen BACHOFEN-Rezeption[3] wurde das Mutterrecht als allgemeine Kulturstufe jedoch verworfen und, z. B. durch MORGANs Untersuchung zur Abstammungs- und Erbfolge in der mütterlichen Linie (Matrilinearität)[4], auf einzelne soziale Phänomene eingeengt.

Der Begriff ›Matriarchat‹ ist ein Konstrukt des späten 19. Jahrhunderts, das z. T. synonym zu ›Mutterrecht‹ gebraucht, z. T. als ›politische Frauenherrschaft‹ gegen mutterrechtliche Merkmale wie Matrilinearität und -lokalität abgegrenzt wird. Inzwischen wird der vieldeutige Ausdruck ›Mutterrecht‹, ebenso wie ›Vaterrecht‹, von den meisten Wissenschaftlerinnen und Wissenschaftlern vermieden. Dafür wurde eine Anzahl neuer Wortschöpfungen erfunden, um das Phänomen gesellschaftlicher Dominanz von Frauen in bestimmten Bereichen zu bezeichnen. So spricht z. B. BORNEMANN von matristischen und WESEL von matrifokalen Gesellschaftsformen, wobei sich ihre inhaltliche Bestimmung mit der eines Matriarchatsbegriffs wie z. B. dem von GÖTTNER-ABENDROTH verwendeten zwar teilweise überschneidet, aber keineswegs deckt. Diese verwirrende Begriffsvielfalt kann als Symptom der im folgenden dargestellten, sehr kontrovers geführten Matriarchatsdebatte betrachtet werden.

B Theoretische Ansätze

I. Klassische Mutterrechtstheorien

Mit seinem 1861 erschienenen Werk »*Das Mutterrecht*« begründete BACHOFEN die wissenschaftliche Auseinandersetzung um die Problematik Matriarchat/Patriarchat. Hierin faßte er eine Vielzahl mutterrechtlicher Phänomene, die früher als Kuriosität oder Degenerationserscheinung abgetan worden waren, zum Gesamtbild einer kulturellen Entwicklungsstufe der Menschheit zusammen. Innerhalb dieser unterschied BACHOFEN drei historische Phasen: (1) den Hetärismus, der auf regelloser sexueller Promiskuität basiere und somit die »tiefste Erniedrigung des Weibes«[5] darstelle; (2) das Amazonentum, das aus dem Widerstand der Frauen gegen ihre Erniedrigung resultiere; (3) die demetrische Gynaikokratie, die höchste Entwicklungsform des Mutterrechts, in der Keuschheit und monogame Ehe verwirklicht seien. Der Übergang zum Patriarchat ist für BACHOFEN die Entwicklung vom weiblich-stofflichen zum höherbewerteten männlich-geistigen Prinzip. Seine Methode bestand in der Analyse antiker Mythen, die er mit historischen Zeugnissen verglich.

---

[2] J. L. LAFITAU, Mœurs des sauvages Amériquains comparées aux mœurs des premiers temps, 1724.

[3] Zur BACHOFEN-Rezeption durch den Münchner Kosmikerkreis vgl. H.-J. HEINRICHS, Das Mutterrecht von J. J. Bachofen; BACHOFENs Gedankengut fließt auch ein bei F. ENGELS, Der Ursprung der Familie, des Privateigentums und des Staates, 1884.

[4] L. H. MORGAN, Ancient Society, 1877, dt.: Die Urgesellschaft, 1891.

[5] BACHOFEN, Mutterrecht, 387.

BACHOFENS Werk stieß in der Wissenschaft größtenteils auf Ablehnung. Methodisch warfen ihm seine Kritiker – fälschlicherweise – vor, daß er den Inhalt der Mythen als Realgeschichte behandle[6]; inhaltlich sind seine Interpretationen von einer bürgerlich-patriarchalen Ideologie geprägt. ZINSER spricht hier von einer »Projektion von Erfahrungen, Wünschen und Ängsten aus den gesellschaftlichen Verhältnissen des vorherigen Jahrhunderts«.[7] Mit der ca. 1890 in der Ethnologie einsetzenden allgemeinen Evolutionismuskritik waren Theorien über das Mutterrecht als gesellschaftliche Entwicklungsstufe bis zur Mitte unseres Jahrhunderts diskreditiert. Eine Ausnahme stellte R. BRIFFAULTS dreibändiges Werk »*The Mothers*« von 1927 dar, in dem er die These vertritt, daß in der Tierwelt die Weibchen die stärkeren sozialen Anlagen besitzen, weswegen die Frauen auch in den Anfängen der Menschheitsgeschichte die dominierende Rolle innegehabt hätten.
Der Diffusionist und Angehörige eines katholischen Missionsordens W. SCHMIDT[8] entwickelte eine Wanderungstheorie mutterrechtlicher Kulturen. Danach seien diese Gesellschaften mit der Erfindung des Hackbaus durch die Frauen und deren daraus folgenden ökonomischen Übergewicht in Südostasien entstanden und hätten sich über die Wasserwege weltweit verbreitet. RANKE-GRAVES[9] erstellte ein Modell matriarchaler Religion, indem er unter Einbezug anthropologischer wie archäologischer Erkenntnisse die Mythologien des Mittelmeerraumes untersuchte. Inhaltlich ging er von FRAZERS »*ritual pattern*« aus, einem religiös-rituellen Grundmuster, aus dem alle weiteren Religionen entstanden sein sollen.[10] Danach besteht diese archaische Urform aus einer unsterblichen Göttin, welche den Kosmos repräsentiert, und dem ihr zugeordneten Heiligen König oder Priester, der als Sterblicher den Ablauf von Werden und Vergehen in der Natur symbolisiert, für deren Harmonie er verantwortlich ist. RANKE-GRAVES befaßt sich besonders mit der von FRAZER vernachlässigten Seite der Göttin und kommt zu dem Ergebnis: »Das vorgeschichtliche Europa kannte keine männlichen Götter. Die große Göttin allein wurde als unsterblich, unveränderlich und allmächtig betrachtet.«[11] Nach seiner Auffassung tritt sie dreigestaltig als Mädchen, reife Frau und altes Weib in Erscheinung, woraus eine Vielzahl mystischer Analogien für die natürliche und soziale Umwelt abgeleitet worden wären.

II. ›Matriarchatsforschung‹ und ihre Kritiker

Während die Matriarchatsdiskussion seit Beginn des 20. Jahrhunderts eher ein Schattendasein führte, erhielt sie durch die ›Neue Frauenbewegung‹ in den 70er Jahren und die im wissenschaftlichen Bereich sich entwickelnde Frauenforschung neue Anstöße. Zur Frage nach dem Verhältnis von Frauen und Herrschaft bzw. Macht kristallisierten sich dabei zwei gegensätzliche Grundpositionen heraus. Auf der einen Seite ging schon SIMONE DE BEAUVOIR davon aus, daß die Männer immer und in allen Gesellschaften herrschten und nur sie die politische Macht in ihren Händen hielten.[12] Diese These

6 Vgl. ZINSER, Mythos des Mutterrechts, 20.
7 Ebd., 30.
8 W. SCHMIDT, Das Mutterrecht, 1955.
9 R. VON RANKE-GRAVES, Griechische Mythologie, 2 Bde., 1961.
10 J. G. FRAZER, Der goldene Zweig, (1861) 1977.
11 RANKE-GRAVES, a. a. O., 13
12 S. DE BEAUVOIR, Das andere Geschlecht, 1968, 77.

von der Universalität männlicher Herrschaft oder Dominanz über die Frauen wurde späterhin auch von einigen US-amerikanischen Anthropologinnen[13] vertreten, die damit eine heftige Kontroverse innerhalb der Sozialwissenschaften auslösten.[14]
Demgegenüber stehen theoretische Ansätze, welche die Existenz einer frühen matriarchalen Kulturepoche annehmen, die Frauen also nicht zwangsläufig als beherrschtes Geschlecht sehen. Die wichtigsten Vertreterinnen dieser Position im deutschsprachigen Raum sind CILLIE RENTMEISTER und HEIDE GÖTTNER-ABENDROTH, für die Matriarchatsforschung auch immer Patriarchatsanalyse und Patriarchatskritik bedeutet. Nach RENTMEISTER beruhen matriarchale Gesellschaften auf einer krassen Dualität von Frauen und Männern, die durch unterschiedliche kulturelle Geschlechtsdefinitionen zustande kommt.[15] GÖTTNER-ABENDROTH definiert Matriarchat als »von Frauen geschaffene und geprägte Gesellschaften, in denen sie dominierten, aber nicht herrschten«.[16] Der zeitliche Umfang dieser Kulturepoche besteht für sie von der Altsteinzeit bis in die Anfänge der Bronzezeit,[17] in dessen Verlauf sich das Matriarchat von einer frühen Form der Ackerbaukultur bis zu einer hochentwickelten Phase der Stadtkultur entwickelt hätte. Basierend auf einer herrschaftsfreien Gentilgesellschaft, in der das politische System mit der Verwandtschaftsorganisation zusammenfällt, führte die Matrilinearität und -lokalität zu einer matriarchalen Sozialordnung, die vor allem von den Müttern bestimmt worden sei. Als Ackerbäuerinnen lieferten die Frauen den größten Teil der Nahrungsversorgung; auch besaßen sie dominierende Funktionen im kultisch-religiösen Bereich. Den Umbruch vom Matriarchat zum Patriarchat sieht GÖTTNER-ABENDROTH als »eine tiefgreifende, gewaltsame Revolution, welche das vorige friedliche Gefüge der Gentilgesellschaft auflöste und einen völlig anderen Gesellschaftstyp hervorbrachte«[18], womit sie eine Zweiteilung der Geschichte annimmt.
Auch BORNEMANN setzt an den Anfang der Geschichte eine Gesellschaftsform, die von den Frauen bestimmt und dominiert wurde; er nennt sie »matristische Gesellschaft«. Ihre Sozialstruktur sei durch Matrilinearität und -lokalität, durch freiwillige Anerkennung der Autorität der Mütter gekennzeichnet, jedoch nicht durch Hierarchie und Herrschaft. Den Übergang vom Matriarchat zum Patriarchat erklärte BORNEMANN hauptsächlich mit der Erfindung des Pfluges durch die Männer, wodurch sie nicht nur die ökonomische, sondern auch die sexuelle und politische Vorherrschaft erlangten. »Erst der Nahrungsüberschuß ermöglicht die Akkumulation von Eigentum, erst die Akkumulation von Eigentum ermöglicht dessen Vererbung, und erst die Vererbung von Eigentum erfordert die Feststellung der Vaterschaft. Dies aber ist genau der historische Punkt, der die Machtübernahme des Patriarchats kennzeichnet.«[19] Diese

13 Vgl. den Sammelband von M. ROSALDO u. L. LAMPHERE, Woman, Culture and Society, 1974; hierin besonders die Artikel von J. BAMBERGER, The Myth of Matriarchy, Why Men Rule in Primitive Society, 263–280, von N. CHODOROW, Family Structure and Feminine Personality, 43–66, von S. B. ORTNER, Is Female to Male as Nature is to Culture?, 67–87, und von M. ROSALDO, Woman, Culture and Society: A Theoretical Overview, 17–42.

14 Eine Gegenargumentation findet sich z. B. bei C. MACCORMACK u. M. STRATHERN, Nature, Culture and Gender, 1980.

15 RENTMEISTER, Frauenwelten – Männerwelten.

16 GÖTTNER-ABENDROTH, Matriarchat, 9.

17 Vgl. auch R. FESTER u. a., Weib und Macht. Fünf Millionen Jahre Urgeschichte der Frau, 1979.

18 GÖTTNER-ABENDROTH, a. a. O., 63.

19 BORNEMANN, Patriarchat, 14.

Mechanismen der Entstehung und Etablierung des Patriarchats beschreibt er anhand des antiken Griechenlands und Roms.
Insgesamt bleiben in der Matriarchatsforschung der konkrete Aufbau, die Funktionen und Zusammenhänge einzelner Faktoren in ›matriarchalen‹ Gesellschaften unklar; ebenso wurde die Frage nach den Ursachen und Abläufen des Übergangs zum Patriarchat bisher nur unbefriedigend gelöst. Hauptkritikpunkt ist für viele Gegner wie MÜHLMANN, WESEL und ZINSER jedoch die Herrschaftsfrage: Indem sie ›Matriarchat‹ mit politischer Herrschaft von Frauen gleichsetzen, erklären sie eine solche Gesellschaftsform für nichtexistent.[20] Dabei kommt in den Matriarchatstheorien deutlich zum Ausdruck, daß es sich nicht um eine Umkehrung patriarchaler Machtverhältnisse handelt: »Denn Matriarchat als platte Herrschaftsumkehrung nach patriarchalem Muster hat es in der Tat nie gegeben!«[21] Auch Einwände wie der von K. E. MÜLLER, daß in der Gegenwart keine matriarchalen Gesellschaften existierten,[22] sind unberechtigt, da es sich bei der Matriarchatsdebatte um ein Problem historischer Rekonstruktion handelt.[23] JANSSEN-JURREIT vertritt hierzu die Überzeugung, daß sich gesicherte Erkenntnisse über die schriftlose Vorgeschichte nur in Bereichen wie Siedlungsbau, Werkzeuggebrauch oder Bestattungsformen gewinnen lassen, nicht jedoch bezüglich sog. ›Überbauphänomene‹ wie religiöse Vorstellungen, Herrschaftsverhältnisse und Geschlechterbeziehungen. »Die These eines universalen Patriarchats vom Anfang der Menschheitsgeschichte bis heute ist genauso fragwürdig wie die eines universalen Matriarchats ... Beide werden nie zu verifizieren, aber auch nie vollständig zu falsifizieren sein.«[24]

III. Konzepte geschlechtsegalitärer Gesellschaften

Mit dem Begriff der egalitären Gesellschaft bezeichnete man in der modernen Ethnologie ursprünglich klassenlose Gesellschaften ohne politische Zentralinstanzen. Erst später wurden einige differenzierende Definitionsversuche unternommen,[25] da es sich herausstellte, daß z. T. innerhalb der egalitären Lineages hierarchische Machtstrukturen zwischen Individuen herrschten. ELEONORE LEACOCK erweiterte den Begriff der egalitären Gesellschaft um die bisher vernachlässigte Dimension des Geschlechts,[26] womit die Frage nach einer gleichheitlichen Machtverteilung zwischen den Geschlechtern in das ethnologische Blickfeld geriet. Bei der Suche nach der Macht von Frauen entdeckte man, daß es neben den meist von Männern besetzten formellen Machtpositionen eine Vielzahl informeller Macht- und Einflußmöglichkeiten gibt, die oft von Frauen genutzt werden. Ebenso fand eine Revision des WEBER*schen* Machtbegriffs statt, wonach Macht in der Möglichkeit bestehe, anderen seinen Willen aufzuzwingen.[27] LENZ setzt dem eine Machtdefinition entgegen, deren Bedeutung »sich von

---

20 Vgl. W. E. MÜHLMANN, Rassen, Ethnien, Kulturen, 1964, 215–247; WESEL, Mythos vom Matriarchat, 130; ZINSER, Mythos des Mutterrechts, 90.
21 GÖTTNER-ABENDROTH, a. a. O., 183 f.
22 MÜLLER, Die bessere und die schlechtere Hälfte, 11 f.
23 Vgl. HILDEBRANDT, Das Matriarchat, 185.
24 M. JANSSEN-JURREIT, Sexismus, 1976, 130.
25 Vgl. M. H. FRIED, The evolution of political society, 1967; J. WOODBURN, Egalitarian Societies, in: Man N. S. 17 (1982) 431–451.
26 E. LEACOCK, Women's Status in Egalitarian Society, in: Current Anthropology 19 (1978).
27 M. WEBER, Wirtschaft und Gesellschaft, 1922.

einem eindimensionalen Vorgang des Sichdurchsetzens zu Prozessen des ›Aushandelns‹ zwischen den Beteiligten‹ verschiebt.[28]
Leacock geht in ihrem Konzept geschlechtsegalitärer Gesellschaften davon aus, daß die Gleichheitlichkeit der Geschlechter gewährleistet wird, indem sie über verschiedene gesellschaftliche Bereiche und Ressourcen autonom entscheiden können. Diese Verteilung von Macht und Autorität verlange einerseits Kooperation und Konsens, so daß zwischen Frauen- und Männermacht eine gegenseitige Abhängigkeit bzw. Machtbalance bestehe, die eine einseitige Herrschaftsbildung verhindere.[29] ALICE SCHLEGEL weist auf das Zusammenspiel von ökonomischen, sozialen und ideologischen Faktoren hin, das den Status der Geschlechter innerhalb einer Gesellschaft bestimme. Darüber hinaus spiele auch eine Rolle, wer die zentrale Institution kontrolliert; die Balance des geschlechtlichen Machtverhältnisses müsse in einem dynamischen Prozeß immer wieder erneut hergestellt werden.[30] Für KARLA POEWE gibt es vier Formen eines egalitären Geschlechterverhältnisses: 1. die fehlende Differenzierung der Interessen und Aktivitäten von Männern und Frauen sowie der Geschlechterideologie, 2. die gegenseitige Abhängigkeit und Machtbalance (vgl. LEACOCK), 3. den geschlechtlichen Parallelismus, bei dem Frauen- und Männerbereiche getrennt sind und gegenseitige Interventionen nicht stattfinden, 4. die mythische männliche Vorherrschaft, bei der die Frauen jedoch entgegen der herrschenden Geschlechterideologie reale Macht besitzen.[31]

C Ethnologische Beispiele nichtpatriarchaler Gesellschaften

I. Verbreitung

Unabhängig davon, ob Gesellschaften als matriarchal, matrifokal oder geschlechtsegalitär bezeichnet werden, sind damit Gesellschaften gemeint, die nicht von einer patriarchalen Herrschaft der Männer über die Frauen bestimmt werden und in denen die Frauen nicht das ›unterdrückte Geschlecht‹ darstellen. Solche nichtpatriarchalen Gesellschaften sind bzw. waren in allen Teilen der Welt verbreitet. BRIFFAULT listet allein auf 60 Seiten matrilinear und matrilokal organisierte Gesellschaften auf.[32] Einige der bekanntesten nichtpatriarchalen Ethnien sind z. B. die Trobriander Ozeaniens,[33] die Irokesen[34] und Hopi[35] Nordamerikas, die Nayar in Indien,[36] die Minang-

---

28 I. LENZ, Geschlechtssymmetrische Gesellschaften, in: LENZ u. LUIG, Frauenmacht ohne Herrschaft, 55.
29 E. LEACOCK, Myths of Male Dominance, 1981.
30 A. SCHLEGEL, Male Dominance and Female Autonomy, 1972; dies. (Hrsg.), Sexual Stratification. A Cross Cultural View, 1977.
31 K. O. POEWE, Matrilineal Ideology. Male-Female Dynamics in Luapula, Zambia, 1981.
32 R. BRIFFAULT, a. a. O.
33 Vgl. B. MALINOWSKI, Coral Gardens and Their Magic, 1935; A. B. WEINER, Women of Value, Men of Renown, 1976; dies., The Trobianders of Papua New Guinea, 1988.
34 Vgl. L. H. MORGAN, League of the Iroquois, 1962; I. SCHUHMACHER, Gesellschaftliche Struktur und Rolle der Frau. Das Beispiel der Irokesen (Soziologische Schriften 10) 1972; J. K. BROWN, Irokesinnen, in: LENZ u. LUIG, a. a. O., 153–171.
35 Vgl. A. SCHLEGEL, Geschlechterantagonismus bei den geschlechtsegalitären Hopi, in: LENZ u. LUIG, a. a. O., 201–226.
36 D. M. SCHNEIDER u. K. GOUGH, Matrilineal Kingship, 1962.

kabau in Südostasien[37] und die San[38] im südlichen Afrika. Dabei ist festzustellen, daß nichtpatriarchale Gesellschaftsstrukturen nicht an eine bestimmte Wirtschaftsform gebunden sind; am häufigsten treten sie in bilateralen Wildbeutergesellschaften auf, aber auch in matrilinearen Ackerbau- oder Pflanzergesellschaften.

II. Sozialstruktur

Trotz vieler Versuche, nichtpatriarchale Gesellschaften auf das Phänomen der Matrilinearität und -lokalität zu reduzieren, existiert eine Reihe weiterer Strukturmerkmale, die in den einzelnen Ethnien mehr oder weniger ausgeprägt vorkommen. In den klassischen Mutterrechtstheorien werden neben der matrilinearen Abstammungs- und Erbfolge auch die sexuelle Freizügigkeit (z. B. Gruppenehe), gekoppelt mit dem vorgeblichen Nichtwissen um die biologische Vaterschaft, sowie die politische und wirtschaftliche Gemeinschaftlichkeit (z. B. ursprüngliche Freiheit und Gleichheit, Gütergemeinschaft) genannt.

LENZ und LUIG beschreiben vier Kernbereiche bzw. »Machtfelder«, in denen Frauen nichtpatriarchaler Gesellschaften in der Regel starke Positionen einnehmen.[39] 1. Produktion: Frauen verfügen über materielle Ressourcen (z. B. Land, Haus) und über die Produkte ihrer Arbeit; sie können weitestgehend selbst über ihre Arbeitsorganisation entscheiden. Vor allem in matrilinearen, Feldbau betreibenden Gesellschaften verwalten die Frauen die Erntevorräte und das Lineage-Vermögen; 2. Reproduktion: Frauen besitzen die Kontrolle und freie Entscheidungsgewalt über ihre Gebärfähigkeit (Anzahl der Kinder und Abstand zwischen ihnen). Paarbeziehungen scheinen vor dem Hintergrund der sozialen und ökonomischen Sicherheit der Matrilineage relativ unwichtig zu sein (z. T. Besuchsehe), sie sind von weiblicher Seite leicht zu lösen. Bei der Wahl ihrer Sexual- oder Ehepartner zeigen die Frauen große Eigeninitiative; 3. Sexualität: Sie ist durch eine hohe Autonomie der Beteiligten gekennzeichnet. So fehlen soziale Sanktionen bei vor- oder außerehelichem Geschlechtsverkehr ebenso wie spezifische Keuschheitsnormen für Frauen. Formen sexueller Gewalt, wie z. B. Vergewaltigung, sind größtenteils unbekannt; 4. symbolische Ordnungen: In den Denk- und Vorstellungsmodellen nichtpatriarchaler Gesellschaften ist ›das Weibliche‹ von zentraler Bedeutung. Dies zeigt sich nicht nur in weiblichen Gottheiten, sondern auch in den Erklärungen und Bildern kosmischer und sozialer Zusammenhänge. Frauen haben wichtige Ämter (z. B. als Priesterinnen, Heilerinnen oder Leiterinnen bei der Durchführung von Riten) inne, und es werden ihnen eigenständige spirituelle Kräfte zugeschrieben.

Literatur

BACHOFEN, J. J., Das Mutterrecht, 1861; BORNEMANN, E., Das Patriarchat. Ursprung und Zukunft unseres Gesellschaftssystems, 1975; GÖTTNER-ABENDROTH, H., Das Matriarchat. Geschichte seiner Erforschung, 1988; HEINRICHS, H.-J., Das Mutterrecht von J. J. Bachofen in der

---

[37] Vgl. I. LENZ, Geschlechtersymmetrie als Geflecht von Frauen- und Männermacht. Zu den Minangkabau der vorkolonialen Epoche, in: LENZ u. LUIG, a. a. O., 280–305.

[38] R. B. LEE, The !Kung San: Men, Women and Work in a Foraging Society, 1979; U. LUIG, Sind egalitäre Gesellschaften auch geschlechtsegalitär?, in: LENZ u. LUIG, a. a. O., 75–152.

[39] LENZ u. LUIG, a. a. O., 39 ff.

Diskussion, 1987; HILDEBRANDT, H.-J., Das Matriarchat. Zur Geschichte und Struktur eines Problems, in: ders., Johann Jakob Bachofen. Die Primär- und Sekundärliteratur, 1988; LENZ, I., und U. LUIG, Frauenmacht ohne Herrschaft. Geschlechterverhältnisse in nichtpatriarchalischen Gesellschaften, 1990; MÜLLER, K. E., Die bessere und die schlechtere Hälfte. Ethnologie des Geschlechterkonflikts, 1984; RENTMEISTER, C., Frauenwelten – Männerwelten, 1985; WESEL, U., Der Mythos vom Matriarchat, 1980; ZINSER, H., Der Mythos des Mutterrechts, 1981.

Doris Hodel

→*Muttergottheiten, Verwandtschaft*

Meditation

A Begriffsbestimmung

1. *Definition*: Der Begriff »Meditation« stellt eine Sammelbezeichnung für verschiedene psychische Methoden der Herbeiführung (Umschaltung auf) veränderter Wachzustände (*altered states of consciousness*; veränderte Bewußtseinszustände) dar, denen gemeinsam ist, daß der Meditierende bewegungslos, oder in eintöniger Bewegung in einer reizarmen Umgebung, seine Gedanken auf einen einzigen Gegenstand konzentriert. Als psychisch unterscheiden die Meditationsmethoden von den Methoden zur Herbeiführung solcher Wachzustände durch Drogen. Innerhalb der psychologischen Methoden sind die Meditationsmethoden abzugrenzen – wobei die Grenzen fließend sind – gegen die Reinformen von sensorischer Deprivation (möglichst weitgehende Ausschaltung aller Umweltreize) und perzeptiver Deprivation (Beschränkung der Umweltreize auf monotone Reize), gegen fremdhypnotische Techniken, evtl. gegen andere Formen der Selbsthypnose (z. B. Autogenes Training) sowie gegen die Methoden mittels Reizüberflutung (z. B. rhythmische Stimulation durch Trommeln oder Tanz).[1]

Psychologisch gesehen kann man den herbeigeführten veränderten Wachzustand als Unterwachbewußtsein (Schwebezustand zwischen Schlaf und Hellwachsein mit verminderter Reaktion auf Umwelteinflüsse) bei uneingeschränktem Erleben innerhalb

[1] Vgl. A. DITTRICH, Gemeinsamkeiten von Halluzinogenen und psychologischen Verfahren zur Auslösung von veränderten Wachbewußtseinszuständen, in: G. VÖLGER (Hrsg.), Rausch und Realität I, 1982, 87–90.

des eingeschränkten (konzentrierten) Bewußtseinsfeldes, gelegentlich auch als Überwachbewußtsein, beschreiben.

2. *Abgrenzung gegen andere Begriffe*: Es empfiehlt sich, Meditation abzugrenzen gegen: Kontemplation (Denken wird gezielt auf ein besonderes religiöses Ereignis oder theologisches Problem gerichtet. Dieser Denkprozeß endet häufig mit dem Versuch, diesen Gedanken für das eigene Leben nutzbar zu machen); Gebet (aber Überschneidung mit dem ›betrachtenden‹ Gebet).

3. *Zur Verwendung des Begriffes in der Religionswissenschaft*: Meditation[2] wird im Deutschen in einer Reihe von Bedeutungen verwendet: Für Nachdenken, Erwägen, Besinnung, Betrachtung, religiöse Versenkung und ähnliches. Meditation im Sinne gedanklicher Überlegungen liegt auch Komposita wie ›Predigtmeditation‹, ›Textmeditation‹ zugrunde. Um dem Begriff nicht seinen heuristischen Wert zu nehmen, empfiehlt es sich, das Wort im obigen Sinn oder noch präziser zu verwenden.
Wörter aus den für Meditation ergiebigsten indisch-religiösen Traditionen, die Aspekten oder dem Ganzen obiger Begriffsbestimmung entsprechen, sind *dhyāna, bhāvanā, kammathāna, sati, yoga*.

B Systematik

I. Arten und Methoden der Meditation

1. *Bezüglich der Strenge der Konzentration*: Es unterscheiden sich die ›strengen‹ Techniken, die Ablenkung nicht dulden oder Zwang ausüben zur Vermeidung von Ablenkungen, von den ›weicheren‹ Techniken, bei denen man sich bei Ablenkungen ohne besondere Anstrengungen wieder konzentriert.

2. *Bezüglich des Gegenstandes und der Methode der Konzentration*: Häufige Gegenstände der Konzentration sind: bestimmte Laute (*Mantra*), Worte, Sätze (z. B. Herzensgebet), die man laut oder im Geist wiederholt; normalerweise automatisierte Körpervorgänge, insbesondere das Atmen; auftauchende Bewußtseinszustände: nichtbeantwortbare Rätsel (*Koan*); Licht, Farben, Formen (z. B. Bilder, Diagramme (*Mandala*)); Geräusche.
Zur Methode gehören bestimmte Körperhaltungen, insbesondere Sitzhaltungen (*āsana*), öfters Atemtechniken (z. B. *prāṇāyāma*), bestimmte Augenstellungen (z. B. Augenverschließen, Richtung der Pupillen aufwärts Richtung Stirnmitte, Fixierungen), monotone Wiederholungen.

3. *Bezüglich der Dauer*: Manche Meditationstraditionen fordern täglich sehr langes Meditieren (vom Aufstehen bis zum Schlafengehen); andere ein oder mehrere kurze Meditationsperioden pro Tag; andere Mischformen: Perioden extensiven Meditierens abwechselnd mit Perioden kurzer Meditationszeiten.

---

[2] Zur Begriffsgeschichte siehe B. MOJSISCH, W. HALBFASS, I. GRIMM, Art. Meditation, in: HWPh 5 (1980) 961–968.

4. *Bezüglich des Zieles*: In Anlehnung an die indische Tradition kann man unterscheiden: irdische Ziele der Meditation (z. B. Entspannung, Heilung, außergewöhnliche Fähigkeiten (*siddhi*), Wiedergeburt in hohen Seinssphären) und religiöse Ziele von Meditation (Erlösung, Schau Gottes, Einswerden mit dem Absoluten, Klarwerden über Willen Gottes).

II. Voraussetzungen der Meditation

Häufig wird als Voraussetzung für erfolgreiche Meditation ein asketisches, insbesondere sexuell enthaltsames Leben gefordert (sexuelle Enthaltsamkeit steigert unter Umständen die Wirkungen der Spannungsabfuhr). Sehr oft wird ein persönlicher Lehrer (*Guru*, Exerzitienmeister und dergleichen) als notwendig erachtet. Bezüglich des rechten Zeitpunktes für die Meditation gehen die Anschauungen weit auseinander, oft wird die Zeit bei Sonnenaufgang empfohlen (evtl. Zusammenhang mit Zyklus des Nebennierenhormons).

III. Wirkungen der Meditation

Eine differenzierende empirische Untersuchung der Wirkungen verschiedener Meditationsmethoden ist noch nicht geleistet. Das umfassendste Material steht für die Oberstufe des Autogenen Trainings zur Verfügung, die viele Parallelen zu traditionellen Meditationsmethoden aufweist. Die Untersuchungen zur Transzendentalen Meditation sind oft wegen ihrer propagandistischen Tendenz nur vorsichtig zu gebrauchen. Untersuchungen zu *Yoga* und verschiedene buddhistischen Meditationsmethoden, insbesondere *Zen*, sind wegen des Mangels an fortgeschrittenen Versuchspersonen selten.

1. *Psychisch*: (a) Während der Meditation: Die Wirkungen von Meditation auf den Bewußtseinszustand sind individuell sehr verschieden. Unabhängig von der Methode der Hervorbringung des veränderten Wachzustandes scheinen folgende drei primären Skalen trennbar zu sein:
1. Mystisches Erleben: Glücksgefühle (meist ruhiger Art (*Enstase*), aber auch *Ekstase*); Verwischen oder Aufhebung der Grenze zwischen Subjekt und Objekt (Verlieren des Gefühls individueller Identität, Verschmelzung mit der Umwelt): Auflösung des Zusammenhanges; Gefühl der Körperlosigkeit; Transzendieren der Zeit; Levitationserlebnisse.
2. Angst vor Verlust der Selbstkontrolle: unangenehmer Zustand.
3. Veränderte optische Wahrnehmung: Halluzinationen, Visionen, Synästhesien, verändertes Erleben der Bedeutung von Gegenständen in ihrer Umwelt.[3] In der Theorie des Autogenen Trainings werden viele der genannten Phänomene als Nebenwirkungen des Spannungsabbaus gedeutet: Der Spannungsabbau durch Meditation kann folgende Nebenwirkungen haben: Schweregefühl, Gewichtlosigkeitsgefühl; Hitze-, Kälte-, Brennempfindung; Jucken, Kribbeln, Empfindungslosigkeit; Riechen bestimmter Gerüche; lebhafte Geschmacksempfindungen; Veränderungen der Vorstellungen des eigenen Körpers; Schmerzen; Sehen von Bildern; Hören innerer Geräusche; extreme Rastlosigkeit; Wut; sexuelle Empfindungen. Bei gelungenem Spannungsabbau kann man unter Umständen blendend weißes Licht, Leere oder einen leeren Raum sehen.

---

[3] Vgl. DITTRICH, Gemeinsamkeiten von Halluzinogenen, 91.

(b) Wirkungen auf die Persönlichkeit: Meditation scheint eine stärkere Feldunabhängigkeit (Selbstbewußtsein), größere Toleranz mit sich selbst und anderen bewirken zu können. Meditation kann aber auch zu einem Zusammenbruch der geistigen und physischen Funktionen und zu einem radikalen Wandel der Persönlichkeit führen, der je nach dem Verständnisparadigma positiv oder negativ bewertet wird.

2. *Physisch*: Als physiologische Wirkungen von Meditation werden immer wieder beschrieben: Reduktion des Stoffwechsels (geringerer Sauerstoffverbrauch, weniger Kohlendioxid-Ausscheidung, langsamere Atemfrequenz; allerdings sind ein Teil der beobachteten Phänomene nur Kontrasteffekte des Übergangs von einem gespannten zu einem entspannten Zustand); Senkung der Herzfrequenz; Anstieg des galvanischen Hautwiderstandes; Absinken des Blutlaktat-Spiegels; stärkere Durchblutung an Unterarm und Stirn; ausgeprägte Alphawellen im EEG, unter Umständen lange Zeitspannen von Theta-Wellen ohne einzuschlafen; das heißt, Meditation ist ein Zustand verminderten Stresses. Nebenwirkungen des Spannungsabbaues können sein: Vibrieren, Schwitzen, Frösteln, Herzklopfen, schnelles Atmen, starke Speichelproduktion, Niesen, Husten, Gähnen, Seufzen, Lachen, Tränen, Orgasmus.

3. ›*Metaphysisch*‹: Durch Meditation bewirkte Bewußtseinszustände, insbesondere Evidenzerlebnisse, werden in religiösem Rahmen oft als Erfahrungen einer oder der eigentlichen Wirklichkeit gedeutet. Was innerhalb eines rationalistisch geprägten Verständnisparadigmas als irrational, abnorm, regressiv oder psychopathologisch gedeutet wird, wird innerhalb anderer Paradigmen als Bewußtseinserweiterung, Offenbarung, Begegnung mit dem Absoluten, erlösende Erkenntnis gedeutet. Nicht alle Meditationserfahrungen werden dabei gleich bewertet, so werden z. B. auftretende Visionen in den buddhistischen Meditationstraditionen als Hindernisse (*upakilesa, makyo*) auf dem Weg zum erlösenden Evidenzerlebnis betrachtet.

IV. Stufen der Meditation

Von den Versuchen, Stufen der Bewußtseinszustände abzugrenzen, die in Meditation erreicht werden, stehe hier paradigmatisch die buddhistische Lehre von den durch Ruhigwerde-Meditation erreichbaren veränderten Wachzuständen (*jhāna*): nach entsprechenden meditativen Übungen und vorbereitenden Bewußtseinszuständen erreicht der Meditierende die erste Stufe, die gekennzeichnet ist durch Einspitzigkeit des Bewußtseins, Reflexion, Verzückung, Glücksgefühl: bei der zweiten Stufe entfällt die Reflexion; bei der dritten die Verzückung; bei der vierten tritt an Stelle des Glücksgefühls ein Zustand des Gleichmuts; bei der fünften erfährt der Meditierende den Raum als unendlich; bei der sechsten das Bewußtsein als unendlich; bei der siebten erfährt er das Nichts; bei der achten steht sein Bewußtsein jenseits von Wahrnehmung und Nicht-Wahrnehmung. Es ist zu beachten, daß diese Zustände, insbesondere der vierte, eine Voraussetzung für die erlösende Erkenntnis, nicht aber diese selbst sind.

C Meditation in der Religionsgeschichte

Meditation hat eine zentrale Stellung innerhalb der meisten hinduistischen Religionen, des Buddhismus und Taoismus. Doch auch im Christentum (z. B. Herzensgebet, Exerzitien), Islam und anderen Religionen finden sich Meditationsmethoden. Populär wurde im Westen Meditation vor allem durch die Transzendentale Meditation, eine Form der Mantrameditation, doch wurde schon früher das Interesse auf östliche Meditationsmethoden gerichtet, z. B. im Gefolge der Anthroposophie Rudolph Steiners, des Zen-Booms, indischer ›Missionsbewegungen‹, der Suche nach Bewußtseinserweiterungen durch Drogen und des Autogenen Trainings in der Medizin.
Die aus Indien stammenden Religionen haben eine umfangreiche, detaillierte Literatur zu den verschiedenen Meditationsmethoden und den durch sie erreichten Bewußtseinszuständen hervorgebracht. Beispielhaft sei aus der Tradition des *Theravadabuddhismus* der »*Visuddhimagga*« von BUDDHAGHOSA (5. Jh. n. Chr.) erwähnt. In ihm werden die Voraussetzungen, Methoden und erreichbaren Zustände beschrieben, sowohl für Ruhigwerde-Meditation (*Samatha-kammatthāna*) als auch für die zur Erlösung führende Einsichts-Meditation (*Vipassanā-kammatthāna*). Von der Ruhigwerde-Meditation werden gemäß den verschiedenen Objekten der Konzentration vierzig verschiedene Arten unterschieden und beschrieben.

Literatur

BLOFELD, J., Gateway to wisdom, 1980 (dt. Selbstheilung durch die Kraft der Stille, 1981); BUDDHAGHOSA: Visuddhimagga (engl. The path of purification, 1975); CARRINGTON, R., Das große Buch der Meditation, (1977) 1980; HEILER, F., Das Gebet, (1918) 1923; KORNFIELD, J., Living Buddhist Masters, 1977; ITAL, G., Auf dem Wege zu Satori, 1971; LUTHE, W., SCHULTZ, J. H., Autogenic Therapy, 6 Bd., 1969 ff.; REITER, U. (Hrsg.), Meditation – Wege zum Selbst, 1976; SCHULTZ, I. H., Das autogene Training, (1932) 1982; TART, C. T. (Hrsg.), Transpersonal Psychologies, 1975 (dt. Transpersonale Psychologie, 1978); THOMAS, K., Meditation in Forschung und Erfahrung, 1973.

Alois Payer

→ *Mysterien / Mystik*

Medium

Der Begriff ›Medium‹ (von lat. *medius* – ›der mittlere‹, ›Vermittler‹; *medium*) bezeichnet eine Person, der aufgrund besonderer Anzeichen zugeschrieben wird, daß sie Äußerungen des Übernatürlichen mitteilen könne, und zwar meistens in einem Zustand der Trance. Im Gegensatz zur schamanistischen Ekstase, die nach den emischen Beschreibungen darin besteht, daß die Seele den Schamanen verläßt, um mit den Geistern zu kommunizieren[1], werden Medien von den in den jeweiligen Gesellschaften gedachten jenseitigen Wesen in Besitz genommen, um deren Willen zu offenbaren. Aufgrund dieses Offenba-

---

[1] ELIADE, Le chamanisme, 19 f.

rungscharakters werden Medien in vielen Gesellschaften mit Ehrfurcht behandelt. VAJDA spricht vom »Mediumismus der Besessenheitskulte«.[2] Die jeweiligen übernatürlichen Mächte können spontan und unkontrolliert von dem Medium Besitz ergreifen, etwa in Träumen; in Gesellschaften, in denen Medien institutionalisiert sind, wird ein Zustand der Besessenheit oft bewußt herbeigeführt, z. B. durch Meditation, Drogen, rhythmisches Tanzen, Singen oder Trommelschlagen.[3] In diesen Gesellschaften sind Medien häufig auch spezialisiert auf den Kontakt mit bestimmten Göttern, Geistern oder Ahnen.[4] Die Offenbarung kann sich – je nach den Normen der jeweiligen Gesellschaft – in bestimmten Handlungen wie Heilungswundern oder häufiger in Visionen, Auditionen oder Glossolalien äußern.[5] Meist braucht das Medium dann einen Interpreten wie etwa die delphische Pythia.

Literatur

ARBMAN, E., Ecstasy or Religious Trance, 3 Bde., 1963–70; ELIADE, M., Le chamanisme et les techniques archaïques de l'extase, 1951; HEINTZE, B., Besessenheitsphänomene im Mittleren Bantu-Gebiet (Studien zur Kulturkunde 25) 1970; OESTERREICH, T. K., Einführung in die Religionspsychologie, 1917; VAJDA, L., Zur phaseologischen Stellung des Schamanismus, in: C. A. SCHMITZ (Hrsg.), Religionsethnologie, 1964, 265–295; ZINSER, H., Ekstase und Entfremdung. Zur Analyse neuerer ekstatischer Kulturveranstaltungen, in: ders., Religionswissenschaft. Eine Einführung, 1988, 274–284.

Gertrud Schier

→*Besessenheit, Ekstase, Prophetismus, Schamanismus*

Menschenrechte

I. Allgemeines

1. Menschenrechte meinen zunächst jene subjektiven, dem Menschen »von Natur aus« zukommenden Rechte, welche die politische und bürgerliche Freiheit des Individuums vor der Willkür staatlicher Macht schützen (Abwehrrechte) und sodann jene, welche die kulturelle, wirtschaftliche und soziale Selbstbestimmung (Gewährleistungsrechte) sichern sollen. Sie stehen grundsätzlich jedem Menschen zu und richten sich zunächst gegen den Staat; im – in der jeweiligen Verfassung zu regelnden Einzelfällen – können sie jedoch auch gegen Übergriffe anderer Individuen oder gesellschaftlicher Gruppen schützen (sogenannte Drittwirkung).

---

[2] VAJDA, Stellung des Schamanismus, 270.
[3] Vgl. ARBMAN, Ecstasy or Religious Trance; ZINSER, Ekstase und Entfremdung, 277.
[4] HEINTZE, Besessenheitsphänomene, 68 ff.
[5] Vgl. OESTERREICH, Religionspsychologie, Pkt.

2. Die Idee der Menschenrechte ist Folge eines Entwicklungsprozesses gesellschaftlicher Differenzierung[1]. In der abendländischen Kultur umschreiben Menschenrechte ein System von Rechtsgütern, das für die Gesellschaft wesentlich ist und für ein geordnetes Funktionieren als konstitutiv gilt. Ihre speziellen Schutzfunktionen lassen sich in vier Kommunikationssphären gliedern: Konstitution der individuellen Persönlichkeit, Generalisierung zivilisierter Verhaltenserwartung, wirtschaftliche, durch Geld geordnete Bedarfsdeckung und verbindliche Problementscheidung durch verantwortliche Staatsbürokratie.[2]

3. Die »Allgemeine Erklärung der Menschenrechte« der VEREINTEN NATIONEN vom 10. 12. 1948 besitzt keinen völkerrechtlichen Vertragscharakter, sondern hat lediglich feststellende und bestätigende Qualität; sie begründet deshalb keine subjektiven Rechte und verpflichtet im Rechtssinne die Mitglieder nicht. Sie fußt weitgehend auf den klassischen Menschenrechtsvorstellungen des späten 18. Jahrhunderts und stellt einen Kompromiß zwischen liberalem, sozialistischem, christlichem und chinesischem Humanismus dar. Die Konkretisierung dieser Ideen erweist sich ebenso wie ihre Durchsetzung in der Staatenwelt aufgrund der unterschiedlichen kulturellen Traditionen und der verschiedenen Interessenlagen als ungemein schwierig.

4. In den nachfolgenden Menschenrechtspakten der VEREINTEN NATIONEN gelang schließlich eine erhebliche inhaltliche Ausweitung und formale Verdichtung: Die »Internationale Konvention über wirtschaftliche, soziale und kulturelle Rechte« und die »Internationale Konvention über staatsbürgerliche und politische Rechte« vom 19. 12. 1966 brachten eine vertragliche Regelung mit Völkerrechtsqualität. Diese Pakte begründen – anders als die Erklärung von 1948 – für die Staaten, welche ihnen beitreten, verbindliche Pflichten. Allerdings haben noch längst nicht alle Mitgliedsstaaten der VEREINTEN NATIONEN diese Pakte unterzeichnet.

5. Die »Europäische Konvention zum Schutz der Menschenrechte und Grundfreiheiten« vom 4. 11. 1950 verwirklicht für den Bereich des Europarates die Garantie der Menschenrechte wenigstens in einem Teil der Welt auf zwischenstaatlicher Ebene. Die Menschenrechtsnormen sind dadurch Bestandteil des modernen Staatsrechts geworden. Dies wurde möglich, weil diese Staaten auf einem gemeinsamen geistigen und politischem Erbe gründen: Auf der Tradition der Hochschätzung individueller Freiheit und der Achtung der Herrschaft der Gesetze (Präambel); überdies herrschen in den Unterzeichnerstaaten vergleichbare sozio-ökonomische Verhältnisse. Darum ist es auch bislang nur in diesem supranationalen Bereich gelungen, einigermaßen funktionsfähige Kontrollorgane zu installieren. An diese Instanzen kann sich der beeinträchtigte Bürger nach Erschöpfung des nationalen Rechtswegs unmittelbar wenden.

6. Durch den Zusammenbruch des Ostblocks sind die Menschenrechte auch dort in etlichen Verfassungen deutlicher verankert worden. Auf diese Weise sollen die individuellen Rechte gegen Übergriffe der Machthaber durch gerichtliche Kontrolle und Gewalteinteilung gesichert werden. Doch vielfach werden die individuellen Rechte gleichwohl

---

1 Vgl. NEUMANN, Bedeutung und Begrenzung des Rechts bei THOMAS VON AQUIN, in: Zeitschrift f. evangel. Kirchenrecht 23 (1978) 7–28.

2 Vgl. LUHMANN, Grundrechte als Institution, 189.

durch öffentliche oder private Interessen eingeschränkt, ohne daß diese Verstöße wirksam geahndet werden (können). Es ist beunruhigend, wie sehr manche der (neuen) Regierenden die Stärkung der Menschenrechte – insbesondere für ethnische oder religiöse Minderheiten – zu verhindern suchen[3]. Darin zeigt sich einmal mehr die politische Bedeutung der Menschenrechte und ihr machtbegrenzendes Potential.

II. Theorie

Die Menschenrechte sollen Freiheit und Würde einer jeden menschlichen Person vor willkürlichen oder schweren Eingriffen durch staatliche Macht schützen. Der Mensch sei als »Person« »von Natur aus« mit bestimmten, allen Menschen gleichen Rechten ausgestattet. Die klassischen Theorien begründen die Menschenrechte entweder vornehmlich naturrechtlich oder eher positiv-rechtlich.

1. Die naturrechtliche Theorie geht von einer lex divina seu naturalis aus, in welcher die Rechte der Menschen unveräußerlich begründet seien. Erste Andeutungen dafür lassen sich in der Antike bei der Stoa (u. a. Anklänge bei: Cicero, De legibus, De inventione; Seneca, De clementia) und später im römischen Recht finden. Dabei waren Träger bestimmter subjektiver Rechte zunächst nur die Rechtsgenossen (polites; cives). Barbaren und erst recht Sklaven standen außerhalb dieses Rechtsrahmens. Diese Tradition wird von Thomas von Aquin (1225–1274) (»Summa Theologica« II/II) in die abendländischen Rechtsvorstellungen weitergereicht. Die Humanisten greifen diese Ideen auf, die dann von Th. Hobbes (1588–1679), J. Locke (1632–1704), J. Milton (1608–1674) und J.-J. Rousseau (1712–1778) soweit vorangetrieben werden, daß sie in der amerikanischen Unabhängigkeitserklärung und den Menschen- und Bürgerfreiheiten der französischen Revolution als Rechtsnormen formuliert werden können.

2. Auch die positiv-rechtliche Begründung fußt auf antiken Ansätzen. Etwa auf der sokratischen Idee, nach welcher Gesetzlichkeit und Gerechtigkeit identisch seien (nach Xenophon, Memorabilia 4,4) und Aristoteles, für den die demokratische Verfassung die beste war, weil in ihr das Volk die oberste Gewalt in Händen hält, um so zur Vollkommenheit des Lebens für einen jeden beizutragen. (Polit. III, 6). In ihrer späteren positiv-rechtlichen Ableitung (z. B. G. Jellinek, 1851–1911) verläßt sie dann den quasi naturrechtlichen Grund und meint, von Menschenrechten könne nur dort geredet werden, wo der Inhaber der staatlichen Gewalt durch positive Satzung dem Individuum bestimmte Rechte und Freiheiten garantiere. Danach wäre die Grundlage auch der Menschenrechte allein der Wille des staatlichen Machthabers, jener also, vor dem sie schützen sollen.

3. Eine solche Ableitung aus der Machtvollkommenheit der staatlichen Souveränität lehnen die modernen Theorien von den Menschenrechten ab: Zwar sehen auch diese die

[3] Elster, Mehrheitsprinzip und Individualrechte, in: Die Idee der Menschenrechte, 206–253, hier: 235 f. Dabei erweisen sich neben den alten kommunistischen Eliten insbesondere die religiösen Institutionen als Hindernisse für die verfassungsmäßige Verankerung der Menschenrechte und erst recht für ihre Durchsetzung und Sicherung.

Menschenrechte stets eng mit der politisch-ideologischen Entwicklung verwoben, doch werden sie als Größe eigenen Rechts verstanden. Die Frankfurter Schule (H. MARCUSE [1898–1979], J. HABERMAS [*1929], M. HORKHEIMER [1895–1973]), aber auch N. LUHMANN (*1927), der die Menschen- und Grundrechte als ›Institution‹ begreift und analysiert, versuchen die Menschenrechte im jeweiligen gesellschaftspolitischen System zu verorten: Damit können diese Ideen einerseits als politische Waffe gebraucht und andererseits als gesetzliche Normen formuliert werden. Insofern sind sie tatsächlich keineswegs dem Staat oder den Bürgern vorgegebene Rechte, vielmehr aufgrund neuer sozialer Differenzierungen, aus konkreten Situationen heraus entwickelte Regeln. Unter Zuhilfenahme von rational nicht weiter begründbaren Normen, auf denen individuelle Anrechte als neue Subsysteme stabilisiert werden, werden die verschiedenen »Rechte auf ...« entwickelt. So kommt es, daß immer mehr Forderungen auf Menschenrechts-Niveau gehoben werden, weil beispielsweise der abstrakte Schutz der menschlichen Persönlichkeit[4] kaum mehr die gesellschaftliche Gesamtordnung zu stabilisieren vermag, wenn nicht auch den dafür notwendigen Rahmenbedingungen gleiche Rechtsqualität zugesprochen wird. Nur durch eine Vielzahl einander stützender Grundrechte können die Menschenrechte die Gesamtgesellschaft durch zunehmende Differenzierung integrieren. Sie leisten somit in der pluralen Gesellschaft Vergleichbares, wie es die einheitlichen Wertvorstellungen in der mittelalterlichen Welt (Pax Christiana) getan haben. Die Menschenrechte werden gerade nicht – wie zu Unrecht behauptet wird – durch eine Gemeinsamkeit der Anerkennung »letztverbindlicher Werte« legitimiert; denn »Werte« können in einer pluralistischen Gesellschaft keine Legitimation schaffen, da sie nicht »wahrheitsfähig«, weil nicht »beweisbar« sind[5]. Menschenrechte als Rechtsnormen (mit Sanktionen gegen Normverletzer) sind der Versuch der modernen hochkomplexen Weltgesellschaft, durch Systemdifferenzierung die Individuen zu schützen und die Gesellschaft – damit auch die Gattung Mensch – zu erhalten.
So erklärt sich, daß aufgrund unterschiedlicher kulturell-religiöser Traditionen recht unterschiedliche Vorstellungen und vor allem Rechtswirklichkeiten in bezug auf Menschenrechte existieren. Der ethische Führungsanspruch der westlichen Nationen und ihrer Vorstellungen von einem westlich bestimmten »Weltethos« wird von Ländern mit eigenen, anderen ethischen Traditionen als moralischer Imperialismus empfunden. So geraten die Menschenrechte in die weltpolitische Auseinandersetzung. Dabei dient die Berufung auf die eigene Kultur ebenso oft der Deklarierung autochthoner und autonomer Identität[6] wie auch dem eigenen Machterhalt.

III. Geschichte

Angesichts der Bedeutung konkreter gesellschaftlicher, politischer und ökonomischer Faktoren für die Ausbildung der Idee der Menschenrechte und ihre Akzeptanz als

[4] So wurden im Laufe der Jahrzehnte detailliertere Verträge geschlossen: Das »Abkommen über die Rechtsstellung der Flüchtlinge« (28.7.1951) und »Gegen die Folter und andere grausame, unmenschliche oder erniedrigende Behandlung oder Strafe (10.12.1984). Diese Ergänzungen signalisieren wachsenden Handlungsbedarf einmal angesichts zunehmender Gewalt und andererseits wachsender Differenzierung.

[5] Vgl. LUHMANN, Grundrechte als Institution, 200.

[6] Vgl. dazu zusammenfassend K. WALF, TAO für den Westen, 1997; DERS., Daoistische Tradition und Moderne, in: Orientierung 61 (1997) 228–230.

handlungsbestimmende Normen und ordnungspolitische Maxime hat die Geschichte der Menschenrechte eine vergleichsweise geringe politische Bedeutung. Sie stellt keineswegs eine ständig aufsteigende Entwicklung dar. Beispielsweise war der erschütternde Zusammenbruch allen Rechts in der »absoluten Gewalt«[7] von AUSCHWITZ und im HOLOCAUST ebenso wie im stalinistischen Archipel GULAG, den japanischen Greueln im Ostasienkrieg und dem Einsatz der Atombombe einerseits das bislang ungekannt schreckliches Ende und andererseits zugleich Neubesinnung auf unveräußerliche Rechte des Menschen. Nun erhielten die Ideen von den Menschenrechten weltweit neuen Auftrieb. Sie sind das Ergebnis eines Entwicklungsprozesses handlungsorientierter Systemerhaltungsstrategien: In dem Augenblick, da die idealen philosophischen Wertvorstellungen nicht mehr allgemein akzeptiert und darum nicht zu verwirklichen waren, wurde die Formulierung von Menschenrechten als juristisch konkretisierte Norm notwendig.

1. Sowohl das östliche (MANU, BUDDHA, LAOTSE) als auch das abendländische (griechisch-stoische) Denken kannte Tugenden, die als Grundlage der Menschenrechte gelten können (z. B. Toleranz, Gemeinschaftsverantwortung, Wissen, Freiheit des Gewissens und der Gedanken, Freiheit von Furcht)[8]. Auf die aus (Judentum und) Christentum stammende Vorstellung von der Gleichheit aller Menschen vor Gott, als Kinder Gottes und als Sünder, ebenso wie auf die in der Antike entwickelten Ansätze eines Individualismus konnte bei der Entwicklung der Menschenrechtsideen, wie auf Rohmaterial, zurückgegriffen werden. Es entspricht jedoch nicht den Tatsachen, wenn vielfach behauptet wird, das Christentum habe sich »eindeutig zugunsten der natürlichen Rechte des Menschen entschieden« und das Spannungsverhältnis von Freiheit und Autorität »zugunsten der Freiheit« gelöst[9]. Als »allein seligmachende«, dogmatische Religion kann das Christentum personale Freiheit nur auf dem Hintergrund der absoluten Souveränität Gottes sehen: Gebraucht der Mensch seine Freiheit gegen Gottes Willen, verwirkt er Freiheit und Heil. Allerdings waren einige der christlichen Ansätze für eine naturrechtliche Weiterentwicklung offen. So sind für J. LOCKE (1632–1704) die Menschen »von Natur aus« frei, gleich und (rechtlich voneinander) unabhängig. Zum Zwecke besseren und friedlichen Lebens können sie sich zusammenschließen und kraft eines (Gesellschafts-)Vertrages auf diese Rechte (teilweise) verzichten.

2. Die *Reformation* brachte in diesem Kontext Fragmente der Menschenrechtsidee zur politischen Durchsetzung, aber nicht als religiöse Idee, sondern als politisches Postulat. Die von MARTIN LUTHER 1540 konzipierte »Freiheit eines Christenmenschen« kannte den »autonomen Menschen« nicht, sondern einzig den von Gott zur Freiheit berufenen Knecht, dem Gott Freiheit aus grundloser Barmherzigkeit schenkt.
Juden und Heiden blieben diffamiert; sie waren aus der schützenden Ordnung des Heils wie des Rechts ausgeschlossen. Aufgrund der (religiös bedingten) Umwälzungen

---

[7] H. LÜBBE (Im Zug der Zeit. Verkürzter Aufenthalt in der Gegenwart, 1992, 137) weist darauf hin, daß der Dynamik der modernen Zivilisation auch eine dynamisierte politische Tötungspraxis entspreche. Niemals zuvor habe es Exekutionen und Liquidationen in solcher Zeitverdichtung gegeben.

[8] Beispiele vgl. HEIDELMEYER, Die Menschenrechte, 9–19; ERMACORA, Menschenrechte.

[9] Wie HEIDELMEYER, Die Menschenrechte, 10, glaubt feststellen zu können.

nützten die traditionellen ständischen Freiheitsrechte immer wenig. Darum schloß der Augsburger Religionsfriede von 1555 theoretisch auch die Untertanen, Frauen und Kinder, Vasallen und Landsassen mit ein. Der im Westfälischen Frieden von 1648 formulierte Grundsatz »cuius regio, eius religio« ist die geradezu zynische Verneinung jeglicher individueller Freiheit. Er jedoch wurde das Ordnungsprinzip der neuen christlichen Staaten, bis die Empörung vergewaltigter Gewissen und schließlich die Staatsräson der weltlichen Obrigkeit, gegen den konfessionellen Zelotismus der Priester und Pastoren rebellierten[10].

3. Die Idee, daß es Rechte geben könne, die jedem Menschen als Menschen zustehen, setzt voraus, daß der Mensch sich aus seiner fatalistischen und gottergebenen Unterwerfung löst und aus der »selbstverschuldeten Unmündigkeit« (I. KANT, 1724–1804) zu befreien sucht. Erst von nun an ist »jedermann« und nicht nur eine elitäre Gruppe (wie die mittelalterlichen Stände in der »*Magna Charta Libertatum*« von 1215, den Tiroler Freiheitsbriefen von 1352 und dem Tübinger Vertrag von 1514)[11] theoretisch legitimiert und politisch berechtigt, die von anderen ausgehende Bedrohung seiner Rechte nicht hinzunehmen, auch dann nicht, wenn der Souverän selbst es ist, der den Menschen (als Untertan) bedroht. Die wesentlichen Anstöße für die Entwicklung kamen von juristisch-politischer Seite: Einmal von den englischen Richtern, die beispielsweise gegen willkürliche Verhaftungen zu schützen suchten und deren Rechtsprechung schließlich in der »*Petition of Rights*« von 1628 und der »*Habeas-Corpus-Akte*« von 1679 ihren gesetzlichen Niederschlag fand. Zum anderen stehen – vornehmlich in Kontinental-Europa – die Personen Friedrich II. von Preußen (1712–1786) und Joseph II. von Österreich (1741–1790) für diese Entwicklung. Beide initiierten bedeutende Gesetzeswerke (das »*Preußische Allgemeine Landrecht*« der eine und das »*Westgalizische Gesetzbuch*« der andere). Beide versuchten, der Personqualität des Menschen gerecht zu werden und religiöse Toleranz samt Diskriminierungsverboten durchzusetzen.

4. Die »*Bill of Rights*« von Virginia von 1776 jedoch faßt erstmals die Menschenrechte formal zusammen. Ihr folgen die anderen revolutionären Verfassungen einer Reihe nordamerikanischer Einzelstaaten. Sie waren zunächst revolutionäre Kampfmittel. Auf der ideellen Basis eines revolutionären Naturrechtsdenkens[12] werden in einer konkreten politischen Situation Menschenrechte zur stabilisierenden und segregierenden Norm erkoren; ausschlaggebend dafür waren ökonomische, macht- und gesellschaftspolitische Notwendigkeiten, nicht aber religiöse Vorstellungen. Nicht die frommen, nach Religionsfreiheit dürstenden Pilgerväter, sondern nach ökonomischer Autarkie und politischer Selbständigkeit strebende Advokaten politischer Rebellion

---

10 Vgl. G. RITTER, Ursprung und Wesen der Menschenrechte. Zur Erklärung der Menschenrechte, in: Schnur, Zur Geschichte, 208.

11 Ausnahmen mögen die mittelalterlichen Freiheitscharten von Aragonien von 1283 und 1287 darstellen, die (formal wenigstens) »jedermann« meinen sollen: Vgl. ERMACORA, Menschenrechte, 81. – Auch wenn diese Deutung zutreffen sollte, kann sie als singulär vernachlässigt werden, zumal sie nur eine begrenzte Wirkungsgeschichte aufzuweisen hat.

12 Vgl. WEBER, Wirtschaft und Gesellschaft, 286, 497.

kreierten die Menschenrechte[13]. Sie wurden im Zuge der französischen Revolution zuerst 1791, dann 1793 und schließlich 1795 modifiziert[14]. Auch wenn die Menschenrechte in der Phase des Terrors mißachtet wurden, blieben sie dem Grundsatz nach in Geltung; während der antikirchlichen Ausschreitungen brachte beispielsweise der Konvent den Grundsatz der Religionsfreiheit in Erinnerung[15].
Von nun an blieb jeder Menschenrechtskatalog nicht nur »die Absage der Kräfte einer neuen Zeit an die der alten Zeit«[16], sondern die Formulierung von Menschenrechten ist vor allem stets auch die politisch-revolutionäre Antwort auf dysfunktionale Komplexität (z. B. Kolonialstatus einer fernen, autonomen, selbstbewußten und heterogenen ›Provinz‹). Dabei ist nicht zu übersehen, daß »die« Menschenrechte, als »Bürgerrechte«, die Rechte bestimmter sozialer Gruppen waren, der Kolonialisten und der Bourgeois, nicht aber aller Menschen, etwa der Frauen, Kinder, Neger und Fremden, von den Sklaven (der Südstaaten) ganz zu schweigen.

5. Das Christentum, institutionell am entschiedensten in der römisch-katholischen Kirche ausgeprägt, vertrat bis in die Gegenwart den Standpunkt, daß allein die von ihr vertretene Wahrheit ein Recht auf Freiheit beanspruchen könne. Dem – religiösen – Irrtum dürfe kein Recht auf Entfaltung zugebilligt werden. Nur wenn es die Umstände erforderten, sei es dem Staat erlaubt, notfalls auch irrige Lehren zu tolerieren: Noch Papst Pius XII. hatte im Jahr 1953 vor katholischen Juristen festgestellt: »Was nicht der Wahrheit und dem Sittengesetz entspricht, hat objektiv kein Recht auf Dasein, Propaganda und Betätigung«.[17] Es dürfe lediglich toleriert werden, wenn höhere Interessen des Gemeinwohls es rechtfertigen.[18] Mit der Enzyklika *»Pacem in terris«* Johannes' XXIII. (1963) schien sich ein neues, den gewandelten Umständen entsprechendes Verständnis zu artikulieren. Gleichwohl waren auf dem II. Vatikanischen Konzil (1962–1965) die Aussagen über die Menschenrechte und die Religionsfreiheit in der *»Pastoralkonstitution über die Kirche in der Welt von heute«* und die *»Erklärung über die Religionsfreiheit«* hart umstritten. Zwar wird in diesen Texten von den Machthabern der Welt die Achtung der Menschenrechte, insbesondere der Religionsfreiheit, verlangt, zugleich aber auch behauptet: »Durch kein menschliches Gesetz

---

[13] Vgl. Ritter, Ursprung und Wesen, 212–217. In diesem Sinne auch J. Hashagen, Zur Entstehungsgeschichte der nordamerikanischen Erklärungen der Menschenrechte, 129–165, hier 165: »Die Menschenrechte, wie sie die moderne Welt in Bewegung gesetzt haben, und das sind nun einmal die amerikanischen, werden nicht ausreichend charakterisiert, wenn man sie nur eine Spätfrucht der Reformation nennt. Sie entstammen vielmehr vornehmlich profanen Wurzeln.« – Ähnlich O. Vossler, Studien zur Erklärung der Menschenrechte, 166–201, hier 185: »Die These Jellineks vom religiösen Ursprung scheint mir daher unhaltbar geworden zu sein. Sie vermag weder die Entstehung des Gedankens der Menschenrechte zu erklären, noch auch das Eindringen dieses Gedankens in die positive Gesetzgebung...«

[14] Weshalb die Revolutionären Republikanerinnen sich enttäuscht von der Politik zurückzogen (W. Markov/A. Soboul, 1789. Die Große Revolution der Franzosen, [3]1989, 312).

[15] Dies., ebenda 323.

[16] Ermacora, Menschenrechte, 69.

[17] Acta Apostolica Sedis 45 (1953) 799.

[18] Vgl. J. Neumann, Religiöse Freiheit im System der katholischen Kirche, in: H. Helbling (Hrsg.), Religionsfreiheit im 20. Jahrhundert, 1977, 53–64, insbesondere 57; – Im Breve *»Quod aliquantum«*, Papst Pius‹ VI. (1775–1799) vom 13.3.1791 liegt die erste offizielle Verurteilung der Menschenrechte durch einen Papst vor, siehe G. Denzler, Menschenrechte in den Lehren der Päpste, in: Helbling (Hrsg.), Religionsfreiheit, 66f.

könne die pastorale Würde und Freiheit des Menschen so wirksam geschützt werden wie durch das Evangelium Christi, das der Kirche anvertraut ist«[19]. Insofern die Kirche jedoch für sich das (alleinige) Recht reklamiert, die Menschenrechte »gegen jede falsche Autonomie«[20] zu schützen, behält sie sich vor, jeweils zu definieren, welche Rechte ›wahre‹ Menschenrechte sind und wer Menschenrecht verletzt.
Hier dürfte ein Doppeltes sichtbar werden: Einmal die wesenhaft ideologische Grundlage des Begriffs von den Menschenrechten. Und zum anderen die Tatsache, daß (jede dogmatische) Religion oder Weltanschauung ihrem Selbstverständnis nach Menschenrechte als Anspruchs- bzw. Abwehrrechte des Individuums höchstens dann (partiell und punktuell) akzeptieren kann, wenn es darum geht, sich selbst gegenüber den Ansprüchen anderer Ideologien zu behaupten. Die Menschenrechte dienen oft lediglich dazu, die eigenen Mitglieder zu legitimieren und zu motivieren, von anderen die Achtung ihrer (religiösen) Anschauungen zu fordern. Menschenrechtsforderungen für den innerreligiösen Raum sind jedoch unzulässig.[21] Die hierfür zitierten Autoren, die keineswegs zu den fundamentalistischen Scharfmachern zählen, belegen das m. E. eindrucksvoll. So wenn Schwarz die »Verwirklichung beliebiger Individualwerte« der »Erlangung des allen gemeinsamen übernatürlichen Heils im Hinblick auf die ewige Liebesgemeinschaft mit dem dreifaltigen Gott« beschwört (vgl. Anm. 15). Gegen diese Ewigkeitsperspektive ist ein Rekurs auf ein zeitliches Recht belanglos. Darum bleibt eine Berufung auf Menschenrechte gegenüber Anschauungen mit absolutem Wahrheitsanspruch wirkungslos.
Rechtspolitisch stellt sich in einer pluralistischen Demokratie an dieser Stelle die Frage nach der Vereinbarkeit einer solchen Grundhaltung, die sich zwar auf das Menschenrecht der Religionsfreiheit beruft, die Wahrnehmung dieses Rechtes jedoch Andersdenkenden verweigert, mit der freiheitlich-demokratischen Rechtsordnung, die sich den vorpositiven Normen der Menschenrechte verpflichtet weiß.

6. Diese Einstellung wird durch die Instruktion »Über die kirchliche Berufung des Theologen« der päpstlichen Kongregation für die Glaubenslehre vom 24. Mai 1990 bekräftigt. In ihr wird festgestellt, niemand könne sich auf die Menschenrechte berufen, um sich Äußerungen des Lehramts zu widersetzen (n. 36). Wer diesbezüglich von

---

19 Pastoralkonstitution Nr. 41.

20 Ebd.

21 R. Schwarz, Vom Geist des Kirchenrechts, in: Österr. Archiv f. Kirchenrecht 31 (1980) 223–240, hier 240: stellt mit wünschenswerter Deutlichkeit fest: »Dadurch mag das Kirchenrecht vom weltlichen Rechtsstandpunkt aus zutiefst als totalitär erscheinen, da es, wie alle totalitären Systeme, den ganzen Menschen mit all seinen Kräften in die Pflicht nimmt, damit er am Aufbau der gemeinsamen Sache, hier des Leibes Christi, aktiv mitwirkt. Aber gerade diese kompromißlose Radikalität, die vom Geist des Kirchenrechts ausgeht, muß als Zeichen dafür angesehen werden, daß es hier nicht, wie im weltlichen Recht eines freiheitlichen Rechtsstaates, um die Verwirklichung beliebiger Individualwerte aus der bunten Skala natürlichen Menschseins geht, sondern um die Erlangung des allen gemeinsamen übernatürlichen Heils im Hinblick auf die ewige Liebesgemeinschaft mit dem dreifaltigen Gott.« ; W. Aymans, Kirchliche Grundrechte und Menschenrechte, in: Archiv f. Kath. Kirchenrecht 149 (1980) 389–409, umschreibt den gleichen Sachverhalt vorsichtiger, wenn er sagt: »Eine schlichte Parallelisierung der kirchlichen Grundrechtsfrage mit der staatlichen Menschenrechtsproblematik ist schon deshalb ausgeschlossen, weil innerkirchlich die Menschenrechtsfrage von der Grundrechtsfrage unterschieden werden kann und muß. Die Kirche hat ein – aus ihrem Wesen stammendes – eigenes Verhältnis zu den Menschenrechten.« (400); – Hinsichtlich der rechtspolitischen Konsequenzen anderer Ansicht ist – unter Rekurs auf Thomas v. Aquin – Neumann, Menschenrechte, 1976, bes. 196ff.

Verletzung der Menschenrechte rede – so die gleiche Instruktion –, »verkenne die genaue Hierarchie dieser Werte« (n. 37). Das kirchliche Lehramt beansprucht also die absolute Definitionsmacht bezüglich Inhalt, Reichweite und Umfang der Menschenrechte.

7. Wie oben (III, 4) bereits angedeutet, geschieht die Berufung auf »Menschenrechte« jeweils durchaus unter politisch-pragmatischen Gesichtspunkten des Machterhalts und der Herrschaftserweiterung. Dadurch wird die Idee der Menschenrechte – immer wieder – diskreditiert: Im Fall des Diktators Pinochet wurde beispielsweise von der westlichen Hegemonialmacht, den USA, über Menschenrechtsverletzungen ebenso hinweggesehen wie anderenorts, wenn das eigene Interesse es gebot. Umgekehrt berief sich die Völkergemeinschaft nachdrücklich auf diese Rechte, etwa im Zweiten Golfkrieg (1991) oder – zeitweilig– in bezug auf China, um wenig später nicht mehr darauf zu insistieren. Da »man« über die Menschenrechte redet, wenn es gelegen ist, und schweigt, wenn es ungelegen erscheint, sind sie auch im innerstaatlichen (Verfassungs-)Rechtsbereich disponibel geworden: Nicht nur das Menschenrecht auf Asyl, sondern auch jenes auf Religionsfreiheit wird – in der Bundesrepublik Deutschland 1997 – bestimmten Gruppierungen versagt mit dem Argument, es handle sich im konkreten Fall nicht um eine Religionsgemeinschaft, sondern um ein Wirtschaftsunternehmen; andererseits werden vermögenswerte Vorteile etablierter Religionsgemeinschaften, als notwendige Voraussetzungen für die Wahrnehmung der vom Grundrecht der Religionsfreiheit geschützte Körperschaftsrechte, auch wenn deren ökonomische Aktivitäten dominieren mögen. Sowohl politisch als auch juristisch scheint die Handhabung der Menschenrechtsfrage im konkreten Fall stets von bestimmenden ideologischen Vorannahmen geprägt. Insofern wird eine diesbezügliche wissenschaftliche Diskussion über die Grenzen von grundsätzlich unbegrenzbaren Menschenrechten unausweislich.

8. Geltung und erst recht Durchsetzbarkeit der konkreten Menschenrechte, als Schutz des Individuums, sind in hohem Maße, wie eingangs dargelegt, kulturabhängig. Dies ist bislang weithin dahingehend gedeutet worden, daß jene Gesellschaften und Staaten, die eine formale und materiale Ordnung der Menschenrechte im Sinne der europäischen Aufklärung nicht kennen, als »primitiv« bezeichnet wurden. Dabei sind Menschenrechte, wie gezeigt, stets von den gesellschaftlichen Bedingungen geprägt und Antworten auf konkrete Desiderata und soziale wie rechtliche Defizite. Entsprechend der Art dieser Bedürfnisse kann es darum sein, daß auch das Verständnis dessen, was in einer bestimmten sozialen Situation als Menschenrecht zu begreifen ist, variieren kann. Darum kann die Klage über »Reformen ohne Menschenrechte[22]« unversehens Ausdruck eurozentristischer Weltsicht[23] werden. Wie wohl westliche Verfechter der Menschenrechte geneigt sein mögen, Ideal und Wirklichkeit bei sich selbst zu identifizieren und ideenmäßige, aber nur schwach realisierte Vorstellungen der

---

[22] Amnesty International/Sektion der Bundesrepublik Deutschland, 1996.

[23] Mit diesem schwierigen Problem beschäftigen sich F. BRASSEL und M. WINDFUHR, Welthandeln und Menschenrechte, 1995, insbes. 83 ff.

Menschenrechte in anderen Kulturen[24] ausschließlich an ihrer »idealen« Verwirklichung unter westlich-industrialisierten Bedingungen zu bewerten. Damit geraten die Ideale der Menschenrechte in den Geruch, Instrumente des westlichen Imperialismus zu sein. Das insbesondere dann, wenn damit eine Stoßrichtung gegen autochthone, lang unterdrückte, oder neu importierte, weil sozial »passende« Religionen verbunden ist.

Angesichts des Aufstiegs »absoluter Gewalt«[25] im 20. Jahrhundert muß die politische und juristische Durchsetzbarkeit der Menschenrechte neu bedacht werden, sind es ja stets die Mächtigsten, die Verletzung von Menschenrechten ahnden können oder die, wenn es ihre Interessen erheischen, wegsehen. Die modernen Utopien der Gewaltüberwindung durch Gesetz und Vertrag haben sich nicht erfüllt. Im Gegenteil: War das 20. Jahrhundert ein Zeitalter der Massentötungen, so zeichnet sich nun eine Transformation der Gewalt ab, ein weltweiter Bürgerkrieg, als Gewalt an sich, ohne auch nur den Hauch einer ideologischen oder politischen Legitimation. »Wenn es Formen absoluter Gewalt gibt, bleibt nur ihre Beschreibung als Bedingung der Möglichkeit ihrer Eindämmung. In dieser Anerkenntnis enthalten ist das Eingeständnis, daß gegenüber jedem Aufklärungsglauben und gegenüber jeder ›Erziehung des Menschengeschlechts‹ die Gewalt nicht wird beseitigt werden können[26].« Ethik und Machthaber können nach Auschwitz nur hoffen, ein zivilisatorisches Minimum zu garantieren[27]. Menschenrechte haben angesichts der Zerstörung von Sicherheit dann die Aufgabe ein solches zivilisatorisches Minimum zu garantieren[28].

Literatur

Bajwa, G. P. S., Human rights in India, 1995; Brock, L. Menschenrechte und Entwicklung, 1996; Brieskorn, N., Menschenrechte, 1997; Davis, M., Human rigths and Chinese values, 1995; Ermacora, F., Menschenrechte in der sich wandelnden Welt, I. Historische Entwicklung der Menschenrechte und Grundfreiheiten, 1974; Goldstein, J., Absolute Gewalt, in: Orientierung 61 (1997) 81–83; Gupta, V. K., Perspectives on human rights, 1996; Heidelmeyer, W. (Hrsg.), Die Menschenrechte. Erklärungen, Verfassungsartikel, internationale Abkommen, 1972; Human Rights and cultural diversity., Europe, Arabic-Islamic World, Africa, China, 1993; Hutter, F. J., Die Menschenrechte in Deutschland, 1997; Jha, R. Chr., Resurrecting a human right in India, 1995; Kerber, W. (Hrsg.), Menschenrechte und kulturelle Identität, 1991; Luhmann, N., Grundrechte als Institution. Ein Beitrag zur politischen Soziologie, (1965) ^{2}1974; Madsen, St. T., Society and human rights in South Asia, 1996; Meyer, G., Menschenrechte im Bürgerkrieg, 1996; Müller, L., Islam und Menschenrechte, 1996; Neumann, J., Menschenrechte – Auch in der Kirche?, 1976; Paul, G., Traditionelle chinesische Kultur und Menschenrechtsfrage, 1997; Schnur, R. (Hrsg.), Zur Geschichte der Erklärung der Menschenrechte, 1964; Schwartländer, J. (Hrsg.), Menschenrechte. Aspekte ihrer Begründung und Verwirklichung, 1978; Seidel, G., Handbuch der Grund-

---

24 Bajwa, Human rights in India, 1995; JHA Resurrecting a human right in India, 1995; Paul, Traditionelle chinesische Kultur und Menschenrechtsfrage, 1997; Madsen, State, society and human rights in South Asia, 1996; Müller, Islam und Menschenrechte, 1996; Stahmann, Islamische Menschenrechtskonzepte, 1995; Davis, Human rights and Chinese values, 1995.

25 Vgl. J. Goldstein, Bemerkungen zu einer zeitgenössischen Form der Gewalt, in: Orientierung, 61 (1997) 81–83.

26 Ders., ebenda, 83.

27 P. Sloterdijk, Der Denker auf der Bühne. Nietzsches Materialismus, 1986, 167.

28 J. Ph. Reemtsma, Des Schreckens innewerden, 1995, 23.

und Menschenrechte auf staatlicher, europäischer und universeller Ebene, 1996; SHUTE, ST./ HURLEY, S. (Hrsg.), Die Idee der Menschenrechte, 1996; STAHMANN, CH., Islamische Menschenrechtskonzepte, 1995; SUGDEN, CHR., The right to be human, 1996; WEBER, M., Wirtschaft und Gesellschaft, (1922) 51976.

Johannes Neumann

→*Gesetz, Normen, Recht.*

Messianismus

→*Apokalyptik / Messianismus / Chiliasmus*

Militarismus

1. Hinweisdefinition

Militarismus setzt voraus, daß das Militär die Staatsmacht in weitgehende Abhängigkeit von sich gebracht hat, auch die Gesellschaft paramilitärisch organisiert und ihr das spezifische ›Ethos‹, die spezifische Religion des Militärs auferlegt hat: Er konditioniert die Gesellschaft aus dem Krieg durch ihn und für ihn. Militarismus macht die Militärräson fast notwendig zur Staatsräson und die militärische zur sozialen Ethik. Als Gesinnungsethik ist sie religiös begründet oder begründet eine neue Religion: eine militaristische.

2. Militär und Staat

Das Vorhandensein eines Militärs, einer Armee oder eines Heeres allein bedeutet nicht an allen Orten und zu allen Zeiten Militarismus, wenn es auch kaum je Militär gab ohne sakrale Dimension. Die Kriegsgötter gehörten zu den vorgeblich lichten Olympiern – die insgesamt kriegerisch waren, wie die homerischen Heroen, die Heroen als Krieger waren.[1] – Aber Krieger sind nicht von vornherein *Berufs*militärs, die als Angehörige eines *stehenden* Heeres eine bestimmte und unverwechselbare Rolle in der staatlich organisierten Gesellschaft spielen. Erst staatliche Organisation schafft eine Militärmacht, die als *ultima ratio* des Staates in ständiger Gefahr ist, auch seine erste und allgemeine zu werden.
In diesem Fall wird der Staat aus dem (permanenten) »Ausnahmezustand« – dem

[1] Vgl. Problèmes de la guerre en Grèce ancienne, sous la direction de J.-P. VERNANT, 1968.

Krieg – und auf ihn hin konzipiert;[2] die Armeeräson wird zur Staatsräson. Ein scheinbar über den Ständen oder Klassen stehender ›Caesar‹ ergreift die Macht: Die Armee kommandiert – unter besonderer Berücksichtigung der herrschenden Interessen in der Gesellschaft – diese, und eben nicht nur im Krieg.[3] Auch Friedenszeiten sind jetzt Kriegszeigen, wie in dieser Fallstudie zu Deutschland nach dem ersten Weltkrieg gezeigt werden soll. Gerade die »neue ›Friedens‹-Ordnung« zeichnet sich durch eine Militarisierung der Gesellschaft aus: durch den speziell Preußen-Deutschland zugesprochenen »Gesinnungsmilitarismus«.[4]

3. Militär und Religion

Ethos ist – gemäß den »Ideen von 1914« – durchgängig kriegerisches Ethos: Die Deutschen sind »Krieger«, im Unterschied zu den Engländern, die als »Händler« gelten – nicht ohne daß sich dieser Gegensatz umkehren ließe, bei Aufrechterhaltung einer militaristischen Option generell.[5] – Als gesinnungsethische, die ›Realpolitik‹ – im Zeichen von ›Blut und Eisen‹ – eher ein- als ausschließt, ist sie religiös fundiert und / oder terminiert religiös:

– Sei es, daß traditionelle Religion – als »*theologia civilis*« – dies leistet, wie die antike seit dem Ende der späten römischen Republik, [6] oder die christliche – unter ausgiebigem Rekurs auf das Alte Testament – seit dem besonders romfreundlichen Lukas bis in unsere Tage;[7]

– sei es, daß eine ›neutrale‹, d. h. zwischen Parachristlichkeit und Neopaganismus changierende Staats- oder Nationalreligion diese Aufgabe übernimmt und deswegen zur Militärreligion wird bzw. ihr entspringt.[8]

Eine *religio castrensis*[9] gab es vor dem Wort, ja vor Gründung der Stadt Rom. Das Neue oder ›Moderne‹, was sich durchaus schon in der römischen Kaiserzeit ereignet hat, ist, daß solche Lagerreligion ihre Partialisierung, wenn nicht Isolierung durchbricht und zur Reichsreligion wird.[10] – Zumindest was das Christentum angeht, ist das nur aufgrund gewaltiger Uminterpretation möglich gewesen. Durch sie wurde beispielsweise aus dem Marterwerkzeug für Sklaven das »Zeichen«, in dem der ›heidnische‹ Kaiser seinen

---

2 Vgl. C. Schmitt, Politische Theologie (I), 1922; ders., Der Begriff des Politischen. Text von 1932 mit einem Vorwort und drei Corollarien, 1963.

3 Vgl. R. Faber, Die Verkündigung Vergils: Reich – Kirche – Staat. Zur Kritik der »Politischen Theologie«, 1975, Kap. I, 1/2; II, 7h.

4 Kritisch: H. Ball, Zur Kritik der deutschen Intelligenz, 1980.

5 Vgl. W. Sombart, Händler und Helden. Patriotische Besinnungen, 1915; K. H. Bohrer, Die Ästhetik des Schreckens. Die pessimistische Romantik und Ernst Jüngers Frühwerk, 1978; kritisch: R. Faber, Von ästhetischer Mystik zurück zu politischer Mythik. Eine Kritik des neuen Ästhetizismus, in: R. Schlesier (Hrsg.), Faszination des Mythos, 1984.

6 Vgl. A. D. Nock, The Roman Army and the Roman Religous Year, in: Harv. Theol. Review 45 (1952), 187–252; C. Martin, The Gods of the Imperial Roman Army, in: History To-day XIX (1969), 255–263.

7 Vgl. Luk. 3, 14; H. Cancik, Christus Imperator; J. Helgeland, Christians and the Roman Army, in: ANRW II 23.2, 1980, 724–834.

8 Vgl. Fr. Heer, Kreuzzüge.

9 Vgl. A. von Domaszewski, Die Religion des römischen Heeres.

10 Vgl. R. Faber, Die Verkündigung Vergils, Kap. I, 2.

›heidnischen‹ Gegenkaiser besiegte, und aus der *Militia Christi* der Apostel und Märtyrer das Heer (un- und anti-)christlicher Reiche, Staaten und Nationen.[11]
Spätestens im ersten Weltkrieg kämpften mehrere *National*götter gegeneinander, aber stets vorgestellt als der *eine* (jüdisch-)christliche »Herr der Heerscharen«, der jetzt ›seinen‹ Krieg führe: einen dementsprechend ›eschatologischen‹.[12] – Das »letzte Gefecht« findet sich auch in der Vorstellungswelt der (bürgerlichen und) proletarischen Revolutionäre, deren Kriege gleichfalls religiös tingiert sind: paramessianisch[13], wobei sich – in den (ehemaligen) Kolonialländern vor allem – nativistische Züge leicht mit den messianischen verbinden.[14] Diese begegnen schließlich auch beim einzelkämpferischen Partisanen – des antikolonialen Befreiungskrieges – wie beim Anarchisten und ›Terroristen‹ der Metropolen.[15]

4. Vom Militarismus zum Faschismus

Partisan und ›Terrorist‹ stellen seit der antinapoleonischen Guerilla den äußersten Gegenpol zum staatlich organisierten, im Verband und auf Befehl operierenden, schließlich uniformierten Militär dar. Am ausgeprägtesten ist die Militarisierung der Gesellschaft bisher im Faschismus geschehen, der hier für eine ganze »Epoche« steht.[16]
Ohne seine Vor- und Nachgeschichte oder seine einzelnen Spielformen zu unterscheiden, kann idealtypisch festgestellt werden: Im Faschismus steigert sich aufgrund ›weltanschaulicher‹ Vorstellungen, die Heraklits Formel vom »Krieg« als »Vater aller Dinge« zu *der* vitalistischen, d. h. Leben *zerstörenden* Formel werden lassen,[17] der hergebracht ›preußische‹ Gesinnungsmilitarismus: – zur Selbstadoration der uniformierten Massen in ihrem – cäsaristischen – Führer;[18] – zum nativistisch-messianistischen Auserwähltheitsglauben an das eigene Volk und die eigene Rasse;[19] – zum Ahnen-, Toten- und Todeskult;[20] – zu kriegerischem Selbst- wie genozidalem Fremdopfer.
Die Uniform selbst – ihr Stoff, seine Farbe, die Stiefel, das Leder und Metall, Orden und Fahnen – die »Blutfahne« allen anderen voran – werden zu Devotionalien eines massenhaften Enthusiasmus.[21] »Volk, Reich und Führer« gewinnen göttliche Qualität,[22] die – als Fetische eines kollektiven Narzißmus – den Sado-Masochismus als not-

---

[11] Vgl. ebd., Kap. I, 4a.
[12] Vgl. J. Ebach, Das Erbe der Gewalt.
[13] Vgl. E. Sarkisyanz, Rußland und der Messianismus des Ostens, 1955.
[14] Vgl. V. Lanternari, Religiöse Freiheits- und Heilsbewegungen unterdrückter Völker, ST 33.
[15] Vgl. C. Schmitt, Theorie des Partisanen. Zwischenbemerkungen zum Begriff des Politischen, ^{2}1975.
[16] Vgl. E. Nolte, Der Faschismus in seiner Epoche. Action Française, Italienischer Faschismus, Nationalsozialismus, ^{2}1965.
[17] Vgl. Das Frühwerk E. Jüngers.
[18] Vgl. H. Cancik, »Wir sind jetzt eins«. Rhetorik und Mystik in einer Rede Hitlers, in: G. Kehrer (Hrsg.), Zur Religionsgeschichte der Bundesrepublik Deutschland, 1980, S. 13–48.
[19] Vgl. A. Rosenberg, Der Mythus des 20. Jahrhunderts. Eine Wertung der seelisch-geistigen Gestaltkämpfe unserer Zeit, ^{3}1932, Kap. I.
[20] Vgl. H. J. Gamm, Der braune Kult. Das Dritte Reich und seine Ersatzreligion, 1962; K. Schmeer, Die Regie des öffentlichen Lebens im Dritten Reich, 1956; K. Vondung, Magie und Manipulation. Ideologischer Kult und politische Religion des Nationalsozialismus, 1971.
[21] Vgl. S. Sontag, Faszinierender Faschismus.
[22] Vgl. H. Cancik, a. a. O.

wendig erscheinen lassen. Für »Volk, Reich und Führer« zu töten oder zu sterben ist Höhepunkt der Liebe zu ihnen.

Die sadomasochistische ›Qualität‹ der zum Maskenzauber gesteigerten Gemeinschaftsmystik offenbart sich bereits in der Homoerotik der faschistischen Männerbünde.[23] Die Frau wird zur Gebärmaschine erniedrigt, die freilich dem Metzger ihrer Väter, Brüder und Söhne zujubelt und von jenem als Frau und Mutter der Helden (mit dem »Mutterkreuz«) ›geehrt‹ wird.[24]

Sie wird auch selbst in Uniform gesteckt. – Daß »ein Volk, ein Reich und ein Führer« ist, zeigt sich in der durchgängigen Uniformierung, wie sie die »Gleichschaltung« steigert. Atavistische Formen werden in den Dienst paramilitärischer Durchorganisierung gestellt, deren Ziel das militärische – der Krieg – ist; so wie die paramilitärischen Verbände, die (im Bündnis mit der staatlichen Armee) die Macht »ergreifen«, im »Kriegserlebnis« wurzeln.[25] Die (Prä-)Faschisten können es nicht genug betonen: Der »nationale Sozialismus« entstand am ›pfingstlichen‹ 1. August 1914, als es »nur noch Deutsche« gab, und wurde ›gehärtet‹ im Schützengraben, wo dieser – alle Klassen versöhnende – ›Sozialismus‹ bereits Wirklichkeit gewesen sein soll. – Das einheitliche Grau der Uniform, verwandt dem ›Adel‹ eines (Ritter-)Ordenshabits, wurde als Ausdruck realen und sozialen Wesens mißverstanden bzw. ausgegeben.[26]

Wenn Deutschland ein einziges Lager würde – nicht zuletzt, um die Schützengräben eines weiteren Krieges auszuheben –, dann würde das deutsche Volk sein »ein einig Volk von Brüdern«. So tönte die paramilitärische Propaganda, die eine militaristische, ja faschistische war.

Literatur

Bamberg, H. D., Militärseelsorge in der Bundesrepublik Deutschland, 1970; Cancik, H., Christus Imperator. Zum Gebrauch militärischer Titulaturen im römischen Herrscherkult und im Christentum, in: Der Name Gottes, hrsg. von H. von Stietencron, 1975, S. 112–130; Domaszewski, A. von, Die Religion des römischen Heeres, in: ders., Aufsätze zur römischen Heeresgeschichte, 1972, S. 81–209; Ebach, J., Das Erbe der Gewalt. Eine biblische Realität und ihre Wirkungsgeschichte, 1980; Faber, R., Cäsarismus – Bonapartismus – Faschismus. Zur Rekonstruktion des Brecht'schen »Caesar«-Romans, in: L. Hieber, R. W. Müller (Hrsg.), Gegenwart der Antike. Zur Kritik bürgerlicher Auffassungen von Natur und Gesellschaft, 1982, S. 64–104; Harnack, A. von, Militia Christi. Die christliche Religion und der Soldatenstand in den ersten drei Jahrhunderten (1905), 1963; Heer, Fr., Kreuzzüge – gestern, heute, morgen? 1969; Sontag, S., Faszinierender Faschismus, in: dies., Im Zeichen des Saturn, 1981, S. 95–124; Theweleit, K., Männerphantasien. Bde. 1/2, 1977; Vondung, K. (Hrsg.), Kriegserlebnis. Der Erste Weltkrieg in der literarischen Gestaltung und symbolischen Deutung der Nationen, 1980.

Richard Faber

→ *Aggression, bürgerliche Religion / Civil Religion, Heroismus*

---

[23] Vgl. K. Theweleit, Männerphantasien.
[24] Vgl. M.-A. Macciochi, Jungfrauen, Mütter und ein Führer. Frauen im Faschismus, 1976.
[25] Vgl. K. Theweleit, a. a. O.
[26] Vgl. R. Faber, Die Verkündigung Vergils, Kap. III, 3.

Mittelwesen

1. Der Begriff »Mittelwesen« dient als Sammelbezeichnung für Geister, Dämonen, Engel, Teufel, Heroen und ähnliche Gestalten, sofern sie in einer Hierarchie der Wesen in der Mitte zwischen »echten« Göttern und gewöhnlichen Menschen stehen. Da die Vorstellung vor allem in der griechischen Philosophie sowie der jüdisch-christlichen und islamischen Tradition ausgeprägt ist, handelt es sich um eine »westliche« Kategorie, die zur Beschreibung von Geistern anderer Religionen nur eingeschränkt verwendet werden kann.

2. Ein früher deutscher Beleg für »Mittelwesen« findet sich bei F. CREUZER,[1] und den Begriff verwenden auch W. BOUSSET[2] und G. VAN DER LEEUW.[3] In den verschiedenen Auflagen der »*Religion in Geschichte und Gegenwart* (RGG) ist »Mittelwesen« nicht als eigenes Stichwort zu finden; es handelt sich also nicht um einen gängigen Begriff. Gelegentlich wird der Begriff »Zwischenwesen« bedeutungsgleich gebraucht.[4]

3. Der Begriff »Mittelwesen« hat eine lange Reihe von Vorbildern, die sich bis zu PLATON zurückverfolgen läßt. In PLATONs »*Symposion*« erklärt Diotima die Funktion und Stellung der Dämonen wie folgt: »Alles Daimonische steht in der Mitte zwischen sterblich und unsterblich... Es verdolmetscht und überbringt den Göttern, was von den Menschen kommt, und den Menschen, was von den Göttern kommt: von den einen die Gebete und Opfer, von den anderen die Befehle und die Vergeltung für die Opfer. Es steht in der Mitte zwischen beiden und füllt die Kluft aus, so daß das All in sich verbunden ist ... Ein Gott aber verkehrt nicht mit einem Menschen, sondern durch dieses Daimonische geschieht aller Umgang und alle Zwiesprache zwischen Göttern und Menschen ... Diese Daimonen aber sind zahlreich und mannigfaltig.«[5] PLATONs Text impliziert nicht nur die Mittelstellung der Dämonen in der Seinshierarchie, sondern weist ihnen eine Boten- und Vermittlungsfunktion zu, die sogar so weit geht, daß die Götter selbst ausschließlich über die Dämonen mit den Menschen verkehren. Die Notwendigkeit der Vermittlung stellt offenbar eine besondere philosophische Meinung dar, denn sonst verkehren die griechischen Götter durchaus auch unmittelbar mit dem Menschen. THOMAS VON AQUIN weiß, daß der Engel »ein Mittleres ist zwischen Mensch und Gott« (*cum angelus medius sit inter hominem et Deum*)[6] oder genauer: »die unkörperlichen Substanzen [Engel] sind ein Mittleres zwischen Gott und den körperlichen Geschöpfen [Menschen]« (*substantiae incorporeae medium sunt inter Deum et creaturas corporeas*).[7] Der Ausdruck *être mitoyant entre Dieu et les hommes* (»Mittelwesen zwischen Gott und Mensch«) findet sich in VOL-

---

1 F. CREUZER, Symbolik und Mythologie 3, 1812, 12, 70.
2 W. BOUSSET, Die Religion des Judentums, (1903) ^{2}1926, 321.
3 G. VAN DER LEEUW, Phänomenologie der Religion, (1933) ^{2}1956, 148, 153.
4 T. HOPFNER, in: JAMBLICHOS, Über die Geheimlehren, übers. von T. HOPFNER, 1922, VI (Vorwort).
5 PLATON, Symposion 202e.
6 THOMAS VON AQUIN, Quaestio disputata de veritate, 1256–1259, 11, 3.
7 THOMAS VON AQUIN, Summa theologica I 50, 1267–1273, 1 ad 1.

TAIRES »*Questions sur l'Encyclopédie*« (1770)[8] als Bezeichnung für Engel, wobei eine geläufige Vorstellung der scholastischen Theologie aufgegriffen wird. Im Englischen spricht J. H. NEWMAN von »*a middle race*, daimonia, *neither in heaven, nor in hell*« (eine mittlere Rasse, Dämonen,weder im Himmel noch in der Hölle hausend), die er als »*intermediate beings*« bezeichnet.[9]

Bernhard Lang

→ *Gottesvorstellungen, Zwischenwesen*

Mönchtum

Der Begriff ›Mönchtum‹ bezeichnet eine universalreligiöse Gemeinschaftsform von Männern, welche vorübergehend oder auf Dauer die »äußere Abgeschiedenheit«[1] gewählt haben, um ein asketisches Leben zu führen. Religionsgeschichtlich tritt die Abgeschiedenheit als Individualstruktur (z. B. Anachoreten, Inklusen, Styliten) oder als Communiostruktur (Ordensgemeinschaften, Bruderschaften) in Erscheinung. Darüber hinaus gibt es Übergangsstrukturen wie Anachoretenkolonien oder Lauren.
Das Mönchtum propagiert ein gemeinschaftlich-abgeschiedenes Leben innerhalb eines geschlossenen Verbandes. »Das Kloster ist eine Gemeinschaft im vollsten Sinne: eigene Kirche, eigener Ackerbau, eigenes Handwerk, eigene Verwaltung und eigener Friedhof.«[2] Es wird eine scharfe Trennung zwischen heiliger und profaner Welt vollzogen, welche die Grundlage für die permanent-pessimistische Weltabwertung darstellt. Mit dem Leben in dieser heiligen ›Sonderwelt‹, in der die Mönche das Ideal einer organisierten *vita religiosa* praktizieren können, ist der Gedanke der Steigerung eigener Heiligkeit verbunden. Die numinose Mächtigkeit wird potenziert, wenn Gleichgesinnte sich zusammenschließen. Das mönchische Leben ist durch Regeln (Verhaltens- und Enthaltungsvorschriften) geordnet, z. B. die drei christlichen *consilia evangelica*: Armut, Keuschheit, Gehorsam. Es gibt ›tätige‹ und ›beschauliche‹ Gemeinschaften, d. h. solche, die vor allem im Dienst an den Menschen tätig sind, oder solche, die sich hauptsächlich dem Gebet und der Betrachtung widmen.
Aus Indien stammende Religionen, z. B. Buddhismus und Jainismus, sind typische Mönchsreligionen, da hier die Heilsgewinnung an das Mönchtum gebunden ist. Im tibetischen Lamaismus übernahm das Mönchtum sogar die politische Macht. Auch der dualistische Manichäismus, die Essener und der Sufismus kennen das Mönchtum. Im Christentum ist die älteste Form des Mönchtums die Anachorese. Im Verlauf des 4. Jahrhunderts bildete sich das Mönchtum zu einer festen Institution heraus; Pachomius gilt als Gründer des koinobitischen Mönchtums. Eine weitere Steigerung des

---

[8] VOLTAIRE, Œuvres complètes, 17, 1878, 245 (hrsg. von L. MOLAND) (Questions sur l'Encyclopédie, 1770. s. v. *ange*).
[9] J. H. NEWMAN, Apologia pro vita sua, (1864) [27]1959, 117.
[1] Vgl. TWORUSCHKA, Einsamkeit, S. 226ff.
[2] VAN DER LEEUW, Phänomenologie , 292.

Gemeinschaftsideals erfolgte durch Basilius (ca. 330–379 n. Chr.), der das Gesamtkloster gründete. Die spezifisch abendländische Gestalt des Mönchtums prägte Benedikt von Nursia (480–547 n. Chr.).

Literatur

LEEUW, G. VAN DER, Phänomenologie der Religion, [3]1970; MENSCHING, G., Soziologie der Religion, [2]1968; TWORUSCHKA, U., Die Einsamkeit. Eine religionsphänomenologische Untersuchung (Untersuchungen zur allgemeinen Religionsgeschichte NF 9) 1974.

Udo Tworuschka

→*Askese, Gemeinschaft, Meditation*

Monolatrie

→*Henotheismus / Monolatrie*

Monotheismus

A Allgemeines I. Begriffsbestimmung II. Begriffsgeschichte und Etymologie B Theorie I. Drei Formen monotheistischen Glaubens: prophetischer, praktischer und philosophischer Monotheismus II. Probleme und Lösungen monotheistischer Theologie (Trinität, Engel, Satan, Endgericht) III. Fragwürdige Theorien über Ursprung und Kulturbedeutung des Monotheismus 1. Urmonotheismus oder Evolution? 2. Monotheismus der Wüste? 3. Psychoanalyse? 4. Integrative Funktion? 5. Kulturbedeutung? C Historische Beispiele I. Altägyptischer Monotheismus (König Echnaton) II. Jüdischer Monotheismus III Mohammeds Monotheismus

A Allgemeines

1. Begriffsbestimmung

Monotheismus bedeutet Eingottglaube. Reduziert das Glaubenssystem einer Religion, auf die E. B. TYLORS Minimaldefinition von Religion als »Glaube an übernatürliche Wesen«[1] anwendbar ist, die Anzahl dieser Wesen auf ein einziges oder hebt sie unter diesen Wesen eines derart hervor, daß alle anderen nur als dessen Geschöpfe oder Untergebene erscheinen, so spricht man von Eingottglaube. Als klassische monotheistische Religionen gelten Judentum, Christentum und Islam. Der als *jüdisches* Glaubensbekenntnis benützte Bibelvers: »Höre Israel, der Herr [Jahwe] ist unser Gott, der

[1] E. B. TYLOR, Primitive Culture 1, (1871) [3]1891, 424: »*A minimum definition of Religion, the belief in Spiritual Beings*«.

Herr [Jahwe] allein [oder: ist einzig]!« (Dtn 6, 4) wird im Glaubensbekenntnis des MAIMONIDES[2] entfaltet: »Ich glaube mit voller Überzeugung, daß der Schöpfer – gelobt sei sein Name – einzig ist und keine Einheit der seinen in irgendeiner Beziehung gleicht, und daß er allein unser Gott war, ist und sein wird.« Im *Islam* lautet das Bekenntnis: »Ich bezeuge, daß es keinen Gott außer Allah gibt« (siehe unten, C III.). Im *Christentum* wird der jüdische Monotheismus vorausgesetzt. Nach Paulus »wissen wir, daß es keine Götzen gibt in der Welt und keinen Gott außer dem einen« (1 Kor. 8, 4). »Wir glauben an den einen Gott« (griech.: *pisteúomen eis héna theón*) heißt es seit dem 4. Jh. in christlichen Glaubensbekenntnissen.[3] Für K. RAHNER[4] ist der »Glaube an den einzigen Gott... das wirkliche Grunddogma des Christentums schlechthin«.

In Judentum, Christentum und Islam besitzt der einzige Gott entweder keinen oder (so im Falle des Judentums) nur Reste eines Eigennamens. Der jüdische Gottesname, den die moderne Forschung und einige nichtjüdische Bibelübersetzungen als »Jahwe« wiedergeben, wird durch »Gott«, »der Heilige«, »der Ewige« u. ä. ersetzt. Auch Allah bedeutet einfach »der Gott«. Über den christlichen Gott heißt es beim Apologeten MINUCIUS FELIX (um 200): »*Nec Deo nomen quaeras, Deus nomen est*« (Den Namen Gottes brauchst du nicht zu suchen. Sein Name ist Gott).[5]

Immer wieder wurde der Nachweis versucht, das Christentum sei keine monotheistische Religion. Um 200 bestreitet CELSUS[6] die Behauptung der Christen, nur einen einzigen Gott anzubeten, da auch Jesus verehrt werde. Der Heide PORPHYRIUS[7] (um 290) sieht keinen Unterschied zwischen christlicher Engellehre und heidnischem Polytheismus. Zur Zeit Augustins behandelt ein weiterer Heide, MAXIMUS VON MADAURA[8], die Christen als Polytheisten; die Märtyrerverehrung ist ihm Beweis für die Richtigkeit seiner Auffassung. Heiligen- und Engelverehrung als Zeichen des christlichen Rückfalls in den Polytheismus begegnet als Gemeinplatz etwa bei D. HUME[9], E. GIBBON[10], E. RENAN[11], FR. ENGELS[12], A. VON HARNACK[13] und E. MEYER[14]. Jüdische und islamische

---

2 J. HÖXTER, Quellenbuch zur jüdischen Geschichte und Literatur 2, 1983, 60. Die oben zitierte Gebetbuchfassung beruht auf der entspr. Ausführung im Mischnakommentar des MAIMONIDES (zu Sanhedrin X, 1), wiedergegeben in: P. S. ALEXANDER (Hrsg.), Textual Sources for the Study of Judaism, 1984, 111.

3 H. DENZINGER und A. SCHÖNMETZER, (Hrsg.), Enchiridion Symbolorum, (1854) ^{22}1963, Nr. 40 (EUSEBIUS).

4 K. RAHNER, Schriften zur Theologie 13, 1978, 131.

5 MINUCIUS FELIX, Octavius 18 (PL 3, 303).

6 Angeführt von ORIGENES, Gegen Celsus VIII, 12 und 14 (PG 11, 1533 und 1536).

7 PORPHYRIUS, Fragment 76, bei A. VON HARNACK, Porphyrius gegen die Christen, 15 Bücher, Abhandlungen der Königlich-preußischen Akademie der Wissenschaften, Philos.-hist. Klasse 1916, Nr. 1.

8 Brief des MAXIMUS VON MADAURA, überliefert als AUGUSTINUS, Brief 16 (PL 33, 82). Gegen diese Auffassung wendet sich AUGUSTINUS in Brief 17, 5 (PL 33, 85) und in De Civitate Dei XXII, 10 (PL 41, 772).

9 D. HUME, The Natural History of Religion, 1757, Nr. 6; vgl. Nr. 8. Zu HUMES Theorie über das Oszillieren (»*flux and reflux*«) der Religion zwischen Monotheismus und Polytheismus vgl. E. GELLNER, Leben im Islam, 1985, 22–35.

10 E. GIBBON, The Decline and Fall of the Roman Empire, 1776, Kap. 28.

11 E. RENAN, Œuvres complètes 5, 1952, 1139f.

12 FR. ENGELS, Zur Geschichte des Urchristentums (1894), in: K. MARX und FR. ENGELS, Werke 22, hrsg. vom Institut für Marxismus-Leninismus, 1963, 470f.

13 A. VON HARNACK, Mission und Ausbreitung des Christentums in den ersten drei Jahrhunderten 1, ^{3}1915, 231.

Religionspolemik wirft dem Christentum vor, durch den Glauben an einen »Sohn Gottes« und die Trinitätslehre den Boden des Monotheismus zu verlassen. »Ungläubig sind diejenigen, die sagen: ›Gott ist einer von dreien.‹ Es gibt keinen Gott außer einem einzigen« (Koran, Sure 5, 73).
Es lassen sich verschiedene Arten von Monotheismus unterscheiden. Dem exklusiven, *prophetischen* Monotheismus, der die Verehrung, wenn nicht sogar die Existenz anderer Götter (nicht aber allgemein: anderer übernatürlicher Wesen überhaupt) ablehnt, kann man den *philosophischen* Monotheismus gegenüberstellen, der dem Polytheismus gegenüber gewöhnlich tolerant bleibt. Mit polytheistischem Glauben vertragen sich auch die zeitweise (Henotheismus) oder dauernde (Monolatrie) Alleinverehrung eines einzigen Gottes. Als temporäre Angelegenheit findet sich Henotheismus vor allem in der Situation intensiven Gebets in einer Notlage, während Monolatrie mit einer anhaltenden Krisensituation verbunden sein mag.

II. Begriffsgeschichte und Etymologie

Monotheismus ist ein neuzeitliches Kunstwort. In der Antike sprachen Juden und Christen nicht von Monotheismus, sondern von göttlicher Monarchie[15] – ein Ausdruck, der noch im 18. Jahrhundert bei E. GIBBON[16] als »*the monarchy of heaven*« (die Monarchie des Himmels) begegnet. Lange Zeit war »Theismus« der verwendete Ausdruck. Das Wort Monotheismus wurde in Analogie zu den etwas älteren, aber ebenfalls neuzeitlichen Wörtern Polytheismus und Atheismus gebildet. Der erstmals 1660 in England[17] nachweisbare Begriff begegnet im 18. Jahrhundert gelegentlich in England[18], Frankreich[19] und Deutschland[20], um erst im 19. Jahrundert[21] geläufig zu werden.
Das Wort Monotheismus wird oft mit Adjektiven versehen, die eine nähere Bestimmung vornehmen. Ausdrücke wie ›relativer‹[22], ›praktischer‹[23] und ›potentieller‹[24] Monotheismus werden gebraucht, wenn gesagt werden soll, daß zwar nur *eine* Gottheit verehrt, aber die Existenz anderer Götter nicht prinzipiell ausgeschlossen wird. Man spricht in diesem Fall auch von MONOLATRIE oder, wenn es sich um eine zeitlich begrenzte Frömmigkeitsform handelt, HENOTHEISMUS. (Die Wortbildung »Henotheis-

---

14 E. Meyer, Ursprünge und Anfänge des Christentums 2, 1921, 23 Anm. 1.
15 PHILO, De specialibus legibus, I, 12; JUSTIN, Dialog I, 3 (PG 6, 473); vgl. E. PETERSON, Göttliche Monarchie, in: Theologische Quartalschrift 112 (1931) 537–564.
16 E. GIBBON, The Decline and Fall, Kap. 28.
17 H. MORE, An Explanation of the Grand Mystery of Godliness, 1660, 62; ders., Apocalypsis Apocalypseos, 1680, 84.
18 H. ST. J. BOLINGBROKE, Works 4, 1754, 67f. 80. 185.
19 J.-B. D'ARGENS, Lettres juives IV, 1738, 32.
20 I. KANT, Kritik der reinen Vernunft, 1781, 590.
21 Art. Monotheismus, in: Conversations-Lexicon 6, ^{2}1815, 420f. Das ist die 2. Auflage des »Brockhaus«; die 1. von 1798 enthielt das Stichwort noch nicht.
22 F. W. SCHELLING, Werke, hrsg. von M. SCHRÖTER, 6, 1927, 129 (Einleitung in die Philosophie der Mythologie).
23 A. B. DAVIDSON, The Theology of the Old Testament, 1904, 63; W. EICHRODT, Theologie des Alten Testaments 1, 1933, 112.
24 E. KÖNIG, Geschichte der alttestamentlichen Religion, 1912, 199.

mus« wurde von F. M. MÜLLER[25] vorgeschlagen. Auch »Monolatrie« ist ein religionswissenschaftliches Kunstwort des 19. Jahrhunderts, dessen Urheber allerdings nicht bekannt ist.)[26] Dagegen bezeichnet ›inklusiver‹[27] Monotheismus eine Philosophie, die den Begriff einer letzten Einheit hinter den vielfältigen Manifestationen der Götter sieht. Der von ABRAHAM KUENEN[28] eingeführte und seitdem oft gebrauchte Ausdruck »ethischer Monotheismus« soll den spezifischen Charakter des biblisch-jüdischen Monotheismus kennzeichnen: Der einzige Gott ist gerecht und fordert sittliches Verhalten. Diese Kennzeichnung ist insofern berechtigt, als die Religionsgeschichte Götter oder ›Höchste Wesen‹ kennt, die keine ethischen Forderungen stellen.[29]

B Theorie

I. Drei Formen monotheistischen Glaubens: prophetischer, praktischer und philosophischer Monotheismus

Bereits D. HUME unterschied in seiner »*Natural History of Religion*« (1757) verschiedene Arten monotheistischen Glaubens. Während eine philosophisch denkende Elite die Rückführung aller Vielfalt der Welt auf die Einheit eines göttlichen Schöpfers für überzeugend hält, beruht der Eingottlaube der ungebildeten Masse auf der Neigung, eine einzelne Göttergestalt aus einer Vielheit herauszuheben und ihr besonders zu schmeicheln. Aus HUMEs Unterscheidung lassen sich zwei Typen monotheistischen Glaubens gewinnen: (1) der philosophische Glaube der Gebildeten und (2) der Glaube jener, die von dem einen oder einzigen Gott übernatürliche Hilfe erhoffen. Diese Aufzählung erschöpft die monotheistischen Arten allerdings nicht, denn HUME übergeht (3) den monotheistischen Glauben der großen Religionsstifter, der je nach Betrachtungsweise auf Offenbarung oder besonderem religiösem Charisma beruht. Die genannten drei Ansätze lassen sich als die drei Grundgestalten oder im idealtypischen Sinne ›reinen‹ Arten monotheistischen Glaubens verstehen.
Der ›*gestiftete*‹ Monotheismus zeichnet sich zunächst dadurch aus, daß er von einer prophetischen Einzelgestalt propagiert wird, die andere in ihren Bann zu schlagen vermag. Der Stifter versteht sich als Mittler zwischen dem einen Gott und den Gläubigen. Religionsgeschichtlich ist der einzige, vom Propheten geoffenbarte Gott ein Himmelsgott, der als Schöpfer der Welt über alle anderen Götter erhoben wird. Wird die Exi-

---

25 FR. M. MÜLLER, Chips from a German Workshop 1, 1869, 350. 373.

26 Frühe Belege für »Monolatrie«: W. ROBERTSON SMITH, The Old Testament in the Jewish Church, 1881, 273 (dt. Das Alte Testament: Seine Entstehung und Überlieferung, 1894, 264). P. D. CHANTEPIE DE LA SAUSSAYE, Lehrbuch der Religionsgeschichte 1, 1887, 47 definiert: »Monolatrie, welche wohl nur einen Gott verehrt, aber ohne zum Begriff seiner Einzigkeit durchgedrungen zu sein«.

27 J. P. KENNEY, Monotheistic und Polytheistic Elements in Classical Mediterranean Spirituality, in: A. H. ARMSTRONG (Hrsg.), Classical Mediterranean Spirituality, 1986, 269–292, hier 271.

28 A. KUENEN, The Prophets and Prophecy in Ancient Israel, 1877, 585; vgl. J. WELLHAUSEN, Israelitische und jüdische Geschichte, (1894) [8]1921, 108. 175.

29 »Was dem traditionellen Höchsten Wesen der Bantu fast immer fehlt, ist die ethische Komponente: es ist weder selbst heilig noch fordert es von seinen Kreaturen Heiligkeit. Es ist gut; weil es aber die Menschen auch sterben läßt, ist es auch böse. Gegen das Höchste Wesen selbst kann man sich nicht vergehen.« J. F. THIEL, Ahnen – Geister – Höchste Wesen, 1977, 37.

stenz anderer Götter nicht völlig ausgeschlossen, so werden sie dem Einen streng untergeordnet. Eine polemische Abgrenzung gegen Götzendiener und die Ächtung anderer Götter ist typisch für den ›gestifteten‹ Monotheismus. Als historische Beispiele sind hier Echnaton, Zarathustra und Mohammed zu nennen, von den biblischen Propheten kommen hier neben dem Mose der biblischen Sage besonders Hosea und Deuterojesaja in Frage. Vor allem PETTAZZONI [30] hat sich um die Erfassung dieses Typs bemüht und die Etablierung eines Monotheismus durch unvermittelten »revolutionären« und prophetischen Akt herausgestellt.

Allerdings hängt der Erfolg von charismatisch gestiftetem Monotheismus auch von äußeren Umständen ab. PETTAZONI selbst verwies auf das Vorhandensein einer Hochgottvorstellung, die für Stifter und Gläubige einen Ansatzpunkt für eine monotheistische Konzeption darstellt. »Hinter dem einzigen und allwissenden Gott einer monotheistischen Religion erhebt sich der höchste allwissende Gott des Himmels einer polytheistischen Religion, wie sich hinter diesem wiederum häufig das höchste, allessehende Himmelswesen einer primitiven Religion abzeichnet.«[31] Eine ansprechende, PETTAZZONI weiterführende Theorie hat R. HORTON[32] anhand der afrikanischen Tendenz zum monotheistischen Glauben entwickelt. Er geht von der vielfach zu beobachtenden Unterscheidung zwischen einem entfernten Universalgott und den nahen Stammesgöttern und -geistern aus. Das Verhältnis der beiden Größen ›Universalgott‹ und ›Stammesgötter‹ hängt vom als vorherrschend empfundenen Lebensraum ihrer Verehrer ab. Ist der Lebensraum kleinräumig und sind Kontakte zu anderen Gruppen gering, so bleiben die Stammesgötter im Glaubens- und Ritualsystem vorherrschend. Erfährt der Lebensraum durch Politik, Verstädterung und Handel eine Erweiterung und Kosmopolitisierung, so gerät der Universalgott immer mehr in den Blick, zumal dessen Stellung auch von christlichen und islamischen Missionaren unterstützt wird. Demgegenüber verlieren die nahen Geister an Prestige.

Der zweite Typ läßt sich als *praktischer* Monotheismus bezeichnen. Dabei sind zwei Arten zu unterscheiden: Henotheismus und Monolatrie. Henotheismus liegt vor, wenn ein Beter oder eine Gruppe von Betern sich – vornehmlich in einer Notlage – an eine einzige Gottheit wendet und von ihr alles erbittet, erhofft und erwartet. Die Erwähnung und Verehrung aller anderen Götter wird dabei ausgeschlossen. Im Unterschied zum prophetisch gestifteten Monotheismus ist diese Art des Monotheismus meist nur von kurzer Dauer und vermag keine großen Gemeinschaften zu binden. Diese Frömmigkeitsform hat FRIEDRICH MAX MÜLLER[33] in Gebeten aus der indischen Welt nachgewiesen, wo oft ein Gott in dem Augenblick des Gebets für den Beter als der einzige erscheint (wofür MÜLLER den Ausdruck »Henotheismus« vorschlägt; auch vom »Monotheismus der Andacht«[34] hat man gesprochen). Eine entsprechende Denkweise liegt vor, wenn die alten Ägypter die Attribute des höchsten Wesens, das König und Herr von allem Geschaffenen, dazu Schöpfer und Erhalter von allem Seienden ist,

---

[30] R. PETTAZZONI, La formation du monothéisme, 193–229; ders., Monotheismus und Polytheismus, 185–191.

[31] R. PETTAZZONI, Der allwissende Gott, 1960, 81; vgl. ders., La formation, 202–205.

[32] R. HORTON, African Conversion, in: Africa. Journal of the International African Institute 41 (1971) 85–108.

[33] FR. M. MÜLLER, Chips from a German Workshop, 350. 373.

[34] H. GRESSMANN, Monotheismus und Polytheismus, in: RGG[1] 4 (1913) 476.

keineswegs nur dem Sonnengott Re zugesteht, sondern sie sogar unbedeutenden Ortsgöttern beilegen kann. Der Ägypter häuft alle höchsten Attribute göttlicher Macht auf den für ihn kultisch maßgebenden Gott seines Heimatortes. »Aus der Götterfülle seines Pantheons hebt der Ägypter im Akt der Verehrung, sei es in Gebet, hymnischen Lobpreis oder ethischer Bindung und Verpflichtung, *einen* Gott heraus, der ihm in diesem Augenblick *alles* bedeutet. Die begrenzte und doch ungeheure Macht und Größe Gottes sammelt sich im Brennpunkt dieser angerufenen Gottheit, neben der alle anderen Götter wesenlos versinken, ja bisweilen bewußt abgewertet werden.«[35]

Nach A. van Selms[36] kannte man im alten Zweistromland (und wohl darüber hinaus auch sonst im Orient) die zeitweise – d. h. henotheistische – Alleinverehrung eines einzelnen Gottes unter Vernachlässigung aller anderen Gottheiten, um von diesem Gott besondere Hilfe zu erlangen. Beispiele lassen sich aus dem babylonischen Atrahasis-Epos anführen; dort wird einmal Namtara, einmal Adad zeitweise ausschließlich verehrt, um Pest bzw. Dürre zu beenden. »Wenn Not über den Menschen kommt«, heißt es im Koran (Sure 39, 8), »betet er zu seinem Herrn, indem er sich ihm bußfertig zuwendet. Aber wenn dieser ihm hierauf Gnade erweist, vergißt er, weswegen er vorher zu ihm gebetet hat, und behauptet, daß Gott seinesgleichen neben sich habe.« Auch bei den Zeitgenossen Mohammeds war die ausschließliche Verehrung Allahs meist eine kurzfristige, von aktueller Not diktierte Angelegenheit.

Wird von einem einzelnen oder einer ganzen Volksgruppe eine henotheistische Glaubensform als *dauernde* übernommen, dann spricht man von *Monolatrie.* Den Grundsatz monolatrischen Glaubens spricht das 1. Gebot des biblischen Dekalogs deutlich aus: »Du sollst neben mir keine anderen Götter haben!« (Ex. 20, 3; Dtn. 5, 7) Dabei werden die Existenz anderer Götter sowie deren Zuständigkeit für die Belange anderer Völker nicht in Frage gestellt.

Der *philosophische* Monotheismus – ein Monotheismus der wenigen, nicht eines ganzen Volkes – vermag philosophische Gefolgschaft, aber keine monotheistische Religion zu begründen. Von ausgesprochen elitärer Gestalt, bleibt sie der Religion der ›Masse‹ gegenüber tolerant, gleichgültig, ob diese eine andere Form des Monotheismus oder einen Polytheismus praktiziert. In der griechisch-römischen Antike war diese Form des Monotheismus weit verbreitet. Maximus von Madaura[37] erklärt, daß es »einen höchsten Gott gibt, ohne Anfang, ohne natürlichen Nachwuchs« (*unum esse Deum summum, sine initio, sine prole naturae*); die vielen Götter sind nichts anderes als dessen ›Glieder‹ (*membra*). Bereits im 2. Jh. n. Chr. haben christliche Apologeten[38] hier eine Brücke zu ihrem Gottesbegriff gesehen, und seit Origenes formen christliche Theologen ihre Gotteslehre mit Hilfe philosophischer Begriffe. Bei Herbert von Cherbury (»*De veritate*«, 1623) und im Deismus der Neuzeit galt der philosophische Glaube an den einen Gott als der natürlichen Religion zugehörig, die keiner besonderen Offenbarung bedarf. Nach P. Radin[39] ist in allen

---

35 E. Hornung, Der Eine und die Vielen. Ägyptische Gottesvorstellungen, 1971, 232.

36 A. van Selms, Temporary Henotheism, 341–348.

37 Maximus von Madaura, Brief 16 (PL 33, 82).

38 Beispiel: Athenagoras, PG 6, 887–1024; vgl. J. Lortz, Das Christentum als Monotheismus in den Apologien des 2. Jahrhunderts, in: A. M. Köninger (Hrsg.), Beiträge zur Geschichte des christlichen Altertums und der byzantinischen Literatur, 1922, 301–327.

39 P. Radin, Monotheism among Primitive Peoples, 1924.

Gesellschaften, die schriftlosen Völker nicht ausgenommen, mit monotheistisch denkenden Individuen zu rechnen.

II. Probleme und Lösungen monotheistischer Theologie (Trinität, Engel, Satan, Endgericht)

Mit seiner Tendenz, partikuläre Gottesnamen durch ›Gott‹ zu ersetzen, die Mythologie stark einzuschränken und den abstrakt werdenden Gott bildlos zu verehren, vereinfacht der Monotheismus das religiöse Weltbild. Dies bedeutet jedoch nicht, daß religiöses Denken nun einfacher würde. Vielmehr gibt der Monotheismus neue Probleme auf, die insbesondere in der Lehre von den Engeln, vom Satan und dem göttlichen Endgericht über die Welt ihre Lösung finden. Diese mythologischen Zusammenhänge finden sich zwar auch außerhalb des Monotheismus, werden jedoch von ihm bevorzugt, weil sie seiner Logik entsprechen. Die zugrunde liegende Logik ist jüdischer, christlicher und islamischer Theologie gemeinsam; auch in der Religion Zarathustras läßt sie sich beobachten.
Es liegt nahe, die Vielfalt religiöser Erfahrung durch eine Vielheit göttlicher Wesen zu deuten. Die Trinitätslehre des antiken Christentums bezieht neue religiöse Erfahrung (Christus, Heiliger Geist) auf das eine göttliche Subjekt. Sie ist als mit philosophischer Begrifflichkeit durchgeführter Versuch zu verstehen, den Monotheismus im Christentum zu retten, ohne die Gottheit Christi preiszugeben. Die Hauptbegriffe, mit denen die Einheit des auseinanderzufallen drohenden göttlichen Wesens erfaßt wurde, lauten *homoousios* und *perichôrêsis*: die drei göttlichen Personen sind wesensgleich (gr. *homoousios*, lat. *consubstantialis*) und es besteht gegenseitige Durchdringung (gr. *perichôrêsis*, lat. *circuminsessio*). Bei der Entwicklung dieser Begriffe berief man sich auf das Joh. 10, 30 überlieferte Wort Jesu: »Ich und der Vater sind eins.« Andere Wege werden in der Engellehre beschritten. Religiöse Erfahrung läßt sich auf den einen oder anderen Engel zurückführen, so daß für Vielfalt Raum geschaffen ist; dabei besteht keine Gefahr eines Rückfalls in den Polytheismus, weil die Engel als Geschhöpfe dem einen Gott streng untergeordnet bleiben H. CORBIN[40] meint im Blick auf Islam und Christentum, der Monotheismus komme ohne Engellehre nicht aus (»*le monothéisme est impossible sans l'angélologie*«), da ohne sie die Vielfalt der Theophanien in der Welt nicht denkbar sei. Auch das Bedürfnis nach einer anschaulichen Vorstellung der göttlichen Welt mag bei der Ausbildung der Engelsvorstellung mitspielen. In den Worten J. WELLHAUSENS: »Bezeichnend ist das Streben, Gott im Hintergrund zu lassen, und als Exponenten seiner Beziehung zur Welt und zum Menschen allerhand Mittelwesen einzuschieben, über die dann ungescheut fabuliert werden darf.«[41] Daß der *eine* Gott sich in die Transzendenz zurückzieht und seine Beziehung zur Welt durch einen Mittler herstellt, läßt sich schon in Echnatons Aton-Monotheismus beobachten: »Dieser Gott ist dem einzelnen Menschen und seinen Sorgen und Nöten fern... Wir hören nichts von einer Zuwendung des Aton zu dem einzelnen Ägypter (Echnaton und seine

[40] H. CORBIN, Le paradoxe du monothéisme, 1981, 181.
[41] J. WELLHAUSEN, Israelitische und jüdische Geschichte, 289.

Familie ausgenommen), weder von einer Gebetserhörung noch einer persönlichen Führung. In diese Lücke tritt vielmehr der König.«[42]
Das Problem des Bösen und des Übels stellt sich im Monotheismus in besonderer Schärfe. »Jede monotheistische Religion hat ihre Schwierigkeiten mit dem Problem des Bösen, weil sie dafür nicht wie die polytheistischen Religionen eigene Götter für zuständig erklären kann. Das heißt, die unbestreitbare Erfahrung des Bösen in der Welt, gleich ob im Menschen oder in den Naturmächten, muß mit dem Glauben an den *einen* Gott in Einklang gebracht werden, und das wiederum führt zu Schwierigkeiten, von deren Bewältigung Entscheidendes für die Lebensfähigkeit der betreffenden Religion abhängt.«[43] Das Böse in der Welt ist zu mächtig, um nur als vorübergehende göttliche Strafe für menschliche Sünden gelten zu können. Im Bösen werden vielmehr widergöttliche Kräfte erfahren. Während das monolatrische (oder monotheistische) Judentum zunächst bereit war, auch das Böse auf seinen Gott Jahwe zurückzuführen, wurde Gott allmählich durch die Einführung Satans entlastet. Durch die Rückführung des Bösen auf Satan entstehen freilich weitere Probleme: Woher kommt der Satan? Kann der Schöpfer einen Gegenspieler haben und diesen dulden? Der für C. G. JUNG[44] naheliegende Weg, den Satan als Gottes Schattenseite in die Gottheit selbst zu integrieren und so die Trinität zur Quaternität zu erweitern, wurde in der christlichen Dogmengeschichte nicht beschritten. Vielmehr bildete das Problem den Anstoß zur Ausbildung einer neuen, im Monotheismus beheimateten Mythologie. Sie wird, entsprechend der monotheistischen Bevorzugung von Schöpfungsmythologie, dem Schöpfungsgeschehen zugeordnet. Der Mythos vom »Fall« Satans – seinem Abfall von Gott und seiner Verstoßung aus dem Himmel – bietet eine Antwort auf die Frage nach dem Ursprung des Bösen und wirft wieder neue Fragen auf. Die Einführung Satans kann dem Monotheismus geradezu dualistische Züge verleihen. Wird Satan und sein Anhang (wozu auch Menschen gehören) ewig bestraft oder schließlich doch erlöst und zur Harmonie mit Gott zurückgeführt? Ist der Dualismus bloß vorläufig, oder wird er in der Ewigkeit einer Hölle fixiert? Auch diese Fragen wirken mythenbildend, so daß neben den ausgeprägten Urzeitmythos noch ein diesem nicht nachstehender Endzeitmythos tritt und ersteren vervollständigt.
Noch mehr als nach dem Ursprung des Bösen fragt die monotheistische Religion nach dessen Ende. Wenn Gott allmächtig ist und seine Bekenner und Gläubigen liebt, dann muß ›bald‹ eine große Wende in der Geschichte eintreten. Oder der eine Gott wird als so heilig erfahren, daß ihm gegenüber die Welt nur als sündig, böse und wertlos erscheinen kann; als Richter wird er sie vernichten. So schreibt R. BULTMANN: »Prophetisches Bewußtsein erwartet offenbar stets Gottes Gericht in der nächsten Zeit, weil für den Propheten die souveräne Majestät Gottes und die Unbedingtheit seines Willens so gewaltig ist, daß dem gegenüber die Welt in die Nichtigkeit versinkt und am Ende zu sein scheint... Nicht aus Sehnsucht oder Spekulation ist seine (Jesu) Predigt entsprungen, sondern aus dem Wissen um die Nichtigkeit der Welt, um den Willen Gottes und die Verantwortung des Menschen vor Gott.«[45] Aus

---

42 H. BRUNNER, Grundzüge der altägyptischen Religion, 1983, 39.
43 H. HAAG, Vor dem Bösen ratlos?, 1978, 124.
44 C. G. JUNG, Gesammelte Werke 11, 1971, 185; vgl. 191 (Zeichnung) und 506.
45 R. BULTMANN, Das Urchristentum im Rahmen der antiken Religionen, (1949) ^{2}1954, 99f.; vgl. ders., Theologie des Neuen Testaments, (1953) ^{2}1954, 22 (§ 3, 1).

solchen Ansätzen entwickeln sich die verschiedenen Gestalten des monotheistischen Endzeitmythos, die alle auf eine große Umwälzung oder ein Weltende und Weltgericht hinauslaufen. Bei dieser Umwälzung wird alles Böse vernichtet (oder in die Hölle verbannt) und den Gläubigen das Reich Gottes, das Paradies, der Himmel oder die Gottesnähe geschenkt. »Je schärfer dieser Gegensatz gedacht wird, und je herrlicher die Zukunft erstrahlt als die Zeit, in der alle gottfeindlichen Mächte vernichtet sind, desto mehr erscheint die Gegenwart als von Gott verlassen, als Zeit, da der Satan und seine bösen Geister ihr Wesen treiben.« [46] Jesus und Mohammed erwarteten ein nahe bevorstehendes Weltgericht.

III. Fragwürdige Theorien über Ursprung und Kulturbedeutung des Monotheismus

Das Thema Monotheismus galt und gilt als eine erklärungsbedürftige Erscheinung der Religionsgeschichte. Theologen, Missionare, Philosophen, Soziologen und Psychologen haben immer neue Theorien insbesondere über die Entstehung und die Kulturbedeutung des Monotheismus aufgestellt. Die im folgenden aufgeführten Theorien dürfen durchweg als fragwürdig und unbeweisbar gelten. Sie gehören zur Geschichte der Religionswissenschaft. Als Beiträge zu einem besseren Verständnis des Monotheismus kommen sie wohl nicht in Frage.

1. *Urmonotheismus oder Evolution?*: Die theoretische Beschäftigung mit dem Monotheismus wurde durch zwei völlig gegensätzliche, einander ausschließende Meinungen angeregt: Entweder repräsentiert der Monotheismus gegenüber dem Polytheismus eine fortschrittliche Stufe in der geschichtlichen Entwicklung der Religion, oder muß man ihn als Kennzeichen einer ursprünglichen, »primitiven« Religionsstufe ansehen, der besondere Authentizität nahekommt und die im Christentum (oder Judentum, Islam) wiederhergestellt wurde (Urmonotheismus)? Ist Monotheismus Ergebnis eines Fortschritts oder ursprüngliche Wahrheit?

Die These vom Urmonotheismus hält nicht den Eingottglauben, sondern den Polytheismus für erklärungsbedürftig. Nach dieser Auffassung ist der Monotheismus der Urzustand des religiösen Bewußtseins. Durch »Abfall« vom wahren Gott, durch dämonische Verführung, Priesterbetrug oder Torheit entstanden polytheistische Religionen. Diese Deutung können wir in verschiedenen Varianten von Missionaren[47] des 16. Jahrhunderts über E. Lord Herbert von Cherbury[48], J.-F. Lafitau[49], Voltaire[50] und Lessing[51] bis zu P. Wilhelm Schmidt verfolgen. Muster einer dogmatischen Fehldeutung, wird sie heute selbst von christlichen Theologen als »Ausgeburt missionarischer Apologetik«[52] abgelehnt.

Die Existenz eines weit verbreiteten, der Menschheit ursprünglichen Monotheismus

---

[46] R. Bultmann, Jesus, (1926) ^{2}1965, 98.

[47] W. Lehmann, Sterbende Götter und christliche Heilsbotschaft, 1949, 118–122.

[48] E. Lord Herbert of Cherbury, De religione Gentilium, (1663) 1967 (hrsg. von G. Gawlik) 158–168.

[49] J.-F. Lafitau, Die Sitten der amerikanischen Wilden, 1987, 7f., 69f. (Original: Mœurs des sauvages ameriquains 1, 1724).

[50] F. M. A. de Voltaire, Dictionnaire philosophique, 1967, 360 (Art. Religion).

[51] G. E. Lessing, Die Erziehung des Menschengeschlechts, 1777, § 6.

[52] R. Otto, Das Heilige, (1917) ^{5}1920, 154.

wird heute nicht mehr vertreten. Ihre empirische Grundlage würde im Nachweis bestehen, daß viele nichtwestliche Völker einen Monotheismus kennen oder kannten. Tatsächlich aber steht die Religionsethnologie heute allen Versuchen, einen Monotheismus bei nichtwestlichen Völkern nachzuweisen, sehr skeptisch gegenüber. Folgendes Urteil entspricht einem heute herrschenden Konsens: »Einem Monotheismus würde es entsprechen, wenn die Gottheit aller anthropomorphen, natur- und astralmythologischen Züge entbehrt, alle Geister und höheren Mächte von ihr vollständig abhängig sind und die gesamte Religion durch die Gottesidee integriert wird. Soweit wir wissen, findet sich eine derartige Gotteskonzeption bei den ›Primitiven‹ nirgends.«[53]

Die Frage nach dem Vorherrschen monotheistischen Glaubens im Westen wurde im 19. Jahrhundert mit evolutionistischen Kategorien beantwortet. Wie die westliche Kultur überhaupt an der Spitze der universalgeschichtlichen Entwicklung steht, so ist auch seine Religion die fortschrittlichste und rationalste. Das evolutionistische Denken versteht den Monotheismus also als eine Stufe in der fortschreitenden Höherentwicklung des religiösen Bewußtseins der Menschheit. Schon B. CONSTANT[54] spricht vom Monotheismus als »gewaltigem Mittel des Fortschritts« (*immense moyen de perfectionnement*). Die von A. COMTE[55] vorgelegte Reihe Fetischismus-Polytheismus-Monotheismus ist, nur in ihrem ersten Glied verändert, z. B. von E. B. TYLOR und R. R. MARETT übernommen worden. Nach H. SPENCER[56], der den differenziertesten Evolutionismus vertrat, ist der Monotheismus ein Ergebnis von Kultrivalitäten und fortgeschrittener spekulativer Denkfähigkeit. Wenn sich aus Kultrivalitäten die Dominanz eines bestimmten Gottes ergibt, wird dieser zum einzigen Gott weitergedacht. Eben das ist in der westlichen Welt geschehen. – Heute vertritt wohl niemand mehr den Fortschrittsgedanken des 19. Jahrhunderts, doch sah die evolutionistische Theorie richtig, daß sich der alte prophetische Monotheismus des Judentums und Christentums philosophisch deuten ließ und so eine gewisse Verwandtschaft zwischen der technischen und rationalen Weltbewältigung und dem religiösen Glauben entstand.

2. *Monotheismus der Wüste?*: E. RENAN sah in den Wüstenlandschaften der arabischen Halbinsel die Geburtsstätte des Monotheismus von Judentum und Islam. In seiner »*Histore générale et système comparé des langues sémitiques*« (1858) versteht er den Monotheismus als Symptom der Kulturarmut, die das Leben in der Wüste mit sich bringt und den semitischen Volksgeist bestimmt. Bekannt ist RENANs Satz: »*Le désert est monothéiste*« (die Wüste ist monotheistisch).[57] In seinem »*Leben Jesu*«[58] neigt RENAN zu einer ökologischen Betrachtungsweise auch der monotheistischen Gottesvorstellung Jesu; sie sei vom schenkenden Reichtum des fruchtbaren Galiläa

---

53 J. HAECKEL, Prof. P. W. Schmidts Bedeutung für die Religionsgeschichte des vorkolumbischen Amerika, in: Saeculum 7 (1956) 1–39, hier 5f. – Als Beispiel für eine nichtwestliche monotheistische Religion gilt die der Nuer im südlichen Sudan: W. SCHMIDT, Der Ursprung der Gottesidee, 8, 1949, 9–20; E. E. EVANS-PRITCHARD, Nuer Religion, 1956. Allerdings bleibt hier ungewiß, ob die monotheistische Lesart nicht von den Ethnographen forciert wurde. Aber selbst wenn man der monotheistischen Deutung folgt, steht fest, daß der Gottesglaube der Nuer mit dem der Christen wenig gemein hat.

54 B. CONSTANT, De la religion 2, 1830, 236 Anm.

55 A. COMTE, Cours de philosophie positive 5, 1869, 25ff.

56 H. SPENCER, The Principles of Sociology 3, 1896, 69–80.

57 E. RENAN, Œuvres complètes 8, 1958, 147.

58 E. RENAN, Œuvres complètes, 4, 1949, 125.

geprägt. Diese Auffassung ist längst aufgegeben; sie erscheint uns heute als eine Verbindung von geistreichem Einfall mit Antisemitismus. Die ältesten uns erhaltenen (inschriftlichen) Zeugnisse vorderorientalischer Nomaden zeigen uns deutlich deren Polytheismus.[59]

3. *Psychoanalyse*?: Nach S. FREUD ist die monotheistische göttliche Vaterfigur eine neurotische Projektion, veranlaßt durch den Vatermord, den die jungen Männer der menschlichen Urhorde verübten (»*Der Mann Moses und die monotheistische Religion*«, 1939). Anders als FREUD sucht C. R. BADCOCK[60] den Ursprung des Monotheismus in den Hirtenkulturen, die ihre Elternliebe ökonomisch, d. h. in der Sorge für ihre Herden sublimieren. Ihren Eltern-, vor allem Vaterhaß sublimieren sie jedoch religiös, indem sie ihn in die Furcht vor dem monotheistischen Gott verwandeln. Dagegen entwickeln manche Ackerbaukulturen einen Monotheismus, der die Liebe zu den Eltern auf einen wohlwollenden Gott überträgt, während die Aggression in masochistischen Selbsthaß umschlägt (so besonders bei Echnaton). Die meisten Religionswissenschaftler werden diese Deutung nicht überzeugend finden.

4. *Integrative Funktion*?: Bisweilen trifft man auf soziologische Theorien des Monotheismus, die DURKHEIMs Postulat der Identität von Gesellschaft und Gottheit verpflichtet sind. Nach dieser Theorie dient der Monotheismus der Integration von wirtschaftlich und politisch komplexen Sozialgebilden. Diese Thesen vertritt J. H. BREASTED[61] mit Bezug auf Echnatons altägyptischen Monotheismus. SWANSON[62] und andere glauben, hier eine Erklärung für einen Hochgottglauben in Stammesgesellschaften zu finden. Gegenüber psychoanalytischer Theoriebildung hat dieser Ansatz den Vorteil besserer Nachprüfbarkeit. Uns scheint jedoch, daß die soziologische Theorie allenfalls die Wirkung, nicht aber den ursprünglichen religiösen Impuls zu erfassen vermag.

5. *Kulturbedeutung*?: Der exklusive Monotheismus hat für die westliche Welt unübersehbare Folgen, die namentlich von Autoren hervorgehoben werden, die einer evolutionistischen Sichtweise verpflichtet sind oder nahestehen. Nach A. COMTE[63] hat der Monotheismus als epistemologischer Fortschritt insbesondere politische und wissenschaftliche Folgen. Nach dem Niedergang der polytheistischen Nationalreligionen der Antike ermöglicht er durch die Idee einer Universalreligion auch die Schaffung übernationaler politischer Strukturen. Selbst Produkt der Wahrnehmung von Einheitlichkeit in der Natur, fördert er die theoretische Beschäftigung mit dieser, vor allem durch

---

[59] E. A. KNAUF, Nomadischer Henotheismus? in: Zeitschrift der Deutschen Morgenländischen Gesellschaft, Supplement 6 (1985) 124–132.
[60] R. C. BADCOCK, The Psychoanalysis of Culture, 1980, 101–187.
[61] J. H. BREASTED, The Dawn of Conscience, 1933, 292. 369.
[62] G. SWANSON, The Birth of the Gods, 1960, 54–81; D. SHEILS, An Evolutionary Explantation of Supportive Monotheism, in: International Journal of Comparative Sociology 15 (1974) 47–56; R. UNDERHILL, Economic and Political Antecedents of Monotheism, in: American Journal of Sociology 80 (1975) 841–869. Zur Kritik an SWANSON und UNDERHILL vlg. J. H. SIMPSON, Sovereign Groups, Subsistence Activities, and the Presence of a High God in Primitive Societies, in: R. WUTHNOW (Hrsg.), The Religious Dimension, 1979, 299–310.
[63] A. COMTE, Cours de philosophie positive (geschrieben 1840), Lektion 54; ders., Catéchisme positiviste (1852), »conclusion«.

die Unterscheidung zwischen göttlicher »Erstursache« und dem menschlichen Erkennen zugänglichen natürlichen »Zweitursachen«.

In ähnlicher Weise signalisiert der Monotheismus für A. GEHLEN[64] »eine absolute Kulturschwelle«, durch die sich »alle inneren und äußeren Bedingungen des Daseins ändern«. »Der Monotheismus eines unsichtbaren Gottes mußte... die Außenwelt neutral machen, sie ›entmythologisieren‹. Er konnte dem archaisch-rituellen Verhalten die Außenstützen wegschlagen, weil er die Menschen auf den Weg nach innen, den des Glaubens verwies. Zugleich humanisierte er die Religion in jedem Sinne, vor allem in dem, daß er sie entnationalisierte, womit das ethische Verhalten zu jedem beliebigen Menschen als solchem, in seiner Menschlichkeit, heilsbedeutsasm wurde. Der Mensch fand sich erhöht, die nichtmenschliche Welt erniedrigt: die Tiergötter und Naturdämonen verschwanden. Dies bedeutete, von einer anderen Seite gesehen, die Eingrenzung sozialer Verhaltensweisen auf den menschlichen Bereich, die ›Entsozialisierung‹ der Natur.«[65] Indem der Monotheismus die Natur entdämonisiert und entgöttert, bereitet er den »wissenschaftlich-technischen Mechanismus« vor so daß für die Gegenwart gilt: »Gott und Maschine haben die archaische Welt überlebt und begegnen sich nun allein.«[66]

Während die evolutionistische Betrachtungsweise der Religionsgeschichte den Monotheismus als höchste und wertvollste Form des Gottesglaubens darstellt, gibt es auch kritische Bewertungen des Monotheismus. So hat schon im 18. Jahrhundert D. HUME[67] die Vorzüge des Polytheismus gepriesen und die Intoleranz und die Neigung zu passivem Verhalten (Demut, Ertragen von Leiden) als Kennzeichen monotheistischer Religion hervorgehoben. Bei aller dem Monotheismus gezollten Anerkennung meinte COMTE, der Monotheismus des mittelalterlichen Christentums weise einen ausgesprochen unsozialen Charakter auf, weil er nur darum bemüht sei, den einzelnen mit Gott zu verbinden.[68] Die von HUME vorbereitete Kritik am Monotheismus, verbunden mit einem Lob des Polytheismus, findet sich auch bei SCHOPENHAUER[69], um dann ihre klassische Gestalt bei F. NIETZSCHE zu erhalten. Dieser hält den Monotheismus nicht nur für die Poesie, sondern für die Menschheit insgesamt für schädlich, weil er eine Projektion des unschöpferischen Durchschnittsmenschen darstelle. Das mythologisch sterile Christentum mit seinem »Monotono-Theismus«[70] hat keinen einzigen Gott mehr hervorgebracht und führt auf jenen Stillstand, den die meisten Tiergattungen schon erreicht haben. Der Monotheismus ist daher »vielleicht die größte Gefahr der bisherigen Menschheit«.[71] Dagegen fördert der Polytheismus die menschliche Freiheit und Schöpferkraft. NIETZSCHES Argument klingt in der Gegenwart wieder an, wenn viele negative Seiten unserer Gesellschaft mit dem Monotheismus in Verbindung gebracht werden. Der Monotheismus »gilt als Pate eines vordemokratischen, gewal-

---

64 A. GEHLEN, Urmensch und Spätkultur, 1957, 20.

65 Ebd., 157.

66 Ebd., 285.

67 D. HUME, The Natural History, Nr. 9 und 10.

68 »*Le monothéisme, exclusivement occupé de lier chaque homme à Dieu, fit complètement abstraction de notre existence matérielle, où le concours social ne peut jamais être écarté.*« A. COMTE, Système de politique positive 3, 444. Vgl. H. DE LUBAC, Über Gott hinaus: Tragödie des atheistischen Humanismus, 1984, 100–108.

69 A. SCHOPENHAUER, Parerga und Paralipomena II, § 174 in: Werke 10, 1977, 396.

70 FR. NIETZSCHE, Der Antichrist, 1895, Nr. 19.

71 FR. NIETZSCHE, Die fröhliche Wissenschaft, 1882, Nr. 143.

tenteilungsfeindlichen Souveränitätsdenkens, als Vater eines obsoleten Patriarchalismus, als Ursprungs- und Vorhutsgedanke totalitätsverdächtiger Geschichtsideologien, als individualitätsgefährdende Großerzählung, die alle unschuldige Buntheit, alle umständliche Zerstreutheit und Vielfalt des Lebens absorbiert und unter ein politisch-kulturell gefährliches Einheitsdenken zwingt.«[72]

C Historische Beispiele

I. Altägyptischer Monotheismus (König Echnaton)

Das Pantheon der altägyptischen Religion besitzt zwar zu allen Zeiten einen Hauptgott – zunächst Horus, später Re, Amun oder Osiris –, aber niemals wird an diesen ausschließliche Verehrung gerichtet. Jedoch kennt die ägyptische Religionsgeschichte eine monotheistische Episode, die von zwei Gestalten beherrscht wird: dem geschlechtslosen Gott Aton (verkörpert durch Sonnenscheibe und Sonnenlicht) und seinem Verkünder und Propheten, Pharao Amenophis IV. (1364–1347 v. Chr.), der den Namen *Echnaton* (»Aton ist zufrieden«) annimmt.[73] Der ägyptische König schafft mit seiner neuen Religion eine ganz neue Welt. Er verlegt die Hauptstadt des Reiches von Theben ins neu erbaute Amarna; er schafft einen realistischeren Kunststil; er läßt die bisher nur gesprochene neuägyptische Sprache schreiben; er untersagt und verdrängt den Kult anderer Götter; er sendet Steinmetze aus, die den Namen des bisherigen Hauptgottes Amun von allen erreichbaren Denkmälern tilgen; er beschäftigt sich mehr mit seiner neuen Religion, für die er lange Hymnen verfaßt, als mit weltlicher Politik; er fühlt sich als einziger Mittler zwischen den Menschen und dem einzigen Gott. In einem von ECHNATON verfaßten Hymnus heißt es: »Du einer Gott, dessengleichen es nicht gibt! ... Du bist in meinem Herzen, denn es gibt keinen, der dich kennte, außer deinem Sohn [Echnaton]... du läßt ihn kundig sein deiner Pläne und deiner Macht.«[74]

Die ganz von Echnatons Persönlichkeit geprägte und abhängige Religion überlebte ihren Stifter nicht. Nach seinem Tod kehrte Ägypten wieder zum Polytheismus zurück und setzte die entthronten Götter wieder in ihr Recht ein. Innenpolitische (Kampf gegen die übermächtige Priesterschaft des Amun von Theben), religionsgeschichtliche (Überspitzung der Tendenz, den Sonnenkult zu betonen: ASSMANN) oder andere, etwa psychologische (Megalomanie eines Homosexuellen: BADCOCK) Deutungen der Motive Echnatons mögen ihre Berechtigung haben, sofern sie berücksichtigen, daß Amenophis IV. ein von seiner Sendung überzeugter Mensch war. PETTAZZONIs Beschreibung des exklusiven Monotheismus als Erhebung eines Himmelsgottes zur einzigen Gottheit durch einen Stifter oder Propheten trifft auf die monotheistische Episode Ägyptens genau zu.

Wenn PETTAZZONI meint, die Rolle des monotheistischen Gottes könne nur von einem Himmelsgott übernommen werden, dann bildet Echnatons Aton-Religion ein Beispiel

---

[72] So faßt J. B. METZ, Theologie gegen Mythologie, in: Herder-Korrespondenz 42 (1988) 187–193, hier 187, die Sicht zusammen, der er entgegentreten will. Für einen entsprechenden »Angriff« auf den Monotheismus vgl. O. MARQUARD, Abschied vom Prinzipiellen, 1981, 91–116.

[73] J. ASSMANN, Ägypten. Theologie und Frömmigkeit einer frühen Hochkultur, 1984, 232–257; E. HORNUNG, Monotheismus im pharaonischen Ägypten, in: O. KEEL (Hrsg.), Monotheismus im alten Israel und seiner Umwelt, 1981, 83–97; D. B. REDFORD, Akhenaten: The Heretic King, 1984.

[74] J. ASSMANN, Ägyptische Hymnen und Gebete, 1975, 218. 220.

dafür. Vielleicht darf man noch weitergehen und die besondere Eignung solarer Gottheiten vermuten. Denn nicht nur Aton verkörpert sich in der Sonnenscheibe. Der monotheistische Jahwe des frühen Judentums heißt »(geflügelte) Sonne der Gerechtigkeit« beim Propheten Maleachi im 5. Jh. v. Chr., und im 1. Jh. n. Chr. verehrt die streng monotheistische jüdische Sekte der Essener die aufgehende Sonne.[75] Da Sonnenverehrung in Israel sonst als verboten galt (Dtn. 17, 3), zeigt sich in der gelegentlichen »Solarisierung« Jahwes erst recht die grundsätzliche Attraktivität, den einen Gott als Sonnengott aufzufassen.

Gelegentlich wurde angenommen, Echnatons Glaube habe im biblischen Monotheismus nachgewirkt; dieser Meinung war etwa S. FREUD.[76] Auch die Ägyptologie der Gegenwart hält eine historische Beziehung nicht für ausgeschlossen.[77] So kann man darauf hinweisen, daß Mose im Ägypten des 13. Jahrhunderts noch von der Religion Echnatons gehört haben mag. Ein weiteres Indiz scheint Ps. 104 zu bilden, ein alttestamentlicher Hymnus, der in manchen Motiven an Echnatons Aton-Hymnen erinnert. Allerdings setzt die Annahme einer solchen historischen Beziehung voraus, daß Mose selbst Monotheist war. Dies wird aber in der kritischen Bibelwissenschaft kaum mehr vertreten. Die im folgenden versuchte Rekonstruktion beruht auf einer Spätdatierung des biblischen Monotheismus und sieht daher von der Möglichkeit eines Einflusses der Religion von Amarna ab.

II. Jüdischer Monotheismus

Die Vorstellung, Israel besitze seit der Zeit der Patriarchen eine monotheistische Gottesauffassung oder eine solche sei durch Mose begründet worden, ist durch die historisch-kritische Bibelwissenschaft des 19. Jahrhunderts erschüttert worden. Die traditionelle Sicht entspricht nicht dem geschichtlichen Hergang, sondern ist eine apologetische Konstruktion der sich schließlich durchsetzenden und den biblischen Kanon bestimmenden monotheistischen Orthodoxie. Auch eine Herleitung aus dem Monotheismus Echnatons wird heute nicht mehr vertreten. Der biblische M. ist ein Spätprodukt und steht nicht am Anfang, sondern am Ende der israelitisch-jüdischen Religionsgeschichte. Die zum Monotheismus hinführende Entwicklung läßt sich wenigstens hypothetisch rekonstruieren.[78]

Im ersten Stadium ihrer Geschichte ist Israels Religion ebenso polytheistisch und ›heidnisch‹ wie die Religionen seiner Umwelt: neben dem Nationalgott Jahwe, der etwa im Gott Assur von Assyrien oder in Kemosch von Moab Entsprechungen hat, werden noch viele andere Götter verehrt. Über das polytheistische Israel sind wir

---

[75] Mal. 3, 20; JOSEPHUS, Jüdischer Krieg II, 128. 148; vgl. M. SMITH, Helios in Palestine, in: Eretz-Israel 16 (1982) 199*–214*.

[76] S. FREUD, Der Mann Moses und die monotheistische Religion, 1939.

[77] E. HORNUNG, Die Anfänge von Monotheismus und Trinität in Ägypten, in: K. RAHNER (Hrsg.), Der eine Gott und der dreieine Gott, 1983, 48–66.

[78] B. LANG, Monotheismus, in: M. GÖRG u.a. (Hrsg.), Neues Bibel-Lexikon 2, 1995, 834–844. Vgl. B. BECKING, Goddelijke toorn, in: A. de Jong u.a. (Hrsg.), Kleine Encyclopedie van der Toorn, 1993, 9–19; W. DIETRICH u.a. (Hrsg.), Ein Gott allein? 1994; B. Lang, Neue Probleme in der Erforschung des biblischen Monotheismus, in: K. A. DEURLOO u.a. (Hrsg.), YHWH – Kyrios – Antitheism, 1996, 29–41; F. STOLZ, Einführung in den biblischen Monotheismus, 1996; R. K. GNUSE, No Other Gods 1997; M. Weippert, Jahwe und die anderen Götter, 1997.

allerdings schlecht unterrichtet, weil uns die biblischen Quellen außer der Anklage der Vielgötterei kaum Angaben über dessen Eigenart machen. Der im 9. Jh. v. Chr. ausbrechende Konflikt zwischen Jahwe und dem tyrischen Gott Baal, in der Bibel mit dem Namen des Jahwepropheten Elija verknüpft, scheint politische Hintergründe zu haben und im Rahmen des Polytheismus zu verbleiben. Mit dem Aufkommen der Idee einer ausschließlichen Verehrung Jahwes unter kultischer Vernachlässigung aller anderen Götter im 8. Jh. beginnt eine zweite Phase der Religion Israels. Ohne die Existenz anderer Götter zu leugnen, fordern der Prophet Hosea und andere Anhänger einer Jahwe-allein-Bewegung[79] die ausschließliche Verehrung des Nationalgottes. Von diesem Gott erwartet man in einer Zeit immer bedrückender werdender Steuerpflicht und politischer Abhängigkeit von den Großmächten der Umwelt eine entscheidende Wende zugunsten eines freien Staates. Stimmt diese Annahme, dann läßt sich die Jahwe-allein-Idee als permanenter Krisenkult, als Spielart der in Notlagen eingehaltenen zeitweisen Monolatrie verstehen (siehe oben, B I.). Offenbar im Nordreich Israel entstanden und schon bald auf den Süden übergreifend, stellt diese Richtung eine Minderheit dar, die ihr Ziel – die Reformierung des gesamten Religionswesens – zunächst nicht erreicht. Die Kultreform des judäischen Königs Hiskija (728–699 v. Chr.) scheint mit ihrer Entfernung eines Schlangensymbols aus dem Jerusalemer Tempel einer Forderung der Jahwe-allein-Bewegung zu entsprechen (2. Kön. 18, 4). Vielleicht war eine größere, sich auf das damals geschaffene »*Bundesbuch*« (Ex. 20–23) stützende Reform geplant. Einen großen Einfluß gewinnt die Bewegung unter dem judäischen König Joschija, der in den Jahren 623 / 2–609, wohl hauptsächlich aufgrund der Forderungen einer angeblich im Tempel gefundenen Buchrolle, ihr Programm in die Tat umsetzt: Die Verehrung anderer Götter wird durch Staatsgesetz untersagt, alle Landtempel werden geschlossen und der Jerusalemer Tempel erhält einen ›reinen‹ Kult. Allerdings wird Judäa nach Joschijas Tod wieder polytheistisch wie zuvor. Seit der Zeit Joschijas gewinnt die Jahwe-allein-Idee jedoch immer mehr Anhänger, vor allem wohl unter Jahwepropheten wie Zefanja, Jeremia und Ezechiel. Wenn Jeremia[80] in Kap. 27, 5f., von Jahwe als Schöpfer der ganzen Welt spricht und ihn als den Schutzherrn des babylonischen Großkönigs bezeichnet, übernimmt er nicht nur die Sprache neubabylonischer Imperialpropaganda, sondern setzt eine monotheistische Gottesauffassung voraus.

Jeremias impliziter Monotheismus leitet zum dritten Abschnitt der biblischen Religion über, die man seit dem Zeitalter des babylonischen Exils (nach 586 v. Chr.) als ›frühjüdisch‹ zu bezeichnen pflegt. In dieser Zeit werden die Anhänger der Jahwe-allein-Idee besonders auf literarischem Gebiet tätig. Sie redigieren überlieferte Literatur nach streng ›orthodoxen‹ Maßstäben, indem sie die Spuren der älteren polytheistischen Religion verwischen, und geben dem Diaspora-Judentum im Dekalog (Dtn 5, 6–21) zugleich ein monolatrisches Glaubensbekenntnis und eine Lebensregel. Eine Generation nach Jeremia predigt – nun in Babylonien – ein anonymer Prophet einen exklusiven Monotheismus, der nicht nur die Verehrung anderer Götter ablehnt, sondern deren Existenz leugnet. Wie schon G. E. Lessing in der »*Erziehung des Menschen-*

---

[79] Diese von M. Smith, Palestinian Parties and Politics that Shaped the Old Testament, (1971) ²1987, vorgeschlagene Bezeichnung geht auf J. Wellhausen, Israelitische und jüdische Geschichte, 166 zurück, der von einer »exklusiven Partei« sprach.

[80] B. Lang, Ein babylonisches Motiv in Israels Schöpfungsmythologie, in: Biblische Zeitschrift 27 (1983) 236–237.

geschlechtes« (1780, § 39) ausführt, ist hier mit dem Einfluß persischer (zarathustrischer) Lehre zu rechnen, mit der sich der anonyme, als Deutero-Jesaja bezeichnete Prophet auseinandersetzte. Deutero-Jesajas monotheistische Botschaft (Jes. 43, 12; 45, 21 f.) beläßt Jahwe seinen historischen Charakter als Gott Israels, läßt ihn jedoch zum einzigen Gott schlechthin aufsteigen. Im Exil in seiner Existenz noch mehr bedroht als jemals zuvor, klammert sich Israel nicht nur an seinen ausschließlich verehrten Nationalgott, sondern übersteigt den temporären henotheistischen Krisenkult zum Monotheismus. Der weltumfassenden Macht des babylonischen, dann des persischen Reichs ausgesetzt, reift die Jahwe-Monolatrie zum Monotheismus, der alsbald im sich organisierenden Frühjudentum Fuß faßt und dessen wichtigster – vielleicht einziger – Glaubenssatz wird. Paulus hebt die Universalität des jüdischen Montheismus im Römerbrief hervor: »Ist denn Gott nur der Gott der Juden, nicht auch der Heiden? Ja, auch der Heiden, da doch gilt: Gott ist der Eine« (Röm. 3, 29–30). In der Begegnung mit westantiker Philosophie gestärkt, wird der jüdische Monotheismus auch zum Grundpfeiler von Christentum und Islam.

Da historisch kein ›Stifter‹ von Israels Religion zu erkennen ist, scheint als vorstehende Rekonstruktion eher einer evolutionistischen Sicht verpflichtet als dem Modell PETTAZZONIS, das eine Stiftergestalt voraussetzt. Jedoch ist der Gedanke fernzuhalten, der Entwicklung liege eine von vornherein angelegte evolutionäre Entelechie zugrunde, in der sich ursprünglich Angelegtes nur noch zu entfalten brauchte. Vielleicht darf man von einer »Kette relativ rasch aufeinanderfolgender, sukzessiver Revolutionen in Richtung Monotheismus«[81] sprechen und damit den evolutionistischen Ansatz mit dem Postulat revolutionärer Stifter verbinden.

III. Mohammeds Monotheismus

Den Monotheismus bekennt jeder Muslim mit der *schahâda* (arab. »Bekenntnis, Zeugnis«) genannten Formel: »Ich bekenne, daß es keinen Gott außer Allah gibt, und ich bekenne, daß Mohammed der Gesandte Allahs ist.« Diese Einzigkeit wird in der islamischen Theologie wie folgt erklärt: »Allah ist ein einziger nicht im Sinne der Zahl, sondern in dem Sinne, daß er keinen Gefährten hat. Er hat nicht gezeugt und ist nicht gezeugt worden, und niemand ist ihm ebenbürtig.«[82] Weder diese Erklärung noch die *schahâda*[83] selbst wurden ihn dieser Form von Mohammed (ca. 570 / 80–632 n. Chr.) ausgesprochen, jedoch beruhen beide auf dem Koran. Dort finden wir Aussagen wie: »Es gibt keinen Gott außer einem einzigen Gott« (Sure 5, 73) und »Ruf nicht neben Allah einen anderen Gott an! Es gibt keinen Gott außer ihm« (Sure 28, 88). Andere Götter existieren nicht; sie sind »bloße Namen« (Sure 12, 40). Verworfen wird insbesondere der *schirk*, das heißt die »Beigesellung« anderer Götter, insbesondere von Söhnen und Töchtern des einen Gottes (Sure 4, 116). Mohammed weiß, wie in einer stark von Verwandtschaftsbegriffen geprägten Gesellschaft gerade die nachkommende Generation die Macht der Eltern einschränkt und die Eltern schließlich

---

81 O. KEEL, Monotheismus im alten Israel und seiner Umwelt, 1980, 21; vgl. dazu die Diskussion in B. LANG, Monotheism and the Prophetic Minority, 1983, 55f.

82 Abû Hanîfa (699–767), zitiert in R. JOCKEL (Hrsg.), Islamische Geisteswelt von Mohammed bis zur Gegenwart, 1954, 86 (Nr. 196).

83 A. J. WENSINCK, The Muslim Creed, 1965, 31–35.

ganz verdrängt; daher darf Allah den Zwängen eines Verwandtschaftssystems nicht unterworfen werden.[84]

Über die Entstehung und die religionsgeschichtlichen Zusammenhänge des koranischen Monotheismus geben weder Koran noch die islamische Überlieferung Aufschluß; erst die moderne westliche Forschung stellt hierzu Erwägungen an. Da der Prophet den von ihm verkündeten Monotheismus nicht als etwas völlig Neues darstellt, sondern als die Wiederherstellung der ursprünglichen Religion Abrahams, fällt der Blick zunächst auf das Judentum. Einen Anhaltspunkt bietet etwa die 12. Sure, die dem biblischen Josef (der Genesis) eine monotheistische Botschaft in den Mund legt. Die zahlreichen biblischen Stoffe des Koran zeigen, daß dem Propheten der jüdische Monotheismus bekannt war. In einer 1902 veröffentlichten Studie über die jüdischen Elemente im Koran geht ABRAHAM GEIGER[85] wie selbstverständlich davon aus, daß Mohammeds Monotheismus der Bibel entlehnt ist. Inzwischen ist die Forschung in diesem Punkt skeptischer geworden. Die kritische Koranforschung macht vor allem auf zwei Sachverhalte aufmerksam: auf die Möglichkeit einer allmählichen Entwicklung der monotheistischen Theologie während der etwa zweiundzwanzig Jahre von Mohammeds Verkündigung, und auf das Vorhandensein eines vorislamischen Glaubens an Allah, der monotheistische Tendenzen aufweist.

Nach A. T. WELCH[86] stammen die eindeutig monotheistischen Aussagen des Koran aus der Zeit um 620 oder später, denn erst in dieser Zeit werde die ausgebildete monotheistische Theologie des Propheten greifbar. Die Spuren seiner früheren Theologie sind im Koran zwar verwischt, aber gelegentlich noch zu erkennen. So scheint der Prophet seinen Gott zunächst nicht mit einem Namen bedacht zu haben. Als *rabb* (arab. »Herr«) stellt er seine Schutzgottheit dar (Sure 87, 1). Später greift Mohammed zur Bezeichnung *Rahmân* (»der Barmherzige«), um alsbald zur klassisch werdenden Gottesbezeichnung Allah (»der Gott« schlechthin, wobei der arabische Artikel mit dem Wort verschmolzen ist) überzugehen. Die Nichtexistenz anderer Götter wurde offenbar nicht von Anfang an gelehrt. Der Prophet betonte zunächst nur ihre Machtlosigkeit und bezeichnete sie als Geschöpfe Allahs. Sie »können nicht einmal eine Fliege erschaffen, auch wenn sie sich alle dafür zusammentun«, spottet der Prophet (Sure 22, 73). Bevor er sie schließlich ins Nichts versinken ließ, machte er sie zu Engeln oder Geistern. Nach islamischer Tradition sagte der Prophet einmal, auf die Fürsprache der Göttinnen Lât, ‹Uzzâ und Manât bei Allah könne man sich verlassen; doch später verwarf er das Wort als Einflüsterung Satans.[87] Zur Deutung WELCHs paßt auch die Ansicht T. ANDRAEs[88], nach der Mohammed erst in seinen späten Jahren in Medina näheren Kontakt zu Juden hatte und sich mit deren Theologie auseinandersetzte.

»Wenn du sie [die Ungläubigen] fragst, wer Himmel und Erde geschaffen und Sonne und Mond in den Dienst gestellt hat, so antworten sie: Allah« (Sure 29, 61). Aus die-

---

[84] Vgl. TH. MOOREN, Monothéisme coranique et anthropologie, in: Anthropos 76 (1981) 529–561.

[85] A. GEIGER, Was hat Mohammed aus dem Judentum aufgenommen? 1902, 61

[86] A. T. WELCH, Allah und Other Supernatural Beings: The Emergence of the Qur'anic Doctrine of *tawhîd*, in: Journal of the American Academy of Religion 47 (1980), Supplement 733–758.

[87] Die betreffende Äußerung stand offenbar ursprünglich nach Sure 53, 20; siehe R. PARET, Der Koran. Kommentar und Konkordanz, 1971, 461; A. T. WELCH, in: The Encyclopaedia of Islam. New Edition 5 (1986) 404.

[88] T. ANDRAE, Mohammed: Sein Leben und sein Glaube, 1932.

sem und ähnlichen Belegen haben C. Brockelmann[89] und W. M. Watt[90] den Schluß gezogen, daß es bereits vor dem Auftreten Mohammeds bei den Arabern die Verehrung eines Allah genannten Schöpfer- und Rettergottes gab, der dem in der Religionsgemeinschaft verbreiteten Typ des göttlichen »Urhebers« entspricht. Wenn Mohammed den einzigen Gott als Rahmân oder Allah bezeichnet, greift er auf bekannte arabische Götternamen zurück. So läßt sich sein Monotheismus als Weiterentwicklung einer vorislamischen Verehrung Allahs verstehen, so daß die Entlehnung aus den biblischen Religionen nicht die einzige Erklärungsmöglichkeit darstellt. Wie immer es um Vorbilder und Anknüpfungspunkte stehen mag, fest steht, daß Mohammed seine Lehre als göttliche Offenbarung begreift und mit prophetischem Charisma vorträgt. Allah ist für ihn Herr und Herrscher; jede philosophische Spekulation liegt ihm fern. So entspricht der islamische Monotheismus dem von Pettazzoni charakterisierten exklusiven und prophetischen Typ.

Literatur

Assmann, J., Monotheismus und Kosmotheismus, in: Sitzungsberichte der Heidelberger Akademie der Wissenschaften, phil.-hist. Klasse 1992, Nr. 2; Bausani, A., Can Monotheism Be Taught? Further Considerations on the Typology of Monotheism, in: Numen 10 (1963) 167–201; Boyd, J. W. und Crosby, D. A., Is Zoroastrianism Dualistic or Monotheistic? in: Journal of the American Academy of Religion 47 (1979 / 80) 557–588; Cook, S. A., Monotheism, in Smith, W. R., Lectures on the Religion of the Semites, (1989) ^{3}1927, 526–531; Dunn, J. D. G., Was Christianity a Monotheistic Faith from the Beginning? in: Scottish Journal of Theology 35 (1982) 303–336; Hayman, P., Monotheism – a Misused Word in Jewish Studies? in: Journal of Jewish Studies 42 (1991) 1–15; Hülsewiesche, R., Monotheismus, in: HWPh VI, 142–146; Lang, B. (Hrsg.), Der einzige Gott: Die Geburt des biblischen Monotheismus, 1981; ders., Monotheism and the Prophetic Minority, 1983; Ludwig, T. M., Monotheism, in: ER X, 68–76; Pettazzoni, R., La formation du monothéisme, in: Revue de l'histoire des religions 88 (1923) 193–299; ders, Monotheismus and Polytheismus, in: RGG^{2} IV, 185–191; Stolz, F., Einführung in den biblischen Monotheismus, 1996; Tillich, P., Systematische Theologie 1, dt. 1955, 262–273; Van Selms, A., Temporary Henotheism, in: Symbolae Biblicae et Mesopotamicae. Festschr. F. M. T. de Liagre Böhl, 1973, 341–348.

Bernhard Lang

→ *Gottesvorstellungen, Henotheismus, Polytheismus, Urmonotheismus, Urreligion*

[89] C. Brockelmann, Allah und die Götzen: Der Ursprung des islamischen Monotheismus, in: ARW 21 (1922) 99–121.
[90] W. M. Watt, Belief in an ›High God‹ in Pre-Islamic Mecca, in: Journal of Semitic Studies 16 (1971) 34–40; ders., The Qur'ân and »Belief in a High God«, in: Der Islam 56 (1979) 205–211).

Muttergottheiten

I. Verwendung des Begriffs II. Theoretische Konzepte der Muttergottheiten III. Religionsgeschichtliche Konkretisierungen

I. Verwendung des Begriffs

Die Rolle der Mutter kann in der Konstruktion des religiösen Symbolsystems in doppelter Weise wirksam werden: Einerseits kann der Akzent auf dem biologischen Vorgang des Gebärens liegen; als Muttergöttin wird dann das Wesen bezeichnet, welches Leben hervorbringt. Andererseits ist mit der Mutter eine bestimmte soziale Position markiert, welche natürlich je nach Verwandtschaftssystem variiert; dabei können die möglichen Beziehungen Mutter-Vater, Mutter-Tochter und Mutter-Sohn ausgearbeitet sein.

In religionswissenschaftlicher wie alltäglicher Redeweise ist häufig von der ›Mutter-Erde‹ die Rede – als ob die Mutterfunktion der Gottheit immer mit der Erde verbunden und umgekehrt die Erde immer als mütterliche Potenz gewertet wäre. Beides ist nicht der Fall; immerhin bezeichnet der Ausdruck ›Mutter-Erde‹ ein vor allem in Ackerbaukulturen häufiges Konzept.

II. Theoretische Konzepte der Muttergottheiten

Einen wesentlichen Anstoß zur Erfassung des *Mutterprinzips* gaben die Arbeiten von J. J. Bachofen (1815–1887), welcher gleicherweise religiöse wie (verwandtschafts-)rechtliche Aspekte bearbeitete. Bachofen rechnet aufgrund von Beobachtungen insbesondere im mediterranen Raum mit einem dreistufigen sozial-, kultur- und religionsgeschichtlichen Entwicklungsgang der Menschheit. Dieser führt von einem sexuell und familienrechtlich regellosen Urzustand über eine mutterrechtliche und von der erdhaften Muttergottheit dominierten Phase zu einem vaterrechtlich und von männlichen, dem Himmel zugeordneten Göttern dominierten Endzustand. Die Entwicklung geht vom ›Stofflichen‹ zum ›Geistigen‹ (→ Evolutionismus). Diese Konzeption hat im 20. Jahrhundert nachhaltige Wirkungen gezeitigt.

Kulturgeschichtlich argumentierende Entwürfe betonen häufig, daß die Verehrung der Mutter Erde insbesondere in *Pflanzer-* und *Ackerbaukulturen* ihren Ort habe. P. W. Schmidt (1868–1954) beschreibt einen aus der Urkultur entwickelten Kulturkreis der niederen Pflanzerkulturen, die mutterrechtlich organisiert sind und in dem die Frauen den (dominanten) Kult der Mutter Erde betreiben (das Höchste Wesen wird weiblich), während die Männer Ahnen- und Totenkulte besorgen und Geheimbünde bilden (→ Diffusion / Diffusionismus).

Die Zuordnung des Mutter-Erde-Kultus zur Ackerbaukultur wird vielfach auch dort anerkannt, wo entwicklungs- und kulturgeschichtliche Zusammenhänge nicht akzeptiert werden. Demgegenüber hatte schon A. Dieterich (1866–1908) betont, daß die

Konzeption der Mutter Erde bereits in Kulturen zu beobachten sei, die den Ackerbau noch nicht kennen.[1]

Von einem ganz anderen Gesichtspunkt aus wird die Figur der Mutter in der Psychologie C. G. JUNGS (1875–1961) und der von ihm inspirierten Religionswissenschaft entworfen. Die ›große Mutter‹ bildet einen → Archetypus, welcher die psychische Dynamik des Menschen strukturiert. Dieser Mutter-Archetypus ist dem Stofflich-Natürlichen verbunden; ihm eignen (wie allen Archetypen) gegensätzliche Kräfte, sowohl der Lebensgewährung als auch -vernichtung.

Gegenüber globalen Theorien zur ›Muttergottheit‹ ist zu bedenken, daß die Komplexe der Reproduktion menschlichen, tierischen und pflanzlichen Lebens, die weibliche Sexualität und die soziale Rolle der Mutter sehr unterschiedliche Berücksichtigung in religiösen Symbolsystemen finden können und keineswegs auf eine Symbolfigur konzentriert sein müssen.

III. Religionsgeschichtliche Konkretisierungen

Die *vorgeschichtlichen Kulturen* haben weibliche Figuren in großer Zahl hinterlassen, denen man eine religiöse Bedeutung zuschreibt. Doch ist die Interpretation unsicher; ob die Figürchen eher das Thema ›Sexualität‹ oder ›Reproduktion des Lebens‹ (bzw. die Kombination beider Themen) repräsentieren, ist umstritten.

Viele *Jägerkulturen* kennen eine Symbolfigur, welche dem Jagdwild zugeordnet ist bzw. zwischen dem Bereich der Jäger und des Jagdwildes vermittelt. (→ Herr / Herrin der Tiere). In manchen Fällen ist dieses Wesen weiblich und zum Teil als ›Mutter der Tiere‹ konzipiert[2], zum Teil jedoch auch – als ›Jungfrau‹ – der Sexualität und Mutterschaft entgegengesetzt (Artemis!).

Den weitaus größten Raum in der Religionsgeschichte nimmt die Vegetationskraft der Erde, die mit der weiblichen Mutterschaft verglichen wird, ein, wobei die Erde anthropomorpher Interpretation unterzogen wird. In Pflanzerkulturen wird die Bearbeitung des Bodens häufig mit dem Eindringen des Penis in die Vagina verglichen; oft wird dies nicht sprachlich, sondern auf der Ebene der Handlung (rituell) zur Darstellung gebracht.

Gewisse Kulturpflanzen werden mit der *gebärenden* und *nährenden Mutter* in Zusammenhang gebracht, so die ägyptische Isis, die als Baum den König nährt[3], die Kornmutter Demeter in Griechenland oder die vielgestaltige Reismutter Indonesiens. Grundsätzlich zu unterscheiden sind dabei Gottheiten, welche neues Leben durch ihr Gebären, und solche, die es durch ihr Sterben schaffen (→ Dema-Gottheiten); hier gibt es mannigfache Mischtypen.

Eine immer größere Bedeutungsfülle gewinnt die Figur der Muttergöttin im Bereich theologischer Spekulation früher Hochkulturen. Im indischen Tantrismus verkörpert die Göttin die auf- wie die abbauende Energie; beide Aspekte sind so polar aufeinander bezogen wie männliche und weibliche Kraft. Entsprechendes gilt für das chinesi-

1 Siehe DIETERICH, Mutter Erde, 92 ff.

2 I. PAULSON, Schutzgeister und Gottheiten des Wildes, 1961, 64. 102. 165. 168.

3 R. MOFTAH, Die uralte Sykomore und andere Erscheinungen der Hathor, in: Zeitschr. f. ägypt. Sprache u. Altertumskunde 92 (1966) 447.

sche *yin*, welche im Kräftegleichgewicht des Kosmos den mütterlichen, dunklen, erdigen, kühlen, passiven Aspekt repräsentiert.

Mit der lebensproduzierenden Mutterfunktion ist auch ihre *soziale* Funktion, nicht regelmäßig, aber doch häufig verbunden. Dabei sind in der erzählenden Darstellung dieser sozialen Funktion manchmal Verhältnisse dargestellt, welche der sozialen Realität der Menschen entgegengesetzt sind, was z. T. sozialgeschichtlich zu erklären ist, aber auch dem Wesen des Mythos entspricht, ›Gegenwelten‹ zur Sprache zu bringen. So ist in der hesiodischen Theogonie die Erde gleichzeitig Mutter und Gattin ihres Ur-Partners, des Himmels; die Kinder dieser irregulären Beziehung werden nicht akzeptiert, was dann zu weiteren Verwicklungen führt.

Manche Konstellationen akzentuieren besondere soziale Beziehungen: Das Verhältnis Demeter – Kore thematisiert unter anderem den Verlust der Tochter; die Konstellation um die ägyptische Göttin Isis prägt den Vorgang der Thronfolge. Sind in einem Pantheon verschiedene Göttinnen präsent, werden verschiedene Bereiche in der Regel einzelnen Göttinnen zugeordnet (z. B. in Griechenland die soziale Mutterrolle an Hera; die Sexualität an Aphrodite; die Produktivität an Demeter).

Literatur

ALTHEIM, F., Terra mater, 1931; BRIFFAULT, R., The Mothers, 1927; DIETERICH, A., Mutter Erde, (1905) [3]1925; DÜRR, H. P., Traumzeit. Über die Grenzen zwischen Wildnis und Zivilisation, 1985, § 3; ders., Sedna oder die Liebe zum Leben, 1984; ECK-STEIN-DIENER, B., Mütter und Amazonen, (1932) [2]1974; EDZARD, D. O., Art. Muttergottheiten, in: Wörterbuch der Mythologie I / I, 103–106; Eranos-Jahrbuch 7 (1938); HELCK, W., Betrachtungen zur großen Göttin und den ihr verbundenen Gottheiten, 1971; HATT, G., The Corn Mother in America and Indonesia, in: Anthropos 46 (1951) 853–914; JAMES, E. O., The Cult of the Mother-Goddes, 1959; DI NOLA, A. M., Art. Madre, Terra Madre, Grande Madre, in: EdR III (1971) 1790–1813; NEUMANN, E., Die große Mutter, (1957) 1974; PETTERSON, E., Mother Earth, 1967; PRZYLUSKI, J., La grande déesse, 1950; SCHMIDT, P. W., Das Mutterrecht, 1955.

Fritz Stolz

→*Agrarische Riten, Dema-Gottheiten, Fruchtbarkeit, Gottesvorstellungen, Herr / Herrin der Tiere, Hexen / Hexenmuster, Mysterien, Vatergottheiten*

Mysterien / Mysterienreligion

A Überblick über den Sprachgebrauch I. Mysterien als historische Kennzeichnung und als systematische Kategorie II. Begriffsgeschichte und Wissenschaftsgeschichte 1. Der Mysterien-Begriff in religionsgeschichtlichen Untersuchungen 2. Der Mysterien-Begriff in religionsphänomenologischem Kontext B Gesichtspunkte zur Abgrenzung des Mysterien-Begriffes C Religionsgeschichtliche Exemplifizierung: Die Isis-Mysterien nach dem Roman des Apuleius

A Überblick über den Sprachgebrauch

I. Mysterien als historische Kennzeichnung und als systematische Kategorie

Der Mysterien-Begriff ist eng verbunden mit einem begrenzten historischen Phänomenbereich, den griechischen und orientalisch-hellenistischen Mysterien-Religionen. Als gemeinsame Merkmale dieser Mysterien-Religionen gelten in erster Linie die Initiation und die Arkandisziplin. In manchen Fassungen des Mysterien-Begriffes wird noch ein drittes Merkmal hinzugenommen, indem die Intention der Mysterien gedeutet und z. B. als »Vereinigung mit der Gottheit« bestimmt wird[1]. Engere Wesensdefinitionen lassen den »Kreis der wirklichen Mysterien« dementsprechend kleiner erscheinen[2].

Der Mysterien-Begriff kann auch auf andere Bereiche der Religionsgeschichte übertragen werden, wenn er auf einzelne Merkmale der Mysterien-Religionen beschränkt und auf Geheimlehren oder Initiationsriten überhaupt bezogen wird.

Im Zusammenhang religionsphänomenologischer Theorien kann der Mysterien-Begriff schließlich als eine religionswissenschaftliche Kategorie verwendet werden, die ein Wesensmoment des Kultes oder der Religion überhaupt zum Ausdruck bringen soll.

II. Begriffsgeschichte und Wissenschaftsgeschichte

1. Der Mysterien-Begriff in religionsgeschichtlichen Untersuchungen

a. *Die Interpretation der Mysterien-Religionen*: In religionsgeschichtlichen Darstellungen der Mysterien-Religionen ist der Mysterien-Begriff oft auf das Phänomen der Geheimhaltung bezogen, wie z. B. bei J. Leipoldt: »In den griechischen Mysterien gelangt der Geheimdienst zur höchsten Blüte und Vergeistigung«.[3] M. P. Nilsson knüpft an diese wissenschaftliche Konvention an – »Wir verstehen unter Mysterien einen Kult mit streng gehüteten geheimen Riten« –, er hält sich daneben aber auch an den erweiterten Mysterien-Begriff, wie er ihm in den Quellen aus späterer Zeit begegnet.[4]

---

1 Siehe Bultmann, Das Urchristentum, 171.

2 Siehe Colpe, Mithra-Verehrung, 381.

3 Leipoldt, Die Mysterien, 5.

4 M. P. Nilsson, Geschichte der griechischen Religion, 2. Bd., (Handbuch der Altertumswissenschaft V, 2, 2), (1950) ²1961, 369; vgl. auch ebd., 623.

Mit der Geheimhaltung steht die Notwendigkeit einer Initiation im Zusammenhang. So charakterisiert W. BURKERT die griechischen Mysterien-Religionen als »Geheimkulte, die nur auf Grund einer besonderen individuellen Weihe zugänglich sind«.[5] G. WIDENGREN gibt eine entsprechende Beschreibung der orientalischen Mysterien-Religionen: »Als vollwertige Mitglieder gelten nur solche, die eine besondere Weihe empfangen und dadurch Einsicht in sonst geheimgehaltene Riten, Mythen und Lehren erhalten haben«.[6]

Über die Inhalte, die geheimgehalten werden, liegen verschiedene Hypothesen vor, und diese Deutungen können dann auch in die Bestimmung des Mysterien-Begriffes eingehen. R. REITZENSTEIN hatte die »Grundanschauung der Mysterien« darin gesehen, »daß sie mit Gott vereinen und zu Gott machen«[7]. Die Annahme, daß es um die Vereinigung mit dem Schicksal sterbender und auferstehender Götter geht, wird z. B. auch von R. BULTMANN aufgenommen: »Die kultische Vereinigung mit dieser Mysteriengottheit gibt dem Mysten Teil an ihrem Schicksal, am Tode wie am neuen unvergänglichen Leben«.[8] M. ELIADE hat diesen Zusammenhang vorsichtig umschrieben: »Auf nicht geklärte Weise nahm der Neophyt rituell an einem liturgischen Scenarium teil, das sich um den Tod und die Auferstehung (oder die Wiedergeburt) der Gottheit drehte«.[9]

C. Colpe hat eine enge Fassung des Mysterien-Begriffes gefordert und sieht das wesentliche Merkmal in der »Gleichschaltung und Gleichgestaltung des menschlichen Geschickes mit dem eines Gottes... Erst wo Arkandisziplin, Initiationspraxis und Wiedergeburt in diesen zentralen Punkt integriert sind, an dem menschliches und göttliches Geschick, ja menschliche und göttliche Person ineinander übergehen, erst da ist der wesentliche Kern einer antiken Mysterien-Religion gegeben«[10] Als wirkliche Mysterien nennt er »die Mysterien der Demeter, des Dionysos, des Orpheus, der Kabiren und des Attis bzw. der Kybele«[11]; als jüngere Mysterien-Religionen, deren Entstehung sich historisch verfolgen läßt, nennt Colpe die Mysterien der Isis, des Sabazios, des Jupiter Dolichenus, des Mithras.[12]

b. *Die Übertragung des Mysterien-Begriffes auf andere religionsgeschichtliche Phänomene*: In der älteren Forschung war ein enger Zusammenhang zwischen den Mysterien-Religionen und der Gnosis hergestellt worden. So hatte W. BOUSSET die Gnosis »den synkretistischen Mysterien-Religionen der ausgehenden Antike« zugeordnet. »Denn wie dort überall, so steht auch hier im Zentrum der praktischen Frömmigkeit der Glaube *an ex opere operato* wirksame, heilige Handlungen, Mysterien, Sakramente«.[13] H. JONAS hat die umgekehrte Tendenz verfolgt und die hellenistischen Mysterien-Kulte als Teil des gnostischen »Bekundungsbereiches«

---

[5] BURKERT, Griechische Religion, 413.
[6] WIDENGREN, Synkretistische Religionen, 43.
[7] REITZENSTEIN, Die hellenistischen Mysterien-Religionen, 26.
[8] BULTMANN, Das Urchristentum, 172; vgl. dazu K. PRÜMM, Religionsgeschichtliches Handbuch für den Raum der altchristlichen Umwelt, 1954, 216: »Die Mysterien-Religionen sind fast alle Ausprägungen des Fruchtbarkeitskultes«.
[9] M. ELIADE, Geschichte der religiösen Ideen, Bd. 2, 1979, 241.
[10] COLPE, Mithra-Verehrung, 380f.
[11] Ebd., 381.
[12] Ebd., 384ff.
[13] W. BOUSSET, Hauptprobleme der Gnosis, in: Forsch. z. Religion u. Literatur d. A. u. NT 10 (1907) 276f.

aufgefaßt.[14] H. M. SCHENKE hat dagegen eine scharfe Trennungslinie gezogen: »Im Ansatz und im Prinzip ist die Erlösung nach dem Mysterienglauben eine Vergottung des Menschen... Nach der gnostischen Weltanschauung dagegen ist die Erlösung im Prinzip ein Wieder-Gott-Werden des Menschen...«.[15] W. D. BERNER konstatiert zwar einen Einfluß verschiedener Mysterien-Religionen auf einzelne Richtungen der Gnosis, lehnt es aber ab, den Begriff »Gnostische Mysterien« zu verwenden.[16]

Der Mysterien-Begriff hat in der älteren Forschung auch dazu gedient, einen Zusammenhang zwischen Mysterien-Religionen und Christentum herzustellen. Einer der wichtigsten Ansatzpunkte war das paulinische Taufverständnis.[17] Neuere Forschungen haben demgegenüber wieder die innerchristlich-traditionsgeschichtlichen Voraussetzungen herausgearbeitet und die Unterschiede betont.[18] Der Mysterien-Begriff scheint jedenfalls nicht geeignet zu sein, als Oberbegriff zu fungieren, um die Gemeinsamkeiten zwischen Mysterien-Religionen und Christentum zu beschreiben. Einen anderen Anknüpfungspunkt hat H. v. GLASENAPP gewählt, wenn er den Mysterien-Begriff auf den Bereich des Buddhismus überträgt. Unter der Formel »Buddhistische Mysterien« hat er versucht, »ein Gesamtbild von einer indischen Geheimlehre zu entwerfen«[19]; es geht ihm um den *Vajrayana*-Buddhismus, tantrische Lehren und Riten sowie um den *Shakti*-Kult und seine Esoterik. Die Vergleichbarkeit mit den Mysterien-Religionen und die Probleme religionswissenschaftlicher Begriffsbildung hat GLASENAPP in diesem Kontext nicht erörtert; eben dadurch wird eine vergleichende historische Betrachtung aber erschwert.

2. Der Mysterien-Begriff in religionsphänomenologischem Kontext

G. WIDENGREN hat die »Aufnahme in den Mysterienverband« als »Spezialfall des Initiationsritus« eingeordnet, und im Kontext seiner Aufführungen über Geheimbünde erörtert er die »Abgrenzung des Mysterienverbandes von der Gilde«.[20] In seiner religionsphänomenologischen Betrachtung der Religionen geht er also von einem soziologischen Gesichtspunkt aus. In den Phänomenologien, die in den engeren Zusammenhang der verstehenden Religionswissenschaft gehören, kommen andere Gesichtspunkte hinzu und dominieren schließlich. K. GOLDAMMER bringt die Arkandisziplin mit dem Wesen des Kultes überhaupt in Zusammenhang – es gehe um »ehrfürchtige Respektierung dieser letzten Geheimnissphäre des Sakralen« – und kommt unter diesem Gesichtspunkt auf »die Geheimbünde unter den Naturvölkern und die ihnen religionssoziologisch verwandten Mysterienkulte der Antike« zu sprechen.[21] Die Ten-

---

14 H. JONAS, Gnosis und spätantiker Geist, Teil I, in: Forsch. z. Religion u. Literatur d. A. u. NT 51 (^{3}1964) 80.

15 H. M. SCHENKE, Hauptprobleme der Gnosis, 117f.

16 BERNER, Initiationsriten, 155.

17 Zur Forschungsgeschichte siehe: WAGNER, Das religionsgeschichtliche Problem, 15–68.

18 Vgl. dazu U. WILCKENS, Der Brief an die Römer, Röm 6–11, in: Evang. u. kath. Komment. z. A u. NT VI / 2 (1980) 59f.; vgl. auch H. J. KLAUCK, Herrenmahl und hellenistischer Kult, in: Neutestamentliche Abhandlungen N. F. 15 (1982) 91–166.

19 H. v. GLASENAPP, Buddhistische Mysterien. Die geheimen Lehren und Riten des Diamant-Fahrzeugs, 1940, 8.

20 G. WIDENGREN, Religionsphänomenologie, 1969, 222. 610f.

21 K. GOLDAMMER, Die Formenwelt des Religiösen, 1960, 280f.

denz, die »Mysterienfeier« als »eine besondere Kultform« im Rahmen einer Theorie, die eine Einheit der Religionen behauptet, zu deuten, tritt noch deutlicher bei G. Mensching hervor.[22] F. Heiler war der Meinung, »Die Mannigfaltigkeit des kultischen Geschehens« lasse sich »am besten gliedern entsprechend den drei Stufen des Mysterienkultes«.[23]

M. Eliade verwendet den Mysterien-Begriff zur Bezeichnung einer Struktur der religiösen Welt.[24] »Einweihungsmysterien begegnen wir auf der ganzen Welt, und überall, auch in den archaischen Gesellschaften, ist ihnen die Symbolik von Tod und Wiedergeburt enthalten«.[25] Er rekonstruiert ein »Einweihungsmuster« (Leiden, Sterben und Wiedererweckung), das »in allen Mysterien wirksam ist«, in Übergangsriten wie bei Aufnahmen in Geheimbünde und auch in den Erlebnissen, »welche der mystischen Berufung vorausgehen«.[26] Auf diese Weise wird auch eine Beziehung zur Mystik hergestellt, und damit wird die größte Ausweitung des Mysterien-Begriffes erreicht und zugleich die größte Entfernung von dem historischen Bereich der Mysterien-Religionen, den Eliade selbst an anderer Stelle darstellt.[27]

B Gesichtspunkte zur Abgrenzung des Mysterien-Begriffes

Die Verwendung des Mysterien-Begriffes als einer religionswissenschaftlichen Kategorie bringt Unklarheiten mit sich, wenn die Beziehung zu dem Begriff der Mysterien-Religion nicht reflektiert wird. Im Interesse begrifflicher Klarheit müßte deshalb an eine Interpretation der Mysterien-Religionen angeknüpft werden. Hier bietet sich zunächst Colpes Vorschlag an, den »Kern einer antiken Mysterien-Religion« darin zu sehen, daß Initiationspraxis, Arkandisziplin und Wiedergeburtsvorstellung in den Gedanken eines Ineinanderübergehens von Mensch und Gott integriert sind.[28]

W. D. Berner hat den Mysterien-Kult als einen Prozeß charakterisiert, der einen Seinswandel des Individuums bewirkt; und gerade in der Stufenstruktur des Rituals, in dem der Initiationsritus am Anfang steht, hat er eine Möglichkeit gesehen, den Unterschied zum gnostischen Kultus, zu den Aufnahmehandlungen im Judentum« und zur christlichen Taufe zu bestimmen.[29] Damit wäre ebenfalls eine Explikation des Mysterien-Begriffes gegeben, die nicht nur zur Interpretation der Mysterien-Religionen, sondern auch als systematische Kategorie verwendet werden kann. Die Übertragbarkeit des Mysterien-Begriffs wäre jedenfalls in jedem Einzelfall neu zu untersuchen und könnte nicht aus einer allgemeinen Theorie über die Einheit der Religionen deduziert werden.

---

22 G. Mensching, Die Religion. Erscheinungsformen, Strukturtypen, Lebensgesetze, 1960, 252f.

23 F. Heiler, Erscheinungsformen und Wesen der Religion, RdM1 (1961) 177.

24 M. Eliade, Mythen, Träume und Mysterien, 1961, 9.

25 Eliade, a. a. O., 276.

26 Eliade, a. a. O., 316; vgl. dazu auch ders., Das Mysterium der Wiedergeburt. Initiationsriten, ihre kulturelle und religiöse Bedeutung, 1961.

27 Ders., Geschichte der religiösen Ideen, Bd. 2, 239–253; (Literaturangaben: ebd., 424–428).

28 Colpe, Mithra-Verehrung, 379f.

29 Berner, Initiationsriten, 224.

C Religionsgeschichtliche Exemplifizierung: Die Isis-Mysterien nach dem Roman des Apuleius (ca. 125–180)

Die Isis-Mysterien sind deshalb als Beispiel geeignet, weil hier mit dem Roman des Apuleius – «*Metamorphosen*«, vielleicht besser bekannt unter dem Titel »*Der goldene Esel*« – ein geschlossener Text vorliegt, der der Interpretation viele Anhaltspunkte bietet. Allerdings bringt die literarische Gattung Probleme mit sich, insofern als nicht leicht zwischen Erlebnisbericht und literarischer Fiktion zu unterscheiden ist.[30]
Im 11. Buch des Romans wird beschrieben, wie Lucius in menschliche Gestalt zurückverwandelt und in die Geheimnisse der Isis-Religion eingeweiht wird. Daß es sich um ein Initiationsritual handelt, dessen Einzelheiten zum Teil strenger Geheimhaltung unterliegen, wird im Text klar genug angedeutet (XI, 23, 5). Festgestellt wird auch, daß die Weihehandlung unter dem Bild eines freiwilligen Todes und einer gnadenhaften Erlösung vollzogen wird (XI, 21, 7). Problematisch bleiben die Andeutungen über die einzelnen Elemente des Rituals – es scheint um eine Fahrt durch die Unterwelt zu gehen (XI, 23, 7) – und die Beziehung zwischen menschlichem und göttlichem Schicksal: umstritten ist, ob die Darstellung des Initianden »wie der Sonnengott ausstaffiert« (*ad instar Solis exornata, XI, 24, 4)* als »Vergottung« im Sinne einer Identifikation mit dem Schicksal des Gottes Osiris aufzufassen ist.[31]
Es wäre also eingehend zu untersuchen, ob Colpes Begriff, der in einer Untersuchung über die Mithras-Mysterien entwickelt wird, auf die Isis-Mysterien übertragbar ist. Da es die Quellenlage aber ratsam erscheinen läßt, gerade die Isis-Mysterien als Ausgangspunkt der Betrachtung zu nehmen, wäre die von W. D. Berner, Initiationsriten 102, geprägte allgemeinere Formel, die in der Interpretation der Mysterien von Eleusis, des Mithras, der Isis und des Dionysos gewonnen ist, noch einmal in Erwägung zu ziehen.

Literatur

Berner, W. D., Initiationsriten in Mysterien-Religionen, im Gnostizismus und im antiken Judentum, 1972; Burkert, W., Antike Mysterien. Funktionen und Gehalt, 1990; Bultmann, R., Das Urchristentum im Rahmen der antiken Religionen, (1949) ⁴1976; Colpe, C., Mithra-Verehrung, Mithras-Kult und die Existenz iranischer Mysterien, in Hinells, J. R. (Hrsg.), Mithraic Studies II, 1975, 378–405; Kerényi, K., Die Mysterien der Kabiren. Einleitendes Studium antiker Mysterien, in: Eranos-Jahrbuch XI (1944) 11–53; Leipoldt, J., Die Mysterien, in: ders., Von den Mysterien zur Kirche, 1961, 5–50; Reitzenstein, R., Die hellenistischen Mysterien-Religionen nach ihren Grundgedanken und Wirkungen, (1909) ³1927; Schenke, H. M., Hauptprobleme der Gnosis, in: Kairos 7 (1965)) 114–123; Wagner, G., Das religionsgeschichtliche Problem von Röm. 6, 1–11, in: Abhandl. z. Theologie d. A. u. NT 39 (1962); Widengren, G., Synkretistische Religionen, in: HdO I, 8, 2 (1961) 43–82.

Ulrich Berner

30 Vgl. dazu Wagner, Das religionsgeschichtliche Problem, 115, Anm. 93.

31 Colpe, Mithra-Verehrung, 385: »Der Isis-Initiand wird zum consors der zur Erlöserin gewordenen Göttin, indem er, Nachbildungen der Unterwelt durchwandelnd, die Rolle des Osiris spielt«; vgl. dagegen Berner, Initiationsriten, 101, mit Anm. 440. 105–110

Mysterien / Mystik

A Das Wortfeld

1. Das Wort ›Mysterien‹ (gr. *ta mystéria*, seit dem 6. Jh. v. Chr. belegt; *ta órgia*, seit dem 7. Jh.) bedeutet in der Religion der Hellenen einen Komplex von → Riten, der einen besonderen Platz neben anderen Ritenkomplexen wie Divination / Mantik, Bilderkult, Opferwesen einnimmt. Mysterien bieten eine Sequenz von Reinigung, Rede/ Belehrung, Weihe / Schau (*kátharsis, lógos, teleté),* die mannigfach variiert werden kann. Viele Mysterien beziehen sich auf Tod und Jenseits, sind also – neben dem Totenkult – ein Teil der religiösen (mimetischen, symbolischen, mythischen) Reflexion über Tod und Leben. Das Element ›Lehre‹ ist von den einzelnen Mysterienkulten (Eleusis; Samothrake; Dionysosmysterien; Isismysterien) im Verhältnis zu den Riten und der ›Schau‹ verschieden stark ausgebildet worden. Andere Formen von Reflexion und Spekulation konnten hier anknüpfen (Philosophie, Theologie, ›Mystik‹).

2. Das Adjektiv ›mystisch‹ (gr. *mystikós*) wird seit dem 5. Jh. v. Chr. in griechischer Prosa und Poesie gebraucht. Besonders einflußreich war die Verbindung ›mystische Theologie‹ (gr. *mystiké theología*) durch den gleichlautenden Titel eines der Werke des christlichen Neuplatonikers Dionysios Areopagites (um 500 n. Chr.).
Der Ausdruck ruht auf alter Tradition. Die Einkleidung philosophischer Aussagen in Bilder und Worte der Mysterienkulte und die Reflexion auf die Inhalte und Erkenntnisform von Mysterien beginnt im 5. / 4. Jh. v. Chr. (vgl. Platons Dialoge Phaidros, Symposion und Timaios). Der Stoiker Chrysipp (281 / 77–208 / 04 v. Chr.) setzt die »Theologie« an den Schluß der philosophischen Ausbildung, nach Logik, Ethik, Physik, weil erst dann die Seele stark geworden sei »und schweigen könne gegen die, die nicht eingeweiht sind«; deshalb hätten die Alten auch die Tradierung der »Rede über die Götter« als »Weihen« (*teletaí*) bezeichnet.[1] Der römische Philologe und Theologe M. Terentius Varro (116–27 v. Chr.) deutet den Kult der capitolinischen Trias mit Hilfe der Mysterien von Samothrake.[2] Diese Art von mystischer Spekulation steht zwischen den Traditionen (gr. *pará-dosis;* lat. *tra-dere* – übergeben) in den Kulten selbst und der rationalen, kritischen, abstrakten Philosophie. Diese paradoxe Mittelstellung von Mystik ist ein Grund für ihre Faszination und Fruchtbarkeit. Mit den lateinischen Übersetzungen des Schriftencorpus des Dionysios Areopagites durch Hilduin, Abt von St. Denis (832 / 835), und Johannes Scotus Eriugena (um 865) beginnt eine außerordentliche Wirkung dieser neuplatonischen Mystik mit ihrer negativen Theologie auch im westlichen Christentum.

3 a) In den Jesusgeschichten der Evangelien ist das Wort ›Mysterium‹ nur in der Erklärung zum Gleichnis (gr. *parabolé)* von der Saat gebraucht.[3] Der innere Kreis der Jün-

---

[1] H. v. Arnim, Stoicorum Veterum Fragmenta, 1903, Bd. II Nr. 42 und Nr. 1008.
[2] Varro, Antiquitates rerum divinarum (hg. v. B. Cardauns, 1976) frg. 205, aus Macrobius, Saturnalien 3, 4, 8.
[3] Matth. 13, 11; Mk. 4, 11; Luk. 8, 10. Das Wort ist im hellenistischen Judentum bekannt: Weisheit 2, 22; Tob. 12, 7; 2 Makk. 13, 21 u. ö.

ger erfährt das »Geheimnis« (gr. *mystérion*), das mit dem Gleichnis verhüllt ist, »die draußen« (gr. *hoi éxo*) müssen sich mit der schönen Geschichte begnügen. Die Deutung führt allegorisch durch die verschiedenen Abschnitte des Gleichnisses (›Saat‹, das ist das Wort Gottes, etc.) →Allegorese / Allegorie. Die Stelle zeigt die soziologische Funktion von ›Geheimnis‹ bei der Konstitution einer Gruppe (Wissensmonopol, Ausgrenzung) →Esoterik.
b) Die Unterscheidung von »Buchstabe / Geist« (gr. *grámma / pneúma*)[4] und von »psychischen / geistigen Menschen« (gr. *psychikoí / pneumatikoí*)[5] bei PAULUS erleichterte den Christianern die Übernahme der Lehre von dem mehrfachen Sinn in den heiligen Schriften. Gemäß der Lehre und den Praktiken antiker Rhetorik und Exegese konnte eine bestimmte Absicht (lat. *voluntas*) des Sprechers angesetzt, zwischen ›gesagt‹ und ›gemeint‹ unterschieden, Metaphern, Gleichnisse, Mythen, Allegorien, Personifikationen auf den Christus oder die Kirche ausgedeutet werden. Die christliche Auslegung kennt die wörtliche / historische Bedeutung (lat. *ad litteram*), die christologische und ekklesiologische Allegorese, die moralische und schließlich die anagogische / mystische Deutung. Eine oft gewaltsame Exegese hebt den »mystischen Schleier« vom Text der jüdischen Bibel und eröffnet ihre philosophische und christliche Wahrheit.[6]

B Zur Begriffsbildung

1. Im Hinblick auf einige Religionen des antiken Mittelmeerraumes – Hellenen, Römer und Gruppen / Epochen in Judentum, Christentum, Islam – und ihre nachantike Geschichte lassen sich folgende Elemente für einen allgemeinen Begriff ›Mysterien‹ und ›Mystik‹ feststellen.[7]
Mysterien sind symbolische Handlungen, Zeichen und Lehren innerhalb einer organisierten Religion, aber nicht deren ›Zentrum‹ oder ›Gipfel‹. Mysterien richten sich an den einzelnen, nicht etwa an eine Altersklasse; sie sind teilweise ›geheim‹, andererseits sind nicht alle Geheimlehren Teil von Mysterien; nicht alle sind ekstatisch (Eleusis), und Ekstase ist nicht auf Mysterien (Mystik) beschränkt, so wenig wie Vision oder Audition. Alle Mysterien enthalten asketische Vorschriften (Fasten, Wachen, Enthaltsamkeit, Schweigen); in Teilen des antiken und nachantiken Christentums sind diese zu nekrotischen Praktiken (Geißelung, Hunger, Isolierung) gesteigert. Insofern Mysterien nur Teil einer umfassenden Religion sind, ein →Kult innerhalb eines Systems mehrerer Kulte, die nicht alle in gleicher Weise verpflichtend sind, ist die Rede von *Mysterienreligionen* mißverständlich.[8] In welchem Maße, wo und zu welchem Zeitpunkt das hellenistische Judentum und das frühe Christentum, bzw. einzelne Gemein-

---

4 PAULUS 1 Kor. 3, 6; Röm. 2, 29; 7, 6.
5 PAULUS 1Kor. 2, 15; vgl. 1Kor. 9, 11; Röm. 15, 27 (fleischlich / geistlich).
6 Z. B. AUGUSTIN, Confessiones 6, 4, 5–6 über die Auslegung des Alten Testamentes durch AMBROSIUS.
7 Zu Analogien in traditionalen Gesellschaften und den Möglichkeiten, die (west-)antiken Terminologien und deren neuzeitliche Fortschreibungen auf Religionen in Indien, China, Japan zu übertragen (›anzuwenden‹), vgl. W. JAMES, The Varieties of Religious Experience, 1901; ZAEHNER, Mystik.
8 REITZENSTEIN, Mysterienreligionen; GOODENOUGH, By Light Light.

den innerhalb dieser Religionen, Bilder, Vorstellungen und Worte (›Wiedergeburt‹, ›Symbolon‹, ›Erleuchtung‹) der hellenischen und römischen Mysterien übernommen haben oder auch Riten (Sakramente; Erheben – Elevation der Eucharistie als ›Zeigen / Schau‹, gr. *deiknýmena*), Organisationsformen (Katechumenat, Mystagoge) und Lehren (Seele; ›Nachahmung‹ einer Gottheit; Jenseits; ›Heilmittel zur Todlosigkeit‹ – gr. *phármakon a-thanasías:* IGNATIUS, an die Epheser 20, 2), ist in der Forschung noch nicht geklärt.[9]

2. Das substantivierte Adjektiv ›Mystik‹, das im 17. Jh. von seinem Bezugswort ›*theologia* (*mystica*)‹ sich löste,[10] bezeichnet (a) die besonders intensive Form innerlicher, persönlicher, subjektiver Religiosität, die innerhalb verschiedener Religionssysteme entwickelt werden kann, und (b) die schwer zugängliche, geheimnisvolle Lehre oder Schriftdeutung. Auch Mystik ist nicht ohne Riten.

Im Zusammenhang mit mehr oder weniger strenger Askese, nach oft langwierigem Erlernen der jeweiligen mystischen Tradition, unter Gebet, Meditation, Schweigen, ggf. Tanz, gewinnt der Fromme oft unvermutet und ›ohne Absicht‹ bestimmte Einsichten.

Die Einsicht ist begleitet von / enthalten in verschiedenartigen Erfahrungen von Evidenz, Klarheit, Sicherheit, Glück. Sie wird in / mit den Formen von Vision, Audition, Entrückung, Ekstase, körperlicher Un- / Überempfindlichkeit erlebt.

Als Form innerlicher Religiosität ist Mystik eher arm an symbolischen Handlungen; oft ist gerade die Abkehr von äußeren Riten beabsichtigt (›Innerlichkeit‹). Dennoch entwickeln sich aus der Askese (Nekrose, Disziplin), dem Lernen, den Techniken von Erinnerung und Wiederholung, den Praktiken der Meditation ›sekundäre‹ Riten.

Diese innerliche, gesteigerte Frömmigkeit kann in Spannung geraten zu den jeweiligen (organisierten) Religionen. Aus der Sicht der Institutionen, Gemeinden und Funktionäre, die die Heilsmittel verwalten, kommt gesteigerte Privatreligion in den Geruch von ›Selbsterlösung‹. Sie ist nur für wenige und zeitweise und als Ergänzung tragbar. Mystische Zirkel (Konventikel) sind schwer zu kontrollieren; die Reduktion des Rituals macht sie ›unsichtbar‹; ihre Rätselsprache unterläuft die Dogmen. So geraten sie leicht in den Verdacht der Haeresie oder Sittenlosigkeit.

Psychische Faktoren wie ›Intensität, Unmittelbarkeit, Einheit, Entgrenzung‹ werden auch in nichtreligiösen Lebenszusammenhängen erfahren wie etwa in Kunstproduktion und -genuß, Mutterliebe, Gruppen-Ich, hingebender Pflichterfüllung, Schmerz und Hunger, Naturgefühl, um andere Formen des gesteigerten Lebens wie Rausch und Drogenmystik hier zu übergehen.[11] Diese Erfahrungen von Welt und Mensch werden gelegentlich mit Worten spezifisch mystischer Provenienz beschrieben; andererseits wirken sie auf die Religionen bereichernd zurück (Naturmystik, -lyrik; Liebesmystik, -lyrik). Gelöst aus der Disziplin der Orden, den Praktiken der Askese, der organisierten Religion und von Theologie hat sich in der Neuzeit eine fromme und »gottlose Mystik« entwickelt.[12]

---

[9] RIEDWEG, Mysterienterminologie; ADELA YARBRO COLLINS, The Origin of Christian Baptism, in: Studia Liturgica 19 (1989) 28–46.

[10] Alternative Ausdrücke sind lat. *contemplatio, meditatio*; gr. *theoría* – Schau; ›Spiritualität‹ u. ä.

[11] Ein Klassiker bleibt ALDOUS HUXLEY, The Doors of Perception, 1954 (Selbstexperimente mit Meskalin).

[12] Vgl. FRITZ MAUTHNER, Der Atheismus und seine Geschichte im Abendland, Bd. IV, 1923, S. 372 ff.: »Der Friede in gottloser Mystik«; ders., Gottlose Mystik, 1925.

3. Die lateinische Fassung des griechischen Ausdrucks *mystéria* ist *initia* (wörtl.: »Anfänge«) ; »einweihen« heißt *initiare*. Die Worte, wohl schon für das 2. Jh. v. Chr. zu erschließen, sind reich belegt seit M. TULLIUS CICERO (gest. 43. v. Chr.).[13] Die Mysten heißen *initiati* oder »Geheiligte« (lat. *sacrati, consecrati*), der Mysterieneid *sacramentum*.[14] Sehr selten dagegen ist in der Antike das Abstraktum *initiatio* – »Einweihung« (vgl. gr. *mýesis*) belegt. Neros *initiatio* meint aber keineswegs einen Pubertätsritus, verbunden etwa mit dem Anlegen der Männer-Toga (*toga virilis*), sondern seinen vergeblichen Versuch, die eleusinischen Weihen zu erhalten.[15] Weder hier noch anderswo sind in historischer Zeit Einweihungen von Altersklassen Jugendlicher mit irgendeinem der bekannten griechischen oder römischen Mysterienkulte verbunden. Die Zulassung zu den eleusinischen Mysterien berücksichtigt nicht das Geschlecht, noch ist sie auf die Zeit der Pubertät beschränkt. Die eleusinischen Mysterien sind auch keineswegs für jeden Bürger obligatorisch. Die attischen Epheben waren eingeweiht, bevor sie zur Ephebie eingeschrieben wurden. Die Mysten bilden nach den Weihen keine Vereine oder gar ›Geheimgesellschaften‹. Die Verbindung von ›Initiation‹ (im ethnologischen Sinne) und ›Mysterien‹ wurde von JOSEPH FRANÇOIS LAFITAU (1681–1746) hergestellt. Er fand bei den Indianern in Amerika Analogien zu den Mysterien des Dionysos und der Isis.[16] Seine vergleichende Sittengeschichte wurde 1752 von JOHANN FRIEDRICH SCHRÖTER ins Deutsche übersetzt.[17] Ihnen verdankt die Religionswissenschaft den Begriff ›Initiation‹, der dann, mit indianischer Völkerkunde bereichert, auf die Religionen der Alten Welt angewandt wurde.

Literatur

1. *Allgemeines – Hilfsmittel*: BOUYER, L. ›Mystisch‹ – Zur Geschichte eines Wortes, in: J. SUDBRACK (Hrsg.), Das Mysterium und die Mystik. Beiträge zu einer Theologie der christlichen Gotteserfahrung, 1974, 57–73; CANCIK, H. (Hrsg.), Rausch, Ekstase, Mystik. Grenzformen religiöser Erfahrung, 1978; DAVY, M.-M. (Hrsg.), Encyclopédie des mystiques, 4 Bde. 1972 / 1977; Dictionnaire de Spiritualité ascétique et mystique, 1932 ff.; KÜHNEL, J. / MÜCK, H.-D.(Hrsg.), Psychologie in der Mediävistik, 1985; STACE, W. T., Mysticism and Philosophy, 1960; ZAEHNER, R. C., Mystik religiös und profan (engl. 1957), dt. 1960; Zeitschrift für Aszese und Mystik (Geist und Leben), 126 ff.

2. *Mediterrane Antike*: BURKERT, W., Antike Mysterien (1987), ²1991; GRIFFITHS, J. G., Plutarch de Iside et Osiride, 1970; ders., Apuleius, The Isis-Book (Metamorphoses Book XI) 1976 (EPRO 39); LOBECK, C. A. Aglaophymus sive de theologiae mysticae Graecorum causis, 1829; MERKELBACH, R., Mithras, 1984; MYLONAS, G. E., Eleusis and the Eleusinian Mysteries, 1961; REITZEN-

[13] CICERO, de natra deorum 1, 119 mit anonymem Zitat aus einer lateinischen Tragödie, vielleicht ENNIUS, Erechtheus; CICERO, de legibus 2, 9, 21; VARRO, de re rustica 3, 1, 5; APULEIUS, Metamorphosen 11, 21, 1 (ein Basistext der Isismysterien).

[14] CATULL 63, 9; 102.

[15] SUETON, Nero 34; vgl. SENECA, epist. mor. 90, 29.

[16] J. F. LAFITAU SJ (Mœurs des sauvages Amériquains comparées aux mœurs des premiers temps, Paris 1724) vermutete, der amerikanische Kontinent sei von der vorhellenischen Bevölkerung Griechenlands und Kleinasiens besiedelt worden. Zu dieser und der folgenden Anmerkung vgl. K.-H. KOHL (Hrsg.), Mythen der Neuen Welt. Zur Entdeckungsgeschichte Amerikas, 1982, 295; 344 f.; M. MÜNZEL, Juppiters wilder Bruder, ebd. S. 101–109.

[17] J. F. SCHRÖTER, Allgemeine Geschichte der Länder und Völker von Amerika, Halle 1762; in Bd. 1, S. 160 findet sich die »Schlusinitiation [sic] eines Caraibischen Warsagers« [sic].

Stein, R., Die hellenistischen Mysterienreligionen nach ihren Grundgedanken und Wirkungen, 1910, ^{3}1927; Riedweg, Chr., Mysterienterminologie bei Platon, Philon und Klemens von Alexandria, 1987; Vermaseren, M. J. (Hrsg.), Die orientalischen Religionen im Römerreich, 1981 (EPRO 93).

3. *Jüdische Mystik*: Dubnow, S., Geschichte des Chassidismus, 1931 (= 1982); Goodenough, E. R., By Light Light. The Mystic Gospel of Hellenistic Judaism, 1935; Schäfer, P., Synopse zur Hekhalot-Literatur, 1981; Scholem, G., Die jüdische Mystik in ihren Hauptströmungen (engl. 1941) 1957; ders., Jewish Gnosticism, Merkabah Mysticism, and Talmudic Tradition (1960) ^{2}1965; ders., Studien zur jüdischen Mystik. Judaica 3 (1970) ^{2}1977, S. 91 ff. (»Einbruch der neuplatonischen Tradition und neuplatonischer Ontologie und Mystik in die Esoterik«).

4. *Christliche theologia mystica*: Clemen, P., Der Einfluß der Mysterienreligionen auf das älteste Christentum, 1913 (RGVV 13, 1); Dinzelbacher, P., Christliche Mystik im Abendland, 1990; Dinzelbacher, P. / Bauer, D., Frauenmystik im Mittelalter, 1985; Dörries, H., Zur Geschichte der Mystik. Eriugena und der Neuplatonismus, 1925; Görres, J. v., Die christliche Mystik, ^{2}1879; Heer, F., Europäische Geistesgeschichte, 1953; Koch, H., Pseudo-Dionysius Areopagita in seinen Beziehungen zum Neuplatonismus und Mysterienwesen, 1900; Leipoldt, J., Von den Mysterien zur Kirche. Ges. Aufsätze, 1961; Lewis, G. J., Bibliographie zur deutschen Frauenmystik des Mittelalters, 1984 / 88; Loisy, A., Les mystères païens et le mystère chrétien (1919) ^{2}1930; Ruh, K., Geschichte der abendländischen Mystik, Bd. 1 (bis 12. Jh.), 1990; Thurston, H., Die körperlichen Begleiterscheinungen der Mystik, 1956; Wiens, D. H., Mystery Concepts in Primitive Christianity and its Environement, in: ANRW II 23, 2, 1980, 1248–1284.

5. *Islamische Mystik*: Andrae, T., Islamische Mystiker (1960) ^{2}1980; Grünebaum, G. v., Der Islam im Mittelalter, 1963; Halm, H., Die islamische Gnosis. Die extreme Schia und die ›Alawiten‹, 1982; Meier, F., Vom Wesen der islamischen Mystik, 1943; Schimmel, A., Mystische Dimensionen des Islam. Die Geschichte des Sufismus (engl. 1975), dt. 1985.

6. *Wirkungs- und Rezeptionsgeschichte antiker Mysterien (Renaissance)*: Castelli, E. (Hrsg.), Umanesimo e esoterismo, 1960; Klibansky, R., The Continuity of Platonic Tradition, 1939; Secret, F., Les Kabbalistes chrétiens de la Renaissance, 1964; Wind, E., Heidnische Mysterien in der Renaissance (engl. 1958), dt. 1981.

7. *20. Jh.*: Cancik, H., »Wir sind jetzt eins.« Rhetorik und Mystik in einer Rede Adolf Hitlers (Nürnberg 11. 9. 1936), in Forum Religionswissenschaft 2 (1980) 13–48; Heigl, P., Mystik und Drogenmystik. Ein kritischer Vergleich, 1980; Josuttis, M. / Leuner, H. (Hrsg.), Religion und die Droge, 1972; Leary, T., The Politics of Ecstasy, 1968 (dt. 1970).

8. *Mystik und Naturwissenschaften*: Mahnke, D., Unendliche Sphäre und Allmittelpunkt. Beiträge zur Genealogie der mathematischen Mystik (1937), 1966; Faivre, A., Zimmermann, R. Chr. (Hrsg.), Epochen der Naturmystik, 1979; Wilber, K., Quantum Questions. Mystical Writings of the World's Great Physicists, 1984; Dürr, H.-P., Physik und Transzendenz, 1986; Gladigow, B., Pantheismus und Naturmystik, in: Bubner, R., Gladigow, B., Haug, W. (Hrsg.), Die Trennung von Natur und Geist, 1990, 119–143; Russ, H. G., Der neue Mystizismus. Östliche Mystik und moderne Naturwissenschaft im New Age-Denken, 1994.

Hubert Cancik

→Ekstase, Esoterik, Irrationalismus / das Irrationale, Kult, Mysterien / Mysterienreligion, Ritual, Theologie

Mythos

A Allgemeines

I. Statt einer Definition

1. Terminologische Vorbemerkung

Fruchtbarer als die Definition *eines* notwendigerweise immer zu engen Mythos-Begriffs erscheint die Unterscheidung mehrerer Mythos-Begriffe. – Wenn man in dieser Vielfalt nach einem gemeinsamen Nenner sucht, könnte man ihn bestimmen als den einer Gruppe vorgegebenen Fundus an Bildern und Geschichten. Im Gegensatz zu anderen Kulturen hat die abendländische ein reflexives Verhältnis zum Mythos entwickelt. Im Lichte wissenschaftlicher Aufklärung und begrifflicher Metasprache hat man auf den Mythos stets vom anderen Ufer der Reflexion in polemischer oder nostalgischer Perspektive blicken können. »Was sich als Mythos weiß, ist immer schon Deutung und Neudeutung seiner eigenen Wurzeln«.[1]

2. Sieben Mythos-Begriffe

M1 (polemischer Begriff) bezieht sich auf Mythos als ein überwundenes Stadium kulturhistorischer Entwicklung. In diesem Sinne haben die ersten Mythenkritiker des 6. Jh. v. Chr. in Griechenland Mythos als Unwahrheit disqualifiziert,[2] in diesem Sinne haben die Rationalisten aller Epochen mythisches Dunkel mit aufklärerischem Licht vertrieben[3] und haben Ideologiekritiker mythisches Bewußtsein als (Be-)Trug entlarvt.[4] In diesem Sinne nennen wir auch heute im alltäglichen Sprachgebrauch eine Sache einen Mythos, »sofern wir uns nur von ihr abgewandt haben«.[5] – M2 (historisch-kritischer Begriff) kann als eine differenziertere Variante von M1 verstanden werden. M2 bezeichnet keine pauschal abzuurteilende Mentalitätsform, sondern nur noch die zeitbedingte Einkleidung einer an sich zeitlosen Wahrheit. Die mythischen Texte werden nicht verworfen, sondern interpretiert; die Allegorese, die Unwahrheit in Wahrheit übersetzt, ist ein konservierendes, kein destruktives Verfahren. Im Gegen-

---

1 Ricœur (1974), 533.
2 Xenophanes, Heraklit u. a., vgl. Burkert (1984); Buffière (1956).
3 Vgl. Garner (1970).
4 Horkheimer / Adorno (1971; Barthes (1964).
5 Weinrich, in: Fuhrmann (Hrsg.) (1971), 350. Vgl. z. B. Illich (1980).

satz zur De-Mythisierung (M1) bemüht sich die Ent-Mythologisierung um ein aus seinem unreinen Aggregatzustand möglichst schlackenfrei herauszudestillierendes Kerygma.[6] – M3 (funktionalistischer Begriff) definiert Mythos als einen kulturellen Leistungswert. Religionswissenschaft und Ethnologie thematisieren M3 als fundierende,[7] legitimierende[8] und weltmodellierende[9] Erzählung. Vorwiegend an exotischen Befunden schriftloser Kulturen entwickelt, stellt eine solche Perspektive die lebenspraktische Eingebundenheit des Mythos heraus, die darin besteht, die vielfältigen Ordnungen des sozialen Lebens verbindlich zu regeln. – M4 (Alltags-Mythos) beschreibt mentalitätsspezifische Leitbilder, die kollektives Handeln und Erleben prägen. Solche Orientierungen wirken vorwiegend implizit unterhalb der Bewußtseinsschwelle und modellieren in unverbundenen Einzelaspekten die Wirklichkeitserfahrung von Gruppen (z. B. *the American Dream, the American Adam, les bifteck et les frites,* das Wiener Kaffeehaus). Wenn die unbewußten Orientierungen zu kollektiven Obsessionen gesteigert werden, nehmen sie die Form von Ideologemen an und rufen Mythen-Kritik (M1) auf den Plan (z. B. Mythologie der Ehre, Weiblichkeitswahn, *machismo*, Blut und Boden, Fortschrittsglaube).[10] – M5 (narrativer Begriff, vgl. B II 1 a) bezeichnet eine integrale Erzählung mit den strukturierenden Konstituenten von Anfang, Mitte und Ende (*arché, peripéteia* und *lýsis*). Auf diesen Mythos-Begriff, den ARISTOTELES in seiner Poetik eingeführt hat, geht die poetologische Diskussion um die *fabula* zurück (bekannt geworden v. a. durch den Streit um die klassizistische Norm der 3 Einheiten),[11] sowie die Erzähltheorie mit Begriffen *story, plot* und *sujet*.[12] – M6 (literarische Mythen) bezieht sich insbesondere auf die europäische Mythentradition und deren Bedeutung für die abendländische Schriftkultur. Im Gegensatz zum gelebten Mythos (M3) will dieser ständig neu aktualisiert, d. h. umgedeutet und umgeschrieben werden. So setzt die Entflechtung aus der Empraxie gesellschaftlicher Lebenszusammenhänge produktive Umdeutungen und Neudeutungen in Gang. M6 will gerade nicht in seiner Ursprünglichkeit und Verbindlichkeit verstanden werden, sondern als »immer schon in Rezeption übergegangen«;[13] statt Heiligkeit gilt hier essentielle Distanz, statt Unveränderlichkeit gilt spielerische Behandlung, Variation und Freiheit der Imagination. Ihr Gegenstand sind Stoffe der antiken und mittelalterlichen Mythologien, aber auch neuerer literarischer Schöpfungen, sofern diesen als kollektiven Identifikationsangeboten eine entsprechende Resonanz beschieden ist (z. B. Prometheus, Parzival, Faust, Don Juan, Robinson, Werther, Carmen). – M7 (Ideologien, ›Große Erzählungen‹[14]) bezieht sich wie M4 auf neue und nichtnarrative

---

[6] BARTSCH (^{3}1965), KLEIN (1973); RAHNER, RATZINGER (1965).

[7] PETTAZZONI (1950); ELIADE (1949 / 1966), (1969 / 1973).

[8] MALINOWSKI (1926), (1936); RADCLIFFE-BROWN (1952). BURKERT (1979a), 22 ff. verwendet den Begriff »angewandte Geschichte«, vgl. auch ders. (1979b), 28–33, s. u. B I 1.

[9] SEGAL (1977).

[10] BARTHES (1966), M4 ist, was NIETZSCHE in Götzendämmerung als »Götzen« bekämpft.

[11] Zur Bedeutung von ARISTOTELES für die Literaturkritik seit der Renaissancee vgl. WEINBERG, B., Scaliger vs. Aristotle on Poetics, in: Modern Philology 39 (1942), 337–60 und CRANE (Hrsg.) (1952).

[12] FORSTER (1927 / 64), 33–49; 91–109; SKLOVSKIJ (1925 / 66; LOTMAN (1972), 329–347. Zum Begriff *myth* im Sinne von invarianten narrativen Tiefenstrukturen vgl. FRYE (1971), zur strukturalen Erzählanalyse s. u. B II 1 c.

[13] BLUMENBERG, in: FUHRMANN (1971), 28. Allg. zu M6 vgl. die Beiträge in FUHRMANN (1971).

[14] LYOTARD (1979 / dt. 1986), 54 u. öfter.

Mythen, im Gegensatz dazu aber auf vollbewußte Individualschöpfungen. Gemeint sind die großen Entwürfe der Welt-, Geschichts-, Naturdeutung, die durch ihr holistisches Pathos die Grenzen des auf Reduktion und schrittweises Vorgehen angelegten wissenschaftlichen Diskurses überschreiten (z. B. HEGELs Weltgeist, NIETZSCHEs Ewige Wiederkehr, BACHOFENs Mutterwelten, SPENGLERs Untergänge und erfundene Urgeschichten, SCHELERs Werdender Gott, bis hin zu WEBERs Weltentzauberung und JASPERS' Achsenzeit). – Solche Entwürfe sind im Detail nicht korrigierbar und verhalten sich unverfugbar zu anderen Konzeptionen. Deshalb werden sie auch nicht umgeschrieben und umgedeutet (vgl. M6), sondern im Falle des Geltungsschwundes pauschal ersetzt (vgl. das abrupte Ende des Marxismus in den osteuropäischen Staaten). Als Sonderform der Ideologie behandeln wir die erinnerte Geschichte oder politische Mythomotorik in C III 3.

II. Wort- und Begriffsgeschichte

1. Etymologie und Begriffsgenese

Die Etymologie des griechischen Wortes *mýthos* ist ungeklärt.[15] Ableitungen von *mýo* (»die Augen schließen«), *myéo* (»belehren, einweihen»), sowie von idg. **meudh-* (»sich erinnern, sich sehnen, Sorge, Gedanke«) sind vorgeschlagen und verworfen worden. Immerhin scheint die Grundbedeutung von Mythos im Griechischen »Wort« und »Gedanke, Plan, Absicht« zu umfassen. Früh dehnt sich die Bedeutung von Mythos auf Begriffe wie Nachricht, Botschaft, Bericht und Geschichte aus. Im engeren Sinne von Götter- und Heroengeschichte ist Mythos seit PLATON belegt. Auf dieser Stufe lassen sich für alle Bedeutungen von Mythos in anderen Sprachen und Kulturen äquivalente Begriffe nachweisen, vgl. z. B. *purana* im Indischen und die von PETTAZZONI u. a. behandelten Bezeichnungen wie »wahre Geschichte« u. ä. bei den Primitiven.[16] Älter aber und spezifisch griechisch ist die kritische Färbung des Begriffs im Sinne von M1 als »Gerücht, unbeglaubigte Erzählung, erfundene Geschichte«.

2. Die (Un-)Wahrheit des Mythos. Mythenkritik und Mythenhermeneutik

Mythenkritik richtet sich gegen die Legitimität der Mythen, die unter verschiedenen Aspekten als »unwahr« abgelehnt werden: a) als widerlegt in bezug auf Vernunft und empirische Erfahrung,[17] b) als subversiv in bezug auf das theologische Dogma (und deshalb moralisch und ideologisch gefährlich);[18] c) als unverbürgt und fiktiv in bezug auf historische Authentizität (und deshalb als »kindisch« und »weibisch«, d. h. als unreif und überholt).[19] Anders als in Indien, wo die Entfaltung eines wissenschaftlichen und philosophischen Diskurses nicht zu einer Distanznahme gegenüber der

---

15 STÄHLIN (1966), 772–775, BETZ, in: KOOPMANN (1979), 11–25.
16 PETTAZZONI (1950); BAUMANN (1959), 15 ff.; O'FLAHERTY (1975).
17 HÖLSCHER (1968); BOLLACK, in: FUHRMANN (1971); POSER, in: POSER (1979).
18 Zur patristischen Mythenkritik vgl. PÉPIN (1958); HORSTMANN (1979), 7–11; zu Mythos und Dogma vgl. WEHRUNG (1952) u. PANNENBERG, in: FUHRMANN (1971), vgl. auch Anm. 6; zu Mythos und Moral vgl. DETIENNE (1978).
19 Vgl. CANCIK (1970); CHILDS (1960), bes. 74 ff.

mythischen Überlieferung geführt hat, sondern bruchlos auf dieser aufbaut,[20] haben sich im Griechenland des 6. Jh. neue Instanzen der Wahrheit ausdifferenziert, vor denen die ältere Weisheit des Mythos nicht mehr bestehen konnte. In der abendländischen Tradition pendelt die Beschäftigung mit Mythen zwischen den Strategien der Bekämpfung und Entlarvung (M1) und der Bewahrung und Deutung (M2). Bei diesem für die abendländische Tradition charakteristischen Weg konstituiert sich die neue Wahrheit in polemischer Abgrenzung gegen die ältere. In dieser Tradition ist die Scheidung von Mythos und Logos wiederholt vollzogen worden.[21] So konnte LÉVI-STRAUSS im Blick auf eine sehr viel spätere Zeit formulieren: »Die eigentliche Spaltung von »Wissenschaft« und »Mythischem Denken« erfolgte im 17. u. 18. Jh.« dergestalt, »daß es dem wissenschaftlichen Denken dank diesem Schisma ... möglich war, sich zu konstituieren«.[22]

Mythenhermeneutik unterstellt die Legitimität von Mythen zumindest in einem Teilaspekt, den sie aus dem sonst fragwürdigen Komplex herauspräpariert. Sofern die Rechtfertigung der Mythen sich nicht nur auf ihre poetische Qualität als unterhaltende traditionelle Stoffe richtet, hält sie an einer weiterhin gültigen Wahrheit der Mythen fest, die allerdings durch verschiedenartige Einwirkungen verdunkelt ist und den Unkundigen verschlossen bleibt. Die drei wichtigsten Gründe für Verdunklung sind 1. zeitlicher Verfall,[23] 2. Entstellung durch Priesterbetrug,[24] 3. Verhüllung als Schutz vor Profanierung.[25] Auf derartige Befunde ist die → Allegorese spezialisiert, ein hermeneutisches Verfahren, das den substanziellen oder »Hintergedanken«[26] aufspürt. Dazu gehören der reduktionistische Zugang des Euhemerismus,[27] der mythische Überlieferungen auf historische Personen und Ereignisse zurückführt und noch das Programm der Entmythologisierung, das aus dem seiner Natur nach angeblich polytheistischen, zyklischen und kollektivistischen Mythos die persönliche Botschaft des sich in geschichtlichen Heilstaten offenbarenden Einen Gottes freilegt.[28] Neben den reduktionistischen Zugängen zur Wahrheit des Mythos bestehen Ansprüche seiner ganzheitlichen Geltung. Dazu gehören 1. die (neu)platonische Akkomodationsthese; da die Wahrheit selbst schlechthin unkodierbar ist, ist sie auf ein körperliches Gewand angewiesen, d. h. Mythos wird als »legitime Fiktion« verstanden, die dem Sein zur Erscheinung verhilft;[29] 2. Die alchemistische Uroffenbarungsthese,[30] die den Mythos nicht auf eine relative, sondern absolute Wahrheit hin liest: Diese okkulte Deutungspraxis, die Mythen als älteste Urkunden einer Urreligion in Ehren hält, reicht vom Corpus Hermeticum bis zur Renaissance (G. BRUNO, A. KIRCHER) und Romantik (HERDER, HAMANN).

---

[20] v. GLASENAPP (1958); GONDA (^{2}1978); KEITH (1925).

[21] Für die Renaissance vgl. FOUCAULT (1974), fürs 18. Jh. vgl. POSER, in: POSER (1979).

[22] LÉVI-STRAUSS (1980), 17–18.

[23] ARISTOTELES vgl. dazu BOLLACK, in: FUHRMANN (1971).

[24] HOLBACH, Système de la nature (1770), vgl. HORSTMANN (1979), 16.

[25] Vgl. PÉPIN (1958). Für das Mittelalter vgl. z. B. JOH. V. SALISBURY, nach HORSTMANN (1979), 16.

[26] Vgl. BOLLACK, in: FUHRMANN (1971), bes. 552–556.

[27] Vgl. den Artikel »Euhemerismus« im Historischen Wörterbuch der Philosophie.

[28] Vgl. Anm. 6.

[29] Z. B. PLATO, Timaios 29 b ff. (*eikós mýthos/lógos*). Vgl. auch BURKERT (1979 b), 21; JAMME 1991.

[30] GRUPPE (1921 / 65); YATES (1964); FELLMANN, in: FUHRMANN (1971).

3. Mythos als Gegenstand der Wissenschaft

Aufklärung und Romantik. – Die Wissenschaft vom Mythos beginnt sich zu etablieren, wenn die Frage nach seiner (Un-)Wahrheit verblaßt. Das Problem kritischer Verwerfung oder hermeneutischer Rekonstruktion tritt zurück in einem Horizont der Gleichberechtigung und Relativität kultureller Ausdrucksformen. Die neue, durch Suspendierung der Wahrheitsfrage erworbene Errungenschaft der Toleranz motiviert auch ein neues Interesse an Mythos. Die im Zeichen der Aufklärung begründete vergleichende Religionswissenschaft erweitert die Materialbasis beträchtlich, indem sie die durch Entdeckungs- und Missionsreisen gewonnenen neuen Kenntnisse zeitgenössisch-primitiver Religionsformen miteinbezieht.[31] – Die Romantik macht demgegenüber ein neues historisches Interesse an Mythen geltend; sie wendet sich ihnen in der Absicht der Spurensicherung zu und entdeckt in ihnen die »ältesten Urkunden des Menschengeschlechts« (HERDER) aus dem Stadium der *infantia generis humani.* Mit der gleichzeitigen Genese der orientalistischen Wissenschaft geraten neue Befunde in den Blick, wenn auch die Präponderanz des griechischen Materials von CREUZER bis zu BACHOFEN noch bestimmend bleibt.[32] Aber auch in anderen neugegründeten Disziplinen hat die Romantik entscheidendes für eine Revaluation der Mythen geleistet: die Volks- und Völkerkunde, die Mythen in Unterschichten bzw. schriftlosen Kulturen sammelt, wie die Psychologie und Philosophie, die eine neue Imaginationstheorie entwickeln.[33] Schattierungen dieser romantischen Variante des mythengeschichtlichen Bewußtseins sind die Entdeckung einer spezifisch poetischen Sprache und eines *sermo mythicus seu symbolicus,*[34] das Faszinosum des Träumens, die Begeisterung für spontane kindliche Kreativität, die Vorliebe für das dunkle Symbol gegenüber der begrifflichen Allegorie.[35]

Das neunzehnte Jahrhundert. – Der Positivismus des 19. Jahrhunderts hat sich von diesem Trend bewußt entfernt und die Erforschung der Mythen ganz unter rationalistische Erklärungsschemata gestellt. Hierzu gehört das ebenso ehrgeizige wie simplifizierende Streben, die Befunde der vergleichenden Mythenforschung in eine einsinnige Reihe historischer Descendenzen zu ordnen[36] oder sie auf einheitliche Prinzipien wie Natur- oder Astralmythologie zu reduzieren.[37] Die naturalistische Schule (W. MANNHARDT) verschrieb sich einem einseitigen geographischen Determinismus, der in den Mythen Reflexe auf die jeweiligen Umweltbedingungen erkannte. Als symptomatisch für den ausgeprägt rationalistischen Zugang kann auch die Überbewertung des kogni-

---

31 Zu den wichtigeren Vertretern einer vergleichenden Mythologie gehören J.-F. LAFITAU, Mœurs des sauvages Amériquains comparées aux mœurs des premiers temps (1724); B. LE BOVIER DE FONTENELLE, De l'origine des fables (1724), vgl. HORSTMANN (1979), 16 und DÉTIENNE (1978), 5 f.; DE VRIES (1961), 83 f.

32 Zu den Hauptvertretern der romantischen Mythenforschung gehören GÖRRES (1776–1848), CREUZER (1771–1858) und BACHOFEN (1815–1887), vgl. die Anthologie KERÉNYI (1967); zu BACHOFEN s. bes. BÄUMLER / SCHRÖTER (1926).

33 Vgl. z. B. HAYTER (1968).

34 CH. G. HEYNE, vgl. HORSTMANN (1979), 21; allg. zu HEYNEs Mythos-Begriff s. HORSTMANN (1979) sowie HARTLICH und SACHS (1952), 13 ff.

35 F. CREUZER, S. T. COLERIDGE, SCHELLING, vgl. KERÉNYI (1967), XIV.

36 Nach dem Vorbild der vergleichenden Sprachwissenschaft; zu den Vertretern dieser Richtung gehören bes. (F.) M. MÜLLER (1823–1900), A. LANG (1844–1912) und E. B. TYLOR (1832–1917), vgl. DÉTIENNE (1978).

37 Vgl. BAUMANN (1959), 1; MALINOWSKI (1926), 11 ff.

tiven Gehalts der Mythen verbucht werden, also die Vereinseitigung auf ihre aitiologische Funktion, die darin besteht, »durch etwas Konkretes und Einleuchtendes eine abstrakte Idee oder ... vage und schwierige Begriffe zu erklären«.[38]

Die erste Hälfte des zwanzigsten Jahrhunderts. – Mit der Jahrhundertwende entsteht – in deutlicher Absetzung von den Axiomen des 19. Jh. – eine kulturgeschichtlich und ethnographisch verankerte Mythenforschung. Diesmal ist es sowohl die Erschließung neuer Befunde, als auch die Anwendung neuer Interpretationsverfahren, die die Optik verändern. Zu den neuen Befunden gehören die der Psychoanalyse, die in Mythen individuelle (FREUD)[39] und kollektive (JUNG)[40] Sedimentierungen verdrängter Triebregungen und Urerfahrungen wiedererkennt. Zu diesen gehören aber auch die Ergebnisse einer neuen systematischen und extensiven Feldforschung, die der Schreibtischethnologie à la FRAZER den Rücken kehrt.

Damit verlagert sich der wissenschaftliche Fokus von den Derivationsketten und Subsumtionsschemata auf die jeweiligen ethnographischen Kontexte als bestimmenden Funktionszusammenhang. Gleichzeitig wird die hellenozentrische Perspektive der Mythenforschung aufgegeben, wodurch nicht zuletzt eine neue Sicht der griechischen Befunde im Lichte der exotischen möglich wird.[41] – Zu den neuen Sichtweisen gehört auch die Soziologie, auf der aufbauend die Sozio-Ethnologie (MALINOWSKI) Mythos als einen Leistungswert definiert, den er als kulturelle Institution erfüllt. Damit wird ein Mythos-Begriff im Sinne von M3 entwickelt, der zum ersten Mal Mythen im gelebten Funktionszusammenhang erfaßt.[42] Weitere neue Sichtweisen eröffnen die Psychoanalyse und der Strukturalismus.[43] Beide verfolgen ein gemeinsames Ziel: die *unbewußten* Gesetzmäßigkeiten des menschlichen Geistes aufzuhellen.[44] Wie die Träume, die sich jenseits eines intentionalen Meinens organisieren, bilden die Mythen die Rede einer Gesellschaft, »für die es keinen persönlichen Sprecher gibt«.[45] In strukturalistischer Perspektive ist das identische syntaktische Arrangement der Mythen ungleich wichtiger als ihre Semantik. Der strukturale Ethnologe filtert aus den verschiedenen Erzählfassungen der Mythen ihre historisch und regional bedingten Einschlüsse aus, um sie auf eine invariante Tiefenstruktur hin zu lesen. Dadurch werden unter den verschiedenartigen Inhalten die gemeinsamen narrativen Funktionen (PROPP) sichtbar bzw. »das aus Gegensätzen bestehende Schema, das ihre Organisation lenkt«.[46]

Spätes 20. Jh. – Mit der Verabschiedung einer geschichtsphilosophischen Perspektive[47] kommt es seit den 70er Jahren zu einer ausgesprochenen Konjunktur in der Beschäftigung mit dem Mythos. Insbesondere zwei Richtungen zeichnen sich hier ab, deren

---

[38] BURNE und MYRES nach MALINOWSKI (1926), 41.
[39] FREUD (1956); RANK und SACHS (1913 / 1965).
[40] JUNG und KERÉNYI (1941), Kollektive Urerfahrungen: gilt auch für FREUD (1912).
[41] KIRK (1970), (^{8}1974); BURKERT (1979 a); (1979 b); (1982 a); (1983).
[42] Unter dem Einfluß DURKHEIMs stehen die Arbeiten von MALINOWSKI, RADCLIFFE-BROWN und EVANS-PRITCHARD, vgl. Anm. 8.
[43] Für eine umfassende Bibliographie mit bes. Berücksichtigung der strukturalistischen Schule s. MARANDA (1972).
[44] COULIANO (1991).
[45] LÉVI-STRAUSS (1980), 92.
[46] LÉVI-STRAUSS (1973), S. 160 und ders. (1967), S. 226ff.; (1967), 35; (1976), 513–515. Vgl. auch DEPPERT (1977), XXVf. zur fundamentalen Opposition »Isolation-Kommunikation« in der Brahma-Mythologie.
[47] LÖWITH, Von Hegel zu Nietzsche; BOHRER (1983).

gemeinsamer Nenner darin besteht, den Mythos aus seinen distanzierenden (antiquarischen, exotischen, archaischen) Bezügen zu lösen und als konstitutives Element der eigenen Kultur sichtbar zu machen. Die eher philosophische Linie geht dahin, Mythen als Desiderat einer Spätkultur zu rehabilitieren, die an die Grenzen ihres Vernunftbegriffs gestoßen ist.[48] Die andere, eher soziologisch zu nennende Richtung versteht Mythos als ein »kollektives Imaginaire« (im Sinne von M4),[49] das die symbolische Sinnwelt einer Gesellschaft – ihre Wahrnehmungen, Wertsetzungen, Selbstbilder und Rollenzuschreibungen – prägt. Mythos im Sinne massenhaft internationalisierter Denk- und Sehgewohnheiten wird nicht mehr anthropologisch, sondern prononciert historisch als Produkt von Inszenierungen und Medienstrategien verstanden.[50] Die plastische Kraft des Mythos ist in einem Zwischenraum der Unbewußtheit und Implizitheit verankert, der »*tacit dimension*« (POLANYI) unseres rationalen Daseins.

B Theorie und konstitutive Elemente

Gegenstand des Folgenden ist M3 als im eigentlichen Sinne religionswissenschaftlicher Mythos-Begriff.

I. Vom Sinn und Gebrauch der Mythen

1. Legitimierende und deutende Mythen

Unter dem Gesichtspunkt einer funktionalen Bestimmung von Sinn lassen sich die Mythen in legitimierende und deutende gliedern. Für die Gruppe der legitimierenden Mythen, die in oralen Kulturen einen zentralen Platz einnehmen und in der griechischen Mythologie signifikant weniger sind, hat B. MALINOWSKI die Bezeichnung *charter-myths* geprägt.[51] Ihre Funktion besteht darin, »Bestand und Verfassung einer Gesellschaft durch Rückführung auf einen obersten Wert (zu sichern), der allgegenwärtig und unumstritten, kurz: heilig ist«.[52] Diese Geschichten erhalten im Kontext schriftloser Kulturen den Status einer Urkunde, die Institutionen und Riten, aber auch alltägliches Verhalten, Machtansprüche und Besitzverhältnisse (z. B. in Form von Genealogien) beglaubigt und rechtfertigt.[53] Aber selbst noch im schriftverwendenden europäischen Mittelalter hat sich die Grundfigur des legitimierenden Mythos – die Rückführung bestehender Verhältnisse auf einen urzeitlichen *ordo* – als dominante Form der Historiographie erhalten.[54] Solche Mythen sind Selbst-Thematisierungen der Gesellschaft (vgl. LUHMANN 1979) mit dem Ziel, »die Solidarität der Gruppe zu stärken« und sich ihrer Identität zu vergewissern.[55] Die legitimierenden Mythen ent-

---

48 BLUMENBERG (1979); HÜBNER (1984); JAMME (1991).
49 B. BACZKO (1984). Vgl. auch die Forschungen von P. NORA (1990).
50 v. GRAEVENITZ (1987); LYNN HUNT, Symbole der Macht – Macht der Symbole. Die Französische Revolution und der Entwurf einer politischen Kultur (1984), 1989.
51 MALINOWSKI (1926), 38 = (1954), 116.
52 FRANK (1982), 82.
53 MALINOWSKI (1926) vgl. KIRK (1970), 254–257.
54 GUMBRECHT (1984).
55 LÉVY-BRUHL (1929), 323 ff. 329 ff.

sprechen einem anthropologischen Bedürfnis nach »Werterhöhung«, »die alle Dinge brauchen, damit das Leben für den Menschen sinnvoll bleibt und er bereit ist, seine Anstrengungen dafür einzusetzen«.[56] Daneben steht das politische Bedürfnis nach Auratisierung des Herrschers, das in der Manier eines »umgekehrten Euhemerismus« Bonaparte zum »besseren Augustus und zweiten Alexander steigert« (v. GRAEVENITZ 1987, 191).[57]
Wenn die andere Globalfunktion als *deutend* bestimmt wird, so muß zunächst dem verbreiteten Mißverständnis begegnet werden, daß der Mythos Fragen beantwortet.[58] Das gilt allenfalls für den Sonderfall der aitiologischen Mythen, die an auffällige Details der Erscheinungswelt anknüpfen (z. B. der Adamsapfel des Mannes).[59] Die deutenden Mythen, die allgemeine Themen der Daseinsbestimmung aufwerfen, beantworten keine Fragen, vielmehr kommen sie allem Fragen zuvor. Die Leistungen von Mythos und Wissenschaft führen diametral auseinander, und »wir fühlen, daß selbst, wenn alle *möglichen* wissenschaftlichen Fragen beantwortet sind, unsere Lebensprobleme noch gar nicht berührt sind«.[60] – Wir schlagen vor, die primär deutenden Mythen nach ihren thematischen Schwerpunkten in vier Gruppen zu klassifizieren: 1. kosmogonische und Schöpfungsmythen (z. B. Enuma Elisch, Genesis 1, Hesiods Theogonie);[61] 2. Naturmythen (z. B. Tammuz, Baal, Persephone);[62] Kulturmythen (z. B. Prometheus, Kain und Abel, Zweibrüdermärchen) und 4. Existentialmythen[63] (z. B. Urverschuldungsmythen wie Genesis 2, Sintflut, Atram-chasis, Turmbau zu Babel, ägyptischer Mythos von der Himmelskuh[64]). Die Wahrheit der deutenden Mythen besteht nicht in einer überprüfbaren (und damit eventuelll falsifizierbaren) Hypothese, sondern in den kollektiv als gültig und verbindlich anerkannten Gestaltungen anthropologischer Grundfragen (vgl. B II 2 e).

2. Die pragmatische Dimension

Seit MALINOWSKI hat man mehr und mehr gelernt, in jeder schriftlichen Fixierung eines Mythos eine unzulässige Reduktionsform zu sehen: »Der Text ist natürlich sehr wichtig, aber ohne Kontext bleibt er leblos«.[65] Die Einbettung in Lebenszusammenhänge ist seither in manche Minimaldefinition des Mythos eingegangen. BURKERT (1979 a, 22–26) z. B. spricht in diesem Sinne von »angewandter Erzählung« und erklärt den lebenspraktischen Verwendungskontext zum Kriterium für eine Abgrenzung des Mythos vom →Märchen (s. B II 1 a). Diesem praktischen Bezug entspricht in der Semantik des Textes, was BURKERT (1979 a, 23 f.) mit dem Begriff der Referenz umschreibt. Damit meint er Verweise auf realweltliche Orte, Personen und Verhältnisse, die sich in lebendigen Kulturen wesentlich leichter greifen lassen als in vergan-

---

[56] BÖHLER (1965), 11 ff., 149 ff., 580.
[57] Vgl. THOMAS MANN, »Freud und Die Zukunft« (1936), Schriften und Reden zur Literatur, Kunst und Philosophie 2, 1968, 213–30.
[58] Z. B. A. JOLLES, in: KERÉNYI (1967), 194–211.
[59] Vgl. BAUMANN (1959), 4.
[60] WITTGENSTEIN (1963), 114 § 6. 52.
[61] Vgl. O'BRYAN und MAJOR (1982) mit Lit.
[62] Vgl. etwa DE MOOR (1971).
[63] Vgl. hierzu RICŒUR (1971).
[64] Vgl. HORNUNG (1982).
[65] MALINOWSKI in: KERÉNYI (1967), 186.

genen, deren Texte und Bilder abgeschnitten sind von ihren vitalen Brauchtumskontexten. Immerhin gibt es auch hier Indizien für charakteristische Verbindungen von Text und Applikation (Bezug auf kultischen bzw. magischen Brauch, signifikante Requisiten, Nennung von Namen, vgl. BURKERT 1979a, 28). Die Ernsthaftigkeit des Mythos, die ihm erst in seiner pragmatischen Dimension als »Sitz im Leben« zukommt, qualifiziert ihn als »autoritatives, wahres Wort, das ins Leben greift und Kraft hat, im Reich der Dinge zu wirken«.[66] Neben dem Fall einer vollkommenen Kongruenz von Ritus und Mythos, den als eine extreme und inzwischen überholte Position die »*Myth-and-Ritual*«-Schule verabsolutiert hat,[67] gibt es eine Vielfalt lockerer Bezüge zwischen mythischer Rezitation und ritueller Handlung. Vor allem aber stellt die Rezitation (und das Anhören) der Mythen selbst schon eine Handlung dar, etwa dort, wo es um die Einweihung eines Initianden in das überlieferte Wissen des Stammes geht, oder um die (kollektive) Einstimmung auf ein Fest. So werden z. B. in Indien bei dem Mahasivapri-Fest im März / April die Nacht hindurch śivaitische Purana-Texte (vor-)gelesen.[68]

II. Konstitutive Elemente

Es liegt in der Komplexität des Mythos-Begriffs, daß er sich zugleich auf Text- und auf Mentalitätsstrukturen bezieht. So wird eine Bestimmung konstitutiver Elemente immer sowohl textbezogene als auch solche Faktoren mit einschließen müssen, die das »mythische Denken« betreffen. In ähnlichem Sinne unterscheidet POSER die Ebenen der »unmittelbaren *Eigenschaften* mythischer Erzählungen einerseits und der tieferliegenden *Funktionen* andererseits«, »der Mythen« und »des Mythos«.[69]

1. Mythische Ausdrucksformen

Von strukturalistischer Seite ist vorgeschlagen worden, die Identität eines Mythos im gemeinsamen Nenner seiner Varianten zu suchen. In der Tat ist bemerkenswert, in wie verschiedenartigen Manifestationen er zum Ausdruck kommen kann: als Epos, Tragödie, Roman oder Oper, als Anspielung, Scholie, Hymnus oder Zauberspruch, aber auch in philosophischen Traktaten (von PLATON und PLUTARCH bis FREUD); hinzu kommen bildliche, mimische, choreographische und sonstige Realisierungen, die neben den sprachlichen als gleichberechtigte Ausdrucksformen (Phänotexte) des zugrunde liegenden Mythologems (Genotext) angesehen werden müssen.[70] Es gibt »verschiedene Codes des Mythos ..., wobei der erzählende Code als Basis und Referenzsystem« dienen kann.[71]

a. Narrativität

Nachdem die Narrativität von der rationalistischen Mythenkritik durch Jahrhunderte als akzidentielle Einkleidung abgetan worden war (vgl. M2), wird sie im Gegen-

---

[66] OTTO (1955), 66ff.
[67] Vgl. FONTENROSE (1966); BURKERT (1979 a), 35–59.
[68] Hinweis G. D. SONTHEIMER.
[69] POSER, in: POSER (1979), 131.
[70] Vgl. BURKERT (1979 a), 2f.
[71] WEINRICH (1971), 139.

schwung des Pendels heute oft mit dem Mythischen schlechthin gleichgesetzt.[72] In der Erzählform (M5) ist eine notwendige, wenn auch nicht hinreichende Bedingung des Mythischen zu sehen. Das bedeutet, »die Erzählfolge als legitime Kategorie«,[73] ja als »genuine Offenbarungsweise« anzuerkennen. »Weil sein Paradigma dramatisch ist, deshalb ist der Mythos selber ereignishaft, und gibt sich sonst nirgends zu fassen als in der plastischen Form der Erzählung.«[74] Bei dem Ereignis, das die mythische Erzählung ins Blickfeld rückt (Kampf[75] oder Prüfung, Problem oder Suche), geht es meist um eine schwierige Aufgabe für einen exponierten Protagonisten, von deren erfolgreicher Bewältigung ein allgemeines Geschick abhängt. – Als Erzählung folgt der Mythos den Gesetzen narrativer Logik und Syntax, d. h. den »Grundformen der Umständlichkeit und Umwegigkeit, der Wiederholung und Integration, der Antithese und Parallele.«[76] Vom →Märchen, mit dem der Mythos diese Grundstrukturen teilt, unterscheidet er sich in anderen Dimensionen: das Märchen ist referentiell unscharf[77] (es erzählt von einem beliebigen Mal an einem beliebigen Ort von einem typischen Helden, während der Mythos auf ein einmaliges Geschehen »in *illo tempore*«, jener mythischen Gründerzeit (Baumann) verweist, in der die Fundamente der Gegenwart gelegt wurden); das Märchen ist inhaltlich unverbindlich (es bietet Entspannung und Zeitvertreib, vgl. Baumann 1959, 591, im Gegensatz zur inhaltlichen Verbindlichkeit des Mythos); das Märchen ist schwach ritualisiert (dem Erzähler werden keine bindenden Verpflichtungen auferlegt, während zum Mythos festgelegte Formen der Rezitation gehören[78]).

b. Topik

Die Gleichsetzung von Mythos und narrativer Struktur ist in der modernen Literatur allerdings explizit widerrufen worden. In einer einflußreichen Rezension zum Erscheinen von Joyces *Ulysses* (1922) hat T. S. Eliot den Begriff der »mythischen Methode« geprägt, die er dem narrativ-chronologischen Konstruktionsprinzip (Plot-Struktur) entgegensetzt.[79] Die mythische Montage-Technik (Thomas Mann) befreit den modernen Erzähler von den Zwängen narrativer Verkettung zugunsten topischer Organisation und ermöglicht ihm eine Annäherung an die tieferen Strukturen des individuellen und kulturellen Gedächtnisses. Im Medium der mythischen Methode wird Literatur zur Anamnese des kulturellen Unbewußten (s. dazu B II 2d).

c. Ikonizität

Unter den verschiedenen Darstellungsmodalitäten und Aggregatzuständen des Mythos ist neben der Narrativität die kondensierte Bildhaftigkeit besonders hervorzuheben. Das Bild repräsentiert den Mythos als »geronnene Geschichte«.[80] Die Fülle der mythischen Bilder aus der indischen, altvorderasiatischen und griechischen Kunst, ebenso wie aus vorgeschichtlichen und schriftlosen Kulturen, sind nicht etwa als Illu-

---

72 Vgl. Marquard in: Poser (1979) passim und Blumenberg (1979), z. B. 238.
73 Weinrich (1971), 142.
74 Ricœur (1971), 194.
75 S. hierzu speziell Fontenrose (1959).
76 Blumenberg (1971), 49f.
77 »*When reference is deleted, myth turns into folktale*«, Burkert (1979 a), 24.
78 Bestimmter Ort, Zeitpunkt und Trägerkreis, vgl. Pettazzoni (1950) und Baumann (1959), 15.
79 Eliot, T. S. »Ulysses, Order, and Myth« (1923), in: F. Kermode (Hrsg.), Selected Prose of T. S. Eliot (1975), 177.
80 Vgl. F. Saxl (1932).

strationen ausformulierter Texte zu verstehen, sondern beziehen sich ihrerseits unmittelbar auf einen in der Kultur verankerten Wissensfundus.[81] Das Bilderverbot der monotheistischen Religionen steht in unmittelbarem Zusammenhang mit der Mythenfeindlichkeit.[82] Der starken Ausdrucksqualität des Mythos korrespondiert seine »ikonische Konstanz« und Erinnerungskräftigkeit; das »gehärtete Grundmuster« hält sich durch alle Verformungen der Elemente durch.[83] Unbedingt festzuhalten ist die Konvertierbarkeit von Bildern in Geschichten, Geschichten in Bilder.[84]

d. Oralität und Literalität

Die proteische Qualität des Mythos äußert sich nicht nur in seiner vielfältigen Darstellungsmodalität, sondern auch – solange er im Kontext mündlicher Überlieferung steht – in einem erheblichen Variationsspektrum. Der »lebendige«, d. h. lebenspraktisch eingebettete Mythos existiert nur in Varianten, also in ständiger Reorganisation und Anpassung an die je veränderte Gegenwart. Dieses Phänomen, das bereits F. Schlegel in seiner »Rede über die Mythologie« (1800) hervorgehoben hat («dieses Anbilden und Umbilden [ist] eben ihr eigentümliches Verfahren, ihr inneres Leben, wenn ich so sagen darf«) haben J. Goody mit dem Begriff der Homöostase und P. Zumthor mit dem der *mouvance* beschrieben.[85] Daher hat sich das Bemühen der älteren Philologie um das Herstellen eines gültigen »Urtexts« auf diesem Gebiet als ein Trugschluß erwiesen. Der Sonderfall Indien lehrt, daß der typisch orale Existenzmodus des Mythos auch in schriftlicher Überlieferung aufrechterhalten werden kann. Auch in der schriftlichen Fixierung durch die Brahmanas »herrscht ein Kontinuum von Erzählung, in welchem ein Mythos in stets neuen Varianten zutage tritt, auftaucht und wieder verschwindet, um erneut in einem anderen Zusammenhang neu erzählt wieder aufzutauchen.«[86]

In der abendländischen Tradition wird der Zusammenhang von Mythos und Leben mit dem Eindringen der Schriftlichkeit verändert. Es kommt sowohl zu Fremdheitserfahrung und Kritik (wie im Falle der griechischen Mythologie) als auch zur Kanonisierung und Dogmatisierung wie im Falle der biblischen Überlieferung.[87] Distanznahme und Dogmatisierung sind Rezeptionsformen, die die Erfahrung eines Bruchs entweder bestätigen oder bekämpfen. Neben Abschreibung und Festschreibung gibt es als eine dritte Rezeptionsform die Umschreibung von Mythen. Sie ist für die abendländische Schriftkultur als Literarisierung und Aesthetisierung des Mythos bedeutsam geworden (M4). Der Variabilität oraler Überlieferung entspricht im Rahmen der Schriftkultur die Unabschließbarkeit der Rezeptionsgeschichte. Ihr Gegenstand sind ihrer narrativen Entfaltung weitgehend entkleidete, auf ihre Sinnkerne zentrierte Sinnkomplexe (z. B. Sisyphus). Deren

---

81 Auf diesen Fundus beziehen sich auch die Texte, sofern sie einen Mythos nicht ausformulieren, sondern nur auf ihn anspielen, wie es für die griechische Literatur mit wenigen Ausnahmen die Regel ist, vgl. Kirk (1974), 14 f. Bild und Anspielung entsprechen sich in ihren Wissenspräsuppositionen. Vgl. auch Keel (1972).

82 Vgl. Taubes in: Fuhrmann (1971), 149. Zum Bilderverbot vgl. Dohhmen, Chr., Das Bilderverbot. Seine Entstehung und seine Entwicklung im Alten Testament (Bonner Biblische Beiträge 62), ²1987.

83 Vgl. Blumenberg (1979), 165 f., 240.

84 Die bildliche Dimension des M. wird besonders dokumentiert z. B. von Campbell (1974) und Jung / Kerényi (1964).

85 Goody (1968), Zumthor (1980) u. (1983).

86 Deppert (1977), XVIII.

87 Vgl. Pannenberg in: Fuhrmann (1971), Blumenberg (1979), 239 ff.

»ikonische Konstanz« verdankt sie einem semantischen Überschuß, der in immer neue Formulierungen drängt. Die Adaptation, die in Gedächtniskulturen mit dem Überlieferungsprozeß selbst schon gegeben ist, nimmt in der Schriftkultur den Charakter einer bewußten Auseinandersetzung mit der in verschiedenen Fassungen vorliegenden Überlieferung an.[88] Solche »Arbeit am Mythos« (BLUMENBERG) ist freilich undenkbar, solange der Mythos als ein selbstverständlicher Teil des Lebens wirksam ist (M3).[89]

2. Mythische Denkfiguren

a. Mythisches Denken?

Mit den folgenden Stichworten entfernen wir uns von »den« Mythen im Sinne konkreter textlicher Ausprägungen und nähern uns »dem« Mythos im Sinne einer Mentalitätsform bzw. Bewußtseinsstufe. Besonders die religionsphänomenologische Sehule (V. D. LEEUW, LEENHARDT, ELIADE) hat das »Wesen« des Mythos unter- und außerhalb des Stratums der konkreten Erzählung gesucht. Die Einschätzung einer »*mentalité primitive*« (LÉVY-BRUHL) ist dabei von jeher kontrovers gewesen.[90] Nennen wir nur vier kontroverse Punkte: 1. Handelt es sich um einen *historisch überholten* Zustand (wie es am striktesten COMTEs Dreistadiengesetz will); um eine archaische Denkform (der man von innen gerecht werden muß: VICO, CASSIRER) oder um eine anthropologische Universalie von *gegenwärtiger Aktualität* (wie die neue psychologische – PIAGET – und tiefenpsychologische Forschung – FREUD, JUNG – nahelegt, welche NIETZSCHEs Vermutung bestätigt, daß wir im infantilen Seelenleben sowie »im Schlaf und Traum ... das Pensum früheren Menschentums noch einmal durch(machen)»?[91] 2. Ist die mythische Bewußtseinsverfassung eine *glückliche* (G. GUSDORF 1953 sieht im primitiven Menschen einen »Mensch der Fülle«, der »im Einklang von Wirklichkeit und Wert« lebt) oder eine *unglückliche* (P. RICOEUR sieht in ihm einen »Mensch der Spaltung«, dessen »Intuition einer kosmischen Allumfassung weniger gegeben als bloß angezielt ist«)?[92] 3. Verfährt das mythische Denken *spekulativ* (wie die langlebige These von Mythos als primitiver Philosophie besagt) oder ist es ausschließlich *pragmatisch* orientiert (wie die funktionalistische Schule behauptet)? Und schließlich 4.: bleibt uns das »wilde Denken« *fremd* und verschlossen (dies war die resignative Haltung A. LANGs und FRAZERs) oder offenbart es uns etwas von den *universalen Strukturen* des menschlichen Geistes (LÉVI-STRAUSS)? – Im Gegensatz zu LÉVY-BRUHL, der die mythische Mentalität als eine »prälogische« bestimmen wollte,[93], hat CASSIRER (II 1925 / 1958) die Errungenschaften des mythischen Denkens betont, das nicht logische

---

88 BLUMENBERG (1979), S. 168 hat dies auf eine prägnante Formel gebracht: »Die Schriftform macht die Variante bezugsfertig.« Zur Unterscheidung zwischen oralem und literalem Überlieferungstyp vgl. A. ASSMANN in ASSMANN / ASSMANN / HARDMEIER (1983), S. 174 ff.

89 Für »die Geburt des Kindes« als ein Beispiel ikonischer Konstanz, das vom alten Ägypten bis in unsere Tage wirkt und weniger auf literarischen Rezeptions- als kulturellen (wenn auch schriftgestützten) Lebenszusammenhängen beruht, s. ASSMANN 1982.

90 Vgl. bes. CAZENEUVE (1961).

91 NIETZSCHE (^{7}1973) I, 454 ff.

92 RICŒUR (1971), 192, vgl. ähnlich ELIADE bei BEANE und DOTY.

93 LÉVY-BRUHL (1926), 323 und passim. In seinen Carnets hat er später diese Position zugunsten einer variablen Verbindung von »logischem« und »mythischem« Denken aufgegeben, vgl. LÉVY-BRUHL, hg. v. LEENHARDT (1949), 9, 47–51, 60–62, 129–131 usw. Vgl. CAZENEUVE (1961), 33–45.

Erklärungssätze, sondern symbolischen Sinn konstruiert.[94] Im Folgenden sollen einige Aspekte dieser spezifischen »Kraft des Bildens« (CASSIRER II, 1958, 281) genannt werden.

b. Animation

Die imaginative Kraft der Belebung und Beseelung galt von jeher als dominanter Zug des sog. mythischen und magischen Bewußtseins. Im Zeitalter wissenschaftlicher Objektivität wurde dieses Verfahren als Aufladung toter Materie mit geheimnisvoller Wirkungsmacht, als »*wishful thinking*« oder »Animismus« (SPENCER), als »*pathetic fallacy*« (RUSKIN), als »Einfühlung« (CASSIRER[95]) beschrieben. Die mythische Welt wird verstanden als eine, die der Mensch nach seinem Bilde erschafft. Sie wird von übermächtigen Subjekten beherrscht, die als (theriomorphe, anthropomorphe) Personifikationen sichtbare und ansprechbare Gestalt annehmen. Die Leistungen, die in einer solchen »*wishful projection of a universe of will and intention*«[96] liegen, ist vielfältig: Sie domestiziert Urängste (BLUMENBERG deutet diesen Vorgang mit dem republikanischen Modell polytheistischer Gewaltenteilung als Überwindung eines vorgängigen »Absolutismus der Wirklichkeit«[97]), sie schafft einen magischen Appellationsraum, innerhalb dessen die Umwelt durch rituellen Mitvollzug kontrolliert werden kann (→Magie); und sie macht die Welt, mit personalen Zügen und Absichten[98] durchwirkt, erzählbar. Animation ist die Qualität eines Denkens, das der Differenzierung zwischen Außen und Innen, Welt und Selbst, vorausliegt. Das Naturgeschehen gedanklich als eigengesetzlichen Zusammenhang bearbeiten heißt umgekehrt, einen Abstand zum Objekt zu wahren und damit »stärkere Zurückhaltung affektgeladener Impulse gegenüber den Gegenständen des Denkens und Beobachtens« zu üben, wie sie mit jedem zivilisatorischen »Schub der individuellen Selbstkontrolle« einhergeht.[99] Bevor die Arbeit und die Wissenschaft den Menschen in eine Subjekt-Objekt-Beziehung zur Welt brachten, stand er ihr in einer Subjekt-Subjekt-Beziehung gegenüber. Im Kontext einer »wechselseitigen Bezogenheit von Mensch und Umwelt im soziokosmischen Rollenspiel«[100] stellt diese einen Gegenstand der Verehrung, Furcht, magischen Beeinflussung und praktischen Bewältigung dar.[101]

c. Homologie

Vor einer vorschnellen und einseitigen Festlegung des mythischen Bewußtseins auf einen Typus, »der durch Affektivität beherrscht wird und in Verworrenheit und Partizipation versinkt«, hat indessen LÉVI-STRAUSS gewarnt, der weniger die emotionale als die spekulative Qualität des wilden Denkens betont.[102] Er hat besonders auf das Prinzip der Homologie aufmerksam gemacht, das mit seinen ausgreifenden Klassifikationssystemen das Grundprinzip der »Wissenschaft vom Konkreten« bildet. Im Gegensatz zum expres-

---

94 Vgl. SCHUPP, in: POSER (1979), 63f.

95 CASSIRER (1966), 106.

96 RUTH BENEDICT, nach BAUMANN (1959), 590.

97 BLUMENBERG (1971); (1979), 1–162; MARQUARD, in: POSER (1979), 46.

98 GODELIER, in: EDER (1973), 325.

99 ELIAS (1977) I, LXI.

100 TOPITSCH (1969), 54.

101 Vgl. hierzu FRANKFORT (1954), 9ff.; KELSEN (1941); CAZENEUVE (1961), 23–33; TOPITSCH (1969) u. (1979), 36–96.

102 LÉVI-STRAUSS (1972), 55.

siven Verfahren der Affektivität, das Inneres auf Äußeres projiziert, handelt es sich dabei um ein ordnendes Verfahren, das natürliche Beziehungen in gesellschaftliche übersetzt und umgekehrt. So korrelieren etwa die totemistischen Institutionen die Vielfalt der natürlichen Arten mit der Vielfalt der kulturellen Funktionen. Das Schisma zwischen Natur und Kultur ist diesem Denken fremd. Zwischen den verschiedenen Klassifizierungsbereichen und Wirklichkeitsebenen bestehen Spiegelungen.[103] Diese Verbindung verläuft nicht nach Maßgabe von Kausalität, sondern von Äquivalenz. Sie wird entweder metaphorisch als Beziehung der Ähnlichkeit (z. B. wird dem Mars als Metall das Eisen der Waffen zugeordnet) oder metonymisch realisiert als Beziehung der Kontiguität (z. B. wird Venus als Metall das Kupfer ihres Hauptkultortes Zypern zugeordnet). Das homologische Verfahren ist nicht auf Erklärung, sondern auf Ordnung aus. Anders jedoch als durch Reduktion und Subsumption, den abstrakten Verfahren moderner Wissenschaft, zielt das »konkrete Ordnungsdenken« darauf, durch Assoziation und Korrelation das natürliche und soziale Universum »in Form einer organisierten Totalität zu erfassen.« (LÉVI-STRAUSS 1972, 159). Ebenso wie die affektive Partizipation basiert die spekulative Klassifikation auf der Voraussetzung einer von unserem Tun und Denken zu beeinflussenden Wirklichkeit.[104] – Die Homologie ist eine Denkfigur, die nicht nur wildes Denken bestimmt, sondern auch in Schriftkulturen zur Geltung kommen kann. Dieses »mythogene Ordodenken»[105] prägt sich in der frühen Neuzeit auch in medizinischen (PARACELSUS) und theologischen Traktaten aus (SWEDENBORG)[106]. Im alten China ist die mythische Überlieferung in die großen Enzyklopädien eingegangen, die sie in der (eminent literalen) Form der Liste inventarisieren[107]

d. Wiederholung von Grundmustern

Zu den Grundfiguren mythischen Denkens gehört weiterhin die Ausbildung prägnanter Muster, die die Erfahrungswelt strukturieren. Solche Muster erschließen im Kampf gegen die auf Vergehen und Vergessen gerichtete Zeit die Chance einer unerschöpflichen Wiederkehr des Gleichen. Es sind durch Wiederholung gehärtete und zur Wiederholung auffordernde Kristallisationspunkte der Erfahrung, die gegen die Gravitation des Zufalls die bleibenden Grundmuster des Sinnhaften immer wieder zur Geltung bringen. Die »konkrete Universalität«[108] mythischer Paradigmen (z. B. der alte Adam, Herakles als Vorbild des heroischen Herrschers, der Teufelspakt, der *coup de foudre, »from rags to riches«*) leistet im Horizont der Erfahrungswelt Entsprechendes wie die Metaphern im Kontext der Sprache: neue Territorien werden durch Assoziation mit Bekanntem kolonisiert. Da die Vielfalt und Kontingenz empirischer Erfahrungen immer wieder auf identische, traditionell verbürgte Muster zurückgeführt wird, ent-

---

103 Ebd., 162.

104 Vgl. demgegenüber WITTGENSTEINs Satz »Die Welt ist abhängig von meinem Willen« (§ 6.737 des Tractatus), das Credo des modernen wissenschaftlichen Denkens, in dessen Sinne sich bereits BACON geäußert hat, vgl. A. ASSMANN (1980), 65 f.

105 E. VŒGELIN (1956–74) hat hierfür den Begriff des »kosmologischen Wahrheitsstils« vorgeschlagen.

106 Vgl. FOUCAULT (1974); A. ASSMANN (1980), 57–78.

107 Vgl. GOODY (1977), 74–111. In Mesopotamien gab es auch Mythen in Listenform, vgl. LAMBERT (1974). Eine Zwischenform zwischen Liste und Erzählung stellt die Genealogie und die Reihung von (Kult-)Namen dar, z. B. in der Litanei oder im Hymnus, wobei die Namen in der chronologischen Folge der mythischen Ereignisse angeordnet sein können.

108 RICŒUR (1971), 118. Vgl. auch WIMSATT (1954), 69–83.

steht keine Expansion und Veränderung im Erfahrungsraum. Die mythischen Topoi fungieren als »*a learning device in which the unintelligible – randomness – is reduced to the intelligible – a pattern*«.[109] Die paradigmatischen Muster stellen einen Bezug her zwischen dem Singulären und dem Menschheitlichen, dem Einzelnen und der Gemeinschaft, und bilden so eine wesentliche Basis gesellschaftlicher Integration. Die kulturelle Funktion des Mythos als *mémoire collective* liegt in eben dieser Traditions- und stilbildenden Kraft.[110] Auch die Dichtung ist in diesem Sinne als »Metamorphose der Träume, Gestaltung und Umgestaltung der immer gleichen menschlichen Wünsche und Leidenschaften« (H. PETRICONI) verstanden worden.[111] Wären sie gänzlich gegen historische Entwicklungsschübe gefeit, müßten solche Paradigmatisierungen in eine Kanonisierung der Wirklichkeit münden, die jegliche Innovation verhindert. Nach ADORNO kehrt sogar der aufgeklärte wissenschaftliche Positivismus zur formalen (tautologischen) Struktur des Mythos zurück, denn »in der Prägnanz des mythischen Bildes wie in der Klarheit der wissenschaftlichen Formel wird durch Erklärung jeglichen Geschehens als Wiederholung die Ewigkeit des Tatsächlichen bestätigt«.[112]

e. Polarisierung und Temporalisierung

Die Verzeitlichung von Sachverhalten – *temporizing of essence* (K. BURKE[113]) – hat auch eine eminent weltbildmodellierende Bedeutung. Die Chronologisierung bewährt sich im mythischen Denken als ein unentbehrliches Instrument zur Definition von Grunderfahrungen. Der gegenwärtige Zustand wird unter dem Aspekt des Gewordenseins beleuchtet. Dieser Prozeß kann im Falle der legitimierenden Mythen über Stufen vermittelt sein (Genealogie, Sukzession); die deutenden Mythen dagegen dramatisieren zumeist den Umschlag eines Ausgangszustands in sein Gegenteil. Die »Existentialmythen« behandeln kosmologische, technologische und allgemein anthropologische Themen immer nach dem Prinzip, daß die Gegenwart die negative Umkehrung eines positiven Ausgangszustands darstellt. Dabei ist weitgehend das antithetische Schema Einheit vs. Trennung bzw. Vielfalt wirksam: mit überwältigender Konsistenz heben sich in unterschiedlichen Kulturen die elementaren Kategorien der Raumabsteckung (die Trennung von Himmel und Erde[114]), des jahreszeitlichen Rhythmus, der Differenzierung der Geschlechter und Arten, der Sprachunterschiede usw. von einem primordial gesetzten Urzustand der Uniformität ab. Eine Sondergruppe der Existentialmythen thematisiert die anthropologische Mangelerfahrung in der Sprache einer »Symbolik des Bösen« (RICŒUR). Die antithetische Konstellation von Urzeit und Gegenwart wird in diesen Mythen als »ontologisches Gefälle« bzw. als Depravation eines vollkommenen Urzustandes (z. B. Unsterblichkeit vs. Tod, Muße vs. Arbeit, Frieden vs. Krieg) qualifiziert. Die Temporalisierung als eine auf die Zeitachse projizierte Logik ist im strengen Sinne weder linear noch einsinnig. Es besteht die Möglichkeit einer Reversibilität oder *restitutio in integrum*, also die Überwindung profaner

---

109 MARANDA (1972), 8; vgl. v. GRAEVENITZ (1987), 190. HÜBNER hält die wissenschaftliche, vom Gesetzesbgriff ausgehende, und die mythische, vom Arche-Begriff geleitete Denkfigur für gleichrangig.
110 Vgl. SCHOTT (1968); BRAND (1972); MARQUARD, STIERLE (1979).
111 Vgl. PETRICONI 1971.
112 HORKHEIMER, ADORNO (1969), 33ff.
113 BURKE (1966), 380–409, zu FONTENROSE (1959).
114 Vgl. NUMAZAWA in: DUNDES (1984), 182 ff.

und entfremdeter Zeit. Sie wird im Fest inszeniert, jener rituell wiederholten Begehung einer heiligen Zeit, die die Kongruenz mit der Idealität wiederherstellt.[115]

f. Ambivalenz

Charakteristisch für ein Denken, das den Satz vom Widerspruch nicht kennt, ist die »Allgegenwart des Gegensinns« (GOETHE). Die Welt wird nicht als eine Konstellation fixierter Werte aufgefaßt, sondern als ein beständiges Oszillieren zwischen gegensätzlichen Polen. Die Sprachwissenschaft des ausgehenden 19. Jh. hat dieses Phänomen als »Gegensinn der Urworte« identifiziert, ein Phänomen, das FREUD mit großem Interesse aufgegriffen und für seinen Ambivalenzbegriff fruchtbar gemacht hat. Unabhängig von FREUD hat A. WARBURG den Begriff der Ambivalenz verwendet und sich damit auf antike Ausdruckssymbole bezogen, die in ihrer Wiederaufnahme »energetisch invertiert« sein können.[116] Literarisch wirksam ist die Struktur der Ambivalenz in JOYCEs *Ulysses* geworden, einem Text, in dem das Jüdische und das Griechische, männlich und weiblich, die Hure und die Heilige ihre Positionen vertauschen. Die Entdeckung vom Gegensatz der Urworte und -formeln bezeugt die von den Strukturalisten bestätigte Erfahrung, daß im mythischen Denken die polaren Gegensätze einander näherliegen als die Nachbarglieder. Die latente Präsenz des Gegenpols gibt den mythischen Prägungen ihre überdeterminierte Tiefendimension.

g. Totalisierung

Wenn für das wissenschaftliche Denken die Partikularität der Wahrheit gilt, so gilt für das mythische die Totalität. Es ist bestrebt, »auf kürzestem Wege zu einem totalen Verständnis des Universums zu gelangen.«[117] Dazu verhilft besonders die Homologie, indem sie die ganze Welt als ein einheitliches Bezugssystem nimmt, indem alles bezeichnet wird und alles Bezeichnendes werden kann. Solche umgreifende symbolische Ordnung setzt ein symbolisches System ohne Anfang und Ende voraus: es handelt sich um »die Integration aller Aspekte der Realität in einen durchgängigen, einheitlichen Prinzipien unterworfenen Funktionszusammenhang, der dann in seiner Totalität sakralisiert und damit in der einmal gewonnenen Form fixiert wird.«[118] Wo alles in alles transformierbar ist, ist nichts veränderbar. Dieses *Geschlossenheitsaxiom* dient in erster Linie der Erhaltung der Weltordnung. Es sorgt dafür, daß die Welt gegenüber der Geschichte »verriegelt«[119] bleibt, indem es auf die desorganisierenden Herausforderungen mit beständiger Reorganisation der identischen Materialien reagiert. Solcher Präventivzensur gegenüber dem Neuen entspricht die Armut der Botschaften innerhalb des mythologischen Diskurses: »Die Welt der Mythen ist rund« und »gleichzeitig ist sie hohl«.[120] Ebenso wird durch Festlegung menschlichen Handelns auf die Imitation urzeitlicher Grundmuster jeglicher Entscheidungsspielraum

---

115 Darauf hat besonders ELIADE immer wieder aufmerksam gemacht, vgl. bes (1966), passim.

116 F. SAXL (1932 / 79).

117 LÉVI-STRAUSS (1980), 117.

118 DÖBERT, in: EDER (1973), 344.

119 LÉVI-STRAUSS (1980), 84. Zur Geschichtsfeindlichkeit des Mythos vgl. auch ELIADE (1966), bes. 34–45.

120 Vgl. LÉVI-STRAUSS (1976) nach GODELIER (1973), 316. RICŒUR beklagt an der strukturalen Methode wie an ihrem Gegenstand die »Dürftigkeit der Inhalte« (1973, 55) und spricht (in: LÉVI-STRAUSS 1980, 112) von dem »bewundernswerten syntaktischen Arrangement einer Rede, die nichts sagt«.

ausgeschlossen.[121] NIETZSCHE machte das Geschlossenheitsaxiom zur produktiven Voraussetzung kultureller Identität: »Erst ein mit Mythen umstellter Horizont schließt eine ganze Kulturbewegung zur Einheit ab.[122]

Die kulturelle Integrationsleistung ist – zumal in modernen Gesellschaften – kaum trennbar von ihrer politischen Dimension. Auch die politische Ideologie steht im Dienste der Erhaltung eines geschlossenen Systems, in dem durch den Ausschluß von Negation das Denken zur Tautologie gerinnt; mit dem Unterschied allerdings, daß im Falle des Mythos (unbewußte) Präventivzensur, im Falle der Ideologie die massive (und körperliche) Zensur die Permanenz des Systems garantiert. Was in der mythischen Ordnung durch spontane Denkfiguren totalisiert war, erscheint in der politischen Ideologie als totalitär.[123]

Moderne Mythenkritik fordert daher verschärfte Wachsamkeit gegenüber den gefährlichen, weil historisch nicht mehr angemessenen Faktoren des mythischen Bewußtseins.[124] Für die moderne Welt gilt also in besonderem Maße die Totalisierung, die »Monomythie«, während die Polymythie (MARQUARD 1979, 135) mit ihrem Minimum an Chaos und einem Freiheitsspielraum der Nichtidentitäten eher den Bedingungen moderner Komplexität und Individualität gewachsen ist.

C Schluß: Mythos und Moderne

I. Die Ästhetisierung des Mythos

Neben der Politisierung hat die Moderne die Ästhetisierung des Mythos erlebt. Was vormals in der Dimension kollektiver Verbindlichkeit existierte, gerät nun in die Dimension privater Möglichkeit. Ein berühmtes Beispiel dafür ist der von GOETHE zum Eigenbedarf »mit vieler Behaglichkeit« gebastelte Mythos.[125] Anders als im Bereich von Wissenschaft und Theologie ist es im Bereich der Kunst nicht zu einem Geltungsschwund mythischer Muster gekommen. Hier gelten narrative Modellierung und ikonische Prägnanz weiterhin als legitime Mittel zur Bewältigung gewichtiger menschheitlicher Themen. Freilich ist die Darstellungsform des Mythos nur unter Verzicht auf seine Funktion gerettet worden.[126] Im Raum des Ästhetischen wird Mythos mit poetischer Fiktion gleichgesetzt: »Anders als es die romantische Deutung will, ist der Mythos nicht das, was immer lebt und gilt, sondern das, was als Wissen nicht mehr gilt, aber als schönes Bild in unserer Phantasie weiterlebt.«[127] Die These, daß der »Mythos qua Ästhetik dort wieder notwendig wird, wo Kreatives entsteht«[128], verbin-

---

121 DÖBERT, in EDER (1973), 349.
122 NIETZSCHE (1967) I, 125.
123 Vgl. GÜNTHER (1984), Kap. 8.
124 HORKHEIMER / ADORNO (1969) sowie BARTHES 1970, der Mythos als bourgeoisen Wunsch nach Entpolitisierung durch »Verwandlung von Geschichte in Natur« diagnostiziert.
125 GOETHE, Dichtung und Wahrheit II, 8, Hamburger Ausgabe Bd. 9, S. 350 ff.
126 THOMAS MANN bezeichnet in einem Brief an KERÉNYI sein Projekt des »mythologischen Romans« als eine »Umfunktionierung des Mythos ins Humane«: TH. MANN / K. KERÉNYI, Gespräch in Briefen (1967), 44, 195, 107.
127 SCHLAFFER, H., Poesie und Wissen. Die Entstehung des ästhetischen Bewußtseins und der philologischen Erkenntnis 1990, 115 ff.
128 BOHRER (1983), 10.

det sich mit der Einsicht, daß nicht eindeutige und kontrollierte Zeichen, sondern vielfältige und offene Symbole den Stoff der Kunst ausmachen. Wenn es noch so etwas wie einen nicht abgegoltenen Überschuß des Mythos gibt, dann erschließt er sich noch am ehesten als ästhetisches Potential. Die mit dem Mythos fusionierte Kunst kann ihm zur Neuaufladung und Wiederherstellung verhelfen; der mit der Kunst fusionierte Mythos kann ihr überhistorisches Potential aktivieren.

II. Neue Mythologie[129]

Für neue Mythen gilt grundsätzlich dasselbe wie für alte: Geschichten und Bilder werden nicht als, sie werden zu Mythen gemacht. Allerdings ist ebensowenig zu verkennen, daß seit Anfang des 19. Jh. Künstler sich durchaus in der Rolle von Mythopoeten gesehen haben. Was ihnen vorschwebte, war eine Fusion von Mythos und Kunst, die über den Raum des Ästhetischen hinausgreifen sollte und der Gesellschaft wirkungsmächtige Bilder anzubieten hatte. HÖLDERLIN, NIETZSCHE oder RICHARD WAGNER sind auf ihre Weise von der romantischen Utopie beeinflußt, daß »die Dichter die wahren Gesetzgeber der Menschheit« (SHELLEY) sind. Sie interessierten sich für den Mythos unter dem Aspekt der sozialen Einheit und fundierenden Integrationskraft und stellten ihn der analytischen Vernunft, die unter dem Gesetz der Zergliederung und Zersplitterung angetreten ist, als synthetische Vernunft gegenüber.[130] Die der egoistischen Konkurrenzgesellschaft verlorengegangene Einheit hofften sie als »gemeinschaftliche Anschauung«, als »gemeinsame Öffentlichkeit« (R. WAGNER[131]), als »gemeinsames Ziel« (SAINT-SIMON[132]), als eine verbindliche Ordnung von Bildern (G. SOREL[133]) auf unterschiedlichen Wegen zu restituieren.

III. Zur Konjunktur des Mythos

1. Der postmoderne Mythos

Die Konjunktur des Mythos steigt mit der Krise der verschiedenen abendländischen »Wahrheitscodes« (abstrakt begriffliches Denken, Formen rationaler Weltaneignung, das Bewußtsein unbeschränkter Machbarkeit, Fortschrittsoptimismus) bzw. dem Geltungsschwund der »Großen Erzählungen« (LYOTARD: die europäischen Utopien und Ideologien). An ihr hat auch die Linke teil, die den Mythos von der Identifikation mit dem Irrationalen löst und ihn als unabdingbares Element von Wirklichkeitserfahrung, Erinnerungsvermögen und Phantasiearbeit entdeckt (BÜRGER 1985). Das postmoderne Klima ist freilich auch durch zunehmende Beliebigkeit gekennzeichnet. In einer solchen Situation gewinnt »die Frage nach Stil den Vorrang vor der Frage nach Wahrheit«.[134] Ästhetisierung und Mythisierung werden als verwandte Geisteslagen entdeckt, beide sind durch spielerische Distanznahme, gleichschwebende Aufmerksam-

---

[129] FRANK (1982).
[130] Vgl. H. GOCKEL, in KOOPMANN (1979), 25–58 sowie GOCKEL (1981).
[131] BORCHMEYER (1987); v. GRAEVENITZ (1987).
[132] Vgl. den Beitrag von M. FRANK in: BOHRER (1983).
[133] G. SOREL (1969), 143f.
[134] TAUBES in: BOHRER (1983), 458.

keit und Suspension von Normativität gekennzeichnet. Das postmoderne Klima ist so mythophil geworden, daß heute »jeder Scheißhaufen ein Mythos genannt wird« (G. GRASS).[135]

2. Mythen und Medien

Die romantische Absicht, Mythen durch vereinzelte Anstrengungen ins Leben zu rufen, ist in gewisser Weise durch das technische Zeitalter überholt worden. Im Raum massenmedialer Resonanzsteuerung können Mythen wie nie zuvor produziert werden. Als Aspekte neuer Mythen kommen die typischen Inszenierungsformen der Massenkultur in Frage: Bestsellerlisten, Hitparaden, Starsystem, Popkonzerte, Werbespots, Kassenschlager, Einschaltquoten. Durch solche Verfahren werden Aufmerksamkeit gesteuert und Wertsetzung präformiert; die Gesellschaft partizipiert an diesen Mythen so unwillkürlich wie unvermeidlich.

3. Mythomotorik

Eine letzte Definition von Mythos, die unverminderte Aktualität zu behalten scheint, ist die von Mythos als erinnerter Geschichte. »Uns an unsere Wurzeln zu erinnern, bleibt die Aufgabe des Mythos, und was immer zu solcher Erinnerung taugt, heißt Mythos oder steht an seiner Statt.«[136]

Das Unverzichtbare und Unaufgebbare solcher Erinnerungen beruht auf ihrem unbedingt verbindlichen, eben fundierendem Bezug auf ein (individuelles und vor allem kollektives) Selbstbild. Mythos fundiert in der Form des kollektiven Gedächtnisses die Identität einer Gruppe. Der motorische Aspekt der fundierenden Erinnerung ist im Zeitalter der Revolutionen und nationalen Bewegungen in den Vordergrund politischer Symbolik gerückt.[137] Als verinnerlichte und erinnerte Geschichte stellt er eine treibende soziale Kraft ersten Ranges dar.[138] Geschichte, die zur verpflichtenden Erinnerung verdichtet und in Festen kommemoriert wird, ist Mythos.[139] Solche Erinnerung verwendet die Vergangenheit nicht nur als Überhöhung und legitimierenden Sokkel für die Gegenwart, sondern auch als einen »Motor« für die Verwirklichung kollektiver Ziele, Hoffnungen, Ideale.[140] In diesem Sinne spricht man von »Mythomotorik« als einem Ensemble fundierender Erinnerungen, Symbole, Bilder und Geschichten, mit dem sich eine Gruppe nach außen darstellt und ihr Handeln nach innen moti-

---

135 In einer Rede über »Das Elend der Aufklärung«, gehalten in der Akademie der Künste in Berlin am 12. 6. 1985.

136 K. REINHARDT, Platons Mythen (1927).

137 Für die »Historische Mythologie der Deutschen« vgl. WÜLFING et al. (1990); allg. zur politischen Mythologie vgl. KODALLE (1989) und HARTH / ASSMANN (1992).

138 LÉVI-STRAUSS prägte den Begriff der »heißen Gesellschaft«, die »ihre Geschichte verinnerlicht, um sie zum Motor ihrer Entwicklung zu machen« und stellte ihr den Mythos als das Prinzip der »kalten Gesellschaft« gegenüber, mit dem sie »dem Eindringen der Geschichte verzweifelt Widerstand leistet« (1962, 309). Das ist dieselbe Gegenüberstellung von Kosmos und Geschichte, auf der auch ELIADEs Mythos-Begriff beruht (1949 / 66).

139 Vgl. z. B. Ausgestaltung der Ausgrabungen in Massada als eine Art Nationalheiligtum im modernen Israel. Die Rekruten der Armee werden hier vereidigt, und zum Pflichtprogramm der Schulabsolventen gehört die Ton-Bild-Schau, die in dem Satz gipfelt: »Massada darf nie wieder fallen«.

140 B. BACZKO (1984). Vgl. auch die Forschungen von P. NORA (1990).

viert.[141] Von diesem Ende her gesehen ist festzustellen, daß sich in der Mythosforschung und -definition der Akzent deutlich verschoben hat von Mythos als einer spezifischen Vernunft zu Mythos als Organon zur Konstruktion von Wirklichkeit. Unter diesen Umständen wird es unmöglich zu unterscheiden, was Sinn ist und was Illusion. Eben dieses war bereits NIETZSCHES Position, der sich damit als Vater der Postmoderne zu erkennen gibt.

Literatur

1. Allgemeines, Soziologie, Kulturanalyse
BACZKO, B., Les imaginaires sociaux, mémoires et espoirs collectifs, 1984; BARTHES, R., Mythen des Alltags, ^{2}1970; BIDNEY, D., The Concept of Myth and the Problem of Psychocultural Evolution, in: Am. Anthrop. 52 (1950); BOHRER, K. H. (Hrsg.), Mythos und Moderne 1983; BRAND, G., Gesellschaft und persönliche Geschichte, 1972; ders., Welt, Geschichte, Mythos, Politik, 1978; CANCIK, H., Mythische und historische Wahrheit (Stuttgarter Bibelstudien 48), 1970; DAEDALUS, Myth, Symbol and Culture = Journal of the American Academy of Arts and Science, Winter 1972; DUX, G., Die Logistik der Weltbilder. Sinnstrukturen im Wandel der Geschichte, 1981; EDER, K., Die Entstehung von Klassengesellschaften, 1973; ELIAS, N., Über den Prozeß der Zivilisation I, 1978; FREUD, S., Totem und Tabu, 1912; FUHRMANN, M. (Hrsg.), Terror und Spiel. Probleme der Mythenrezeption. (Poetik und Hermeneutik 4), 1971; GOODY, J., The Domestication of the Savage Mind, 1977; HARIG, L., Die heiligen Kühe der Deutschen, In: Die Zeit, Magazin 1980 / 81; HARTH, D. / ASSMANN, J. (Hrsg.), Revolution und Mythos, 1992; HORSTMANN, A., Der Mythosbegriff vom frühen Christentum bis zur Gegenwart, in: Archiv für Begriffsgeschichte 23 (1979) 7–54, 197–245; ders., Mythos, Mythologie II–VI, Hist. Wb. d. Phil. VI (1984), 283–318; KERÉNYI, K. (Hrsg.), Die Eröffnung des Zugangs zum Mythos (Wege der Forschung 20), 1967; KIRK, G. S., Myth. Its Meaning and Function in Ancient and Other Cultures, 1970; ders., The Nature of Greek Myths, 1974; KOLAKOWSKI, L., Die Gegenwärtigkeit des Mythos, 1973; LANG, A., Myth, Ritual and Religion, 1906; LUHMANN, N., Identitätsgebrauch in selbstsubstitutiven Ordnungen, besonders Gesellschaften , in: MARQUARD, STIERLE (Hrsg.), 1979, 315–345; MÜLLER, (F.) M., Beiträge zu einer wissenschaftlichen Mythologie, 1898 / 99; NORA, P., Zwischen Geschichte und Gedächtnis, 1990; VRIES, J. DE, Forschungsgeschichte der Mythologie, 1969.

2. Religionswissenschaft, Theologie und Ethnologie
ASSMANN, J., Ägypten – Theologie und Frömmigkeit einer frühen Hochkultur, 1984; ASSMANN, J., BURKERT, W., STOLZ, F., Funktionen und Leistungen des Mythos, drei altorientalische Beispiele. OBO 48, 1982; BARTSCH, H.-W. (Hrsg.), Kerygma und Mythos, 5 Bde., 1948–55; BÄUMLER, A., SCHRÖTER M., Der Mythos von Orient und Okzident. Eine Metaphysik der alten Welt aus den Werken von J. J. BACHOFEN, 1926; BEANE, W. C., DOTY, W. G. (Hrsg.), Myths, Rites, Symbols. A Mircea Eliade Reader, 1976; BURKERT, W., Götterspiel und Götterburleske in altorientalischen und griechischen Mythen, in: Eranos 51 (1983), 335–367; ders., Literarische Texte und funktionaler Mythos: zu Ischtar und Atrachasis, in: ASSMANN, BURKERT, STOLZ (1982), 63–82; ders., Mythisches Denken. Versuch einer Definition anhand des griechischen Befundes, in: POSER 1979b, 16–39; ders., Mythos, Mythologie. I Antike, in: Hist. Wb. d. Phil. Bd. 6, 1984, 281–283; ders., Structure and History in Greek Mythology and Ritual, 1979a; CAMPBELL, J., The Mythic Image, 1974; CAZENEUVE, J., La mentalté archaïque, 1961; CHILDS, B. S., Myth and reality in the Old Testament, 1966; COULIANO, J. P., The Tree of Gnosis. Gnostic Mythology from Early Christianity to modern Nihilism, 1991; DETIENNE, M., La mythologie scandaleuse, in: Traverses 12 (1978) 3–19; DRÖSSLER, R., Als die Sterne Götter waren, 1981; DUERR, H. P., Traumzeit. Über die Grenzen zwischen Wildnis und Zivilisation, 1978; DUNDES, A. (Hrsg.), Sacred Narrative. Readings in the Theory of Myth, 1984; EHRENREICH, P., Die allgemeine Mythologie und ihre ethno-

141 J. ASSMANN in: HARTH / ASSMANN (1992).

logischen Grundlagen, 1910; ELIADE, M., Les mythes de l'éternel rétour (1949) = dt. Kosmos und Geschichte, 1966; ders., Mythen, Träume und Myterien, 1961; FONTENROSE, J., Python. A Study of Delphic Myth and its Origins, 1959; ders., The Ritual Theory of Myth (Folklore Studies 18), 1966; GEYER, C. F., ›Neue Mythologie‹ und ›Wiederkehr von Religion‹, in: OELMÜLLER (1984) 25–54; GODELIER, M., Mythos und Geschichte, in: EDER (1973), 301–329; GONDA, J., Die Religionen Indiens Bd. 1, ²1978, Bd. 2, 1963; GRUPPE, O., Geschichte der klassischen Mythologie und Religionsgeschichte im Abendland und während der Neuzeit (1921), 1954; HARTLICH, C., SACHS, W., Der Ursprung des Mythosbegriffs in der modernen Bibelwissenschaft, 1952; HILL, J. D. (Hrsg.), Rethinking History and Myth. Indigenous Southamerican Perspectives on the Past, 1988; HORNUNG, E., Der ägyptische Mythos von der Himmelskuh. Eine Ätiologie des Unvollkommenen (OBO 46), 1982; JENSEN, A. E., Mythos und Kult bei Naturvölkern. Religionswissenschaftliche Betrachtungen, 1951; JONAS, H., Gnosis und spätantiker Geist. I Die mythologische Gnosis, 1934; JUNG, C. G., KERÉNYI, K., Einführung in das Wesen der Mythologie, 1941; dies., Man and his Symbols, 1964; KEEL, O., Die Welt der altorientalischen Bildsymbolik und das Alte Testament, am Beispiel der Psalmen, 1972; KEITH, A. B., Religion und Philosophy of the Veda and Upanishads, 1925; KELSEN, H., Vergeltung und Kausalität. Eine soziologische Untersuchung, 1946 (engl. Society and Nature 1943); KLEIN, A., Glaube und Mythos, 1973; KODALLE, K. M. (Hrsg.), Gott und Politik in den USA, 1989; LAMBERT, W. B., Der Mythos im alten Mesopotamien. Sein Werden und Vergehen, in: ZRGG 26 (1974), 1–16; LÉVI-STRAUSS, C., Das Wilde Denken (1962), 1973; ders., Mythos und Bedeutung. Vorträge, 1980; ders., Strukturale Anthropologie, 1967; ders., Vom Honig zur Asche. Mythologica II (1962), 1976; LÉVY-BRUHL, L., Das Denken der Naturvölker (1910), 1921; ders., La mentalité primitive, 1926; LINCOLN, B., Myth, Cosmos and Society. Indo-European Themes of Creation and Destruction, 1986; MALINOWSKI, B., Foundations of Faith and Morals, 1936; ders., Magic, Science and Religion, and other Essays 1954; ders., Myth in Primitive Psychology 1926; MARANDA, P. (Hrsg.), Mythology. Selected Readings, 1972; MOOR, J. C. DE, The Seasonal Pattern in the Ugaritic Myth od Ba'al, 1971; OELMÜLLER, W. (Hrsg.), Wiederkehr von Religion, 1984; OTTO, W. F., Mythos und Welt, hg. v. K. FRITZ, 1963; ders., Urbild und Mythos, in: Die Gestalt und das Sein, 1955; O. BRYAN, J. MAJOR, W., In the Beginning. Creation Myths from Ancient Mesopotamia and Greece, 1982; O'FLAHERTY, W. D., Ascetism and Eroticism in the Mythology of Siva, 1973; dies., Hindu Myths. A Source Book, transl. from the Sanskrit, 1975; dies., The Origin of Evil in Hindu Mythology, 1976; dies., Women, Androgynes and Other Mythical Beasts, 1980; PETTAZZONI, R., Die Wahrheit des Mythos, in: Paideuma 5 (1950); RAD, G. V., Artikel *eikon*, in: ThWNT, hg. G. KITTEL, II 379; RAHNER, K., RATZINGER, J., Offenbarung und Überlieferung (Quaestiones disputatae 25) 1965; SCHLESIER R. (Hrsg.), Faszination des Mythos. Studien zu antiken und modernen Interpretationen, 1985; SCHOTT, R., Das Geschichtsbewußtsein schriftloser Völker, in: Archiv für Begriffsgeschichte 12 (1968) 166–205; SEBEOK, T. (Hrsg.), Myth. A Symposium, 1958; SOLÉ, J., Christliche Mythen von der Renaissance bis zur Aufklärung, 1982; WEHRUNG, G., Mythos und Dogma, 1952.

3. Philosophie und Psychologie

BLUMENBERG, H., Arbeit am Mythos, 1979; ders., Wirklichkeitsbegriff und Wirkungspotential des Mythos, in: FUHRMANN (Hrsg.) 1971, 11–66; BÖHLER, E., Der Mythos in Wirtschaft und Wissenschaft, 1965; CASSIRER, E., Philosophie der symbolischen Formen II. Das mythische Denken, 1925 / 1958; ders., The Myth of the State (1945), ²1978; ders., Was ist der Mensch? Versuch einer Philosophie der menschlichen Kultur, 1966; FOUCAULT, M., Die Ordnung der Dinge. Eine Archäologie der Humanwissenschaften (1966), 1974; FRANK, M., Der kommende Gott. Vorlesungen über die Neue Mythologie, 1982; GARNER, W. C., Francis Bacon, Natalis Comes and the mythological Traditions, in: Journal of the Warburg and Courtauld Institutes 33 (1970) 264 ff.; GLASENAPP, H. V., Kunst und Mythos, 1957; GUSDORF, G., Mythe et metaphysique, 1953; HEINRICH, K., Vernunft und Mythos. Ausgewählte Aufsätze, 1984; HÖFFKES, K., Wissenschaft und Mythos. Auf der Suche nach der verlorenen Identität, 1983; HÖLSCHER, U., Anfängliches Fragen. Studien zur frühen griechischen Philosophie, 1968; HORKHEIMER, M, ADORNO, TH. W., Dialektik der Aufklärung. Philosophische Fragmente, 1969; HÜBNER, K., Die Wahrheit des Mythos, 1985; ILLICH, I., Fortschrittsmythen, 1978; JAMME, CHR., Gott hat an ein Gewand. Grenzen und Perspektiven philosophischer Mythos-Theorien der Gegenwart, 1991; JASPERS, K., Vom Ursprung und Ziel der Geschichte, 1952; LYOTARD, J. F., Das postmoderne Wissen (1979), 1986; MARQUARD, O., STIERLE, K. (Hrsg.), Identität (Poetik und Hermeneutik 8) 1979. NIETZ-

SCHE, F., hg. von K. SCHLECHTA, 3 Bde., 1967; PÉPIN, J., Mythe et allégorie, 1958; PIAGET, J., Nachahmung, Spiel und Traum. Ges. Werke V, 1975; POSER, H., (Hrsg.), Philosophie und Mythos. Ein Kolloquium, 1979; RANK, O., SACHS, H., Die Bedeutung der Psychoanalyse für die Geisteswissenschaften (1913), 1965; RICŒUR, P., Die Symbolik des Bösen. Phänomenologie der Schuld (1960), 1971; ders., Hermeneutik und Strukturalismus. Der Konflikt der Interpretationen I, 1973; SOREL, G., Über die Gewalt, 1969; TOPITSCH, E., Erkenntnis und Illusion. Grundstrukturen unserer Weltauffassung, 1979; ders., Mythos, Philosophie, Politik. Zur Naturgeschichte der Illusion, 1969; VOEGELIN, E., Order and History, 4 Bde, 1956–1974; WEBER, M., Gesammelte Aufsätze zur Wissenschaftslehre, [3]1968; WITTGENSTEIN, L., Tractatus Logico-philosophicus, 1963.

4. Literatur und Kunst

ASSMANN, A., Die Legitimität der Fiktion (Theorie und Geschichte der Literatur und der schönen Künste 55), 1980; ASSMANN, A. u. J., HARDMEIER, C. (Hrsg.), Schrift und Gedächtnis. Archäologie der literarischen Kommunikation I, 1983; BORCHMEYER, D. (Hrsg.), Wege des Mythos in der Moderne. RICHARD WAGNER, Der ›Ring der Nibelungen‹, 1987; BUFFIÈRE, F., Les mythes d'Homère et la pensée grecque, 1956; BÜRGER, CHR. (Hrsg.), Zerstörung, Rettung des Mythos durch Licht (Hefte für kritische Literaturwissenschaft 5), 1985; BURKE, K., Language as symbolic action. Essays of Life, Literature and Method, 1966; CRANE, R. S., »The Concept of Plot and the Plot of Tom Jones«, in: ders. (Hrsg.), Critics and Criticism. Ancient and Modern, 1952, 62–93; DAICHES, D., Myth, Metaphor and Poetry, in More Literary Essays 1968; FORSTER, E. M., Aspects of the Novel (1927), 1964; FRYE, N., Anatomy of Criticism (1957), 1971, darin bes. der 3. Essay: »Theory of Myth«, 131–239; GOCKEL, H., Mythos und Poesie. Zum Mythos-Begriff in Aufklärung und Frühromantik, 1981; GRAEVENITZ, G. v., Mythos. Zur Geschichte einer Denkgewohnheit 1987; GUMBRECHT, H. U., LINK-HEER, U., SPANGENBERG, M. (Hrsg.), Grundriß der romanischen Literaturen des Mittelalters XI, 1984; HAYTER, A., Opium and the Romantic Imagination, 1968; KILLY, W., Mythologie und Lyrik in: Neue Rundschau 80 (19), 694–720; KOOPMANN, H. (Hrsg.), Mythos und Mythologie in der Literatur des 19. Jh., 1979; LEWIS, R. W. B., The American Adam, 1955; LOTMAN J. M., Die Struktur literarischer Texte, 1972; MACCAFFREY, I. G., Paradise Lost as Myth, 1959; PETRICONI, H., Metamorphosen der Träume. Fünf Beispiele zu einer Literaturgeschichte als Themengeschichte, 1971; PROPP, V., Die Morphologie des Märchens (1928), 1972; SAXL, F, »Die Ausdrucksgebärden der bildenden Kunst (1932)«, in ABY M. WARBURG, Ausgewählte Schriften und Würdigungen, hg. v. DIETER WUTTKE, 1979; SCHOLES, R., KELLOGG, R., The Nature of Narrative (1968), 207–239; SEGAL, D. M., Problems in the Semiotic Studiy of Mythology, in: D. P. LUCID (Hrsg.), Soviet Semiotics (1977), 59–64; SKLOVSKIJ, V., Theorie der Prosa, 1966; STAROBINSKI, J., Les mythes au XVIIIème siècle, in: Critique 366 (Nov. 1977); WEINRICH, H., Erzählstrukturen des Mythos, in: ders., Literatur für Leser, 1971; 137–149; WIMSATT, W. K., The Verbal Icon. Studies in the Meaning of Poetry, 1954; WÜLFING, W., BRUNS, K., PARR, R., Historische Mythologie der Deutschen 1789–1918, 1990; YATES, F. A., Giordano Bruno and the Hermetic Tradition, 1964; ZUMTHOR, P., Introduction à la poésie orale, 1983.

Aleida und Jan Assmann

→Ätiologie, Allegorese / Allegorie, Euhemerismus, Exegese, Interpretationsmodelle, Irrationalismus / das Irrationale, Märchen, Magie

Nahrung / Nahrungsaufnahme

A Allgemeine Kennzeichnung

Nahrung und Nahrungsaufnahme gehören zu den Grundbedingungen für die Erhaltung des Lebens, ohne die Wachstum, Bewegung und Fortpflanzung nicht möglich sind. Tiere und Menschen müssen lebenswichtige organische Verbindungen (Kohlehydrate, Proteine, Fette, Wasser, Vitamine, Mineralien und Ballaststoffe) aufnehmen, die dem Organismus die Energiesubstrate für seine Leistungen (Betriebsstoffwechsel) und die Stoffe für das Wachstum und den laufenden Ersatz verbrauchter Körpersubstanzen (Baustoffwechsel) zuführen.[1]
Als Nahrungsmittel wird bezeichnet, was zum Zwecke der Ernährung aufgenommen wird. Als Zweifelsfälle sind z. B. Arzneien zu bezeichnen, die zwar meist wie Nahrungsmittel eingenommen werden und auch der Erhaltung des Lebens dienen, aber dem Körper keine Nährstoffe zuführen. Außer von biologischen Notwendigkeiten und ökonomischen Bedingungen hängen Art, Menge, Zusammensetzung, Zubereitung und Konsumtion der pflanzlichen und tierischen Nahrungsmittel stark von sozialen, kulturellen und religiösen Bedingungen und Vorstellungen ab.

B Die Erforschung von Nahrung und Nahrungsaufnahme

Schon seit altersher wurde über die Bedeutung des Essens nachgedacht und seine Verknüpfung mit dem moralischen und religiösen Verhalten der Menschen erkannt. Zahlreiche Ernährungsgewohnheiten sind durch religiöse Vorstellungen beeinflußt, drücken sich in religiös begründeten Geboten oder Verboten oder in religiösen Bräuchen aus. Nahrung erfüllt in Religionen u. a. folgende Funktionen: mit der Gottheit kommunizieren, die Glaubenszugehörigkeit nach außen demonstrieren und die Glaubensgemeinschaft innerlich zusammenhalten. Insofern dient sie dazu, externe und interne Gruppengrenzen zu definieren.

I. In der Philosophie

Schon im antiken Griechenland sind zwei gegensätzliche philosophische Richtungen zu erkennen. Die eine plädiert für einen mäßigen Genuß, der zu einem andauernden

1 K. H. Bässler, Grundbegriffe der Ernährungslehre, [4]1987.

Glücksgefühl führen soll (Epikureer). Die andere lehnt das Genießen der Nahrung, ja jeglichen Genuß ab und betont die Trennung von Körper und Geist. Alle Lust lenkt den Menschen vom Wesentlichen ab, und nur die Abtötung dieser Lust macht ihn frei (Stoa). Diese zweite Betrachtungsweise sollte in der europäischen Philosophie überwiegen und gelegentlich zu selbstzerstörerischer Leibfeindlichkeit führen. Meist werden Geruchs- und Geschmacksinn für niedere Sinne gehalten (KANT) und aus den philosophischen Überlegungen ausgeklammert.[2]

II. In der Ethnologie

Bereits FRAZER beschäftigte sich mit Tabus, Totemismus, Opfer, Kommunion und Kannibalismus, und in jeder klassischen Ethnographie wird die Ernährung berücksichtigt. In den letzten zwanzig Jahren ist ein vermehrtes Interesse an der Nahrungsforschung festzustellen.[3] Eine Ursache dafür dürfte in den weltweiten Ernährungsproblemen zu suchen sein. Einerseits gibt es große und anhaltende Hungersnöte, andererseits leben die Industrieländer im Überfluß. Bei Hilfslieferungen mußte festgestellt werden, daß die Umverteilung der materiellen Güter keine Lösung darstellt und kulturelle Eigenheiten in der Ernährung berücksichtigt werden müssen, wenn die Hilfe die notleidenden Menschen erreichen soll.

Der frühe britische Funktionalismus interessierte sich für die Produktionsbedingungen und Verteilungsmechanismen der Nahrungsmittel in der jeweils untersuchten Ethnie (MALINOWSKI, RICHARDS, RADCLIFFE-BROWN). In den 30er und 40er Jahren bestimmte die sozialpsychologische Richtung die Forschung in den USA. Sie widmete sich den unterschiedlichen Einstellungen zum Essen in den verschiedenen Kulturen, deren Einfluß auf soziale Beziehungen und Verhaltensweisen sowie auf die psychosoziale Entwicklung, die im Rahmen von *culture and personality*-Studien (MEAD) untersucht wurde. Nach dem Zweiten Weltkrieg rückten ökologische und ökonomische Fragestellungen in den Mittelpunkt. Auf der Basis des *cultural materialism*, der *cultural ecology*, der *human ecology* und der *socioecology* ergaben sich neue Entwicklungen in der Nahrungsforschung. Kulturelle Phänomene der Ernährung wurden als ökonomischen, ökologischen und ernährungsphysiologischen Zwecken dienend interpretiert. Neuere Arbeiten überschneiden sich häufig in ihren Forschungsansätzen und machen damit gleichzeitig die Komplexität des Feldes deutlich. Neue Aspekte sind sensorische Identifikationsmuster, visuelle, chemische, physiologische, olfaktorische, haptische und optische Aspekte. Evolutionistisch-materialistischen Ansätzen wird in jüngster Zeit wieder vermehrt Aufmerksamkeit (HARRIS) entgegengebracht. In diesen Rahmen gehört auch die »*optimal foraging theory*«, nach der aus dem Angebot aller in einem Gebiet vorkommenden Nahrungsmittel eine Auswahl getroffen wird, die bei niedrigstem Zeitaufwand ein Maximum an Nährstoffen gewährleistet.

In der europäischen Ethnologie wurden die Nahrung und das Ernährungsverhalten dagegen vor allem unter strukturalistischen Aspekten untersucht. DOUGLAS, LEACH, LÉVI-STRAUSS (kulinarisches Dreieck), LEHRER, GOODY und TOLKSDORF sind die Hauptvertreter dieser Richtung. Nahrung bildet diesem Ansatz zufolge soziale Beziehungen

---

[2] Vgl. ONFRAY, Bauch der Philosophen.

[3] Das belegen die zahlreichen Veröffentlichungen und speziellen Rubriken in wichtigen Zeitschriften (z. B. Current Anthropology, Social Science Information und Ethnologia Europaea).

ab oder wird zum Symbol, an dem soziale Organisation ablesbar ist. GOODY zeigt die Vielschichtigkeit des Problems auf, indem er von der Konzentration auf die Konsumtionssituation abrückt und den davorliegenden und nachfolgenden Phasen, die die Nahrung durchläuft, seine Aufmerksamkeit zuwendet. Nahrung und Nahrungsaufnahme vollziehen sich demnach in sechs Phasen: Selektion, Produktion, Distribution, Zubereitung, Konsumtion und Abfallbeseitigung.[4]

III. In der Soziologie

NORBERT ELIAS und PIERRE BOURDIEU zeigen anhand unterschiedlicher Beispiele, daß Nahrung und Nahrungsaufnahme als soziales Unterscheidungsmedium verwendet wurde und wird. Für ELIAS ist die historische Entwicklung der Tischsitten in Europa der Untersuchungsgegenstand, für BOURDIEU dagegen die Rolle der Nahrung und des Eßverhaltens als Distinktionsmerkmale bestimmter sozialer Schichten im heutigen Frankreich. Dieser Prozeß der Unterscheidung und Abgrenzung erfolgt z. T. bewußt, entwickelt aber auch eine große Eigendynamik, die im historischen Rückblick als Ausdruck des »Zivilisationsprozesses« (ELIAS) erkannt werden kann.

IV. In der Ernährungswissenschaft

Bei den unterschiedlichen Ansätzen, die das Ernährungswesen als kulturelles Phänomen verstehen wollen, darf der biomedizinische Aspekt nicht aus den Augen verloren werden. Ihm widmet sich inzwischen eine eigene Disziplin: die Ernährungswissenschaft. Diese erforscht mit naturwissenschaftlichen Methoden die Zusammensetzung von Nahrungsmitteln, den Nährstoffbedarf des Menschen und erprobt neue Techniken bei der Herstellung von Massenprodukten. Diese Untersuchungen bilden für viele sozialwissenschaftliche Interpretationen eine wichtige Grundlage.

C. Formen religiöser Nahrungsaufnahme

I. Ritualisierte Nahrungsaufnahme

Fast jede Nahrungsaufnahme ist in irgendeiner Form ritualisiert. Ob es sich dabei um bestimmte Mahlzeiten zu bestimmten Tageszeiten (z. B. Frühstück, Mittag-, Abendessen) oder um feste Reihenfolgen (z. B. Vorspeise, Hauptgang, Dessert, Kaffee), um Festspeisen (Paschalamm, Ostereier, Martinsgans) oder um genau festgelegte Zeremonien (Teezeremonie, Abendmahl) handelt, ist von fast untergeordneter Bedeutung. Nahrung muß immer in einer kulturell festgelegten Weise eingenommen werden. Verstöße dagegen sind mehr oder weniger schlimm, werden manchmal auch sanktioniert. Das Ritual wird um so verbindlicher, je stärker religiöse Aspekte im Vordergrund stehen. Besonders häufig findet sich die Verbindung von religiösem Ritual und der Kon-

[4] GOODY, Cooking, 37 und SCHMITT, Essen in der Bibel.

sumtion von Rauschmitteln (Peyotekult, Cavazeremonie, Teezeremonie, Kolanuß, Tabak, Hanf, Betelbissen, Kokablätter). Durch das Ritual wird die bisher als erfolgreich betrachtete Abfolge der Handlungen, die zum Kontakt mit den Göttern führen sollen, nachvollzogen, um so neuerlichen Erfolg zu gewährleisten.[5] Gleichzeitig wird damit ein Mißbrauch besonders von Rauschmitteln verhindert. Ritualisierte Nahrungsteilung oder Nahrungsaufnahme macht Handlungen gültig (Bundesschluß im Alten Testament, das Teilen der Betelnuß, Brot und Salz anbieten; eine Mahlzeit mit Fremden teilen, heißt Gastfreundschaft, Schutz und soll Sicherheit gewährleisten). Diese zwischenmenschlichen Rituale haben oft auch einen religiösen Aspekt, da der Gast mit dem Ritual auch unter den Schutz eines Gottes tritt, der Übertretungen ahndet (z. B. Zeus Xenios).

II. Symbolische Nahrung

Zahlreiche Nahrungsmittel haben einen bestimmten Symbolwert. Oft handelt es sich nur um kleine Bissen, die als Ersatz für größere Mahlzeiten oder als Sinnbilder für Gottheiten stehen. Zur ersten Gruppe gehören z. B. Begrüßungsbissen und -trunk, die Kolanuß, das Brot beim Abendmahl, kleine Happen, Blumen, Rauch etc. für die Götter. Im Rahmen von Erntedankfeiern werden häufig die Erstlinge des Hauptnahrungsmittels oder besondere Teile eines Tieres den Göttern dargebracht oder von Priestern oder Ältesten stellvertretend verzehrt, und erst dann wird die gesamte Ernte, das Fleisch des Tieres, zum allgemeinen Verzehr freigegeben – symbolisch wird damit die ganze Ernte, das ganze Tier, dargebracht. Beim israelitischen Opfer wird das Blut, die »Seele« des Tieres, weggegossen und das Fett und bestimmte Teile auf dem Altar verbrannt. Der größte Teil des Opfers wird vom Opfernden, dem Opferer und deren Familien verzehrt, nachdem die Teile, die für das ganze Tier stehen sollen, dargebracht worden sind. Der Prometheusmythos begründet die Aufteilung eines Tieres in das Fett und die Knochen für die Götter und in das Fleisch für die Menschen. Vorderorientalische Gottheiten wie z. B. der kanaanäische Baal oder der ägyptische Osiris sind Vegetationsgötter, die im Rhythmus der Jahreszeiten und dem Wachstum des Getreides sterben, wieder zum Leben erwachen und vom Kind erneut zum Erwachsenen heranwachsen. In Korn, Reis, Hirse, Yams oder Mais lebt die Göttin oder der Gott des Getreides bzw. des Grundnahrungsmittels. Die Körner, Kuchen, Brote usw. repräsentieren den Kern des Grundnahrungsmittels, sie enthalten seine Seele. So nimmt der Mensch diese Gottheiten zu sich, hat Teil an der Heiligkeit der Welt.[6] Speisen mit zeichenhaftem Charakter sind z. B. die einzelnen Nahrungsmittel beim Paschamahl (das Lamm steht für die getöteten Kinder, die Bitterkräuter für die Gefangenschaft usw.) oder auch die Ostereier (als Zeichen der Fruchtbarkeit). In Japan werden zu allen wichtigen Anlässen Reiskuchen als Glücksbringer verschenkt; bei einem Umzug schenkt man den neuen Nachbarn *soba* (japanische Buchweizennudeln), die als Symbol für ideale nachbarschaftliche Beziehungen stehen: lang und nah. Zahlreich sind die Nahrungsmittel oder Drogen, denen aphrodisiakische Wirkungen nachgesagt werden – oft symbolisieren sie nur aufgrund einer bestimmten Form oder Eigenschaft

---

[5] Vgl. O. Herrenschmidt, Sacrifice: Symbolic or effective?, in: M. Izard u. P. Smith (Hrsg.), Between Belief and Transgression, 1982, 24–42.
[6] Vgl. Frazer, Der goldene Zweig, 1968, 712f.

geschlechtliche Beziehungen (z. B. Aal, Eier, Rettich). Symbolisch ist auch das sich gegenseitige Füttern von Braut und Bräutigam in vielen Kulturen. Es soll die Zusammengehörigkeit der Brautleute kennzeichnen. Dabei knüpft es an die primäre Mutter-Kind-Beziehung an, die in Abhängigkeit von Nahrung auf der einen Seite und Verantwortlichkeit für die Ernährung des Kindes auf der anderen Seite besteht. Wer zur Familie gehört, gehört zu dem Kreis, der für die gegenseitige Erhaltung sorgt. Die Beziehung zu den verstorbenen Familienangehörigen wird ebenfalls mittels Mahlzeiten aufrechterhalten. Entweder wird den Ahnen von manchen Mahlzeiten ein Teil auf den Boden ausgegossen, an Schreinen werden ihnen regelmäßig kleine Opfergaben in Form von Mahlzeiten dargebracht, oder die ganze Familie ißt an Totenfesten auf den Gräbern (Georgien). In Griechenland werden bei der alljährlichen Zeremonie *Anthesteria* die Seelen, die aus der Unterwelt zu ihren früheren Wohnsitzen zurückkehren, gefüttert. Auch die ehemals weitverbreitete Sitte, den Toten ins Grab Geräte, Schüsseln und Nahrungsmittel beizugeben, ist ein symbolischer Akt der Sorge um die Verstorbenen, der die Verantwortung für sie und die familiäre Bindung an sie ausdrückt, aber auch den Glauben an eine jenseitige Welt, die der diesseitigen ganz ähnlich ist. Im alten Ägypten waren die Grabbeigaben für die Wohlhabenden reichlich und beschränkten sich auch nicht auf tatsächliche Gegenstände. Vieles, was in der anderen Welt für notwendig erachtet wurde, um den Toten im gewohnten Luxus weiterleben lassen zu können, wurde an den Wänden als Bilder festgehalten und in kleinen Skulpturen nachgebildet. Grabbeigaben sind fast überall bezeugt, hauptsächlich für herausragende Persönlichkeiten, Nahrungsmittel bilden fast immer den Hauptbestandteil.

III. Gebote und Verbote

Religiöse Vorschriften bezüglich der Nahrung schreiben entweder bestimmte Nahrungsmittel oder Konsumtionsbedingungen vor – zumindest zu kultischen Zwecken – oder verbieten einzelne Nahrungsmittel oder ganze -gruppen. Die Verbote fallen viel deutlicher ins Auge als die Gebote und werden gemeinhin als Tabus klassifiziert. Tabuisiert werden meist solche Nahrungsmittel, die bestimmten Vorstellungen von Reinheit widersprechen.[7] Am bekanntesten dürften die biblischen Reinheitsgebote in Leviticus 11 sein, die entscheidenden Einfluß auf die Entwicklung der jüdischen Vorstellungen von *koscher* (rein) und *trayf* (unrein), das islamische Verbot von Schweinefleisch, Blut, Aas usw. und auch auf christliche Vorstellungen hatten. Im Hinduismus ist es besonders das Rind, das dem allgemeinen Verzehr entzogen ist, der Buddhismus verbietet eigentlich jeglichen Konsum von Fleisch, da Töten von jedwedem Leben verboten ist. Neben den leicht erkennbaren, weil uns meist fremden Nahrungsmittelverboten gibt es überall eine Vielzahl von religiösen oder religiös motivierten Konsumtionsvorschriften. Das Christentum fordert z. B. während der Fastenzeit je nach Konfession den Verzicht von Genußmitteln bis hin zu strenger Nahrungsenthaltung. Juden müssen streng getrennte Küchen führen: Milch- und Fleischprodukte dürfen auf keinen Fall miteinander in Berührung kommen. Im islamischen Fastenmonat Ramadan ist tagsüber jegliche Nahrungs- und Flüssigkeitsaufnahme verboten, nachts hingegen darf ausschweifend gegessen werden. Im Hinduismus ist mit dem Kastensystem ein kompliziertes Gebäude von Vorschriften und Verboten verbunden. Anhand der

[7] Vgl. DOUGLAS, Purity and Danger, 1966.

Regeln, wer mit wem essen darf und wer nicht, wer wem Nahrung verkaufen, zubereiten und anbieten darf, kann der soziale Stand einer Person ermittelt werden. Die (gefährliche) Beziehung zwischen Essen und Sexualität läßt sich am Beispiel der Hua in Neu-Guinea zeigen: Hua-Männer dürfen bestimmte Nahrungsmittel, die an die Sexualität von Frauen erinnern könnten (rote Dinge – Ähnlichkeit mit Menstruationsblut; Tiere, die in Höhlen leben – Höhlen werden mit der Vagina identifiziert u. a.), nicht essen, um sich nicht zu verunreinigen und so sich und die Gruppe zu gefährden. Anläßlich von Festen werden oft besondere Lebensmittel gebraucht und speziell dafür hergestellt – ohne diese Speisen kann der Ritus nicht stattfinden, oder das Fest verliert seinen Charakter. Häufig handelt es sich dabei um alkoholische Getränke oder sonstige Drogen, die nur oder hauptsächlich bei religiösen Zeremonien verwendet werden (Bier bei den unterschiedlichsten Riten der LoDagaa, Alkohol bei Riten in Südamerika, ritueller Tabakgenuß in Mittel- und Nordamerika usw.). Aber auch Grundnahrungsmittel sind bei besonderen Anlässen (z. B. Erntedank) in religiösen Riten oft unerläßlich (Brot beim christlichen Abendmahl, Maiskörner beim Frühlingsfest der Mandan und Mannitaree in Nordamerika, die ersten Hirsekuchen bei den Ainu in Japan, neuer Reis beim gemeinsamen »Essen der Reisseele« auf der ostindonesischen Insel Buru, neuer Yams beim Tayturitual bei den Trobriandern usw.).[8]

IV. Religiöse Diätetik

So wie es in fast allen Religionen Nahrungsmittelge- oder -verbote gibt, gibt es auch Vorstellungen über gesunde oder richtige Ernährung. Schon griechische Philosophen haben überlegt, wie die Ernährung der Menschen am besten beschaffen sein sollte. Hippokrates sah in der richtigen Ernährung den Schlüssel für Gesundheit und Glück. Häufig werden medizinische Argumente herangezogen, wenn es darum geht, bestimmte Speisen zu verdammen, zu preisen oder gar ganze Diätsysteme zu propagieren. Auf der Grundlage dieser Vorstellungen und unter Heranziehung der Bibel haben besonders reformierte Kreise Diätetiken entwickelt, die als Leitfaden für eine fromme Lebensweise propagiert wurden. Besonders in Amerika haben sich solche Vorstellungen in den zahlreichen Denominationen gehalten und weiterentwickelt (z. B. bei den Sieben-Tage-Adventisten).[9]

Eine andere religiös motivierte Ernährungsweise ist die Zenmakrobiotik. Die traditionell asiatischen Kategorien *yin* und *yang* werden herangezogen, um die Nahrungsmittel zu klassifizieren und eine Hierarchie zu erstellen, in deren Zentrum der braune Reis steht, dem heilende Qualitäten, die ewige Jugend, Gesundheit und Gelassenheit verursachen, zugesprochen werden. Auch andere Formen des Vegetarismus versprechen Lebensverlängerung und Gesundheitsverbesserung. Ein wichtiges Argument ist oft die Eliminierung von animalischen Trieben, die durch Fleischkonsum hervorgerufen werden sollen. Allen Formen religiöser Diätetik gemeinsam ist der Glaube, daß mit der Einnahme einer bestimmten Nahrung die Kontrolle über den Körper erreicht werden kann. Essen ist ein Faktor der sozialen Definition des Individuums. Was der einzelne ißt, entspricht seinem Bild von sich, zeigt seine Gruppenzugehörigkeit an (traditionell, progressiv, alternativ, ethnisch etc.). Distinktion, Integration und Segregation werden

[8] Vgl. Farb u. Armelagos, Consuming Passions.

[9] Vgl. z. B. die entsprechenden Vorschriften bei E. White, Der große Kampf zwischen Licht und Finsternis, 1983 und Der Weg zur Gesundheit, o. J.

über unterschiedliches oder gleiches Ernährungsverhalten angezeigt. Immer seltener werden solche Zuordnungen über primär religiöse Gruppen vorgenommen, immer häufiger verlagern sie sich in den Raum des Alltäglichen und zeigen dort Züge, wie man sie aus religiösen Ritualen kennt. Daraus läßt sich z. B. auch der Erfolg mancher Restaurants (Fast-food-Ketten) erklären, die ihren Kunden außer Mahlzeiten gleichzeitig bestimmte Grundüberzeugungen ihrer Kultur vermitteln (z. B. Gleichheit, Effizienz, Hygiene).[10]

V. Paradies, Schlaraffenland

Jenseits, Totenreich, Paradies... – alle sind sie in ihren Darstellungen der totalen Andersartigkeit von kulinarischen Bildern erfüllt. Müheloses Essen und Trinken der köstlichsten Speisen und Getränke wird für das Leben nach dem Tod verheißen. Das biblische Paradies war eine solche Welt, und christliche, jüdische und islamische Schriften stellen auch das Jenseits wieder so dar. Dazwischen liegen Mühsal und Hunger für die Menschen: »Im Schweiße deines Angesichts sollst du dein Brot essen« (Gen 3, 19). Kanaan ist für die Hebräer »das Land, in dem Milch und Honig fließen« (Ex 3, 8 u. ö.). Dorthin führt ihr Gott sie, und sie nehmen das Land in Besitz. Auch die Griechen und Römer kennen ähnliche Vorstellungen: die Insel Atlantis ist ein Wunderland; HESIOD berichtet von einer Goldenen Urzeit, die keinen Mangel kannte; HOMER beschreibt das *Elysion* als angenehmen Ort ohne Jahreszeiten; VERGIL besingt das Goldene Zeitalter (»*omnis feret omnia tellus*«); die Insel der Seligen ist von unvorstellbarer Fruchtbarkeit. Für die Jäger und Sammler Nordamerikas sind die ewigen Jagdgründe ein Ort, an dem sie nach dem Tod nicht mühsam nach Beute suchen müssen, sondern das Wild in Hülle und Fülle vorhanden ist. In Walhall werden die gefallenen germanischen Krieger versammelt, um sich bei frohem Festmahl zu erfreuen. Das alte Ägypten kennt das Totenreich als Ort, in dem Diener den Toten mit allem Luxus umgeben. Die Menschen erfahren ihr Leben als mühsame Suche nach Nahrung, und oft ist eine ausreichende Ernährung nicht gewährleistet. Dürren, Überschwemmungen, Tier- und Pflanzenkrankheiten, Probleme bei der Lagerhaltung führen zu Mangel und Hungersnöten. Dieser leidvollen Erfahrung wird durch Gegenmodelle zu begegnen versucht. Es entstehen Vorstellungen von anderen Welten, in denen solche Probleme nicht vorkommen. Die Welt an sich wird eßbar, soziale Unterschiede verschwinden, weil kulinarische Privilegien nicht mehr gelten. Diese Welten sind oft transzendent. In ihnen leben die Götter und empfangen die Verstorbenen oder deren Seelen und bewirten sie (oft mit den Speisen, die den Göttern selbst die Unsterblichkeit garantieren, wie z. B. Nektar und Ambrosia). Immer wieder jedoch werden solche Orte als konkrete Plätze gesehen, an denen der Mensch zumindest eine Besserung seiner wirtschaftlichen Lage erwarten kann: Kanaan, Atlantis, El Dorado, Schatzinseln. Auch die Industrieländer des Westens locken die Menschen aus der Zweiten und Dritten Welt mit Bildern eines hauptsächlich kulinarischen Überflusses.

---

[10] C. KOTTAK, Rituals at MacDonald's, in: Natural History Magazine 87 (1978) 75–82.

VI. Fasten

In fast allen Kulturen kennt man die zeitweilige, teilweise oder völlige Enthaltung von Nahrungsaufnahme aus religiösen Gründen. Fasten kann als Akt der Buße, als Opfer, als Schutz gegen das Eindringen übelwollender Mächte in den Körper (z. B. der Seele des gewaltsam getöteten Tieres), zur Herbeiführung anderer Bewußtseinszustände (Trance) eingesetzt werden. Anlässe zu individuellem oder kollektivem Fasten sind Vorbereitungen auf religiöse Feste, Initiation und Krieg, aber auch Erinnerungen an besondere Begebenheiten aus der Geschichte oder Mythologie; außerdem sind Todesfälle Anlässe zum Fasten. In der westlichen Industriegesellschaft kann man Fasten außerdem als Versuch der Weltflucht, der Lebensverlängerung und als Mittel zur Erreichung des Schönheitsideals der Schlankheit beobachten.

VII. Opfer

Für die Ernährung liegt die Bedeutung des (Tier-)Opfers hauptsächlich in der geregelten Verteilung des begehrten und selten vorhandenen bzw. wertvollen Fleisches. Im Opfer vereinen sich so rituelle Verpflichtung und ökonomische Lebensmittelverwertung. Opferkalender geben nicht nur über die Menge und Verteilung der Fleischnahrung Auskunft, sondern sie verraten auch, welche Nahrungsmittel überhaupt auf dem Speiseplan stehen. Selten werden ökonomisch schmerzliche Opfer dargebracht, vielmehr steht zu vermuten, daß auf diese Weise Überschuß beseitigt wird (z. B. die männlichen Tiere, die in einer Herde nur in geringer Zahl gebraucht werden).[11] In Zeiten des Mangels gibt es immer wieder die Möglichkeit, Substitute und Surrogate für die normalerweise üblichen Opfertiere zu verwenden (bei den Nuer ist das ideale Opfertier ein Stier, der aber durchaus durch eine Kuh, eine Ziege oder sogar eine Gurke ersetzt werden kann).[12] Vielleicht können auch Gebildbrote als Ersatz betrachtet werden. Selbstverständlich darf ferner die ausschweifende Vernichtung von Gütern (z. B. in Form von Potlachfesten) nicht vergessen werden. Hier werden schmerzliche ökonomische Verluste gegen Prestigegewinn aufgerechnet.[13]

D Ausblick

Nahrung und Nahrungsaufnahme erweisen sich als tief mit den jeweiligen gesellschaftlichen Strukturen verknüpft. Wegen der unabdingbaren Notwendigkeit für das Überleben wird Nahrung zum idealen Kommunikationsmittel der Menschen untereinander, aber auch mit transzendenten Mächten. Alle Religionen verwenden die eingängige Symbolkraft der Nahrungsmittel in ihren Riten. Verliert die Religion an Verbindlichkeit, bleibt trotzdem die symbolische Wirkung der Nahrungsmittel erhalten.

---

[11] R. Firth, Offering and sacrifice, in: Journal of the Royal Anthropological Institute of Great Britain and Ireland 93 (1963) 12–24.

[12] Vgl. E. E. Evans-Pritchard, Nuer Religion, 1956.

[13] Vgl. Farb u. Armelagos, Consuming passions, 148–150.

Viele der sozialen und religiösen Funktionen und Verknüpfungen von Nahrung und Nahrungsaufnahme sind nicht oder nur oberflächlich untersucht. Besonders in der Religionswissenschaft wurden bisher zu sehr Opfer und Tabu in den Vordergrund gerückt und Nahrung zu wenig differenziert dargestellt. Hier eröffnet sich ein weites Feld für die weitere Forschung.

Literatur

BOURDIEU, P., La distinction: Critique sociale du jugement, 1979; BROTHWELL, P., und D. R., Food in Antiquity, 1983; DOUGLAS, M., The Abominations of Leviticus, in: dies., Purity and Danger, 1966; ELIAS, N., Über den Prozeß der Zivilisation: Soziogenetische und psychogenetische Untersuchungen, 2 Bde., 1969; FARB, P., und G. ARMELAGOS, Consuming Passions: The Anthropology of Eating, 1980; GOODY, J., Cooking, Cuisine and Class: A Study in Comparative Sociology, 1982; JOSUTTIS, M., und G. M. MARTIN (Hrsg.), Das heilige Essen: Kulturwissenschaftliche Beiträge zum Verständnis des Abendmahls, 1980; LEHRER, A., Cooking Vocabularies and the Culinary Triangle of Lévi-Strauss, in: Anthropological Linguistics 14 (1974) 155–171; LÉVI-STRAUSS, C., Mythologiques I–IV, 1964–1968; MENNELL, S., Die Kultivierung des Appetits: Die Geschichte des Essens vom Mittelalter bis heute, 1988; MESSER, E., Anthropological Perspectives on Diet, in: Annual Review of Anthropology 13 (1984) 205–249; ONFRAY, M., Der Bauch der Philosophen: Kritik der diätetischen Vernunft, 1990; RICHTER, D., Schlaraffenland: Geschichte einer populären Phantasie, 1984; SCHMITT, E., Das Essen in der Bibel: Literaturethnologische Aspekte des Alltäglichen, 1994; TOLKSDORF, U., Strukturalistische Nahrungsforschung, in: Ethnologica Europaea 9 (1976) 64–84; VISSER, M., Much Depends on Dinner: The Extraordinary History and Mythology, Allure and Obsessions, Perils and Taboos, of an Ordinary Meal, 1986.

→*Askese, Dema-Gottheiten, Eucharistie, Jenseits, Klassifikationssysteme, Kommensalität, Opfer*

Eleonore Schmitt

Name

1 Der kulturelle Rahmen von Namengebung 2 Magische Instrumentalisierung des Namens 3 Götternamen und Gottesvorstellung 4 Gottesnamen im monotheistischen Rahmen

1. Der kulturelle Rahmen von Namengebung

Benennung und Namengebung sind elementare Vorgänge einer Sprachpraxis, deren Wirksamkeit[1] über die einfache ›Identifizierung‹ hinaus im Namen-Rufen kontrolliert werden kann. Wesentliche Teile von ›Magie‹ sind Wortmagie, und ein Teil von Wortmagie rekurriert auf den Einsatz von Namen. Die im sozialen Kontext erfahrende Reziprozität von Name und Person, Name und Sache ist Ausgangspunkt für eine Austauschharkeit von Name und Person. Der Name kann unter bestimmten Bedingungen

1 Dazu MALINOWSKI, Das Problem der Bedeutung in primitiven Sprachen 353ff.

die Person repräsentieren (Befehle in Namen von...), umgekehrt hat der Mensch ohne Eigennamen keine soziale Existenz. Verleihung des Namens kann dann sowohl Herrschaftsakt sein, wie den Benannten in eine Gemeinschaft integrieren. Die Zuweisung eines Namens an ein Person ist üblicherweise Teil eines Rituals, das Aufnahme und Einordnung einer Person sicherstellt: Das Kind wird durch die Namensvergabe erst sozial existent, der ›neue‹ Name eines Herrschers sichert seine neue Rolle, der Namenswechsel des Mönchs bestätigt die Änderung seines Status.

2. Magische Instrumentalisierung des Namens

Die Vorstellung einer bis zur Austauschbarkeit reichenden Zusammengehörigkeit von Person und Namen ist Basis einer magischen Instrumentalisierung des Eigennamens. Die Kenntnis des Namens ist potentielle Verfügungsmacht über die menschliche oder göttliche Person: Von der einfachen Form, durch Aussprechen des Namens oder Anrufung mit Hilfe des Namens einen Menschen oder einen Gott herbeizwingem zu können, bis zu der komplizierten, einen Dämon durch ein sukzessives Weglassen der Silben seines Namens (›Schwindeformel‹) vernichten zu können. Die meisten Akte eines Schadenszaubers ›funktionieren‹ nur, wenn der Name der zu treffenden Person in den Formeln genannt ist. Die Scheu, Fremden seinen Namen zu nennen, ist – ähnlich wie die Preisgabe des Bildes – zugleich eine Abwehr gegen mögliche Zugriffe. Wenn bei Schwerkranken der Name ausgetauscht wird oder Tote einen neuen Namen bekommen[2], ist dies wohl vor allem Schutzmaßnahme gegen Nachstellung von Dämonen.
Die Kenntnis des Namens begründet aber nicht nur eine Zugriffsmöglichkeit gegenüber Menschen, sondern in besonderem Maße auch gegenüher Göttern. Dies kann der Grund sein, den wahren Namen des Gottes zu verheimlichen, vor allem wenn es sich um den Namen der Schutzgottheit einer Stadt handelt. In der Erzählung »List der Isis«[3] findet sich im ägyptischen Bereich eine Reflexion darüber, daß wegen der Verfügungsmacht, die die Kenntnis des Namens verleiht, sogar Götter untereinander (Re gegenüber Isis) ihren ›wahren Namen‹ geheimzuhalten suchen. Die geheime Schutzgottheit von Rom, d. h. der Geheimname der Stadt Rom[4], sollte bei Androhung einer Kapitalstrafe nicht verraten werden.

3. Götternamen und Gottesvorstellung

Die Entwicklung einer persönlichen →Gottesvorstellung im Rahmen eines polytheistischen Pantheons ist ohne die Etablierung von Eigennamen der Götter[5] nicht denkbar. Neben dem →Kultbild ist der Eigenname der Gottheit der Modus, durch den eine Präsenz der Götter gesichert ist. Während jedoch das Kultbild nur bedingt mobil ist, erlaubt es der Name grundsätzlich überall, den jeweiligen Gott anzurufen[6] oder gar ein Epiphanieritual durchzuführen. In dem Maße, in dem Gottesvorstellungen die Qualität von

---

[2] Belege bei GLADIGOW, Götternamen und Name Gottes 21.
[3] Systematisch interpretiert von BRUNNER, Name, Namen und Namenlosigkeit im Alten Ägypten 42ff.
[4] A. BRELICH, Die geheime Schutzgottheit von Rom, 1949.
[5] Zu den kulturellen Rahmenbedingungen GLADIGOW, Gottesnamen 1208ff.
[6] Eine weitere Aufrechnung der Potentiale bei GLADIGOW, Zur Konkurrenz von Bild und Namen.

Bereichs- oder Funktionsgöttern hinter sich gelassen hatten und über Nomina agentis und Prädikativa hinausgelangt sind[7], wächst die Bedeutung der Götternamen. Sie sind die konzeptionelle Basis polytheistischer Panthea, tragen die weiterreichende Systematisierung des Mythos und erlauben es, in der Verbindung von Eigennamen und Epitheton[8] überregionale und regionale Kulte in Beziehung zu setzen. Im → Gebet sichert der Gottesname einerseits eine Eindeutigkeit des angesprochenen Gottes, erlaubt es aber andererseits, mit den verschiedenen Namen zu spielen, unter denen der Gott vielleicht »genannt sein will«. Im Gebet ausgebreitete Vielnamigkeit der Götter kann Ausdruck ihrer Machtfülle und ihrer überregionalen Verbreitung sein.

4. Gottesnamen im monotheistischen Rahmen

Unter monotheistischen Rahmenbedingungen wird eine Namenlosigkeit Gottes in der kultischen Praxis möglich; eine Vermeidung des Eigenamens kann, wie in der jüdischen Religion, geboten werden. An die Stelle des Eigennamens treten dann das Appellativum ›Gott‹, Antonomasien oder allgemeine Hoheitstitel. Eine konsequent monotheistische Theologie wie die islamische läßt zwar im Anschluß an Sure 17,100 neunundneunzig Namen Allahs zu, unterwirft ihre Zulässigkeit allerdings im Rahmen einer Attributenlehre rigiden Beschränkungen. Schon in der ausgehenden Antike hatte sich im Rahmen der allgemeinen Entwicklung des Polytheismus eine Tendenz durchgesetzt, die die Akzente von den Namen der Götter (*peri tōn theōn tōn onomatōn*) auf die göttlichen Namen (peri theiōn onomatōn)[9] verlagerte.

Literatur

BADER, G., Gott nennen: Von Götternamen zu göttlichen Namen. Zur Vorgeschichte der Lehre von den göttlichen Eigenschaften, in: Zeitschrift für Theologie und Kirche 86 (1989) 306–354; BRUNNER, H., »Name, Namen und Namenlosigkeit Gottes im Alten Ägypten, in: v. STIETENCRON, Der Name Gottes 33–49; CASSIRER, E., Sprache und Mythos. Ein Beitrag zum Problem der Götternamen, 1925 (auch in: ders., Wesen und Wirkung des Symbolbegriffs, 1956; GLADIGOW, B., Götternamen und Name Gottes, in: v. STIETENCRON, Der Name Gottes 13–32; ders., Zur Konkurrenz von Bild und Namen im Aufbau theistischer Systeme, in: H. BRUNNER, R. KANNICHT, K. SCHWAGER (Hrsg.), Wort und Bild, 1979, 61–77; ders., Gottesnamen (Gottesepitheta) I (allgemein), RAC XI (1981) 1202–1238; HIRSCHLE, M., Sprachphilosophie und Namensmagie im Neuplatonismus, Beiträge zur Klassischen Philologie 96, 1979; HIRZEL, R., Der Name, Abh. Akad. Leipzig, Phil. hist. Kl. 36, 2 (1918); KIPPENBERG, H. G., Name and Person in Ancient Judaism and Christianity, in: H. G. KIPPENBERG; Y. B. KUIPER; A. F. SANDERS (Hrsg.), Concepts of Person in Religion and Thought, Religion and Reason 37 (1990) 103–124; MALINOWSKI, B., Das Problem der Bedeutung in primitiven Sprachen, in: C. K. OGDEN; I. A. RICHARDS, Die Bedeutung der Bedeutung, 1974, 523–384; MAZZANTINI, C., La questione dei ›nomi divini‹, in: Giornale di metafisica 9 (1954) 113–124; OGDEN, C. K.; RICHARDS, I. A., Die Bedeutung der Bedeutung, 1974; STIETENCRON, H. v. (Hrsg.), Der Name Gottes, 1975; USENER, H., Göttliche Synonyme, in: ders., Kleine Schriften 4 (1913) 259–306; ders., Götternamen. Versuch einer Lehre von der religiösen Begriffsbildung, 1896; ³1948; VAN ESS, J., Der Name Gottes

[7] Zur Rezeption von Useners Theorie über die Entstehung von Götternamen GLADIGOW, Gottesnamen 1208 ff. und BADER, Gott nennen 317 ff.
[8] Zum Konzept des ›kultischen Binoms‹ GLADIGOW, Gottesnamen 1226ff.
[9] Dazu gut BADER, Gott nennen. Von Götternamen zu göttlichen Namen.

im Islam, in: v. STIETENCRON, Der Name Gottes 156–175; WEINBERG, J. P., Gott im Weltbild des Chronisten. Die vom Chronisten verschwiegenen Gottesnamen, in: Zeitschrift für alttestamentliche Wissenschaft 100 (1988) 170–188.

Burkhard Gladigow

→Gebet, Gottesvorstellungen, Monotheismus, Polytheismus

Nation / Nationalismus

A Allgemeine und systematische Perspektiven I. Zum vormodernen Verständnis von Nation II. Begriffliche Bestimmungen der modernen Nation und des Nationalismus III. Nation als soziale Realität und als Wissen: Systematischer Zusammenhang B Nation und Religion I. Zum Verhältnis auf der psycho-sozialen und der politisch-institutionellen Ebene II Aspekte des fundamentalen Verhältnisses von Nation und Religion

A Allgemeines und systematische Perspektiven

I. Zum vormodernen Verständnis von Nation[1]

Wort und Begriff der Nation sind aus dem Lateinischen *natio* abgeleitet, wo sie das Geborenwerden, die Geburt sowie eine diesem Vorgang zugeordnete Göttin bezeichnen. Bemerkenswert ist, daß *natio* lange Zeit nicht auf Menschengruppen beschränkt war, sondern auch für Tierrassen, für Vieh Verwendung findet[2]. Später tritt *natio* in Konkurrenz zu *gens*, wobei *gens*, als das vornehmere Wort, auf kulturell oder politisch bedeutsame Völker (im Gegensatz zu bloßen »Völkerschaften«) angewendet wurde. Demgegenüber blieb *populus* bis in die Spätantike der Selbstbezeichnung der Römer vorbehalten, und eine synonyme Verwendung von *gens* und *natio* ist erst im Latein des Mittelalters üblich. Die eher negative Bedeutung von (zwielichtigem) Menschenschlag hat sich übrigens im Deutschen noch länger als z. B. im Englischen, nämlich bis ins 19. Jh. gehalten[3]. – In der Spätantike nimmt das Wort (ebenfalls wie *gens*) in christlicher Verwendung auch die Bedeutung von Heiden an; im Mittelalter dann außerdem, und zunehmend, von Territorium, von Landes- oder Stadtzugehörigkeit. Diese letztere Sinnverschiebung ging ungefähr mit der (Selbst-)Einteilung der Studenten nach *nationes* einher, wie sie zum Schutz von deren Interessen seit dem 12. Jh. an den europäischen Universitäten üblich wurde; allerdings organisierten sich nicht nur die Studenten, sondern – jedenfalls in vielen niederdeutschen Städten – ab dem 14. Jh.

[1] Im folgenden wird nur ein kurzer Überblick über die wichtigsten Etappen der begriffsgeschichtlichen Entwicklung von »Nation« geboten. Weiter Interessierten ist die ausführliche Darstellung von KOSELLECK u. a. (1992) zu empfehlen.
[2] So etwa noch M. T. VARRO im 1. Jh. v. Chr.
[3] Vgl. das GRIMM*sche* Wörterbuch der deutschen Sprache von 1889, Bd. VII, 425.

auch die Kaufleute, ja Handwerker in *nationes*[4]. Von der Einteilung der Studenten sind Wort und Sache auf die christliche Kirche, d. h. die Gliederung der Konzilsteilnehmer übertragen worden (so schon in Lyon 1274, in Schärfe in Konstanz 1414–18) Die politische Verwendung des Worts im engeren Sinne des einheitlichen Staatsvolks beginnt wohl in England, und zwar vereinzelt schon im 13. Jh., doch setzt sich der Nationsbegriff »erst im Zusammenhang mit der Verstärkung des Nationalbewußtseins in der Mitte des 17. Jahrhunderts an Stelle des älteren Begriffs ›body politic‹ durch«[5]. Auf dem Kontinent findet sich dieses Begriffsverständnis zuerst in Frankreich (14. Jh.) und verbreitet sich von dort, mehrheitlich über Deutschland, in den übrigen europäischen Raum. Die Allgemeinheit des Wortgebrauchs sollte jedoch nicht über die starken, nach Raum und Zeit wechselnden Unterschiede des je gemeinten Inhalts hinwegtäuschen. Solche Unterschiede sind nach ihrer vertikalen oder Rangdimension schon deshalb zu betonen, weil sie in der Vergangenheit von ungleich größerer praktischer Bedeutung als die gleichsam horizontale Abgrenzung der europäischen Nationen voneinander gewesen sind.

II. Begriffliche Bestimmungen der modernen Nation und des Nationalismus[6]

Auch die aktuellsten Nationsbestimmungen speisen sich aus drei bereits im letzten Jahrhundert entwickelten Konzepten, nämlich den Auffassungen der Staats-, Kultur- und Willensnation, die Hertz 1927 so umrissen hat: »1. Die Nation ist das Staatsvolk, also die Gesamtheit der Staatsbürger... 2. Die Nation ist eine Gemeinschaft, die an objektiven Merkmalen, vor allem an Sprache, Rasse, Kultur und Charakter feststellbar ist, ohne Rücksicht auf Staatsgrenzen. 3. Die Nation beruht lediglich im subjektiven Merkmal des Zusammengehörigkeitswillens oder Gemeinschaftsgefühls«[7]. Historisch lassen sich diese drei Grundauffassungen, scheut man einige Vergröberung nicht, als jeweils für den angloamerikanischen Raum, für Mittel- und Osteuropa sowie als für Frankreich und Italien (bis zum 1. Weltkrieg) typisch einstufen. Und hinzugefügt sei, daß der für das zweite Nationsverständnis traditionell gebrauchte Ausdruck Kulturnation insofern irreführend ist, als mit ihm *objektivistische* Auffassungen überhaupt, und zwar im Gegensatz zu den zuletzt genannten *subjektivistischen,* gemeint sind: Kulturnation ist so nur pars pro toto. Bis in die siebziger Jahre dominierten dann nicht nur politisch, sondern auch wissenschaftlich (und hier vor allem: in den Moder-

---

4 Vgl. F. J. Neumann, Volk und Nation, 1888, 145.

5 G. Ritter, Nation und Gesellschaft in England, in: Historische Zeitschrift 198 (1964), 25f.

6 Raumgründe zwingen wiederum dazu, es hier wie beim nächsten Abschnitt bei einigen grundsätzlichen Bemerkungen zu belassen. Die Leser seien daher – vor allem – auf die Arbeiten von Bauer (1924), Deutsch (1966), Estel (1994), Fougeyrollas (1987), Gellner (1983), Hübner (1991), Koselleck (1992), Renan (1882), Smith (1983, 1986, 1991), Tiryakian und Rogowski (1985) sowie Ziegler (1931) verwiesen. Angesichts der anschwellenden, insbesondere durch die revolutionären Umwälzungen im ehemaligen Ostblock angestoßene Welle von Veröffentlichungen zum Thema dürfte diese Literaturempfehlung freilich bald zu bald zu ergänzen sein. – Die hier vertretene Argumentation folgt in erster Linie Estel.

7 A. a. O. 1927, 23.

nisierungskonzepten der Entwicklungssoziologie) Auffassungen und Definitionen, die ganz dem traditionellen Staatsnationsverständnis verpflichtet waren[8].

In personal-praktischer Hinsicht besteht Nationalismus (will man sich nicht seinen gerade in Deutschland dominierenden, überwiegend oberflächlichen und stark moralisierenden Verurteilungen begrifflich anschließen) in der Tat in einer ausgeprägten Loyalität des Individuums zu seiner Nation, die einen Teil bzw. eine spezifische Ausprägung seines Nationalbewußtseins oder -gefühls bildet. Gewisse Schwierigkeiten wirft freilich die genauere Abgrenzung auf: Soll man als Nationalismus bereits ein Nationalbewußtsein bezeichnen, bei dem sich an die Nation nur eine sozusagen dosierte Loyalität (als ein Objekt wirklicher Loyalität unter anderen) heftet, oder erst eine Ausprägung, in der sie die oberste Loyalität der Person genießt? Nationalismus ist dann aber auch ein Teil (und spezifische Ausprägung dieses Teils) des nationalen Wissens, d. h. des auf die eigene Nation – und auf fremde, insbesondere die Bezugsnationen[9] – bezogenen Wissens einer (Sub-)Gesellschaft, an dem die einzelne Person mit ihrem Nationalbewußtsein mehr oder minder partizipiert. Jede Nation verfügt, schon nach den oben wiedergegebenen Definitionen, über ein solches Wissen, das in dem Maß die jeweilige nationale Identität bestimmt, wie es für das Selbstverständnis der Nationsangehörigen, genauer: ihrer politischen und kulturellen Eliten, von Bedeutung ist. In dieser Hinsicht ist Nationalismus also ein weithin nomischer oder nomisch überhöhter[10] und damit gerade praktisch-politisch relevanter Teil der nationalen Identität, wenn und soweit in ihm der Nation ein hoher – oder wiederum: der höchste – Rang unter den sozialen Gebilden überhaupt zugewiesen ist.

III. Nation als soziale Realität und als Wissen: Systematischer Zusammenhang

Nationalismus ist also, unter wissenssoziologischen Gesichtspunkten, eine partielle Antwort auf das allgemeinere, im Geschichtsverlauf sich immer wieder neu stellende Problem der eigenen nationalen Identität, die ihrerseits einen Sonderfall der kollektiven Identität darstellt[11]. Kollektive Identität meint sinnvollerweise nicht den objektiven Zusammenhang selbst, den die Beteiligten als Kollektiv bilden, sondern dessen Interpretation durch sie – auch wenn dieses Wissen von objektiven Sachverhalten (darunter auch: die entsprechenden Meinungen und Erwartungen von anderen) abhängig ist und sie mehr oder weniger spiegelt. Dieses identitäts- und gemeinschaftsstiftende

---

[8] Um dafür nur zwei Lexikondefinitionen anzuführen: Die US-amerikanische »International Encyclopedia of the Social Sciences« von 1968 bestimmt die Nation als »synonym mit einem Staat oder dessen Angehörigen (inhabitants)« (Bd. 11, S. 7); dementsprechend ist auch, nach der »Encyclopaedia Britannica« von 1960, Nationalismus ein »Geisteszustand, in dem die oberste Loyalität eines Individuums seinem Gefühl nach dem Nationalstaat geschuldet ist« (Bd. 16: 149).

[9] Dieser Ausdruck ist R. BENDIX, Könige oder Volk, 1980, 2. Teil, nachgebildet, der (wiederum in Anlehnung an den Begriff der Bezugsgruppe) von »Bezugsgesellschaften« spricht. Gemeint sind hier also die Nationen, an denen sich eine gegebene Nation vor allem – wenn auch möglicherweise heimlich – orientiert, die ihr für ihr Selbstverständnis in erster Linie zum Vergleich dienen.

[10] Zum Begriff des nomischen (als religiösem, »ideologischem«, moralischem u. ä.) Wissens s. BERGER und LUCKMANN 1969 sowie ESTEL, Soziale Vorurteile und Soziale Urteile, 1983, 264ff.

[11] Zu dem in der Literatur stark schillernden Konzept der nationalen bzw. kollektiven Identität siehe u. a. HABERMAS (1976), WEIDENFELD (1983 und 1990), BOERNER (1986), sowie SMITH (1986 und 1991). Die hiesige, stark verkürzte Darstellung folgt ESTEL 1994, 33ff.

Wissen, bei dem man drei Ebenen, nämlich die der kollektiven Gegebenheiten, der Kernereignisse und des (gewöhnlich durch zentrale Werte gebildeten) Identitätsfokus unterscheiden kann, antwortet prinzipiell auf eine doppelte Frage, die um so weniger abzuweisen ist, je mehr Kollektive vom Typ der reinen, thematisch eng begrenzten Zweckvereinigungen entfernt sind, sich also inhaltlich umfassenden und den einzelnen schicksalhaft einschließenden Großgruppen annähern oder dies sind – nämlich die Frage 1. »Wer sind wir (im Unterschied zu anderen)?« sowie 2. »Wer wollen und sollen wir eigentlich sein?«. Die Identität enthält also nicht nur (und nicht entscheidend!) bloße Fakten, d. h. grundsätzlich erfahrungswissenschaftlich klärbare Aspekte der eigenen kollektiven Situation, sondern eben stets auch nomische Bestimmungen, insbesondere nomische Überhöhungen bestimmter kollektiver Gemeinsamkeiten.

Ein summarischer Blick auf ihre Entstehung in Europa, die gewöhnlich Jahrhunderte in Anspruch genommen hat, mag den Grundprozeß der Nationsbildung durch (sozial geteiltes und sozial verbindliches) Wissen verdeutlichen: »Die moderne Nation ist zur sozialen Realität allererst dadurch geworden, daß sich das entsprechende, zunächst regelmäßig von Intellektuellen stammende Wissen in zentralen politischen, kulturellen, wirtschaftlichen Institutionen niedergeschlagen hat, die direkt wie durch ihre Wirkung auf andere Institutionen die sich herausbildenden modernen Gesellschaften als Nationalgesellschaften geformt und so das Alltagsleben ihrer Angehörigen nationalisiert haben. Wie soziale Wirklichkeit überhaupt ist so auch die Nation eine gesellschaftliche Konstruktion; das heißt aber weder, daß ihre Konstruktion eine Sache des intellektuellen oder politischen Beliebens sei, noch daß sie sich nicht gegenüber ihren Urhebern verselbständigte und zu einer eigenen Realität würde, die neue Verhältnisse schafft und die ihre Angehörigen überformt. Unübersehbar prägt ja die Nation das Verhalten und die Verhaltensbereitschaften, die Mentalität und die Werthaltungen der Menschen mit, war und ist sie für eine Auskristallisierung und Tradierung spezifischer nationaler Verhaltensfiguren in den unterschiedlichsten Bereichen, für die Existenz und Attraktivität nationaler Typen (›John Bull‹ usw.) verantwortlich, die früher vor allem unter dem Stichwort des Nationalcharakters thematisiert wurden«.[12]

B Nation und Religion

Auch wenn man, um die sachliche Komplexität zu begrenzen, unter Religion nur die traditionellen Weltreligionen – und hier wieder die Erlösungsreligionen, besonders das Christentum und dessen wichtigste Konfessionen – verstehen möchte, spaltet sich die allgemeine Frage nach deren innerem und äußerem Verhältnis zur Nation, zu nationaler Identität und Nationalismus zwangsläufig in eine Fülle von Einzelfragen auf. Um diese Fragen in systematischer Absicht wiederum zu bündeln, dürfte eine konzeptuelle Vorgabe in der Form einer Unterscheidung von drei Ebenen, einer psychosozialen, einer politisch-institutionellen und einer fundamentalen Ebene von Nutzen sein. Auf jeder dieser Ebenen wären dann die nach Raum und Zeit stark variierenden empirischen Ausprägungen dieses Verhältnisses zu bestimmen, das ja, formal betrachtet, von

---

[12] Estel und Mayer, Vorwort, in: dies. (Hrsg.) a.a.O. 1994, 8.

einem kompromißlosen Antagonismus über ein beziehungsloses Nebeneinander bis hin zur wechselseitigen Verstärkung und der (faktischen) Koinzidenz reichen kann.

I. Zum Verhältnis auf der psycho-sozialen und der politisch-institutionellen Ebene

Zur psycho-sozialen Ebene gehören Sachverhalte, die als Fragen so formuliert werden können: Welche religiös-kirchlichen Gegebenheiten, wie etwa der nähere Charakter der sozial relevanten dogmatischen Gehalte sowie deren pastorale Vermittlung, tragen unter welchen sozio-ökonomischen und kulturellen Bedingungen typischerweise dazu bei, daß sich die Menschen mit dem säkularen Projekt der modernen Nation identifizieren – oder eben nicht identifizieren. Welche Rolle spielen, im besonderen, die Religionen bzw. Konfessionen und die ihnen zugeordnete personale Religiosität bei dem in der Moderne immer wieder zu beobachtenden Ablaufschema (und dessen Modifikation), nach dem zuerst Angehörige der Intelligenz und entwurzelte städtische Massen, zuletzt aber und mit geringster Intensität die seßhafte Landbevölkerung vom Nationalismus ergriffen werden? Und was sind die typischen Formen und Muster, mit denen nationale Bewegungen um die Identifikation der Menschen mit der Nation werben oder in denen sich die vorhandene individuelle und kollektive Identifikation äußert? Entstehen sie gleichsam autonom oder sind sie gewöhnlich unschwer als profanierte Verehrungen des traditionell Göttlichen erkennbar[13]? Doch vor allem: Wie fällt das Verhältnis nationaler und religiöser Bewußtseinsinhalte bei den Angehörigen der modernen Nationen empirisch eigentlich aus?

Die politisch-institutionelle Ebene bezieht sich auf das Mit- und Gegeneinander von religiösen und nationalen Institutionen bzw. Führungsinstanzen. Die moderne Nation ist ein grundsätzlich säkulares Projekt; kollektiver Wohlstand, kollektive Macht und Würde, personale Freiheit, soziale Gerechtigkeit und eine alle Nationsangehörigen umfassende Gemeinschaft sowie eben die der Nation angemessene Stellung im Kreis der anderen Nationen sollen ja schon oder ausschließlich auf Erden erreicht werden. Durch diese Diesseitsorientierung ist eine grundsätzliche Spannung zwischen Nation und Religion unaufhebbar (vgl. unten). Es verwundert daher nicht, daß z. B. die katholische Kirche auf ihrer Wiener Synode von 1849 dem »Völkerfrühling« dieser Zeit nicht nur aus Legitimitätsgründen mit der entschiedenen theologischen Auskunft zu begegnen suchte, daß die Nationen selbst nur einen »Rest des Heidentums und die Verschiedenheit der Sprache ... eine Folge der Sünde und des Abfalls von Gott» darstellten[14].

Sind Förderungen nationaler Belange auf katholischer Seite, ihrer eigentlichen Intention nach, also eher nur taktischer Art, so ist die Verbindung der protestantisch-reformierten und erst recht der orthodoxen Kirchen, die oft direkte Nationalkirchen sind, zu »ihren« Nationen durchschnittlich viel enger. In einem leider vereinzelt gebliebenen Artikel zur Missionspolitik der orthodoxen und anderer Kirchen in Osteuropa vor dem 1. Weltkrieg hat NEURATH 1915 den innigen Zusammenhang kirchlicher Ausdehnungsbestrebungen, besonders der russischen Orthodoxie mit nationalen Expansionstendenzen dargestellt; Studien dieser Art wiederaufzunehmen, erscheint um so dringlicher, als (sieht man von spektakulären Sonderfällen wie der Verbindung von Nationalsozialismus und

[13] Zu dieser letzteren Frage, die jedenfalls für den europäischen Raum generell zu bejahen ist, siehe u. a. HAYES, 1929, 85–113 und 1960 sowie wiederum MOSSE 1976.

[14] Nach Hertz, 1927, 77.

vor allem evangelischer Kirche ab) neuere Untersuchungen zum Einfluß der modernen nationalstaatlichen Instanzen auf die innere und äußere Politik – darunter auch: die koloniale Mission – der verschiedenen (Landes-)Kirchen dünn gesät sind[15]. Ferner mangelt es immer noch an Arbeiten, die darum bemüht sind, den Einfluß des »Faktors« Religion auf die Bildung der modernen, gerade auch der europäisch-westlichen Nationen systematisch herauszuarbeiten. Und zwar schon im Sinne einer Untersuchung der Rolle der allgemeinen, dem Christentum eigentümlichen Züge für die horizontale Bildung der Nationen (u. a. der Idee der Brüderlichkeit), wie sie schon HERTZ in Gegenüberstellung zu den Charakteristika des Islam angesprochen hat.[16] Aber auch des Einflusses der Kirchen bzw. religiöser Interessen überhaupt auf den politisch-staatlichen Zusammenschluß der betreffenden Bevölkerungen (und der Entstehung eines entsprechenden (vor)nationalen Bewußtseins)[17], oder, mehr im Sinne aktueller Nationsverständnisse und in der Nachfolge von E. TROELTSCH (1911, 1912), der kirchlich-konfessionellen Prägung der jeweiligen kollektiven, wiederum vornationalen wie nationalen Identitäten sowie entsprechender, sachlich wie immer verfließender Sozialcharaktere[18].

II. Aspekte des fundamentalen Verhältnisses von Nation und Religion

Die fundamentale Ebene endlich bezieht sich auf das Verhältnis von Religion und Nation(alismus) nach ihrem jeweiligen internen Charakter sowie auf die Logik der Konsequenzen beider Wissenstypen für die Errichtung gesamtgesellschaftlicher Ordnungen. Der erste Aspekt wird herkömmlich unter dem Stichwort des Nationalismus als eines Religionsersatzes oder einer Ersatzreligion thematisiert[19]. Und in der Tat, auf einer gleichsam phänomenologischen Ebene sind die Ausdrucksformen des Nationalismus im jedenfalls von Haus aus christlichen Bereich zu denen der traditionellen Religion verblüffend ähnlich; dementsprechend begreift bereits HAYES den Nationalismus als Religion mit eigenen Ritualen bzw. einem eigenen »Kult«, einer eigenen »Theologie« (als »mehr oder weniger systematischer Sammlung offizieller Lehren«) und auch eigenen »Volksmythen«[20]. Eine Sichtweise indes, die den Nationalismus

---

15 Siehe immerhin H. ZILLEßEN (Hrsg.), Volk – Nation Vaterland, 1970, sowie, freilich unbefriedigend, K. HAMMER, Weltmission und Kolonialismus, 1978.

16 1927, 77ff.

17 Dies gilt selbst für ein zentrales Thema der früheren deutschen Geschichtsschreibung, nämlich den Zusammenhang von Reformation und nationalen deutschen Bestrebungen bzw. der (vertieften) Spaltung der Nation (vgl. RANKE 1926 oder JOACHIMSEN 1910 und 1951), das, wie H. THOMAS, Die Deutsche Nation und Martin Luther, Historische Zeitschrift, 105 (1985), 427ff., noch 1985 festgestellt hat, jedenfalls in der zeitgenössischen deutschen Reformationsgeschichtsschreibung keine Beachtung mehr findet. Siehe (inzwischen) aber A. G. DICKENS, The German Nation and Martin Luther, 1976, H. LUTZL, Das Ringen um deutsche Einheit und kirchliche Erneuerung 1490–1648, 1983, H. RABE, Reich und Glaubensspaltung, 1989, sowie H. SCHILLING, Aufbruch und Krise, 1988.

18 Vgl. dazu neuerdings M. HECKEL, Gesammelte Schriften (hg. von K. SCHLAICH), 1989, Bd. 2, 773–911, C. HILL, Protestantismus, Pamphlete, Patriotismus und öffentliche Meinung, in B. GIESEN (Hrsg.) 1991, 100–120, H. SCHILLING, Die Konfessionalisierung im Reich, in: Historische Zeitschrift, (246) 1988, 1–45, und besonders 1991, 192–252 (sowie die dort angegebene zusätzliche Literatur).

19 So z. B. WINKLER, Einleitung, in: ders. (Hrsg.), 1978, 5–46 (6).

20 a. a. O. 1929, 100 und 103.

bzw. die nationale Identität überhaupt als bloßen Religionsersatz, d. h. als (minderwertige) Folge einer irreligiös gewordenen Welt ansieht[21], ist schon empirisch nicht haltbar, wie z. B. die durchschnittliche harmonische Verbundenheit von Religiosität und ausgeprägtem Nationalbewußtsein bei Iren, Basken, Ungarn oder Polen zeigt[22]. Eine angemessenere Bestimmung des inneren Verhältnisses beider Wissensarten sollte sich vielmehr zunächst um die präzisere Feststellung ihrer (funktionalen) Gemeinsamkeiten bemühen. In beiden Fällen handelt es sich nämlich wesentlich um nomisches Wissen, genauer: um symbolische Sinnwelten mit der Grundfunktion, tendenziell sämtlichen Wirklichkeitserscheinungen ihren »Rang in einer Hierarchie des Daseins« zuzuweisen, und insbesondere »die Reichweite des Gesellschaftlichen in dieser Hierarchie« zu bestimmen[23].

Nun läßt ein genauerer Blick auf den inhaltlichen Kernbestand des nationalen Wissens freilich auch gravierende Differenzen zur Religion erkennen, die man schlagwortartig mit Partikularismus, Machbarkeitsglaube und eben Dieseitsorientierung bezeichnen kann. Schon die historischen Ursprünge der Erlösungsreligionen verweisen darauf, daß ihre vergemeinschaftenden Institutionen in grundsätzlicher Spannung zu den partikularen Heilsorientierungen und -institutionen ethnischer und (quasi-)nationaler Art stehen; denn die Bildung entsprechender Gemeinden war ja grundsätzlich gegen die sonst ziemlich selbstverständliche Verbindung von ethnisch-politischer Zugehörigkeit und der Verehrung regional beschränkter und zugleich exklusiver Volks- oder Staatsgötter gerichtet. Dementsprechend liegen die Erlösungsreligionen mit ihrem universalistischen Anspruch und ihrer daran orientierten Praxis auch quer zu der modernen, heilsrelevanten Einteilung der Menschen nach Nationen, während eine solche Einteilung gerade zum Kern des nationalen Wissens gehört. Ähnliche grundlegende Differenzen zur Religion finden sich auch hinsichtlich der beiden anderen Aspekte. Denn wie schon angedeutet, die Grundfigur dieses Wissens besteht, von innen bzw. als Verheißung gesehen, in der Auffassung, daß (um es wieder auf die Nationskonstitution hin zu formulieren) den eine bestimmte Bevölkerung bildenden Menschen ein realistisches Glück auf Erden, d. h. Wohlstand, kollektive Macht und Ehre zu erreichen möglich sei, wenn sie sich nur, im Einklang mit der natürlichen Ordnung der Dinge, als Angehörige eines eigenen, schicksalhaften und, gewöhnlich, mit einer besonderen Begabung bzw. Sendung ausgestatteten Großkollektivs erkennen würden.

Diese Grundsituation muß überall dort, wo es universalistische Erlösungsreligionen gibt und die moderne Nation Einzug hält oder gehalten hat, Menschen dazu motivieren, die ursprünglich in Europa anläßlich des Investiturstreits entwickelte Scheidung von weltlichen und geistlichen Dingen, Ordnungen und Gewalten in der einen oder anderen Form zu übernehmen, um auf diese Weise die ausdrücklichen und die stillen Forderungen der Religion wie der Nation miteinander verträglich zu machen. Gefördert wird diese personale Harmonisierung freilich auch durch eine typische Selbstbescheidung der politischen – oft jedoch nicht: der ideellen – Zentren beider Gewalten. Denn anders als bei der Geburt der modernen Nation, der Revolution von 1789, neigen sie in den dauerhaft etablierten Nationalgesellschaften dazu, ihre jeweiligen Gestaltungs- und Geltungsansprüche faktisch so zu begrenzen, daß den Menschen die normalerweise unproblematische Möglichkeit bleibt, Gläubige ihrer religiösen wie

---

[21] So z. B. H. L. Koppelmann, Nation, Sprache und Nationalismus, 1956, 117f.

[22] Vgl. auch K. R. Minogue, Nationalismus, 1970, 158f.

[23] Berger und Luckmann 1969, 110.

Bürger der intendierten nationalen Gemeinschaft zu sein. Allerdings häufen sich gerade in den Kulturräumen, die diese Scheidung traditionell nicht kennen, die Gegenbeispiele: Derzeit stoßen bekanntlich in einer Reihe islamischer Länder nationale und religiöse (»fundamentalistische«) Forderungen hart aufeinander.

Literatur

BAUER, O., Die Nationalitätenfrage und die Sozialdemokratie, (1907) 1924; BERGER, P. L. und LUCKMANN, T., Die gesellschaftliche Konstruktion der Wirklichkeit, 1969; BOERNER, P. (Hrsg.), Concepts of National Identity, 1986; CONZEMIUS, V., Kirchen und Nationalismen im Europa des 19. und 20. Jahrhunderts, in: A. LANGNER, a. a. O. 1985, 11–50; DEUTSCH, K. W., Nationalism and Social Communication, 1966; ESTEL, B., Gesellschaft ohne Nation?, in: Sociologia internationalis, 26 (1988), 175–207; ders., Grundaspekte der Nation, in: ders. und T. MAYER (Hrsg.), Das Prinzip Nation in modernen Gesellschaften, 1994, 13–81; FOUGEYROLLAS, P., La nation. Essor et déclin des sociétés modernes, 1987; GELLNER, E.: Nations and Nationalism, 1983; GIESEN, B. (Hrsg.), Nationale und kulturelle Identität, 1991; HABERMAS, J., Zur Rekonstruktion des Historischen Materialismus, 1976; HAYES, C. J. H., Nationalismus, 1929; ders., Nationalism: A Religion, 1960; HERTZ, F., Wesen und Werden der Nation, in: Jahrbuch für Soziologie III, 1. Ergänzungsband, 1927, 1–88; HÜBNER, K.: Das Nationale, 1991; KOHN, H., Die Idee des Nationalismus, 1950; KOSELLECK, R. u. a., Volk, Nation, Nationalismus, Masse, in: O. BRUNNER, W. CONZE und R. KOSELLECK (Hrsg.), Geschichtliche Grundbegriffe, Bd. 7, 1992, 141–431; KREJCI, Y. und VELIMSKY, V., Ethnic and Political Nations in Europe, 1981; LANGNER, A. (Hrsg.), Katholizismus, nationaler Gedanke und Europa seit 1800, 1985; LEMBERG, E., Nationalismus, 2 Bde., 1964; MEINECKE, F., Weltbürgertum und Nationalstaat, 1908; MOMMSEN, H., Nationalismus, Nationalitätenfrage, in: C. D. KERNIG (Hrsg.), Sowjetsystem und demokratische Gesellschaft, 1971, Bd. 4, Sp. 623–669; MOSSE, G. L., Die Nationalisierung der Massen, 1976; ders., Nationalismus und Sexualität, 1985; RENAN, E., Qu'est-ce qu'une nation? (1882), in: ders., Œuvres complètes, 1947, Bd. 1, 887–906; SCHILLING, H., Nationale Identität und Konfession in der europäischen Neuzeit, in: B. GIESEN (Hrsg.), a. a. O. 1991, 192–252; SMITH, A. D., Theories of Nationalism, 1983; ders., The Ethnic Origins of Nations, 1986; ders., National Identity, 1991; TIRYAKIAN, E. A. und ROGOWSKI, R. (Hrsg.), New Nationalisms of the Developed West, 1985; TROELTSCH, E., Die Bedeutung des Protestantismus für die Entstehung der modernen Welt, 1911; ders., Die Soziallehren der christlichen Kirchen und Gruppen, 1912; WEIDENFELD, W. (Hrsg.), Die Identität der Deutschen, 1983; ders. (Hrsg.), Die Deutschen und die Architektur des Europäischen Hauses, 1990; WINKLER, H. A., Einleitung: Der Nationalismus und seine Funktionen, in: ders. (Hrsg.), Nationalismus, 1978, 5–46; ders., Nationalismus in der Welt von heute, 1982; ZIEGLER, H. O., Die moderne Nation, 1931.

Bernd Estel

Nativismus

Als Nativismus (zu lat. *nativus* »angeboren«, »natürlich«) wird in der Ethnologie und Religionssoziologie die Bestrebung einer sozialen Gruppe bezeichnet, angesichts der Zerstörung ihrer Kultur an eigenen Werten festzuhalten bzw. auf sie zurückzugreifen und fremde Kultureinflüsse zurückzudrängen. Der Begriff wurde 1943 von RALPH LINTON in die Ethnologie eingeführt und gilt nach seiner Definition für »jeden bewußten, organisierten Versuch seitens der Mitglieder einer Gesellschaft, ausgewählte Aspekte ihrer Kultur wiederzubeleben oder zu verewigen«.[1] Nativistische Bewegungen können als Reaktion auf Fremdherrschaft, koloniale Überlagerung, Akkulturationsdruck oder kulturelle Überfremdung entstehen. Durch die Ausrichtung auf bestimmte Elemente der eigenen Tradition, die den dominanten politischen, wirtschaftlichen, geistigen und religiösen Formen entgegengestellt werden, glauben die Anhänger solcher Bewegungen, einen neuen, besseren Zustand herbeiführen zu können. WILHELM E. MÜHLMANN hat in seiner Auseinandersetzung mit LINTONs Definition vorgeschlagen, die »ausgewählten Aspekte ihrer Kultur« durch den Zusatz »so wie die betreffenden Menschen diese verstehen«[2] zu erweitern. Die eigenen Errungenschaften, die eine Gruppe zur Wiederherstellung des erschütterten Selbstgefühls betont, müssen nach dieser Bestimmung keine wirklich indigenen sein, sondern können sich auch auf übernommene Kulturgüter und Ideen beziehen, die als eigene gedeutet werden. So mögen z. B. afrikanische Nativisten erklären, Jesus sei ein Schwarzer gewesen, oder Anhänger eines melanesischen Cargokults glauben, daß die neuen westlichen Güter von den eigenen Ahnen hergestellt worden und ihnen zugedacht gewesen, aber von den Weißen vorher entwendet worden seien. Die Geistertanzbewegung der nordamerikanischen Indianer im letzten Viertel des 19. Jahrhunderts weist deutlich nativistische Züge auf. Ihre Anhänger waren überzeugt, daß die Weißen und ihre Kultur samt allen Indianern, die sich ihr zugewandt hatten, in einem bevorstehenden Weltuntergang zugrunde gehen würden und nur jene die Katastrophe überleben könnten, die zuvor zu den alten indianischen Lebensformen zurückgekehrt waren und an den Kulttänzen teilgenommen hatten (MOONEY). Die Lehre des sog. *Burkhanismus*, die sich 1904 in Westsibirien ausbreitete, verkündete die baldige Rückkehr von OIROT KHAN, der die Russen vertreiben und den Altai-Türken die einstige Unabhängigkeit wiederbringen sollte. Unter den Geboten, die die Anhänger zu befolgen hatten, waren eine Reihe eindeutig antirussischer Vorschriften (KRADER). Im Mittelpunkt verschiedener melanesischer *Cargokulte* stand die Erwartung, daß die Ahnen wiederkommen und der Herrschaft der Weißen ein Ende bereiten würden. Gleichzeitig mit ihrer Ankunft erhoffte man sich den Anbruch einer neuen Ära des Friedens und materiellen Wohlstands (WORSLEY). Auch in zahlreichen afrikanischen und südamerikanischen Bewegungen und Kulten findet sich die Vorstellung, daß die Hinwendung zu bestimmten traditionellen Gewohnheiten und Anschauungen die Befreiung von der fremden Herrschaft nach sich ziehen wird (LANTERNARI).

Ursprünglich entwickelt, um außereuropäische Bewegungen des 19. und 20. Jahrhunderts zu charakterisieren, die im Zuge der kolonialen Expansion entstanden waren, wurde der Begriff ›nativistische Bewegungen‹ zunehmend auch für ähnliche Phänomene in westlichen Ländern und für historisch zurückliegende Bewegungen verwandt (z. B. für den Aufstand der nordafrikanischen Circumcellionen im 3. Jh. oder die hussitische Bewegung im europäischen Mittelalter). Im Unterschied zu anderen gebräuchlichen Bezeichnungen und Typologieversuchen – chiliastische, millenarische, messianische, revivalistische, utopistische Bewegungen und Heils- und Prophetenbewegungen – stellt er die fremdenfeindlichen Tendenzen und die besondere Betonung der eigenen Kultur als entscheidende Kennzeichen in den Vordergrund der Betrachtung. Neben diesen Momenten lassen sich jedoch in der Regel auch andere wichtige Aspekte nachweisen, deren Nichtbeachtung zu einer einseitigen Darstellung führt, etwa die Hoff-

[1] LINTON, Nativistische Bewegungen, 390.
[2] MÜHLMANN, Chiliasmus und Nativismus, 10.

nung auf Heil in Gestalt einer sozialen und geistigen Erneuerung der Gesellschaft, das Auftreten von Propheten als Mittler zwischen Altem und Neuem, die Erwartung eines messianischen Reichs des Friedens und der Gerechtigkeit.

Literatur

KRADER, L., A Nativistic Movement in Western Siberia, in: American Anthropoligist 58 (1956) 282–292; LANTERNARI, V., Religiöse Freiheits- und Heilsbewegungen unterdrückter Völker, 1968; LINTON, R., Nativistic Movements, in: American Anthropologist 45 (1943) 230–242, dt.: Nativistische Bewegungen, in: SCHMITZ, C. A. (Hrsg.), Religionsethnologie, 1964, 390–403; MÜHLMANN, W. E., Chiliasmus und Nativismus. Studien zur Psychologie, Soziologie und historischen Kasuistik der Umsturzbewegungen, ^{2}1964; MOONEY, J., The Ghost-Dance Religion and Wounded Knee, (1896) 1973; WORSLEY, P., The Trumpet Shall Sound. A Study of ›Cargo‹-Cults in Melanesia, 1968, dt.: Die Posaune wird erschallen, 1973.

Brigitte Luchesi

→*Apokalyptik / Chiliasmus / Messianismus, Cargokult, Imperialismus / Kolonialismus, Krise*

Naturgottheiten

A Zum Begriff I. Begriffsbestimmung II. Begriffsgeschichte B Theorien über die Entstehung von Naturgottheitsvorstellungen I. Der phänomenologische Ansatz II. Der psychologische Ansatz III. Der soziologische Ansatz IV. Neuere Ansätze C Religionshistorischer Teil I. Naturgottheiten und gesellschaftliches Naturverhältnis II. Religionshistorische Beispiele III. Der Übergang von naturbereichs- zu bereichsunabhängigen Gottheiten

A Zum Begriff

I. Begriffsbestimmung

Als Naturgottheiten sind in der älteren religionswissenschaftlichen Terminologie jene Gottheiten bezeichnet worden, von denen man annahm, daß sie personifizierte Naturerscheinungen darstellten. Diese Begriffsbestimmung ist jedoch zunehmend problematisch geworden. Denn reine Naturgottheiten im Sinne jener klassischen Definition sind religionshistorisch nicht nachweisbar. Vielmehr ist der Naturaspekt immer nur ein, wenn auch häufig dominanter Aspekt der herkömmlicherweise als Naturgottheiten bezeichneten Gottheiten. Auf der anderen Seite gibt es allerdings auch kaum Gottheiten – es sei denn in bestimmten philosophischen Systemen wie etwa dem des →Deismus – die so abstrakt gefaßt wären, als daß sie nicht auch einen bestimmten Naturaspekt mitumfaßten. Sinnvoller erscheint es daher, unter Naturgottheiten solche Gottheiten zu verstehen, die vornehmlich, wenn auch nicht ausschließlich, einen bestimmten Naturbereich repräsentieren und als von diesem Naturbereich abhängig gedacht werden.

II. Begriffsgeschichte

Der Begriff Naturgottheiten ist aus der Rezeption antiker Göttergestalten in der Renaissance und im Klassizismus hervorgegangen, und die starke Hervorhebung der Naturseite dieser Gottheiten in Kunst, Philosophie und Literatur der Zeit steht offensichtlich in Zusammenhang mit dem Protestpotential, das sie in ihrer Rolle als Gegenbilder nicht nur zur herrschenden Religion, sondern auch zum »desakralisierten«, mechanistischen Naturverständnis der Neuzeit verkörperten[1]. Innerhalb der Religionswissenschaft selbst ist der Begriff wesentlich von den Vertretern der →naturmythologischen Schule im 19. Jahrhundert geprägt worden. Durch seine Verknüpfung mit der u. a. von F. M. MÜLLER aufgestellten Theorie, der zufolge die Verehrung personifizierter Naturerscheinungen bereits ein erstes Verfallsstadium einer ursprünglicheren und reineren →Naturreligion darstellte, ist die methodische Brauchbarkeit des Begriffs lange Zeit erheblich eingeschränkt worden.

B Theorien über die Entstehung von Naturgottheitsvorstellungen

Die zum Teil auf dieser Annahme MÜLLERs basierenden, zum Teil aber auch gegen sie oder unabhängig von ihr entwickelten Theorien über die Entstehung von Naturgottheitsvorstellungen lassen sich in phänomenologische, psychologische und soziologische Erklärungsmodelle unterteilen, wobei allerdings die Übergänge zwischen den einzelnen Ansätzen fließend sind.

I. Der phänomenologische Ansatz

Dem phänomenologischen Ansatz zufolge werden in den Naturgottheiten nicht die Naturgegenstände und -kräfte selbst verehrt, sondern vielmehr die übermenschliche Macht, die sich in ihnen offenbart. Dabei wird häufig der besonders beeindruckende Charakter bestimmter Naturobjekte dafür verantwortlich gemacht, daß vorzugsweise diese – wie etwa der Himmel, die Sonne etc. – als Manifestationen eines sich zeigenden Göttlichen aufgefaßt und angebetet werden.[2]

II. Der psychologische Ansatz

Dem psychologischen Ansatz entsprechend liegt der Entstehung der Naturgottheitsvorstellungen die Projektion eines menschlichen Agens in die Naturerscheinungen

---

[1] Vgl. z. B. FRIEDRICH SCHILLERs »Die Götter Griechenlands«

[2] Vgl. u. a. G. VAN DER LEEUW, Phänomenologie der Religion, ^{2}1956, pass., SÖDERBLOM, Gottesglaube, pass.

zugrunde. Ihre spezifische Ausprägung haben die von dieser Grundannahme ausgehenden Theorien je nachdem erfahren, ob – wie z. B. bei E. B. TYLOR oder J. G. FRAZER – ein stärkeres Gewicht auf den rational-erklärenden Charakter einer solchen anthropomorphen Naturauffassung oder aber – wie z. B. bei W. WUNDT und E. CASSIRER – ein stärkeres Gewicht auf die durch den Projektionsvorgang ermöglichte Objektivierung der durch bestimmte schreckenerregende Naturvorgänge ausgelösten Gefühle im Sinne einer Affektstabilisierung gelegt wurde.

III. Der soziologische Ansatz

Dagegen betrachtet der insbesondere von É. DURKHEIM vertretene und in seiner Nachfolge weiterentwickelte soziologische Ansatz als eigentliches Projektionssubstrat der Naturgottheitsvorstellungen nicht das menschliche Individuum, sondern die Gesellschaft selbst bzw. bestimmte soziale Funktionsgruppen[3] innerhalb einer gegebenen Gesellschaft. Naturgottheiten stellen dieser theoretischen Auffassung zufolge kollektive Repräsentationen dar, in denen – ähnlich wie im → Totemismus, aus dem sie auch hervorgegangen sein sollen – die sozialen Strukturen der jeweiligen Gesellschaft reflektiert werden.

IV. Neuere Ansätze

In Fortführung dieses Ansatzes sowie im Anschluß an C. LÉVI-STRAUSS' Theorie des »wilden Denkens« ist ein neues Erklärungsmodell entwickelt worden, das die Entstehung von Naturgottheitsvorstellungen aus den Besonderheiten des kosmogonischen Weltbildes archaischer und rezenter schriftloser Gesellschaften ableitet.[4] Dieses Weltbild ist dadurch gekennzeichnet, daß die Natur in Analogie zur Kultur und die Kultur in Analogie zur Natur gedeutet wird. Als evolutives Produkt eines solchen Deutungssystems repräsentieren die als handelnde Wesenheiten vorgestellten Naturgottheiten bestimmte Naturbereiche, deren gegenseitige Beziehungen den zwischen den Geschlechtern, den zwischen sozialen Gruppen oder auch den zwischen Herrschern und Untertanen bestehenden homolog sind. Der besondere Vorzug dieses Erklärungsmodells besteht darin, daß es ermöglicht, den dominanten Naturaspekt einer bestimmten Gottheit zu deren übrigen Aspekten in eine intelligible Beziehung zu setzen. Wenn z. B. in vielen Religionen der Himmel das väterliche, die Erde aber das mütterliche Prinzip verkörpert, dann deshalb, weil der periodisch immer wieder aufgehobene Gegensatz zwischen diesen beiden, tagsüber scheinbar getrennten und nachts vereinten Naturbereichen als kosmisches Paradigma der Geschlechterspannung aufgefaßt werden kann. Es handelt sich bei diesen Beziehungen allerdings keineswegs um notwendige Beziehungen in dem Sinne, daß sie immer und überall auftreten müßten. Da die den Naturerscheinungen in bestimmten Religionen zugeschriebene Bedeutung wesentlich davon abhängt, inwieweit sie mit den Sozialstrukturen der entsprechenden

---

3 Vgl. SWANSON, Gods.

4 Vgl. M. GODELIER, Mythos und Geschichte, in: EDER, K. (Hrsg.), Die Entstehung von Klassengesellschaften, 1973, 301–329; EDER, Staatlich organisierte Gesellschaften, 50ff.; DÖBERT, Systemtheorie, pass.

Gesellschaften korrespondieren und wie groß dementsprechend ihr kognitives Potential ist, kann der den einzelnen Naturphänomenen bzw. -gottheiten zugeschriebene symbolische Wert nicht nur von Kultur zu Kultur, sondern auch historisch innerhalb einer Kultur variieren, wie es z. B. in der Geschichte der griechischen Religion die Verwandlung von himmlischen in chthonische und von chthonischen in himmlische Gottheiten zeigt[5].

C Religionshistorischer Teil

I. Naturgottheiten und gesellschaftliches Naturverhältnis

Die Grenze des soeben skizzierten Erklärungsmodells besteht indes in der ihm impliziten Theorie von der Arbitrarität des Zeichens. Denn welche Naturbereiche personalisiert und als Naturgottheiten konzipiert werden, ist nicht allein dadurch bedingt, wie gut sie sich zur symbolischen Repräsentation der bestehenden sozialen Verhältnisse eignen, sondern hängt zugleich auch von der Umwelt und der Ökonomie der betreffenden Kultur ab, d. h. von ihrem jeweils besonderen gesellschaftlichen Naturverhältnis. Hier bewährt sich wiederum der psychologische Ansatz. Je größer nämlich die Bedeutung eines bestimmten Naturbereichs für eine Gesellschaft ist, desto stärker scheint er auch von ihren Angehörigen mit positiven oder negativen Affekten besetzt zu werden, wie sie vor allem in den Naturgottheiten geltenden Kulthandlungen bis hin zum Menschenopfer und zur Selbstopferung der Gottheit zum Ausdruck gelangen, in kollektiven Akten also, die eine substantialistischere Auffassung der jeweiligen Naturgottheiten zur Grundlage haben müssen, als die Zeichentheorie sie tendenziell unterstellt.

II. Religionshistorische Beispiele

Handelt es sich dabei auch keineswegs um feste Relationen, so lassen sich doch anhand religionshistorischen Vergleichsmaterials bestimmte Beziehungen zwischen den äußeren Lebensbedingungen, den Sozialstrukturen und der Wirtschaftsform einer Kultur auf der einen und dem Typus der von ihr konzipierten Naturgottheiten auf der anderen Seite herstellen. So sind z. B. Tiergottheiten vor allem in solchen Jäger- und Sammlergesellschaften anzutreffen, in denen die von den Männern betriebene Jagd eine wichtige ökonomische Ressource darstellt. Der Übergang zu totemistischen Clangottheiten ist dabei häufig fließend, und der soziale Repräsentationscharakter der entsprechenden Gottheiten oft weit ausgeprägter als ihr personaler Charakter. Die am stärksten personalisierte Naturgottheit dieses Typus ist die vor allem in den rezenten Gesellschaften Sibiriens, Nordamerikas und Afrikas verbreitete Vorstellung eines »Herrn der Tiere«, der häufig auch zugleich als »Herr des Waldes« aufgefaßt wird und wegen seiner doppelt existenzsichernden Funktion für die entsprechenden Jäger- und Sammlerkulturen besondere Verehrung erfährt.[6] Wie wenig allerdings ein direkter Schluß von Wirtschaftsform und geschlechtsspezifischer Arbeitsteilung auf die jewei-

---

5 Vgl. S. Wide, Chthonische und himmlische Götter, in: AR X (1907) 257–268.

6 Vgl. Pettazzoni, Der allwissende Gott, 86ff.

ligen Gotteskonzeptionen zulässig ist und wie sehr in diese zugleich auch immer die Geschlechterspannung Eingang findet, zeigt als Gegenbeispiel die Gestalt einer »Herrin der Tiere« in vielen historischen Religionen des europäischen Raums. Auch Pflanzen-, Vegetations- und Erdgottheiten sind nicht allein in den Hackbaukulturen, in denen die Arbeit der Frauen von großer ökonomischer Bedeutung war, besonders verehrt worden (→Dema-Gottheiten), sondern ebenso auch in frühen Pflugbau- und Bewässerungskulturen zu finden. Daß dabei Fruchtbarkeit keineswegs notwendig mit dem weiblichen Prinzip assoziiert wird, zeigen die Gottesvorstellungen vieler altorientalischer Kulturen, bei denen einer als Muttergestalt aufgefaßten Erd- oder Unterweltsgöttin häufig ein als Jüngling konzipierter, periodisch sterbender und wiederauferstehender Vegetationsgott gegenübersteht[7]. Entsprechend der großen Bedeutung, die die Beobachtung der Gestirnsbewegungen für Agrargesellschaften mit entwickelter Bewässerungstechnik hat, spielen Sonnen-, Mond- und Astralgottheiten im reich entwickelten Pantheon dieses Gesellschaftstypus eine wichtige Rolle. Als Beispiele können die altägyptische Religion, die Religionen des mesopotamischen Zweistromlandes und die Religion der Azteken gelten.

III. Der Übergang von Naturbereichs- zu bereichsunabhängigen Gottheiten

Je höher der soziale und ökonomische Komplexionsgrad von Gesellschaften im Übergang von archaischen zu staatlich organisierten Formationen und je größer dementsprechend der Handlungsspielraum des einzelnen wird, desto stärker scheinen auch die Tendenzen zur Personalisierung ihrer jeweiligen Gottheiten hervorzutreten.[8] In diesem Stadium gesellschaftlicher Evolution läßt sich verfolgen, wie sich die Naturgottheiten gegenüber ihren Naturbereichen in dem Sinne verselbständigen, daß sie nun nicht mehr als mit diesen identisch gedacht, sondern vielmehr als autonome und spontan handelnde Wesenheiten aufgefaßt werden, die eine bestimmte Natursphäre kontrollieren. Die Stellung, die eine bestimmte Gottheit in den stark differenzierten, arbeitsteilig organisierten und hierarchisch gegliederten Pantheonen solcher Gesellschaften einnimmt, bleibt indessen durch ihr ursprüngliches Natursubstrat mitbedingt. So scheinen insbesondere Himmels- und Gewittergottheiten dazu prädestiniert zu sein, im Zuge der Herausbildung polytheistischer Systeme die Position einer obersten Gottheit einzunehmen, weil sie potentiell schon immer als bereichsunabhängiger als andere Gottheiten gedacht werden konnten[9], während zugleich die stärker ortsgebundenen Meeres-, Fluß- und Berggottheiten an Bedeutung verlieren. Auch die Tatsache, daß vorzugsweise Himmelsgottheiten zum Fokus monotheistischer Glaubensvorstellungen wurden, mag sich hieraus erklären. Allerdings lassen sich unter bestimmten historischen Bedingungen auch rückläufige Tendenzen beobachten, die zu einer Renaturalisierung bzw. Relokalisierung der Gottesvorstellungen führen.[10] Beispiele hierfür finden sich nicht nur in der Geschichte des alttestamentlichen Gottesbegriffs, sondern

---

[7] Vgl. M. Brückner, Der sterbende und auferstehende Gott in den altorientalischen Religionen, 1908; Frazer, Golden Bough IV, 1912.
[8] Vgl. Döbert, Systemtheorie, 110ff.; Gladigow, Sinn der Götter, pass.
[9] Vgl. Gladigow, a. a. O.
[10] Vgl. A. Bertholet, Götterspaltung und Göttervereinigung, 1933.

auch in der bereits erwähnten neuzeitlichen Rezeptionsgeschichte antiker Naturgottheitsvorstellungen selbst.

Literatur

Dietrich, A., Mutter Erde, (1905) ³1925; Döbert, R., Systemtheorie und die Entwicklung religiöser Deutungssysteme, 1973; Durkheim, É., Les formes élémentaires de la vie religieuse, (1912) ⁵1968; Dux, G., Die Logik der Weltbilder. Sinnstrukturen im Wandel der Geschichte, 1982; Eder, K., Die Entstehung staatlich organisierter Gesellschaften. Ein Beitrag zu einer Theorie sozialer Evolution, 1976; Frazer, J. G., The Golden Bough, 12 Bde., 1911–15; ders., The Worship of Nature I, 1926; Gladigow, B., Der Sinn der Götter. Zum kognitiven Potential der persönlichen Gottesvorstellung, in: Eicher, P. (Hrsg.), Gottesvorstellung und Gesellschaftsentwicklung (Forum Religionswissenschaft 1) 1979, 41–62; James, E. O., The Worship of the Sky-God, 1963; Pettazzoni, R., Der allwissende Gott. Zur Geschichte der Gottesidee, 1960; Söderblom, N., Das Werden des Gottesglaubens. Untersuchungen über die Anfänge der Religion, (1916) ²1926; Swanson, G. E., The Birth of the Gods. The Origin of Primitive Beliefs, 1960; Titius, A., Natur und Gott, 1931; Visser, M. W. de, Die nicht-menschengestaltigen Götter der Griechen, 1903.

Karl-Heinz Kohl

→*Dema-Gottheiten, Gottesvorstellungen, Himmelsgott, Naturmythologie, Naturreligion, Vegetationskult*

Naturmythologie

I. Begriffsbestimmung II. Naturmythologische Deutungen in der Antike, in der Aufklärung und in der Romantik III. Die naturmythologische Schule IV. Das Naturverhältnis im Mythos

I. Begriffsbestimmung

Während unter Naturmythen ganz allgemein diejenigen Mythen verstanden werden können, in denen vornehmlich, aber keineswegs ausschließlich, das Verhältnis des Menschen zur Natur sowie das Verhältnis der Naturkräfte zueinander thematisiert wird, bezeichnet man als Naturmythologie im engeren Sinne jene in der Religionswissenschaft seit dem 19. Jahrhundert vertretene Theorie, der zufolge die in den Mythen handelnden Wesenheiten als Personifikationen von Naturkräften, ihr aufeinander bezogenes Handeln aber als eine Darstellung von Naturvorgängen aufzufassen seien.

II. Naturmythologische Deutungen in der Antike, in der Aufklärung und in der Romantik

Naturmythologische Deutungen sind schon aus der Antike bekannt. Als eines der frühesten Zeugnisse für eine solche Auslegung der Mythen gelten die fragmentarisch über-

lieferten Äußerungen THEAGENES' VON RHEGION; ähnliche Auffassungen sind gleichzeitig und früher wohl auch innerhalb der ionischen Naturphilosophie vertreten worden[1].
Scheint die rationalistische Deutung der Götter als Repräsentanten der Natur und ihrer Kräfte in der frühen griechischen Philosophie zunächst nur Distanz zum Mythos zu indizieren, so tritt die religionskritische Absicht der naturmythologischen Interpretation dort in aller Deutlichkeit zutage, wo sie sich – wie zum Beispiel bei DEMOKRIT[2] – mit der Vorstellung verbindet, daß die Furcht des Menschen vor schreckenerregenden Naturerscheinungen wie Donner und Blitz, Sonnenfinsternisse etc. für die Entstehung des Götterglaubens verantwortlich sei. Beide Ansätze, sowohl die Theorie von den in den Mythen verborgenen rationalen Einsichten in die Naturzusammenhänge als auch die Theorie von der Furcht vor den Naturgewalten als Ursprung der Religion, sind in der antiken wie auch in der neuzeitlichen Philosophie wiederholt aufgegriffen worden; sie haben auch innerhalb der Religionswissenschaft die Geschichte der Mythenforschung lange Zeit entscheidend bestimmt. Während die dem Neuplatonismus nahestehenden Gelehrten des Humanismus vor allem an der allegorischen Mythendeutung der Antike anknüpften, begann die Erklärung der Mythen aus der Unwissenheit und dem Erschrecken des frühen Menschen vor einer als übermächtig empfundenen Natur insbesondere in der französischen Aufklärung eine wichtige Rolle zu spielen. Im Blick auf den Fortschritt der menschlichen Vernunft zu immer größerer Vervollkommnung sah man die »Fabeln der Alten« als »Irrtümer des menschlichen Geistes« (FONTENELLE) an. Die unter dieser Prämisse erfolgende Beschäftigung mit der mythischen Überlieferung antiker und außereuropäischer Völker bei FONTENELLE, DE BROSSES, BERGIER u. a. bildete eine der Grundlagen für die Kritik an der christlichen Offenbarungsreligion im Namen einer allgemeinen »natürlichen Religion«. Eine der radikalsten Positionen vertrat in dieser Hinsicht CHARLES DUPUIS, der die Götter und Helden der alten Mythen als Personifikationen der großen Himmelserscheinungen ansah und im Rahmen seiner Theorie vom Naturkult als der ursprünglichen Religion aller Völker auch Jesus Christus zur allegorischen Sonnenfigur erklärte, seine Verehrung durch die frühen Christen aber zur Sonnenanbetung[3].
Der religionskritische Aspekt der naturmythologischen Deutung tritt in der deutschen Romantik, in der sie einen ersten Höhepunkt erreichte, fast vollständig zurück. Ihrer Forderung nach einer »Neuen Mythologie« entsprechend, entwickelt die Romantik in Reaktion auf den Vernunftglauben der Aufklärung ein durchgängig affirmatives Verhältnis zum Mythos, wie es indessen schon von H. HEYNE und J. G. HERDER vorbereitet worden war.[4]
Die »schöne Mythologie« der Antike (F. SCHLEGEL) verklärt sich zur poetischen Naturanschauung. Die Mythologie erscheint, gerade in ihren poetischen Aspekten, bald als »hieroglyphischer Ausdruck der umgebenden Natur« (F. SCHLEGEL), bald auch als allgemeine »Muttersprache« (G. F. CREUZER) der Menschheit. Die spekulativen Entwürfe der romantischen Naturphilosophie finden auch in den strenger gegenständlich orientierten Untersuchungen antiker, altorientalischer und nicht zuletzt indischer Mythen bei A. KANNE, G. WELCKER, G. F. CREUZER u. a. m. ihren Widerhall. Daß die Anschauung der Natur am Anfang aller Mythologie stand, in der man zudem die allegorisch verschlüs-

1 CAPELLE, Meteorologie.
2 Vgl. K. E. MÜLLER, Antike Ethnographie I, 181f.
3 Vgl. DUPUIS, Ursprung der Gottesverehrung, 168f.
4 Vgl. HORSTMANN, Mythosbegriff und FRANK, Der kommende Gott, pass.

selten Offenbarungsweisheiten der frühen Menschheit aufbewahrt glaubte, wurde so zu einem der dominierenden Paradigmata zeitgenössischer Mythenforschung.

III. Die naturmythologische Schule

Ein insgesamt besehen nüchterneres Verhältnis zum Mythos bahnte sich erst in der 2. Hälfte des 19. Jahrhunderts an. Es kennzeichnet auch die sog. naturmythologische Schule, als deren wichtigste Vertreter A. KUHN und F. L. SCHWARTZ in Deutschland, M. BRÉAL, A. DE MAURY, CH. POIX in Frankreich sowie F. M. MÜLLER und G. W. COX in England gelten, der lange Zeit auch W. MANNHARDT nahestand und deren Ansätze später u. a. von P. EHRENREICH und H. OLDENBERG fortgeführt wurden. Die »vergleichende Mythologie«, wie F. M. MÜLLER diese Forschungsrichtung in Analogie zur vergleichenden Sprachwissenschaft benannte, baute wesentlich auf deren Entdeckungen auf dem Gebiet der Indogermanistik auf. Theoretisch blieben ihre Vertreter aber zugleich weitgehend den Romantikern verpflichtet, deren Annahme, daß die handelnden Gestalten der Mythen Personifikationen von Naturerscheinungen darstellten, sie durch vergleichende philologische und etymologische Untersuchungen klassisch-antiker, iranischer, germanischer und vor allem indischer Texte und Volksüberlieferungen empirisch nachzuweisen suchten. »Sprachwissenschaftlich« war denn auch die Erklärung, mit deren Hilfe F. M. MÜLLER – das eigentliche Oberhaupt dieser Schule – darlegte, auf welche Weise sich der Himmel, die Sonne und andere Naturobjekte, die dem frühen Menschen zu »Offenbarungen des Unendlichen« geworden wären, in konkrete Göttergestalten verwandelt hätten. Die Mythologie selbst nämlich erschien ihm weniger als Ausdruck jener ursprünglichen, aus der Anschauung des Unendlichen in der Natur hervorgegangenen Religion denn als deren Verfallsprodukt, als welches er sie auf eine »Kinderkrankheit der Sprache«: die Hypostasierung der den entsprechenden Naturerscheinungen beigelegten »homonymen« Attribute zu Konkreta, zurückführte: »(Die Götter) sind Masken ohne Schauspieler, die Schöpfungen des Menschen, nicht seine Schöpfer; sie sind *nomina*, nicht *numina*; wesenlose Namen, nicht namenlose Wesen«.[5]

Das vermeintlich so sichere Fundament, auf dem diese und andere Naturmythendeutungen aufbauten, erwies sich allerdings als brüchig, da die voreiligen Schlüsse, zu denen die vergleichende Sprachwissenschaft gelangt war, im Zuge intensiverer Forschungen bald wieder revidiert werden mußten. Dies hatte u. a. zur Folge, daß sich die naturmythologische Schule sehr schnell in verschiedene und z. T. miteinander konkurrierende Richtungen aufspaltete. Während die einen in meteorologischen Naturvorgängen wie Regen, Sturm, Blitz und Donner den eigentlichen Schlüssel zum Mythos gefunden zu haben glaubten, wurde die Mythologie von anderen nicht weniger einseitig und summarisch als Sonnen-, Mond- oder Gestirnsmythologie interpretiert. Nicht nur die extremen Auswüchse dieser »monolithischen Theorie«[6], wie sie beispielhaft etwa F. M. MÜLLERS Versuch belegt, den Trojanischen Krieg als Sonnenmythos zu interpretieren, sondern auch und vor allem ihre mangelnde Berücksichtigung aller übrigen Dimensionen des Mythos, wie z. B. seinen Bezug zum Kult, führten dazu, daß die naturmythologische Deutung infolge der heftigen Kritik, die gegen sie zunächst

[5] F. M. MÜLLER, Essays II, 68.
[6] KIRK, Griech. Mythen, 37.

von seiten der Ethnologie (E. B. Tylor, A. Lang), dann aber auch innerhalb der Altertumswissenschaft und Indologie vorgebracht wurde, entweder erheblich modifiziert oder gänzlich aufgegeben wurde. Eine kurzlebige Renaissance erlebte die Naturmythologie indessen zu Beginn des 20. Jahrhunderts noch einmal in Form der Astralmythologie, die im Zentrum der Forschungen der sog. panbabylonischen Schule um H. Winckler und A. Jeremias stand.

IV. Das Naturverhältnis im Mythos

Die durchaus berechtigte Kritik an der Einseitigkeit naturmythologischer Deutungen hat bewirkt, daß man lange Zeit geneigt war, mit den zum größten Teil unhaltbaren Ergebnissen der Forschungen dieser Schule zugleich auch ihren spezifischen Ansatz als längst erledigt anzusehen. Rückblickend kann man demgegenüber festhalten, daß die Naturmythologen des 19. Jahrhunderts ein zentrales Problem zwar erkannt, zu seiner Lösung aber eine in der Tat nur wenig befriedigende Antwort gegeben haben. Denn zweifellos richtig ist, daß in vielen Mythen nicht nur der Völker der indogermanischen Sprachfamilie, sondern auch vieler altorientalischer Kulturen und rezenter außereuropäischer Gesellschaften der Bezug auf Naturerscheinungen und Naturvorgänge eine außerordentlich wichtige Rolle spielt. Unzureichend und gewissermaßen tautologisch erscheint freilich die Auffassung, daß es den Urhebern der entsprechenden Mythen lediglich darum gegangen sei, jene offensichtlichen Naturphänomene in Form von allegorisch verkleideten Aussagen repetitiv darzustellen und zu erklären. Als kollektiv verbindliche Erzählung über den Ursprung der bestehenden Ordnung ist der Mythos vielmehr überdeterminiert: er enthält das spezifische Natur- und Weltbild einer bestimmten Kultur ebenso wie er deren gesellschaftliche Verhältnisse reflektiert und ihre jeweils besonderen Konflikte thematisiert. Dieser seiner begründenden Funktion entspricht es, wenn er die von ihm als unabänderlich behauptete soziale Ordnung mit der als unabänderlich erfahrenen Ordnung der Natur in eins setzt. Der Mikrokosmos der Gesellschaft erscheint so im Mythos als ein Abbild des Makrokosmos der Natur.

Literatur

Bergier, N. S., L'origine des dieux du paganisme, 1767; Bréal, M., Hercule et Cacus. Étude de mythologie comparée, 1863; ders., Mélanges de mythologie et de linguistique, 1877; Brosses, C. de, Du culte des dieux fétiches, 1760; Capelle, W., Meteorologie, in: RE, Suppl. VI (1935) 315–58; Cox, G. W., The Mythologie of the Aryan Nations, 1870; ders., An Introduction to the Science of Comparative Mythology, 1881; Creuzer, G. F., Symbolik und Mythologie der alten Völker, besonders der Griechen, 6 Bde., (1810–12) ³1836–43 ; Dupuis, C., Origine de tous les cultes ou religion universelle, 7 Bde., 1795; ders., Abrégé de l'origine de tous les cultes, 1796, dt.: Ursprung der Gottesverehrung, 1910; Ehrenreich, P., Die allgemeine Mythologie und ihre ethnologischen Grundlagen, 1910; Fontenelle, B. Le Bovier de, De l'origine des fables, 1724; Frank, M., Der kommende Gott. Vorlesungen über die Neue Mythologie, 1982; Gruppe, O., Geschichte der klassischen Mythologie und Religionsgeschichte während des Mittelalters im Abendland und während der Neuzeit (Roscher Lex. 7, 4) 1921; Horstmann, A., Der Mythosbegriff vom frühen Christentum bis zur Gegenwart, in: Archiv für Begriffsgeschichte 23 (1979) H. 1, 7–54, H.2., 197–245; Jamme, C., Einführung in die Philosophie des Mythos. Neuzeit und Gegenwart, 1991; Kanne, J. A., Erste Urkunden der Geschichte oder allgemeine Mythologie, 1808; Kirk, G. S., The Nature of Greek Myths, 1974, dt.: Griechische Mythen, 1980; Kuhn, A., Die Herabkunft des Feuers und des Göttertranks, 1859; ders., Mythologische Studien, 1886ff.; Lang, A., Modern

Mythology, 1897; MANNHARDT, J. W. E., Germanische Mythen, 1858; MAURY, A. DE, Histoire des Religions de la Grèce antique, 1857; MÜLLER, F. M., Chips from a German Workshop, 4 Bde., 1867–1875, dt.: Essays, 1869–76; ders., Contributions to the Science of Mythology, 1897; MÜLLER, K. E., Geschichte der antiken Ethnographie und ethnologischen Theoriebildung I, 1972; OLDENBERG, H., Die Religion des Veda, 1894; POIX, C., La nature des dieux: Études de mythologie gréco-latine, 1888; SCHLEGEL, F., Rede über Mythologie, 1800; SCHMIDT, W., Handbuch der vergleichenden Religionsgeschichte. Ursprung und Werden der Religion, 1930; SCHWARTZ, F. L. W., Der Ursprung der Mythologie, dargelegt an griechischer und deutscher Sage, 1860; ders., Die poetischen Naturanschauungen der Griechen, Römer und Deutschen in ihrer Beziehung zur Mythologie, 2 Bde., 1864–79; VRIES, J. DE, Forschungsgeschichte der Mythologie (Orbis Academicus I, 7) 1961; WELCKER, F. G., Griechische Götterlehre, 3 Bde., 1857–62.

Karl-Heinz Kohl

→*Himmelsgott, Mythos, Naturgottheiten, Naturreligion*

Naturreligion

I. Begriffsbestimmung

Der Begriff ›Naturreligion‹ ist mehrdeutig. Sein jeweiliger Bedeutungsgehalt hängt stark davon ab, was unter ›Natur‹ verstanden wird, und er differiert zudem je nachdem, ob ›Natur‹ als Prädikat oder als Gegenstand der betreffenden Religion aufgefaßt wird. So ist ›Naturreligion‹ im Deutschen zunächst als Synonym für ›natürliche Religion‹ verwendet worden.[1] Dagegen diente der Begriff der Religionswissenschaft des ausgehenden 19. Jahrhunderts zur Klassifikation der Religionen, als deren wesentliches Kennzeichen die Verehrung bestimmter Naturgegenstände, wie z. B. Himmel und Erde, die Gestirne, das Feuer, Berge, Bäume, Quellen und Flüsse, aufgefaßt wurde. Schließlich wurden und werden z. T. auch heute noch als ›Naturreligionen‹ die Religionen der sog. Naturvölker bezeichnet. Diese unterschiedlichen Verwendungsformen des Begriffs stehen gleichwohl zueinander in einem Verhältnis historischer Abhängigkeit; gemeinsam ist ihnen ferner die Annahme, daß die Naturreligion am Anfang aller Religion stand.

[1] Das Grimmsche Wörterbuch nennt als frühesten Nachweis für diese Verwendung des Begriffs J. G. HERDERS »*Älteste Urkunde des Menschengeschlechts*« (1774–76).

II. Begriffsgeschichte

1. *Theologie* Die Vorstellung einer dem Menschen im Urzustand gegebenen und von der Offenbarung unabhängigen ›natürlichen Religion‹ ist selbst theologischer Provenienz. Ihre Geschichte läßt sich über die hochmittelalterliche Scholastik bis hin zu den frühchristlichen Apologeten zurückverfolgen. Die mit dieser Vorstellung verbundene Auffassung von der Möglichkeit einer unmittelbaren Erkenntnis des göttlichen Logos durch die Anschauung der vernünftigen Gesetzlichkeit der Natur ist indessen weit älter und war schon in der Naturlehre der antiken Stoa vertreten worden.[2]

2. *Aufklärung* Nach der wichtigen Rolle, die die Theorie der natürlichen Religion in den theologischen Auseinandersetzungen der Reformation und Gegenreformation gespielt hatte, erfuhr sie durch die Philosophie des englischen → Deismus eine säkulare Wende. Diese Wende beruhte zum einen auf der Absage der – der Theologie selbstverständlichen – Identifizierung der natürlichen Religion mit dem Christentum und zum anderen auf der durchgängigen Synonymisierung von ›natürlich‹ und ›vernünftig‹. Durch diese innere Transformation wurde der Begriff Naturreligion für die Aufklärung zu einem entscheidenden Kampfinstrument gegen das als Legitimationsgrundlage der feudalen Gesellschaftsordnung angesehene institutionalisierte Christentum[3]. Sie ermöglichte eine scharfe Entgegensetzung zwischen der natürlichen oder Vernunftreligion einerseits und den historischen Offenbarungsreligionen andererseits. Durch den Versuch, die Spuren einer solchen im Lauf der Geschichte durch Priesterbetrug, Aberglauben und Ignoranz depravierten ›natürlichen Religion‹ in allen positiven Religionen nachzuweisen, wurde das Interesse an religionshistorischen Fragestellungen zugleich entscheidend stimuliert. Dies bewirkte indessen bald einen weiteren Wandel in der Geschichte des Begriffs Naturreligion, der sich am deutlichsten in David Humes »*The Natural History of Religion*« (1755) abzeichnet. In Anknüpfung an ähnliche, schon in der Antike geäußerte Auffassungen (→ Naturmythologie) versuchte Hume zu beweisen, daß am Ursprung der Religion die übersteigerte Einbildungskraft und die Affekte des frühen Menschen gestanden hatten. Die Entstehung des religiösen Gefühls u. a. an die Erfahrung unverstandener Naturerscheinungen bindend, rekonstruierte Hume einen in zyklischen Phasen verlaufenden Entwicklungsweg von Polytheismus zum Monotheismus. Damit setzte er sich freilich in Gegensatz zu den religiösen Depravationstheorien des Deismus. Naturreligion verliert bei ihm den Charakter einer scheinbar vollkommenen Vernunftreligion. Sie erscheint im Gegenteil vielmehr als Produkt des engen Erfahrungshorizonts der frühen Menschheit.

3. *Deutsche Religionsphilosophie* Während in Deutschland Immanuel Kant trotz dieser Kritik an der Vorstellung einer natürlichen Vernunftreligion festhielt und sie, als ein noch zu realisierendes Telos der Gattungsgeschichte, dem »Pfaffenthum als einem Regiment im Afterdienst des guten Prinzips«[4] entgegenhielt, Friedrich Schleiermacher aber die Idee einer solchen aus »Bruchstücken von Metaphysik und Moral«

---

[2] Vgl. H. Cancik, Gleichheit und Freiheit. Die antiken Grundlagen der Menschenrechte, in: Kehrer, G. (Hrsg.), Vor Gott sind alle gleich, 1983, 197 mit den entsprechenden Nachweisen.

[3] Vgl. J. Matthes, Religion und Gesellschaft, 1967, 32ff.

[4] Kant, Religion, 149.

»übel zusammengenähten«[5] Religion verwarf und statt dessen in einem aus der Anschauung der Natur erwachsenden »Gefühl schlechthinniger Abhängigkeit« das Zentrum jeder Religion gefunden zu haben glaubte, führte HEGEL die von HUME inaugurierte entwicklungstheoretische Konzipierung des Begriffs weiter fort. Die der Aufklärung geläufige Gleichsetzung von Natur- und Vernunftreligion als eine »Verwechslung des Ersten als Begriff und der Realität des Bewußtseins, wie diese dem Begriff gemäß ist«[6] kritisierend, sah er in der Naturreligion nichts anderes als die früheste Stufe des Geistes auf dem Weg zu sich selbst. Auf ihr trete der Mensch erstmals aus seiner Unmittelbarkeit mit der Natur heraus und erlerne über sie, als das Andere, dem er sich zuwendet, allmählich ein Bewußtsein seiner selbst zu erwerben.

III. Verwendung des Begriffs in der Religionswissenschaft des 19. Jahrhunderts

Eine Gegenposition zur HEGEL*schen* Auffassung des Begriffs Naturreligion entwikkelte der deutsch-englische Religionswissenschaftler F. M. MÜLLER. Seine in der Nachfolge SCHLEIERMACHER*s* und der romantischen Naturphilosophie entworfene Theorie stellt gewissermaßen den Versuch dar, den theologischen Begriff einer depravierten natürlichen Religion in die Religionswissenschaft hinüberzuretten. Sie besagt, daß am Anfang aller Religionen die Verehrung besonders beeindruckender Naturobjekte stand, die freilich nicht als solche, sondern als Manifestationen des Unendlichen im Endlichen angebetet wurden, sich dann aber bald zu anthropomorphen Göttergestalten hypostasierten. MÜLLER*s* spekulative Theorie stand indessen auf einem zu schwachen empirischen Fundament, als daß sie sich allgemein hätte durchsetzen können. Statt dessen wirkte nicht nur in der Religionsphilosophie, sondern auch in der Religionswissenschaft HEGEL*s* Bestimmung der Naturreligion als erstes Stadium der Entwicklung des Geistes, in dem der Mensch noch weitgehend im Sinnlichen und Rohen befangen erscheint, weiter fort. Als zeitgenössische Repräsentanten jenes frühen Stadiums der Gattungsgeschichte wurden dabei, der geläufigen Auffassung des 19. Jahrhunderts entsprechend, zumeist die sog. →Naturvölker und ihre Religionen angesehen, wie es z. B. die an HEGEL orientierten Klassifikationsschemata der Religion bei VON HARTMANN, SIEBECK, TIELE und CHANTEPIE DE LA SAUSSAYE zeigen.

IV. Kritik

Obgleich sich der Begriff Naturreligion wissenschaftshistorisch als außerordentlich fruchtbar erwiesen und durch die Relativierung der eigenen religiösen Position den Blick für eine unvoreingenommenere Betrachtung außerchristlicher Religionen freigegeben hat, kann auf ihn in der Religionswissenschaft heute verzichtet werden. Zu Recht hat schon G. VAN DER LEEUW gegen den durch die Verwendung des Begriffs seit jeher implizierten monokausalen Erklärungsanspruch vorgebracht, »daß die Besinnung auf die Ursachen der Naturerscheinungen nicht an und für sich Religion konstituieren kann«[7]. Und so unbestritten es auch sein mag, daß die Verehrung von Natur-

---

[5] SCHLEIERMACHER, Reden, 25.
[6] HEGEL, Philosophie der Religion, 262.
[7] G. VAN DER LEEUW, Phänomenologie der Religion, ^{2}1956, 38.

gegenständen in allen Religionen eine große Rolle spielt oder gespielt hat, so ist doch »die Natur nicht das Einzige in der Religion und nicht einmal die Hauptsache«[8]. Schlichtweg unsinnig ist schließlich die Verwendung des Begriffs Naturreligion zur Bezeichnung der Religionen der sog. Naturvölker, wie man sie selbst heute noch in manchen Einführungen und Handbüchern findet. Denn sie ist in der Regel durch nichts anderes belegt als durch das Vorurteil, daß die Abhängigkeit der entsprechenden Gesellschaften von der Natur so groß sei und so bewußt verspürt werde, daß sie infolgedessen und gegen jede empirische Evidenz auch im Zentrum aller ihrer religiösen Handlungen und Überzeugungen stehen müsse.

Literatur

Chantepie de la Saussaye, P. D., Lehrbuch der Religionsgeschichte, 2. Bde., 1887–89; Frazer, J., The Worship of Nature I, 1926; Hartmann, E. von, Das religiöse Bewußtsein der Menschheit im Stufengang seiner Entwicklung, 1882; Hegel, G. W. F., Vorlesungen über die Philosophie der Religion I, Werke, Bd. 16, 1969; Hume, D., The Natural History of Religion, 1755; Kant, I., Die Religion innerhalb der Grenzen der bloßen Vernunft (1793), Akademie Textausgabe Bd. VI, 1968; Kohl, K.-H., Naturreligion. Zur Transformationsgeschichte eines Begriffes, in: Faber, R., und R. Schlesier (Hrsg.), Die Restauration der Götter, 1986, 198–214; Müller, F. M., Natural Religion, 1880; Ratschow, C. H., s. v. Naturdienst, RGG[3] 1341–43; Schleiermacher, F., Über die Religion. Reden an die Gebildeten unter ihren Verächtern, 1799; Siebeck, H., Lehrbuch der Religionsphilosophie, 1893; Tiele, C. P., Einleitung in die Religionswissenschaft, 2 Bde., 1899–1901.

Karl-Heinz Kohl

→ *Abhängigkeitsgefühl, Deismus, Geschichte, Geschichte der Religionswissenschaft (Bd. I, 217–262), Naturmythologie, Naturvölker, Theologie*

Naturvölker

I. Begriffsbestimmung II. ›Naturnähe‹ als Beurteilungsstereotyp fremder Ethnien III. Geschichte des Begriffs seit Herder IV. Die ›Religion‹ der Naturvölker V. Kritik und Problematik

I. Begriffsbestimmung

Als Naturvölker sind im deutschen Sprachraum seit dem 18. Jahrhundert jene Völker bezeichnet worden, von denen man annahm, daß sie dem menschlichen Naturzustand näher stünden oder daß sie von der äußeren Natur abhängiger seien als die sog. Kulturvölker. Die Einsicht, daß unter dem Begriff Naturvölker seither die heterogensten Gesellschaften subsumiert worden sind, die eine homogene Einheit nur in bezug auf die europäische Gesellschaft bilden, hat dazu geführt, daß der Begriff in der neueren

[8] A. a. O.

Ethnologie und Religionswissenschaft nur selten und, wenn überhaupt, dann in distanzierender Form verwendet wird.

II. ›Naturnähe‹ als Beurteilungsstereotyp fremder Ethnien

Die Vorstellung einer größeren Naturnähe oder Naturabhängigkeit benachbarter Ethnien ist Bestandteil der ethnozentristischen Grundhaltung auch vieler der Gesellschaften, die man bei uns als Naturvölker zu bezeichnen pflegte. Als topisches Erklärungsmodell für die von der eigenen Norm abweichenden physischen und kulturellen Eigenarten der sog. Randvölker findet sie sich auch in vielen Völkerbeschreibungen der griechischen und römischen Antike bis hin zu den byzantinischen Historiographen[1], wobei die Naturhaftigkeit dieser Völker allerdings keineswegs nur negativ beurteilt wird, sondern deren »natürliche« Tapferkeit, Körperstärke und Sittenreinheit nicht selten der »Dekadenz« der eigenen Lebensform entgegengestellt werden[2]. – Ähnlich zwiespältige Vorstellungen bestimmten auch das Bild der von den Europäern seit dem 15. Jahrhundert »entdeckten« amerikanischen und afrikanischen Völkerschaften. Die – im Vergleich zur europäischen – relativ arme materielle Kultur dieser Gesellschaften und die scheinbare Abwesenheit aller aus der eigenen kulturellen Tradition bekannten gesellschaftlichen Institutionen wurden den Reisenden und Missionaren zum Anlaß, sie entweder als halbtierische »Wilde« oder aber als in einem paradiesischen Zustand vor dem Sündenfall lebend anzusehen. Beide Tendenzen, die sich in den Berichten der Entdecker oft unverbunden einander gegenüberstehen, fanden auch in die Versuche der frühbürgerlichen Philosophie Eingang, im Rahmen ihrer jeweiligen Vertragstheorien ein Bild des menschlichen Naturzustandes zu entwerfen. Während z. B. THOMAS HOBBES – nicht zuletzt im Blick auf die zeitgenössischen »Wilden«[3] – den vorkulturellen Zustand des Menschen als einen »Kampf aller gegen alle« zeichnete, rekonstruierte JEAN-JACQUES ROUSSEAU auf der Grundlage ähnlicher, von ihm aber anders bewerteter Beobachtungen das Bild des vereinzelten, autarken und selbstgenügsamen *homme naturel*, dessen Entwicklung zum *homme civil* er als Verfallsgeschichte der Gattung auffaßte. Gleichzeitig wurden aber auch die schon aus der Antike bekannten Versuche[4] fortgeführt, die physiologischen und kulturellen Besonderheiten indigener Gesellschaften aus der Einwirkung der jeweiligen Umwelt- und Klimabedingungen zu erklären, wie z. B. bei G. L. DE BUFFON, nach dessen Theorie nur die Menschen der gemäßigten (europäischen) Klimazonen die Eigenschaften ihrer Gattung zur ungehinderten Entfaltung bringen konnten, während alle übrigen Völker dem äußeren Naturzwang unterworfen blieben.[5]

---

[1] Vgl. K. E. MÜLLER, Antike Ethnographie, pass.
[2] Vgl. LOVEJOY u. BOAS, Primitivism, pass.
[3] Vgl. HOBBES, Leviathan, 96f.
[4] Vgl. K. E. MÜLLER, Antike Ethnographie I, 310ff. (zu Poseidonios).
[5] Vgl. KOHL, Entzauberter Blick, 137ff.

III. Geschichte des Begriffs seit Herder

Als erster Beleg für die Verwendung des Begriffs Naturvölker gilt J. G. HERDERS »*Älteste Urkunde des Menschengeschlechts*« (1774–76). HERDER, der in seinen anthropologischen Schriften sowohl an ROUSSEAUS Rekonstruktion des Naturzustandes als auch an BUFFONS naturhistorische Anthropogeographie anknüpft, bewertet die Naturnähe der »Naturvölker« durchweg positiv und stellt diese als organisch gewachsene, »echtere« Völker den staatlich überformten »polizierten Nationen« Europas gegenüber. Von dem wohl in Übersetzung des französischen »*les naturels*« geschaffenen Neologismus macht HERDER jedoch noch nicht durchgängig Gebrauch, sondern verwendet statt dessen entweder die ältere summarische Bezeichnung »Wilde« oder die Eigennamen der einzelnen Völkerschaften[6]. Ähnlich verfahren auch noch I. KANT, J. R. und G. FORSTER, wobei sich gerade letzterer entschieden gegen jede Form rousseauistischer Idealisierung der vermeintlichen »Naturmenschen« wendet[7]. – Allgemein durchzusetzen beginnt sich der Begriff Naturvölker erst seit Beginn des 19. Jahrhunderts. Seine eigentliche Konjunktur fällt zeitlich mit der Institutionalisierung der Wissenschaft zusammen, die sich das Studium der Naturvölker zur Aufgabe setzt: der Ethnologie. In den Schriften von TH. WAITZ und A. BASTIAN werden die »geschichtslosen« Naturvölker den Kulturvölkern gegenübergestellt – eine Entgegensetzung, durch die der Begriff gegenüber den romantischen Konnotationen, die noch HERDER mit ihm verband, nunmehr eine deutlich pejorative Nebenbedeutung erhält. Denn während als Beweis für die Geschichtsmächtigkeit der Kulturvölker die fortschreitende Beherrschung der äußeren wie auch der inneren Natur angesehen wird, erscheinen die »Culturlosen« der sie umgebenden Natur ohnmächtig ausgeliefert und zugleich durch mangelnde Selbstbeherrschung, Trägheit und sexuelle Zügellosigkeit gekennzeichnet. WAITZ glaubt daher annehmen zu können, daß sich die Naturvölker noch auf einer Entwicklungsstufe befinden, welche dem »eigentlichen Naturzustande ... ziemlich nahe kommt«[8], weshalb man sich – wie BASTIAN formuliert – bei ihrer «sezierenden« Untersuchung der »naturhistorischen (naturwissenschaftlichen) Methode«[9] bedienen müsse, während die Erforschung der Kulturvölker Aufgabe der Geschichtswissenschaft sei.

IV. Die ›Religion‹ der Naturvölker

Die im 19. Jahrhundert gängige Gleichsetzung der als geschichtslos angesehenen Naturvölker mit den Urvölkern schlechthin, in der die Begründer der deutschen Ethnologie mit den Vertretern des angelsächsischen und französischen Evolutionismus trotz einer Reihe theoretischer Differenzen grundsätzlich übereinstimmten, hatte zur Folge, daß man auch ihre religiösen Vorstellungen als menschliche Urreligion auffassen zu können glaubte. Die große Unterschiedlichkeit der Religionen der Ethnien, die man dabei jeweils als die eigentlichen Repräsentanten des menschlichen Urzustandes ansah, bewirkte indes, daß man bald den Fetischismus, den Animismus, die Ahnen-

---

6 Vgl. HERDER, Ideen, pass.
7 Vgl. FORSTER, Cook, der Entdecker, 180ff.
8 WAITZ, Anthropologie, 221.
9 BASTIAN, Controversen IV, 221; vgl. FIEDERMUTZ-LAUN, Der kulturhistorische Gedanke, 108ff.

verehrung, den Präanimismus, die Magie, den Dynamismus oder auch den Monotheismus als »Vor-« oder »Urform« der Religion ansah. Ganz abgesehen davon, daß sich keine dieser Hypothesen vom Ursprung der Religion langfristig als haltbar erwiesen hat, gelangt man heute zunehmend mehr zu der Einsicht, daß von einer einheitlichen Religion der unter dem Begriff Naturvölker subsumierten Gesellschaften nicht die Rede sein kann.

V. Kritik und Problematik

Kritik an einer unreflektierten Verwendung des Begriffs Naturvölker ist bereits früh laut geworden. Sie galt zunächst vor allem der Unterstellung einer »Kultur-« oder »Geschichtslosigkeit« der entsprechenden Gesellschaften. Gegen diese Behauptung polemisierte schon F. RATZEL, entschuldigt seinen eigenen Gebrauch des Begriffs aber damit, daß mangels eines besseren immer noch die Bezeichnungen »Wilde, peuples primitifs, lower races«[10] vorzuziehen seien. Für die Beibehaltung des Begriffs plädierte auch noch 50 Jahre später R. THURNWALD, der unter »Naturvölker« ganz allgemein »Menschen geringer Naturbeherrschung« verstanden wissen will, »die für den Erwerb ihrer Nahrung wie für ihr ganzes Leben sich nur sehr einfacher Mittel bedienen und nur eine geringe Einsicht in die Vorgänge der sie umgebenden Natur besitzen«[11]. Allerdings ist er sich dabei des ausgrenzenden Charakters der Bezeichnung durchaus bewußt, wenn er als eine weitere Gemeinsamkeit der Naturvölker hervorhebt, daß es sich im wesentlichen um »Fremdvölker« handele, »die ihr Leben mehr oder weniger außerhalb des Lebenskreises unserer kulturhistorischen Vergangenheit gestalteten«[12]. Zweifel an der durch den Begriff supponierten, tatsächlich aber nur aus »forschungspragmatischen Gesichtspunkten« erwachsenen »Einheitlichkeit des Gegenstandes der Ethnologie« meldet unter den neueren Ethnologen auch W. E. MÜHLMANN an, will auf den »konventionalisierten Pauschalbegriff« aber dennoch nicht verzichten, sofern »man darunter eine Lebensform versteht, einen ökologischen Typus von Menschen, deren technisch-zivilisatorische Hilfsmittel so schwach sind, daß sie eine noch in hohem Grade passive Anpassung an die gegebenen, naturumweltlichen Bedingungen erzwingen«[13]. Hat die gegen den Begriff Naturvölker vorgebrachte Kritik zwar dazu geführt, daß die auch noch zu Beginn des 20. Jahrunderts so gängigen Bezeichnungen »Vollkultur-« und »Halbkulturvölker« aus dem wissenschaftlichen Sprachgebrauch inzwischen fast vollständig verschwunden sind[14], so hat sich ein adäquater neuer Begriff für die im Deutschen traditionell als Naturvölker bezeichneten Gesellschaften dennoch bis heute nicht durchgesetzt. Der in der älteren angelsächsischen, französischen und deutschen Ethnologie verwendete Synonymbegriff »Primitive« ist nicht weniger umstritten, und zwar nicht nur wegen seiner evolutionstheoretischen Implikationen, sondern auch wegen seines noch weit pejorativeren umgangssprachlichen Gebrauchs. Die Bezeichnung »schriftlose Gesellschaften« erfaßt dagegen

---

[10] F. RATZEL, Völkerkunde I, 1894, 5.
[11] THURNWALD, Die menschliche Gesellschaft, i. 3.
[12] Ebd.
[13] MÜHLMANN, Rassen, 52.
[14] Vgl. STÖHR, Naturvölker, 475 f.

nur einen Aspekt, während wiederum der Terminus »traditionale Gesellschaften« zu unspezifisch ist, da hierunter auch die vorindustriellen Kulturen Europas und Asiens verstanden werden. Sowohl theoriegeschichtlich als auch umgangssprachlich am wenigsten vorbelastet erscheint noch die Bezeichnung »Stammesgesellschaften«, obgleich auch gegen sie erhebliche Einwände vorgebracht worden sind.[15] Allerdings kann gegen alle diese Begriffe gleichermaßen eingewandt werden, daß sie die mit ihrer Hilfe bezeichneten Gesellschaften allein nach Maßgabe dessen bestimmen, was sie im Vergleich zu der unseren nicht sind. Dieser Einwand gilt vice versa auch für LÉVI-STRAUSS' Vorschlag einer positiven Bestimmung jener Gesellschaften als »authentische« im Gegensatz zu den »nicht-authentischen« modernen Industriegesellschaften.[16]

Einen solchen positiven Aspekt enthält in seiner Zweideutigkeit indessen auch der Begriff Naturvölker, sofern man ihn vor dem Hintergrund der wachsenden Abhängigkeit des modernen Menschen von der ihm zur »zweiten Natur« gewordenen technischen Zivilisation und im Blick auf die ökologischen Folgeschäden dieser Entwicklung neu zu bestimmen versucht. Naturvölker wären dann jene Gesellschaften, die ihre früher als »Geschichtslosigkeit«, heute dagegen tendenziell als »Geschichtsfeindlichkeit«[17] angesehene relative Stabilität der Tatsache verdanken, daß es ihnen im Verlauf ihrer historischen Entwicklung gelungen ist, ein ausgewogeneres, nicht allein auf Ausbeutung und Beherrschung abzielendes Verhältnis zur Natur herzustellen, wie es nicht zuletzt auch in ihren religiösen Überzeugungen zum Ausdruck zu gelangen scheint. In diesem Sinn hat der Begriff Naturvölker in den letzten Jahren im Zusammenhang mit der ökologischen Bewegung eine gewisse Wiederbelebung erfahren. Indes muß auch gegen diese Neubestimmung eingewandt werden, daß es ein Mißverständnis wäre, wollte man die zahlreichen Tier- und Baumgeistvorstellungen, Tötungstabus und Nahrungsvorschriften von Jäger- und Sammlergesellschaften oder einfachen Feldbau betreibenden Kulturen als bewußte Maßnahmen zum Schutz der Umwelt interpretieren, wenn sie auch faktisch zur Aufrechterhaltung des ökologischen Gleichgewichts beitragen mögen. Überdies haben neuere historische Untersuchungen gezeigt, daß auch viele sog. Naturvölker mit den vorfindbaren natürlichen Ressourcen keineswegs behutsamer umgegangen sind als technologisch entwickelte Kulturen.[18] Selbst eine positive Neufassung des Begriffs bleibt mithin mit dem Problem konfrontiert, daß von einem einheitlichen Naturverhältnis der sog. Naturvölker nicht die Rede sein kann. Hiervon abgesehen sind die Unterschiede zwischen diesen Gesellschaften auch in anderen Bereichen so groß, daß jeder Versuch, sie mit einem einfachen Begriff bezeichnen zu wollen, schnell an seine Grenzen stößt.[19]

---

15 Vgl. GODELIER, Begriff des Stammes, pass.
16 LÉVI-STRAUSS, Strukturale Anthropologie, 391ff.
17 Vgl. LÉVI-STRAUSS, Das wilde Denken sowie CLASTRES, Staatsfeinde, pass.
18 Vgl. BARGATZKY, »Naturvölker« und Umweltschutz; weitere Belege bei E. W. MÜLLER, Naturvölker? Nein!
19 Vgl. KOHL, Ethnologie, 17ff.

Literatur

BARGATZKY, T., »Naturvölker« und Umweltschutz. Ein modernes Mißverständnis, in: Universitas 47 (1992) 876–886; BASTIAN, A., Der Mensch in der Geschichte. Zur Begründung einer psychologischen Weltanschauung, 2. Bde., 1860; ders., Allgemeine Grundzüge der Ethnologie, Prolegomena zur Begründung einer naturwissenschaftlichen Psychologie auf dem Material des Völkergedankens, 1884; ders., Controversen in der Ethnologie, 4 Bde., 1893–94; BUFFON, G. DE, De l'homme, Prés. de M. DUCHET, (1749) 1971; CLASTRES, P., Staatsfeinde. Studien zur politischen Anthropologie, (1974) 1976; FIEDERMUTZ-LAUN, A., Der kulturhistorische Gedanke bei Bastian (Studien zur Kulturkunde 27) 1970; FORSTER, G., Cook, der Entdecker (1789), in: Werke Bd. II, Hrsg. v. G. STEINER, 1969; GODELIER, M., Der Begriff des Stammes: Krise eines Begriffs oder Krise der empirischen Grundlagen der Anthropologie?, in: ders., Ökonomische Anthropologie, 1973, 101–137; HERDER, J. G., Älteste Urkunde des Menschengeschlechts, 2 Bde., 1774–76; ders., Ideen zur Philosophie der Geschichte der Menschheit, 4 Bde., 1784–91; HOBBES, TH., Leviathan oder Stoff, Form und Gewalt eines bürgerlichen und kirchlichen Staates, (1651) 1976; KOHL, K.-H., Entzauberter Blick. Das Bild vom Guten Wilden und die Erfahrung der Zivilisation, 1981; ders., Ethnologie – die Wissenschaft vom kulturell Fremden, 1993; LÉVI-STRAUSS, C., Strukturale Anthropologie, 1967 (1958); ders., Das wilde Denken, (1962) 1968; LOVEJOY, A. O., und G. BOAS, Primitivism and Related Ideas in Antiquity, 1958; MÜHLMANN, W. E., Rassen, Ethnien, Kulturen. Moderne Ethnologie, 1964; MÜLLER, E. W., Naturvölker? Nein!, in: V. HARMS et al. (Hrsg.), Völkerkundemuseen 1990, Festschrift H. Rammow, 1990, 43–52; MÜLLER, K. E., Geschichte der antiken Ethnographie und ethnologischen Theorienbildung I u. II, 1972 / 1980; ROUSSEAU, J.-J., Discours sur l'origine de l'inégalité parmi les hommes, 1755; STÖHR, W., Naturvölker, in: Westermann Lexikon der Geographie III, 1970, 475–476; THURNWALD, R., Die menschliche Gesellschaft in ihren ethno-soziologischen Grundlagen, 5 Bde., 1931–35; VIERKANDT, A., Naturvölker und Kulturvölker. Ein Beitrag zur Sozialpsychologie, 1896; WAITZ, TH., Anthropologie der Naturvölker, 6 Bde., 1859–72.

Karl-Heinz Kohl

→*Anthropologie, Naturreligion*

Neuzeit

1. *Etymologie und Begriffsbestimmung*: ›Neuzeit‹ (frz. *temps modernes*; engl. *modern times*; dt. (in engerer Bedeutung, s. u. 2) *Moderne*: spätlat. *modernus* »neu; heutig« aus lat. Adv. *modo* »eben, jetzt«) ist ein klassifikatorischer Teilbegriff eines triadischen (seltener: dyadischen) europäischen Ordnungsmodells von →Geschichte. Als ›Epoche‹ oder ›Ära‹ kennzeichnet Neuzeit innerhalb eines unilinearen Geschichtsverständnisses eine Makrostruktur sozialer Erinnerung und Zeitvorstellung: die Gegenwart und / oder die ihr voraufgehende Vergangenheit (›Neuere Zeit‹ / ›Neueste Zeit‹) gegenüber einem ›Altertum‹ (›Antike‹: *antiquus* vs. *modernus*) sowie – bei dreigliedrigem Schema – einer Zwischenzeit, dem ›Mittelalter‹.

2. Das heute vorherrschende triadische *Epochenmodell* ›Altertum – Mittelalter – Neuzeit‹ fußt auf der humanistischen Antikerezeption und deren Wertsetzungen (Konstruktion einer eigenständigen Epoche ›Altertum‹; Postulat und normative Ästhetik einer ›Wiedergeburt der Antike‹ in der Jetztzeit; Abwertung des *medium aevum* zur

Un- und Zwischenzeit: F. PETRARCA; GIOVANNI ANDREA)[1], hat sich allerdings erst Anfang des 19. Jahrhunderts im wertneutralen, ›wissenschaftlichen‹ Sinn mit der Institutionalisierung einer akademischen Disziplin ›Geschichtswissenschaft‹ durchgesetzt: *Neuzeit* ist erstmals 1838 belegt, *neuzeitlich* (als: *neuzeitig*) 1775. Der Epochenbegriff ›Neuzeit‹ ist somit Produkt der europäischen bürgerlichen Aufklärung und des von ihr entwickelten Geschichtsverhältnisses (→Historismus), nicht aber ein Säkularisat christlicher Geschichtstheologie.[2] Er wird in der heutigen Geschichts- und Kulturwissenschaft durch die Teilepochen ›Frühe Neuzeit‹ (ca. 14.–17. Jh.) und ›Moderne‹ (bes. in kunstwissenschaftlich-ästhetischer Engführung auf die Zeit der ›Avantgarde‹ von ca. 1860 / 1880 bis 1940 / 1960) untergliedert. Teilweise ausschließend wird zusätzlich die Gegenwart als ›Geschichte der Lebenden und Zeitzeugen‹ unter ›Zeitgeschichte‹ (als *historia nova* schon im 18. Jh.; vgl. aber frz. *histoire contemporaine* = Zeit seit 1789!) abgeteilt.

3. Davon zu unterscheiden ist das emphatische *Mythem der ›Neuen Zeit‹*, des *›Neuen Zeitalters‹* (→Mythos). Es ist einerseits formaler kosmologisch-chronosophischer Bestandteil vieler mythologischer Systeme, →Theologien und philosophischer Zeitspekulationen der traditionalen Hochkulturen (Etrurien / Rom: *saecula*-Lehre; Indien: *yuga*-Ären). In den altorientalischen und hellenistischen Reichen begann mit jeder Herrschaftssukzession eine neue Zeitrechnung. Indem ›Neue Zeit‹ symbolisch in Bildern des Kreises oder Rads (der Fortuna etc.) eingefangen oder astrologisch-mathematisch berechenbar wird (zyklischer Mythos vom »vollkommenen Jahr«: *téleos eniautós*[3]; ›Neujahrs‹-Feste), wird sie sakral – und damit sozial – auffällig konstruiert, doch gleichzeitig rituell in repetitiven Schemata (teil-)neutralisiert. Die Neue Zeit ist Wiederkehr der (guten) alten (*renovatio / restauratio imperii* als politisches Programm). Andererseits markiert die pathetisch-sinnhafte Kategorie des ›Neuen‹ einen oft mit der Metaphorik der (Wieder-)Geburt (›Renaissance‹ lat. *renasci* »wiedergeboren werden«) verbundenen Neueinsatz und Neuanfang – nach und in einer kritisierten Gegenwart. In nativistischer Verstärkung wird eine verklärte Früh- oder Urzeit herbeiinszeniert.[4] Der sinnhaft behauptete Neubeginn kann als chronologisch-›epochale‹ Zäsur (›Neue Ära‹) herrschaftslegitimierend sein (Geburt / Adventus / Amtsantritt des Herrschers; vgl. VERGIL, Ecloge 4), aber auch als dialektischer Umschlag (›Revolution‹) und Bruchstelle zum motivierenden Bildervorrat religiöser (Messias) und politischer →Utopien (›Drittes Reich‹ des Geistes bei JOACHIM VON FIORE; neue Zeitären der

---

1 Beispielsweise PETRARCA, Epistolae metricae III 33; ANDREA prägte wohl den Begriff *media tempestas*: GIOVANNI ANDREA DEI BUSSI, Nachruf auf Nikolaus v. Cues 1469 = P. LEHMANN, Vom Mittelalter und der lateinischen Philologie des Mittelalters (Quellen u. Untersuchungen zur lat. Philologie des Mittelalters V), H. 1, 1914, S. 6; ausführliche Belege bei: J. VOSS, Das Mittelalter im historischen Denken Frankreichs. Untersuchungen zur Geschichte des Mittelalterbegriffs und der Mittelalterbewertung von der zweiten Hälfte des 16. bis zu Mitte des 19. Jahrhunderts, 1972, 40ff.

2 Dies betont zu Recht GÜNTHER, Art. Neuzeit / Mittelalter / Altertum; die Belege für ›Neuzeit‹ / ›neuzeitig‹ ebd., 793.

3 PLATON, Timaios 39d.

4 Vgl. B. GLADIGOW, Europäische Nativismen und Bilder der Antike, in: H. PREISSLER, H. SEIWERT (Hrsg.), Gnosisforschung und Religionsgeschichte. Festschr. K. RUDOLPH, 1995, 421–432.

französischen Revolution und bei FRIEDRICH NIETZSCHE; Beginn des ›Kommunismus‹)[5] beitragen. Insbesondere die prophetische → Eschatologie und Apokalyptik setzt eine (kommende) Neue Zeit radikal gegen die Vergangenheit. ›Neuzeit‹ geht so in einer enthusiasmiert ersehnten ›Endzeit‹ mit paradiesischen oder katastrophalen Zügen auf. Das formale Konstrukt ›Neuzeit‹ steht daher als ›utopischer Motivationsrest‹ (E. BLOCH) einer Resakralisierung offen, wie dies zuletzt in der *New Age*-Bewegung der 1970 / 80er Jahre geschehen ist. Aufladung wie Neutralisierung der Epochenkategorie ›Neuzeit‹ verweisen auf ein Strukturproblem jeder Religion und Kultur: auf die gegensätzliche Dynamik von → Tradition und Fortschritt, von dogmatischer Rückbindung und innovatorischer Weiterentwicklung.[6]

Literatur

BOCHINGER, CHR., »New Age« und moderne Religion. Religionswissenschaftliche Analysen, 1994 (bes. Kp. 6: »Hintergrund und Geschichte der Vorstellung des Neuen Zeitalters«, 222–307); BÖDEKER, H. E., HINRICHS, E. (Hrsg.), Alteuropa – Frühe Neuzeit – Moderne Welt? Perspektiven der Forschung, in: dies. (Hrsg.), Alteuropa – Ancien Régime – Frühe Neuzeit. Probleme und Methoden der Forschung, 1991, 11–50; FABER, R., Politische Idyllik. Zur sozialen Mythologie Arkadiens, 1977 (zu Vergil); GÜNTHER, H., Art. Neuzeit / Mittelalter / Altertum, in: HWPh 6 (1984) 782–798; GUMBRECHT, H. U., Art. Modern / Modernität / Moderne, in: Geschichtliche Grundbegriffe, hrsg. v. O. BRUNNER, W. CONZE, R. KOSELLECK, Bd. 4 (1978) 93–131; GUMBRECHT, H. U., LINK-HEER, U. (Hrsg.), Epochenschwellen und Epochenstrukturen im Diskurs der Literatur- und Sprachhistorie, 1985; HEER, F., Die ›Renaissance‹-Ideologie im frühen Mittelalter, in: Mitteil. d. Instituts f. österr. Geschichtsforschung 57 (1949) 23–82; KOSELLECK, R., ›Neuzeit‹. Zur Semantik moderner Bewegungsbegriffe (1977), in: ders., Vergangene Zukunft. Zur Semantik geschichtlicher Zeiten, 1979, 300–348; MEUTHEN, E., Gab es ein spätes Mittelalter? in: J. KUNISCH (Hrsg.), Spätzeit. Studien zu den Problemen eines historischen Epochenbegriffs, 1990, 91–135 (Lit. auch zum Problem einer Epoche ›Neuzeit‹); POMIAN, KRZ., L'Ordre du temps, Paris 1984; SCHORSCH, CHR., Die New Age-Bewegung. Utopie und Mythos der Neuen Zeit. Eine kritische Auseinandersetzung, 1988; SCHRAMM, P. E., Kaiser, Rom und Renovatio, 1929 = Ndr. 1992; SKALWEIT, ST., Der Beginn der Neuzeit. Epochengrenze und Epochenbegriff, 1982.

Hubert Mohr

→ *Apokalyptik / Messianismus / Chiliasmus, Erinnerung / Gedächtnis, Geschichte, Utopie, Zeit*

---

[5] M. REEVES, Joachim of Fiore and the prophetic future, 1976; F. NIETZSCHE, »Gesetz wider das Christenthum«, gegeben am »30. September 1888 der falschen Zeitrechnung«, in: ders., Der Antichrist. Fluch auf das Christenthum (verfaßt 1888) = Kritische Studienausgabe 6, 254.

[6] Die theologischen Schwierigkeiten und Auslegungsdifferenzierungen dieser Problematik werden ausgeführt bei: D. KARTSCHOKE, Nihil sub sole novum? Zur Auslegungsgeschichte von Eccl. 1, 10, in: CHR. GERHARDT, N. F. PALMER, B. WACHINGER (Hrsg.), Geschichtsbewußtsein in der deutschen Literatur des Mittelalters, 1983, 175–188.

Nirwana

I. Begriffsbestimmung II. Begriffsgeschichte III. Zur Verwendung in der Religionswissenschaft

I. Begriffsbestimmung

1. Im Buddhismus

a. *In den alten Schulen des Buddhismus (Śrāvakayāna)*: Nirwana (Sanskrit: *nirvāna*; Pali: *nibbāna*) bezeichnet im Buddhismus die Erlösung. Der Wortbedeutung ›Erlöschen‹ liegt der Vergleich mit einer Flamme zugrunde: »Wie das Erlöschen einer Lame ist die Erlösung des Bewußtseins«. Zum Verständnis der Texte empfiehlt sich folgende Unterscheidung, die schon in kanonischen Texten gemacht wird: das Nirwana zu Lebzeiten des Lebens des Erlösten (*sopadhiśesa* = mit einem Rest Bedingtheit) und das Nirwana, das mit dem Tod des Erlösten eintritt (*nirupadhiśesa* = ohne einen Rest Bedingtheit, auch: *parinirvāna*). Nirwana zu Lebzeiten bedeutet das völlige Aufhören der Gier, völlige Leidenschaftslosigkeit, wodurch eine künftige Wiedergeburt unmöglich wird. Nirwana, das mit dem Tod des Erlösten eintritt, bedeutet das Aufhören aller Faktoren, die die empirische Persönlichkeit konstituieren. Für diejenigen Schulen des älteren Buddhismus, die die Existenz einer Seele oder einer sonstigen, den Wiedergeburten zugrunde liegenden bleibenden Substanz leugnen (*anātman*), ergibt sich das Problem, ob das Nirwana nicht bloß eine reine Negation jeglicher Existenz ist: es gibt ja keine Seele, Person oder dergleichen, die ins Nirwana nach dem Tod eingehen könnte. Doch wird diese Konsequenz von den meisten Vertretern des alten Buddhismus nicht gezogen, sondern es werden über das Nirwana Aussagen gemacht, die es als eine Realität erscheinen lassen. Diese ist zwar das genaue Gegenteil zur irdischen Realität, aber deswegen nicht eine reine Nichtexistenz. Ein solch reales Nirwana scheint man als Bedingung der Möglichkeit für die Erfahrung des Nirwana zu Lebzeiten angesehen zu haben. Unter anderem werden dem Nirwana folgende Prädikate zugeschrieben[1]: beständig, Glück, fest, unbedingt, unsterblich, sicher, Wahrheit, unsterbliches Element, sicherer Besitz, höchster Platz, totloser Ort, höchste Leerheit, höchster Friede. Auffallend ist die Zurückhaltung in der buddhistischen Literatur der alten Schulen den Fragen bezüglich des Nirwana gegenüber. Man betrachtete das Nirwana nicht nur in der Theorie als etwas, was nur persönlich erfahrbar ist und nicht durch Sprache vermittelt werden kann, sondern man hielt sich auch in der ›theologischen‹ Praxis daran.
b. *Im Mahāyāna*: Von Nirwanabegriff der alten Schulen des Buddhismus (*Śrāvakayāna*) ist der Nirwanabegriff des Mahayana streng zu unterscheiden. Während für die alten Schulen die leidhafte Wirklichkeit eine Realität ist, die dem positiv oder negativ verstandenen Nirwana gegenüber steht, ist für das Mahayana die empirische Wirklichkeit leer, unwirklich, immer schon erloschen, das heißt Nirwana und empirische Wirklichkeit sind identisch. Nirwana ist so nichts, was man erlangen kann,

---

1 Siehe Patisambhidamagga II, 238ff. (übersetzt von Nanamoli, The path of discrimination, 1982, 402f.).

indem man sich von der Erscheinungswelt trennt. Nirwana besteht darin, daß man den Trug der Erscheinungswelt nicht mehr wahrnimmt. Die Madhyamikas beschränken sich auf eine Bestimmung des Nirwana als Negation von Sein und Nichtsein, während andere Schulen es positiv als höchstes Sein beschreiben. Manche Texte des Mahayana heben das mahayanistische wahre ›Nirwana ohne Stillstand‹ vom niederen Nirwana der alten Schulen ab. Dieses wahre Nirwana besteht in einem nicht-statischen Zustand, in welchem der Erlöste dauernd um die Bekehrung und Besserung aller Wesen bemüht ist.

2. Außerhalb des Buddhismus

Nirwana wird auch in den nicht-buddhistischen Religionen Indiens (Hinduismus, Jainismus) als synonym für Erlösung oder erlösungsähnliche Zustände verwendet. Auf Grund der in diesen Religionen jeweils vorherrschenden Vorstellungen von Atman, Seele, dem Absoluten differenziert sich der Inhalt des Nirwanabegriffes entsprechend.

II. Begriffsgeschichte im Westen

Die westliche Diskussion konzentrierte sich fast ausschließlich auf den Nirwanabegriff im Buddhismus.[2] Der Streit ging im wesentlichen darum, ob das Nirwana etwas Positives ist oder die bloße Negation jeglicher Existenz. Dabei spielte die Wortbedeutung ›Erlöschen‹ eine unverhältnismäßig große Rolle. Zu Recht wurde darauf hingewiesen[3], daß es in Indien die Vorstellung gab, daß das Feuer beim Erlöschen nicht vergeht, sondern nur in einen nicht wahrnehmbaren Feinzustand übergeht. Doch kann diese durch außerbuddhistische Stellen belegte Auffassung nicht ohne weiteres dem buddhistischen Nirwanabegrif unterschoben werden. In neuerer Zeit spielt die Frage nach dem Wesen des Nirwana im Dialog zwischen (besonders japanischen) Buddhisten und Christen wieder eine Rolle: kann man das Nirwana mit den christlichen Vorstellungen vom ewigen Leben in Verbindung setzen oder nicht?[4]

III. Zur Verwendung des Nirwanabegriffs in der Religionswissenschaft

Der Nirwanabegriff sollte in seinen vielfältigen spezifischen Bedeutungsausprägungen auf die betreffenden indischen Religionen beschränkt bleiben. Schon zwischen den alten Schulen des Buddhismus und dem Mahayana bestehen solche Unterschiede im Nirwanabegriff, daß das gemeinsame Wort »Nirwana« eher verdeckend wirkt. Braucht man für religionswissenschaftliche Zwecke ein Wort, so empfiehlt sich z. B. Erlösung.

---

[2] Siehe G. R. Welbon, The Buddhist nirvana and its western interpreters, 1968.
[3] E. Frauwallner, Geschichte der indischen Philosophie I, 1953, 226.
[4] Z. B. H. Küng, Christentum und Weltreligionen, 1984, 462–464.

Literatur

Bechert, H. (Hrsg.), Die Welt des Buddhismus, 1984; Frauwallner, E., Die Philosophie des Buddhismus, (1956) ²1958; v. Glasenapp, H., Der Pfad zur Erleuchtung, 1956; ders., Buddhistische Mysterien, 1940; Lamotte, E., Histoire du Bouddhisme Indien, 1958, 43–45, 675–677; ders. (Übers.), Le traité de la grande vertu de sagesse IV, 1976, 2072–2077; de la Vallée Poussin, L., Art. Nirvana, in: ERE IX (1917) 376–379; Schmithausen, L., Art. Nirvana, in: HWPh 6 (1984) 854–857.

Alois Payer

→*Jenseits*

Normen

1. Gesetz und Norm 2. Funktionen der Normen 3. Die sittlichen Normen 4. Die religiösen Normen 5. Norm und Freiheit im Horizont der christlichen Theologie

Die kulturgeschichtliche Entwicklung ist in den letzten hundert Jahren von einer Inflation der Normen in allen menschlichen Lebensbereichen gekennzeichnet. Deshalb kann man davon ausgehen, daß Norm im Sinne einer verbindlichen Ausrichtung des Denkens, Seins und Lebens zu den zentralen Begriffen gehört, in denen sich die Spezifität unserer Kultur offenbart. Von daher gesehen lassen sich Begriff und Vorstellung der Normen nicht in einem geschichtsunabhängigen Raum diskutieren. Erst von diesem soziohistorischen Ausgangspunkt her läßt sich die besondere Bedeutung und Funktion der sittlichen Norm spezifisch erklären. Einen Spezialfall dieser Diskussion stellt die Frage nach den religiösen »Normen« innerhalb von Religionen, Konfessionen und Glaubensgemeinschaften dar. Eine Schlußüberlegung versucht dann, das Verhältnis von Norm und Freiheit näher zu bestimmen.

1. Gesetz und Norm

Der Normbegriff war in der vorneuzeitlichen Kultur entweder unbekannt oder unbedeutend: er stammt aus den technisch-wissenschaftlichen Entwicklungen der bürgerlichen Gesellschaft.[1] Die vorbürgerlichen Gesellschaftsformen bezogen sich nicht auf ›Normen‹, sondern auf die ›Gesetze‹. Zwischen den verschiedenen Begriffen des Gesetzes und der Norm gibt es daher eine genau sozio-historisch erfaßbare Differenz. Diese Differenz wirkt sich auch im Bereich des Sittlichen und des Religiösen aus. Um dies zu verstehen, muß man erst das vorneuzeitliche Wesen des Gesetzes zu bestimmen versuchen. In frühen nomadischen, agrarischen und städtischen Kulturen erscheint das Gesetz als eine Art Rahmenordnung der Zugehörigkeit zu einer Lebensgemeinschaft. Diese Rahmenordnung ist der Niederschlag von Problemlösungen, die aus der Regulierung von Grenzfällen des Miteinander-Lebens entstehen. Rechtsordnung und sittliche Ordnung sind kaum zu unterscheiden. Dieser Stand wird zum Beispiel im

[1] Vgl. L. Freund, Die Entwicklung.

Alten Testament deutlich sichtbar. Er gilt aber auch für die Kulturen des vorderen Orients allgemein. Zur Sicherung des Gesetzes gehören dabei nicht nur formale Bestimmungen seiner Handhabung, sondern auch seine Integrierung in den Gesamtentwurf des Lebenssinnes, in den religiösen Horizont. Das Gesetz gilt als Gesetz Gottes, das durch menschliche Vorschriften ergänzt werden kann. Wenn das Gesetz Gesetz Gottes war, mußte es an Offenbarungsereignisse gebunden werden. Eine Entwicklung des Gesetzes konnte es daher nur geben, indem Offenbarung fortdauerte, oder, indem die Menschen die ursprüngliche Offenbarung des Gesetzes rekonstituierten.[2] Die Vorstellung vom Gesetz ist auf der einen Seite merkwürdig statisch. Dieses Moment wird durch eine doppelte Geschichte seiner Fixierung betont. Die eine Form der Fixierung sind sicherlich die Seßhaftigkeit und der Städtebau der Menschen. Das Gesetz hat etwas mit der Symbolik des Steines (und sei es nur als Lehmziegel) als Mittel des festen Aufbaues eines festen Lebensbereiches zu tun.[3] Auf der anderen Seite geschieht Fixierung durch die Erfingung der Schrift. Die lebendige Veränderung durch mündliche Tradition war hier aufgehoben. Auf der anderen Seite geschieht fortwährende Anpassung der Gesetze durch Interpretation, Handhabung und Ergänzung.

Das Gesetz hat seine Verbindlichkeit in der fließenden Grenze zwischen juridischer und sozialer Sanktion. Es bindet den Menschen daher auch immer äußerlich und nicht nur innerlich durch den Anspruch an seine Verantwortung. Das Gesetz »richtet« über das Leben der Menschen. Ein Leben des Menschen in der Abweichung vom Gesetz erscheint daher von vornherein als aussichtslos. Schon eine relativierende Einhaltung des Gesetzes erscheint als verdächtig; die Schicksale von Jesus und Sokrates können hier als analoge Beispiele herangezogen werden. In der griechischen »Antigone« ist diese Spannung adäquat künstlerisch zum Ausdruck gebracht.

Die Gesellschaft des späten Altertums und des Mittelalters kann durchaus als eine Gesetzes-Gesellschaft verstanden werden. Dies gilt besonders unter der Vorherrschaft der formalen Kriterien des römischen Rechtes. Das Gesetz zielt auf die formale und inhaltliche Stabilität des Gemeinwohls. Die Lehre vom Gewissen, die sich vor allem aus stoischen Ansätzen in der christlichen Tradition als Gegengewicht entwickelt, hat ähnlich wie die Lehre von der »Epikie« als Kunst der Gesetzesauslegung (seit Aristoteles) und die Lehre von der Berücksichtigung der Umstände (Thomas von Aquin) den Sinn, Grenzfallproblematiken des Systems zu klären.[4]

Der moderne Normbegriff steht zwar in der Kontinuität zum Gesetzesdenken, ist aber davon unterscheidbar. Norm ist zunächst einmal ein Mittel der Messung im naturwissenschaftlichen Zusammenhang. Das Bewußtsein einer Festlegung um einer zweckmäßigen Funktion willen ist darin enthalten. In der angelsächsischen Rechtstradition wird das Gesetz immer mehr zur zweckmäßigen Regelung, das heißt zur Norm. Die zweckmäßigen Regelungen in der Gesellschaft basieren dabei auf der Überwindung des ursprünglichen Egoismus zugunsten des menschlichen Zusammenlebens (die Idee des Gesellschaftsvertrages). Damit verliert schon die Rechtsnorm immer mehr an metaphysischer Stabilität. Das säkulare Verständnis des normativen Denkens, Seins und Lebens beginnt. Dieses wirkt auch in den Bereich anderer Lebenszusammenhänge ein. Zunächst einmal wird Norm zu einem zentralen Begriff der Wissenschaften.

---

[2] Vgl. die Entdeckung des Deuteronomiums zur Zeit des Hosea.
[3] Vgl. H. ROMBACH, Leben des Geistes, 1977, 105.
[4] Vgl. Verf., Gewissen Verantwortung, in: Neues Handbuch theologischer Grundbegriffe, Bd. 2, 1984, 80–90.

Dabei bezeichnet Norm einen hypothetischen Standard, eine Art allgemeingültige Mittellage, eine zweckmäßige Normalität, von der aus sich Abweichungen thematisieren und analysieren lassen. Dies gilt insbesondere für den Zweig der sich im 19. Jahrhundert etablierenden sogenannten »Humanwissenschaften«. Je stärker der wissenschaftliche Gebrauch des Normbegriffs zunimmt, um so mehr, das hat L. Freund nachgewiesen, wandert der Normbegriff auch in die philosophische Anthropologie und Ethik im Laufe des 19. Jahrhunderts ein. Dabei tritt an die Stelle des auch äußerlich sanktionierenden und richtenden Charakters des Gesetzes die innerlich sanktionierende und äußerlich nur ausrichtende Formel der Norm. Den Grundsätzen des wissenschaftlichen Kritizismus entsprechend, sind Normen im Unterschied zu Gesetzen von vornherein als veränderbar und relativierbar gedacht, sie sind alles andere als statisch. Normen sind regulierende Begriffe für die anpassende und innovatorische Veränderung von Systemen. Wissenssoziologisch gesehen hat die normative Sprache in den Wissenschaften ihren Ursprung in der Nivellierung, Demokratisierung und Dynamisierung der modernen Gesellschaft. Dies wird besonders deutlich, wenn man einzelne Funktionen von Normen näher betrachtet.

2. Funktionen der Normen

Es lassen sich verschiedene Gruppen von Normen unterscheiden: die statistisch erfaßte Norm, die biologische Norm, die soziale Verhaltensnorm, die sittliche Norm, die juridische Norm. Norm im statistischen Sinne sagt, wonach sich die Mehrheit richtet, was normal ist, was ›man‹ zu tun pflegt. Norm im biologischen Sinne besagt die Einschränkungen, denen jeder Mensch aufgrund seiner biologischen Natur unterworfen zu sein scheint. Soziale Verhaltensnormen sind Mechanismen, die unser Verhalten bestimmen, ohne daß wir darüber eigens nachzudenken brauchen: zum Beispiel Konventionen, Tabus, Sitten. Im großen und ganzen lassen sich die verschiedenen Gruppen von Normen in zwei formale Hauptgruppen einteilen: Normen mit eher *deskriptivem* Charakter und Normen mit eher *praeskriptivem* Charakter. Die Grenze ist fließend. Dennoch kann man feststellen, daß, wenn zum Beispiel die Verhaltenswissenschaften bestimmte mehrheitliche Verhaltensformen einer Population (bei den Tieren angefangen) als die ›Norm‹ erklären, damit in keiner Weise bereits ein Sollensurteil ausgesprochen werden soll. Es werden nur zentrale Ausrichtungen des Verhaltens beschrieben. Gerade in den ›werturteilsenthaltsamen‹ Wissenschaften spielen Normen die Rolle von Modellen der Erklärung. Erst in Rücksicht auf die freie Übernahme von Verbindlichkeiten und Pflicht können Normen als das ›Gesollte‹ erscheinen. Dabei ist aber der Grund des Sollens nicht die Norm an und für sich, sondern die Einsicht in ihre Verbindlichkeit oder zumindest die Einsicht in die Verbindlichkeit des Zusammenhangs, der Normen hervorbringt, zum Beispiel die Einsicht in die Verbindlichkeit des Rechtes, die noch nicht die Einsicht in die Verbindlichkeit jeder einzelnen Norm impliziert. Die Normen haben also zumindest doppelte Funktion: die Funktion der Aufklärung über Gegebenes und die Funktion der Verbindlichkeit aufgegebener Verpflichtungen. Sowohl in der Welt des Alltags wie in der Welt der Wissenschaft wie in der Welt der Religion (um die drei Dimensionen Pascals zu nennen) leben wir größtenteils fraglos mit Normen. Sonst müßten wir das Leben ›ab ovo‹ anfangen. Die Basis, auf der wir Einzelprobleme lösen, wäre allzeit schwankend.

Dennoch ist die normative Basis des Alltäglichen, Wissenschaftlichen und des Religiösen bei näherer Betrachtung ebenfalls fragwürdig. Grundsätzliche Paradigmawechsel berühren daher auch bisher anscheinend fraglose Normen, und der ›Fortschritt‹

beruht auf dem *feed back* von Abweichungen auf das Gesamtsystem. Die funktionalistische Betrachtung von Normen sieht daher den Normenwandel als notwendig an, damit sich Systeme an sich veränderte Wirklichkeiten anpassen können.
Die stabilisierende Funktion von Normen erscheint daher als relativ. Wird jedoch ›Norm‹ nicht als Systembegriff, sondern als Verbindlichkeit eines absoluten Wirklichkeitsverständnisses genommen, dann geraten Absolutheitsanspruch und Relativität in einen Gegensatz. Dies wird vor allem an den sittlichen Normen erkennbar.

3. Die sittlichen Normen[5]

Der Begriff der sittlichen Normen scheint sich in der Schule der *Neukantianer* im 19. Jahrhundert erstmalig entwickelt zu haben. Er entspricht aber auch der Entwicklung des utilitaristischen ethischen Denkens. Normen sind stark von der Vorstellung der Zweckmäßigkeit, der Finalität des Ganzen her geprägt. Im Kontext der KANT'schen Philosophie sind Normen äußere Verallgemeinerungen der Pflicht, also Faustregeln über Sollensurteile, die den Menschen aufgrund seiner inneren Einsicht binden. Dabei lassen sich verschiedene Gruppen unterscheiden: Normen als *Prinzipien*, Normen als *Maximen*, Normen als sittliche *Vorzugsurteile*. Normen als *Prinzipien* sind Regeln des sittlichen Diskurses, welche zur Konstitution von Verbindlichkeit erforderlich sind. Diese Prinzipien sind im wesentlichen die Argumentierbarkeit (schrittweise, zirkelfrei und für jedermann einsichtig) und die Universalisierbarkeit der Kriterien des Sollens. Neben diesen formalen Prinzipien kann als einziges inhaltliches Prinzip das Prinzip der Menschenwürde genannt werden. Dieses bedeutet in der Formulierung KANTs, daß der Mensch niemals nur als Mittel allein, sondern vielmehr zugleich als Zweck an sich selbst betrachtet werden müsse. Darin kommt eine letzte Unverfügbarkeit des Menschen zum Ausdruck. Die Wahrung dieser Unverfügbarkeit ist zugleich die Grenze, außerhalb derer von Sittlichkeit nicht mehr die Rede sein kann. Diese Vorstellung wird im universalen Ethos der Menschenrechte konkret.[6]
Neben den Normen als Prinzipien stehen Normen als *Maximen*.[7] Normen als Maximen sind gewählte Verbindlichkeiten, die der Mensch über sein eigenes Leben stellt. Maximen kann man auch als Verpflichtungsseite eines anerkannten Sinnverhaltens betrachten. Sachverhalte als solche haben noch keine sittliche Relevanz. Freilich sind sie für das Sittliche relevant. Die verbindlichen Sinnverhalte, auf die sich die Maximen richten, werden in der Diskussion heute zumeist ›Werte‹ genannt. Man muß dabei freilich bedenken, daß der Begriff ›Wert‹ aus seinem ursprünglichen Zusammenhang im Bereich der Ökonomie, in dem ›Wert‹ einen Äquivalenzbegriff für Sachen darstellt, herausgeführt ist und eine andere Bedeutung annimmt, in welcher die Unverfügbarkeit und daher die Äquivalenzlosigkeit spezifisch menschlicher Sinnverhalte zum Ausdruck kommt.
Im allgemeinen meint man jedoch, wenn man heute von sittlichen Normen spricht, weder die Prinzipien noch die Maximen. Die sittliche Norm erscheint vielmehr als das richtige *sittliche Urteil*, das aus der Abwägung der Werte unter konkreten Umständen und Handlungsbedingungen zustande kommt, das sog. *Vorzugsurteil*.[8] Das richtige

[5] Vgl. W. KORFF, Norm und Sittlichkeit.
[6] Vgl. J. SCHWARTLÄNDER (Hrsg.), Modernes Freiheitsethos und christlicher Glaube, 1981.
[7] Vgl. O. HÖFFE, Ethik und Politik, 1979, 86ff.
[8] Vgl. B. SCHÜLLER, Die Begründung.

sittliche Vorzugsurteil erscheint als eine Art Problemlösung, die unter der Voraussetzung der Frage, ›wie handle ich richtig?‹, in der Form der Integrierung spezialwissenschaftlicher Erkenntnisse geklärt wird. Dabei spielen empirische Sachverhalte ebenso eine Rolle wie allgemeine Wertpräferenzen. Weithin wird heute der Maßstab anerkannt, daß konkrete Vorzugsurteile im Hinblick auf die Folgen der Alternativen in der Zukunft und durch deren Abwägung unter vorausgesetzten Wertpräferenzen gefunden werden. Normen sind, von daher gesehen, keine Merkmale der Gesinnung, sondern Faustregeln der Verantwortung.

Nicht nur im Bereich der allgemeinen Funktion von Normen, sondern auch im besonderen Bereich der sittlichen Normen scheint sich mit dieser Entwicklung eine Trennung des normativen Denkens und der normativen Sprache von den religiösen Horizonten der Sinnbestimmung des menschlichen Lebens vollzogen zu haben. Die Autonomie des normativen Denkens in den Wissenschaften setzt sich fort in der Beanspruchung der Autonomie der Ethik. Diese Autonomie der Ethik bezieht sich freilich vorrangig auf die Konstituierung von konkreten Wertvorzugsurteilen *a posteriori*, das heißt unter der Voraussetzung ihrer Variabilität durch Sachgesetze und Handlungsbedingungen.[9] Im Hinblick auf die inhaltlichen sittlichen Prinzipien und auf die konkreten Maximen, das heißt Wertpräferenzen, Tugenden, Lebensstile, erscheinen auch religiöse Spezifizierungen als relevant. Dies wird manchmal durch die Konkurrenz von menschengerechter Prinzipien- und Maximenbildung im Kontext eines autonomen Ethos der Menschenrechte einerseits und der christlichen Tradition andererseits als Fragestellung überdeckt. Bei Grenzproblemen wird jedoch diese Fragestellung sichtbar. Im bioethischen Zusammenhang kann zum Beispiel Konkurrenz zwischen der Unverfügbarkeit allen menschlichen Lebens einerseits und der Gewährleistung der Menschlichkeit des menschlichen Lebens andererseits entstehen. In einer solchen Konkurrenz spielen religiöse Vorentscheidungen eine große Rolle. Denn die Menschlichkeit des menschlichen Lebens erscheint im Horizont religiöser Sinnbestimmung nicht einfach aus der zu erwartenden, erkennbaren Lebensqualität berechenbar. Dies liegt letztlich daran, daß der Glaube an Gott auch defekte Menschlichkeit als vollgültige Menschenwürde garantiert. Damit wird man von der Frage nach den spezifisch sittlichen Normen zur Frage nach dem normativen Sprechen im Bereich des Religiösen gelenkt.

4. Die religiösen ›Normen‹

Die Frage nach der religiösen ›Norm‹ ergibt sich wenigstens teilweise aus der Frage nach der sittlichen Norm, wenn es um eine letzte Verankerung inhaltlicher sittlicher Prinzipien und konkreten sittlichen Wertnehmens bzw. der Maximenbildung geht. In dieser Weise hat schon KANT die Frage »Was soll ich tun?« mit der Frage »Was darf ich hoffen?« verbunden.[10] Die religiöse Ebene des Normativen läßt sich freilich nicht nur aus postulatorischen Erwägungen auf der Basis des Sittlichen erklären. Ansonsten stünde die religiöse Dimension in der Gefahr, nur als Überbau der sittlichen Dimension in den Blick zu kommen. Gerade dann aber, wenn man das Religiöse für das Sittliche bloß funktionalisiert, verliert es seine Relevanz. Die Frage nach religiösen ›Normen‹ muß daher noch einmal eigenständig gestellt werden. Drei Ebenen lassen sich

---

[9] Vgl. A. AUER, Autonome Moral und christlicher Glaube, 1971.
[10] Vgl. R. SCHAEFFLER, Was dürfen wir hoffen? 1979.

hier unterscheiden: Die Frage nach der *norma normans*, der religiösen Gewißheitsbildung einerseits und zugleich des Glaubens einer Glaubensgemeinschaft andererseits; die Frage nach konkreten, inhaltlichen ›Glaubensnormen‹; die Frage nach spezifischen inhaltlichen, religiösen Normen bzw. in diesem Zusammenhang: Vorschriften für das Verhalten gegenüber der religiösen Wirklichkeit. Es ist von vornherein klar, daß schon diese Fragestellung eher in der Tradition der sog. Schriftreligionen beiheimatet ist als in Traditionen, die den Absolutheitsanspruch der Schriftreligionen nicht kennen. In letzteren Traditionen spielt gewiß die Normenlosigkeit bzw. die ›Weiselosigkeit‹ der Entdeckung des göttlichen Bereiches eine größere Rolle, welche freilich auch unter der Perspektive der freien Kommunikation zwischen Gott und Mensch in der Spiritualität der Schriftreligionen bedeutsam ist. Es handelt sich also um eine Frage der Schwerpunktbildung. Auch in den Schriftreligionen wird die Beantwortung der drei verschiedenen Fragen je verschieden ausfallen. Aber formal einheitlich wird man sagen können, daß auf der Ebene der *norma normans* die jeweilige ›Heilige Schrift‹ und ihre Auslegungsinstitutionen gemeint sind; auf der Ebene der Glaubensnormen die festzuhaltenden Dogmen; auf der Ebene der religiösen Verhaltensnormen bzw. Vorschriften die Regeln des Betens, Fastens, gemeinschaftlichen Feierns, also alles, was als spezifisches Verhalten gegenüber Gott zu den Gewohnheiten der Glaubensgemeinschaft gehört. Ohne auf die inhaltlichen Fragen einzugehen, muß doch allgemein die Frage nach der Funktion des Normativen im Bereich des Religiösen gestellt werden. Hier ist noch einmal auf die beiden Momente der Vergewisserung und der Vergemeinschaftung aufmerksam zu machen. Normative Sätze im Bereich des Religiösen bilden gleichsam den ›Widerstand‹, an dem sich, lebensgeschichtlich gesehen, Glaubensüberzeugung herausbilden kann. Im Raum der Beliebigkeit entsteht nämlich keine Freiheit. Der Philosoph H. Krings hat daher die Idee einer kommunikativen Freiheit als eine Möglichkeit begriffen, »Gott zu denken«.[11]

5. Norm und Freiheit im Horizont der christlichen Theologie

Die Norm hat gegenüber dem Gesetz primär nicht einen richtenden, sondern einen ausrichtenden Charakter; sie bindet weniger äußerlich als daß sie von innen her verpflichtet; sie bezieht sich weniger auf das Gute bzw. das Perfekte schlechthin als auf das Zweckmäßige, auf das Richtige. Darin liegt der kritizistische, relative und veränderliche Charakter normativen Redens, der dem Horizont des wissenschaftlichen Denkens entspricht, aus dem die normative Sprache entstanden ist. Von daher gesehen muß das Verhältnis zwischen Norm und Freiheit nicht von vornherein als konfliktträchtig bestimmt werden. Freilich gibt es eine beständige Rückinterpretation des normativen Denkens im Sinne des gesetzlichen Denkens. Auf dieser Ebene sind Konflikte zwischen Norm und Freiheit möglich, welche dann meist, phänomenologisch gesehen, in ihrer Entwicklung zu einer Veränderung des gesetzlichen Denkens in Richtung auf das normative Denken beitragen. Freilich wird man nicht ohne weiteres sagen können, daß das normative Denken mit seinem Kritizismus, seiner Relativität und seiner Wandelbarkeit die letzte Dimension der Wahrheit, die freimacht, erreichen kann. Wahrheit begegnet ihm eben nur im Modus des wissenschaftlichen Kritizismus.

Von daher ergeben sich zwei Ebenen der Diskussion zwischen Norm und Freiheit. Die erste Ebene könnte man als den Dienst der Norm an der Freiheit bezeichnen. Normen

[11] Vgl. Freiheit, Ein Versuch, Gott zu denken, in: Philosoph. Jahrb. 77 (1977) 225–237.

dienen der freiheitlichen Selbstentfaltung des Menschen in dreifacher Weise: sie entlasten ihn davon, stets in der Dimension der Freiheitlichkeit leben zu müssen; sie geben seiner Freiheit Orientierung, wenn diese sich ihrer selbst zu vergewissern versucht; sie stellen seine Freiheit unter eine grundsätzliche Herausforderung, die Beweislast gegenüber vorgegebenen Orientierungen zu tragen. Im Idealfall läßt sich der Dienst der Norm an der Freiheit umkehren; die Selbstverpflichtung der Freiheit wird dann zur Prüfungsinstanz richtiger Normen. Dies gilt vor allem auf der Ebene der spezifisch sittlichen Normen.

An die letzte Dimension der Freiheit, dies ist die zweite Ebene der Betrachtung, reicht freilich das normative Denken nicht heran. Dies ist die Ebene, wo Freiheit als Befreiung erfahren wird. Freiheit als Befreiung kann aber nur in der tiefsten Begegnung mit der Wahrheit über die Existenz des Menschen in der Welt erfahren werden. Das Geheimnis dieser Freiheit besteht in einem Paradox: Der Verpflichtung zum Freisein im Sinne der aufgegebenen Selbstverwirklichung und zugleich der Fähigkeit, eben dies zugunsten der Freiheit des anderen nicht nur äußerlich einschränken, sondern im ganzen aufs Spiel setzen zu können. Daher hat Freiheit als Befreiung immer etwas mit dem Schicksal der Freiheit des anderen zu tun. Das Paradox zwischen der Freiheit als Selbstverwirklichung einerseits und der Freiheit als Befreiung des anderen andererseits läßt sich jedoch mit Hilfe des normativen Denkens nicht auflösen. Die Tiefe der Freiheitserfahrung verlangt vielmehr nach jener unmittelbaren religiösen Begegnung, in welcher die eigene Befreiung so stark erfahren wird, daß sie nicht mehr als Besitzstand festgehalten zu werden braucht. Insofern kann man sagen, daß ein Nachdenken über die Freiheit dem Phänomen des Religiösen angemessener ist als ein Nachdenken über die Normen. In gewisser Weise gilt dies auch für das Feld der Sittlichkeit. Denn unter der Perspektive des normativen Denkens wird die Freiheit vorrangig als Pflicht, als Sollen erfahren. Nach der klassischen Tradition (vor KANT) ist jedoch nicht die Dimension des Sollens für das sittliche Handeln des Menschen entscheidend, sondern die Dimension des Könnens: also nicht die Norm, sondern die ›Tugend‹. Normatives Denken im Bereich der Sittlichkeit scheint eine Engführung des sittlichen Phänomens zu sein.[12] Dies liegt daran, daß das normative Denken der Freiheit nur an jenem, sicherlich wichtigen Punkt begegnet, an dem Freiheit zur Pflicht wird. Sittlichkeit, die unter der Perspektive der Befreiung zum Sein-Können gedacht wird, übersteigt die normative Sittlichkeit. Von daher ist zu verstehen, daß gerade im Kontext religiösen Redens von der letzten Wahrheit und Befreiung des Menschen die Sittlichkeit als neues Sein-Können erscheint und nicht als ein System ausrichtender Sollenssätze. Daher führt jedes Nachdenken über die Bedeutung von Normen zu dem Ergebnis, daß diese zwar eine notwendige, nicht aber zureichende Bestimmung des menschlichen Handelns in den Blick bekommen. Sowohl die absolute Verbindlichkeit im Bereich des Sittlichen als auch die absolute Verbindlichkeit im Bereich von Glaubensaussagen können mit normativem Denken nicht ausreichend ausgedrückt werden. Dies scheint in einer Zeit paradox, in der Verbindlichkeit stets mit Normativität assoziiert wird. Aber Verbindlichkeit beruht eher auf motivationalen Gründen als auf regulativen Sätzen. Von dem her, was den Menschen unausweichlich angeht, trägt er auch Verantwortung für seine Normen.

---

12 Vgl. K. O. APEL, Kein Ende der Tugenden, in: Frankfurter Hefte 29 (1974) 783–794.

Literatur

Blank, J., Zum Problem »ethischer Normen« im NT, in: Concilium 3 (1967) 356–362; Böckle, F., Unfehlbare Normen? in: H. Küng (Hrsg.), Fehlbar? Eine Bilanz, 1973, 280–304; Freund, L., Die Entwicklung des Normbegriffes von Kant bis Windelband, Diss. 1933; Keil, S., Absolutheit und Relativität der Normen in soziologischer und theologischer Sicht, in: Neue Zeitschrift für systematische Theologie und Religionsphilosophie 8 (1966) 67–78; Kerber, W. (Hrsg.), Sittliche Normen. Zum Problem ihrer allgemeinen und unwandelbaren Geltung, 1982; Korff, W., Norm und Sittlichkeit (Tübinger Theologische Studien Bd. 1), 1973; Lautmann, R., Wert und Norm, 1969; Luhmann, N. Normen in soziologischer Perspektive, in: Soziale Welt (1968) Heft 1, 28 ff.; Mayer, M. E., Rechtsnormen und Kulturnormen (Strafrechtliche Abhandlungen Heft 50, 1903), Nachdruck 1965; Noll, P., Jesus und das Gesetz. Rechtliche Analyse der Normenkritik in der Lehre Jesu, 1968; Oelmüller, W. (Hrsg.), Materialien zur Normendiskussion. 1978 ff. (Bd. 1, Transzendentalphilosophische Normenbegründungen; Bd. 2, Normenbegründung – Normendurchsetzung; Bd. 3, Normen und Geschichte); Schüller, B., Die Begründung sittlicher Urteile. Typen ethischer Argumentation in der Moraltheologie, ²1980.

Dietmar Mieth

→ *Buchreligion, Gewissen, Tradition*

Numen

I. Überblick über den Sprachgebrauch 1. Numen als religiöser und religionswissenschaftlicher Begriff 2. Zur Begriffsgeschichte II. Zur Abgrenzug zwischen religiösen und religionswissenschaftlichen Begriffen

I. Überblick über den Sprachgebrauch

1. Numen als religiöser und religionswissenschaftlicher Begriff

Im Kontext der römischen Religion bezeichnet er eine Eigenschaft der Götter oder wird selbst als Gottesbegriff verwendet. In einer Richtung der Religionswissenschaft, die hier zugleich an eine Tradition christlicher Theologie anknüpft, sind der Begriff Numen und davon abgeleitete Ausdrücke wie »das Numinose« als Termini verwendet worden, um göttliche Wesen und ihren Bereich im weitesten Sinne zu bezeichnen.

2. Zur Begriffsgeschichte

a. *Numen in der römischen Religion*: Das lateinische Substantiv *numen* ist auf die indogermanische Wurzel »neu« zurückgeführt und als »die bewegende Kraft, die in der Bewegung sich offenbart« gedeutet worden.[1] Die Bedeutung des Begriffes Numen im Kontext der römischen Religion scheint eine Entwicklung durchlaufen zu haben:

---

[1] Pfister, Art. Numen, 1290.

von der Bezeichnung einer göttlichen Eigenschaft zum Gottesbegriff.[2] Die ältere Bedeutung würde in einer Formulierung CICEROS (*«esse quoddam numen et vim deorum«* (de nat.deorum II,95)) vorliegen, die jüngere vielleicht schon in einer anderen Aussage desselben Autors (*«esse aliquod numen, quo haec regantur«* [de nat.deorum III,10]).

b. *Numen im Kontext religionsgeschichtlicher Deutungen*: Der Begriff »Numen« ist von F. ALTHEIM »zur ältesten Schicht der römischen Religion« gerechnet worden, obwohl das Wort erst im 2. Jh. v. Chr. belegt ist.[3] Einige Deutungen zeigen sich durch Theorien der älteren Religionswissenschaft beeinflußt und bringen Numen mit Begriffen in Zusammenhang, die in anderen Religionen eine unpersönliche Macht bezeichnen sollen (Mana, Wakanda, Orenda): »Diese orendistische Gottes- und Heiligkeitsvorstellung entwickelte sich wie überall... so auch bei numen zum Gottesbegriff«.[4]

c. *Numen und »das Numinose« bei* R. OTTO *und in der Religionsphänomenologie*: R. OTTO hat den Begriff »Numen« vom Kontext der römischen Religion gelöst und als systematische Kategorie verwendet, die Vorstellungen in den verschiedensten Religionen bezeichnet.[5] Im Rahmen seines religionstheoretischen Ansatzes hat OTTO vom Begriff »Numen« den Ausdruck »das Numinöse« abgeleitet, um die ursprünglich religiöse Bedeutung des Begriffes »das Heilige« zu bezeichnen. Diese Kategorie des Heiligen bezeichnet er als »numinose Bewertungskategorie«, und durch eine Analyse der entsprechenden »numinosen Gemütsgestimmtheit« versucht er, die »Momente des Numinosen« selbst, die der begrifflichen Fassung nicht zugänglich sind, zu beschreiben.[6] Den »*sensus numinis*« nimmt er als Ursprung der Religion überhaupt an.[7] Diesen Ausdruck übernimmt er aus der christlichen Tradition: er nennt Zinzendorf, den Begründer einer Richtung des Pietismus, als »Entdecker des *sensus numinis*« und sieht bei Schleiermacher die Wiederentdeckung dessen, »was lebendiges Numen sei angesichts eines theistisch korrekten, aber toten Gottesbegriffes«.[8]

In der von OTTO beeinflußten Religionsphänomenologie wird der Begriff ›Numen‹ ebenfalls als systematische Kategorie verwendet[9], und die Ableitungen wie z. B.

---

[2] Ebd., 1278 f.

[3] F. ALTHEIM, Römische Religionsgeschichte, Bd. 1, 1951, 112; vgl. dazu PFISTER, Art. Numen, 1273.

[4] PFISTER, Art. Numen, 1290; vgl. dazu K. LATTE, Art. Römische Religionsgeschichte, in: Handb. d. Altertumswissensch. V, 4 (1960) 57.

[5] Siehe z. B. R. OTTO, König Varuna. Das Werden eines Gottes, in: ders., Das Gefühl des Überweltlichen, 126.

[6] R. OTTO, Das Heilige. Über das Irrationale in der Idee des Göttlichen und sein Verhältnis zum Rationalen, 1917, 6–14.

[7] R. OTTO, Der *sensus numinis* als Ursprung der Religion, in: ders., Das Gefühl des Überweltlichen, 11–57, bes. 53.

[8] R. OTTO, Zinzendorf als Entdecker des sensus numinis, in: ders., Das Gefühl des Überweltlichen, 4–10; ders., Der Neue Aufbruch des *sensus numinis* bei Schleiermacher, in: ders., Sünde und Urschuld, 1932, 139.

[9] Siehe z. B. G. V. D. LEEUW, Phänomenologie der Religion, (1933) ³1970, 185, 687; V. D. LEEUW greift auch direkt auf das römische »numen« zurück, das ihm »als ein besserer Name für die halbgestalte Macht« erscheint »als das allzu persönliche »Gott« (ebd., 168); K. GOLDAMMER, Formenwelt des Religiösen, 1960, 58; G. MENSCHING, Die Religion. Erscheinungsformen, Strukturtypen und Lebensgesetze, 1960, 144; F. HEILER, Erscheinungsformen und Wesen der Religion (Die Religionen der Menschheit 1), 1961, 285.

»numinose Wirklichkeit« oder »numinose Macht« stehen im engen Zusammenhang mit dem Grundbegriff des Heiligen.[10]

II. Zur Abgrenzug zwischen religiösen und religionswissenschaftlichen Begriffen

Im Interesse begrifflicher Klarheit müßte schärfer getrennt werden zwischen Interpretation religiöser Begriffe und Konstruktion religionswissenschaftlicher Termini. In diesem Fall liegt es vielleicht am nächsten, Numen als Begriff aus der römischen Religion zu betrachten, die sekundäre Ableitung »das Numinose« getrennt davon als religionswissenschaftlichen Begriff. Im Hinblick auf den gegenwärtigen Stand der Religionswissenschaft erscheint es notwendig, die Bedeutung von Numen in der römischen Religion und die Verwendbarkeit des Begriffes »das Numinose« neu zu untersuchen.

Literatur

OTTO, R., Das Gefühl des Überweltlichen (*sensus numinis*), 1932; PFISTER, F., Art. Numen, in: Real-Encyclopädie d. klass. Altertumswissensch. 17 (1937) 1272–1291.

Ulrich Berner

Numinos

I. Begriffsbestimmung II. Theorie III. Kritik

I. Begriffsbestimmung

»Numinos« ist ein in der Religionswissenschaft gebräuchlicher Begriff für eine nicht näher beschriebene göttliche Wirkung(skraft), die qualitativ von Mensch und Welt unterschieden sein soll, gefaßt als ein Es, Etwas, Unpersönliches, Göttliches, Machtvolles, das den Ursprung oder Urboden aller Religion bilden soll.

1. *Wortgeschichtliches*: numinos ist eine für R. OTTO typische Wortschöpfung, mit dem Ziel, gemeinsprachliche Begriffe zu verfremden (»das Heilige«), um sie religionswissenschaftlich neu zu füllen und zum Theorem zu erheben, ja, ihnen kategorialen Wert beizulegen. Es ist ein Versuch, das Irrational-Göttliche zu benennen, das »in allen Religionen als eigentlich Innerstes«[1] lebt und das sie erst zu Religion macht. Für »dieses Moment in seiner Vereinzelung«[2] bildet OTTO das Wort: das *Numinöse*»[3], das

---

[10] Siehe z. B. MENSCHING, Die Religion, 78; GOLDAMMER, Formenwelt des Religiösen, 81; HEILER, Erscheinungsformen, 468.

[1] OTTO, Das Heilige, ^{2}1929, 6.

[2] Ebd., 7.

dann freilich nur noch als numinos auftaucht, und zu »einer eigentümlichen numinosen Deutungs- und Bewertungskategorie«[4] im objektiven Sinne und zu »einer numinosen Gemüts-Gestimmtheit« im subjektiven Sinne wird (*sensus numinis*).

2. *Anwendung*: OTTOS Wortschöpfung fand sehr schnell weite Verbreitung in der Religionswissenschaft, glaubt(e) man doch, mit numinos ein Kriterium zu haben, das Religion (die Welt der Religionen) von allem Natürlichen ab- und ausgrenzen und zugleich »historischen« Ursprung von Religion und das Grundprinzip der Religion aufweisen und erklären zu können. Nicht nur die gesamte sogenannte verstehende Religionswissenschaft bediente sich dieses Begriffs als eine Art ›psychologisches Apriori‹, sondern er hat sich allgemein (in Völkerkunde und Religionsphilosophie) als ein Synonym für göttlich und heilig eingebürgert.

II. Theorie

1. R. OTTOS *Theorie vom Numinosen*: OTTO will über die Kategorie des Numinosen, das allem Natürlichen gegenüberstehende »Ganz Andere«[5], also das Objekt der Religion erreichen, das sich als »Reflex«[6] im Gemüt *qua* »Kreaturgefühl«, das »eine Abwertung des Subjekts hinsichtlich seiner selbst«[7] meint, subjektiv niederschlägt. Von diesem komplementären Denkschema her ordnet OTTO in einer Art dialektischem Verfahren dem Numinosen bzw. der Kreatur (als »Gemüts-Reaktion«)[8] folgende Charakteristika (Momente) zu: *Mysterium* (Irrational-Geheimnisvolle) tremendum (Schauervolle, Abstoßende) – Ver- und Bewunderung, heilige Scheu; *Majestas* (schlechthinnige Übergewalt) – Geschöpflichhkeit, Demut; *Energicum* (Kraft, Wille usw.) – Ohnmacht; *Fascinans* (Anziehende) – Hingabe, Beseligung, Bewältigung. So wird der qualitative Gehalt des Numinosen als »Kontrast-Harmonie«[9] gefaßt: Das schauervoll Abstoßende-Anziehende (*mysterium tremendum et fascinosum*). In seinem Aktions- und Reaktionsschema bildet es den »Hinter- und Untergrund«[10] von Religion. Als das Erfahrbare kann es nachgefühlt, erweckt, ja partiell zur Erkenntnis (OTTO spricht von »rationalen Gefühlen«) gebracht werden, weshalb es für ihn eine zusammengesetzte Kategorie (aus irrationalen und rationalen Momenten) bildet, die er in den Status einer »Kategorie rein *a priori*«[11] erhebt. Damit macht er das Numinose – in seinen Wirkungen – nicht nur zum Gegenstand der Religionswissenschaft, sondern auch zu deren Ausgangspunkt und nicht zuletzt zu ihrer methodologischen Voraussetzung, wenn ausschließlich numinoses Gefühl (als allgemeine Anlage, *sensus numinis*) zum religionswissenschaftlichen Treiben befähigt.[12]

---

3 Mit der Begründung: »Wenn man von *omen ominös* bilden kann, dann auch von *numen numinös*«. (Ebd., 7).
4 Ebd., 7.
5 Ebd., 31 ff.
6 Ebd. 11.
7 Ebd. 12.
8 Ebd. Ebd., 13.
9 Ebd., 43.
10 Ebd., 82.
11 Ebd., 147.
12 Siehe Ebd., 8.

2. *Der Sitz in der religionswissenschaftlichen Theorie*:

Das Numinose in seiner irrational-emotionalen Bestimmung hat seinen Sitz in den meisten Religionsmodellen und Religionstheorien, die es übernehmen (u. a. W. Hauer, G. Mensching, G. v. d. Leeuw, J. Wach, F. Heiler, M. Eliade, K. Goldammer) in der Wesensbestimmung von Religion und der damit vollzogenen Ab- und Ausgrenzung gegenüber dem Profanen und dient zugleich als Chiffre für das Entstehen von Religion, indem im religiösen Erlebnis, der religiösen Erfahrung eine allgemein menschliche Disposition angenommen wird, die sodann zum methodischen Element erkoren wird, indem sie als sachliche und persönliche Voraussetzung des Religions-Verstehens, Religions-Erforschens usw. gemacht wird. Religionswissenschaftliches Treiben wird zum (*con*) genialen Unterfangen, dessen Weg der des Nachfühlens, -empfindens, -spürens, letztlich der schauenden Versenkung wird.

III. Kritik

Der Grund für die bereitwillige Aufnahme der Kategorie des Numinosen scheint die religionswissenschaftlich nicht lösbare Frage nach dem Ursprung der Religion zu sein, die dazu verleitet, zum Objekt von Religion durchzustoßen und über dessen Wesensbestimmung den Anfang von Religion zu erweisen, was sich in jedem Falle entweder als abstraktes Konstrukt oder als Verabsolutierung eines religiösen Zusammenhanges herausstellt. In der Wesensbestimmung des Numinosen zeigt sich, daß sie von einer hypostasierten Psychologie, die sich als Metaphysik versteht, getragen ist, die mit neutralen (neutralisierten) Adjektiven Gestaltqualitäten über Ausdrucksqualitäten zu gewinnen und zur Wirkung zu bringen sucht. Diese Eigenschaften stellen sich aber genau genommen als ›Qualitäten‹ des Gottes des AT/NT heraus, des allmächtigen, unverfügbaren strafenden und zugleich liebenden Schöpfer-Gottes. In ihrer neutralen Anwendung aber sind sie eher verdunkelnd als klärend, zumal in dem für diese Erlebnistheorie zentralen Gedanken der Macht, der das Übermenschlich-Machtvolle meint, ein evtl. ›Heiliges‹ von einem evtl. ›Dämonischen‹ nicht wirklich geschieden werden kann. Das Numinos läßt sich also noch nicht einmal als religionswissenschaftliches Kriterium einsetzen, zumal der Religionswissenschaft obendrein ›Religion‹ weder in *dem* Menschen noch in *dem* Gefühl *des* Menschen, sondern nur in konkreten Religionen faßbar wird.

Literatur

André, H., Natur und Mysterium, 1959; Baetke, W., Das Heilige im Germanischen, 1942; Colpe, C. (Hrsg.), Die Diskussion um das »Heilige«, 1977; Eliade, M., Die Religion und das Heilige, 1954; Feigel, F. K., Das Heilige. Kritische Abhandlung über Rudolf Ottos gleichnamiges Buch, (1929) ²1948; Gaede, E., Die Lehre von dem Heiligen und der Divination bei Rudolf Otto, 1932; Häring, B., Das Heilige und das Gute, 1950; Hauer, J. W., Die Religion, ihr Werden, ihr Sinn, ihre Wahrheit, 1923; Hessen, J., Die Werte des Heiligen, (1938) ²1951; Lemaître, P., La pensée religieuse de R. Otto et le mystère divin, 1924; Mann, U., Theogonische Tage. Die Entwicklung des Gottesbewußtseins, 1970; Müller, M., Theosophische Religion, 1895; Otto, R., Das Heilige, (1917) ³⁵1963; ders., Aufsätze das Numinose betreffend, 1923; ders., Das Gefühl des überweltlichen (*sensus numinis*), 1932; Schmidt, W., Menschheitswege zum Gotterkennen; 1923; ders., Ursprung und Werden der Religion, 1930; Söderblom, N., Das Werden des Gottesglaubens,

1916; SPLETT, J., Die Rede vom Heiligen. Über ein religionsphilosophisches Grundwort, 1971; TERRIN, A. N., Scienza delle religioni e teologia nel pensiero di Rudolf Otto, 1978; VAN DER LEEUW, G., Phänomenologie der Religion, (1933) ²1956.

Rainer Flasche

Ökologie

A Allgemeines I. Begriffsbestimmung II. Wort- und Begriffsgeschichte B Kulturökologische Theorien I. Die »*cultural ecology*« JULIAN H. STEWARDS II. Der kulturelle Materialismus III. Neofunktionalismus und »Lehre von der Anpassung« IV. Die Theorie der »geordneten adaptiven Struktur« V. Ökosystem, Ökologiebewegung und mythische Ontologie

A Allgemeines

I. Begriffsbestimmung

Nach heutigem innerwissenschaftlichen Verständnis handelt die Ökologie von den vielfältigen Beziehungen der Lebewesen untereinander und zu ihrer unbelebten Umwelt. Ein Grundsatz ökologischen Denkens lautet: »Kein Organismus kann von sich aus oder ohne seine Umwelt existieren«.[1] Ökologen nennen sich daher heute Biologen, die sich mit Lebensgemeinschaften, Ökosystemen und Landschaften in ihren biologischen Aspekten befassen. Es kommt ihnen dabei darauf an, sie in der Gesamtheit »ihrer Bedingtheit durch äußere Einflüsse und in der Gesamtheit ihrer Wirkungen nach außen zu erfassen«.[2] In der öffentlichen Meinung hat Ökologie darüber hinaus seit den 70er/80er Jahren den Charakter eines neuen »Fahnenworts« erhalten, das eine neue Weltanschauung und ein neues Lebensgefühl zum Ausdruck bringt; es »bündelt all jene Hoffnungen, für die einst Worte wie Paradies, messianisches Zeitalter, Kommunismus und andere, kurz vor der Erlösung angesiedelte standen«[3]. Die Kulturökologie, ein Arbeitsbereich der Ethnologie, bezieht den Menschen in die Behandlung der Wechselwirkungen zwischen belebter und unbelebter Umwelt mit ein. Sie interessiert sich insbesondere für deren Ausprägungen als Folge ihrer Gestaltung durch kulturelle Leistungen[4]. Dabei bestehen zwischen den Vertretern der verschiedenen kulturökologischen Schulen z. T. beträchtliche Differenzen hinsichtlich der Beurteilung der Rolle religiöser Phänomene im Beziehungsgefüge Mensch / Umwelt.

---

1 E. P. ODUM, Grundlagen der Ökologie, Bd. 1, 1980, 11.
2 L. TREPL, Geschichte der Ökologie, 1987, 14.
3 ebd., 12.
4 T. BARGATZKY, Einführung in die Kulturökologie, 1986.

II. Wort- und Begriffsgeschichte

Die Lehre von der Verwaltung des Hauswesens oder der Familie (*oikía)* bezeichnet ARISTOTELES bekanntlich als Ökonomik (*oikonomiké*). Hausverwaltung (*oikonomía),* die Regierung über Frau, Kinder und das ganze Haus, bestehe insbesondere um des Wohles der Regierten willen[5]. ERNST HAECKEL[6] übertrug den Haushaltsbegriff auf die Natur und schlug den Terminus »Ökologie« für die biologische Wissenschaft vom »Haushalt der Natur« vor[7]. Wie die Geographie, so wurzelt die Ökologie teilweise in der Romantik, denn während die klassische Naturwissenschaft NEWTON*scher* Prägung die Komplexität der Natur auf kleinste Einheiten reduziert, die durch externe Kräfte in Bewegung gehalten werden, erhielt in der Romantik das Ganze Vorrang vor den Teilen. Der Homogenität des Raumes der klassischen Naturwissenschaft setzten die romantisch inspirierten Wissenschaften Geographie und Ökologie den Begriff des qualitativ gegliederten Ortes als Landschaft oder Lebensgemeinschaft entgegen. Zwischen 1880 und 1920 überwog in der Ökologie daher die holistische Auffassung von den Lebensgemeinschaften, die als Einheiten höherer Ordnung verstanden wurden und nicht nur als Summe von individuellen Lebewesen. Hintergrundmetapher solcher Überlegungen war das Bild vom Organismus[8]. – In den 30er Jahren des 20. Jahrhunderts kam es zu einer szientistischen Wende in der wissenschaftlichen Ökologie. Verstand der ökologische Holismus die Lebensgemeinschaft noch als räumlich-konkretes Realobjekt, so markierte der von dem britischen Pflanzenökologen A. G. TANSLEY geschaffene Terminus »Ökosystem« eine Abkehr von den romantisch inspirierten Metaphern »Organismus« und »Gemeinschaft«. Ein Ökosystem ist kein raumzeitliches Realobjekt mehr, sondern ein gedankliches Isolat zum Zweck bestimmter Untersuchungen, wobei ökologische Zusammenhänge als physikalische Vorgänge abstrahiert werden. Dabei wird auch der Unterschied zwischen lebenden und nicht lebenden Teilen des Ökosystems eingeebnet[9].
Da der Theorienwandel in der Ethnologie und der Kulturökologie als besonderem Arbeitsgebiet sich nicht isoliert von der Geschichte der wissenschaftlichen Theorienbildung im allgemeinen vollzieht, ist auch hier der Trend von holistischen Ansätzen, die den »Stamm«, die »Kultur« bzw. die »Gesellschaft« noch als räumlich-konkrete Realobjekte verstehen (Funktionalismus) hin zu abstrakteren Modellen erkennbar, die sich am Leitbegriff System bzw. Ökosystem orientieren. Diesem Trend unterliegt auch die Modellierung religiöser Phänomene in den einzelnen kulturökolgischen Schulen.

---

[5] ARISTOTELES, Politik, 1253b, 2–20, 1259a, 35–40, 1259b, 1–10, 1278b, 30–40.
[6] E. HAECKEL, Generelle Morphologie der Organismen, 2 Bde., 1866.
[7] E. MAYR, The Growth of Biological Thought, 1982, 121.
[8] W. SACHS, Natur als System. Vorläufiges zur Kritik der Ökologie, in: Scheidewege 21 (1991/92) 84ff.
[9] L. TREPL, Geschichte der Ökologie, 1987, 183ff.

B Kulturökologische Theorien

Das Beziehungsgefüge Mensch/Umwelt zählte schon immer zu den Themen guter ethnographischer Berichterstattung[10], und von Anfang an konkurrierten in der Ethnologie Umweltdeterminismus und Possibilismus bei der Deutung dieses Gefüges. Es handelt sich dabei freilich nicht um wissenschaftliche »Schulen«, sondern um grundlegende Sichtweisen bei der Behandlung ethnographischer Phänomene. Der Umweltdeterminismus besagt im wesentlichen, daß Sozialverhalten, Psyche und körperliche Konstitution des Menschen auf geographische Faktoren zurückgeführt werden können[11], wogegen der Possibilismus der natürlichen Umwelt nur die Rolle eines begrenzenden Faktors bei der Ausgestaltung möglicher sozialer und kultureller Verhältnisse zugesteht[12]. Alle neueren und für die heutige Diskussion relevanten theoretischen Ansätze der Kulturökologie unterscheiden sich jedoch dadurch von den älteren, daß sie nicht mehr von der gesamten Umwelt ausgehen, sondern von Teilumwelten. Exemplarisch hatte dies der amerikanische Ethnologe Julian H. Steward im Rahmen seines *cultural ecology* genannten Forschungsansatzes vorgeführt. Vieles, was nach Steward geschrieben wurde, läßt sich am besten durch den Vergleich mit seinem Werk darstellen, so daß es sich anbietet, den Überblick über kulturökologische Theorien mit der *cultural ecology* zu beginnen. Wenn hinfort von *cultural ecology* die Rede ist, ist also Stewards Lehre gemeint, Kulturökologie bezieht sich dagegen stets auf die Gesamtheit der ethnologischen Bemühungen um die Darstellung des Beziehungsgefüges Mensch/Umwelt.

I. Die »*cultural ecology*« Julian H. Stewards

Stewards Arbeitsweise wird in seinem monumentalen Werk über die Indianer der Plateaus und Hochbecken im Westen der USA deutlich erkennbar[13]. Die natürliche Umwelt der Wildbeuter von Ostkalifornien bis Idaho behandelt Steward als Konstante. Viele Merkmale der sozialen Organisation der einzelnen Indianergruppen waren Steward zufolge durch das Zusammenwirken bestimmter wirtschaftlicher Verfahrensweisen und Nahrungsgewohnheiten bestimmt. Davon hing die Bevölkerungsdichte ab, und diese wiederum gestattete Größe, geographische Verteilung und Mobilität der einzelnen Gruppen nur innerhalb bestimmter Grenzen. Die demographischen Verhältnisse wirkten sich ihrerseits wieder auf die wirtschaftliche Zusammenarbeit, die politische Kontrolle, die Eigentumsrechte und das kultische Leben aus. – Die sogenannte Umweltanpassung der Kultur (*adaptation*), ein Schlüsselbegriff der kulturökologischen Diskussion, ist für Steward kein passiver Vorgang, sondern die Interaktion von Kulturmerkmalen und Umweltgegebenheiten; was in der Umwelt wichtig ist, hängt von der betreffenden Kultur ab[14]. Wandelt sich die Kultur,

---

[10] M. Mauss, Essai sur les variations saisonnières des sociétés Eskimo, in: Année sociologique 9 (1906) 39–132.

[11] Z. B. F. Ratzel, Anthropo-Geographie, 2 Bde., 1882, 1891.

[12] T. Bargatzky, Einführung in die Kulturökologie, 1986, 26f.

[13] J. H. Steward, Basin-Plateau Sociopolitical Groups (Bureau of American Ethnology Bulletin 120) 1938, 230.

[14] J. H. Steward, Theory of Culture Change, 1955, 40.

dann erhalten auch die Umweltgegebenheiten einen anderen Stellenwert. Beim Kulturwandel spielt für STEWARD grundsätzlich auch der Prozeß der Diffusion, also die Übernahme fremder Kulturmerkmale, eine Rolle – freilich wirkt sie nur im sogenannten »peripheren« Bereich einer Kultur, wie STEWARD in seinen theoretisch orientierten Aufsätzen ausführt[15]. Was den Kulturwandel angeht, so sind nämlich nicht alle Bereiche einander gleichwertig. Es gibt primäre Bereiche, die bei der Interaktion mit der natürlichen Umwelt eine große Rolle spielen, und andere, sekundäre bzw. periphere Bereiche, die dabei weniger wichtig sind. Die primären Bereiche bilden den sog. Kulturkern (*cultural core*); STEWARD definiert ihn als strukturelle Wechselbeziehungen zwischen den grundlegenden Institutionen der Kultur[16]. Er besteht aus jener Anordnung von Bereichen einer Kultur, die am engsten mit den Problemen der Daseinsvorsorge (Subsistenz) und mit wirtschaftlichen Einrichtungen verbunden sind. Die Komponenten des STEWARD*schen* Kulturkerns sind technischer, sozialer, aber auch ideeller und religiöser Art; entscheidend für ihre Zugehörigkeit zum Kulturkern ist jedenfalls, daß sie eng mit der Daseinsvorsorge verbunden sind, daß sie mit der natürlichen Umwelt auf eine für die Daseinsvorsorge wichtige Weise interagieren. Die peripheren Kulturbereiche, also die technischen, sozialen und religiösen Verhältnisse außerhalb des Kulturkerns, unterliegen dagegen hauptsächlich Einflüssen kulturgeschichtlicher Art; hier ist der Ort für die Übernahme exogener Kulturmerkmale. Ein Strukturwandel der Gesellschaft erfolgt aber nur im Bereich des Kulturkerns, durch den sie sich ausgewählte Tiere, Pflanzen und Rohstoffe auf eine kulturell geprägte Art und Weise aneignet[17].
Die einzelne Kultur ist für STEWARD die grundlegende Untersuchungseinheit – darin unterscheidet er sich deutlich von vielen seiner Nachfolger. Mit der Postulierung des Kulturkerns tritt er überdies sowohl einem vereinfachenden Umweltdeterminismus als auch dem ökonomischen Determinismus entgegen, da dieser Kern ja auch religiöse Elemente enthält, wenn auch nicht in gleicher Gewichtung wie im Fall der wirtschaftlich-technischen Komponenten. Dies alles hebt die *cultural ecology* deutlich vom »kulturellen Materialismus« ab, einer kulturökologischen Lehre, die sich dank der schriftstellerischen Begabung ihres Hauptexponenten MARVIN HARRIS auch außerhalb des engeren Kreises der Fachethnologen einiger Popularität erfreut. Diese schlägt sich etwa in Übersetzungen von HARRIS' populärwissenschaftlichen Büchern nieder[18].

II. Der kulturelle Materialismus

Den kulturellen Materialismus kann man am besten durch einen Vergleich mit der *cultural ecology* beschreiben. STEWARD unterscheidet ja zwischen primären, für die Interaktion mit der Umwelt wichtigen und sekundären bzw. peripheren, also weniger wichtigen bzw. unwichtigen Bereichen. Die primären Bereiche hat er im Modell des Kulturkerns dargestellt, den man sich am besten durch das Bild einer Pyramide vergegenwärtigt, deren Basis der wirtschaftlich-technische Bereich bildet, auf dem soziale

---

[15] ebd., 37.
[16] J. H. STEWARD, Evolution and Ecology. Essays on Social Transformation, 1977, 152.
[17] J. H. STEWARD, Theory of Culture Change, 1955, 37.
[18] Z. B. M. HARRIS, Cows, Pigs, Wars and Witches: The Riddles of Culture, 1974; Cannibals and Kings: The Origins of Culture, 1977.

Einrichtungen aufruhen, wobei die Spitze der Pyramide von Teilen des religiösen und ideellen Kulturbereichs gebildet wird. Diese STEWARD*sche* Pyramide wird nun von HARRIS in ihre Bestandteile zerlegt und nach seinem Prinzip des technisch-ökonomischen und technisch-ökologischen Determinismus quasi neu zusammengesetzt. Dieses Prinzip besagt folgendes: Wenn gleichartige Techniken in vergleichbaren natürlichen Umwelten zum Zweck der Nahrungsgewinnung und Umweltbeherrschung eingesetzt werden, dann hat dies auch vergleichbare Weisen der Arbeitsteilung in der Produktion und Distribution der Güter zur Folge. Dies bedingt wiederum die Herausbildung gleichartiger sozialer Gruppen, wobei die Handlungen der Gruppenmitglieder durch ähnliche Wert- und Überzeugungssysteme koordiniert werden[19]. Übersetzt man dieses Prinzip in ein Forschungsprogramm – und HARRIS betont stets, es handle sich dabei um ein solches –, dann bedeutet dies, man solle den materiellen und umwelthaften Gegebenheiten Priorität bei der Suche nach Erklärungen für das soziale und kulturelle Verhalten zuschreiben. Wo STEWARD*s* Pyramide also noch ein funktional integriertes System von Wechselbeziehungen darstellt, wobei freilich den materiellen Gegebenheiten ein relativ größeres Gewicht im Prozeß des Kulturwandels zukommt als den geistigen und religiösen, da löst HARRIS die Komponenten dieses Systems aus ihrem Zusammenhang und ordnet sie in Form einer Kausalkette neu an, wobei die religiösen Komponenten das letzte Glied der Kette sind. Und diese Kette ist entgegen HARRIS' späteren Beteuerungen[20] nicht stets rückgekoppelt, wie in seinen Fallstudien deutlich wird, etwa in seiner Untersuchung der ökologischen Bedingungen der Kuhverehrung in Indien, einem Paradestück des kulturellen Materialismus[21]. Der Religion kommt in HARRIS' Lehre des kulturellen Materialismus eben die Rolle eines Epiphänomens zu, sie hat für den Prozeß des Kulturwandels keine primäre kausale Bedeutung. Bei Abweichungen im einzelnen gilt dies auch für andere Vertreter des kulturellen Materialismus, wie MICHAEL HARNER oder ERIC ROSS. Sie wird aber bei der sog. Umweltanpassung der Kultur wirksam, d. h. sie ermöglicht die strukturelle Reintegration des gesamten Systems, sie erleichtert die Übernahme bestimmter »sinnvoller« Verhaltensformen in bestimmten natürlichen Umwelten.

III. Neofunktionalismus und »Lehre von der Anpassung«

HARRIS' kultureller Materialismus steht zwischen der *cultural ecology* und dem Neofunktionalismus. Von STEWARD übernahm er den Kulturkern – um ihn quasi zu zertrümmern – und den Begriff der Umweltanpassung der Kultur, hier hinfort kurz »Anpassung« genannt. Bei STEWARD ist häufig von Anpassung (*adaptation*) die Rede, er betont aber stets den kreativen Charakter dieses Vorgangs[22]. Anpassung spielt aber bei STEWARD lange nicht die Rolle, die ihr HARRIS und mehr noch die Vertreter des Neofunktionalismus bzw. der *systems ecology* zuweisen. Zu diesen zählen vor allem

---

19 M. HARRIS, The Rise of Anthropological Theory, 1968, 4.
20 M. HARRIS, Cultural Materialism, 1979.
21 M. HARRIS, The cultural ecology of India's sacred cattle, in: Current Anthrop. 7 (1966) 51–59. Zur Diskussion um HARRIS' These siehe B. HÜLSEWIEDE, Indiens heilige Kühe in religiöser, ökologischer und entwicklungspolitischer Perspektive, 1986.
22 J. H. STEWARD, Theory of Culture Change, 1955, 34.

ANDREW P. VAYDA, der frühe CLIFFORD GEERTZ[23], MARSHALL SAHLINS bis zur Veröffentlichung von »*Culture and Practical Reason*« (1976) und der frühe ROY A. RAPPAPORT[24]. Die Lehre von der Anpassung (LvdA) vertritt im wesentlichen vier Grundannahmen[25]. *Erstens*: Man setzt ein allumfassendes *Ökosystem* voraus, das auch menschliche Populationen sowie kulturelle und soziale Komponenten enthält. Dieses allumfassende Ökosystem ist evolutionsfähig. *Zweitens*: Die Evolution dieses Systems unterliegt Prozessen der Selbstregulierung. *Drittens*: Kulturelle Komponenten übernehmen dabei eine regulierende Rolle. Sie, insbesondere religiöse Vorstellungen, sind also den Thermostaten in einem Heizungssystem vergleichbar. *Viertens*: Die »kulturellen Thermostaten« erfüllen eine *latente Funktion* zum Wohle des gesamten, allumfassenden Ökosystems, nämlich die Wiederherstellung seines Gleichgewichtszustandes im Falle exogener Störungen. – Diverse Phänomene wie die indische Kuhverehrung[26], die komplizierten Ritensysteme Neuguineas mit ihrer Verknüpfung von Krieg, Feldbau und Ahnenkult[27] oder das Wahrsagen mit Hilfe von Rentierschulterblättern bei den Naskapi-Indianern Labradors[28] werden somit auf eine oft beeindruckende Weise erklärt. Allerdings macht die LvdA eine empirisch wie theoretisch gleichermaßen problematische Voraussetzung, da sie davon ausgeht, daß die Komponenten des allumfassenden Ökosystems sich im Gleichgewicht befinden bzw. diesen Zustand nach exogenen (!) Störungen wieder anstreben. Die Gleichgewichtsprämisse wird aber nicht nur von Biologen für nicht-menschliche Ökosysteme angezweifelt, auch der ethnographische Befund legt anhand zahlreicher Untersuchungen eher die Vermutung nahe, daß menschliches Verhalten zumindest ebenso von Wettbewerb und menschliche »Sozialsysteme« zumindest ebenso von Expansion und kontinuierlichem Wandel geprägt werden wie vom Streben nach »Gleichgewicht«[29]. Diese und andere Gründe waren etwa seit der Mitte der 70er Jahre des 20. Jahrhunderts für RAPPAPORT der Anlaß, nach einer Alternative zur LvdA zu suchen. Sein Weg führte ihn zur Schaffung der Theorie der geordneten adaptiven Struktur.

IV. Die Theorie der »geordneten adaptiven Struktur«

Die Ablösung der LvdA kann man sich als den Versuch vorstellen, STEWARDS »Pyramide« wiederherzustellen, die freilich nach ihrer Restauration kaum noch Ähnlichkeit mit dem ursprünglichen Kulturkern der *cultural ecology* besitzt. STEWARDS »Kernschichten» Technik, Wirtschaft, Soziales und Religion bzw. Ideologie werden durch eine Reihe von Kontrollinstanzen auf verschiedenen Niveaus im Rahmen einer Hierarchie von Regulierungsfunktionen abgelöst. Die erste maßgebliche Formulierung des

---

[23] A. P. VAYDA, Warfare in ecological perspective, in: Ann. Rev. of Ecol. and Systematics 5 (1974) 183–193; C. GEERTZ, Agricultural Involution, 1963.

[24] Z. B. M. D. SAHLINS, Culture and environment: The study of cultural ecology, in: TAX (Hrsg.), Horizons of Anthropology, 1964, 132–147; R. A. RAPPAPORT, Pigs for the Ancestors, 1968.

[25] T. BARGATZKY, Culture, environment, and the ills of adaptationism, in: Current Anthrop. 25 (1984) 399–415.

[26] S. Fn. 21.

[27] R. A. RAPPAPORT, Pigs for the Ancestors, 1968.

[28] O. K. MOORE, Divination: A new perspective, in: Am. Anthr. 59 (1957) 69–74.

[29] E. F. MORAN, Ecosystem ecology in biology and anthropology: A critical assessment, in: ders. (Hrsg.), The Ecosystem Approach in Anthropology, (1984) ²1990, 17.

neuen Modells gelang KENT FLANNERY[30]. Darin spielt die natürliche Umwelt nur noch die Rolle des Auslösers für bestimmte Streßfaktoren, die bestimmte Aktivitäten der Kontrollinstanzen in Gang setzen, die teils mit-, teils gegeneinander wirken. Dieses Wirken geschieht durch bestimmte Mechanismen und artikuliert sich in Form spezifischer Prozesse der sozialen Evolution. Da die Anzahl solcher Mechanismen und Prozesse begrenzt ist, gleichen die entstandenen hierarchischen Systeme – Zivilisationen – FLANNERY zufolge einander zumindest in formaler Hinsicht, auch wenn sie in ganz unterschiedlichen natürlichen Umwelten beheimatet sind. FLANNERY verlagert die Ursachen der sozialen Evolution also quasi ins Innere der restaurierten STEWARD*schen* Pyramide: in das Wechselspiel der Kontrollinstanzen, das seinen Gang aufgrund innerer Gesetzmäßigkeiten geht und zu Gestalten führt, deren Ausprägung von der Qualität der jeweils streßauslösenden Umweltfaktoren unabhängig ist. Dieses Modell wurde von RAPPAPORT übernommen und zur Theorie der »geordneten adaptiven Struktur« ausgebaut[31]. Unter dem Einfluß des systemtheoretischen Denkens GREGORY BATESON*s*[32] erfuhr es dabei eine Steigerung des Abstraktionsgrades, denn wo FLANNERY noch an »Zivilisationen« denkt, denkt RAPPAPORT an ein nach kybernetischen Prinzipien arbeitendes Regelsystem, das im Prinzip sowohl auf Gesellschaften ohne Zentralgewalt als auch auf Bürokratien oder Staaten anwendbar ist. »Oben« in solch einer geordneten adaptiven Struktur befinden sich die höchsten sakralen Ideen, darunter folgen abstrakte philosophische, ethische und religiöse Prinzipien, sodann folgen Verhaltensregeln und zuletzt unmittelbar sachbezogene Anweisungen für die Produktion und die Interaktion mit der natürlichen Umwelt. Fehlanpassungen entstehen dann, wenn untergeordnete Subsysteme der geordneten adaptiven Struktur mit ihren eher auf die Erfüllung konkreter Ziele, etwa im Bereich der Produktion, hin ausgerichteten Kontrollinstanzen einen höheren Platz in der Nähe der höchsten sakralen Ideen usurpieren. Solch eine Fehlanpassung erkennt RAPPAPORT z. B. in der unverhältnismäßig hohen Bedeutung des ökonomischen Sektors im Wertesystem der westlichen Industrienationen[33].

Der Begriff des kybernetischen Regelsystems, der der Theorie der geordneten adaptiven Struktur zugrunde liegt, rief Kritik hervor. So hielt JONATHAN FRIEDMAN BATESON und RAPPAPORT entgegen, daß ein System nicht kybernetisch zu sein braucht, um ein System zu sein. Vom Menschen geschaffene Systeme, z. B. Heizkörper mit eingebautem Thermostat, sind kybernetisch; ihre Zielgrößen sind ihnen von außen, durch den Menschen, vorgegeben. Spricht man nun in der Kulturökologie von kybernetischen Ökosystemen, so stellt sich die Frage, woher die Vorgaben stammen, nach denen sich die Systeme ausrichten, da die menschlichen Akteure in solch einem System bzw. ihre insbesondere rituellen Einrichtungen ja höchstens im Sinne der Erfüllung latenter Funktionen für das Überleben des Gesamtsystems sorgen[34]. Man hätte also einen »Programmierer« außerhalb des kybernetischen Systems anzunehmen. Überdies erregt eine gewisse pathetische Rhetorik, besonders bei BATESON, FRIEDMAN*s* Mißfal-

30 K. V. FLANNERY, The cultural evolution of civilizations, in: Ann. Rev. of Ecol. and Systematics 3 (1972) 399–426.

31 R. A. RAPPAPORT, Ecology, Meaning, and Religion, 1979.

32 G. BATESON, Steps to an Ecology of Mind, 1972.

33 R. A. RAPPAPORT, Ecology, Meaning, and Religion, 1979, 100.

34 J. FRIEDMAN, Hegelian ecology: Between Rousseau and the World Spirit, in: P. BURNHAM u. R. F. ELLEN (Hrsg), Social and Ecological Systems, 1979, 253–270.

len, etwa wenn BATESON dazu rät, zur Behebung von Fehlanpassungen beizutragen, indem man das »Subsystem« des eigenen Bewußtseins als Teil einer großen »Ökologie des Geistes« versteht, eines großen Bewußtseins, das man auch »Gott« nennen könne[35].

V. Ökosystem, Ökologiebewegung und mythische Ontologie

Setzte die *cultural ecology* noch bei der Einzelkultur an, so stand die Theoriebildung nach STEWARD in steigendem Maße im Zeichen der Assimilierung des Begriffs Ökosystem. Damit wurde mehr und mehr das Individuum als aktiver Teilnehmer aus dem Beziehungsgefüge Mensch/Umwelt ausgeblendet, und der Gruppen- bzw. Systemvorteil bei der Evolution trat ins Zentrum der von funktionalistischen Grundgedanken geleiteten theoretischen Bemühungen. Wie BATESONs Pantheismus mit kybernetischem Jargon deutlich macht, geriet dadurch auch die Kulturökologie teilweise in den Bannkreis der weltanschaulich gestimmten »Ökologiebewegung« der 70er und 80er Jahre mit ihrer Forderung nach der Ausrichtung der Bedürfnisse des einzelnen auf große ökologische Zusammenhänge. Der Wandel des allgemeinen gesellschaftlichen Klimas in den USA während der 80er Jahre, als in Übereinstimmung mit »traditionellen Werten« dem Individuum in ökonomischer Theorie und politischer Ideologie wieder verstärkt Beachtung geschenkt wurde, zog dort auch in der Kulturökologie eine Akzentverlagerung auf individuumzentrierte, handlungs- und entscheidungstheoretisch orientierte Modelle nach sich[36]. Die Ethnologie im deutschsprachigen Raum blieb bisher von solchen Trendwenden verschont, schon weil die Zahl der »praktizierenden Kulturökologen« hier eher gering ist und daher schon von vornherein kaum eine Möglichkeit zur Bildung von miteinander rivalisierenden theoretischen Schulen besteht. Man findet hier sowohl Beiträge zur Begriffsbildung und zu theoretischen Fragen[37], als auch auf Feldforschungen basierende Untersuchungen über einheimische Naturkonzepte[38], Fragen des Wirtschaftens und des Feldbaus[39] und des Kultes[40]. KURT HÜBNERs philosophisch begründete Rehabilitierung des Mythos als rationales Erklärungssystem[41], sowie GEORG PICHTs Kritik des neuzeitlichen abendländischen Naturbegriffs[42] fordern zum Vergleich abendländischer

---

35 G. BATESON, Steps to an Ecology of Mind, (1972) ^{2}1973, 436; siehe dazu J. FRIEDMAN, a. a. O., 265.

36 J. G. PEOPLES, Individual or group avantage?, in: Current Anthr. 23 (1982) 291–300; E. F. MORAN, Preface, in: ders., a. a. O., 16.

37 W. DOSTAL, Theorie des öko-kulturellen Interaktionssystems, in: Anthropos 69 (1974) 409–444; T. BARGATZKY, Culture, environment and the ills of adaptationism, a. a. O.

38 F. X. FAUST, Kultur und Naturschutz im kolumbianischen Zentralmassiv. Landschaftsempfinden, Landschaftsgestaltung und Ressourcennutzung bei den Coconuco und Yanacona, 1992; G. SPITTLER, Wüste, Wildnis und Zivilisation – Die Sicht der Kel Ewey, in: Paideuma 35 (1989) 273–282.

39 M. CASIMIR u. B. GLATZER, Herds and households among Pashtun nomads: Limits of Growth, in: Ethnology 22 (1983); A. HIRMER, Bewässerungssysteme auf den westlichen Kanarischen Inseln, in: Almogaren 24/25 (1993/94) 231–240; R. MISCHUNG, Meo und Karen: Die Umwelt-Anpassung zweier hinterindischer Bergvölker, in: Paideuma 26 (1980) 141–156.

40 T. MICHEL, Kulthäuser als ökologische Modelle, Star-Mountains von Neuguinea, in: Paideuma 34 (1988) 225–241.

41 K. HÜBNER, Die Wahrheit des Mythos, 1985.

42 G. PICHT, Der Begriff der Natur und seine Geschichte, 1989.

vorneuzeitlicher Naturkonzeptionen mit solchen außereuropäischer Völker auf[43] und könnten für zukünftige kulturökologische Forschungen einen Rahmen darstellen, in dem sich die Rolle der geistigen Kultur im Beziehungsgefüge Mensch/Umwelt adäquater darstellen läßt, als man es mit einer von mechanisch-kybernetischen oder systemtheoretischen Vorstellungen abgeleiteten Begrifflichkeit allein zu leisten vermag.

Literatur

BARGATZKY, T., Einführung in die Kulturökologie, 1986; ELLEN, R. F., Environment, Subsistence and System, 1982; GLAESER, B., und P. TEHERANI-KRÖNNER (Hrsg.), Humanökologie und Kulturökologie, 1992; HARDESTY, D. L., Ecological Anthropology, 1977; INGOLD, T., The Appropriation of Nature. Essays on Human Ecology and Social Relations, 1987; KESSLER, H. (Hrsg.), Ökologisches Weltethos im Dialog der Kulturen und Religionen, 1996; MORAN, E. F. (Hrsg.), The Ecosystem Approach in Anthropology, (1984) ²1990; RAPPAPORT, R. A., Pigs for the Ancestors, (1968) ²1984; SPRING, D. u. E. (Hrsg.), Ecology and Religion in History, 1974; TREPL, L., Geschichte der Ökologie. Vom 17. Jahrhundert bis zur Gegenwart, 1987; VAYDA, A. P. (Hrsg.), Environment and Cultural Behavior. Ecological Studies in Cultural Anthropology, 1969.

Thomas Bargatzky

Okkultismus

›Okkultismus‹ – unscharfe und z. T. polemische Sammelbezeichnung für eine Lehre bzw. eine diese Lehre vertretende ›Bewegung‹/Gruppe, welche passiv erfahrene oder aktiv hervorgerufene Kräfte, Erscheinungen und Erfahrungen psychischer oder physischer Natur, außerhalb des herkömmlichen naturwissenschaftlichen Normensystems ansetzt, sowie die damit verbundenen Forschungsmethoden, Theorien, Praktiken und Riten.

1. Das Wort leitet sich ab von lat. *occultus*: geheim, verborgen. Durch AGRIPPA VON NETTESHEIM (1486–1535) und sein Werk *De occulta philosophia* (Antwerpen 1531/33) und den PARACELSUS zugeschriebenen Traktat *De occulta philosophia* (Basel 1572) erhielt *occultus* die Bedeutung eines Sammelbegriffs für die »hohen verborgenen Dinge« (PS. PARACELSUS). In den allgemeinen Sprachgebrauch wurde der so bestimmte Ausdruck erst durch die Veröffentlichung von ELIPHAS LÉVI (= Abbé ALPHONSE-LOUIS CONSTANT, 1810–1875) und PAPUS (= Dr. GÉRARD ENCAUSSE, 1865–1916) eingeführt. In diesem Sinne berührt bzw. überschneidet sich Okkultismus heute mit den Ausdrücken Esoterik, Hermetik, Magie, Geheimwissenschaft, die einzelne Aspekte (z. B. Arkandisziplin) oder Teile der Lehre (→ Hermetik) oder Praktiken (→ Magie) bezeichnen oder zu verschwommenen Synonymen degenerie-

[43] T. BARGATZKY, Kulturelle Rekonstruktion von Natur: Mythos, Wissenschaft und der »Weg der Physis«, in: B. GLAESER u. P. TEHERANI-KRÖNNER (Hrsg.), Humanökologie und Kulturökologie, 1992, 71–87; T. BARGATZKY u. R. KUSCHEL (Hrsg.), The Invention of Nature, 1994.

ren. In neuerer Zeit wird ›Okkultismus‹ durch den Ausdruck ›Parapsychologie‹ (1899 erstmals von Paul Dessoir verwendet) ersetzt, wobei die medizinisch oder philosophisch begründete Psychologie oder Psychoanalyse als Legitimationsrahmen und Methodenreservoir benutzt wird. Der von Resch vorgeschlagene Name »Paranormologie» hat sich nicht durchgesetzt.

2. Okkulte Phänomene manifestieren sich im psychischen wie im physischen Bereich. Daraus ergibt sich die heute allgemein übliche Unterteilung nach psychischem und physischem Okkultismus. Dem psychischen Okkultismus (in der Parapsychologie als ASW – außersinnliche Wahrnehmungen –, engl. ESP, bezeichnet) werden zugerechnet: Chiromantie; Hellsehen (Hyperästhesie: visuelle Wahrnehmung von unter normalen Sehbedingungen unsichtbaren objektiven Ereignissen; nach Rudolf Steiner reicht diese Fähigkeit ins Transzendentale: Beispiel Akashachronik); Kartomantie (Lebens- und Zukunftsdeutung aus Karten, in neuerer Zeit speziell durch Tarot); Mediumismus (Kundgebung von unsichtbaren Intelligenzen durch besonders begabte Einzelpersonen ›Medien‹); Praekognition; Prophetie (Wahrträume, 2. Gesicht, Offenbarungen); Psychometrie (Wahrnehmung vergangener Dinge); Radiästhesie (Ruten- und Pendelkunde, Wahrnehmung von Strahlenphänomenen); Telepathie (Gedankenlesen und -übertragen, in der Parapsychologie definiert als »außersinnliche Wahrnehmung fremdseelischer Vorgänge« oder Übertragung seelischer Vorgänge von einer Psyche auf die andere). Zum physischen Okkultismus (Parapsychophysik) gehören: Auraerscheinungen; Levitationen; Materialisationen (Apporte, Doppelgängerei, Plasmaerscheinungen); Raps (Kratzspuren auf Gegenständen); Spukphänomene (Klopf- und Poltergeister, Geisterstimmen); Stigmatisationen; Telekinese; Wunder- und Geistheilungen. In neuerer Zeit sind noch hinzugetreten: Tonbandstimmenforschung und Kirlianphotographie. An der Grenze stehen einige Phänomene, deren Zugehörigkeit zum Okkultismus zweifelhaft ist: Astrologie, Alchemie, Kabbalistik, Hypnose, Graphologie, Ufologie, während Theosophie und Anthroposophie eher dem religiösen Bereich zuzurechnen sind. Bei den einzelnen okkulten Phänomenen ist jeweils zwischen der praktischen und theoretischen Beschäftigung mit ihnen zu unterscheiden. Praktizierter Okkultismus erstreckt sich auf das bewußte Hervorrufen und Anwenden der Phänomene durch überlieferte Riten oder Praktiken. Er ist unter anderem das Gebiet der schwarzen und weißen Magie, der Hexerei, der berufsmäßigen Wahrsager, Geisterbanner, Heiler und vielfach im Volksbrauch verankert. Theoretischer Okkultismus beschäftigt sich mit der systematischen Erforschung der Phänomene, ist also das Gebiet der Parapsychologie, die eine vorurteilsfreie Tatsachenforschung anstrebt und sich im wesentlichen auf die Gebiete der Telepathie, des Hellsehens, der Praekognition, der Telekinese und der Materialisationen beschränkt. Forschungsmethoden sind die Beobachtung spontaner Phänomene, Experimente mit quantitativ-statistischen Methoden (1934 erstmals von RHINE angewendet), Experimente mit Medien und Sensitiven.

3. Ungeklärt ist bis heute die Frage nach der Natur okkulter Phänomene: nach ihrer Herkunft und den hinter ihnen stehenden Ursachen. Es kann als erwiesen gelten, daß bestimmte Personen mehr als der Durchschnitt der Bevölkerung für solche Phänomene empfänglich sind, nur bleibt die Frage, ob diese Empfänglichkeit von außen ›gesteuert‹ wird (*spiritistische* bzw. *spiritualistische* Erklärung) oder auf besondere persönliche Fähigkeiten der Betroffenen (*animistische* Erklärung) zurückgeht. Die *spiritistische* Erklärung geht davon aus, daß die okkulten Phänomene im wesentlichen

auf die Einwirkung Verstorbener oder personhafter Geistwesen zurückgehen. Damit steht der Spiritismus in der Nähe aller jener Vorstellungen, die eine Geisterhierarchie oder eine Reinkarnationslehre vertreten: diese Geister und die sich selbst bewußt bleibenden Seelen der Toten drängen nach Kontakten mit der materiellen Welt, während andererseits die Lebenden durch geeignete Techniken und Experimente mit ihnen Kontakt aufnehmen können. Der Spiritualismus geht davon aus, daß es eine der Materie übergeordnete Welt gibt, die als Geistwelt nicht nur Bewußtseinsträger der Menschen, sondern auch Energiequelle der Materie ist. Aus dieser Geisterwelt erhält die Menschheit durch »hohe geistige Führer« allumfassende Weisung und Führung (vergl. Helena Petrowna Blavatski und die »Weiße Loge« der Theosophie). Verbunden mit dem Gedanken der Leitung des Menschen aus dem Jenseitigen ist die Vorstellung, daß es durch diese Leitung zu einer Höherentwicklung des Einzelmenschen wie der Gesamtmenschheit kommt, eine *apokatástasis pánton* wird nicht ausgeschlossen. Infolge der unverkennbaren Nähe zu bestimmten Ausprägungen der christlichen Lehre hat der Spiritualismus in Randgruppen der Kirche Wurzeln geschlagen, wird aber von den Großkirchen wegen seiner Auflösung der Lehre von der Alleinwirksamkeit Christi, der göttlichen Gnade und des Glaubens abgelehnt. Spiritualismus wie Spiritismus rechnen letztlich mit einer dem Einzelindividuum wie der Gesamtmenscheit übergeordneten Kraft – oder Kräften (Wesen) –, die auf diese Einfluß nimmt. Ähnlich geht auch die *psychistische* Theorie von überindividuellen Größen aus, in die der Mensch eingebettet ist, und schließt damit an Kants Anschauung von einem latenten Universalwissen, einem transzendentalen, intelligiblen oder absoluten Subjekt an, das das organisierende Prinzip des Leibes ist. Der *spiritistisch-spiritualistischen* Theorie und letztlich auch dem *Psychismus* entgegengesetzt ist die *animistische* Theorie, die in den okkulten Phänomenen nur grundsätzlich vorhandene, jedoch verschüttete Fähigkeiten des Menschen sieht, für die die Engländer Chouless und Wiesner die Bezeichhnung PSI (= Psyche) eingeführt haben. Diese Psi-Kraft kann durch geeignete Methoden entwickelt werden, eine Behauptung, die gerade in neuester Zeit zu einem nicht mehr überschaubaren Angebot an einschlägigen Veröffentlichungen geführt hat, die von Rauschgiftexperimenten (u. a. Aldous Huxley und Timothy Leary) bis hin zu Meditationsmethoden reichen (vgl. etwa die Transzendentale Meditation des Maharishi Mahesh Yogi). In diesen Zusammenhang gehört die zunehmende Diskussion um eine mögliche psychische Gefährdung durch ›Okkultabhängigkeit‹, die vor allem von Naturwissenschaftlern und Kriminalisten gesehen wird.

4. In den letzten Jahren hat die Zahl der ›Okkultgläubigen‹ in starkem Maße zugenommen. Während die Anhängerschaft des Spiritismus mit etwa 100 Millionen angegeben wird, wurden um 1975 in England etwa 3000 praktizierende Hexer und Hexen gezählt, für Frankreich wurden etwa um die gleiche Zeit 34000 hauptberufliche Wahrsager und etwa 2000 Okkultvereinigungen angenommen. Inzwischen dürften diese Zahlen weiter gestiegen sein. Auch die parapsychologische Forschung, noch vor wenigen Jahren innerhalb der Wissenschaft nicht ernst genommen, gewinnt an Beachtung und Einfluß und wird heute sogar für den militärischen Bereich nutzbar gemacht. Umfragen haben ergeben, daß die Offenheit für okkulte Fragen und Praktiken nicht unbedingt von Alter und Bildungsgrad abhängig ist. Die Zahl der Veröffentlichungen zum Thema Okkultismus ist erheblich und bereits ein wesentlicher wirtschaftlicher Faktor. Ein einschlägiger Katalog zählt allein für den deutschsprachigen Raum 1982 über 1000 Titel auf, in der Belletristik hat sich unter angloamerikanischem Einfluß ein eigener Zweig, die *Fantasy-Literatur*, entwickelt,

die in Anknüpfung an Sagen- und Märchenmotive okkulte Themen aufnimmt (vergl. u. a. TOLKIEN). Eine schlüssige Erklärung für diese Entwicklung ist wohl kaum möglich, handelt es sich doch nicht um ein völlig neues Phänomen, sondern um die Wiederbelebung einer überholt geglaubten Geisteshaltung, die ihre Wurzeln wenigstens teilweise in den Anfängen der Menschheit hat. Für den ›Okkultgläubigen‹ ist Okkultismus nicht eine Weltanschauung neben anderen, sondern seine grundsätzliche Haltung dem Leben gegenüber, das er eingebettet in einen gesetzmäßigen Gesamtkosmos sieht. Diesem Einheitsdenken steht die moderne technische und wissenschaftliche Welt in ihrer ständig wachsenden Differenzierung und ihrem immer abstrakter werdenden funktionalen Denken gegenüber. Da sie – auch in ihren politischen Konsequenzen – als allbeherrschend erlebt wird, bedeutet die Einheitlichkeit des Okkultismus übergeordnete Hilfe. Hier setzt auch die Kritik der ›Okkultgläubigen‹ an der Parapsychologie ein, die, da Wissenschaft, als zerstörend beurteilt wird.

5. Die Geschichte des modernen Okkultismus ist nicht so sehr die Geschichte einer Weiterentwicklung der okkulten Praktiken und Überzeugungen, hier hat sich seit ältesten Zeiten kaum etwas verändert. Auch die Gemeinschaften, die praktizierende Okkultisten bildeten und bilden, weichen von den Grundschemata aus alter Zeit nur unwesentlich ab. Die Geschichte des modernen Okkultismus ist vielmehr die Geschichte des Versuchs, der Realität seiner Phänomene wissenschaftlich auf den Grund zu gehen (Parapsychologie). Im deutschen Raum werden erste Ansätze aus der Zeit des ausgehenden 18. Jahrhunderts und der Romantik um die Mitte des 19. Jahrhunderts durch den ständig an Einfluß gewinnenden Materialismus abgebrochen. Nur wenige Gelehrte wie AUGUST ESCHENMAYER (1768–1852) und sein »*Archiv für den tierischen Magnetismus*«, KARL FRIEDRICH ZÖLLNER und ALEXANDER AKSAKOW und seine 1874 begründeten »*Psychischen Studien*« (seit 1926 »*Zeitschrift für Parapsychologie*«) sind hier zu nennen, neben ihnen der bedeutendste und vielleicht auch umstrittenste Forscher auf diesem Gebiet ALBERT VON SCHRENCK-NOTZING (1882–1929). Im angelsächsischen Raum verlief die Erforschung des Okkultismus reibungsloser: bereits 1869 gründete der englische Chemiker WILLIAM CROOKES (1832–1919) die »*Dialektische Gesellschaft*«, die sich schon bald ganz auf die Untersuchung okkulter Phänomene spezialisierte. Sie wurde 1882 von der »*Society for Psychical Research*« (SPR) abgelöst, deren »*Proceedings*« die bedeutsamste periodische Veröffentlichung im Bereich der parapsychologischen Forschung wurden. Die von SCHRENCK-NOTZING zusammen mit CARL DU PREL, KARL HÜBBE-SCHLEIDEN und WILHELM TRÜBNER gegründete deutsche zerfiel sehr schnell. Frankreich, das in der 2. Hälfte des 19. Jahrhunderts auf dem Gebiet des praktischen Okkultismus führend war (ELIPHAS LÉVI, PAPUS, PÉLADAN u. a.), erhielt erst 1920 das »*Institut Métaphysique International*«, während 1929 in London zusätzlich das »*National Laboratory*« (H. PRICE) entstand. Zentrum parapsychologischer Studien wurde dann das 1935 von JOSEPH BANKS RHINE (1896–1980) gegründete »*Institut für psychische Forschung*« an der Duke-University Durham (North-Carolina); die Untersuchungen dieses Instituts sind heute noch maßgebend für die parapsychologische Methodik. 1962 wurde das Institut in die »*Foundation for Research on the Nature of Man*« umgewandet. 1950 wurde in Deutschland an der Universität Freiburg das »*Institut für die Grenzgebiete der Psychologie und Psychohygiene*« gegründet, dem 1962 ein Lehrstuhl für »*Grenzgebiete der Psychologie*« folgte. Weiter ist im deutschsprachigen Raum noch die »*Internationale Interessengemeinschaft für*

Grenzgebiete der Wissenschaft Imago Mundi« zu nennen, die 1966 aus der 1958 entstandenen »*Internationalen Gesellschaft katholischer Parapsychologen«* hervorgegangen ist. Einzige deutschsprachige wissenschaftliche Zeitschrift ist die 1958 begründete »*Zeitschrift für Parapsychologie und Grenzgebiete der Psychologie«*, während die in Freiburg erscheinende Zeitschrift »*Esotera«* parapsychologische und okkulte Probleme an die breitere Öffentlichkeit bringt.

Literatur

AKSAKOW, A., Animismus und Spiritismus. 2 Bde., [5]1919; BAERWALD, R., Okkultismus und Spiritismus und ihre weltanschaulichen Folgen, 1926; BIEDERMANN, H., Handlexikon der magischen Künste von der Spätantike bis zum 19. Jahrhundert, (1968) 1976; DESSOIR, M., Vom Jenseits der Seele. Die Geheimwissenschaften in kritischer Betrachtung, 1917; ders., Der Okkultismus in Urkunden, 2 Bde., 1925; DRIESCH, H., Parapsychologie. o. J. (Geist und Psyche TB 2030); FREI, G., Probleme der Parapsychologie, 1969 (Imago Mundi Bd. 2); KIESEWETTER, C., Geschichte des neueren Okkultismus, (1891–95) 1977; KOCH, K. E., Seelsorge und Okkultismus, [25]1982; LÉVI, E., Histoire de la magie, 1860; LUDWIG, A. F., Geschichte der okkultistischen (metapsychischen) Forschung von der Antike bis zur Gegenwart, Bd. 1, 1922; MIERS, H. E., Lexikon der Geheimwissenschaften, 1970; MOSER, F., Der Okkultismus. Täuschungen und Tatsachen, 2 Bde. 1935; OESTERREICH, T. K., Der Okkultismus im modernen Weltbild, [2]1921; PAPUS, Traité méthodique de science occulte, 1891; Parapsychologie. Entwicklung, Ergebnisse, Probleme, Hrsg. H. BENDER, 1966 (Wege der Forschung IV); PRATT, J. G., Psi-Forschung heute. Entwicklungen der Parapsychologie seit 1960, 1973; SCHRENCK-NOTZING, A. v., Physikalische Phänomene des Mediumismus, 1920; TISCHNER, R., Geschichte der okkultistischen Forschung Bd. 2: Von der Mitte des 19. Jahrhunderts bis zur Gegenwart, 1924; TYRELL, G. N. M., Mensch und Welt in der Parapsychologie, (1947) 1972.

Ekkehard Hieronimus

→*Esoterik, Hermetik, Magie*

Omen

Dieser Begriff bezeichnet ein ungewollt erscheinendes gutes oder schlechtes Vorzeichen für ein unmittelbar bevorstehendes oder zukünftiges Unternehmen. Als Omina[1] (lat., Plural) werden meist ungewöhnliche oder außergewöhnliche Erscheinungen (z. B. Erdbeben, Geburt von Monstren) angesehen, jedoch mag auch ein ganz alltägliches Ereignis wie die schwarze Katze von links, Träume oder mit dem linken Bein aus dem Bett aufstehen etc. als ein solches anerkannt werden. Meist bleibt es ungeklärt, ob Omina als von Göttern oder anderen überirdischen Wesen geschickt oder als ohne Mitwirkung von personal gedachten Wesen zustande gekommen betrachtet werden.

[1] Das Sprichwort: »*nomen est omen*« ist ein nicht ganz korrektes Zitat aus Plautus, Persa, Vers 625. Dort heißt es: »*nomen atque omen quantivis iam est preti*«.

Die Deutungen von Omina sind von anderen Divinationsverfahren zu unterscheiden, bei denen, wie im römischen Auguralverfahren, die Zustimmung der Götter für eine bestimmte Frage eigens eingeholt wird oder, wie beim Orakel, von einem Priester oder anderen Spezialisten eine Auskunft gezielt erfragt wird. Trotz aller Versuche des Christentums und später der Wissenschaft ist es nicht gelungen, den Glauben an Omina einzudämmen oder aufzuheben. Dies ist aus dem Bedürfnis der Menschen zu verstehen, etwas über die Zukunft zu erfahren und Entscheidungshilfen zu bekommen, die zugleich eine Entlastung bedeuten. Da die Anerkennung von ungewöhnlichen oder alltäglichen Ereignissen als Vorzeichen von der Wahrnehmung und Einstellung der Subjekte abhängt, die Omina qua deren Wahrnehmung von ihnen selber unbewußt hervorgerufen und dann gemäß einem tradierten oder individuellen Deutungsschema als solche angesehen werden, läßt sich der Glaube an Omina weitgehend in unbewußte Psychologie auflösen.

Literatur

Bloch, R., Les prodiges dans l'antique classique, Paris, 1963; Bouché-Leclerq, A., Histoire de la divination dans l'antiquité I–IV, 1879–82; Jeremias, A., Allgemeine Religionsgeschichte, München, 1918, 50ff. et passim; Zinser, H., Annotazione psicologici sul oraculo ed altri metodi di divinatione, in: Palestrina International Association, Revista Culturale Multilingue, Palestrina, 1988.

Hartmut Zinser

→ *Divination, Mantik*

Opfer

A Allgemeine Kennzeichnung I. Definition 1. Opfer als ritueller Akt 2. Opfer als ritueller Komplex II. Religionswissenschaftlicher Sprachgebrauch 1. Mehrdeutigkeit des deutschen Wortes 2. Begriffsgeschichte III. Sonstiger Sprachgebrauch 1. Theologische Ausweitung 2. Umgangssprache B Interpretation und Theorie I. Bestehende Theorieansätze 1. Klassische Ansätze 2. Stand der Opferforschung II. Skizze einer Opfertheorie 1. Deskription 2. Abgrenzung von Opferhandlungen 3. Interpretation des Sinns 4. Klassifikationen und Typologien 5. Historischer Wandel

A Allgemeine Kennzeichnung

Der Begriff »Opfer« wird sowohl in der Alltagssprache als auch in der religionswissenschaftlichen Terminologie gebraucht. Obwohl innerhalb der Religionswissenschaft Übereinstimmung darin besteht, daß die mit »Opfer« bezeichneten religiösen Sachverhalte in fast allen Religionen vorkommen und der Begriff »Opfer« deshalb eine zentrale Bedeutung innerhalb einer Typologie und Theorie religiöser Handlungen besitzt, gibt es keinen einheitlichen wissenschaftlichen Sprachgebrauch.[1] Die Divergenzen sind insbesondere dadurch bedingt, daß die Opferdefinitionen der meisten Autoren deskriptive, interpretierende und theoretische Momente miteinander verbinden. Es wäre deshalb notwendig, den Opferbegriff im Rahmen einer umfassenden Theorie religiösen Handelns (die bisher nicht vorliegt) zu entwickeln.

I. Definition

Unter Berücksichtigung bestehenden Sprachgebrauchs läßt sich Opfer im engeren und im weiteren Sinn definieren:

1. *Opfer als ritueller Akt*: Im engeren Sinn kann unter Opfer verstanden werden: Eine religiöse Handlung, die in der rituellen Entäußerung eines materiellen Objekts besteht.
(a) Es handelt sich um eine *religiöse Handlung*: Ohne hier auf die Problematik der Bestimmung von »Religion« bzw. »religiös« einzugehen, ist festzuhalten, daß die religionswissenschaftliche Verwendung des Terminus Opfer sich ausschließlich auf religiöse Handlungen bezieht und ähnlich strukturierte ›profane‹ Handlungen sowie übertragene Verwendung des Wortes ausschließt.
(b) Das *materielle Objekt* kann ein Lebewesen (Tier, Mensch) oder ein unbelebtes Objekt (Pflanzen, Nahrungsmittel, Gebrauchsgegenstände u. a.) sein.
(c) Der Akt des *Entäußerns* impliziert, daß das Objekt zunächst im Besitz oder der Verfügungsgewalt des Akteurs ist und dann aus der Verfügungsgewalt entlassen wird (ganz oder teilweise, endgültig oder zeitweise).
(d) Der *rituelle* Charakter des Entäußerns impliziert, daß der Handlungsablauf in der Form stilisiert ist und der Akt eine symbolische Bedeutung besitzt. Welches die symbolische Bedeutung ist, läßt sich nicht durch isolierte Analyse des rituellen Aktes, sondern nur im Kontext des rituellen Gesamtkomplexes und der darauf bezogenen religiösen Vorstellungen ermitteln.

2. *Opfer als ritueller Komplex*: Im weiteren Sinn kann unter Opfer verstanden werden: ein Komplex ritueller Handlungsabläufe, in dem mindestens ein Akt ritueller Entäußerung eines materiellen Objektes vorkommt und darin eine mehr oder weniger zentrale Stellung einnimmt.

II. Religionswissenschaftlicher Sprachgebrauch

1. *Mehrdeutigkeit des deutschen Wortes*: Als Opfer werden im Deutschen unterschiedliche Sachverhalte bezeichnet, für die in anderen Sprachen jeweils verschiedene Wörter zur Verfügung stehen. Ein Teil der terminologischen Schwierigkeiten hat hier seine Ursache.
Im Deutschen kann als Opfer nicht nur der rituelle Akt des Entäußerns, sondern auch der Gegenstand des Entäußerns bezeichnet werden: etwas wird *als Opfer*

[1] Van der Leeuw, Die do-ut-des Formel, 241; T. van Baaren, Theoretical speculations on sacrifice, in: Numen 11 (1964) 1–12, hier: 1.

dargebracht. In den vom Lateinischen beeinflußten Terminologien spricht man von *victima (victime, victim)*. Im Deutschen ist neben »Opfergabe« als *terminus technicus* »Opfermaterie« gebräuchlich. In der englisch- und französischsprachigen Religionswissenschaft wird terminologisch oft unterschieden zwischen *sacrifice* und *offering (oblation)*. Im Anschluß an Hubert und Mauss[2] werden unter *sacrifice* nur solche Handlungen verstanden, bei denen die Materie zerstört wird. *Offering (oblation)* gilt dann als übergeordneter Begriff, *sacrifice* als Sonderfall.[3] Das deutsche Wort Opfer umfaßt in der Regel beides, entspricht also dem übergeordneten Begriff.

2. *Begriffsgeschichte*: Die Geschichte des religionswissenschaftlichen Opferbegriffs ist von der Bedeutungsgeschichte des deutschen und englisch-französischen Vokabulars in gleicher Weise beeinflußt. Etymologisch läßt sich das deutsche Substantiv »Opfer« als Substantivierung des Verbs »opfern« erkennen, dessen althochdeutsche Form *opfarōn* (alt niederdeutsch *opp(a)rōn*) unter Lautverschiebung aus lateinisch *operari* entlehnt ist, das seit Cyprian (205–258) in der Bedeutung von »Almosen spenden« gebraucht wird. Im Gegensatz dazu leiten sich die friesischen und sächsischen Wortbildungen, mit denen das englische und niederländische *offering, offer* verwandt ist, aus lateinisch *offere* (= darbringen) ab.[4]
Die Grundbedeutung des lateinischen Wortes *sacrificium* ergibt sich aus den Bestandteilen *sacer* (= heilig) und *facere* (= machen) im Sinne von »einen Gegenstand in den Bereich des Heiligen überführen«, d. h. (den Göttern) als Opfer darbringen. In den religionswissenschaftlichen Sprachgebrauch sind die Bedeutungsfelder aller drei Wortgruppen eingegangen, wobei eine Tendenz feststellbar ist, sich an der Grundbedeutung von *sacrificium* zu orientieren.

III. Sonstiger Sprachgebrauch

1. *Theologische Ausweitung*: Der Opferbegriff außerhalb der Religionswissenschaft ist wesentlich durch den theologischen Sprachgebrauch geprägt. Im Neuen Testament (NT) wird die aus der jüdischen Tradition stammende Opfervorstellung theologisch umgeformt und im übertragenen Sinne gebraucht[5]:
(a) Der Tod Christi wird als Selbsthingabe für die Menschen interpretiert und terminologisch den jüdischen Opfern assoziiert (Eph 5, 2). Die theologische Deutung des Opfertodes Christi wird im Hebräerbrief (Kap. 7–10) genauer entwickelt.
(b) In den ersten Jahrhunderten wird dann von verschiedenen Kirchenvätern das Abendmahl als Opfer bezeichnet. Darauf baute die katholische Deutung der Eucharistiefeier als Meßopfer auf.[6]
(c) Schon im NT findet sich ferner eine Verwendung des Opferbegriffs im ethischen

---

[2] Hubert und Mauss, Essai sur la nature, 2–138.
[3] V. Turner, Sacrifice as a quintessential process: Prophylaxis oder abandonment?, in: Hist. o. Religions 16 (1977) 189–215, hier: 190; Van Baal, Offering, sacrifice and gift, 161.
[4] F. Kluge, Etymologisches Wörterbuch der deutschen Sprache, (1883) [20]1967, 523.
[5] Daly, Christian sacrifice, 208–307; H. D. Wendland, Art. Opfer (im NT), in: RGG[3] III, 1647–1651.
[6] E. Kinder, Art. Opfer (dogmengeschichtlich), in: RGG[3] III, 1651–1656.

Sinne: Das wahre, Gott wohlgefällige Opfer besteht in der Darbringung des eigenen Leibes (Röm 12, 1). In diesem Sinne konnten eine gottgefällige Lebensführung, aber auch Martyrium und Askese als Opfer interpretiert werden. Die Theologie der Reformation, die das rituelle Opferverständnis (›Meßopfer‹) das Katholizismus ablehnt, griff den ethischen Opferbegriff auf, in dem allein die Selbsthingabe im Dienste Gottes als Opfer bezeichnet wird.

2. *Umgangssprache*: In der heutigen Alltagssprache[7] wird das Wort »Opfer« vorwiegend in ethischem Sinn gebraucht, während die Assoziation ›Opferritual‹ weitgehend verschwunden ist. Als ›Opfer‹ werden nichtritualisierte Handlungen bezeichnet, denen ein Element des Verzichts oder der Selbstaufgabe eigen ist, häufig im Hinblick auf einen bestimmten Wert: »Für eine gute Sache ein Opfer bringen.« Daneben findet sich auch eine übertragene Bedeutung von Opfer im Sinne von *victima* in Zusammensetzungen wie ›Verkehrsopfer‹, ›Opfer eines Verbrechens‹ etc.

B Interpretation und Theorie

I. Bestehende Theorieansätze

Seit dem 19. Jhd. haben sich fast alle religionswissenschaftlichen Theoretiker mehr oder weniger ausführlich mit dem Komplex Opfer befaßt. Die Ziele der Theoriebildung sind nicht immer explizit formuliert, es lassen sich jedoch einige Schwerpunkte erkennen. (a) Im 19. und frühen 20. Jhd. lag das Schwergewicht auf evolutionistischen Ansätzen, in deren Vordergrund die Frage nach den ursprünglichsten Formen des Opfers stand. (b) Parallel dazu wurde versucht, *Typen* von Opfern zu unterscheiden. (c) Im Anschluß an Hubert und Mauss wurde der *Struktur* des Opferrituals und der damit verbundenen *Sybolik* stärkere Aufmerksamkeit geschenkt. (d) In der neueren anthropologischen und religionswissenschaftlichen Theorie treten funktionalistische, kommunikationstheoretische und ethologische Deutungen in den Vordergrund.

1. *Klassische Ansätze*: Den traditionellen Theorieansätzen ist die implizite Voraussetzung gemeinsam, daß es sich bei den als Opfer bezeichneten Sachverhalten um ein einheitliches Phänomen handele[8], dessen Ursprung, Wesen oder Struktur es zu bestimmen gelte. Aus der reichhaltigen Literatur können hier nur die forschungsgeschichtlich einflußreichsten Vertreter angeführt werden.[9]
Edward Burnett Tylor (1832–1917) brachte in Bd. 2 seines 1871 erstmals erschienenen Werks »*Primitive Culture*«[10] einige bis heute relevante Gesichtspunkte in die Diskussion. Er interpretierte das Opfer vor dem Hintergrund seiner animistischen Reli-

---

[7] W. Overdick, Was fällt Ihnen bei dem Wort ›Opfer‹ ein? in: Mitt. a. d. diak.-mission. Werk 16 (1979) 24–30.

[8] Hubert und Mauss, Essai sur la nature, 302; Van der Leeuw, Phänomenologie der Religion, (1933) ^{2}1956, 394.

[9] Überblick über die Forschungsgeschichte bei James, Sacrifice, 1–7; A. Di Nola, Art. Sacrificio e offerta, in: Enciclopedia delle Religione 5 (1973) 649–678.

[10] E. B. Tylor, Primitive culture, (1871) ^{7}1929, zitiert nach dem 1958 erschienenen Nachdruck unter dem Titel »Religion in primitive culture« hier: 461–496.

gionstheorie als »ein Geschenk (*gift*), das einer Gottheit gemacht wird, als ob sie ein Mensch wäre«.[11] Grundlage seiner Theorie ist der Gedanke, daß das Opfer eine Form der Kommunikation des Menschen mit Geistern oder Götter darstellte, die in Analogie zu menschlichem Sozialverhalten zu sehen sei. Impliziert ist dabei, daß das Opfer grundsätzlich an einen personal vorgestellten Adressaten gerichtet sei. In seiner ursprünglichsten Form seien die mit dem Opfer verbundenen Intentionen die gleichen, die mit der Überreichung eines Geschenkes und damit verbundenen Bitten an einen menschlichen Machtträger verbunden werden. Neben dieser als ›Geschenktheorie‹ bezeichneten Vorstellung unterscheidet TYLOR noch zwei weitere Typen des Opferverständnisses, die er in evolutionistischer Manier als spätere Entwicklungsstufen deutet: Die ›Huldigungstheorie‹, die im Opfer primär eine Ehrbezeugung für eine Gottheit sehe, und die ›Verzichtstheorie‹, nach der der Hauptsinn und Verdienst des Opfers in der Entsagung liege.

WILLIAM ROBERTSON SMITH (1845–1898) übte mit seinen 1889 publizierten «*Lectures on the Religion of the Semites*«[12] großen Einfluß auf die religionswissenschaftliche Opfertheorie aus, obwohl er seine Hypothesen ausdrücklich auf den semitischen Bereich beschränkte.[13] SMITH unterscheidet zwei Bedeutungen des Opfers: (1) als Tribut an eine Gottheit, wozu die Darbringung von Erstlingsfrüchten des Feldes gehörten, und (2) als Akt der Gemeinschaft der Gläubigen mit ihrer Gottheit, welches die ältere Form sei. Bei den Semiten sei die Grundidee des Opfers allgemein diese zweite, davon abgeleitet seien dann auch Vorstellungen, die im Opfer ein Mittel zur Sühne und zur Versöhnung mit der Gottheit sähen.

Trotz einiger heute nicht mehr haltbaren Voraussetzungen und Folgerungen, die mit SMITH's evolutionistischer Grundhaltung und der Annahme eines ursprünglichen Totemismus zusammenhängen, sind einige seiner Interpretationen auch heute noch fruchtbar. Dies gilt vor allem für die Beobachtung, daß Opferrituale häufig mit gemeinsamen Mahlzeiten verbunden sind und daß Kommensalität gemeinschaftsstifend bzw. gemeinschaftsfestigend wirkt. Im Opfermahl kann sich so nicht nur die Gemeinschaft der daran beteiligten Menschen dokumentieren, sondern auch die Gemeinschaft der Menschen mit der verehrten Gottheit.

HENRI HUBERT (1872–1927) u. MARCEL MAUSS (1872–1950) versuchten in ihrem 1899 erschienenen »*Essai sur la nature et la fonction du sacrifice*«[14], sich von den evolutionistischen Ansätzen ihrer Zeit zu lösen und eine Analyse der allgemeinen Struktur von Opferritualen, der darin enthaltenen Symbolik und der Intentionen der Beteiligten vorzulegen. Als empirische Basis ihrer Untersuchungen dienen ihnen die Opfer im alten Indien und in Israel, sie gehen jedoch davon aus, daß die anhand dieser Beispiele herausgearbeiteten Strukturen universelle Gültigkeit besitzen.

Als Opfer (*sacrifice*) werden von HUBERT und MAUSS nur solche Darbringungen angesehen, bei denen die Opfergabe zerstört wird. In den einleitenden Riten werde die Opfermaterie (normalerweise ein Opfertier) aus dem profanen Bereich enthoben und in einen Zustand der Heiligkeit überführt. Die Opfergabe werde so zum Medium, die einen indirekten Kontakt herstelle zwischen der Welt des Heiligen, der sie zugeführt werde, und der profanen Welt, der sie entstamme. Im Akt des Zerstörens bzw. des Tötens vollziehe sich eine Freisetzung der durch die Konsekration angesammelten

---

11 Ebd., 461.
12 SMITH, Die Religion der Semiten.
13 Ebd., 163.
14 HUBERT und MAUSS, Essai sur la nature, 2–138.

Energien, die einerseits der Welt des Heiligen, andererseits den Personen, für die das Opfer ausgeführt wird, zuflössen.[15] Die so vollzogene Kommunikation zwischen beiden Bereichen ändere den religiösen Zustand des Opfernden, was die Autoren geradezu als Definitionsmerkmal des Opfers betrachten.[16]

Ein wesentliches Verdienst der umfangreichen und vielschichtigen Untersuchung von HUBERT und MAUSS besteht im Nachweis des komplexen Charakters von Opferritualen, der es ausschließe, einzelne Aspekte und Intentionen isoliert herauszugreifen und in Klassifiktaionen einander gegenüberzustellen. Ihr methodischer Ansatz zielt deshalb nicht darauf, die ›ursprüngliche‹ Bedeutung des Opfers oder eine evolutionäre Abfolge verschiedener Typen zu bestimmen, sondern die Struktur des rituellen Ablaufs zu erkennen. Während diese Grundstruktur bei allen Opfern dieselbe sei, ließen sich im Einzelfall unterschiedliche Funktionen feststellen, so daß die jeweilige Bedeutung und Intention variabel seien. In einer späteren Studie[17] analysierte MAUSS die Struktur des Gabentauschs und in diesem Zusammenhang die Konzeption des Opfers als Geschenk an die Götter. Gabe und Gegengabe schaffen eine Beziehung wechselseitiger Verpflichtung, die nicht nur auf dem materiellen Wert der ausgetauschten Güter beruhe, sondern aus Bindungen resultierten, die durch die den Gütern innewohnende unpersönliche Kraft geschaffen würden.

GERARDUS VAN DER LEEUW (1890-1950) hatte einen ähnlichen Gedanken schon wenige Jahre vorher in einem kurzen Aufsatz entwickelt.[18] Durch das Gabenopfer werde eine mystische Beziehung zwischen Mensch und Gott geschaffen, die auf der der Gabe inhärenten Lebenskraft beruhe. Anders als MAUSS sieht V. D. LEEUW die durch das Opfer aufrecht erhaltene Zirkulation der unpersönlichen Lebenskraft oder ›Mächtigkeit‹ als Wesen des Opfers an, wobei es sekundär sei, ob dabei Götter als Empfänger der Gaben eine Rolle spielen. »Denn die Hauptsache ist nicht, daß irgendjemand etwas bekommt, sondern daß der Strom des Lebens weiterfließt.«[19]

WILHELM SCHMIDT (1868–1954) führte mit seiner kulturhistorischen Methode einen neuen Aspekt in der religionswissenschaftlichen Opferforschung ein. Es sei methodisch unangemessen, Sachverhalte aus verschiedenen Kulturen und religiösen Traditionen undifferenziert nebeneinanderzustellen und so eine allgemeine Opfertheorie formulieren zu wollen; vielmehr könnten immer nur Kulturen gleicher Entwicklungsstufe miteinander verglichen werden. Im Zusammenhang mit seiner monumentalen ethnologischen Untersuchung »*Der Ursprung der Gottesidee*«[20] kam er zu dem Ergebnis, daß sich auf der ältesten Kulturstufe nur eine Opferform finde, nämlich das Primitialopfer, das in der rituellen Darbringung von Nahrungsmitteln an die höchste Gottheit bestehe. Sinn dieses Opfers sei die rituelle »Anerkennung des höchsten Eigentums des Schöpfers über die Lebensmittel«.[21] Auf späteren Stufen der Kulturentwicklung sei diese ursprüngliche Form des Primitialopfers durch andere Elemente ergänzt und überlagert worden.

Schmidt hat seine Untersuchungen nicht im Sinne einer allgemeinen Entwicklungsge-

---

15 Ebd., 249–251.

16 Ebd., 205.

17 M. MAUSS, Die Gabe, in: Soziologie und Anthropologie 2, (franz. 1924) 1975, 9–144.

18 VAN DER LEEUW, Die do-ut-des Formel, 241; vgl. auch ders., Phänomenologie der Religionen, 393–406.

19 Ebd., 399.

20 erschienen 1912–1956.

21 P. W. SCHMIDT, Die Primitialopfer in der Urkultur, in: Corona Amicorum. EMIL BÜCHER zum 80. Geburtstag, 1948, 81–92, hier: 84f.

schichte oder Theorie des Opfers ausgeweitet.[22] Sein wichtigster Beitrag zur religionswissenschaftlichen Opferforschung dürfte in der methodischen Forderung nach historischer Differenzierung und Berücksichtigung des jeweiligen kulturellen Kontextes liegen, eine Forderung, die man trotz bekannter Einwände gegen die kulturhistorische Schule als berechtig ansehen muß.

2. *Stand der Opferforschung*: Während die ›traditionellen‹ oder ›klassischen‹ Ansätze durch das Bemühen gekennzeichnet sind, das vermeintlich universelle religiöse Phänomen Opfer auf eine oder mehrere Grundformen zu reduzieren, ist seit Mitte des 20. Jhds. eine spürbare Zurückhaltung bei der Formulierung von Theorien mit dem Anspruch auf Allgemeingültigkeit zu verzeichnen. Statt dessen findet sich eine Vielzahl von ethnologischen Einzeluntersuchungen, die Opferrituale als Teil des religiösen und kulturellen Systems eines Volkes oder einer sozialen Gruppe behandeln. Gleichwohl bilden die durch die ›klassischen‹ Opfertheorien gelieferten Interpretationsansätze den konzeptuellen Rahmen, an die die meisten Studien anknüpfen. Folgende fünf Aspekte stehen dabei im Vordergrund: (a) Opfer als Geschenk oder Gabe an eine Gottheit, wodurch eine Beziehung wechselseitiger Verpflichtung zwischen Mensch und Gottheit geschaffen bzw. unterhalten werde (Tylor, Mauss); (b) Opfer als ritueller Vollzug der Gemeinschaft von Gottheit und Menschen, die sich insbesondere in der Kommensalität, dem Opfermahl, dokumentiere (Smith); (c) Opfer als rituelle Form der Kommunikation zwischen der Sphäre des Heiligen und der profanen Welt, wobei die Opfermaterie als Medium des Kontaktes diene (Hubert, Mauss); (d) Opfer als rituelles Mittel, um den Kreislauf der unpersönlichen ›Lebenskraft‹ (*mana*) sicherzustellen (v. d. Leeuw, Mauss); (e) Opfer als rituelle Anerkennung der Macht Gottes über das Leben und der Abhängigkeit des Menschen (Schmidt).
Sämtliche Interpretationsansätze können durch Verweis auf entsprechendes historisches oder ethnologisches Material als begründet nachgewiesen werden. Dies zeigt, daß sie sich keineswegs wechselseitig ausschließen müssen, sondern als komplementär betrachtet werden können. Widersprüche treten nur dann auf, wenn – was nicht selten vorkommt – jeweils eine Interpretation als allgemeingültig ausgegeben wird, die das ›Wesen‹ des Opfers erfasse.
In den Untersuchungen der letzten Jahrzehnte gerieten zusätzliche Aspekte ins Blickfeld. Das Schwergewicht verlagerte sich von der hermeneutischen Frage nach dem religiösen Sinn des Opfers aus der Sicht der Akteure zu der soziologischen Frage nach den Beziehungen zwischen Opferritualen und anderen Aspekten des gesellschaftlichen Lebens. Dies gilt insbesondere für die funktionalistische Sichtweise, die sich mit den sozialen, psychologischen oder ökonomischen Wirkungen und Bedingungen von Opferritualen in jeweils gegebenen Gesellschaften befaßt.[23] In neuerer Zeit werden hermeneutische Gesichtspunkte unter strukturalistischen und kommunikationstheo-

---

[22] Vgl. jedoch A. Vorbichler, Das Opfer auf den uns heute noch erreichbaren ältesten Stufen der Menschheitsgeschichte, 1956.

[23] R. Firth, Offering and sacrifice: Problems of organisation, in: Journ. o. t. Royal Anthr. Institute 93 (1963) 12–24; W. Burkert, Opfertypen und antike Gesellschaftsstruktur, in: Stephenson (Hrsg.), Der Religionswandel unserer Zeit im Spiegel der Religionswissenschaft, 1976, 168–187; J. H. M. Beattie, On understanding sacrifice, in: Bourdillon, Fortes (Hrsg.), Sacrifice, 1980, 29–44, hier: 36.

retischen Aspekten[24] erneut aufgegriffen, wobei Opferrituale als symbolische Darstellung von Weltbildstrukturen begriffen werden. Schließlich wird von einigen Autoren versucht, die in Opferritualen manifesten Verhaltensmuster entwicklungsgeschichtlich zu verfolgen und so auf biologische Grundlagen zurückzuführen.[25]
Gemeinsam ist den meisten neueren Theorieansätzen eine Ausweitung des Bezugsrahmens. Während in der klassischen Religionswissenschaft das Opfer neben dem Gebet als die wichtigste Form religiösen Handelns angesehen und einer isolierten Betrachtung unterzogen wurde, setzt sich zunehmend die Überzeugung durch, daß das Opfer als eine Sonderform rituellen Handelns zu gelten hat. Eine Opfertheorie, die auf das allgemeine Ziel einer Theorie der Religion hin orientiert ist, müßte deshalb als Teil einer umfassenden Theorie religiösen Handelns und speziell religiöser Rituale konzipiert sein. Eine solche Theorie steht noch aus.

II. Skizze einer Opfertheorie

Im folgenden wird versucht, skizzenhaft zu umreißen, auf welche Weise bestehende Forschungsansätze systematisch integriert und im Rahmen einer Theorie rituellen Handelns entwickelt werden könnten.

1. *Deskription*: Die meisten Opferrituale stellen komplexe Handlungsabläufe dar, bei deren Beschreibung eine Vielzahl von Elementen zu berücksichtigen ist. Eine deskriptive Analyse kann unter folgenden Gesichtspunkten erfolgen:
(a) Das *Szenario* umfaßt zunächst Ort und Zeit der Opferhandlung. Beide sind in der Regel nicht beliebig, sondern schon Teil der rituellen Anordnung. Opferorte können öffentliche Tempel oder Tempelbezirke ebenso sein wie Häuser einzelner Familien oder bestimmte Opferplätze innerhalb oder außerhalb einer Siedlung. In vielen Fällen lassen sich aus dem Opferort schon erste Rückschlüsse auf die Bedeutung des Opfers ziehen (z. B. private oder öffentliche Opfer, Adressat), dies gilt ebenso für den Zeitpunkt.
Zu berücksichtigen sind die in das Ritual einbezogenen Gegenstände, an ersterer Stelle die Opfermaterie: Tier, Mensch, Nahrungsmittel, Kleidung oder sonstige Gaben. Hinzu kommen weitere Ritualutensilien wie Altar, Tisch, Gefäße, Wasser, Öl, Tötungsinstrumente, Feuer oder Rauch.
Die beteiligten Personen umfassen den oder die Offizianten, d. h. denjenigen, der den Opferakt ausführt (z. B. Priester, Familienoberhaupt), den Opferer oder Opferherr, d. h. denjenigen, der den Opferakt veranlaßt und ggf. finanziert, sonstige aktiv am rituellen Geschehen beteiligte Personen und schließlich die Zuschauer.
(b) Der *Handlungsablauf* beginnt schon vor dem eigentlichen Opferakt und setzt sich im Anschluß daran noch fort. Opferplatz, Utensilien und Opfermaterie müssen nach rituellen Vorschriften vorbereitet werden, ebenso Offiziant, Opferer und gegebenen-

24 P. Rigby, A structural analysis of Israelite sacrifice and its other institutions, in: Église et Théologie 11 (1980) 299–351; Gladigow, Die Teilung des Opfers, 19–43.
25 W. Burkert, Glaube und Verhalten, in: Le sacrifice dans l'antiquité. Entretiens sur l'antiquité classique 27 (1981) 91–133; M. Fortes, Anthropologists and theologians: Common interests and divergent approaches, in: Bourdillon, Fortes (Hrsg.), Sacrifice, V–XIX, XIV–XVI.

falls auch die sonstigen beteiligten Personen. Zu den vorbereitenden Maßnahmen gehören häufig rituelle Reinigungen, Fasten und die Beachtung sexueller Tabus.
Das eigentliche Ritual besteht in der Regel aus einer Vielzahl ritueller Aktionen, wozu beispielsweise Prozessionen, Zirkambulationen, verbale Handlungen (Gebete, Deklarationen, Gesänge) und Tänze gehören können. Besondere Bedeutung kommt dabei der rituellen Behandlung der Opfermaterie zu. Sofern es sich um ein lebendes Opfertier handelt, nimmt die rituelle Tötung meist eine zentrale Stellung ein. Wie andere Opfergaben werden die getöteten Opfertiere zuweilen ganz oder teilweise zerstört, häufig durch Verbrennen, Flüssigkeiten können als Libationen ausgegossen werden. Gelegentlich werden Teile der Opfermaterie den Tempeln oder Priestern überlassen, häufig wird die Opfermaterie zumindest teilweise wieder menschlicher Verwendung zugeführt, etwa im Rahmen einer sich anschließenden Mahlzeit.
(c) Ebenso wie vor dem eigentlichen Opferakt finden auch im Anschluß daran meist weitere rituelle Handlungen statt, so daß Opfer Teil eines umfassenderen, nicht selten mehrer Tage dauernden *rituellen Komplexes* ist. Rituelle Komplexe, wie Frühlings- und Erntefeste, Hochzeitsfeierlichkeiten, Regenbittrituale etc., umfassen eine große Zahl unterschiedlicher ritueller Aktionen, zu denen oft mehr als ein Opferritual gehören (z. B. Opfer verschiedener Tiere, vegetabile Opfergaben, Libationen). Hier stellt sich das Problem der Segmentierung, d. h. der Abrennung einzelner Riten, die Bestandteil eines im Grunde kontinuierlichen und komplexen Handlungsverlaufs sind.[26]

2. *Abgrenzung von Opferhandlungen*: Es ist terminologisch nicht zweckmäßig, einen ganzen Ritualkomplex als Opfer zu bezeichnen. Offenbar ist es ein ganz bestimmter Typus ritueller Aktionen, der uns von Opfer sprechen läßt. Die äußere Form ist freilich vielgestaltig, es gehören dazu Handlungen, bei denen ein materielles Objekt getötet, zerstört, verbrannt, niedergelegt, ausgegossen oder ähnlich behandelt wird. Es ist offensichtlich, daß die äußere Form einer Handlung allein nicht ausreicht, entscheidend ist vielmehr ihre semantische Funktion, d. h. ihre Bedeutung. Wir sehen derartige rituelle Aktionen nur dann als Opferhandlung an, wenn damit die Bedeutung des Entäußerns verbunden ist: Durch die Handlung wird ausgedrückt, daß die Verfügungsgewalt über das materielle Objekt aufgegeben wird. Konstitutionsmerkmal eines Opfers ist demnach ein ritueller Akt des Entäußerns. Dieser Akt ist eingebunden in einen komplexen rituellen Handlungsverlauf und von diesem nicht zu trennen. Es ist deshalb zuweilen üblich, den gesamten rituellen Komplex als Opfer zu bezeichnen. Dies ist jedoch im Interesse einer konsistenten religionswissenschaftlichen Terminologie nicht zweckmäßig, weil es dann zu Überschneidungen mit anderen Begriffen wie Weihung, Gebet, Prozession u. ä. kommt.

3. *Interpretation des Sinns*: Wenn wir definitorisch solche rituellen Handlungen als Opfer bezeichnen, mit denen die Bedeutung des Entäußerns verbunden ist, so besagt dies wenig oder nichts über den Sinn derartiger Rituale. Beim Verstehen des Sinns geht es um die Frage, was die beteiligten Personen mit dem Opfer intendieren. Kennzeichnungen des Sinns wie ›Gabe an eine Gottheit‹, ›Transfer von Machtsubstanz‹, ›magische Wirksamkeit‹, ›Sühnewirkung‹ mögen zwar im Einzelfall eine angemessene Interpretation darstellen, Versuche, damit den allgemeinen Sinn des Opfers zu erfassen,

---

[26] Turner, Sacrifice, 189.

müssen jedoch zwangsläufig fehlschlagen. Der rituelle Akt des Entäußerns ist ein flexibles Symbol, das in unterschiedlichen Kulturen und Kontexten mit jeweils verschiedenen Sinnintentionen gebraucht werden kann.[27] Bei der Interpretation des Sinns muß die Analyse über den isolierten Opferakt hinaus ausgeweitet werden. Zu berücksichtigen sind insbesondere: 1. die Gesamtstruktur des rituellen Komplexes, in den die Opferhandlung eingebettet ist, und 2. das jeweils gegebene religiöse Weltbild, vor dessen Hintergrund das Ritual gedeutet wird.

Der allgemeine Sinn des Opfers läßt sich auch deshalb nicht bestimmen, weil nicht nur der äußere Ablauf von Riten, sondern auch die damit verbundenen Intentionen in der Regel höchst komplex sind und nicht auf ein einziges Moment reduziert werden können. Dies kann am Beispiel der chinesischen Ahnenopfer erläutert werden: Ein Sinn der rituellen Darbringung von Speisen besteht (aus der Sicht zumindest eines Teils der Akteure) darin, den Ahnengeistern die Essenz dieser Speisen zuzuführen, weil sie diese in ihrer jenseitigen Existenz benötigen. Wir können hier von instrumenteller Verwendung des Entäußerns sprechen. Gleichzeitig sind die Ahnenopfer aber auch Ausdruck der Ehrfurcht gegenüber den Vorfahren, sie teilen also etwas über die Haltung der Akteure mit. Man kann dies als kommunikative Verwendung des Entäußerns bezeichnen. Dazu gehört auch, daß man durch die Bezeugung der Ehrfurcht von den Ahnen Wohlwollen und Hilfe erwartet und sich gegebenenfalls explizit mit Bitten an sie wendet. Auf einer dritten Sinnebene schließlich wird der institutionelle Status von Opferer und Ahn betroffen: Erst indem und solange einem Totengeist Ahnenopfer dargebracht werden, besitzt er den Status eines Ahn. Diejenigen aber, die gemeinsam einem Ahn opfern, konstituieren sich durch eben diesen Akt als Verwandtschaftsgruppe. Da durch den rituellen Akt der Charakter von Totengeist bzw. Opferer innerhalb des institutionellen Ordnungssystems betroffen wird, kann man hier von institutioneller Verwendung sprechen.

Die analytische Unterscheidung von instrumenteller, kommunikativer und institutioneller Verwendung ritueller Handlungen läßt sich auch auf andere Opfer anwenden. Dabei ist jedoch immer zu beachten, daß es sich nicht um Alternativen handelt, sondern um unterschiedliche Aspekte, die innerhalb eines einzigen Operrituals feststellbar sein können. Die Unterscheidung verschiedener Verwendungsformen bietet jedoch einen theoretischen Rahmen, innerhalb dessen scheinbar widersprüchliche Interpretationen des Sinns von Opferritualen integriert werden können.

(a) *Instrumentelle Verwendung* des Opfers läßt sich in all den Fällen feststellen, in denen der ›materielle‹ Akt des Entäußerns selbst Zweck der Handlung ist, beispielsweise um die Opfermaterie einem anderen Verwendungszweck zuzuführen. Dazu gehören Interpretationen, die das Entäußern im realistischen Sinn als ›Gaben‹ ansehen, bei denen die Opfermaterie von den Geistern oder Gottheiten in irgendeiner Form genossen wird, wie es vielfach im Ahnen- und Geisterkult[28], aber auch bei Speiseopfern im Alten Orient[29], in Indien[30] und bei den aztekischen Menschenopfern für

---

27 Bourdillon, Introduction, in: ders., Fortes (Hrsg.), Sacrifice, 23.

28 Z. B. Evans-Pritchard, The meaning of sacrifice, 21–33.

29 Vgl. S. Mowinkel, Religion und Kultus, 1953, 104f.; S. Morenz, Ägyptische Religion, in: RdM 8 (1960) 92f.

30 M. Biardeau, Le Sacrifice dans l'Inde ancienne, 1976, 22; Lévi, La doctrine du sacrifice, 81f.

die Sonnengottheit[31] der Fall ist. Von instrumenteller Verwendung kann man auch sprechen, wenn durch den Akt des Entäußerns die Opfermaterie eliminiert werden soll, etwa bei ›Sündenbock‹-Riten, bei denen ein Opfertier vorher rituell mit den Sünden der Menschen beladen wurde.[32] Freilich treten in solchen Fällen meist symbolische Verwendungsformen des Rituals gegenüber der realistisch-instrumentellen in den Vordergrund.

(b) *Kommunikative Verwendung* ist die offensichtlichste Form des symbolischen Gebrauchs von Opferriten. Im Blickfeld steht dabei nicht die materielle Konsequenz des Aktes. Der kommunikative Sinn von Riten besteht in ihrem Mitteilungscharakter, sie sind Träger von Informationen.[33] Bei Opferritualen besitzt ein Aspekt dabei eine besondere Bedeutung: Durch den rituellen Akt des Entäußerns wird in vielen Fällen eine Beziehung zwischen Menschen und Göttern bzw. Geistern geschaffen, die Opfermaterie bildet gleichsam das Medium der Kommunikation.[34] Das Opfer kann in diesen Fällen als Form der Interaktion zwischen Menschen und Göttern nach dem Muster menschlichen Sozialverhaltens angesehen werden. Wie bei zwischenmenschlicher Kommunikation wird der rituelle Kontakt via Gabe in der Regel durch verbale Kommunikation ergänzt, beim Opfer durch Gebete und Deklarationen.

Man wird also jeweils den gesamten rituellen Kontext berücksichtigen müssen, um den intendierten Sinn verstehen zu können. Der Inhalt der im Opferritual enthaltenen Informationen läßt sich deshalb keinesfalls allgemein bestimmen, es können jedoch häufig zu beobachtende Typen unterschieden werden: Viele Opfer sind von Bitten oder Aufforderungen begleitet, die die Götter oder Geister zu von den Menschen erwünschten Reaktionen veranlassen sollen (allgemein: Gewährung von Glück, Abwehr von Unglück). Umgekehrt können Opfer auch Versprechen, Gelübde und ähnliche Selbstverpflichtungen der Menschen enthalten. Die Intention ist in beiden komplementären Fällen, die Beziehung zwischen Göttern und Menschen in einer bestimmten Weise zu regeln (*regulative Funktion*). Die Entäußerung der Opfergabe bildet dabei das rituelle Mittel, ein Verhältnis wechselseitiger Verpflichtung zu schaffen.[35]

Ein zweiter, häufig mit Opferritualen verbundener Typ von Mitteilungen dient der Selbstdarstellung des Menschen. Es werden Haltungen (z. B. Ehrbezeugung, Unterwerfung, Dank) und Gefühle (z. B. Reue, Schuld, Furcht, Vertrauen) zum Ausdruck gebracht (*expressive Funktion*).[36]

Schließlich können Rituale auch der symbolischen Darstellung von kognitiven und normativen Aspekten des Weltbildes dienen. Dazu gehört insbesondere der dramatische Nachvollzug von mythologischem Geschehen, das im Opferritual wiederholt und damit sowohl aktualisiert als auch dargestellt wird.[37] In anderen Fällen dienen die Verhaltensnormen für die verschiedenen am Opferritual beteiligten Akteure der sym-

[31] W. Krickeberg, Die Religionen der Kulturvölker Mesoamerikas, in: Krickeberg, Trimborn, Zerries, Die Religionen des alten Amerika, RdM 7 (1961) 49f.
[32] Lev. 16, 20–28.
[33] Gladigow, Die Teilung des Opfers, 21.
[34] Hubert und Mauss, Essai sur la nature, 249f.
[35] M. Mauss, Die Gabe, hier: Kap. I.
[36] Für Israel vgl. Mowinkel, Religion und Kultus, 105.
[37] Vgl. G. Dieterlen, Sacrifice en Afrique occidentale. Mythes et pratiques des Dogon, in: Diction d. mythol. et d. relig. d. sociétés tradition. et du monde antique 2 (1981) 404–407; A. Jensen, Mythos und Kult bei Naturvölkern, 1951, 203f.

bolischen Darstellung des normativen Verhaltens der einzelnen Statusgruppen innerhalb der Gesellschaft. Die rituelle Ordnung repräsentiert die soziale Ordnung.[38]
Die kommunikative Verwendung von Ritualen steht bei den meisten Interpretationen des Sinns von Opfer im Vordergrund. Es ist allerdings zu beachten, daß die kommunikative Bedeutung eines Opfers (d. h. die durch es zum Ausdruck gebrachten Inhalte) erst vor dem Hintergrund des gesamten rituellen Komplexes verstehbar wird, wobei die darin enthaltenen verbalen Äußerungen (Gebete, Anrufungen, Deklarationen) eine entscheidende Rolle spielen. Sprachhandlungen eignen sich weit besser als rituelle Handlungen zur Übermittlung von Informationen. Der rituelle Akt der Entäußerung ist deshalb nicht in erster Linie selbst Träger von Informationen, sondern er dient hauptsächlich dazu, den Kontakt zwischen Menschen und Göttern herzustellen.
(c) *Institutionelle Verwendung* bereitet dem Verständnis des wissenschaftlichen Interpreten größere Schwierigkeiten als die vorgenannten Verwendungsformen. Es geht dabei nicht um die im Ritual enthaltenen Informationen, sondern darum, daß durch die rituelle Handlung selbst etwas bewirkt wird. Dies gilt beispielsweise im oben erwähnten Fall, wo durch rituelle Entäußerung, die Darbringung der Opfergabe, der Kontakt zwischen Mensch und Gottheit hergestellt wird: der rituelle Akt hat institutionelle Funktion, durch seinen bloßen Vollzug wird etwas in der Beziehung zwischen Mensch und Gottheit bewirkt. Besonders deutlich wird die institutionelle Verwendung jedoch bei jenen Opfern, bei denen Götter oder Geister als Adressaten fehlen oder nur eine untergeordnete Rolle spielen. Man spricht in solchen Fällen vielfach, wenn auch mißverständlich, von »magischen Opfern«.[39]
Häufig zitiertes Beispiel ist in diesem Zusammenhang das vedische Opferritual der Brahmana-Texte, nach deren Theorie der korrekte Vollzug der Opfer Bedingung und Gewähr für ihre Wirksamkeit ist. Die brahmanischen Opfer stellen dabei weder Bitten an die Gottheiten dar, denen diese in eigener Machtvollkommenheit entsprechen könnten oder auch nicht, noch handelt es sich primär um einen Ausdruck kultischer Verehrung. Vielmehr sind die Opfer Bestandteil der normativen Ordnung (*dharma*) des Kosmos, an der Menschen wie Götter partizipieren. Eine Vernachlässigung der vorgeschriebenen Opfer wäre gleichbedeutend mit einer Störung dieser Ordnung wie umgekehrt ihr Vollzug die Kontinuität der kosmischen Ordnung sicherstellt.[40] Das Opferritual ist damit einerseits Bedingung für den Bestand des Dharma, andererseits aber zugleich durch die normative Kraft eben dieser Ordnung bedingt: die institutionelle Ordnung des Dharma wird durch das Opferritual konfirmiert.
Ähnlich institutionell *konfirmierende Funktion* des Opferrituals läßt sich auch in anderen Kulturen[41] und in unterschiedlichen Kontexten feststellen. Dies gilt insbesondere für die verschiedenen im zeitlichen Zyklus durchgeführten Riten, angefangen bei täglichen Speisegaben für Götter oder Ahnen bis hin zu den großen im Jahresrhythmus veranstalteten Opferfesten, die meist einen engen Bezug zum Vegetationszyklus aufweisen. Überall werden diese Rituale als Teil des normalen Ablaufs der Dinge angesehen und damit auch als Voraussetzung für dessen Kontinuität. Der Vollzug des Opfers ist notwendiger Bestandteil der institutionellen Ordnung der Welt.

38 Vgl. S. F. NADEL, Nupe religion, 1954, 111f.
39 Vgl. VAN DER LEEUW, Die do-ut-des Formel, 245; BERTHOLET, Der Sinn, 3–15.
40 Vgl. H. OLDENBERG, Die Lehre der Upanishaden und die Anfänge des Buddhismus, 1915, 10–26; BIARDEAU, Le Sacrifice, 21–25.
41 Vgl. NADEL, Nupe religion, 104.

Institutionelle Verwendung von Opfern kann daneben auch in anderen Funktionen erfolgen. Zu nennen ist hier einerseits die *konstituierende Funktion* vieler Riten, bei denen ein neuer institutioneller Status von Personen (Opfer im Kontext von Übergangsriten wie Initiationen, Krönungen, Bestattungen) oder Gegenständen (Bauopfer, Einweihungen etc.) rituell konstituiert wird; andererseits kann vielfach auch *eliminierende bzw. destruierende Funktion* festgestellt werden, insbesondere in Fällen, in denen die entäußerte Opfermaterie als von Krankheit oder Sünde behaftet angesehen wird.[42]

4. *Klassifikationen und Typologien*: Die genannten Verwendungsformen und Funktionen stellen keine unterschiedlichen Typen oder Klassen von Opfern dar, sondern bezeichnen analytisch unterscheidbare Aspekte ritueller Handlungen. Im konkreten Fall sind in der Regel mehrere dieser Aspekte gleichzeitig feststellbar. Welche Verwendungsform in welcher Funktion jeweils im Vordergrund steht, läßt sich nur unter Berücksichtigung des rituellen Gesamtkomplexes ermitteln, innerhalb dessen der Akt der Entäußerung nur ein Element bildet. Bei Klassifikationen und Typologisierungen von Opfern muß deshalb zwischen solchen, die sich auf den eigentlichen Opferakt (im engeren Sinn), und solchen, die sich auf das Gesamtritual beziehen, unterschieden werden.

(a) Bei deskriptiven Klassifikationen des Opferaktes wird meist entweder nach der Art der Opfermaterie oder der Form der Behandlung der Opfermaterie differenziert. Im ersten Fall kommt es zu Begriffen wie Tieropfer, Menschenopfer, vegetabile Opfer, Speiseopfer, Blutopfer etc. Im zweiten Fall sind Begriffe wie Schlachtopfer, blutige Opfer, Brandopfer, Versenkungsopfer, Libation (Ausgießen von Flüssigkeiten) und Ganzopfer (Opfermaterie wird gänzlich zerstört, ohne daß ein Teil für menschliche Verwendung übrigbleibt) üblich.

(b) Typologien orientieren sich meist nicht an der äußeren Form, sondern am intendierten Sinn von Opferritualen. Dabei stellt sich freilich das methodische Problem, daß die meisten Opferriten gleichzeitig mehrere Sinnintentionen beinhalten, so daß Begriffsbildungen wie Gabenopfer, Bittopfer, Dankopfer, Gemeinschaftsopfer, Huldigungsopfer, Reinigungsopfer, Sühnenopfer, magische Opfer u. ä. jeweils nur einen Aspekt in den Vordergrund stellen. Im konkreten Fall ist es deshalb kaum möglich, beispielsweise zwischen Bitt-, Huldigungs- und Gemeinschaftsopfern klar zu unterscheiden.[43] Als weitere Schwierigkeit kommt hinzu, daß sich der Sinn von Opferhandlungen erst vor dem Hintergrund des rituellen Gesamtkontextes erhellt, so daß die genannten Intentionen sich eher auf Rituale im allgemeinen als auf Opfer im besonderen beziehen. Eine Opfertypologie sollte deshalb beim Akt des Entäußerns ansetzen und danach fragen, welcher Symbolwert mit gerade dieser rituellen Form typischerweise verbunden werde. Es lassen sich dann zwei Grundintentionen unterscheiden: Verbindung und Distanzierung. Eine weitere Untergliederung ergibt sich je nachdem, ob das Opfer als Teil einer rituellen Interaktion zwischen Mensch und personal verstandenem Wesen (Götter, Geister, Dämonen, Ahnen etc.) angesehen wird oder ob die Kommunikation mit Göttern und Geistern keine bzw. untergeordnete Bedeutung besitzt.[44]

---

[42] Vgl. z. B. Evans-Pritchard, The meaning of sacrifice, 27.

[43] Vgl. Hubert und Mauss, Essai sur la nature, 210f.; Evans-Pritchard, The meaning of sacrifice, 29; Turner, Sacrifice, 200.

[44] Ähnlich Beattie, On understanding sacrifice, 38.

Sofern das Opfer eine rituelle Interaktion zwischen Menschen und personalen Mächten darstellt, läßt sich der Akt der rituellen Entäußerung der Opfermaterie in Analogie zu entsprechenden Handlungen im profanen Bereich menschlicher Interaktion verstehen. Die Opfermaterie stellt dann das Medium dar, durch das der Kontakt zu den Göttern oder Geistern hergestellt wird. Bei verbindender Intention geschieht dies mit dem allgemeinen Ziel, die Beziehung zu etablieren, zu erhalten oder zu erneuern, die Opfermaterie besitzt den Charakter der Gabe.[45] Es lassen sich daneben spezifische Intentionen wie Bitten, Danksagung, Huldigung oder Versöhnung erkennen. In der Regel umfaßt der rituelle Gesamtkomplex weitere Handlungen, die die verbindende Intention zum Ausdruck bringen. Neben entsprechenden verbalen Äußerungen (Gebete, Lobpreisungen etc.) sind hier vor allem Opfermahlzeiten zu nennen, durch die die Gemeinschaft zwischen Menschen und Göttern rituell vollzogen wird.[46] Bei distanzierender Intention besteht das allgemeine Ziel darin, unerwünschte Interventionen von Göttern oder Geistern fernzuhalten oder zu beseitigen. Häufig handelt es sich dabei um die Abwehr dämonischer Mächte, d. h. schadenstiftender und übelwollender Geister. Die Entäußerung der Opfermaterie gewinnt dann den Charakter der Beschwichtigung, Befriedigung oder Auslösung. Der rituelle Gesamtkomplex enthält neben entsprechenden verbalen Äußerungen (bei den südchinesichen Miao z. B.: »Nimm das Opferschwein und komme hunderttausend Jahre nicht wieder«)[47] meist auch andere eliminatorische und apotropäische Riten. Gemeinsame Opfermahlzeiten sind nur in seltenen Ausnahmefällen mit solchen distanzierenden Opfern verbunden. Von distanzierender Intention kann man auch bei solchen Opfern sprechen, durch die göttlicher Zorn und Strafe angesichts menschlicher Vergehen abgewendet werden sollen, wie es z. B. bei den israelitischen Sündopfern[48] der Fall ist.

Nicht alle Opfer lassen sich als Interaktion zwischen Menschen und Göttern interpretieren. Der Sinn des Opfers ist dann weniger am Modell menschlicher Sozialbeziehungen als an der instrumentellen Verwendung von Akten der Entäußerung orientiert: Zuführen und Eliminieren. Von verbindender Intention kann man in den Fällen sprechen, bei denen durch die Entäußerung der Zusammenhang und Fortbestand des kosmischen Ablaufs gesichert werden soll. So etwa, wenn das auf die Felder ausgegossene Blut von Tieren oder Menschen als fruchtbarkeitsfördernd angesehen wird.[49] Wie bei den brahmanischen Opfern, die gleichzeitig Ausdruck und Bedingung für den Bestand des Dharma sind, geht es darum, sich in den Kreislauf des kosmischen Geschehens, mit dem auch die Menschen durch Empfangen und Entäußern verbunden sind, rituell zu integrieren. Häufiger und leichter verständlich sind Opfer mit distanzierender Intention, wobei mit der Opfermaterie gleichzeitig Sünde, Krankheit oder andere schädliche und unerwünschte Einflüsse eliminiert werden. In der Regel wird dabei die Distanzierung auch äußerlich dokumentiert, indem die Opfermaterie völlig zerstört,

---

45 GLADIGOW, Die Teilung des Opfers, 22.

46 A. A. SYKES, Versuch über die Natur, Absicht und den Ursprung des Opfers, 1778 (engl. 1748), 78; SMITH, Die Religion der Semiten, 206ff.; NADEL, Nupe religion, 54.

47 G. PRUNNER, Die Religionen der Minderheiten des südlichen China, in: ders., HÖFER u. a., Die Religionen Südostasiens, RdM 23 (1975) 211; vgl. auch AWOLALU, Yoruba beliefs, 178f.

48 Vgl. DE VAUX, Les sacrifices, 82–100; für Beispiele aus dem afrikanischen Bereich siehe EVANS-PRITCHARD, The meaning of sacrifice, 23f.; AWOLALU, Yoruba beliefs, 152–156.

49 CH. VON FÜHRER-HAIMENDORF, Die Religionen der Primitivvölker, in: ders., W. SCHUBRING, Die Religionen Indiens 3, RdM 13 (1964) 288; JAMES, Sacrifice and sacrament, 79–82, 86–88.

weggesandt oder außerhalb menschlicher Siedlungen deponiert wird und danach jeglicher Kontakt mit ihr vermieden wird.
Die hier skizzierten Opfertypen stellen keine Klassifikation dar in dem Sinne, daß ein empirisch gegebenes Opfer einem und nur einem Typus zugeordnet werden könnte. Tatsächlich läßt sich bei den meisten Opferriten sowohl verbindende als auch distanzierende Intention erkennen, da sich die Abwehr von schädlichen und die Verbindung mit günstigen Mächten zueinander komplementär verhalten. Zudem bestehen personale und impersonale Konzeptionen häufig nebeneinander. Es ist ferner zu betonen, daß Entäußerung von materiellen Objekten nicht die einzige rituelle Form darstellt, durch die die genannten Intentionen zum Ausdruck gebracht werden können und die meisten rituellen Komplexe eine Redundanz intentional gleichgerichteter ritueller und sprachlicher Äußerungen aufweisen. Freilich ist es bemerkenswert, daß Formen ritueller Entäußerung in fast allen Religionen zum Grundbestand des symbolischen Handlungsrepertoires gehören.

5. *Historischer Wandel*: Bei der bisherigen Betrachtung wurde die historisch-genetische Perspektive, der das Hauptinteresse der evolutionistischen Theorien des 19. und frühen 20. Jhds. galt, weitgehend vernachlässigt. Die Untersuchung der historischen Entwicklung von Operritualen und der damit verbundenen Vorstellungen kann nur im Kontext der Geschichte einzelner religiöser Traditionen[50] und nicht im Rahmen einer allgemeinen Opfertheorie erfolgen. Gleichwohl sind einige historische Fragestellungen auch von theoretischem Interesse.
(a) Entwicklungsgeschichtliche Hypothesen bieten möglicherweise eine Erklärung für das nahezu universelle Vorkommen der rituellen Form der Entäußerung. Dazu wird versucht, diese Verhaltensmuster ethologisch zu deuten und auf ihre phylogenetischen Ursprünge zurückzuführen, so daß beispielsweise die durch die Darbringung von Speiseopfer institutionalisierte Beziehung zwischen Menschen und Göttern mit Brutpflegeverhalten in Beziehung gesetzt[51] oder als Beschwichtigungsverhalten gedeutet werden kann.[52] Untersuchungen dieser Art stecken erst in den Anfängen, und es ist zu erwarten, daß sie in Zukunft aufschlußreiche Ergebnisse liefern werden.[53]
(b) Substitution bestimmter Opfergaben durch andere Arten der Opfermaterie ist eine häufig beobachtbare Form des Wandels der Opferpraxis. Zu nennen ist hier vor allem die Substitution von Menschenopfern durch Tieropfer oder figürliche Nachbildungen von Menschen. Auch andere Arten der Opfermaterie werden zuweilen durch einfache Nachbildungen oder symbolische Äquivalente ersetzt. Die Motive dafür lassen sich nicht generell bestimmen, sicher ist, daß ökonomische Gesichtspunkte (Substitution durch billigere Objekte) und äußerer Zwang (z. B. staatliche Verbote von Menschenopfern) häufig eine Rolle spielen.
(c) Die Ablehnung des Opfers ist die extremste Form von in vielen historischen Situationen zu beobachtbaren religiösen Strömungen, die der Opferpraxis kritisch gegen-

---

[50] Für Israel vgl. RENDTORFF, Studien zur Geschichte des Opfers; L. ROST, Studien zum Opfer im Alten Israel, in: Beiträge z. Wissensch. v. A u. NT, F 6, 13 (1981).
[51] FORTES, Anthropologists and theologians, XIV–XVI; G. BAUDY, Hierarchie oder: Die Verteilung des Fleisches, in: GLADIGOW, KIPPENBERG (Hrsg.), Neue Ansätze in der Religionswissenschaft, 1983, 131–174, hier: 142.
[52] BURKERT, Glaube und Verhalten, 112.
[53] Vgl. dazu E. G. D'AQUILI, C. D. LAUGHLIN, J. MCMANUS, The spectrum of ritual. A biogenetic structural analysis, 1979.

überstehen.[54] Bekannteste Beispiele sind die Kritik der Propheten am äußeren Ritualismus des israelitischen Opferkultes und die Ablehnung der katholischen Konzeption des Meßopfers durch den Protestantismus. Ähnliche Tendenzen lassen sich auch in der vorderorientalischen Weisheitsliteratur, bei den griechischen Philosophen und in Indien (Upanishaden, Yoga, Bhakti, Buddhismus) feststellen. Wichtiger als die Darbringung von Opfergaben und äußere Formen werden die innere Haltung des Menschen und sein rechter Lebenswandel angesehen.

Die Ursachen und Motive für Entwicklungen dieser Art sind zweifellos vielfältig und im einzelnen bisher nicht geklärt. Stichworte wie Ethisierung, Verinnerlichung oder Spiritualisierung beschreiben die Sachverhalte mehr als daß sie sie erklären. Allgemein kann man jedoch davon ausgehen, daß veränderte Haltungen zum herkömmlichen Opferritual in engem Zusammenhang mit Veränderungen der religiösen Weltsicht stehen. Im Bereich der Anthropologie scheint dabei eine stärkere Betonung der Individualität eine wichtige Rolle zu spielen, in deren Zusammenhang die Stellung des Menschen weniger durch äußere Determinanten (institutionalisierte Rollen) als innere Qualitäten (moralische Gesinnung, Sittlichkeit) geprägt erscheint. Entsprechend verlieren auch in der Beziehung zwischen Menschen und Göttern die institutionalisierten (d. h. personenunabhängigen) Elemente zugunsten der persönlichen an Bedeutung.

Soweit Opferriten der Interaktion zwischen Menschen und Göttern dienen, sind sie unter den genannten Bedingungen einer stark persönlich geprägten Gottesbeziehung nur beschränkt als Medium der Kommunikation geeignet. Die kommunikativen Verwendungsmöglichkeiten von Riten sind sehr begrenzt, Riten eignen sich nur wenig zur Übermittlung komplexer und nuancierter Informationen, sie sind in dieser Hinsicht verbaler Kommunikation jedenfalls weit unterlegen. Dagegen sind rituelle Handlungen in institutioneller Verwendung sprachlichen Äußerungen durchaus ebenbürtig. Riten im allgemeinen und Opferriten im besonderen stellen somit ein adäquates Mittel zum Unterhalt der Beziehung zwischen Menschen und Gottheiten dar, sofern diese Beziehung stark durch institutionalisierte Rollen geprägt ist. Der Opferer erscheint in dieser Situation weniger als Individum als vielmehr als Träger einer bestimmten sozialen Rolle (Familienoberhaupt, König, Priester etc.), der durch den Opferakt die Beziehung zur Gottheit und die institutionelle Ordnung der Welt konfirmiert. Sofern im menschlichen Selbstverständnis jedoch die Individualität stärker ins Blickfeld gerät, sind rituelle Handlungen nicht mehr zum Ausdruck der jeweils unterschiedlichen Gefühle, Haltungen und Intentionen ausreichend. Statt dessen treten sprachliche Ausdrucksformen stärker in den Vordergrund. Hier mag ein Erklärungsansatz dafür liegen, daß Opferrituale – obwohl sie in nahezu allen Religionen bekannt sind – nicht zu allen Zeiten und in allen historischen Situationen die gleiche Bedeutung besitzen.

---

54 Vgl. G. Widengren, Religionsphänomenologie, 1969, 321–327.

Literatur

Allgemein und Theorie

van Baal, J., Offering, sacrifice and gift, in: Numen 23 (1967) 161–178; Bertholet, A., Der Sinn des kultischen Opfers (Abh. d. Preuß. Akad. d. Wiss. 1942, Philos.-hist. Klasse, Nr. 2) 1942; Bourdillon, M. F. C., Fortes, M. (Hrsg.), Sacrifice, 1980; di Nola, A., Sacrificio e offerta, in: Enciclopedia delle Religione Bd. 5, 1973, 649–678; Firth, R., Offering and sacrifice. Problems of organisation, in: Journal of the Royal Anthr. Institute 93 (1963) 12–24; Götz, B., Die Bedeutung des Opfers bei den Völkern, 1933; Gusdorf, G., L'expérience humaine du sacrifice, 1948; Hubert, H., Mauss, M., Essai sur la nature et la fonction du sacrifice, in: Année Sociologique 2 (1899) 29–138, Nachdruck in Mauss, M., Œuvres, Bd. 1, 1968, 193–307; James, E. O., Sacrifice and sacrament, in: Encyclopaedia of Religion and Ethics Bd. 11, 1920, 1–7; Jensen, A., Über das Töten als kulturgeschichtliche Erscheinung, in: Paideuma 4 (1950) 23–38; van der Leeuw, G., Die do-ut-des Formel in der Opfertheorie, in: ARW 20 (1920–21) 241–253; Loisy, A., Essai historique sur le sacrifice, 1920; Schmidt, W., Ethnologische Bemerkungen zu theologischen Opfertheorien, in: Jb. d. Missionshauses St. Gabriel 1 (1922) 1–67.

Prähistorie

Colpe, C., Theoretische Möglichkeiten zur Identifizierung von Heiligtümern und Interpretation von Opfern in ur- und parahistorischen Epochen, in: ders., Theologie, Ideologie, Religionswissenschaft, 1980, 138–162.; Gladigow, B., Die Teilung des Opfers. Zur Interpretation von Opfern in vor- und frühgeschichtlichen Epochen, in: Frühmittelalterliche Studien 18 (1984) 19–43; Stjernquist, B., Präliminarien zu einer Untersuchung von Opferfunden. Begriffsbestimmung und Theoriebildung, in: Meddelanden från Lunds Universitets Historika Museum (1962–1963) 5–64.

Afrika

Arinze, F. A., Sacrifice in Ibo religion, 1970; Awolalu, J. O., Yoruba beliefs and sacrificial rites, 1979; Evans-Pritchard, E. E., The meaning of sacrifice among the Nuer, in: Journal of the Royal Anthr. Institute 84 (1954) 21–33.

Israel und Alter Orient

Daly, R. J., Christian sacrifice. The Judaeo-Christian background before Origin (Studies in Christian Antiquity 18), 1978; Gray, G. B., Sacrifice in the Old Testament. Its theory and practice, 1925; Green, A. R. W., The role of human sacrifice in the ancient near east (American Schools of Oriental Research Dissertation Series 1), 1975; Rendtorff, R., Studien zur Geschichte des Opfers im alten Israel (Wiss. Monographien zum Alten und Neuen Testament 24), 1967; Smith, W. R., Lectures on the religion of the Semites, 1889, deutsch: Die Religion der Semiten, 1899 (1967); de Vaux, R., Les sacrifices de l'Ancien Testament (Cahiers de la Revue Biblique 1), 1964.

Griechenland und Rom

Burkert, W., Homo Necans. Interpretationen altgriechischer Opferriten und Mythen (Religionsgeschichtliche Versuche und Vorarbeiten 32) 1972; Eitrem, S., Opferritus und Voropfer der Griechen und Römer, (1915) [3]1977 (Nachdruck); Meuli, K., Griechische Opferbräuche, in: Phyllobolia. Festschr. f. P. von der Mühll, 1946, 185–288; Rudhard, J., Reverdin, O. (Hrsg.), Le sacrifice dans l'antiquité (Entretiens sur l'antiquité classique 27), 1981; Yerkes, R. K., Sacrifice in Greek and Roman religion and early Judaism, 1952.

Indien

Biardeau, M., Malamoud, Ch., Le sacrifice dans l'Inde ancienne (Bibl. de l'École des Hautes Études Sciences religieuses 79), 1976; Dumont, P. E., L'Aśvamedha. Description du sacrifice solennel du cheval dans le culte védique, 1927; Lévi, S., La doctrine du sacrifice dans les Brâhmanas, (Bibl. de l'École des Hautes Études. Sciences religieuses 73), (1898) [11]1966; Potdar, K. R., Sacrifice in the Rgveda. Its nature, influence, origin and growth, 1953.

Hubert Seiwert

→ *Gabe, Kommunikation*

Orakel

→*Divination, Mantik*

Ordal

I. Begriffsbestimmung 1. Das Wort 2. Herkunft und Verbreitung II. Wesen und Einteilung 1. Elementprobe 2. Bahrprobe und Losordale 2. Beim Zweikampf 4. Anwendung III. Abschaffung und Weiterwirken in säkularisierten Formen

I. Begriffsbestimmung

Ordale bilden in Kulturen mit entwickeltem, aber noch nicht formalisiertem Rechtsbewußtsein das neben Zeugenaussage und Eid verbreiteste Beweismittel in privaten und offiziellen Rechtsverfahren. War über Zeugen in einem konkreten Einzelfall oder prinzipiell (bei zeugenlosen Vergehen) nicht mehr weiterzukommen, wurden Ordale subsidiär oder als letztes Mittel eingesetzt, mit deren Hilfe der Tatverdächtige dem Schuldvorwurf ein für allemal aus der Welt schaffen konnte. Im Unterschied zu Orakeln und Weissagungen sind Ordale deshalb ausschließlich auf die Vergangenheit gerichtet. Obgleich viele Prozeduren Schädigung und selbst den Tod des Beschuldigten in Kauf nehmen, soll das Eintreten der normalerweise mit einer gefährlichen Probe verbundenen Folgen doch nur die Schuld des Beklagten an den Tag bringen. Wird mit der Probe außerdem noch eine gebührende Bestrafung des Schuldigen intendiert, spricht man von ›Gottesgericht‹, das trotz fließender Übergänge grundsätzlich vom Ordal zu unterscheiden ist.

1. *Das Wort*: Das friesische *or* (= groß) und *dael* (= Erteiltes) oder das fränkische *urdela* (= Urteil) fanden über das angelsächsische *ordal* in seiner heutigen Bedeutung als *ordalium* Eingang in das Mittellateinische, von wo aus dann das Wort in alle mitteleuropäischen Volkssprachen überging.[1] Die seit dem 5. nachchristlichen Jahrhundert belegte Umschreibung *iudicium dei* (= Gottesurteil) ist christliche Interpretation, die der bereits aus dem germanischen Recht bekannten Institution nur zum Teil gerecht wird.

2. *Herkunft und Verbreitung*: Auf Grund der Herkunft des Wortes aus germanischen Dialekten galt auch die Institution lange Zeit als typisch germanischen Ursprungs. Doch trotz der großen Bedeutung, die sie im Rechtsleben germanischer Stämme genossen haben muß[2], wurde sie nach und nach nicht allein bei den benachbarten Kel-

---

[1] Einzelheiten bei D. du Cange, Glossarium mediae et infimae latinitatis 6 (1883/87, 1954) 57; weitere Einzelheiten der Wort- und Begriffsgeschichte Müller-Bergström, Gottesurteil, 398f.
[2] Vgl. J. Grimm, Deutsche Rechtsalterthümer, (1828) ^{4}1899, 2, 563–604.

ten und Slawen sowie bei den indogermanischen Indern und Iranern, sondern auch in Bibel und semitischem Raum sowie bei zahlreichen Stammeskulturen nachgewiesen.[3] Dabei ergab sich, daß weder die mit Ordalen verbundenen Götter überall gerecht und wahrhaftig bzw. allwissend waren, noch Ordale überhaupt grundsätzlich vom Wirken von Gottheiten abhängig gedacht wurden. Beispiele wie die Verflechtung einer alten Verfluchungsformel[4] mit Jahwe[5] zeigen, daß wir es bei den Ordalen mit Riten zu tun haben, die in der Automatik eines von Interventionen richterlicher Instanzen unabhängigen Tun – Ergehens – Zusammenhanges wurzeln und erst nachträglich religiös überformt, d. h. zu Kundgebungen allwissender Gottheiten umgedeutet wurden.

II. Wesen und Einteilung

Ordale beruhen auf der Überzeugung, daß selbst unbeabsichtigte Verletzungen der Ordnung sowohl für den, der sie beging, als auch für alle, die sich durch diese Ordnung gebunden wissen, nachteilige Folgen haben müssen. Deshalb bestand seitens der Gemeinschaft ein allen sonstigen Zwecken vorgeordnetes Interesse, solche Verstöße aufzudecken und den zu bestrafen, der sie verübt hatte. War die Erhebung der materiellen Wahrheit unmöglich oder nicht für nötig erachtet, so wurde auch zur Aufklärung, bzw. der nicht anders zu stützenden Unschuldsbeteuerungen des Verdächtigen, die in Fluch und Segen sich selbst bestätigende Kraft der Ordnung eingesetzt. Beim Ordal handelt es sich um eine bedingte Verfluchung anderer oder seiner selbst, bei der die Bedingung auf den Schuldvorwurf eingeschränkt und die Wirkung des Fluches an normale Wirkungen der Elemente auf den Beschuldigten oder des Beschuldigten auf bestimmte andere Dinge geknüpft war. Nur beim Zweikampf und den besonders im christlichen Mittelalter zu seiner Bekämpfung eingeführten Techniken wie der Kreuzprobe standen sich Ankläger und Beklagter gegenüber.

1. *Elementenproben* beruhen auf der Überzeugung, daß Feuer, Wasser und Speisen den Organismus eines Unschuldigen nicht schädigen, selbst wenn sie normalerweise dazu in der Lage sind. Wer deshalb offene Flammen durchschreitet oder Hand (und Arm) in sie hineinhält, mit bloßen Füßen über glühende Pflugschare geht oder glühende Eisenstücke in der Hand zu halten vermag und Gegenstände mit bloßer Hand aus einem Kessel siedenden Wassers holen kann, ohne daß die üblicherweise zu erwartenden Verletzungen eintraten, galt als schuldlos. Nicht ganz so eindeutig war der Ausgang von Wasserproben festgelegt, da hier ein gefesselt in stehendes Wasser Geworfener bald wenn er unterging, bald wenn er ausgestoßen wurde, also gerade nicht versank, als schuldig galt. Auch Speiseproben waren unter naturwissenschaftlichen Rücksichten nur halbwegs beweiskräftig, wenn wie in zahlreichen Stammeskulturen Afrikas ausgesprochene Gifte verabreicht wurden. Daß beschworene oder geweihte Bissen und Getränke einschließlich der konsekrierten Hostien dem Schuldigen im Halse stecken bleiben oder ihn sonstwie eindeutig nachweisbar schädigen, kann nur magisches Bewußtsein oder fester Glaube an das wunderbare Eingreifen einer Gottheit erwarten.

---

[3] Belege in ERE 9, 507–533.
[4] Num. 5, 22.
[5] Num. 5, 21. 30.

2. *Bahrprobe und Losordale*: Magischen Ursprungs ist auch die Überzeugung, daß den Schuldigen Wirkungen verraten, die er selbst ausübt. Bei Mordverdacht war dies die Leiche des Getöteten, die in der Nähe oder bei Berührung durch den Mörder zu bluten anfing. In anderen Fällen waren es zerbrechliche Rasenbrücken oder labile Speergebilde, unter denen der Beschuldigte durchgehen mußte, vor allem aber Lose, Halme, Würfel und andere im Orakelwesen gebräuchliche Hilfsmittel, die Zeichen der Schuld oder Unschuld gaben.

3. *Beim Zweikampf* und allen anderen zweiseitigen, von Kläger und Beklagtem gleichzeitig zu bestreitenden Proben, zeigte sich der Sieg der gerechten Sache in der Überlegenheit des Unschuldigen.

4. *Anwendung*: Ordale wurden zur Verbrechensaufklärung aus privater Initiative eingesetzt. Im indoeuropäischen Raum konnten sie aber auch einzeln oder in bestimmten Kombinationen, häufig in Verbindung mit dem Eid, Teil offizieller Gerichtsverfahren sein.
Obwohl für die magische Weltsicht das Ordal Gesetzmäßigkeiten der Welt selbst ausspricht, wurden sie je Kultur in sehr unterschiedlichem Umfang und nach sehr strengen Regeln eingesetzt. Manche Verfahren wie der Zweikampf waren Freien vorbehalten, andere wurden nur bei bestimmten Vergehen angewandt; auch Möglichkeiten, sich freizukaufen oder die Wirkungen, besonders der schwierigeren Verfahren, durch Gegenmittel außer Kraft zu setzen, waren bekannt bzw. vorgesehen. Absichtlicher Betrug ist bei ungebrochener magischer Weltsicht genauso auszuschließen wie im naturwissenschaftlichen Weltbild Versuche, Naturgesetze zu überlisten. Mit dieser Plausibilitätsstruktur dürfte es zusammenhängen, daß die schwierigen, risikoreichen Feuer- und ausgesprochenen Giftproben nicht ausnahmslos negativ ausgingen und dadurch auf Dauer jeden Aufklärungscharakter verloren. Verschiedene Ursachen mußten zusammenwirken, bis dieser Punkt erreicht war.

III. Abschaffung und Weiterwirken in säkularisierten Formen

Außer der für ungenügend erachteten, durch Zeugenaussagen oder Eid erwiesenen formellen Wahrheit und einem entsprechend hohen Formalisierungsgrad der Rechtsfindung, der z. B. im Schoß der römischen Religion Ordale offiziell gar nicht erst aufkommen ließ, war dies die Verknüpfung der Wirkung von Ordalen mit gerechten welttranszendenten Instanzen. Als Gottesurteile wurden sie zu wunderbaren Ereignissen, die den gewöhnlichen Lauf der Dinge durchbrechen oder gar umkehren. Obwohl diese Verbindung mit dem Walten von Gottheiten bereits in vorchristlicher Zeit vollzogen wurde, zeigt doch gerade die Rechtsgeschichte der christianisierten Germanenstämme, wie diese Umdeutung zur Überwindung und schließlichen Abschaffung der Institution führten.
Kirchliche Maßregelungen, die der Verurteilung von Ordalen durch das 12. allgemeine Konzil, das Lateranense IV vom November 1215, vorausgehen[6], zeigen, daß die

---

[6] Vgl. Denzinger-Schönmetzer, Enchiridion symbolorum, definitionum et declarationum de rebus fidei et morum, ^{32}1963, 670. 695. 799. 1114; zum Lateranense vgl. Müller-Bergström, Gottesurteil, 1008.

Furcht, Gott zu versuchen, den Hauptanstoß bildete. Mit dem Ausbleiben der kirchlichen Sanktionierung aber ging die Praxis des Ordals unaufhaltsam zurück.
Nach einem vorübergehenden Schattendasein in einzelnen Rechtsbüchern verschwand das Ordal als offiziell anerkanntes Beweismittel und lebte zunächst noch in dem durch staatliche Direktiven ständig weiter eingeschränkten Bereich privater Rechtspflege und schließlich nur noch als eine Art reiner Mutprobe weiter. Die Durchsetzung rationaler Prinzipien und die Anerkennung ausschließlich materieller Beweisgründe in der offiziellen Rechtspflege führten auch in Indien zur Abschaffung des Ordals. Obwohl wahrscheinlich überall in schweren Zeiten zur Unterstützung des Eides im privaten und vereinzelt auch offiziellen Rechtsleben geschaffen, verschwand es und gab dem Eid seine ursprüngliche und weithin unangefochtene Stellung in der Rechtsfindung zurück.

Literatur

ERE 9 (1917, [2]1953) 507–533; ERLER, A., Der Ursprung der Gottesurteile, in: Paideuma 2 (1941/42) 44–65; KUTSCH, E., Art. Gottesurteil (in Israel), in: RGG[3] II 1808 f.; LEITMAIER, CH., Die Kirche und die Gottesurteile (Wiener rechtsgeschichtliche Arbeiten 2), (1953); MÜLLER-BERGSTRÖM, Art. Gottesurteil (Ordal), in: HDWA 3 (1930/31) 994–1064; NOTTARP, H., Gottesurteilsstudien, 1956; ders., Art. Gottesurteil (rechtsgeschichtlich), in: RGG[3] II, 1807 f.

Karl Hoheisel

→*Divination, Recht*

Orenda

Der aus der nordamerikanischen Ethnographie stammende Begriff Orenda steht für die indianische Version des Kraftglaubens, jenem um die Jahrundertwende gängigen Topos, der das ›primitive Weltbild‹ durch den Glauben an eine allen Menschen, Tieren, Dingen und Naturerscheinungen innewohnende unpersönliche, übernatürliche Kraft charakterisierte.
Der von J. N. B. HEWITT (1902) mit seiner Theorie über die Weltauffassung der Irokesen und das Wesen primitiver Kosmologie in die Ethnologie eingeführte Neologismus ging als elementare Kategorie in verschiedene Religionstheorien ein. Heute zählt der Begriff zu den noch immer bewohnten Ruinen religionsethnologischer Theoriebildung: inhaltlich mit dem Begriff →Mana gleichgesetzt, teilt er dessen begriffsgeschichtliches Schicksal. Orenda ist die anglisierte Form des huronischen *iarĕndă'*, das in den Dialekten der irokesischen Stämme (Mohawk, Cayuga, Oneida, Onondage, Seneca, Tuscorora) seine Entsprechung hat und wörtlich »Lied« oder »Gesang« bedeutet. HEWITT adoptierte den Begriff und münzte ihn über kuriose sprachliche Ableitungen um zur Bezeichnung einer durch magischen Gesang entstehenden »*mystic potence*«, die er für das konstitutive Element indianischer Weltauffassung hielt: Die unentwickelte Denkweise der Wilden begreife alle Erscheinungen der Welt als Manifestationen einer allgegenwärtigen und allmächtigen magischen Kraft oder dynamischen Energie, die als aktive Ursache aller dem

menschlichen Wohlergehen widrigen wie günstigen Lebensbedingungen gedacht werde. Der Kosmos der Wilden scheint belebt von zusammenspielenden und rivalisierenden, geheimnisvollen und okkulten Kräften, deren Besitz, Mehrung, Ausübung und Nutzung folgerichtig primäres Ziel primitiven Denkens und Handelns sei. Der Glauben an die Realität und Wirksamkeit dieser Kraft sei aber nicht nur zentrales Handlungsmotiv, sondern auch Schlüssel zu deren Interpretation: So begründe und erkläre Orenda sämtliche magischen Praktiken wie Divination, Hexerei, Schamanismus, Fetischismus, den bösen Blick und andere Formen des Aberglaubens oder der religiösen Verehrung. Als derart leicht handhabbare, universale Formel ging Orenda, gleich dem Manitu der Algonkin (JONES 1905) und dem Wakan der Sioux (FLETCHER 1911), als indianisches Äquivalent zum polynesischen Mana und gleichsam als nordamerikanisches Indiz für den universalen Glauben an dinghaft gebundene, dynamische Kräfte in die damalige Religionstheorien ein und »beunruhigt bis heute nicht nur die Lehrbücher, sondern auch die Stammesmonographien«.[1]

Meilensteine dieser theoriegeschichtlichen Entwicklung waren MARETTS Theorie des Präanimismus, die eine Art mechanistische Wirklichkeitsauffassung an den Anfang der Geschichte stellte, sowie die Magietheorie von M. MAUSS und E. DURKHEIM, die den Glauben an unbestimmte Mächte und anonyme Kräfte für den Anfang und die Basis des religiösen Denkens hielt. Als Keim schon im → Totemismus angelegt, würde diese Kraft zunehmend individualisiert und theoretisiert werden, bilde also den Unterbau, auf dem die religiösen Systeme errichtet würden, »die an die Stelle der sinnhaft erfahrbaren Welt eine andere stellte(n)«.[2] Dieser religiöse Begriff der Kraft ist nach DURKHEIM weiterhin auch der Prototyp des wissenschaftlichen Begriffs der Kraft: Er spiele in der Welt der Irokesen die »gleiche Rolle wie die Kräfte, durch die sich die Wissenschaft die verschiedenen Naturphänomene erklärt«.[3]

Letztlich sei diese Kraft – so hebt sich DURKHEIM vom Animismus und anderen Theoremen der ›primitiven Mentalität‹ ab – keine irrationale Fiktion, sondern die hypostasierte, individualisierte Gesellschaft und sträube sich infolgedessen gegen jede individualpsychologische Interpretation.

Der Orenda-Begriff verdankt seinen Einfluß weit über die Ethnologie hinaus aber mehr dem ›Zeitgeist‹ als seiner Plausibilität. P. RADIN, darüber erschrocken, »auf welch schwachen Füßen die klassische Theorie des Mana-Orenda-Wakanda-Manitu steht«[4], trat HEWITTS Theorie – teils sehr polemisch – entgegen. Jenseits methodischer Unzulänglichkeiten, interner Widersprüche und Unklarheiten verwarf er vor allem die Unterstellung des Glaubens an eine derartige Kraft als für das indianische Weltverständnis gänzlich unzutreffend. Dafür gibt es nach RADIN keinerlei Evidenz, im Gegenteil, eine quellenkritische Prüfung verbiete eine derartige Aussage, da Orenda – wie auch Wakan und Manitu – immer mit einem Geist oder Gott verbunden sei. Für RADIN ist klar, »daß nichts die Forderung eines Glaubens an eine universale Kraft bei den Indianern Nordamerikas rechtfertigt. Zaubermacht als ein ›Wesen‹, das für sich und getrennt von einem bestimmten Geist existiert, ist nach unserer Ansicht eine ungerechtfertigte Annahme, eine Abstraktion, die von den Forschern erfunden wurde«.[5]

1 MÜLLER, Religionen der Waldlandindianer, 244.
2 DURKHEIM, Elementare Formen des religiösen Lebens, 322.
3 Ebd., 280.
4 RADIN, Religiöse Erfahrung der Naturvölker, 65.
5 Ders., Religion of the North American Indians, 347ff.

Die darin implizierte Unterscheidung von persönlich-unpersönlich und körperlich-unkörperlich in unserem Sinne sei dem indianischen Verständnis fremd.
Auch W. Müller wandte sich, überzeugt von einem ausgeprägten autochthonen Hochgottglauben, gegen eine ›quasidingliche‹ Interpretation der indianischen Glaubensvorstellungen und kritisierte die Deutung des Orenda als »einen Kraftstoff, der losgelöst von den sinnlichen Erscheinungen in der Natur fließen soll«.[6] Eine derartige Auffassung spiegele nur »die naturwissenschaftlichen Fündlein des vorigen Jahrhunderts: der Satz von der Erhaltung der Energie und die Vorstellung vom Wesen der Elektrizität«[7], und der Sprachduktus zeige, daß Hewitt »die irokesischen Auffassungen in den physikalischen Phantasmen seiner Zeit interpretiert«[8]. Die Indianer kennen keine Abstrakta und auch nichts ›Übernatürliches‹, für sie verbirgt sich in der Vielfalt die Einheit der Welt, impliziert der Gottesbegriff neben der personal gedachten Gottheit den ganzen Kosmos in all seinen Erscheinungsformen, fließen Gott und Erde ineinander. Dieser Sachverhalt verführt vielleicht zu Kategorien wie »durchdringende Lebensmacht«, doch gehen diese an der indianischen Weltauffassung vorbei. Und so hat »selbstverständlich die Widerstandskraft unseres Theorems nicht das geringste zu tun mit seinem Wirklichkeitsgehalt«.[9]

Literatur

Boas, F., Religion, in: Handbook of American Indians, (Bulletin 30) 1910; Durkheim, É., Die elementaren Formen des religiösen Lebens, (1912) ³1981; Fletcher, A. C., The Omaha Tribe (27. Annual Report of the Bureau of American Ethnology, 1905–1906) 1911; Hallowell, I. A., Ontologie, Verhalten und Weltbild der Ojibwa, in: Tedlock, D. und B. (Hrsg.), Über den Rand des tiefen Canyon, 1975; Hewitt, J. N. B., Orenda and a Definition of Religion, in: American Anthropologist N.S. 4 (1902) 33–46; Isaacs, H. I., Orenda and the Concepts of Power among the Tonawanda Seneca, in: Fogelson, R. D., und R. N. Adams (Hrsg.), The Anthropology of Power. Ethnographic Studies from Asia, Oceania, and the New World, 1977, 167–184; Jones, W., The Algonkin Manitu, in: Journal of American Folk-Lore 18 (1905) 183–190; Marett, M. M., Taboo-mana Formular as a Minimum Definition of Religion, in: ARW 12 (1909); ders., Threshold of Religion, (1909) ³1914; Mauss, M., Soziologie und Anthropologie 2, 1974/75; Müller, W., Die Religionen der Waldlandindianer, 1956; Radin, P., Religion of the North American Indians, in: Journal of American Folk-Lore 27 (1914); ders., Die religiöse Erfahrung der Naturvölker, 1951.

Dieter Sefrin

→*Macht, Magie, Mana*

[6] Müller, a. a. O., 244.
[7] Ebd., 117.
[8] Ebd., 245.
[9] Ebd., 244.

Orgiastik

Das Wort Orgiastik ist abgeleitet von gr. *tá órgia;* es bezeichnet soziale Ereignisse (Feste) mit hoher, durch Trinken, Essen, Tanzen, gelegentlich wohl auch sexuelle Promiskuität u. a. herbeigeführter Befriedigung. Alle Religionen haben versucht, die aus der »rohen Menschennatur« herzuleitenden ungeformten Triebbedürfnisse kultisch oder durch soziale Regelungen (Ehe als legitime Form der Sexualität) zu überwinden, bzw. zu balancieren; gleichzeitig gibt es Kulte, in denen ein Übertreten der alltäglichen Schranken als Versuch, sich des Heils zu vergewissern, geboten ist. In dieser Spannung der Überwindung und Sublimierung der rohen Triebnatur und dem Gebot des periodischen, ritualisierten Triebauslebens liegt das Problem aller Orgiastik.

1. *Tá órgia,* die Orgie, bezeichnet zunächst ganz allgemein jede griechische Kulthandlung ohne die Nebenbedeutung der Ausschweifung, die das Wort heute hat[1]; spezieller wird es dann auf die Mysterienkulte angewendet, von denen nicht so genau bekannt ist, was in ihnen eigentlich geschah. Dieses Geheimnis war Anlaß für allerlei ausschweifende Phantasien. Im Dionysoskult und später in den orientalischen Kulten erhält es dann den Beigeschmack des Ekstatischen[2]. Von den Christen wurden alle »heidnischen« Kulte als Orgien abgewertet. Seitdem haftet dem Begriff der negativ bewertete, zugleich aber auch anziehende – weil Befriedigung der normalerweise unterdrückten Triebregungen versprechende – Charakter an. Man wird vorsichtig sein müssen, aus den auf verdrängten Wünschen basierenden, projektiven Berichten über solche Kulte, insbesondere die geheimen Mysterienkulte, Schlüsse darüber zu ziehen, was in diesen geheimen Kulten wirklich geschah.

2. Nicht anders verhält es sich mit vielen als orgiastisch bezeichneten Kulten, von denen in der Ethnologie berichtet wird (z. B. dem angeblich wahllosen Geschlechtsverkehr am Ende der Engwura-Zeremonie der zentralaustralischen Aranda[3]), auch wenn man berücksichtigen muß, daß für viele Kulte keine prüden, puritanischen Maßstäbe anzulegen sind. B. Malinowski berichtet von einem *kamali* genannten orgiastischen Fest bei den Trobriandern; bei diesem sei entgegen der sonst herrschenden Tabuvorschriften ein »vollkommen zügelloses Sichgehenlassen die Regel«. Er fügt allerdings hinzu, daß er ein solches Fest niemals selber beobachtet habe und es sich bei seinen Angaben um »Dokumente vom Hörensagen« handele[4]. Ob und in welcher Form Orgiastik in den geheimen Kulten Saktis ausgeübt wird, läßt sich kaum entscheiden. Nach älteren Darstellungen in der Religionswissenschaft werde in ihrem Kult »an der linken Hand« »in Gestalt einer nackten Frau ... bei nächtlicher Feier das weibliche Prinzip verehrt, und Wein und Fleisch wird ihr angeboten und zum Genuß unter die Teilnehmer verteilt; die Verse, die dabei rezitiert werden, sind oft von einem

---

1 Vgl. N. M. H. v. d. Burg, Aporeta, Dromena, Orgia, Diss. Utrecht 1939; vgl. auch W. Burkert, Griechische Religion, 1977, 413 et passim.

2 Vgl. M. Maffesoli, Der Schatten des Dionysos, 1986; J. Brun, Le Retour de Dionysos, 1969; W. Burkert, Griech. Religion, 1977, 254.

3 Vgl. Spencer u. Gillen, The native tribes of Central Australia, (1899) 1968, 381.

4 B. Malinowski, Das Geschlechtsleben der Wilden in Nordwest-Melanesien, 1979, 183f.

schamlosen Charakter und das ganze Fest soll in wilder Sinnlichkeit enden«[5]. Nach E. CONZE verwerfe das »linkshändige« Tantra eine Sublimierung der Triebe und betrachte die Triebe auch in ihrer nicht-sublimierten Form als Weg, der der Erlösung dienen kann. Die sexuelle Vereinigung diene der Vorbereitung der *unio mystica*[6]. Ob die immer wieder periodisch auf dem Buchmarkt auftauchenden Schriften über den Tantrismus[7] den Lehren des indischen Tantra entsprechen oder nicht vielmehr durch einen zweifelhaften Rekurs auf Religion der Rechtfertigung, auch Befreiung der Sexualität dienen, muß in Frage gestellt werden. Umkehrungen der sozialen Hierarchien wie bei den römischen Saturnalien, bei denen die Herren die Sklaven bedienten, Aufhebungen der alltäglichen Normen der Sittlichkeit, des sprachlichen Ausdrucks (vgl. die Anzüglichkeiten bis hin zu Zoten z. B. beim Karneval) und der sonst gebotenen Zurückhaltung, Maskierung und Verkleidung spielen bei orgiastischen Kulten eine große Rolle.

3. M. WEBER schreibt, daß die Orgiastik eine Heilsmethodik sei, der aber keine Tendenz innewohne, im Alltagsleben und im täglichen Handeln Spuren zu hinterlassen. Vielmehr stehe sie im Gegensatz zur Systematisierung und Rationalisierung des Alltagshandelns. Die großen religiös-rationalistischen Mächte der Geschichte hätten die Orgiastik konsequent unterdrückt oder sie in den Formen der halberotischen Mystik, der Marieninbrunst, des Quietismus oder des Zinzendorfschen Gefühlspietismus zu sublimieren versucht[8]. Da aber andererseits diese Umwandlung und Verschiebung der Triebe des Menschen meist nicht bruchlos und vor allem nicht vollständig gelingt, haben viele Religionen in periodischen Kulten einen gewissen Exzess nicht nur erlaubt, sondern, wie S. FREUD zu den von ihm interpretierten totemistischen Kulten schreibt[9], sogar geboten. Wo dies nicht in die religiösen Feste integriert ist, haben sich neben diesen säkulare Feste, wie bei uns Karneval, Neujahrsfeste, Fastnacht, herausgebildet oder sie wurden aus der vorchristlichen Zeit übernommen, in denen ein Heraustreten aus den alltäglichen Rollen, der Arbeit, der Familie und den mehr oder weniger festgelegten zwischenmenschlichen Verhaltensweisen gestattet und erwartet wird.

Hartmut Zinser

→*Kult, Verkehrte Welt*

---

[5] E. LEHMANN, Die Inder, in: CHANTEPIE DE LA SAUSSAYE, Lehrbuch der Religionsgeschichte 2, ³1905, 153.
[6] E. CONZE, Der Buddhismus, 1953, 187; vgl. M. KLÖCKNER u. U. TWORUSCHKA, Ethik der Religionen 1, 1984, 163.
[7] Vgl. z. B. N. DOUGLAS u. P. SLINGER, Das große Buch des Tantra, Sexuelle Geheimnisse und Alchemie der Ekstase, 1985.
[8] M. WEBER, Wirtschaft und Gesellschaft, 1964, 417–420.
[9] S. FREUD, Totem und Tabu, Ges. Werke Bd. 9, 1968, 170.

Orientierung

A Allgemeines I. Begriffsbestimmung und Wortgeschichte II. Übertragene Verwendungsweisen B Theoretischer Teil I. Relevanz des Orientierungsbegriffs und Interpretationsmethoden II. Determination von Verhaltensprogrammen durch den Sonnenstand III. Orientierung im weiteren Sinne 1. Struktur der räumlich-sozialen Umwelt 2. Sakralisierung räumlich-sozialer Verhaltensmuster C Religionsgeschichtliches I. Raumquadrierung II. Polare Raummuster ethischer und soteriologischer Art

A Allgemeines

I. Begriffsbestimmung und Wortgeschichte

Orientierung bedeutet dem ursprünglichen Wortsinn nach das Ausrichten von Körperhaltung, Bewegung und Raumkonstruktionen nach Osten (»Ostung«), im weiteren Sinne »die Vorgänge, mit denen Lebewesen ihr Verhalten im Raum und zum Raum, das ist zu räumlichen Merkmalen ordnen«.[1] – Von lateinisch *oriens* (sc. *sol,* »aufgehende Sonne«) abgeleitet, gelangte der Orientierungsbegriff als Lehnwort aus dem Französischen (belegt seit dem 15. Jh.) in die europäischen Sprachen.[2]

II. Übertragene Verwendungsweisen

Der entspezifizierte Begriff hat sich heute umgangssprachlich durchgesetzt; in die Wissenschaftssprache übernommen, konkurriert die erweiterte Gebrauchsweise, wonach Orientierung die sinnvolle Steuerung des Verhaltens in einem räumlichen Bezugssystem darstellt (Ethologie)[3], mit dem ursprünglichen Wortverständnis, welches historische Disziplinen wie Archäologie, Liturgieforschung und Religionsgeschichte konservieren.[4] In die allgemeine Religionswissenschaft wurde der erweiterte Orientierungsbegriff als fester Terminus bisher nicht eingeführt, obwohl man ihn im umgangssprachlichen Sinn gern verwendet und bei der Analyse religiöser Handlungs- und Raummuster einsetzt. Die erweiterte Form des Orientierungsbegriffs wird wie alle Raumkategorien auch auf zeitliche Verhältnisse und erlebnisseitige »Räume« (Gefühlsräume, Denkebenen) übertragen.

---

1 SCHÖNE, Orientierung, 6.

2 W. v. WARTBURG, Französisches etymologisches Wörterbuch 7 (1955) 413f.; O. BASLER, Deutsches Fremdwörterbuch 2 (1942) 268.

3 SCHÖNE, Orientierung, 4ff. (biologische Definitionen); EIBL-EIBESFELDT, Grundriß, 508–534; zur phänomenologischen Psychologie: L. KRUSE, Räumliche Umwelt, 1974, 77–128.

4 NISSEN, Orientation; DÖLGER, *Sol Salutis*; EDSMAN/MERKEL, Art. Orientation.

B Theoretischer Teil

I. Relevanz des Orientierungsbegriffs und Interpretationsmethoden

Für die Religionswissenschaft ist der Orientierungsbegriff insofern von Interesse, als die Signale, die menschliches Verhalten lenken, oft sakralisiert sind, so daß die von ihnen ausgelösten Handlungen in einen religiösen Sinnzusammenhang einrücken. Kultobjekte natürlicher, artifizieller und geistiger Art normieren die Einstellung menschlicher Subjekte zu ihrer physischen und sozialen Umwelt. Die Mikrokosmos-Makrokosmos-Modelle der archaischen Hochkulturen parallelisieren soziale Hierarchie und kosmologischen Bauplan miteinander, um Herrschaftsformen ideologisch zu rechtfertigen.[5]
Die menschlichen Weltbilder wurden nach Kriterien räumlicher Strukturiertheit (z. B. geschlossen, offen; flächenhaft, vertikal) von einer kulturmorphologischen Betrachtungsweise zeitlich und lokal zu differenzieren versucht und als Emanationen irrationaler Kulturseelen verstanden.[6] Heute herrscht hingegen eine von solch metaphysischen Konstrukten absehende spezialistische Betrachtungsweise vor, die Weltbild und soziale Orientierung aufeinander bezieht, um für die jeweilige Kultur typische Bedeutungszuordnungen zu ermitteln. Interkulturelle Parallelen erklärt der Strukturalismus damit, daß das menschliche Bewußtsein Welterfahrungen nach einem feststehenden Plan codiert. In Konkurrenz dazu hat eine auf anthropologische Verallgemeinerbarkeit gleichfalls bedachte Religionsphänomenologie überall nachweisbare Grundorientierungsmuster aus den heterogenen Überlieferungen herausgefiltert, nach Isomorphiegesichtspunkten kategorial sortiert und als Manifestationsformen des »Heiligen« aufgefaßt.[7] Weiter führen methodische Ansätze der Humanethologie, welche anthropologische Radikale nicht nur freilegt, sondern die Ebene reiner Deskription durch stammesgeschichtliche Ableitungen hintergreift.[8]

II. Determination von Verhaltensprogrammen durch den Sonnenstand

Bei tagaktiven Lebewesen spielt die Orientierung nach dem Stand der Sonne vor allem bei Langzeitwanderungen in unvertrautem Gelände eine Rolle. Außerdem sind ihre Verhaltensprogramme in Abhängigkeit von der Lichtintensität typisch periodisiert: Die am Horizont morgens erscheinende Sonne klinkt als auslösendes Signal die vitalen Funktionskreise wieder ein, die der Sonnenuntergang ausschaltet. Nahrungssuche, sexuelle Reproduktion, Reviererwerb und -verteidigung geschehen unter ursprünglichen Bedingungen bei Tag. Analoges gilt für den Jahreszeitenzyklus. Hier beeinflußt die variierende Lichtintensität außer der Vegetation auch die von ihr als Nahrungsgrundlage abhängige Tierwelt. Wanderungen, Winterschlaf und feste Fortpflanzungstermine sind programmierte Antworten auf die Umweltveränderungen, die das jährliche Schwanken der Sonneneinstrahlung verursacht.
Von dieser elementaren Bezogenheit auf die Sonne ist auch das menschliche Verhalten geprägt, und das erklärt, warum viele Völker, bevor mechanische Uhren sowie die

---

[5] E. Topitsch, Vom Ursprung und Ende der Metaphysik, (1958) ^{2}1972, 47ff.
[6] O. Spengler, Der Untergang des Abendlandes, (1919ff.) Nachdr. 1969.
[7] Eliade, Das Heilige, 13ff.; ders., Die Religionen, 19ff., 415ff.
[8] Eibl-Eibesfeldt, Grundriß, 547ff.; Tiger/Fox, Das Herrentier; Schöne, Orientierung, 221ff.

Optimierung künstlicher Licht- und Wärmequellen von der Sonne in gewissen Grenzen emanzipierten, diese zum Adressaten kultischer Zuwendungen machten.[9] Zu ihr hingewandt betete und opferte man, in Richtung ihres Aufgangs orientierte man vielfach Tempel, Gräber und Siedlungen.[10] Der Heilsaspekt, den der Sonnenaufgang in den Religionen gewinnt, verdankt sich nicht nur der lichtinduzierten Mobilisierung der Vitalenergien, sondern auch dem Angstgefühl, welches das Dunkel auslöst. Denn für tagaktive Lebewesen stellt es eine stammesgeschichtliche Anpassungsleistung dar, vor dunklen und optisch unkontrollierbaren Räumen zurückzuschrecken und für die Nachtruhe sichere Heimplätze aufzusuchen. Eine solche Erbkoordination ist es auch, die den Menschen dazu veranlaßt, den Westen, wo die Sonne untergeht, als potentiell lebensfeindlich und dämonisch, den Osten, wo sie wieder sichtbar wird, als befreiend und beglückend zu erleben. Die gleiche Wertigkeit wird auch Süden und Norden und auf der zeitlichen Achse Morgen und Abend zuteil. Weil sich der Sonnenaufgang am Horizont jährlich zwischen Nordost und Südost verschiebt, kann die auf einen bestimmten Horizontpunkt orientierte Sakralarchitektur[11] die Funktion eines Observatoriums[12] gewinnen, das priesterlichen Funktionären die Rolle sozialer Signalgeber verschafft. Den offiziellen Kalender verwaltend, vermitteln die Priesterastronomen zwischen dem menschlichen Kollektiv und seiner Naturumwelt, den als göttlich betrachteten Gestirnen. Dabei erlaubt die Orientierung an der aufgehenden Sonne in zentral gelenkten Reichen eine soziale Synchronisation aller relevanten Tätigkeiten wie Ernte- und Aussaatbeginn, Fest- und Arbeitszeiten. Die kultische, kalendarisch nutzbar gemachte Ostung ist mithin eine Funktion innerhalb einer umfassenden sozialen Orientierung; sie ermöglicht ein gezieltes Vertauschen vorrätiger Handlungsmuster in Anpassung an jahreszeitlich wechselnde ökologische Gesamtsituationen und ist nicht einfach als Ausfluß eines irrationalen Weltbildes zu betrachten.

III. Orientierung im weiteren Sinne

1. Struktur der räumlichen und sozialen Umwelt

Ebenso wie die anderen Wirbeltiere lebt der Mensch in einer gegliederten Umwelt, in der sich vital wichtige Ziele wie Nahrungsquellen, Fortpflanzungspartner und -orte, Heim- und Geborgenheitssituationen, außerdem aber auch Konkurrenten, Artfeinde und andere Gefahrenmomente befinden. Die Orientierung in dieser Umwelt geschieht nach dem Schlüssel-Schloß-Prinzip, insofern bestimmten Reizdaten angepaßte Reaktionsbereitschaften entsprechen; die besondere Zuordnung erfolgt entweder durch angeborene auslösende Mechanismen oder auf dem Erfahrungsweg. Durch Lernvorgänge stellt sich jedes Lebewesen auf den jeweiligen Biotop ein, so daß es die Stellen in der Umwelt, die für es bedeutsam sind, gezielt finden bzw. vermeiden kann. So entsteht ein Revier; dazu gehören u. a. ein zentraler Schlaf- und Ruheplatz (Heim), ein

---

9 Nach Plutarch, *Vita Pompeii* 14.3 hat die aufgehende Sonne mehr Anbeter als die untergehende; vgl. Nissen, Orientation Bd. 1, 21. Einschränkend zur Universalität des Sonnenkults jedoch Eliade, Die Religion, 147ff.

10 Nissen, Orientation; Duhn, Bemerkungen; Dölger, *Sol Salutis*; Edsman, Orientation (mit weiterer Lit.); H. Bonnet, Art. Orientation, in: Reallexikon d. ägypt. Religionsgesch. (1952) 564–66.

11 Dazu – im Einzelfall problematische – Nachweise bei Nissen, Orientation, *passim*.

12 Nissen, Orientation, 24ff., 160; verschiedene Beiträge dazu in Krupp, Astronomen.

Nahrungsbezirk, eine Tränke, ein Kot- und Urinierplatz sowie Markierungsstellen vor allem an der territorialen Peripherie, die Artgenossen signalisieren, daß der Ort bereits besetzt ist.[13] Wenn Wirbeltiere in dichten Gruppen zusammenleben, ermöglicht eine Rangordnung die soziale Orientierung.[14] Sofern die ranghohen Gruppenmitglieder unterlegene Konkurrenten in die Marginalbezirke verdrängen und nur weibliche Individuen, Kinder und gegebenenfalls Freunde um sich dulden, implizieren die zentralen Positionen der Hochranger zugleich Macht und Geborgenheit, die marginalen Aufenthaltsorte der Tiefranger Gefährdung und Zwang zur chronischen Vigilanz. Denn unter natürlichen Bedingungen sind Artfeinde an der Gruppenperipherie potentiell immer gegenwärtig. Dadurch gliedert sich der Raum zwangsläufig in unheimliche Fernbereiche, die Ängste aktivieren, und in die vertraute Nahzone, wo man in der Gruppe Schutz finden kann und wo an Orten maximaler Sicherheit die Heimplätze liegen. Da die Wirbeltiergruppe der Primaten sich vorwiegend vor Bodenfeinden zu schützen hat, liegen die Orte ihrer Zuflucht in der Regel erhöht. Nachdem die Menschen sich dem Leben auf dem Erdboden angepaßt hatten, sicherten sie sich, falls sie ihre Wohnstätten nicht weiterhin in der Höhe errichteten, gegen die Gefahren aus der Horizontalebene wenigstens durch künstliche Barrieren wie Wände und Gräben. Emotional gliedert sich für den Menschen auch unter den entlasteten Umweltbedingungen der Hochkultur die Welt weiterhin in eine Sphäre horizontaler Fernängste (die Ferne kann mangels natürlicher Angstauslöser zugleich faszinierend und anziehend wirken), die sich mit wachsendem Abstand vom Heim steigern, und in eine Zone relativer Sicherheit, die in den territorialen Mittelpunkten ihr Maximum erreicht. Jugendliche Tiefranger und unbeliebte Außenseiter werden an die Peripherie der begehrten Raumzentren verstoßen; oft verlangt man dem Adoleszenten die Begegnung mit dem Unheimlichen der Fremde als notwendige Initiationsleistung ab, bevor man ihm seine soziale und räumliche Integration zugesteht.[15] Zwischen der Peripherie des Lebensraums und den Heimplätzen befinden sich die Bewährungsspielräume für innerartliche Auseinandersetzungen beim Kampf um vitale Chancen. Hier werden verhaltensregulierende Rangordnungen, Sympathien und Feindschaften erzeugt, die zusammen eine soziale Wertewelt aufbauen. Das Heim, das als Refugium dient, ist vom Konkurrenzkampf entlastet und untersteht anderen Verhaltensgesetzen. Oft erscheint die innerhäusige Ordnung aufgrund geschlechtsspezifischer Arbeitsteilung als Bezirk der Frau, die außerhäusige Tätigkeit als Sache des Mannes. Beim Betreten und Verlassen des Hauses müssen Handlungsnormen daher umorientiert werden.

2. Sakralisierung räumlich-sozialer Orientierungsmuster

Interkulturelle Vergleiche beweisen die projektive Bereitschaft, Unheilserwartungen auf vertikale Tiefe und horizontale Ferne zu richten, alles Heil hingegen in den territorialen Zentren, welche senkrechte Orientierungsmarken kennzeichnen, anzusiedeln. Dort errichtet man heilige Bauten und fixiert das Heil in Kultobjekten, deren emotionale Wirksamkeit periodisch wiederholte Riten gewährleisten.

Das gleiche Orientierungsmuster liegt in vergeistigter Form vor in der Vorstellung eines himmlischen Vaterwesens, an das man sich mit Gebeten wenden kann. Das

---

[13] Hediger, Die Straße, *passim*, bes. S. 26.
[14] Eibl-Eibesfeldt, Grundriß, 483 ff.
[15] Vgl. Tiger/Fox, Das Herrentier, 146 ff.

Emporheben der Arme ist ein dem Verhaltensrepertoire des Kleinkindes entlehnter Appell zum schützenden Hochgehobenwerden. Der göttliche Adressat, der mit Demutssignalen beschwichtigt und zu Hilfeleistungen aufgefordert werden soll, wird gewissermaßen als szenische Ergänzung eines vorprogrammierten Handlungsmusters phantasiert.[16] Statt einer übermächtigen, mit Schutzqualitäten ausgestatteten imaginären Person wird auch die Höhe als solche intendiertes Ziel einer rituellen Motorik oder leerlaufender Gefühlsstrukturen. Mittels besonderer Trancepraktiken überbrükken schamanistische Heilsfunktionäre die Kluft zwischen Erde und Himmel, um in Situationen kollektiver Depression stellvertretend für die anderen Gruppenmitglieder imaginäre Höhenorte zu besetzen.[17] Dabei bleibt im Ritus der Baumbesteigung die ererbte Motorik noch sichtbar, die dem Levitationsgefühl zugrundeliegt (→Baum); doch kann das emotionale Muster, das den Bewegungsablauf begleitet, von diesem abgekoppelt und durch Ekstasetechnik direkt ausgelöst werden.[18]

Daß das Heil oben liegt, ist stammesgeschichtlich darauf zurückzuführen, daß beim Menschen die vertikale Fluchtrichtung der Primaten, die sie vor bodenbewohnenden Raubtieren schützt, als instinktresiduale Tendenz erhalten blieb.[19] Von einer räumlich hochgelegenen Position aus genießt man Raumüberlegenheit, läßt alles Bedrohliche und Bedrückende unter sich zurück. Das Besetzen territorialer Höhenorte, die eine optimale Fernsicht garantieren, ist bei Affen und Menschen Privileg ranghoher Individuen.[20] Daher wirken die oben gelegenen Plätze als Sammelpunkte sozialer Aufmerksamkeit und Macht. Von ihnen aus nehmen die führenden Gruppenmitglieder Kontrollfunktionen wahr und beeinflussen die Handlungen der rangtieferen Individuen. In menschlichen Gesellschaften verlängern Heroen (Heilige) und Götter, welche die geschlechts-, alters- und berufsspezifischen Rollen vorbildlich verkörpern, die soziale Hierarchie nach oben. Jenseits der Gruppenstruktur und des Territoriums angesiedelt sind dämonische Gegenspieler, die dem Pantheon nicht angehören. Diese meist theriomorphen Gespenster sind Projektionen paläopsychischer Artfeinderwartungen.[21]

Den sozialen Hochrangern (Schamanen, Königen, Göttern) obliegt es, den Lebensraum gegen den Einbruch des Numinosen zu schützen. So inszenieren rituelle Kämpfe mit Dämonen menschliche Umweltüberlegenheit in Situationen der Ausweglosigkeit; der König der archaischen Hochkulturen wiederholt am Neujahrstag die Tötung archetypischer Ungeheuer, welche der kosmogonische Mythos den kollektiven Hauptgöttern zuschreibt. Die dämonischen Gegenspieler der Fern- und Tiefenregionen repräsentieren alles aus der sichtbaren Welt Auszuschließende, Unreine, Böse und Abstoßende. Innerseelisch Verdrängtes wird vorzugsweise auf sie projiziert; marginale Tiefranger verdächtigt man, mit ihnen im Bunde zu sein, was exkommunizierende Sündenbockrituale zur Folge hat. Kultische Verehrung erhalten die Feindmächte allenfalls zum Zwecke der Besänftigung in den räumlichen Randzonen, damit sie vom Territorium fern gehalten werden. Da sie zugleich der Dunkelheit und somit dem Westen assoziiert sind, schlägt sich die religiöse Antinomie zwischen Göttern und

---

16 Bilz, Studien, 87–99.

17 Eliade, Schamanismus.

18 Vgl. auch zu entsprechenden Levitationserlebnissen H. Tellenbach, Die Räumlichkeit der Melancholischen, Der Nervenarzt 27, 1956, 12–18, S. 15; R. Moody, Leben nach dem Tod, 1977 (engl. 1975), 42 ff.

19 Bilz, Studien, 291.

20 Fehling, Etholologische Überlegungen, 45 ff.

21 Bilz, Studien, 21 ff. u. a.

Dämonen oft in einer Vielzahl räumlich-polarer Zuordnungen nieder (zentral – marginal, drinnen – draußen, hoch – tief, östlich – westlich).
Die Sakralisierung der Umweltstruktur betrifft stets die Grenzen zwischen Anspruchssphären. Aus der Gesamtheit der Welt werden kollektive Territorien, aus diesen individuelle Verfügungsbereiche herausgeschnitten. Die Orientierung erleichtern auffällige Symbole. So dienen Pfähle und Steine als heilige Grenzzeichen. Ithyphallische Wächterfiguren benutzen das Symbolierungsmittel der phallischen Demonstration, das zum ererbten Verhaltensrepertoire der Primaten gehört.[22] Da die Wege, welche die Grundstücke voneinander trennen, im territorialen Zentrum konvergieren, kann an den dortigen Kultplätzen die räumliche Organisation der Umwelt, die Verteilung der Anspruchssphären, von hochrangigen Priestern rituell wiederholt und bekräftigt werden. Zum Beispiel wurde im alten Griechenland das hierarchische Gefüge der Gesellschaft durch die Verteilung eines als heilig ausgewiesenen Opfertiers erneuert. Das Wort für die Fleischportion, Moira, bezeichnete zugleich den Gebietsanteil und das persönliche Schicksal.[23]
Die räumliche Orientierung erscheint also durchgehend von sozialen Rücksichtnahmen bestimmt. Die Pole von Angst und Geborgenheit, die Hierarchie der Ränge und Rollen konstituieren – in idealtypischer Vereinfachung – ein Weltbild pyramidalen Gepräges, an dessen Spitze (und Ostseite) sich Macht und Wohlbefinden, an dessen unterem Ende (und auf der Westseite) sich Ohnmacht und Angst verdichten. Die dazwischen vermittelnden Wegesysteme gliedern den Lebensraum in Anspruchs- und Funktionsbereiche, die als solche rituell markiert sind und besondere Orientierungen des Handelns ebenso ermöglichen wie erforderlich machen.

C Religionsgeschichtliches

I. Raumquadrierung

Zu allen Zeiten und in allen Regionen zerfällt der Raum von der Vertikalachse des menschlichen Körpers aus spontan in ein Rechts und Links, ein Vorn und Hinten, ein Unten und Oben.[24] Zwischen den polaren Bereichen besteht eine werthafte Asymmetrie, da z. B. die überwiegende Rechtshändigkeit des Menschen oft dazu führt, das »Rechte« als das Funktionstüchtige, Ordnungschaffende und Gute zu erleben[25]; aus analogen Gründen sind *vorn* und *oben* ihren Gegenbegriffen werthaft übergeordnet. Das auf diese Weise erzeugte ideale Raumschema führt etwa im Fall einer liturgischen Ostung zur Überlagerung der »bösen« linken Seite mit dem Norden, der »guten« rechten Seite mit dem Süden.

---

22 FEHLING, Ethologische Überlegungen, 7ff.; zur Phänomenologie der Einfriedung von Räumen überhaupt: H. SCHMITZ, Das Göttliche und der Raum (System der Philosophie III, 4), 1977, 207–341.
23 G. J. BAUDY, Hierarchie oder: Die Verteilung des Fleisches, in: B. GLADIGOW/H. G. KIPPENBERG (Hrsg.), Neue Ansätze in der Religionswissenschaft, 1983, 131–174, bes. 153ff.
24 M. ELIADE, Geschichte der religiösen Ideen 1, 1978 (franz. 1976), 15.
25 R. HERTZ, The Pre-Eminence of the Right Hand: A Study in Religious Polarity (1909), in: ders., Death and the Right Hand, 1960, 89–113; H. BAUMANN, Das doppelte Geschlecht, 1955, 293ff. Diese Wertzuordnung ist indes nicht stabil, bei den Römern etwa gilt die linke Seite als die glückliche. Quellen bei NISSEN, Orientation, 265.

Sakralarchitektur und territoriale Gliederung sind dem »idealen Raum« mehr oder weniger angepaßt. Denn eine nach den Himmelsrichtungen orientierte Raumordnung ist eine zwar naheliegende, aber nicht die einzige Möglichkeit, Räume kategorial aufzuteilen. So gibt es Beispiele für eine Teilung von Stamm, Dorfanlage und Weltbauplan nach den Kategorien »flußabwärts« und »flußaufwärts«.[26] Die Rücksichtnahme auf ökologisch relevante Faktoren wie Wind- und Bodenverhältnisse sorgt auch in Kulturen, die die Raumquadrierung praktizieren, für Abweichungen vom theoretischen Orientierungsideal.
So ist z. B. die Suche nach dem angeblich quadrierten Ur-Rom vergeblich.[27] Die exakte Analogie zwischen dem viergeteilten Himmel und dem Bauplan der Stadt bleibt ein Postulat der Mythographie, welche augurale Praxis auf das Stadtgründungsritual rücküberträgt. Wenn der römische Augur den Willen der Götter erkunden will, teilt er den Raum mit seinem Stab nach den Hauptrichtungen in Quadranten. Er steht auf einem Hügel, sein Gesicht ist nach Osten oder Süden gewandt.[28] Je nachdem, wo die himmlischen Vorzeichen auftauchen, gilt dies als günstiges oder schlechtes Omen. Wir begegnen dem gleichen Raumteilungsschema wieder in den Schriften der kaiserzeitlichen Agrimensoren und im Aufbau des römischen Heerlagers, das zwei sich schneidende Hauptstraßen vierteln, von denen die eine von Osten nach Westen, die andere von Norden nach Süden verläuft.[29] Was im Heerwesen unbedingt funktional erscheint, ist aber ein für die Stadtarchitektur nur in Grenzen anwendbares Prinzip.
Die griechische Tradition schreibt die Konstruktion rechtwinklig sich schneidender Straßenzüge dem Hippodamos von Milet (5. Jh. v. Chr.) zu; ARISTOTELES hat dieses Verfahren aufgrund verteidigungsstrategischer Gesichtspunkte als unzweckmäßig kritisiert[30], doch bei den hellenistischen Städtegründungen, wo für größere Menschenmassen auf einen Schlag Quartier bereitgestellt werden mußte, entsprachen solche Raumteilungsweisen auch den auf Prestige bedachten Idealen einer königlichen Herrschaftsarchitektur. Diese findet sich bereits in mesopotamischen Konstruktionsprinzipien: Im Zweistromland sind geometrische Straßennetze mit zentralen, nach vier Himmelsrichtungen orientierten Kultanlagen, die eine vertikale Stufung aufweisen und den Weltenberg repräsentieren (Zikkurat), verbunden.[31]
Isomorphe Strukturpläne für Kultbauten und Stadtanlagen lassen sich für den gesamten Bereich der archaischen Hochkulturen nachweisen, also von Westeuropa über Nordafrika und Vorderasien bis Hinterindien und die megalithischen Hochkulturen Amerikas.[32] Ein diffusionistischer Zusammenhang ist wahrscheinlich, doch konnten analoge ›Erfindungen‹ auch unabhängig erfolgen, da die Quadrierung des horizontalen Raumes das anthropologisch Erwartbare ist. Das gleiche gilt für die kalendarischen Funktionen, die die Sakralarchitektur übernehmen kann. Schon Völker der Jäger- und Sammlerstufe haben Kalendersysteme, deren Zäsuren heliakische Sternaufgänge bilden.

---

26 JENSEN, Wettkampf-Parteien.

27 Versuch bei MÜLLER, Die heilige Stadt, 31 ff.

28 LIVIUS, *Ab urbe condita* 1.18.7; DIONYSIOS Hal., Antiqu. Rom. 2, 5; NISSEN, Orientation, 266 ff.; MÜLLER, Die heilige Stadt, 36 ff.

29 Quellen bei NISSEN, Orientation, 79 ff. und MÜLLER, Die heilige Stadt, 9 ff.

30 ARISTOTELES, Politik 7, 1330 b, 24 ff.

31 W. MÜLLER/G. VOGEL, dtv-Atlas zur Baukunst (1974) ^{2}1977, 87 ff.

32 Dokumentation bei MÜLLER, Die heilige Stadt; ergänzend ders., Raum und Zeit bei den Maya. Stadtplan und Richtungskalender, in: Antaios 6 (1965) 339–354; ders. Neues von den vier Weltwinkeln, in: Antaios 12 (1970/71) 473–481; dazu H. STRAUBE, Die heilige Stadt, in: Kadmos 5 (1963) 215–219; siehe auch H. GLÖCKNER, Himmelsrichtung – Himmelsgewölbe, 1979, 76 ff.

Da die betreffenden Gestirne auch kultisch verehrt werden[33], ist eine Ost-Orientierung in der Anbetungssituation automatisch gegeben. Letztlich sind die megalithischen Tempelobservatorien nichts anderes als architektonische Umrahmungen ritueller Orientierungsmuster, die ursprünglich ohne Holz- und Steinkonstruktionen realisiert wurden. Zum Zwecke exakter Zeitmessung richtet die das Kalenderwesen verwaltende Priesterschaft die Tempelachsen nach Sonnenaufgängen aus.[34] Das Christentum hat die Ostung von Liturgie und Gotteshaus – mit theologisch angepaßten Interpretationen[35] – aus der mediterranen Welt übernommen. Die Quadrierung des Raums behauptete sich unter dem Einfluß antiker Kosmosspekulation[36] in der mittelalterlichen[37] und neuzeitlichen Denktradition. Da aber die Verbesserung, die die Zeitrechnung durch den julianischen Kalender erfuhr, eine wichtige Funktion des antiken Priesterwesens und der Sakralarchitektur suspendierte, ist die Ostung der Gotteshäuser ein seitdem nur noch symbolisch verwertbares, praktisch abundantes Funktionsrelikt.

II. Polare Raummuster ethischer und soteriologischer Art

Für die komplexe Orientierungssymbolik, welche die archaischen Weltbilder allen horizontalen und vertikalen Richtungen zuordnen, gibt es kaum ein besseres Beispiel als das alte China. Hier stehen die beiden komplementären Prinzipien Yin und Yang nicht nur für sämtliche in der physikalischen Welt vorkommenden Richtungspolaritäten ein, sondern auch für Gegensätze wie Tag – Nacht, Sommer – Winter, hell – dunkel sowie rechts – links, oben – unten und für die sexuelle Polarität Mann – Frau. Yin vertritt z. B. das Weibliche und die Tiefe, Yang das Männliche und die Höhe. Da zwischen allen Gegensatzpaaren dieser Art ein Wertgefälle besteht, konnte das gesellschaftliche Leben Chinas, ausgehend vom Herrscherhaus, nach einem gleichförmigen Schema, das Empfänge, Sitz- und Schlafplätze, Mahlzeiten und Arbeiten regelte, rituell hierarchisiert werden, was eine genormte räumliche Orientierung einschloß.[38]
In weniger elaborierter Form liegen homologe Parallelreihen auch den Weltbildern der anderen archaischen Hochkulturen zugrunde.[39]
Im griechischen Bereich hat PLATON ein ontologisches Stufenmodell entworfen, das im Abendland sehr traditionswirksam wurde. Hier liegen die positiven Wertakzente in einem ideellen Höhen-, alle Unheilsaspekte im amorphen Tiefenbereich des Kosmos. Licht und Dunkel, Form und Chaos, ewiges Sein und Vergänglichkeit sind dem vertikalen Bauplan polar zugeordnet.
Diese kosmologischen Konzeptionen reichen in sehr alte Schichten menschlicher Daseinsorientierung zurück. So haben die als Weltmittelpunkte stilisierten Kultberge der altorientalischen Städte primitivere Gegenstücke in den rituellen Stufenbäumen

---

[33] M. P. NILSSON, Primitive Time-Reckoning, 1920, 130ff.
[34] Siehe Anmerkung 12.
[35] Dokumentation bei DÖLGER, *Sol Salutis, passim.*
[36] Zu deren Ausformungen vgl. TOPITSCH, Vom Ursprung und Ende, (Anm. 5), 47ff.; J. KNOBLOCH, Sprache und Religion 1, 1979, 9ff.
[37] MAURMANN, Himmelsrichtungen, 38ff.
[38] M. GRANET, Das chinesische Denken, (1963) 1980 (franz. 1936), 86ff., 272ff.
[39] Vgl. z. B. HIPPOLYTOS, *Refutatio omnium haeresium* 4.44 zur ägyptischen Lehre.

der Jäger- und Nomadenkultur Nordeurasiens bzw. Nordamerikas, die ebenfalls als kosmische Achsen gelten.[40]

Schamanistische Abstiegs- und Aufstiegsriten erhalten auf der Kulturstufe des Pflanzenanbaus den wirtschaftlichen Aspekt einer Initiation in den Ackerbau. Auch der zugehörige Mythos vom Descensuskampf[41] bewahrt strukturell ein paläolithisches Erbe. Die Versenkungs- und Aufschwungsmetaphorik der Mystik kann man als Verinnerlichung der rituellen Vertikalmotorik deuten. Schließlich haben die Eschatologien der antiken Erlösungsreligionen dem paläopsychischen Daseinsgefühl eine weitere soteriologische Ausformung gegeben.[42] Bei der Wiederherstellung der abgerissenen Verbindung zwischen Himmel und Erde und der endgültigen Besiegung des Bösen tritt die einmalige Heilstat eines Erlösergottes an die Stelle des schamanistischen Ritualdramas.

Auf der Ebene der Vorstellungen, die sich alle Völker über ein etwaiges Fortleben nach dem Tod machen, schlagen sich solche Raummuster erwartungsgemäß in gleicher Weise nieder. Das Jenseits, in dem die sozialen Hochranger oder die moralisch Guten fortleben, lokalisiert man gern in der Höhe, das Jenseits der Vergessenen oder der Bösen in der Unterwelt. Entsprechend werden Charismatiker postmortal heroisiert, auf Höhenorten beigesetzt und empfangen im Zentrum der Siedlungen kultische Verehrung; die anderen beerdigt man jenseits der Siedlungsgrenzen. Eine bisweilen praktizierte Ostung der Gräber kann von der Heilsidee begleitet sein, daß die aufgehende Sonne den Toten wie einen Schlafenden zu einem neuen Leben erwecken wird.[43] Falls die Ängste und Hoffnungen, die sich an die räumliche Lage des Jenseitsaufenthaltes knüpfen, sozial nutzbar gemacht werden, damit sie die Lebensführung beeinflussen, impliziert die Einstellung zum Tod eine ethische Fernorientierung.

Literatur

Bilz, R., Studien über Angst und Schmerz, 1974; Dölger, F. J., *Sol Salutis*. Gebet und Gesang im christlichen Altertum, (1920) um Hinweise vermehrte Aufl. ^{3}1972, 3; Duhn, F. v., Bemerkungen zur Orientierung von Kirchen und Gräbern, in: ARW 19 (1916–19) 441–451; Edsman, C.-M./Merkel, F., Art. Orientation, in: RGG^{3} 4, 1689–91; Eibl-Eibesfeldt, I., Grundriß der vergleichenden Verhaltensforschung (1967) ^{5}1978; Eliade, M., Das Heilige und das Profane, 1957; ders., Die Religionen und das Heilige, 1954; ders., Schamanismus und archaische Ekstasetechnik, 1954; Fehling, D., Ethologische Überlegungen auf dem Gebiet der Altertumskunde, (Zetemata 61), 1974; Hediger, H. (Hrsg.), Die Straßen der Tiere, 1967; Jensen, A. E., Wettkampf-Parteien, Zweiklassen-Systeme und geographische Orientierung, in: Studium Generale 1 (1947) 38–48; Krupp, E. C. (Hrsg.), Astronomen, Priester, Pyramiden, 1980 (engl. 1978); Maurmann, B., Die Himmelsrichtungen im Weltbild des Mittelalters, (Münstersche Mittelalter-Schriften 33), 1976; Müller, W., Die heilige Stadt, 1961; Nissen, H., Orientation, 3 Bde. 1906–1910; Schöne, H., Orientierung im Raum. Formen und Mechanismen der Lenkung des Verhaltens im Raum bei Tier und Mensch, 1980; Tiger, L./Fox, R., Das Herrentier. Steinzeitjäger im Spätkapitalismus (1971), ^{2}1976.

Gerhard Baudy

40 Eliade, Schamanismus, 249 ff. u. a.

41 Dokumentation: J. Kroll, Gott und Hölle. Der Mythos vom Descensuskampfe, 1932.

42 Eine religionspsychologische Studie dazu von U. Mann, Geisthöhe und Seelentiefe: Die vertikale Achse der numinosen Bereiche, in: Eranos Jahrbuch 50 (1982) 1–50.

43 Duhn, Bemerkungen.

Paganismus

Bezeichnung für nicht-christliche Religionen, abgeleitet von lat. *pagus* – Gau, *pagani* – die zum Gau Gehörigen, Landbewohner.[1] In einem religionswissenschaftlichen Diskurs wäre der Begriff auf revitalisierte, ›neue‹ Religionen zu beschränken, die im Rückgriff auf antike, ›nationale‹, ›völkische‹ Traditionen und in imitierender Opposition zum Christentum Weltanschauungssysteme, Symbolkomplexe, Riten für spezifisch neuzeitliche, moderne Situationen entwickeln. Die undifferenzierte Anwendung des Wortes ›Paganismus‹ auf alle vor- und nicht-christlichen Religionen insgesamt führt zu Unklarheiten und ist – ebenso wie die entsprechende Verwendung von →›Heidentum‹ – diskriminierend.

Hubert Cancik

Panbabylonismus

1. Begriff und These 2. Hauptvertreter 3. Babel-Bibel-Streit 4. Gegenwärtige Beurteilung

1. Begriff und These

Panbabylonismus ist ein analog zu Begriffsbildungen wie Panhellenismus, Panslawismus u. ä. zunächst kritisch gebrauchter, dann von seinen Befürwortern selbst verwendeter Kampfbegriff (»Trutzbegriff«, so A. Jeremias selbst[1]) zur Bezeichnung der diffusionistischen Auffassung, »daß ein uraltes und in seinen Grundzügen einheitliches Weltbild in Babylonien geschaffen worden sei und sich von dort über die ganze Welt verbreitet habe«.[2]

Religionsgeschichtlicher Universalschlüssel des Panbabylonismus ist die (aus heutiger Sicht ebenso undifferenziert gesehene wie überschätzte) babylonische Astralreligion und Astrologie, die im Panbabylonismus als Grundlage aller religiösen, kulturellen und gesellschaftlichen Strukturen galt.

---

[1] Eine knappe Übersicht über die Wortgeschichte bietet C. Colpe, Die Ausbildung des Heidenbegriffs von Israel zur Apologetik und das Zweideutigwerden des Christentums, in: R. Faber / R. Schlesier, Restauration der Götter, 1986, S. 61–87. In vorchristlichen Quellen ist das Wort gelegentlich auch in religiösem Zusammenhang gebraucht, so in der Inschrift des A. Castricius Myro, eines Magisters verschiedener Collegien: der *Luperci*, der *Capitolini*, der *Mercuriales* und der *pagani* vom Aventin (CIL XIV 2105, Lavinium, augusteische Zeit). Die Gründe für die Ausweitung im christlichen Sprachgebrauch sind nicht geklärt.

[1] Art. Panbabylonismus, in: RGG[2] IV, 1930, 879.

[2] Kraus, Historisch-kritische Erforschung, 306ff.

2. Hauptvertreter

Diese Theorie wurde vor allem durch HUGO WINCKLER (1863–1913), einen der bedeutendsten Orientalisten überhaupt,[3] entwickelt, so nach einigen frühen Veröffentlichungen in seinem programmatischen Werk »*Himmelsbild und Weltbild der Babylonier als Grundlage der Weltanschauung aller Völker*« (1903). Sie fußt auf den Ergebnissen der Ausgrabungen des 19. Jh., die nicht nur die Wissenschaft der Assyriologie begründeten, sondern den Stand der Altertumswissenschaften, besonders der alttestamentlichen Wissenschaft, wie der Theologie überhaupt, erheblich beeinflußten. Nicht nur Parallelen biblischer Texte wurden entdeckt, es zeigt sich darüber hinaus, daß eine Fülle biblischer Texte und Themen (Schöpfung, Sintflut, Rituale und Gebete, Namen u. a.) im alten Orient ihre z. T. erheblich älteren Vorläufer haben. Konnte nun nicht länger die Bibel als Quelle aller Offenbarungen angesehen werden, so entwickelten die Vertreter des Panbabylonismus umgekehrt – jedoch unter Beibehaltung der Vorstellung von dem einen Ursprung – ihre These von der sumerisch-babylonischen Quelle aller Religion und Kultur. Modifiziert, nämlich auf Sumer zurückgeführt, und popularisiert wurde der Panbabylonismus durch ALFRED JEREMIAS (1864–1934), dessen »Astrosophie« – der Himmel als Bilderbuch, nicht als Rechenbuch[4] – weitreichende Wirkungen hatte, u. a. auf THOMAS MANNs Josephsroman[5]. Eine besondere Rolle spielt PETER JENSEN (1861–1936), der das Gilgamesch-Epos als Vorbild zahlreicher Stoffe der Bibel und der Weltliteratur erweisen wollte.[6]

3. Babel-Bibel-Streit

Wurde die Diskussion um den Panbabylonismus zunächst wissenschaftlich geführt, so erreichte sie eine erhebliche Öffentlichkeit im »Babel-Bibel-Streit«. Ein bemerkenswertes Zeugnis der Debatte ist KARL MAYs »Gespräch-Spiel« Babel und Bibel.[7] Der (kirchlich-theologisch-politische) Streit entbrannte nach einem am 13. 1. 1902, in Anwesenheit Wilhelms II., gehaltenen Vortrag «*Babel und Bibel*« von FRIEDRICH DELITZSCH (1850–1922)[8], dem weitere ähnliche Veröffentlichungen folgten. DELITZSCH trug kaum neue Ergebnisse vor, forderte aber als Konsequenz des neuen Wissensstandes, das für ihn als epigonal und weder literarisch noch sittlich hochstehend erwiesene Alte Testament nicht länger als ganzes in der ›christlichen‹ Bibel zu belassen, es vielmehr auf einige wenige Sätze zu verkürzen[9] und durch die »Hinzunahme der vielen herrlichen Aussprüche arischer (indischer, griechischer, germanischer usw.) Dichter«[10] aufzufüllen. Der Streit entbrannte nicht zuletzt deshalb so hart, weil zuvor die Ergeb-

---

3 H. GRESSMANN, Art. WINCKLER, HUGO, in: RGG¹ V, 1913, 2082; s. den Nachruf in: Orientalist. Literaturzeitung 16 (1913) 193ff.
4 RGG² IV, 880, entfaltet u. a. in: Handbuch der altorientalischen Geisteskultur; über JEREMIAS: D. O. EDZARD, in: Reallexikon der Assyriologie 5, 1976–80, 276.
5 HAMBURGER, THOMAS MANN, 174ff., bes. Anm. 1, 5, 11.
6 Das Werk blieb fragmentarisch; psychologisch aufschlußreich das Vorwort, Gilgamesch-Epos I, Vff.; zur Forschungsgeschichte vgl. OBERHUBER, a. a. O.; über JENSEN: R. BORGER, in: Reallexikon der Assyriologie 5, 276, vgl. A. SCHOTTs Nachruf in: Zeitschr. f. Assyriologie 44 (1938) 184ff.
7 Vergl. SCHMIDT, Sitara, 169f.; WOLLSCHLÄGER, KARL MAY, 139ff.
8 K.-H. BERNHARDT, Art. DELITZSCH, FRIEDRICH, in: TRE 8, 1981, 633ff.; vgl. auch E. LITTMANN, Art. DELITZSCH, FRIEDRICH, in: Neue Deutsche Biographie III, 1957, 582.
9 Große Täuschung II, 76ff.
10 Ebd. 76f.

nisse der Assyriologie der kirchlichen Öffentlichkeit weithin verborgen geblieben bzw. verborgen worden waren, so daß nun die Wahrheit der Bibel und der Offenbarung selbst auf dem Spiel zu stehen schien.[11]

4. Gegenwärtige Beurteilung

Erst die unbefangene religionsgeschichtliche Arbeit an der Bibel zeigte, daß die Frage nach der Wahrheit nicht mit der nach dem Ursprung identisch ist. Zudem erbrachte sie erhebliche Modifizierung der Ergebnisse des Panbabylonismus, die dabei zugleich in vielen Einzelheiten, nicht jedoch in ihrer Totalität bestätigt wurden.[12] Daß sich im Panbabylonismus namentlich bei DELITZSCH, ein Zerrbild nicht nur Israels, sondern des Judentums überhaupt zeigte, läßt den Panbabylonismus auch als eine Dimension des Antisemitismus und seiner blutigen Folgen erscheinen.[13]

Literatur

BEEK, M. A., An Babels Strömen, 1959; BUDDE, K., Was soll die Gemeinde aus dem Streit um Babel und Bibel lernen, 1903; DELITZSCH, F., Babel und Bibel, I, II, III, 1902, 1903, 1905 (jeweils in zahlreichen Aufl.); ders., Die große Täuschung I–II, 1920/21 (zahlr. Aufl.); EBACH, J., Babel und Bibel oder: Das Heidnische im AT, in: FABER, R./SCHLESIER, R. (Hrsg.), Die Restauration der Götter, 1986, 26–44; JENSEN, P., Das Gilgamesch-Epos in der Weltliteratur, I, 1906 II 1928/29; ders., Gilgamesch-Epos, Judäische Nationalsagen, Ilias und Odyssee, 1924; JEREMIAS, A., Die Panbabylonisten, 1907; ders., Das AT im Lichte des Alten Orients, [4]1930; ders. Handbuch der altorientalischen Geisteskultur, [2]1929; HAMBURGER, K., THOMAS MANNs biblisches Werk, 1971; JOHANNING, K., Der Bibel-Babel-Streit, 1988; KOCH, K., Der Tod des Religionsstifters, in: Kerygma und Dogma 8 (1962) 100–123; KRAELING, E. G., The OT since the Reformation, 1955; KRAUS, H.-J., Geschichte der historisch-kritischen Erforschung des AT, [2]1969; LEHMANN, R. G., Friedrich Delitzsch und der Babel-Bibel-Streit (OBO 133), 1994; MAY, K., Babel und Bibel, in: Lichte Höhen (Ges. Werke, Bamberger Ausg. 49), 97–247, dazu die »Erläuterungen«, 251–281; NOUGAYROL, J., Einführende Bemerkungen zur babylonischen Religion, in: MANN, U. (Hrsg.), Theologie und Religionswissenschaft, 1973, 28–46; OBERHUBER, K. (Hrsg.), Das Gilgamesch-Epos, WdF 215, 1977; REVENTLOW, H. GRAF, Hauptprobleme der atl. Theologie im 20. Jh., EdF 173, 1982; SCHMIDT, A., Sitara und der Weg dorthin, 1963 (zitiert nach Fischer Tb 986, 1969); WOLLSCHLÄGER, H., KARL MAY, 1965 (zitiert nach Diogenes Tb 112, 1976); Eine Dokumentation zur Wiederentdeckung des Alten Orient in Europa bietet der Katalog der Ausstellung »Europa und der Orient 800–1900«, hrsg. v. G. SIEVERNICH/H. BUDDE, Berlin 1989; darin u. a.: Babylon, S. 84 ff.; D. BAYER, Chorsabad oder die Entdeckung der Assyrer, 90–101.

Jürgen Ebach

→ *Diffusion / Diffusionismus*

[11] Zu den damit aufgeworfenen methodischen Fragen: KOCH, Religionsstifter, a. a. O.

[12] S. W. BAUMGARTNER, Art. Babylonien III. Babel und Bibel, in: RGG[2] I, 1927, 714 ff.; BEEK, An Babels Strömen, 157–182; NOUGAYROL, Bab. Religion, 30; J. W. ROGERSON, Art. Bibelwissenschaft I/2, in: TRE 6, 1980, 358 ff.

[13] Zum Kontext: KRAUS, Historisch-kritische Erforschung, bes. 309 ff.; KREALING, The OT, 147 ff.; REVENTLOW, Hauptprobleme, 31 ff.

Paria

Randgruppen, Ausgestoßene, ›Unberührbare‹; der Begriff geht zurück auf *Paraiyan*, den Namen einer in Südindien verbreiteten Kaste von niedrigstem Status, traditionell mit den nach hinduistischer Auffassung rituell unreinen Berufen wie Abdecker, Latrinenreiniger und Trommler (*parai*: mit Kuhleder bespannte Trommel) assoziiert. Aufsehen erregte in Europa die Schärfe der Meidungsvorschriften bis hin zur Unberührbarkeit – neben der üblichen Verweigerung von Konnubium und Kommensalität gab es das Verbot, öffentliche Tempel, Straßen und Brunnen zu benutzen, damit nicht einmal ihr Schatten z. B. auf einen Brahmanen falle –, denen die *Paraiyan* unterworfen waren. Alle ›niedriggeborenen‹ und unterdrückten Kasten ganz Indiens wurden in französischen Reiseberichten des 18. Jahrhunderts pars pro toto als Paria bezeichnet. Max Weber wiederum benannte so einen soziologischen Idealtypus, indem er unter »Pariavölkern« global alle erheblichen Gemeinschaften verstand, die »in rechtlich prekärer Lage« als Gastvölker, »rituell, formell oder faktisch, von der sozialen Umwelt geschieden«, nur dank einer unentbehrlichen, gleichwohl verachteten, von ihnen monopolisierten Sondertechnik als Nachbarn geduldet werden; »das großartigste historische Beispiel« sah er im europäischen Judentum[1]. In diesem Sinne wurden seither zahlreiche Spezialistengruppen Afrikas, Asiens und des Vorderen Orients wie Schmiede, Totengräber, Gerber, Wanderkomödianten und -handwerker, obwohl nicht alle mit der ›Numinosität des Fremden‹ behaftet, dem Begriff zugeordnet[2]. Vielfach belegt ist eine charakteristische Ambivalenz der Parialage: Geringschätzung oder Furcht vor ihrer Tätigkeit versus Wertschätzung des Produkts (z. B. beim Schmied); normalerweise gemieden, werden die Verfemten bei außeralltäglichen Anlässen wie Übergangsriten oft als Krisenhelfer mit magischer Befähigung gesucht und auch in sakralen Funktionen eingesetzt. Die sozialsymbiotische Duldung oder gegebenenfalls sogar Privilegierung der Parias kann jedoch seitens der ›Wirtsvölker‹ jederzeit widerrufen werden und in völlige Entrechtung umschlagen. Max Weber wies auf eine spezifische Pariareligiosität und -ethik hin, welche geduldige Unterwerfung unter das Schicksal, allenfalls passiven Widerstand, Trennung von Binnen- und Außenmoral propagiert und Hoffnung aus einer bevorstehenden Umkehrung der Weltverhältnisse schöpft (»Die Letzten werden die Ersten sein«). Fast alle chiliastischen Bewegungen könnten soziologisch auf eine Pariasituation zurückgeführt werden.

Literatur

Haberland, E., König und Paria in Afrika, in: ders., M. Schuster und H. Straube (Hrsg.), Festschrift für A. E. Jensen, 1964, 155–166; Moffat, M., An Untouchable Community in South India. Structure and Consensus, 1979; Mühlmann, W. E., Chiliasmus und Nativismus, (1961) ²1964; Weber, M., Gesammelte Aufsätze zur Religionssoziologie. Die Wirtschaftsethik der Weltreligionen, Bd. III, Das antike Judentum, (1920) ⁴1966; ders., Wirtschaft und Gesellschaft, (1922) ⁵1972.

Gereon Bolder

1 Weber, Wirtschaftsethik, 3; ders., Wirtschaft und Gesellschaft, 235, 300, 536.

2 Paria-Symposium der Deutsch. Ges. f. Völkerkunde, in: Zeitschrift für Ethnologie 89 (1964), 161–205.

Partizipation

I. Anwendung des Begriffs II. Das Gesetz der Partizipation III. Kritik an Lévy-Bruhl IV. Fortbestehen der Partizipationstheorie

I. Anwendung des Begriffs

Der Begriff Partizipation (von lat. »Teilnahme«, »Teilhabe«, »Anteilnahme«) taucht in der ethnologischen Literatur in verschiedenen Zusammenhängen auf, z. B. auch im Sinne der Teilnahme eines Feldforschers an den Aktivitäten der untersuchten Ethnie.[1] Die amerikanische Kultur- und Persönlichkeitsschule benutzt den Begriff *culture participation*, um den Beitrag eines Individuums zum gesamten kulturellen Geschehen und Wissen auszudrücken. Für Kroeber ist der Grad der Partizipation abhängig von der Komplexität einer Kultur und der Arbeitsteilung und Spezialisierung innerhalb einer Gesellschaft.[2] Nach Linton entspricht die kulturelle Partizipation des Individuums den *patterns* gesellschaftlicher Subgruppen, vor allem den von Alter und Geschlecht definierten.[3] Für Kardiner ist Partizipation nur auf soziale Strukturen und die damit zusammenhängenden Produktionsprozesse anwendbar.[4]
Populär wurde der Begriff Partizipation durch L. Lévy-Bruhl, der darunter die Regeln verstand, nach denen die »primitive Geisteshaltung«, das »prälogische Denken« funktioniere.

II. Das Gesetz der Partizipation

In »*Les fonctions mentales dans les sociétés inférieures*« von 1910 formulierte Lévy-Bruhl dieses Gesetz der Partizipation; es ist, wie Evans-Pritchard feststellt[5], der wertvollste und ureigenste Teil der Theorie Lévy-Bruhls.
Ebenso wie Frazer (1922) und Tylor (1873) nimmt Lévy-Bruhl an, daß »die Primitiven« noch nicht in unserem Sinne logisch denken, doch im Gegensatz zu Tylor und Frazer sieht Lévy-Bruhl die Ursache dafür nicht in einer geistigen Unfähigkeit, sondern in soziokulturellen Faktoren; er greift dabei auf Durkheims (1898) Begriff der »Kollektivvorstellungen« (»*représentations collectives*«) zurück. Diese Kollektivvorstellungen, tradierte kulturelle und besonders religiöse Wertsysteme, führen dazu, daß in »primitiven« (nämlich »prähistorischen« und nichteuropäischen) Gesellschaften die Denkstrukturen (*mentalité*) nicht nach unseren Gesetzen der Logik, sondern diesen Wertsystemen entsprechend funktionieren; das Individuum ist aber durchaus in der Lage, logisch oder rational zu denken – allerdings sind die von Lévy-Bruhl gewählten Beispiele[6] so, daß sie kaum einen Unterschied zu tierischem Verhalten zei-

---

[1] Spradley, Participant Observation.
[2] Kroeber, Anthropology, 290–292.
[3] Linton, Cultural Background of Personality, 57–64.
[4] Kardiner, Psychological Frontiers of Society.
[5] Evans-Pritchard, Theories of Primitive Religion, 86.
[6] Lévy-Bruhl, Denken der Naturvölker, 59 f.

gen. Sobald das Individuum aber den Kollektivvorstellungen unterworfen ist, wird sein Denken vom »Gesetz der Partizipation« geleitet. Diese Partizipation beruht darauf, daß Menschen, Tiere und Gegenstände in bestimmten Verbindungen und Vorverbindungen (*liaisons et préliaisons*) mystischer Natur zueinander stehen. Sie können sie selbst und gleichzeitig eines der anderen Wesen, eine soziale Gruppe (Stamm, Klan, o. ä.) oder ein Gegenstand sein. Die Partizipation an den jeweils anderen Identitäten wird durch bestimmte Handlungen – Berührung, Abbildung, Sympathie – aktiviert.
Die Partizipation postuliert bestimmte Reihen von Ereignissen, die empirisch gesehen gar nicht aufeinander folgen und kausal nichts miteinander zu tun haben. Die Verbindungen dieser Ereignisse sind nicht Ergebnisse rationaler Überlegungen und Beobachtungen, sondern bestehen aufgrund emotionaler und motorischer Elemente. Das Denken in partizipatorischen Identitäten ist aber weder alogisch noch antilogisch, sondern »prälogisch«, aber nicht im Sinne einer Vorform unserer Logik. Es besteht ein deutlicher Widerspruch zwischen LÉVY-BRUHL*s* expliziter Feststellung, daß die Denkstrukturen nichteuropäischer Ethnien nichts mit falschen Kausalitätsbezügen (wie in der Theorie TYLOR*s*) oder einer »geistigen Schwäche der Primitiven« zu tun haben[7], und den impliziten Aussagen über deren Inferiorität.

III. Kritik an LÉVY-BRUHL

Kritik erfuhr LÉVY-BRUHL v. a. aus der Richtung des Funktionalismus. MALINOWSKI stellt 1925 der Partizipationstheorie Erfahrungen aus seiner Feldforschung auf den Trobriand-Inseln gegenüber: die von ihm untersuchten Ethnien denken praktisch-logisch, ihr Wissen basiert auf empirischen Erfahrungen; »magische« Verhaltensweisen treten dann auf, wenn die menschliche Einflußnahme endet, und dienen dem affektiven Spannungsabbau.[8]
Der wohl verständnisvollste Kritiker LÉVY-BRUHL*s* war E. E. EVANS-PRITCHARD.[9] Er würdigt den theoriegeschichtlichen Fortschritt LÉVY-BRUHL*s* gegenüber FRAZER und TYLOR: LÉVY-BRUHL ordne – wenngleich evolutionistischen Ansätzen verhaftet – den fremdartigen Verhaltensweisen in nichteuropäischen Gesellschaften immerhin soziokulturelle Gesetzmäßigkeiten statt mangelnde geistige Entwicklung zu. Andererseits wirft EVANS-PRITCHARD LÉVY-BRUHL unzulässige Verallgemeinerungen vor, die zu der unhaltbaren These von einer »primitiven« und einer »zivilisierten« Mentalität ohne Berücksichtigung sozialer Unterschiede führten. LÉVY-BRUHL mache die Nichteuropäer prälogischer (EVANS-PRITCHARD übersetzt: abergläubischer) und die Europäer rationaler als sie wirklich seien.[10] Menschen und Gesellschaften, so EVANS-PRITCHARD, deren Überleben in hohem Grad von einem angemessenen Umgang mit der Natur abhängt, können nicht mit fiktiven Realitäten »prälogischer« Mentalität existieren.[11] LÉVY-BRUHL selbst hat später seine Theorien relativiert. In den posthum veröffentlichten »*Carnets*« (1949) schreibt er, bei der Partizipation könne man nicht von einem Gesetz sprechen, da er nicht in der Lage sei, eine exakte Erklärung für diese Vorgänge zu lie-

7 Ebd., 57.
8 MALINOWSKI, Magic, Science and Religion, 25–30.
9 EVANS-PRITCHARD, a. a. O., 78–99.
10 Ebd., 91.
11 Ebd., 87.

fern; wohl hätten »die Primitiven« häufig ein Gefühl der Partizipation, seltener aber derartige Vorstellungen. Zudem halte die Hypothese von den Kollektivvorstellungen und ihren Verbindungen einer genaueren Überprüfung nicht stand.[12]

IV. Fortbestehen der Partizipationstheorie

Am Beispiel dieser Theorie, die in der Ethnologie längst als überholt gilt, zeigt sich besonders deutlich, daß beim Theorietransfer innerhalb der wissenschaftlichen Disziplinen häufig auf völlig veraltetes Material zurückgegriffen wird. So schreibt GOLDAMMER 1960 in »*Die Formenwelt des Religiösen*«, einem »Grundriß der systematischen Religionswissenschaft«, das kultische Spiel gehöre »in den Bereich der *participatio*, der Teilhabe am Ganzen und Vollkommenen ...«[13], und selbst das – profanisierte – sportliche Spiel erinnere an die kultische Partizipation mit ihrem »tödlichen Ernst«.[14] Direkt auf LÉVY-BRUHL bezieht sich PIAGET in seinem 1926 erschienenen »*Weltbild des Kindes*« (1980), in dem er kindliches und nichteuropäisches Denken – PIAGET nennt es »ursprüngliches Denken«[15]– gleichsetzt. Er unterstellt damit dem Kind nicht nur die von TYLOR gedachten falschen Kausalitätsbezüge, sondern auch »magisches Handeln«, nämlich »den Gebrauch, den das Individuum von Partizipationsbeziehungen machen zu können glaubt, um die Wirklichkeit zu ändern«.[16] Er unterscheidet dann vier Formen von »Magie durch Partizipation«, (1) die der Handlungen und Dinge, (2) die des Denkens und der Dinge, (3) die von Substanzen und (4) die durch Intentionen.[17] PIAGET folgt LÉVY-BRUHL auch in dem wesentlichen Irrtum, von Denkstrukturen auszugehen, wo es sich um Handlungsmuster handelt.

Literatur

DURKHEIM, E., Représentations individuelles et représentations collectives, in: Revue de Métaphysique et de Morale IV (1898); EVANS-PRITCHARD, E. E.; Theories of Primitive Religion, 1965; FRAZER, J. G., The Golden Bough, (1911–1915) 1922; GOLDAMMER, K., Die Formenwelt des Religiösen, 1960; KARDINER, A., The Psychological Frontiers of Society, 1945; KROEBER, A. L., Anthropology, 1942; LÉVY-BRUHL, L., Les fonctions mentales dans les sociétés inférieures, (1910) 1922, dt.: Das Denken der Naturvölker, 1921; ders., La mentalité primitive, 1922; ders., Les carnets de Lucien Lévy-Bruhl, hg. von M. LEENHARDT, 1949; LINTON, R., The Cultural Background of Personality, 1945; MALINOWSKI, B., Magic, Science and Religion (1925), in: REDFIELD, R. (Hrsg.), Magic, Science and Religion and other Essays, 1954; PIAGET, J., Das Weltbild des Kindes, (1926) 1980; SPRADLEY, J. P., Participant Observation, 1980; TYLOR, E. B., Die Anfänge der Cultur, (1871) 1873.

Gertrud Schier

---

12 LÉVY-BRUHL, Les carnets, 77–80.
13 GOLDAMMER, Formenwelt des Religiösen, 361 f.
14 Ebd., 363 f.
15 PIAGET, Weltbild des Kindes, 114.
16 Ebd., 113 f.
17 Ebd., 115 f.

Pattern

I. Begriffsbestimmung II. Verwandte Begriffe III. *Pattern* in der Kulturanthropologie IV. *Pattern* im Funktionalismus V. Kritik am *Pattern*-Begriff

I. Begriffsbestimmung

Das englische Wort *pattern* kann in etwa mit »Muster«, »Form«, »Modell« wiedergegeben werden. Es wird einerseits verwendet zur Beschreibung von Dekorationsformen oder Stilen, andererseits aber auch in einem abstrakteren Sinn, als *patterns of behaviour* oder *patterns of culture*. In diesem Sinn ist der Begriff zu einem Code-Wort der amerikanischen Cultural Anthropology geworden, wo er etwa seit den 30er Jahren in zahlreichen Arbeiten auftaucht[1], wenn auch mit unterschiedlichen Bewertungen. KROEBER (1948) führt neben dem »*style pattern*« vier verschiedene *pattern*-Begriffe auf: (a) *universal pattern*, (b) *whole-culture pattern*, (c) *systemic pattern*, (d) *total-culture pattern*. *Universal pattern* oder »Kulturschema« ist eine von WISSLER[2] eingeführte Bezeichnung, die der ethnographischen Erfassung und Einteilung jeder möglichen Kultur dienen soll. WISSLER stellt neun Hauptpunkte zusammen: Sprache, materielle Kultur, Kunst, Wissen, Religion, Gesellschaft, Eigentum, Regierungsform, Krieg. Sie lassen sich in den Inhaltsverzeichnissen zahlreicher ethnographischer Monographien wiederfinden. *Whole-culture pattern* entspricht einem von KROEBER (1944) ausgeführten Versuch, einen regelhaften, für alle Gesellschaften gültigen historischen Entwicklungsablauf festzustellen. Die damit verwandte Kulturwandelforschung bediente sich dieser Bezeichnung allerdings nicht mehr. *Systemic patterns* sind Komplexe kulturellen Materials, systematische Einheiten, die sich auf einen bestimmten Aspekt von Kultur beziehen und auf verschiedene Ethnien zutreffen, also etwa mit dem Pflug betriebener Ackerbau.[3] *Total-culture pattern* ist das Erscheinungsmuster, »der Geist«, der eine bestimmte Kultur ausmacht. Die beiden letzten Definitionen haben sich in vielen Arbeiten der amerikanischen Schule gehalten. KLUCKHOHN[4] konkretisiert die beiden wesentlichen Aspekte des Begriffs *pattern*: (a) spezifische Formen von Vorstellungen und Verhalten, (b) generelle Konfigurationen, die viele Aspekte einer Kultur einschließen.

II. Verwandte Begriffe

Die häufige, aber nicht einheitliche Verwendung von *pattern* hat immer wieder zu Neudefinitionen und dem Einsatz alternativer oder speziellerer Terminologien geführt.

GOLDENWEISER setzt *pattern* synonym mit dem deutschen Wort »Gestalt«.[5] KROEBER bezeichnet *total-culture pattern* auch mit *configuration*, der wörtlichen Übersetzung

---

1 RUDOLPH, »Cultural Anthropology«, 28f.

2 Nach KROEBER, Anthropology, 311.

3 Ebd., 312.

4 KLUCKHOHN, Patterning, 109.

5 GOLDENWEISER, History, Psychology and Culture, 86.

von »Gestalt«.[6] Der Begriff *configuration* wird in der Folge immer im Sinne einer umfangreichen kulturellen Struktur verwendet[7]. KLUCKHOHN (1943) schlägt eine Hierarchie verschiedener kultureller Muster vor: *pattern – configuration – ethos. Patterns* sind spezifische Formen beobachtbarer Standards und Handlungen, *configurations* sind übergeordnete Muster, vom Beobachter postuliert, um strukturelle Ähnlichkeiten verschiedener konkreter Kontexte beschreiben zu können. *Ethos* ist ein einziges dominantes Prinzip, das als »Genius« einer Kultur zu verstehen ist. Was KLUCKHOHN als *configuration* beschreibt, bezeichnet OPELER (1945) als *theme*. Der von GILLIN (1936) benutzte Terminus *objectives*, Ziele und Leitbilder, die durch eine Kultur aufrecht erhalten werden, steht dem Ethos von KLUCKHOHN näher.
Auf der Ebene der beobachtbaren *patterns* ist v. a. der Begriff *trait* (»Zug«) wichtig. BOAS[8] benutzt fast ausschließlich die Worte *trait* und *element*, wobei Elemente sozusagen in einer Momentaufnahme festgehalten sind, während *traits* eine Reihe verwandter Elemente sind, die sich durch eine historische Dimension auszeichnen. KROEBER verwendet *traits* im Sinne seiner *systemic patterns* (1948). LINTON stellt eine Hierarchie der Begriffe *activity – item – trait – trait complex* auf, wobei *trait complex* etwa *pattern* entspricht.[9] KLUCKHOHN bemerkt, daß *traits* sich ausschließlich auf Formen materieller Kultur beziehen, also konkret und beobachtbar sind, während *patterns* eine Struktur bezeichnen, die Beziehung zwischen Menschen oder Menschen und Dingen.[10]

III. *Pattern* in der Kulturanthropologie

Der *pattern*-Begriff geht vermutlich auf BOAS zurück, der ihn – ähnlich wie *traits* – als deskriptive Kategorie für die Theorie der *culture areas* benutzte[11]. Im folgenden wird aber *pattern* immer deutlicher als Struktur verstanden, nämlich als Beziehung zwischen Verhaltensformen im weitesten Sinn; damit bekommt *pattern* sowohl eine selektive wie eine integrative Bedeutung[12]. Diese Struktur mehr oder weniger offensichtlichen kulturellen Verhaltens wird, in Anlehnung an den Sprachgebrauch der Soziologie, oft auch als *pattern of behavior* bezeichnet. Dieser Terminus taucht zum ersten Mal in dem 1927 erschienenen Aufsatz von SAPIR »*Unconscious Patterning of Behaviour*« (1951) auf, und zwar mit deutlicher Hinwendung zur Psychologie, die den Forschungen zur Kultur und Persönlichkeit wesentliche Impulse gab. Bei SAPIR findet sich auch der Begriff *patterning*, der in dieser Richtung verstanden wird als »*a process, originating with a group or community, whereby an individual's personality is modified, limited, or standardized*«[13]. Zurückgreifend auf SAPIR differenziert KLUCKHOHN (1941) nach expliziten und impliziten *patterns* einerseits und nach *ideal* und *behavioral patterns* andererseits. Die Bedeutung des *pattern*-Begriffs wird deutlich in der Kulturdefinition von KROEBER und KLUCKHOHN: »*Culture consists of patterns, explicit and im-*

---

[6] KROEBER, a. a. O., 316.
[7] Z. B. LINTON, Cultural Background of Personality, 2.
[8] BOAS, Race. Language and Culture, 250–270.
[9] LINTON, Study of Man, 383–388.
[10] KLUCKHOHN, a. a. O., 115 f.
[11] RUDOLPH, a. a. O., 28.
[12] Z. B. HERSKOVITS, Man and His Works, 169.
[13] HONIGMANN, Culture and Personality, 170.

plicit, of and for behavior, acquired and transmitted by symbols, constituting the distinctive achievement of human groups, including their embodiments in artifacts.«[14] Der Terminus *patterns of culture* wurde v. a. bekannt durch das 1934 erschienene gleichnamige Buch von RUTH BENEDICT. Während in den meisten Arbeiten *patterns of culture* mehr im Sinne des operableren Begriffs *patterns of behavior* benutzt wurde, unternahm BENEDICT den Versuch, der abstrakteren Bedeutung des *pattern*-Begriffs – GOLDENWEISERS Gestalt oder KLUCKHOHNS Ethos – näherzukommen. Sie ordnet jeder Kultur nur ein *pattern*, einen »*dominant drive*« zu, den sie als »dionysisch« oder »apollinisch« bezeichnet.

IV. *Pattern* im Funktionalismus

Im klassischen Funktionalismus fehlt die Bezeichnung *pattern*, der zentrale Begriff ist hier die »Institution«. Eine Brücke zwischen beiden Begriffen und damit zwischen der Cultural und der Social Anthropology haben NADEL und v. a. PARSONS geschlagen. NADEL definiert Institutionen als funktionale Einheiten, die aus *action patterns* bestehen, deren Zwecke sich gegenseitig bedingen. Die Institution selbst ist auch ein *action pattern* mit einem Zweckkomplex.[15] PARSONS, auf den sich NADEL in einer späteren Arbeit (1957) bezieht, unterscheidet drei Formen von *culture pattern*, nämlich Glaubenssysteme, Systeme ausdrücklicher Symbole und Systeme wertorientierter Standards, die mit entsprechenden Formen von Handlungsmotivationen und -werten sowie mit Institutionen, regulativen oder interrelativen, in einer dynamischen Beziehung stehen.[16]

V. Kritik am *Pattern*-Begriff

Die Einführung des Begriffs *pattern* ist zu verstehen als ein Versuch, dem Wesen aller Kulturen und gleichzeitig dem Spezifischen bestimmter Kulturen näherzukommen; er ist die Bezeichnung des spezifisch Fremden einer Kultur – typischerweise sind ja nur außenstehende Beobachter, nicht die Beteiligten in der Lage, dieses Spezifische zu benennen.[17] Der Begriff hat also durchaus die Tendenz, ethnische Vorurteile zu verwissenschaftlichen. Mit *pattern* werden strukturelle Einheiten bezeichnet, deren inhaltliche Füllung oft unvollständig bleibt. Je größer diese strukturellen Einheiten werden, desto weniger können sie mit konkreten Inhalten gefüllt werden, wie etwa beim »Genius« einer Kultur. Die Versuche von WISSLER oder BENEDICT, *pattern* auch als Inhalte zu verstehen, müssen notgedrungen ins Banale abgleiten. Brauchbar ist der Begriff *Pattern* eigentlich nur in dem Sinn wie ihn KLUCKHOHN ver- und anwendet (1941), nämlich in kleinen Bereichen mit überschaubaren Strukturen.

---

14 KROEBER u. KLUCKHOHN, Culture, 181.
15 NADEL, Foundations of Social Anthropology, 107.
16 PARSONS, Social System, 57f.
17 Z. B. KLUCKHOHN, Covert Culture.

Literatur

Benedict, R., Patterns of Culture, 1934; Boas, F., Race. Language and Culture, 1940; Gillin, J., The Configuration Problem in Culture, in: Am. Soc. Rev. I (1936); Goldenweiser, A., History, Psychology and Culture, 1933; Herskovits, M., Man and His Works, 1952; Honigmann, J., Culture and Personality, 1954; Kluckhohn, C., Patterning as Exemplified in Navaho Culture, in: Spier, Hallowell u. Newman (Hg.), Language, Culture and Personality, 1941; ders., Covert Culture and Administrative Problems, in: American Anthropologist 45 (1943); Kroeber, A. L., u. C. Kluckhohn, Culture, 1952; Kroeber, A. L., Configurations of Culture Growth, 1944; ders., Anthropology, 1948; Linton, R., The Study of Man, 1936; ders., The Cultural Background of Personality, 1945; Nadel, S. F., The Foundations of Social Anthropology, 1951; ders., The Theory of Social Structure, 1957; Opler, M. E., Themes as Dynamic Forces in Culture, in: Am. Journal of Soc. LI (1945); Parsons, T., The Social System, 1952; Rudolph, W., Die amerikanische »Cultural Anthropology« und das Wertproblem, 1959; Sapir, E., The Unconscious Patterning of Behavior, in: Mandelbaum (Hg.): Selected Writings of Edward Sapir, 1951.

Gertrud Schier

Person

I. Zur Begriffsproblematik II. Die Theorie der Person bei Marcel Mauss III. Zur Rollentheorie IV. Ein ethnographisches Beispiel aus Afrika V. Zur Kultur- und Persönlichkeitsforschung VI. Das Leib-Apriori: Körper als Metapher VII. Körper und Tod, Begräbniszeremonien VIII. Körper und Gesellschaft IX. Person in Theorien zur Evolution der Zivilisation X. Beiträge der Linguistik zum Begriff Person XI. Schlußbemerkung

I. Zur Begriffsproblematik

Das Konzept der Person gilt generell als Schnittstelle der Referenzpunkte Gesellschaft, Kultur und Individuum und bildet damit einen Schlüsselbegriff der Soziologie, Ethnologie und Psychologie. Neben der Vielfalt der Bestimmungen aus diesen wissenschaftlichen Disziplinen finden wir eine lange Geschichte des Begriffs in der philosophischen, juristischen und theologischen Diskussion, die über die Philosophie des Idealismus, des 18. und des 17. Jahrhunderts bis in die Periode des Konzils von Nicäa und die Zeit der Etablierung des Römischen Rechts zurückverfolgt werden kann. Eine zureichende definitorische Bestimmung wird ferner durch die zahlreichen Substituierungen für diesen Begriff wie Subjekt, Selbst, Ich, Charakter und Individuum erschwert. Weitere Probleme der klaren Abgrenzung ergeben sich, wenn man diese Begriffe im Zusammenhang mit ihren Gegenbegriffen betrachtet. So finden wir Gegenüberstellungen wie Subjekt / Objekt, Selbst / Anderer, Ich / Du und Individuum / Gesellschaft oder auch den Dreiklang Es / Ich / Über-Ich der Psychoanalyse. Diese Begriffspaare werden wiederum überlagert von den Ideen der Rolle und Maske, die auf die lateinischen, bzw. griechischen Wurzeln *persona* und *prosopon* verweisen und damit den Begriff der Person zur Metaphorik des Theaters in Beziehung setzen. Den gemeinsamen Hintergrund der meisten neueren sozialwissenschaftlichen Theorien scheint gleichwohl die Idee eines *a priori* gegebenen, unverwechselbaren und einmaligen »Selbst« zu bilden, das sich seiner Identität als kontinuierlichem Kern des Ich immer bewußt ist und einen Punkt der Permanenz darstellt, von dem aus alle Erfahrungen Sinn und Struktur erhalten. Das Selbst als jenes unverwechselbare Einzelwesen, das sich von anderen Einzelwesen unterschieden weiß und sich – wie JAN VAN BAAL es ausdrückt – gegenüber anderen Individuen gleichzeitig als solches Einmaliges zeigt und verbirgt[1], realisiert sich in der Person. In dieser Hinsicht gleicht sie der Maske, die als etwas verstanden werden kann, das etwas Nichtvorhandenes offenbart (eine Gottheit, einen Ahnen, einen Tiergeist) oder etwas offenbar Vorhandenes (den Darsteller) verbirgt, wobei die Identität des sichtlich Vorhandenen durch die Transformation der Maske zu einer Veränderung der Substanz führen kann.[2]

II. Die Theorie der Person bei MARCEL MAUSS

Das Wechselspiel von Offenbaren und Verbergen setzt ein Selbstbewußtsein des Selbst voraus, dessen Universalität M. MAUSS in seinem berühmten und in der Ethnologie wohl einzigartigen Werk über die Person behauptet, wenn er schreibt, »daß es niemals ein menschliches Wesen gegeben hat, welches abgesehen von dem Gefühl seiner Körperlichkeit keinerlei Sinn für seine zugleich geistige wie körperliche Individualität gehabt hätte«.[3] Von dieser Grundannahme ausgehend, entwickelt MAUSS eine evolutionäre Linie von der in ihrem sozialen Umfeld anerkannten Person oder *personnage* über die Maskenrolle zum Begriff der juristischen Person, die dann durch christlichen Einfluß und durch theologische Bestimmungen zum modernen, philosophisch-moralischen Wertbegriff der Individualität geworden sei. In MAUSS' eigenen Worten: »Von einer einfachen Maskerade zur Maske, von der Figur zu einer Person, zu einem Namen und einem Individuum, von diesem zu einem Wesen metaphysischen und moralischen Werts.«[4] Gleichwohl hegt MAUSS Zweifel an der universellen Verbindlichkeit des Begriffs des autonomen Individuums: »Wer weiß überhaupt, daß diese Kategorie (sc. der *personne morale*), die wir alle für fest verankert halten, immer als solche anerkannt werden wird? Sie bildet sich nur für uns und in uns.«[5]
MAUSS' Überlegungen werden hier als Ausgangspunkt gewählt, da sie uns den Weg zu Problemstellungen weisen, die für die sozialwissenschaftliche Diskussion auch heute noch von zentraler Bedeutung sind. Insbesondere erhebt sich die Frage nach dem Konzept der sozialen Person in anderen Kulturen und nach der Universalität der Trennung von unteilbarem Individuum und Rollenfunktion.

III. Zur Rollentheorie

In seinen Ausführungen zur sozialen Rolle, die auf ethnographischen Arbeiten seiner Zeit beruhen, kommt MAUSS zu der Schlußfolgerung: »Dies ist der Beweis dafür, daß das Individuum zählt, und es ist auch Beweis dafür, daß es nur als sozial bestimmtes

1 Vgl. BAAL, Man's quest for partnership, 54–56.
2 Vgl. KÖPPING, Voice of Masks.
3 MAUSS, Soziologie und Anthropologie 1, 225; vgl. hierzu auch ALLEN, Category of the Person.
4 MAUSS, Soziologie und Anthropologie, 252.
5 Ebd.

Wesen zählt.« Seine Ausführungen zum Begriff der *personnage* oder des »Charakters« von bestimmten und in ihrer Zahl beschränkten Namen und Rollen schlagen eine Brücke zu der soziologischen Diskussion des Begriffs der Rolle, der von R. DAHRENDORF wie folgt umrissen wird: »Am Schnittpunkt des Einzelnen und der Gesellschaft steht *homo sociologus*, der Mensch als Träger sozial vorgeformter Rollen.«[6] Allerdings unterscheidet sich der soziologische Ansatz vom älteren ethnologischen, wenn DAHRENDORF im unmittelbaren Anschluß hieran sagt: »Der Einzelne ist seine sozialen Rollen, aber diese Rollen sind die ärgerliche Tatsache der Gesellschaft.«[7] DAHRENDORF begeht hier den Fehler, die faktische Realität von Rollenverhalten und Rollenerwartungen mit der Wertung des Individuellen zu verwechseln. Zudem ist es fraglich, ob es tatsächlich Gesellschaften gibt, in denen der Einzelne als Person ganz in seinen Rollen aufgeht.[8] Denn wie DUMONT betont, müssen wir einen Unterschied machen, ob wir vom Individuum als einem empirischen Agenten reden, der das Rohmaterial jedweder Soziologie bleiben muß, oder ob wir vom normativen Subjekt von Institutionen reden und mit ihm die Werte der Freiheit und Gleichheit verbinden, was nur für unsere Kultur spezifisch sein mag: »dies ist eine unserer Ideen, die Idee von einem Ideal«.[9] DUMONT macht zugleich darauf aufmerksam, daß wir nicht umhin können, uns der DURKHEIM*schen* Einsicht zu beugen, daß die Gesellschaft in unser aller Denken vorherrscht, und führt dafür das Wort von RIMBAUD an: »Es ist falsch zu sagen, ›ich denke‹. Man kann nur sagen: ›Ich werde gedacht‹.«[10] Damit finden wir die Brücke zurück zur Hauptthese, die sowohl MAUSS wie DURKHEIM vertreten: für beide gilt, daß Individuen in ihrem Leben zwar die an sie gestellten Handlungserwartungen erfüllen und Positionen und Ämter durchlaufen, aber die Einzelnen wachsen in diese Rollen hinein und verlassen sie wieder, damit ihnen andere folgen können; d. h. die Gesellschaft besteht fort, während die Individuen dahinsterben.

Wie KÖNIG ausführt, ist die Idee der Person bei DURKHEIM allerdings nicht ahistorisch zu verstehen. Vielmehr sieht DURKHEIM die Person als durch die Lebensgeschichte des Individuums, durch das Vorhandensein des Gedächtnisses und der Erinnerung bestimmt. Durch sie erhält jede Person ihre jeweils spezifische Individualität.[11] So heißt es etwa in seiner Schrift »*De la détermination du fait moral*« von 1906: »Obzwar es eine Moral der Gruppe gibt, die allen Menschen, aus denen sie sich zusammensetzt, gemeinsam ist, hat jeder Mensch doch seine eigene Moral: selbst dort, wo der ausgeprägte Konformismus herrscht, bildet sich jedes Individuum seine eigene Moral. Jeder von uns besitzt eine innere Sittlichkeit, und es gibt wohl kein individuelles Bewußtsein, welches das allgemeine moralische Bewußtsein genau wiedergäbe und diesem nicht teilweise inadäquat wäre. In dieser Hinsicht ist jeder von uns ... in gewissen Punkten immoralisch.«[12] Und MAUSS schließt sich dem im Prinzip an, wenn er schreibt: »Wenn wir Soziologen dem Menschen, dem menschlichen Bewußtsein

---

6 DAHRENDORF, Homo sociologus, 16.
7 Ebd.
8 Eine solche Identifikation glaubt indes C. GEERTZ auf Bali aufgespürt zu haben: »Sie haben ihr wahres Selbst der Rolle geopfert: sie ... sagen, daß ihre Rolle die Essenz ihres wahren Selbst sei«, GEERTZ, Person, Time and Conduct in Bali, 1966, 386. (Alle Übersetzungen, soweit nicht anders angegeben: K.-P. KÖPPING.)
9 DUMONT, Homo Hierarchicus, 43.
10 RIMBAUD 1871, zit. ebd.
11 Vgl. R. KÖNIG, Emile Durkheim zur Diskussion, 1973, 178.
12 Zit. ebd., 226 f.

begegnen, ... haben wir es nicht nur mit dieser oder jener Eigenschaft der Seele, dieser oder jener Funktion des Körpers zu tun, sondern mit totalen Menschen, die aus einem Körper, einem *individuellen* Bewußtsein und aus jenem Teil des Bewußtseins bestehen, der aus dem Kollektivbewußtsein herrührt.«[13] MAUSS und DURKHEIM rekurrieren also genau auf jene Merkmale, die zur Veräußerung der kollektiven Vorstellung in der Rolle führen. Ihre theoretischen Positionen in dieser Frage sind nicht zuletzt durch ethnologische Forschungen bestätigt worden.

IV. Ein ethnographisches Beispiel aus Afrika

Eine wichtige empirische Untersuchung von MAUSS' Theorie der *personnage* lieferte M. FORTES mit seinen Untersuchungen über das Bild der Person bei den Tallensi.[14] Ihren Vorstellungen zufolge besteht eine jede lebende Kreatur aus Atem und Körper, während der Mensch zusätzlich eine Seele oder Lebenskraft besitzt, die zunächst in einem individuellen Körper wohnt, diesen aber nach dem Tode verläßt, um im Schrein der Ahnen mit diesen vereint zu werden. Umfaßt die Idee der Seele die Erfahrung der Einheit und Kontinuität des Individuums mit den eigenen Vorfahren, so wird das Selbst mit einem weiteren Ausdruck umschrieben, zu dem die Geräte, Waffen, Kleider usw. sowie der Zustand des »Bei-sich-Seins« als einer über Zeitspannen sich hinziehenden Einheit ebenso gehören wie der Körpergeruch, der Schweiß und die sexuellen Ausflüsse eines Individuums. Fäkalien und Urin werden bei den Tallensi als »normaler Schmutz« vom »mystischen Schmutz« unterschieden, vor allem den abgeschnittenen Fingernägeln und Haaren, die zu Lebzeiten eines Menschen aufbewahrt werden müssen, da man sie zu Zauberzwecken benutzen kann. Diese mystischen und Individualität markierenden Bestandteile des Körpers werden erst nach den Begräbniszeremonien weggeworfen, damit die Seele zu den Ahnen einkehren kann, um dann nicht mehr als menschliche Person, sondern als Ahne für die Abstammungslinie wirksam zu werden.

Diese Dinge definieren bei den Tallensi also das Individuum als einzigartige menschliche Person; um aber eine soziale Person werden zu können, muß ein Individuum in einem patrilinearen Klan als legitimer Nachkomme der rechtmäßigen Gattin eines Mannes geboren werden und die Gnade eines Ahnenschutzgeistes erlangen. Die ideale Person ist eine solche, die das Erwachsenenalter erreicht hat, verheiratet ist und männliche Nachkommen hat. Ohne eigene Kinder kann ein Individuum, obgleich es als voller Mensch angesehen wird, nicht zur Person werden. Daneben besteht aber auch die Idee des einmaligen Individuums: Menschen können sich auch ohne ihre Rollenkomponenten begegnen: als Einzelwesen; ermöglicht wird dies durch ein mystisches Band, das auf der Macht der *soog*-Beziehung beruht, die durch matrilineare Verbindungen vererbt wird.[15] Aus FORTES' Beschreibung der Tallensi wird ersichtlich, daß afrikanische Kulturen entgegen dem weitverbreiteten Vorurteil über die kommunale Denkweise dieser Völker sehr wohl über das Konzept eines einmaligen Individuums verfügen, daß aber das Hauptgewicht der Person auf der sozialen Kontinuität von korporativen Deszendenzgruppen wie Klan oder Lineage liegt.

---

13 MAUSS, Œuvres 3, 280–81, zit. nach ebd., 274.
14 Vgl. FORTES, Religion, Morality and the Person.
15 Vgl. ebd., 284f.

V. Zur Kultur- und Persönlichkeitsforschung

Durch DURKHEIMs Ansatz finden wir auch Zugang zu einer anderen Schule der Ethnologie, die MAUSS nicht zur Kenntnis nahm, nämlich zur »Kultur- und Persönlichkeitsforschung«. DURKHEIM führte aus: »Was uns lenkt, sind nicht die wenigen Ideen, die gegenwärtig unsere Aufmerksamkeit beanspruchen; es sind die Residuen, die unser bisheriges Leben hinterlassen hat.«[16] Was hier bei DURKHEIM angedeutet wird, ist die Tiefendimension der kollektiven Vorstellungen, die ihren Zwangscharakter durch die Internalisierung in der Sozialisierung oder Enkulturation erhalten; dabei tauchen bei ihm weiterhin die Begriffe »*habitudes*« und «*préjugés*« auf, die seiner Ansicht nach unseren moralischen Charakter konstituieren, also genau das, was MAUSS als *personnage* bezeichnete. DURKHEIM scheint hier auf die Idee des »Unbewußten« hinzuarbeiten, die einen Weg zur Psychoanalyse öffnet. Man könnte eigentlich die Person, wie sie von der Psychoanalyse seit FREUD definiert wird, oder zumindest ihre konstitutiven Bestandteile, ohne Schwierigkeiten in die Termini DURKHEIMs übersetzen: Wenn die Psychoanalyse die Person oder die Persönlichkeit in den Dreitakt von Es, Ich und Über-Ich auflöst, so stünde das Es für die organischen Triebstrukturen des menschlichen Individuums, das Über-Ich für den sozialen Zwang der internalisierten Kollektivvorstellungen, der Normen und Werte, und schließlich das Ich als die Komponente, die der Durchsetzung individueller Ziele durch rationale Mittel dient.

Generell geht es der Kultur- und Persönlichkeitsforschung um die Feststellung der durchschnittlichen erwachsenen Persönlichkeit (»*modal personality*«) und deren Genese durch die Fixierung verschiedener Einstellungen und Leitideen in der frühkindlichen Erziehung. Diese Forschungsrichtung befaßt sich also nicht mit der individuellen Psychologie der Person; statt dessen sucht sie nach jenen Spuren, die die frühkindliche Sozialisierung durch die Familie in der erwachsenen Durchschnittspersönlichkeit der Gruppe hinterlassen hat und die eventuell zu Handlungsnormen geworden sind, ohne daß sich das Individuum dessen noch bewußt ist. Die Nähe der Definition der *personnage* bei MAUSS zu dieser Richtung der Ethnologie, die in den USA besonders durch M. MEAD, A. KARDINER und C. DUBOIS vertreten worden war und in dem Jahrzehnt zwischen 1940 und 1950 ihren Höhepunkt mit dem Studium des Nationalcharakters der amerikanischen Gegner des Zweiten Weltkriegs fand[17], ist klar ersichtlich aus der Formulierung, mit der D. RIESMAN den »sozialen Charakter« vom allgemeinen Charakter unterscheidet: »Charakter ist ... die mehr oder weniger sozial und historisch bedingte Struktur der individuellen Triebe und Befriedigungen ... Sozialer Charakter dagegen ist der Teil des Charakters, wie er bestimmten Gruppen gemeinsam ist und der ... das Produkt der Erfahrungen dieser Gruppe darstellt.«[18] Prominente Vertreter dieser Richtung waren auch E. FROMM und E. ERIKSON, die die Beziehung zwischen sozialem Charakter und Gesellschaft als funktionale Anpassung postulierten. Wir finden hier eine Bestimmung der sozialen Person, die eine Fusion des KANT*schen* ethischen Imperativs mit den utilitaristisch-funktionalen Kulturtheorien darzustellen scheint, uns aber trotz des hohen spekulativen Abstraktionsgrades den Weg zurück zu DURKHEIM und von ihm aus wieder vorwärts zu modernen ethnographischen Arbeiten weist, die sich vor allem mit der symbolischen Struktur, durch wel-

---

16 DURKHEIM, Sociologie et philosophie, 50.

17 R. BENEDICT, The Chrysanthemum and the Sword, 1947 dürfte hier als paradigmatisch gelten.

18 RIESMAN, Einsame Masse, 20–21.

che verschiedene Gesellschaften eine soziale Person kreieren oder die Dissolution dieser Person anzeigen, beschäftigt haben.

VI. Das Leib-Apriori: Körper als Metapher

J. COMAROFF hat darauf hingewiesen, daß der Körper nicht nur eine anthropomorph-kosmologische Dimension hat, sondern auch zum Artikulationspunkt für gesellschaftliche Vorstellungen von Individuum und Kollektiv werden kann: »Der Körper ... vermittelt alle Aktionen zur Welt und konstituiert gleichzeitig das Selbst und das Universum von sozialen und natürlichen Beziehungen (...) Obgleich dieser Prozeß ein unreflektierter ist, ist die Logik dieses Universums selbst eingeschrieben in die ›natürlichen‹ Symbole, die der Körper zur Verfügung stellt.«[19] Noch spezifischer hatte bereits H. PLESSNER für eine Wissenschaftsrichtung plädiert, die man als Ästhesiologie des Körpers oder eine anthropologische Sinnenphänomenologie bezeichnen könnte.[20] Die Ethnologie bietet für ein solches Unternehmen reiches und systematisch noch lange nicht ausgeschöpftes Anschauungsmaterial. Ein Beispiel stellen die kulturell unterschiedlichen Empfängnisvorstellungen dar. So heißt es etwa bei den patrilinearen Kaliai auf Neu-Britannien, daß der Fötus vom väterlichen Samen stamme[21], während die matrilinearen Trobriander sagen, daß hieran allein die Mutter Anteil habe.[22] Doch läßt sich keine durchgehende Korrelation mit den Deszendenzprinzipien feststellen. Bei den patrilinearen Mae-Enga stammt der Fötus vom Blut der Mutter, doch kommt die soziale Person erst durch die Geister der Patrilinie zustande.[23]

VII. Körper und Tod, Begräbniszeremonien

Eine Reihe von Forschern hat sich der bereits 1909 von HERTZ, einem der engsten Mitarbeiter von MAUSS und DURKHEIM, konstatierten Ähnlichkeit von Begräbniszeremonien und Initiationen gewidmet. HERTZ hatte argumentiert, daß Doppel- oder Sekundärbestattungen deshalb so häufig anzutreffen seien, weil der Tod zwei Anforderungen an die Gesellschaft stellt, nämlich einmal die Entflechtung des Individuums von der Gesellschaft, zum anderen die Wiederbegründung derselben durch die Neuverteilung der Rollen des Verstorbenen. Aus diesem Grund gäbe es keine Begräbnisrituale für Kinder, Fremde oder Sklaven, da diese zwar als Menschen, nicht aber als Personen angesehen würden.[24] BLOCH und PARRY knüpfen hieran an. Ihnen zufolge zielten Begräbnisriten darauf, Individualität zu eliminieren und gleichzeitig Kontinuität zu schaffen, so daß der Tod zu neuem Leben in der depersonalisierten Kollektivität der Ahnen führt, welche auf diese Weise wiederum zur permanenten Quelle des Lebens

---

19 COMAROFF, Body of Power, 6 f.

20 Vgl. PLESSNER, Anthropologie der Sinne.

21 Vgl. D. A. COUNTS, Father's Water equals Mother's Milk, in: Mankind 14 (1983).

22 Vgl. A. WEINER, Women of Value, Men of Renown. New Perspectives in Trobriand Exchange, 1976.

23 Vgl. A. STRATHERN, One Father, One Blood. Descent and Group Structure among the Melpa People, 1972, 9 f.

24 Vgl. HERTZ, Death and the Right Hand.

werden.[25] Wo wir Sekundärbestattungen finden, haben wir es also beim ersten Ritual mit dem Wegschaffen des zeitgebundenen Individuums und der verschmutzenden Aspekte des Todes zu tun, beim zweiten Ritual dagegen mit dem regenerativen Aspekt und der Reetablierung von Autorität. Aufgrund seiner Arbeiten bei den Merina von Madagaskar kam BLOCH des weiteren zu dem Schluß, daß die dortigen Begräbnisriten, bei denen im Zuge der Zweitbestattung die Knochen der Toten zerrieben und mit dem Knochenmehl der früher verstorbenen Angehörigen der Lineage im Ahnenschrein vermischt werden, einen Gegensatz von ›männlichem‹ Knochen und ›weiblichem‹ Fleisch symbolisieren, wobei die Knochen der Männer die Fruchtbarkeit der Wiedergeburt darstellen, während die Sexualität der Frauen negiert wird. Es komme hier zu einer Trennung von Sexualität und biologischer Geburt von der Fruchtbarkeit, der es entspreche, daß auch die Beschneidung als soziale und moralische Geburt verstanden wird.[26]

Die Ähnlichkeit der Symbolik, die bei Initiationsritualen zum Tragen kommt, mit dem Tode ist auch von V. TURNER in all ihrer Multivalenz dargestellt worden: in der sogenannten liminalen Phase durchleben die Neophyten einen symbolischen Tod; sie müssen durch Gräben, Mulden oder Erdtunnel kriechen, werden begraben und dürfen sich nicht mehr bewegen; die Initiationshütten haben die Bedeutung von Gräbern und Mutterleibern, die rituelle Nacktheit verweist bald auf den Leichen- und bald auf den Kleinkindstatus.[27] In dieser Phase werden den Einzuweihenden auch die bisherigen Namen weggenommen, neue Namen werden ihnen erst bei der Reintegrationszeremonie gegeben (Idee der »zweiten Geburt«).

Hervorragende Beispiele für die Ähnlichkeit von Todes-, Zeugungs- und Unreinheitsvorstellungen finden sich bei M. WILSON. In dem von ihr untersuchten komplexen Symbolsystem der Nyakyusa wird der Totenschatten mit dem männlichen Samen in Verbindung gebracht, und so einerseits als Quell des Lebens angesehen, andererseits aber auch mit Dreck und Unreinheit der schlimmsten Art wie Fäkalien und anderen körperlichen Ausscheidungen gleichgesetzt.[28] Falls Tote nicht mit den entsprechenden Ritualen beigesetzt werden, erscheinen sie Lebenden im Traum und treiben sie zum Wahnsinn. Der Abscheu vor Schmutz wird so mit der Angst vor dem Tod gleichgestellt, und der Wahnsinn gilt als eine Folge der Verunreinigung.

VIII. Körper und Gesellschaft

In einer vergleichenden allgemeinen Studie hat sich M. DOUGLAS diesen und ähnlichen Reinheitsvorschriften gewidmet und aufzuzeigen versucht, wie Körpersymbolik, Reinheitsrituale und Ideen von der Gesellschaft in vielen Kulturen kovariieren. So führt sie aus, daß Reinheitsvorschriften das Verlangen ausdrücken können, den physischen und sozialen Körper intakt zu halten – »sie richten sich auf die Kontrolle der Ein- und Ausgänge« –, zugleich aber auch dem Ziel dienen, »die Trennlinien inner-

---

[25] Vgl. BLOCH u. PARRY, Death and the Regeneration of Life.
[26] Vgl. ebd., 220.
[27] Vgl. TURNER, Ritual Process, 96f. Die *Ubar-* und *Kunapipi*-Zeremonien der australischen Aborigines in Arnhemland weisen eine ähnliche Symbolik auf; vgl. KÖPPING, Religion in Aboriginal Australia.
[28] Vgl. WILSON, Rituals of Kinship, 55ff.

halb eines sozialen Systems zu sichern«[29]. Schmutz erscheint so als ein Symbol für Unordnung, Chaos und Zweideutigkeit, mit dem jede gesellschaftliche Ordnung fertig werden muß. Durch ihre Konzentration auf die rituellen Handlungen, durch welche Individuen die Kontinuität des Kollektivs garantieren, hat DOUGLAS einen wichtigen Beitrag zur Symbolik wie Ästhesiologie der Person und des Körpers geliefert.
Die angeführten Beispiele zeigen, daß die vergleichende Ethnologie z. T. in ausdrücklichem Rückbezug auf DURKHEIM und MAUSS, zahlreiche Belege dafür erbringen konnte, daß das Apriori des Leibes als eine – wie K. O. APEL dies formulierte – »unaufhebbare Bedingung der Möglichkeit allen anschaulich-bedeutsamen Weltgehaltes anzuerkennen ist«[30].

IX. Person in Theorien zur Evolution der Zivilisation

Ein großangelegtes System der Verbindung von Körperverhalten für unseren eigenen Kulturraum muß in diesem Zusammenhang ebenfalls Erwähnung finden, nämlich das bereits 1936 fertiggestellte Werk von N. ELIAS »*Über den Prozeß der Zivilisation*«. ELIAS versucht zu zeigen, wie die Zivilisierung der Triebe durch die Zeit vorangetrieben worden ist, wie Peinlichkeitsschwellen angehoben, die Nacktheit zurückgedrängt, Aggressionen eingedämmt und alle Körperäußerungen formalisiert wurden. Dabei betont er, daß »keine Gesellschaft ... ohne eine Kanalisierung der individuellen Triebe und Affekte, ohne eine ganz bestimmte Regelung des individuellen Verhaltens (bestehen kann). Keine solche Regelung ist möglich, ohne daß die Menschen Zwang aufeinander ausüben und jeder Zwang setzt sich beim Gezwungenen in Angst ... um«[31]. Bei ELIAS wird die Variabilität des klassischen Wortes vom Gleichgewicht von Pflicht und Neigung zu einem historischen Prozeß (nicht unähnlich der Entstehung der moralischen Person bei MAUSS), in welchem die Person sich im KANT*schen* Sinne das zu eigen macht, was die Gesellschaft in zunehmenden Maße an Restriktion der Triebe verlangt, um das »optimale Gleichgewicht der Seele« zu finden.

X. Beiträge der Linguistik zum Begriff Person

Ein Beitrag zur Beantwortung der Frage nach der Universalität des Selbstbewußtseins, die MAUSS behauptet hat, ist von der modernen Linguistik durch ihre Überlegungen zur gegenseitigen Abhängigkeit von Ichgefühl und Sozialität und deren Vermittlung durch die Sprache gegeben worden. So weist E. BENVENISTE darauf hin, daß die Subjektivität, d. h. die Fähigkeit eines Sprechers, sich als Subjekt zu verstehen, auf der sprachlichen Fähigkeit beruht, »Ego« zu sagen, und daß dadurch der sprachliche Status der Person bestimmt wird. Selbstbewußtsein ist für BENVENISTE nur durch Kontrast möglich: »Ich benutze *ich* nur dann, wenn ich mich an jemanden wende, der in meiner Anrede ein *du* sein wird. Diese Bedingung des Dialogs ist es, welche die Person konstruiert.«[32] In einer Passage, die an die DURKHEIM*sche* Dialektik zwischen Individuum

---

29 DOUGLAS, Reinheit und Gefährdung, 183.
30 APEL, Leibapriori der Erkenntnis, 277.
31 ELIAS, Prozeß der Zivilisation 1, 447.
32 BENVENISTE, Probleme der allgemeinen Sprachwissenschaft, 289f.

und Gesellschaft als Universalie erinnert, heißt es dann: »So fallen die Antinomien ... des Individuums und der Gesellschaft. Es wäre illegitim und irrig, diese Dualität auf einen einzigen Begriff zurückzuführen, gleich, ob dieser einzige Begriff das Ich ist, das in seinem eigenen Bewußtsein installiert werden müßte, um sich dann dem Bewußtsein des Nächsten zu öffnen, oder ob er im Gegenteil die Gesellschaft ist, die als Gesamtheit vor dem Individuum existierte ... In einer dialektischen Realität, die beide Begriffe umfaßt, ... entdeckt man die sprachliche Grundlage der Subjektivität.«[33] BENVENISTE führt dazu das berühmte Paradoxon von A. RIMBAUD an: »je est un autre«, welches der typische Ausdruck ist für das, »was im eigentlichen Sinne die geistige ›Entfremdung‹ ist, wobei das Ich seine es konstituierende Identität verliert«. BENVENISTE macht auch darauf aufmerksam, daß »ich« und »du« umkehrbar sind: »derjenige, den ich als ›du‹ definiere, denkt sich selbst als ›ich‹ und kann sich als ›ich‹ umkehren, und ›ich‹ wird zu einem ›du‹«[34].
Interessant ist in diesem Zusammenhang, daß eine ganze Schule des soziologischen Denkens von ähnlichen Voraussetzungen der Umkehrung oder der Spiegelbildlichkeit der Interaktion ausging, um den Unterschied zwischen dem idiosynkratischen Ich und dem sozialen Ich (*me*) herauszuarbeiten: für G. H. MEAD ist das soziale Ich (*me*) nur durch den interaktiven Kommunikationszusammenhang mit einer anderen Person erfahrbar, in deren Attitüden und Äußerungen es für das Ich als soziale Realität erscheint.[35]

XI. Schlußbemerkung

Die Abhandlung zur Person ist bis zuletzt eine Auseinandersetzung mit MAUSS geblieben. Ethnographische Beispiele haben gezeigt, daß Selbst und Anderer, Differenzierung und Identität, nur im dialektischen Bereich des Sozialen auffindbar sind, genau wie das unteilbare Ich nur in sozialen Rollen aufscheint, wobei der Körper als Begrenzungssystem und als intern differenzierte Funktion von Teilen das hervorstehende vermittelnde Symbol des Ausdrucks der Beziehung von Person und Gesellschaft bleibt. Wir haben deshalb das Leib-Apriori zum Hauptgesichtspunkt der Darstellung gemacht, genau wie alle jene Sozialwissenschaftler, die nicht in einen absoluten Nominalismus verfallen wollen.
Ebenso wie die physische Anthropologie aufgrund der Gleichartigkeit der genetischen Ausstattung der Gattung bei gleichzeitiger einmaliger Kombination von Genen für jeden Teil der Gattung (Individuum) nicht ohne die dialektische Verflechtung von Gleichheit und unterschiedlicher Einmaligkeit auskommt, kann auch eine vergleichende Kulturwissenschaft nicht bestehen, ohne die Gleichheit aller Personen als einmalige Individuen anzunehmen, bei gleichzeitiger Anerkennung der Unterschiede sozialer Personen durch die ihnen von der Gesellschaft zugewiesenen Rollen.

---

33 Ebd., 290.
34 Ebd., 257.
35 Vgl. MEAD, Mind, Self and Society.

Literatur

Allen, N. J., The Category of the Person: A Reading of Mauss' last Essay, in: Carrithers et al. (Hrsg.), The Category of the Person, 1985; Apel, K. O., Das Leibapriori der Erkenntnis, in: Gadamer, H. G., und P. Vogler (Hrsg.), Neue Anthropologie, Bd. 7, 1975; Baal, J. van, Man's Quest for Partnership, 1981; Benveniste, É., Probleme der allgemeinen Sprachwissenschaft, (1972) 1977; Bloch, M., Death, Women and Power, in: Bloch, M., und J. Parry (Hrsg.), Death and the Regeneration of Life, 1982; Carrithers, M., S. Collins und S. Lukes (Hrsg.), The Category of the Person; Comaroff, J., Body of Power, Spirit of Resistance, 1985; Dahrendorf, R., Homo sociologus, (1958) 1965; Dieterlen, M. (Hrsg.), La Notion de la Personne en Afrique Noire, 1973; Douglas, M., Reinheit und Gefährdung, (1966) 1975; Dumont, L., Homo Hierarchicus, (1966) 1972; Durkheim, É., Sociologie et philosophie, (1898) 1924; Elias, N., Über den Prozeß der Zivilisation, 2 Bde., (1936) 1981; Fortes, M., Religion, Morality and the Person, 1987; Hertz, R., Death and the Right Hand, (1909) 1960; Hsu, F., Rugged Individualism Reconsidered, 1983; Köpping, K. P., Religion in Aboriginal Australia, in: Religion 11 (1981); ders., The Voice of Masks and the Face of Deities, in: ders. (Hrsg.), The No Masks of Soei Ogura, 1989; Leenhardt, M., Do Kamo, (1947) 1979; Mauss, M., Œuvres, 3 Bde., 1966; ders., Soziologie und Anthropologie, 2 Bde., 1974; Mead, G. H., Mind, Self and Society, 1934; Plessner, H., Anthropologie der Sinne, in: Gadamer, H. G., und P. Vogler (Hrsg.), Neue Anthropologie, Bd. 7, 1975; Riesman, D., Die einsame Masse, (1950) 1958; Turner, V., The Ritual Process, 1967; Wilson, M., Rituals of Kinship among the Nyakyusa, 1957.

Klaus Peter Köpping

→ *Gruppe, Identitität, Initiation, Klassifikationssysteme, Maske, Verwandtschaft*

Polytheismus

A Begriffs- und Forschungsgeschichte

1. Definition

Als Polytheismus wird eine Religionsform bezeichnet, in der ein Handeln einer Mehrzahl persönlich vorgestellter Götter konzipiert ist. Das Handeln der Götter wird dargestellt als aufeinander bezogen, auf die Welt gerichtet, die Menschen betreffend. Von der bloßen Mehrzahl von Götterkulten in einer bestimmten Region unterscheidet sich eine polytheistische Religion durch eine ›Binnenstruktur‹ ihres Götterapparats, durch ein in sich gegliedertes und durch ein Handlungssystem bestimmtes Pantheon.

2. Wort- und Begriffsgeschichte

Polytheismus (*polytheia*) erscheint als Terminus zuerst bei PHILON von Alexandrien[1] (ca. 15 v. Chr. bis 40 n. Chr.), in polemischer Funktion gegen die nichtjüdischen antiken Religionen gerichtet; daneben *doxa polytheos* zur Bezeichnung desselben Phänomens: unerlaubte Verehrung einer Mehrzahl von Göttern. Als interne Bezeichnung der griechischen Religion verweist *polytheos* umgekehrt auf die Besonderheit hin, daß ein Altar einer Mehrzahl von Göttern gehört: *polytheos hedra*[2].
Vom Sonderfall des israelitischen Monotheismus ausgehend hat ›Polytheismus‹ bis in die Gegenwart eine abwertende Komponente beibehalten: »Polytheismus ist die grobe Art der Abgötterei ...« heißt es in ZEDLERs Universallexikon von 1741, und noch am Beginn unseres Jahrhunderts notiert die Realenzyklopädie für protestantische Theologie und Kirche von 1904: »Polytheismus, der gelehrtere Name für das, was sonst Abgötterei, Götzendienst oder Heidentum genannt wird.«

3. Forschungsgeschichte

Die religions- und kulturgeschichtlichen Auseinandersetzungen des 18. und 19. Jahrhunderts orientieren sich in wesentlichen Punkten an den Prämissen der christlichen Theologien und beschreiben den Polytheismus als ein Übergangsphänomen in der Entwicklung von Kulturen, gegebenenfalls auch als typische Verfallserscheinung. Die These des →Urmonotheismus kann so ein zweites Mal theologisch vereinnahmt werden: »Das Wesen des Polytheismus oder der Verehrung einer Vielheit göttlicher Mächte statt des einen wahren Gottes beruht auf einer Naturbefangenheit des durch die Sünde entarteten religiösen Gefühls und Verhaltens der Menschheit.«[3]
Nachdem die These von D. HUME (*The Natural History of Religion* 1757), der im Polytheismus die ursprüngliche Form und den Ursprung von Religion sehen wollte, zurückgewiesen worden war, beschränkte sich das Interesse der Evolutionstheorien des 18. und 19. Jahrhunderts[4] auf seine Rolle als Zwischenglied in einer Sequenz Fetischismus-Polytheismus-Monotheismus (DE BROSSES 1760, A. COMTE 1830/42)[5] oder Animismus-Polytheismus-Monotheismus (E. B. TYLOR 1871, H. SPENCER 1877[6]). Selbst E. B. TYLOR widmet in seinem Hauptwerk *Primitive Culture* von 1871 dem entwickelten Polytheismus nur wenige Seiten. Ähnliches ließe sich auch für die Beachtung des Polytheismus in den anderen Ursprungstheorien zeigen, für →Totemismus (W. R. SMITH 1889, F. B. JEVONS 1896), Animatismus (R. R. MARETT 1909), schließlich auch für Sabäismus und →Naturmythologie.
Die um die Vorstellung eines →Urmonotheismus kreisenden gegenläufigen Evolutionstheorien (A. LANG, P. W. SCHMIDT) und ihre Widerleger benutzen in ähnlicher Weise

---

[1] PHILON 1, 609; 1,41; zum religionshistorischen Hintergrund SANDELIN, The Danger of Idolatrie.
[2] AESCHYLUS Suppl. 424.
[3] RE für protestantische Theologie und Kirche (1904), s. v. Polytheismus.
[4] Geistesgeschichtlicher Überblick bei M. LANDMANN 1963, 104ff., wissenschaftsgeschichtlicher bei G. WIDENGREN, Evolutionistische Theorien auf dem Gebiete der vergleichenden Religionswissenschaft, in: G. LANCZKOWSKI (Hrsg.), Selbstverständnis und Wesen der Religionswissenschaft, 1974, 87–113.
[5] CH. DE BROSSES, Du Culte des dieux fétiches ou parallèle de l'ancienne Religion de l'Egypte avec la Religion actuelle de la Nigritié, 1760.
[6] H. SPENCER, The Principles of Sociology, 1877.

das historische Material der polytheistischen Religionen lediglich dazu, eine verlorengegangene monotheistische Grundstruktur von ›Religion‹ zu erschließen bzw. dieses zu widerlegen. Eine Würdigung als autonomer Gegenstand, als entwickeltes, eigenen Strukturgesetzen unterworfenes Institut innerhalb von Kulturen hat der Polytheismus lediglich eine kurze Zeit lang sub voce ›Mythologie‹ erfahren; mit dem Aufkommen der Naturmythologie und der Herauslösung der Mythologie aus ›der Religion‹ ging der Religionswissenschaft auch dieses Gegenstandsgebiet zunächst verloren.

B Konstitutive Elemente

1. Gottesvorstellung

Als Aufmerksamkeitsträger und mögliche Interaktionspartner ist in den polytheistischen Systemen eine Mehrzahl von persönlichen Göttern (→ Gottesvorstellungen B I) konzipiert. Aus der Art und Weise, wie das Innenverhältnis der Götter und ihre Stellung zur Welt bestimmt sind, resultiert eine spezifische, für polytheistische Panthea charakteristische → Gottesvorstellung. Die Annahme mehrerer Aufmerksamkeitsträger in einem Pantheon, mit einer Reihe von Eigenschaften, die die Restriktionen menschlichen Handelns programmatisch übersteigen (etwa → Macht, Wissen, Willen)[7], erfordert in den unterschiedlichen Darstellungsmedien Modelle von Kooperation und Konflikt[8], die ihrerseits mit kategorialen Möglichkeiten der Wirklichkeit in Einklang stehen können. Für die Darstellung der handelnden göttlichen Subjekte[9] bedeutet das, daß sie typische Eigenschaften zugeschrieben bekommen, daß ihre Handlungsweisen entsprechend kohärent sein müssen, daß ihre Ziele einem bestimmbaren Rahmen zuzuordnen sind (→ Sinn), kurz, daß sie als persönliche Götter konzipiert sind.

2. Handlung

Der klassische Handlungsbegriff einer verstehenden Soziologie (»›Handeln‹ soll ein menschliches Verhalten ... heißen, wenn und insofern als der oder die Handelnden mit ihm einen subjektiven Sinn verbinden«[10]) ist mit dem unverkennbaren Mangel behaftet, in der Deskription ›fremden‹ Sinn unterstellen und erkennen zu müssen. Eine Rezeption dieses Handlungsbegriffs für eine Analyse der Darstellung von Göttern in einem polytheistischen System scheint hingegen ohne weiteres möglich. Die Darstellung göttlichen Handelns im Mythos muß, da das Subjekt im Kontext der Darstellung konstruiert wird, ständig auf ›Sinn‹ rekurrieren: eine göttliche Ordnung, einen expliziten ›Plan‹[11], die Intentionen von göttlichen oder menschlichen Mitakteuren. Es läßt sich vermuten, daß die Präzisierung eines derartigen Handlungsbegriffs zunächst über

---

[7] Unter dem Begriff »Vollkommenheitspostulate« von TOPITSCH, Gottwerdung und Revolution 121 ff., zusammengefaßt und in ihren Konsequenzen diskutiert.
[8] Breiter Überblick bei KIPPENBERG (Hrsg.), Struggles and Alliances of Gods.
[9] S. GLADIGOW, Der Sinn der Götter.
[10] Dies die Definition von M. WEBER, Wirtschaft und Gesellschaft Kap. I 9,1, Studienausgabe 1976, 1.
[11] Altorientalische und israelitische Beispiele bietet ALBREKTSON 68 ff.

die Gottesvorstellungen gelaufen ist[12], daß der Polytheismus seine Struktur als eine solche »Handlungstheorie« gewonnen hat.

Von den bevorzugten Darstellungsmodi des Mythos ist vor allem das Mittel der Dramatisierung geeignet, das Handeln einer Mehrzahl von Göttern sichtbar zu machen, zugleich die Komplexität von Erscheinungen mit der Komplexität des Handlungsablaufs in Beziehung zu setzen. Der Kampf von Göttern gegen Götter ist dabei[13], die Bedeutung des Kampfes in der politischen Realität spiegelnd, ein bevorzugtes Mittel, Zustände von Welt zu beschreiben und zu begründen. Aktive und aktuelle Gestaltung von Welt und Wirklichkeit durch die Götter sind eine Konsequenz dieses Konzeptes: Die Götter ›sind‹ nicht bloß, sondern greifen aktiv und arbiträr in das Weltgeschehen ein. Die Programmatik ihres Handelns kann sich dabei in der Aufnahme bestimmter Funktionen, Antagonismen, Alternativen, →Rollen niederschlagen (Mutter, Herrscher, Kämpfer, Schöpfer, Heiler, der gerechte Gott, der strafende Gott etc.); schließlich ebenso in expliziten Plänen.

3. Pantheonbildung

Eine Begrenzung der Zahl großer, d. h. handelnder und durch ein Handlungsprofil gekennzeichneter Götter ist ein weiteres konstitutives Element polytheistischer Religionen. Zahlenmäßige Begrenzung und Götter als handelnde Personen sind komplementäre Elemente. Perspektivenreichtum und Überschaubarkeit der notwendigen und möglichen Relationen liegen möglicherweise bei 10–20 konzipierten Subjekten[14] in einem Optimum. Konkret gesprochen, unter diesen Bedingungen sind Kohärenz der Handlungsstruktur und Einheitlichkeit des Weltbildes am ehesten gewährleistet. Auf der Ebene des Kultus setzen Kult- und Tempelbetrieb gegebenenfalls ökonomische Grenzen, die deutlich unterhalb des Kreises der einem Pantheon zugehörenden Götter liegen. Die Begrenzung der Zahl handelnder Gottheiten garantiert in gleichem Maße eine Flexibilität in der Deutung von Welt wie eine Stabilität des Handlungssystems. Auf diese Weise kann die Weltordnung gleichzeitig als stabil und als komplex angesehen werden, deduktive Prämissen und individuelle Bedürfnisse können im Rahmen desselben Systems befriedigt werden.

4. Gliederungsprinzipien

Eine Mehrzahl von autonom handelnden, voll personalisierten Göttern innerhalb eines Pantheons erfordert für einen individualisierten und selektiven Zugriff Aussagen über das Innenverhältnis der Götter zueinander. In dem Maße, in dem die Vorstellungen der Götter differenzierter werden, wird auch das Innenverhältnis der Götter nach bestimmten Kategorien konzipierbar (→Mythos). Die Beziehungen der Götter untereinander, Art und Qualität dieser Beziehungen, sind von einem bestimmten kulturellen Niveau ab bevorzugter Gegenstand von Spekulation und Systematisierung (→Theologie).

Folgende Möglichkeiten ein Pantheon zu gliedern, zu strukturieren, werden in den polytheistischen Religionen bevorzugt gewählt: eine Aufteilung nach männlichen und weiblichen Göttern; eine verwandtschaftliche Ordnung der Götter (Genealogie); eine hierar-

---

[12] Gladigow, Der Sinn der Götter.

[13] Dazu die Beiträge bei v. Stietencron 1983, 225 ff.

[14] Zum ethologischen Hintergrund L. Tiger; R. Fox, Das Herrentier, 1976, 75 ff. Den Polytheismus als Modell für Sozialität stellt heraus M. Augé, Le génie du paganisme, 1982.

chische Ordnung, d. h. eine Abschichtung nach großen und herrschenden Göttern und kleinen und beherrschten; eine arbeitsteilige Differenzierung nach Aufgabe und Funktionen; eine lokale Differenzierung; eine Ordnung nach ›Götterkreisen‹; eine Aufgliederung nach jüngeren und älteren Göttern, früheren und späteren; schließlich nach kooperierenden und einander feindlichen Göttern. Die genannten Gliederungsprinzipien können sich selbstverständlich überlagern und ergänzen: Ältere und herrschende Götter können zusammenfallen – oder gerade nicht (Kronos); kooperierende und eng verwandte – oder genau umgekehrt (Horus und Seth); die früheren Götter können die unterlegenen sein – oder genau umgekehrt. Die Konsequenzen solcher Konzepte für das jeweilige Pantheon liegen in einer weiteren ›Abschichtung‹ der Götter: Die im Kampf um das ›Königtum im Himmel‹[15] unterlegenen Götter repräsentieren nicht nur eine ältere Göttergeneration, sind ›historisch früher‹, sondern müssen im allgemeinen auch das Zentrum der Welt räumen: Seth wird dem Bereich des Draußen zugeordnet, Alalu flieht auf die dunkle Erde, Kronos wird unter die Erde verbannt oder lebt am Rand der Welt. Auch auf diesem Wege wird eine Regionalisierung der mythischen Welt vorgenommen; daneben steht das Motiv der Teilung der Herrschaft über die Welt unter Brüdern (Zeus / Poseidon / Hades). Die gleichzeitige Anwendbarkeit mehrerer dieser Kategorien ermöglicht ein fast beliebig zu verfeinerndes Klassifikations- und Interpretationssystem.

5. Substruktion und periphere Elemente

Polytheistische Religionen können nicht als ›Systeme‹ angesprochen werden, ohne auch die Konstruktionselemente zu berücksichtigen, die die Kulte der einzelnen Götter charakterisieren und zugleich ›unterhalb‹ der Ebene des Mythos Korrespondenzen, aber auch Differenzierungen liefern. Das gilt etwa für die Götterepitheta, die, als Beiname zum Namen gesetzt, Götter in einer bestimmten Weise definieren, charakterisieren[16], sie schließlich in der gewünschten Weise ›konditionieren‹. Das im Unterschied zum Eigennamen meist durchsichtige Epitheton liefert – neben dem Eigennamen (→Name) – auch eine Einbindung des Gottes in die gewünschten Sozialschemata (etwa: Retter, Heiler, der Gerechte, der Lebenspendende).

C Religionsgeschichtliche Perspektiven

1. Kulturelle Kontexte

Das Verhältnis der Binnenstruktur eines Polytheismus zu den politischen und sozialen Bedingungen, unter denen sie entworfen wurde, ist Gegenstand weiterreichender Hypothesen geworden. A. Brelich[17] hat auf die Existenz eines entwickelten Ackerbaus als Basis polytheistischer Religionen verwiesen, G. E. Swanson und C. Lemert[18] haben Korrelatio-

---

[15] Zur Systematisierung dieses Motivs M. K. Wakeman, God's Battle with the Monster, 1973. Zur Hierarchisierung der Götterwelt als politischem Modell und Deutungsmuster Topitsch, Vom Ursprung und Ende der Metaphysik 47ff.

[16] Zum Potential der Epitheta am Beispiel des griechischen Materials Gladigow, RAC XI (1981) 1226–1236 s. v. Gottesnamen (Gottesepitheta) I allgemein.

[17] Brelich, Der Polytheismus 132ff.

[18] Swanson, Birth of the Gods; Lemert, Cultural Multiplexity.

nen zwischen der Komplexität einer Gesellschaft und dem Vorhandensein eines Polytheismus gezogen. Auf eine ausgeprägt hierarchische Ordnung des Götterpantheons mit herrschenden und (von anderen Göttern) beherrschten Göttern wies E. Topitsch[19] in fast allen Altkulturen mit einer konsolidierten Zentralherrschaft hin. Darüber hinausgehende Aussagen über das Verhältnis von Binnengliederung eines Pantheons zu politischen, sozialen, kulturellen Problemstellungen der Kulturen[20] sind außerordentlich schwierig und lassen kaum Verallgemeinerungen zu. Mythen, die eine Abfolge von Göttern in der Funktion des ›Königs im Himmel‹ herstellen (Sukzessionsmythen)[21] – am deutlichsten im ägyptischen, churritisch-hethitischen und griechischen Bereich vertreten –, reflektieren gleichzeitig die Probleme von Herrschaftstradition und Legitimität bestehender Herrschaft, setzen insofern einen bestimmten Typ politischer Organisation voraus.

2. Regionalisierung und Differenzierung

Pantheonbildung und Regionalisierung können in ihrer historischen und topographischen Konkretisierung in Konflikt geraten: Wie ist zu reagieren, wenn im Umkreis einer Person oder Gruppe nicht alle Götter des Pantheons, zu deren Verehrung man verpflichtet ist oder die man gerade benötigt, auch kultisch erreichbar sind? Die polytheistischen Systeme haben hier zwei komplementäre Lösungs-Modelle entwickelt, eines, das eine Mobilität von Kultteilnehmer oder Kultobjekt voraussetzt, und ein anderes, das die erstrebten Leistungen und Funktionen in einer Kumulation der Eigenschaften des Gottes auffängt. Wallfahrten zu fernen Kultstätten[22] erweitern in Sonderfällen die übliche regionale Beschränkung des Kultteilnehmers, Wallfahrten bzw. Prozessionen mit Kultbildern heben die Ortskonstanz des Bildes temporär auf. Auf der anderen Seite des Schemas wird in einer Kumulation von Eigenschaften und Epitheta[23] die Ausdifferenzierung eines Pantheons partiell zurückgenommen. Die frühesten historisch faßbaren monotheistischen Konstrukte[24] reagieren auf eine vergleichbare Spannung zwischen Regionalisierung, zurückgenommener Ausdifferenzierung und Zentralisierung. Die grundsätzliche Regionalisierung von polytheistischen Religionen ist die Rahmenbedingung, die Konversionen[25] und Soteriologie[26] gewissermaßen vormonotheistisch ›verräumlicht‹, – mit dem Wechsel der Region unterstellt sich der Fremde einem anderen Pantheon und ist von anderen Göttern abhängig.

---

19 Topitsch, Vom Ursprung und Ende der Metaphysik.

20 Einen Versuch, alternative Handlungsmöglichkeiten und die Legitimation des Herrschaftssystems als Reflexionsschub zu bestimmen, dessen Ergebnis die polytheistischen Religionssysteme sind, hat Döbert, Zur Logik des Übergangs 343 ff. vorgelegt.

21 Der Begriff hat sich am Kumarbi-Mythos entwickelt, vgl. H. G. Güterbock, Kumarbi. Mythen von churritischen Kronos aus den hethitischen Fragmenten zusammengestellt, übersetzt und erklärt, in: Istanbuler Schriften 16 (1946).

22 B. Kötting, Peregrinatio religiosa. Wallfahrten in der Antike und das Pilgerwesen der alten Kirche, 1950; G. Lanczkowski, Die heilige Reise, 1982.

23 Gladigow, RAC XI (1981) 1226 ff.

24 Zum »Amarna-Monotheismus« und dem jüdischen Polytheismus B. Lang unter → Monotheismus CI und II.

25 Zur Fokussierung des Konversionsbegriffs auf christliche Modelle A. D. Nock, Conversion. The Old and the New in Religion from Alexander the Great to Augustine of Hippo, 1933.

26 Plakativ Brelich, Politeismo e Soteriologia 46: »In conclusione: il politeismo, prima di disgregarsi sotto l'azione di nuovi orientamenti culturali ad esso estranei, ignora la soteriologia.«

3. Ausdifferenzierung von Monotheismen

Henotheistische Optionen lassen sich als Reduktionsformen der Regionalisierung eines Polytheismus beschreiben: Nur noch der Gott, vor den man getreten ist, ›gilt etwas‹. Die daraus hervorgehenden elativischen oder superlativischen Prädikationen (im Schema etwa von: Jahwe-allein, *heis theos, summus, optimus, maximus*)[27] treten dann zwangsläufig mit vergleichbaren anderen in Konkurrenz, wenn der temporale oder regionalisierte Grundbezug verlassen wird. Religionshistorisch ergibt sich daraus zunächst die Frage, wie die unterschiedlichen, nun zeitlich und räumlich stabilisierten Monotheismen in die jeweilige polytheistische Grundstruktur integriert werden konnten – und nicht umgekehrt[28]. Das religionshistorische Material zeigt, daß gerade die entwickelten polytheistischen Systeme im allgemeinen ›insuläre Monotheismen‹ ohne Mühe integrieren[29] konnten. Xenophanes' Prädikation »Ein einziger Gott, unter Göttern und Menschen am größten ...«[30] spiegelt den notwendigen Rekurs monotheistischer Postulate auf ein polytheistisches Grundmuster in fast paradoxer Weise. Da in einem ausdifferenzierten polytheistischen System der konkrete kultische Zugang zu den Göttern selektiv und, im Blick etwa auf die Opfergaben, auch exklusiv erfolgen konnte, fallen ›insuläre Monotheismen‹[31] nicht notwendig aus dem System heraus. Umgekehrt läßt sich sagen, daß erst eine Ausdifferenzierung der polytheistischen Systeme in verschiedene Göttertypen mit höchst unterschiedlichen Wirkungsbereichen und Geltungsansprüchen[32] die Ausformulierung monotheistischer Tendenzen und Ansprüche auf einem Niveau ermöglicht hat, von dem aus eine Universalisierung erfolgen konnte.

4. Polytheismus als Alternative

Wohl nur unter den besonderen Bedingungen, die der übermächtige Druck des islamischen Ostens auf das byzantinische Reich ausübte, das sich seit dem ersten Kreuzzug zugleich vom lateinischen Westen verraten fühlte, konnte im 15. Jahrhundert nocheinmal ein ernstgemeinter Entwurf eines Polytheismus entstehen. In GEMISTOS PLETHONs *Nomon Syngraphe*[33] findet sich am Vorabend der Florentiner Renaissance der Ver-

---

27 Hierfür hat F. M. MÜLLER in: Chips from a German Workshop, 1875, 350 und 373, als Terminus → Henotheismus vorgeschlagen; im Blick auf den Kultus hat sich danaben auch Monolatrie eingebürgert.

28 Letzteres das Grundinteresse in den wichtigen Arbeiten von N. LOHFINK, Gott und Götter im Alten Testament, und ders., Zur Geschichte der Diskussion über den Monotheismus im Alten Testament, in: E. HAAG (Hrsg.), Gott, der Einzige. Zur Entstehung des Monotheismus in Israel, 1985, 9–25. Eine gute Kritik an dieser theologischen »Annäherung an polytheistische Gottesvorstellungen« findet sich bei AHN, ›Monotheismus‹ – ›Polytheismus‹ 15 ff.

29 Zu (literarischen) Ausnahmen GLADIGOW, Chresthai theois 246 f.

30 Fr. 23 D.-K. Zu ähnlichen Konstellationen in Ägypten HORNUNG, Der Eine und die Vielen.

31 Vgl. VAN SELMS, Temporary Henotheism.

32 S. dazu → Gottesvorstellungen B. Anders ausgedrückt, Ergebnis des Differenzierungsprozesses ist eine Interferenz von ›Religionen‹ und ›Kulten‹ innerhalb eines Polytheismus, wobei ›Religionen‹ Gesamtbereiche abdecken (wie etwa der Shivaismus im Rahmen des Hinduismus oder die ›Zeus-Religion‹ im klassischen Griechenland), ›Kulte‹ nur Teilbereiche, wie das Orakelwesen oder Heilkulte.

33 Jetzt am besten zugänglich über W. BLUM, Georgios Gemistos Plethon. Politik, Philosophie und Rhetorik im spätbyzantinischen Reich (1355–1452), 1988; zum politischen und religiösen Programm N. WOKART, »Hellenische Theologie«. Die Religionsreform des Georgios Gemistos Plethon, in: FABER, SCHLESIER, Restauration der Götter 183–197.

such, auf der Basis eines neuplatonisch eingefärbten antiken Polytheismus eine vernünftige Religion und einen vernünftigen Staat zu bilden. Obwohl in PLETHONs neuplatonischem Referenzrahmen die Alternative Polytheismus-Monotheismus keine zentrale Bedeutung hat, wird er von seinen christlichen und antiplatonischen Gegnern aufs heftigste attackiert: Der ›Reformversuch‹ hat, auch aus diesen Gründen, keine Chance. Unabhängig von aller christlichen Polemik seiner Zeit bleibt, daß PLETHON in der Tradition von Zarathustra und Platon einen philosophischen Polytheismus restaurieren wollte, dessen Götter ihm ein anderes Deutungs- und Regelungspotential erschlossen als der eine Gott der christlichen Theologie.

5. Polytheismen der Neuzeit

Mit dem 18. Jahrhundert setzt ein neuer Versuch ein, den Polytheismus allgemein zu rehabilitieren, entweder in der Form, daß man ihn einer bestimmten Phase kultureller Entwicklung zuordnete, oder in der unmittelbaren Weise, ihn als »Polytheismus der Einbildungskraft und der Kunst« als »neue Religion«[34] anzumahnen. Dieser Entwurf hat im »Zeitalter der Singularisierungen«[35] eine kompensierende Logik und markiert nach der Früh-Renaissance eine zweite Reklamation des Polytheismus für Pluralität, Offenheit, Gewaltenteilung. Die Früh-Romantik leitet so etwas wie eine »Wiederentdeckung des Polytheismus«[36] ein, die freilich schnell in eine Individualisierung eines allgemeinen religiösen Gefühls einmündet. Für SCHLEIERMACHER sind die vielen unterschiedlichen Religionen nur die Formen, unter denen »die unendliche Religion sich im Endlichen darstellt«[37]; das romantische Muster vom Anschauen des Unendlichen im Endlichen hat eine höhere Affinität zum Pantheismus als zu einem wie auch immer gearteten Polytheismus.

6. Pluralismus *versus* Säkularisierung

In der aktuellen Diskussion ist die These von der Modernität des Polytheismus (»*Le polythéisme est à la mode*«[38]) und das »Lob des Polytheismus«[39] Focus einer Auseinandersetzung über die Vertreibung des Polytheismus aus der Geschichte und den Versuch, ein »Polymythie« zu entwerfen, »die spezifisch der modernen Welt zugehört«[40]. Der Beginn der »modernen Welt« wird so durch das »Ende des Monotheismus« bestimmt und ein moderner *»aufgeklärter Polytheismus«*[41] *postuliert.* JACOB TAUBES

---

[34] Zitate aus dem sog.: »Systemprogramm des deutschen Idealismus«, wiederabgedruckt im Angang von R. BUBNER (Hrsg.), Das älteste Systemprogramm, 1973.

[35] R. KOSELLEK, Historia magistra vitae. Über die Auflösung des Topos im Horizont neuzeitlich bewegter Geschichte, in: H. BRAUN; M. RIEDEL (Hrsg.), Natur und Geschichte. KARL LÖWITH zum 70. Geburtstag, 1967, 265.

[36] So die Überschrift von Kap. 4 bei M. LANDMANN, Pluralität und Antinomie 118, ihr gehen voraus Kap. 3 »Das neue Verständnis des Mythos« und Kap. 2 »Vom bleibenden Recht des Polytheismus«.

[37] Über die Religion. Reden an die Gebildeten unter ihren Verächtern, 1899, 248.

[38] DETIENNE, Du polythéisme en général 47.

[39] O. MARQUARD, in: H. POSER (Hrsg.), Philosophie und Mythos, 1979, 40–58: wiederabgedruckt in: ders., Abschied vom Prinzipiellen, 1981, 91–116.

[40] MARQUARD, Lob des Polytheismus 53.

[41] MARQUARD, Lob des Polytheismus 53. In ders., Aufgeklärter Polytheismus 83 auf Gewaltenteilung konzentriert: »Die politische Gewaltenteilung ist aufgeklärter – ›säkularisierter‹ – Polytheismus: seine Entzauberungsgestalt.«

kritisiert in seiner besorgten Replik[42] vor allem, daß mit der »religionsgeschichtlichen Apologie des Heidentums und dem philosophischen Lob des Polytheismus ... nicht nur eine mythische Geisteslage indiziert, sondern produziert (wird)«[43], und setzt MARQUARDS streitlustigen Vortrag in eine Reihe mit DE BENOISTS »*Comment peut-on être païen?*«[44]. Die Schärfe der Opposition geht vor allem auf die Verbindung zurück, die M. WEBER zwischen dem modernen Werte-Pluralismus und einem in *die* Neuzeit transformierten Polytheismus[45] gezogen hat. Unter diesen Prämissen ist Polytheismus dann die große Alternative zu einem an einer monotheistischen Gottesvorstellung orientiertem Menschen- und Weltbild. Diese Konfrontation ist freilich eurozentrisch focussiert und akademisch definiert: Sie sieht davon ab, daß weniger als die Hälfte der Weltbevölkerung nominell monotheistischen Religionen zuzuordnen ist und daß die meisten derer, die monotheistischen Religionen angehören, ›ihren‹ Monotheismus – die Muslime gegenwärtig noch ausgenommen – nur als Element eines weit komplexeren Orientierungsmusters praktizieren. Jener »Zwang zur Häresie«, den fortschrittliche christliche Theologen beklagen[46], bedeutet auf einer deskriptiven Ebene, daß auch andere religiöse Muster simultan angewandt werden, daß es zur religiösen Kompetenz in komplexen Gesellschaften gehört[47], auswählen und kombinieren zu können. Diese Situation aber entspricht dem Grundsatz nach den religiösen Bedingungen in polytheistischen Religionen.

Literatur

AHN, G., ›Monotheismus‹ – ›Polytheismus‹. Grenzen und Möglichkeiten einer Klassifikation von Gottesvorstellungen, in: M. DIETRICH, O. LORETZ (Hrsg.), Mesopotamica – Ugaritica – Biblica. Festschrift L. BERGERHOF, 1993, 1–24; ALBREKTSON, B., History and the Gods, Coniectanea Biblica. Old Testament Ser. 1, 1967; ALBRIGHT, W. F., Von der Steinzeit zum Christentum. Monotheismus und geschichtliches Werden (engl. 1940), 1949; BECK, H., Triadische Götterordnungen: Klassisch-antiker und neuplatonischer Ansatz, in: Theologie und Philosophie 67 (1992), 230–245; BERGER, P. L., Der Zwang zur Häresie. Die Religion in der pluralistischen Gesellschaft; BERNER, U., Trinitarische Gottesvorstellungen im Kontext theistischer Systembildungen, in: Saeculum 31 (1980), 93–111; BRELICH, A., Politeismo e soteriologia, in: S. G. F. BRANDON (Hrsg.), The Saviour God, 1963, 37–50; BRELICH, A., Der Polytheismus, in: Numen 7 (1960), 123–136; DETIENNE, M., Du Polythéisme en général, in: Classical Philology 81 (1986), 47–55; DÖBERT, R., Zur Logik des Übergangs von archaischen zu hochkulturellen Religionssystemen, in: K. EDER (Hrsg.), Die Entstehung von Klassengesellschaften, 330–363; FABER, R.; SCHLESIER, R. (Hrsg.), Die Restauration der Götter. Antike Religion und Neo-Paganismus, 1986; FREIER, H., Die Rückkehr der Götter. Von der ästhetischen Überschreitung der Wissensgrenze zur Mythologie der Moderne, 1976; FREUND, J., Le polythéisme chez MAX WEBER, in: Archives de Sciences Sociales des Religions 61 (1986), 51–61; GLADIGOW, B., Der Sinn der Götter. Zum kognitiven Potential der persönlichen Gottesvorstellung, in: P. EICHER (Hrsg.), Gottesvorstellung und Gesellschaftsentwicklung, 1979, 41–62; ders., Zur Konkurrenz von Bild und Namen im Aufbau theistischer Systeme, in: H. BRUNNER; R. KANNICHT; K. SCHWAGER (Hrsg.), Wort und Bild, 1979, 61–77; ders.,

[42] TAUBES, Zur Konjunktur des Polytheismus.
[43] TAUBES, Zur Konjunktur des Polytheismus 464.
[44] A. DE BENOIST, Comment peut-on être païen?, 1981; deutsch: Heide sein, 1982.
[45] FREUND, Le polythéisme chez Max Weber.
[46] BERGER, Der Zwang zur Häresie.
[47] Dazu, am Beispiel der Europäischen Religionsgeschichte, B. GLADIGOW, Europäische Religionsgeschichte, in: H. G. KIPPENBERG (Hrsg.), Lokale Religionsgeschichte, 1995, 71–92.

Strukturprobleme polytheistischer Religionen, in: Saeculum 34 (1983), 292–304; ders., *Chresthai theois* – Orientierungs- und Loyalitätskonflikte in der griechischen Religion, in: CHR. ELSAS; H. G. KIPPENBERG (Hrsg.) Loyalitätskonflikte in der Religionsgeschichte, 1990, 237–251; ders., Struktur der Öffentlichkeit und Bekenntnis in polytheistischen Religionen, in: H. G. KIPPENBERG; G. STROUMSA (Hrsg.), Secrecy and Concealment, 1995, 17–35; HORNUNG, E., Der Eine und die Vielen. Ägyptische Gottesvorstellungen ⁴1990; KENNEY, J. P., Monotheistic and Polytheistic Elements in Classical Mediterranean Spirituality, in: A. H. ARMSTRONG (Hrsg.), Classical Mediterranean Spirituality, 1986, 269–292; KIPPENBERG, H. G. (Hrsg.), Struggles of Gods, Religion and Reason 31, 1984; LANDMANN, M., Polytheismus, in: ders., Pluralität und Antinomie, 1963, 104–150; LEMERT, CH. C., Cultural Multiplexity and Religious Polytheism, in: Social Compass 21 (1974), 241–243; MARQUARD, O., Lob des Polytheismus. Über Monomythie und Polymythie, in: ders., Abschied vom Prinzipiellen. Philosophische Studien, 1981, 91–116; ders., Aufgeklärter Polytheismus – auch eine politische Theologie, in: J. TAUBES (Hrsg.), Der Fürst dieser Welt, 1983, 77–84; MILLER, D. L., The New Polytheism, 1974; MOMIGLIANO, A., The Disadvantages of Monotheism for a Universal State, in: Classical Philology 81 (1986), 285–297; MORA, F., Per una tipologia del politeismo, in: U. BIANCHI (Hrsg.), The Notion of »Religion« in Comparative Research. Selected Proceedings of the XVIth Congress of the IAHR, 1994; OBERLIES, TH., Die Aśvin: Götter der Zwischenbereiche, in: Studien zur Indologie und Iranistik 18 (1993), 169–189; OTTO, E., Altägyptischer Polytheismus, in: Saeculum 14 (1963), 249–285; PETTAZZONI, R., The All-Knowing God. Researches into Early Religion and Culture (1955), 1956; PHILIPPSON, E. A., Die Genealogie der Götter in germanischer Religion, Mythologie und Theologie. Illinois Studies in Language and Literature 37,3 (1953); RUDHARDT, J., Considérations sur le polythéisme, in: Revue de Théologie et de Philosophie 16 (1966) 353–364: SANDELIN, K.-G., The Danger of Idolatrie According to Philo of Alexandria, in: Temenos 27 (1991), 109–150; SCHMIDT, F., Naissance des polythéismes (1624–1757), in: Archives de Sciences Sociales des Religions 59 (1985), 77–90; VAN SELMS, A., Temporary Henotheism, in: Symbolae Biblicae et Mesopotamicae. Festschr. F. M. T. DE LIAGRE BÖHL, 1973, 341–348; SWANSON, G. E., The Birth of the Gods, 1960; TAUBES, J. (Hrsg.), Der Fürst dieser Welt. Religionstheorie und politische Theologie 1 (1983); ders., Zur Konjunktur des Polytheismus, in: K. H. BOHRER (Hrsg.), Mythos und Moderne, 1983, 457–470; TOPITSCH, E., Vom Ursprung und Ende der Metaphysik, 1972; ders., Gottwerdung und Revolution, 1973.

Burkhard Gladigow

Postmortale Existenz

1. Grundvorstellungen 2. Tod und Bestattung 3. Versorgung der Toten durch die Lebenden 4. Versagung der Grabriten und Totenehren 5. Weiterexistenz in einem Kollektiv 6. Der Tote als Träger von Rechten 7. Postmortale Existenz als Phase der Korrektur 8. Die Übergangssituation des Toten

1. Grundvorstellungen

Zu den einfachsten und verbreitetsten Formen einer Reflexion über die Folgen des Todes gehört die Vorstellung, daß die Toten weiterexistieren[1], wenn auch in einer ihre Existenz allmählich reduzierenden Weise. Diese Weiterexistenz wird in einer doppel-

[1] MANDELBAUM, Social Uses of Funeral Rites. Die andere Seite davon ist die ebenso verbreitete Vorstellung, der Tod sei ein Unfall oder zumindest ein unnatürliches Ereignis, vgl. HERTZ, Contribution à une étude sur la représentation collective de la mort 121ff.

ten Weise bestimmt: Über das Überdauern des Körpers, seiner äußeren Form oder von Teilen des Körpers, wie etwa der Knochen; zugleich über eine Versorgung der Toten durch die Hinterbliebenen, durch Speisung, Trank, Bekleidung, Behausung. Das Überdauern des Körpers kann über die Sicherung seines materiellen Erhaltungszustandes oder Sicherung seiner Form laufen[2], durch Trocknen, Schminken, Konservieren, Mumifizieren oder mit Hilfe von Masken, Kleidung und Körpersärgen; schließlich durch Statuen, die u. U. auch Teile des Toten enthalten können. Gegenüber der Selbstverständlichkeit, mit der ein – wie auch immer geartetes – Weiterexistieren der Toten gedacht wurde, sind die Konzeptionen des ›absoluten Todes‹ und der ›unsterblichen Seele‹ philosophische Konstrukte, deren Plausibilität von der der philosophischen Systeme abhängt[3], die sie tragen. Trotzdem haben beide Extrempositionen für die Europäische Religionsgeschichte, im Rahmen der atomistischen Aufklärung und eines weiterwirkenden Neuplatonismus, erhebliche Bedeutung gewonnen.

2. Tod und Bestattung

Wenn die Vorstellung vorherrscht, daß im Tode eine Sonderung von Teilen der Person[4] vor sich geht, hängt die Art der Behandlung der Leiche von der Bewertung der Teile ab. Wenn das Knochengerüst die postmortale Existenz sichert, vielleicht sogar eine Regeneration ermöglicht[5], kann es Teil der Bestattungsriten sein, die Trennung des Fleisches von den Knochen zu befördern: Ein Typ der Brandbestattung und die in Südostasien verbreiteten Mehrfachbestattungen laufen auf die Freilegung des Knochengerüstes hinaus. Besteht die Vorstellung, daß sich im Tode »die Seele« vom Körper trennt[6], kann eine vollständige Brandbestattung sinnvoll sein. Wenn die grundsätzliche Unversehrtheit des Körpers als »Wiederauferstehung des Fleisches« eschatologisches Muster ist, ist eine Brandbestattung hingegen hochproblematisch[7] und kann konsequent abgelehnt werden.

Der Tod selbst wird allgemein als ein Ortswechsel der Person angesehen, der zugleich mit einem Statuswechsel[8] verbunden ist. Der Tote wechselt wie ein Reisender in ein →Jenseits, das üblicherweise noch innerhalb des Bereichs einer mythischen Kosmographie liegt. Erst mit einer Erweiterung der kosmologischen Modelle in der Antike entsteht die Vorstellung, die Seelen steigen zum Äther[9], in die äußerste die Erde umgebende Sphäre auf. Dieses Modell bedingt bis in eine späte Zeit eine Dualisierung der Problemlösung: Der Tote ist im Grabe erreichbar, etwa durch Nahrungsgaben und

---

2 Allgemein und programmatisch hierzu HOLLAND, The Influence of Burial Customs.

3 Vgl. K. KERÉNYI, Die religiöse Idee des Nichtseins, in: ders., Die Religion der Griechen und Römer, 1963, 269–287. Zum Programm des antike Atomismus *nihil igitur mors est ad nos* T. STORK, *Nil igitur mors est ad nos*. Der Schlußteil des dritten Lukrezbuches und sein Verhältnis zur antiken Konsolationsliteratur, Diss. Bonn 1970; allgemein HEER, Abschied von Himmeln und Höllen.

4 Zu den Potentialen des Deutungsschemas Komposition / Dekomposition s. → Interpretationsmodelle 294f.

5 Dazu GLADIGOW, Unsterblichkeit und Moral 104ff.

6 A. FRIEDRICH, Knochen und Skelett in der Vorstellungswelt Nordasiens, in: Wiener Beiträge zur Kulturgeschichte und Linguistik 5 (1943) 189–247; CHR. UHSADEL-GÜLKE, Knochen und Kessel, 1972; GLADIGOW, Unsterblichkeit und Moral 105ff.

7 Zur Kontroverse des 19. Jahrhunderts THALMANN, Urne oder Sarg.

8 Zu Konzept und Interpretationsmodell s. → Initiation.

9 Zur Erweiterung dieser Konzeption zum Empyreum in christlichem Rahmen MCDANNELL; Lang, Heaven 80ff.

Opfer, zugleich ist er im Jenseits, wo er beispielsweise auf dem Wege der Nekromantie (→ Mantik) ansprechbar ist.

3. Versorgung der Toten durch die Lebenden

Bestattungsrituale und Grabrituale können Qualität und Dauer der postmortalen Existenz definieren[10]: Hier liegt eine grundsätzliche Abhängigkeit der Toten von den Lebenden begründet, deren Steuerung über Pietätspflichten, Erbrecht oder Vereinswesen[11] laufen kann. Die Verpflichtung des Sohnes, für seinen Vater die Grabriten zu vollziehen, ist in den meisten Religionen zentraler Teil religiöser Verbindlichkeiten. Das Fehlen eines Sohnes oder der Vollzug der Riten durch Unberechtigte[12] bedeutet den Verlust einer vom sozialen Status her zu erwartenden postmortalen Existenz. Mit zunehmender Individualisierung der Vorstellungen über eine Existenz nach dem Tode wachsen in den verschiedenen Kulturen die Investionen für die Sicherung der eigenen Situation nach dem Tode[13]: Grabmäler, Grabausstattungen und Stiftungen für Grabkulte spiegeln in der Investionsbereitschaft differenzierte Erwartungen an postmortale Existenz. Die Erwartungen sind zunächst unmittelbar an der sozialen Stellung des präsumtiven Toten orientiert, erweitern sich aber, erst mit zunehmender gesellschaftlicher Komplexität, dann im Rahmen von Religionsformen, die sich von familalen Strukturen freimachen. Mit der Unabhängigkeit der postmortalen Existenz von den hinterbliebenen Familienmitgliedern wächst, im Rahmen etwa von Mysterienkulten und unter den Bedingungen einer dauerhaft weiterexistierenden Seele, die Notwendigkeit, für sich selbst und ›in sich selbst‹ zu investieren.

4. Versagen der Grabehren und Totenriten

Wie eng, bis an die Grenzen der Neuzeit, eine Weiterxistenz der Toten mit ihrer rituellen Versorgung verbunden gedacht wurde, zeigen die Vorstellungen über die Folgen eines Fehlens oder einer Versagung der Totenriten: Tote, die nicht rite begraben werden, sei es, weil man ihren Leichnam nicht findet, sei es, weil ihnen die Grabehren versagt werden, »finden keine Ruhe«, gelangen nicht in das Jenseits. Bestimmte Todesarten, wie im Feindesland oder auf See, sind in der Antike besonders gefürchtet, weil sie die regelrechten Grabriten nicht ermöglichen. Ersatzmaßnahmen, wie die Errichtung eines Kenotaphs, sollen hier Abhilfe schaffen – sind aber zugleich nur problematische Substitution.

5. Weiterexistenz in einem Kollektiv

Postmortale Existenz in einem Kollektiv von Ahnen, Geistern, Manen ist üblicherweise die Form, in der die Gegenseitigkeitsbeziehungen zwischen Toten und Lebenden konzipiert werden. Die Ahnen garantieren und kontrollieren die kollektiven Normen,

---

[10] HOLLAND, The Influence of Burial Costums.

[11] Zu den *collegia funeraticia* als »Bestattungsvereinen« GLADIGOW, *Naturae deus humanae mortalis* 126 ff.

[12] Hier liegen die religiösen Konsequenzen des von der Ehefrau unterschobenen, nichtehelichen Sohnes.

[13] Indikator dafür sind die verschiedenen Vorschriften gegen den Grabluxus.

sind gegebenenfalls die wahren Eigentümer des Lebens und des Landes. Die Ahnengeister gewogen zu halten, kann wesentlicher Teil des Kultus sein, begründet in dieser Form aber kaum Erwartungen für die eigene postmortale Existenz.

6. Der Tote als Träger von Rechten

Die Selbstverständlichkeit, mit der der Tote – wenn auch mit Einschränkungen – im Kontext sozialer Beziehungen bleibt, spiegelt sich auch im Rechtsbereich. Unter höchst unterschiedlichen kulturellen Rahmenbedingungen kann der Tote (juristisch gesehen) Vater werden, höchstpersönliches Eigentum für sich reklamieren, als Ankläger vor Gericht auftreten.[14] Kehrseite dieser Rechtspraxis ist, daß der Tote auch Gegenstand von Sanktionen werden kann: Sichernde Maßnahmen gegen Tote, vom Maschalismos bis zur Überweisung an die Anatomie[15], sind Beispiele für den Zugriff der Gesellschaft auf die Leiche, Bestattungsformen und Totenriten, die die postmortale Existenz der betreffenden Personen gravierend einschränken.

7. Postmortale Existenz als Phase der Korrektur

Gegenüber der verbreiteten Vorstellung eines reduzierten und allmählich auslaufenden Weiterexistierens bietet die im Rahmen der antiken Mysterienreligionen entwikkelte Vorstellung einer aktiv weiterexistierenden Seele ein neues Deutungsmuster für postmortale Existenz. Postmortale Existenz ist nun nicht mehr grundsätzlich defizitär, sondern kann im Gegenteil die eigentliche und bessere Existenzform darstellen. In einer Bilanzierung des Lebens, die Leben und postmortale Existenz zusammenfaßt, kann so das Leben nach dem Tode, schon aufgrund seiner längeren Dauer[16], einen höheren Stellenwert bekommen. Im Rahmen von Seelenwanderungslehren können sich die Wertigkeiten ›dieses‹ Lebens und der – nun begrenzten – postmortalen Existenz eines früheren und des folgenden Lebens vertauschen. Dieses Leben kann Strafe, ja das ›Jenseits‹ als Ort der Qualen sein, jenes der Lohn für ein frommes Leben. Wiedergeburts- und Reinkarnationslehren lösen das Modell postmortaler Existenz in Existenz-Sequenzen auf[17], deren Stadien voneinander abhängig sind und die zu einer dauerhaften Existenz »im Kreis der Seligen« oder zu einer Auslösung aus dem Kreis des Werdens führen können.

8. Die Übergangssituation des Toten

Der unbestattete Tote befindet sich nach verbreiteter Vorstellung in einer unbefriedeten Zwischensituation; in dieser Phase ist er in besonderem Maße von den rituellen

---

14 SCHREUER, Das Recht der Toten; FISCHER, Strafen und sichernde Maßnahmen gegen Tote; KELSEN, Seele und Recht.

15 Zum gesellschaftlichen Zugriff auf die Leiche B. GLADIGOW, *Anatomia sacra*, in: PH. J. VAN DER EIJK ALII (Hrsg.), Ancient Medicine in its Socio-Cultural Context 1995, 345ff.

16 Dazu GLADIGOW, Unsterblichkeit und Moral, mit Hinweis auf den ›anderen‹ Kalkül der Antigone (SOPHOKLES, Antigone 74f.), das Gebot des Kreon zu übertreten und zu sterben, »weil ich jenen unten länger gefallen muß, als denen hier auf der Erde«. – Hier liegt eine Vorstufe einer Entwicklung vor, die Individualität und Eschatologie miteinander verbindet; dazu PLESSNER, Über die Beziehung der Zeit zum Tode.

17 HUMMEL, Reinkarnation.

Leistungen seiner Hinterbliebenen abhängig. Zwischenphasen zwischen Tod und endgültiger Seligkeit kennen auch die antiken Mysterienkulte[18]: Der Tote muß im Jenseits den richtigen Weg finden, muß Entscheidungen für das Falsche vermeiden, muß sich in einigen Mysterien gar so etwas wie einer zweiten Einweihung unterziehen. Die monotheistischen Religionen kennen aufgrund der für sie typischen Verbindung von Soteriologie und Eschatologie ein spezifisches Problem in dem zeitlichen und systematischen Verhältnis von individuellem Tod und Endgericht. Die älteste Vorstellung des »Seelenschlafs«[19] löst die Synchronisationsprobleme auf einfache Weise, während die Konzepte, die einen beeinflußbaren Zwischenzustand (*medius status*)[20] oder eine sofortige Aufnahme in den Himmel unter besonderen Bedingungen annehmen, außerordentlich folgenreich sind. Fürbittegebete, das Meßopfer und schließlich – im Blick auf das vorgezogene Purgatorium aus 1. Kor. 3,13ff. – das Ablaßwesen[21] entfalten ihre historische Dynamik aus der Erwartung heraus, den Zwischenzustand und seine Konsequenzen beeinflussen zu können. Eine Prädestinationslehre und die Vorstellung, ein Endgericht erfolge simultan mit dem Tod[22], vermeiden die Probleme eines Zwischenzustandes in programmatischer Weise und erzeugen auf diese Weise ein grundsätzlich neues Verhältnis von Lebensführung und postmortaler Existenz.

Literatur

Ariès, Ph., Studien zur Geschichte des Todes im Abendland, 1976; Bloch, M.; Parry, J., Death and the Regeneration of Life, 1982; Cederroth, S.; Corlin, C.; Lindström, J. H., On the Meaning of Death. Essays on Mortuary Rituals and Eschatological Beliefs, Uppsala Studies in Cultural Anthropology 8, 1988; Davis, St. T. H., Death and Afterlife, 1990; Fischer, P., Strafen und sichernde Maßnahmen gegen Tote im germanischen und deutschen Recht, 1936; Fuchs, W., Todesbilder in der modernen Gesellschaft, 1973; Gladigow, B., Jenseitsvorstellungen und Kulturkritik, in: ZRGG 26 (1974) 289–309; ders., Unsterblichkeit und Moral. Riten der Regeneration als Modelle einer Heilsthematik, in: ders. (Hrsg.), Religion und Moral, 1976, 99–117; ders., *Naturae deus mortalis.* Zur sozialen Konstruktion des Todes in römischer Zeit, in: G. Stephenson (Hrsg.), Leben und Tod in den Religionen. Symbol und Wirklichkeit, ²1980, 119–133; Heer, F., Abschied von Himmeln und Höllen. Vom Ende des religiösen Tertiär, 1970; Heiler, F., Unsterblichkeitsglaube und Jenseitshoffnungen in der Geschichte der Religionen; Hertz, R., Contribution à une étude sur la représentation collective de la mort, in: L'Année sociologique 10 (1905/6), 121–xx; Holland, M. A., The Influence of Burial Custums on the Belief in a Future State, in: Folk-Lore 29 (1918)xxx–xxx; Hornung, E.; Schabert, Th. H. (Hrsg.), Auferstehung und Unsterblichkeit, Eranos N.F 1, 1992; Hull, B. B., Religion, Afterlife, and Property in the High Middle Ages, Studies in Economic Analysis 29 (1990) 297–314; Hummel, R., Reinkarnation. Weltbilder des Reinkarnationsglaubens und das Christentum, 1989; Huntington, R.; Metcalf, P., Celebrations of Death. The Anthropology of Mortuary Ritual, 1980; Keiling, H. H. F. H., Bestattungswesen und Totenkult in ur- und frühgeschichtlicher Zeit, 1991; Kelsen, H., Seele und Recht, in: ders., Aufsätze zur Ideologiekritik, 1964; Klimkeit, H.-J. (Hrsg.), Tod und Jenseits im Leben der Völker, 1978; Le Goff, J., Wucherzins

[18] Überblick bei W. Burkert, Antike Mysterien, 1990.

[19] *psychopannychia*, vgl. 1. Thess. 4,15f.

[20] Zur *mesē katastasis* F. Heiler, Urkirche und Ostkirche, 1937, 437f.

[21] Über die allgemeinen Auswirkungen J. Le Goff, Die Geburt des Fegefeuers, 1984, und ders., Wucherzins und Höllenqualen 1988.

[22] In der Weise der Priviligerung besonderer religiöser Leistungen im Islam vertreten: Der Märtyrer wird sofort in dem Himmel aufgenommen, die anderen unterliegen einer Zwischenphase (›Grabesexistenz‹).

und Höllenqualen. Ökonomie und Religion im Mittelalter, 1988; LORENZ, B., Bestattung und Totenkult im Alten Testament, in: ZRGG 42 (1990) 21–31; MANDELBAUM, D. G., Social Uses of Funeral Rites, in: R. FULTON (Hrsg.), Death and Identity, 1965, xx–xx; MCDANNELL, C.; LANG, B., Heaven. A History, 1988; OBAYASHI, H. H., Death and Afterlife. Perspectives of World Religions, 1992; PAULSON, I., Seelenvorstellungen und Totenglaube bei nordeurasischen Völkern, in: Ethnos 1/2 (1960) 84–118, auch in: C. A. SCHMITZ (Hrsg.), Religionsethnologie 1064, 238–264; PLESSNER, H., Über die Beziehung der Zeit zum Tode, 1952; PREUSS, K. T., Tod und Unsterblichkeit im Glauben der Naturvölker, 1930; SCHREUER, H., Das Recht der Toten. Eine germanistische Untersuchung, in: Zeitschrift für vergleichende Rechtswissenschaft 33 (1916) 333–342; TER VRUGT-LENZ, J., *Mors immatura*, 1960; THALMANN, R., Urne oder Sarg. Auseinandersetzungen um die Einführung der Feuerbestattung im 19. Jahrhundert, 1978; TIPLER, F. J., Die Physik der Unsterblichkeit. Moderne Kosmologie, Gott und die Auferstehung der Toten, 1994; VORGRIMMLER, H., Geschichte der Hölle, 1994; WAHLE, H., Die Lehren des rabbinischen Judentums über das Leben nach dem Tod, in: Kairos 14 (1972) 291–309; XELLA, P. (Hrsg.), Archaeologia dell'Inferno, 1988.

Burkhard Gladigow

→*Anthropologie / Kosmologie, Jenseits, Nirvana, Seelenvorstellungen, Tötung, Tod*

Potlatch

1. Das Chinook-Wort »Potlatch« (geben) wird als Oberbegriff für Verdienstfeste der Kwakiutl, Tlingit, Tsimshian u. a. indianischer Gesellschaften der pazifischen Nordwestküste Amerikas verwendet. Dabei handelt es sich um Gesellschaften mit unterschiedlichen Sprachen und z. T. unterschiedlicher Sozialstruktur, die jedoch aufgrund ihrer (historischen) Gemeinsamkeiten der Wirtschaftsweise (Wildbeutertum mit Vorratshaltung, Tauschhandel), der Architektur und Kunst, der Kriegstradition, der allgemeinen Kosmologie und des Potlatch-Komplexes als kulturell zusammengehörig behandelt worden sind.

2. Als hervorstechende Merkmale von Potlatch-Festen erschienen der verschwenderische Konsum von Lebensmitteln, die Weitergabe oder Zerstörung wertvoller Kupferplatten, sowie das Verschenken zahlreicher Decken und die Tötung oder Entlassung Unfreier. Ein Potlatch wurde organisiert von Häuptlingen, Anwärtern auf Häuptlingstitel oder deren Eltern, die den Ehrgeiz hatten, ihren Gästen möglichst viel zu geben und nichts zu behalten.
Die jeweiligen Anlässe für die Ausrichtung eines Potlatch können als Übergangsriten verstanden werden, z. B. Bestattungsrituale und →Initiationen. Häufig waren damit die Vererbung der Namen und Rechte Verstorbener und der Erhalt der sozialen Gruppe verbunden.
Handel mit den Weißen und Saisonarbeit brachten den Indianern Geld, das die Ausrichtung einer erhöhten Anzahl von Potlatch-Festen ermöglichte und selbst unter die zu zerstörenden und zu verschenkenden Objekte aufgenommen wurde. Als später Arbeitslosigkeit und Armut über die Indianer hereinbrachen, ließen Zahl und Pomp der Feste nach.

3. BOAS' Einschätzung des Potlatch als einer Institution, in der mittels Großzügigkeit und Verschwendung bis hin zum ökonomischen Ruin Rang und Status erworben werden, ist maßgeblich geblieben. Darüber hinaus beschrieb er Potlatch-Feste als zinsbringende ›Kapitalanlagen‹, dergestalt, daß die Gabenverteilung die beschenkten Gäste zu noch umfangreicheren Gegengaben verpflichtete, was unter Berücksichtigung entgegengesetzter Darstellungen[1] allerdings angezweifelt werden muß.
Es wurde versucht, Potlatch-Feste im Sinne einer Umverteilung von Nahrungsmitteln der Wohlhabenden an Hungerleidende zu begreifen. Bedenken gegen diesen ›kulturökologischen‹ Ansatz ergeben sich u. a. aus der Tatsache, daß Überfluß oder Knappheit aus dem saisonalen Jagderfolg resultierten, wovon alle Indianer einer Region gleichermaßen betroffen waren. Gegen eine redistributive Funktion des Potlatch sprechen die offensichtliche Dysfunktionalität seines verschwenderischen, destruktiven Zugs und die Bevorzugung namhafter, angesehener Gäste bei der Gabenverteilung.[2]
BARNETT (1938) wies darauf hin, daß das Potlatch nicht auf eine Angelegenheit unter prominenten Individuen zu reduzieren sei, sondern vielmehr kollektiv von Verwandtschaftsgruppen (Clans, Phratrien oder Moieties) getragen wurde. Dabei warb der offizielle Geber eines Potlatch innerhalb seiner Gruppe um Unterstützung, ohne die eine Ausrichtung des Festes nicht durchführbar war. Dies konnte Anlaß zu internen Rivalitäten bieten. Die Gäste eines Potlatch gehörten in der Regel zu einer anderen, verschwägerten, meist affinalen Verwandtschaftsgruppe. Durch ihre Teilnahme verifizierten sie den Anspruch des Gastgebers auf einen hohen Status. Im Laufe des Festes wurden traditionelle Konflikte und Rivalitäten zwischen den Gruppen rituell dargestellt und ausgetragen.

4. In jüngerer Zeit wurde der Potlatch-Komplex im Rückgriff auf MAUSS' Einsichten zum mystischen Gehalt der →Gabe als religiös-spirituelle Institution und als Ausdruck indianischer Kosmologie verstanden. Geben und Nehmen im Potlatch zwischen Verschwägerten entsprachen dem Tausch- und Abhängigkeitsverhältnis zwischen den Menschen und der übersinnlichen Welt. Der Aspekt der Rivalität unter Titelanwärtern und Verwandtschaftsgruppen trat dabei zurück zugunsten der gegenseitigen Unterstützung. Die Gastgeber empfingen von ihren Gästen unverzichtbare zeremonielle Dienste und Hilfen im Ritual. Im Potlatch wurden also auch gesellschaftliche Solidarität und spirituelle Kontinuität bewiesen.[3]
Trotz missionarischer Verdammung und zeitweiligen gesetzlichen Verbots konnte die Potlatch-Tradition nie gänzlich unterbunden werden und erlebt, wenn auch in modifizierter Form, derzeit eine Wiederbelebung.[4]

Literatur

ADAMS, J. W., Recent Ethnology of the Northwest Coast, in: Annual Review of Anthropology 10 (1981) 361–392; BARNETT, H. G., The Nature of the Potlatch, in: American Anthropologist 40 (1938) 349–358; BOAS, F., The Social Organization and the Secret Societies of the Kwakiutl

[1] CURTIS, North American Indian, 1915; BARNETT, Nature of the Potlatch.
[2] Vgl. ORANS, Domesticating the functional dragon.
[3] IRVIN, My Grandfathers build the House; WALENS, Feasting with Cannibals.
[4] Vgl. JONAITIS (Hrsg.), Chiefly Feasts.

Indians, 1897; ders., Ethnology of the Kwakiutl, 1921; ders., Kwakiutl Ethnography, 1966; CODERE, H., Fighting with Property, 1950; CURTIS, E., The North American Indian, Bd. 10, The Kwakiutl, 1915; DRUCKER, P., Rank, Wealth, and Kingship in Northwest Coast Society, in: American Anthropologist 41 (1939), 55–65; ders. und R. F. HEIZER, To make my name good, 1967; GOLDMAN, I., The Mouth of Heaven, 1975; HARRIS, M., Cows, Pigs, Wars, and Witches, 1974; IRVIN, M. T., My Grandfathers build the House, 1985; JONAITIS, A. (Hrsg.), Chiefly Feasts: The Enduring Kwakiutl Potlatch, 1991; KAN, S., The 19th-century Tlingit Potlatch, in: American Ethnologist 13 (1986) 191–212; MAUSS, M., Die Gabe, 1968; ORANS, M., Domesticating the functional dragon, in: American Anthropologist 77 (1975) 312–328; PIDDOCKE, S., The Potlatch System of the Southern Kwakiutl, in: Southwestern Journal of Anthropology 21 (1965) 244–264; ROSMAN, A., und P. RUBEL, Feasting with mine enemy, 1971; SNYDER, S., Quest for the Sacred in Northern Puget Sound, in: Ethnology 14 (1975) 149–161; STELTZER, U., A Haida Potlatch, 1984; SUTTLES, W., Affinal ties, subsistence, and prestige among the Coast Salish, in: American Anthropologist 62 (1960) 296–305; WALENS, S., Feasting with Cannibals, 1981.

Petra Bolte

Prädestination

1. Die Entwicklungsgeschichte des Begriffs ›Prädestination‹ ist mit der Geschichte der christlichen Theologie von der Patristik bis zur »Kirchlichen Dogmatik« KARL BARTHS eng verbunden. Neben seiner christlich-theologischen Verwendung hat der Begriff auch in religionswissenschaftlichen (G. VAN DER LEEUW, R. OTTO) und in religionsgeschichtlichen Zusammenhängen (bei der Beschreibung der islamischen Dogmatik und der Karma-Lehre) Anwendung gefunden. Obwohl er auf Gedankengut der hellenischen und biblischen Überlieferung zurückgeht, ist der explizite Begriff erst seit patristischer Zeit vorhanden. In der Vulgata fehlt das lateinische Substantiv *praedestinatio*, abgeleitet von *praedestino* (›im voraus zum Ziel setzen, im voraus bestimmen‹); griechische Verben wie *horízein, prohorízein, protíthesthai* (›im voraus bestimmen, festlegen‹) werden mit *praedestinare* übersetzt (z. B. Röm. 1, 4; Eph. 1, 5). Der Begriff ist von verwandten Termini (*electio, praedeterminatio, praescienta, providentia* – Erwählung, Vorausbestimmung, Vorherwissen, Vorsehung) oft nicht eindeutig abzugrenzen; seine konkrete Verwendung hängt überdies weitgehend von den begrifflichen Differenzierungsmöglichkeiten und dogmatischen Voraussetzungen der jeweiligen Theologie ab; dadurch wird die Bestimmung des gerade für das neuzeitliche Freiheitsbewußtsein äußerst problematischen Begriffs erheblich erschwert.

2. Prädestination hebt in ihren konsequentesten Ausprägungen die Vorstellung eines göttlichen Ratschlusses hervor, durch den über Heil oder Verdammnis eines jeden Menschen seit aller Ewigkeit oder zumindest vor seiner individuellen Erschaffung entschieden ist. Dieses Urteil wird nur aufgrund der göttlichen Willkür, d. h. unabhängig von dem für Gott vorhersehbaren Glauben und/oder von den Werken des Betroffenen gefällt; diese selbst werden lediglich als bestätigende Konsequenz der Entscheidung Gottes verstanden. Anders als die allgemeine göttliche Vorsehung bezieht sich die Prädestination vornehmlich auf die postmortale Bestimmung des Individuums und seine eventuelle Auferstehung. Im Unterschied zum Determinismus, der das notwendige Weltgeschehen nicht immer auf eine göttliche Instanz zurückführt, und zum Fatalis-

mus, der mit einer schicksalhaften unpersönlichen Macht anstatt oder jenseits der Götter rechnet, geht die Prädestination von eindeutig theistischen Prämissen aus. Das spannungsvolle Verhältnis zwischen ›Vorherbestimmung‹ und freiem Willen führt dazu, daß die Verfechter der Prädestination immer bemüht waren, deren Kompatibilität mit irgend einer Form von Willensfreiheit zu erweisen, die freilich keine eigentliche Heilsrelevanz besitzen durfte, sondern der theologischen Aufrechterhaltung der göttlichen Gerechtigkeit dienen sollte.

3. a) Zur Vorgeschichte des Theologems der Prädestination gehören sowohl die homerische *Moira*, die eine den Willen und die Handlungen von Göttern und Menschen lenkende, impersonelle Macht darstellt, als auch die in der stoischen Philosophie ausführlich erörterte, zentrale Vorstellung der *Heimarméne*, die Cicero, der stoischen (aber falschen) Etymologie folgend, als *ordinem seriemque causarum*[1] (geordnete Reihe der Ursachen) bestimmt.
b) Auch wenn die Idee der Erwählung Israels durch Gott eine entscheidende Rolle im jüdischen Selbstverständnis spielt, bleiben Prädestinations-Vorstellungen der jüdischen Exegese und Theologie insgesamt fremd. Zwar enthält die hebräische Bibel Texte, die – isoliert – im Sinne einer Prädestinationslehre interpretierbar sind und tatsächlich von christlichen Theologen wiederholt so interpretiert wurden. Aber das rabbinische Denken hält bis zum heutigen Tag daran fest, daß bei aller Abhängigkeit von Gott in sittlich-normativer Hinsicht die menschliche Freiheit zur Entscheidung zwischen Gut und Böse mit allen heilsrelevanten Konsequenzen unangetastet bleiben soll. Als Leitmotiv dieser jüdischen Haltung kann der Ausspruch des Rabbi Akiba, der überragenden Gestalt in der Welt der Mündlichen Thora, gelten: »Alles ist überschaut und die Entscheidung ist frei.«[2]
c) Die christlichen Vertreter der Prädestinationslehre berufen sich vornehmlich auf das Zeugnis der paulinischen Briefe (z. B.: Röm. 8, 28–30; 1 Kor. 2, 7; Eph. 1, 3–14). Entscheidend für den Apostel Paulus ist die auf Gnade gründende Initiative Gottes, der Menschen dazu vorherbestimmt, »dem Bild seines Sohnes gleichgestaltet zu werden«. (Röm. 8, 29). Die neutestamentliche Grundlage für die sog. *praedestinatio ambigua* liefern Texte wie Röm. 9, 18: »Also erbarmt er sich, wessen er will, und verstockt, wen er will.«
d) Das Thema der Prädestination hat seine erste heilsgeschichtliche und metaphysische Entfaltung im Denken AUGUSTINS erfahren und darin zugleich seine wirkungsgeschichtlich einflußreichste Gestalt gefunden. In der Schrift *de praedestinatione sanctorum* wird die Ansicht vertreten, daß der Mensch nach dem Sündenfall gänzlich auf Gottes Gnade zur Heilserlangung angewiesen ist und daß diese Gnade auf den Entschluß Gottes zurückgeht, der bestimmte Menschen zum Heil vorherbestimmt hat. Die These der doppelten Prädestination wird im *Enchiridion* dargelegt. Die der Masse des Verderbens (*massa perditionis*) gegenüberstehende und von Ewigkeit her festgesetzte Zahl der Vorherbestimmten (*numerus praedestinatorum*) wird aufgrund der bedingungslosen Barmherzigkeit Gottes, die die persönliche Heiligkeit nicht zur Voraussetzung der Erwählung macht, sondern erst ermöglicht, gerettet. Die Verworfenen werden dagegen

---

[1] De divinatione I, 125. Vgl. dazu: M. VAN DE BRUWAENE, La Théologie de Cicéron, 1937.
[2] Avot 3, 15. Siehe dazu den jüdisch-orthodoxen Kommentar zu diesem Satz in: Y. LEIBOWITZ, Vorträge über die Sprüche der Väter. Auf den Spuren des Maimonides. Aus dem Hebräischen übersetzt von G. LEIBOWITZ, 1984, 150–163.

von Gottes Gerechtigkeit den Folgen der Erbsünde überantwortet. Die Prädestinationslehre AUGUSTINs, die die Geschichte faktisch zu einem Vollzug des ewigen Ratschlusses Gottes entwertet, ließ die Vermittlung zwischen göttlicher Vorherbestimmung und menschlicher Freiheit zu einem der Grundprobleme der Scholastik werden.
e) Die reformatorische Betonung der *sola-gratia*-Problematik brachte eine erneute Verschärfung der Prädestinationslehre mit sich. In der Schrift *de servo arbitrio* vertritt LUTHER die Auffassung, daß die Willensfreiheit und der sittliche Wert eines Menschen vor Gott und mit Bezug auf die Rechtfertigung nichtig sind, da nur Gott die Macht besitze, den Willen von der Knechtschaft der Sünde zu befreien. Ähnlich wie LUTHER entfaltet CALVIN seine Prädestinationslehre unter ausdrücklicher Berufung auf die Schrift und in weitgehender Anlehnung an AUGUSTIN. CALVIN verneint die Möglichkeit einer Kooperation (Synergismus) zwischen göttlicher Gnade und menschlichem Willen und versteht die Prädestination als den ewigen Ratschluß Gottes, mit dem er festgelegt hat, was mit einem jeden Menschen nach dem Tode geschehen soll. »Es werden nämlich nicht alle unter gleicher Bedingung geschaffen; sondern für die einen ist das ewige Leben, für die andern die ewige Verdammnis im voraus angeordnet.«[3] Wie LUTHER verwirft auch CALVIN jede spekulative Behandlung der Prädestination und verweist nur auf die nachträglichen Zeichen (*signa posteriora*) der Erwählung, die weder in sittlicher Haltung noch in Werken, sondern in Gottes »äußerem Wort«, in seiner »Berufung« und in der Offenbarung Christi bestehen.
f) KARL BARTH, der wohl herausragendste Repräsentant christlich-theologischen Denkens im 20. Jh., interpretiert die Prädestinationslehre grundsätzlich von »Gottes Gnadenwahl« her und somit als »Summe des Evangeliums«. Insofern diese Lehre »ihr Nein um des Ja und nicht um seiner selbst willen« sagt, ist sie »ursprünglich und letztlich gerade nicht dialektisch, sondern undialektisch«.[4] Sie sagt »in ihrer Substanz, in ihrem ersten und letzten Wort Ja und nicht Nein«.[5] BARTHs Behandlung der Prädestination als Ausdruck der göttlichen Bejahung des Menschen im Christusgeschehen ist der vielleicht relevanteste nachreformatorische Versuch, diese Lehre vom »Zwielicht« zu befreien, das – wie BARTH sagt – sogar dort herrscht, wo sie von »ihren größten und gründlichsten Vertretern« vorgetragen wurde.

4. Allgemein gilt der Islam als die prädestinatianische Religion par excellence. Der Koran reflektiert vielfach die vorislamische fatalistische Vorstellung einer die Dauer und Umstände des Lebens determinierenden und unpersönlich konzipierten Zeit (*dahr, zamān*). Mohammed bietet eine breite Basis für die spätere theologische Ausarbeitung der Prädestination (*kadar Allah*) sowohl im Koran (z. B.: 3, 145; 9, 51; 15, 21; 25, 2; 54, 49; 87, 2–3) als auch in der Hadith (Überlieferung), obwohl in beiden auch antiprädestinatianisch interpretierbare Texte vorliegen. So ist bei aller Betonung der Abhängigkeit des Heils vom Willen Allahs kein eindeutiges Bild darüber zu gewinnen, ob der Mensch beim Wählen zwischen Gut und Böse nur ein göttliches Dekret ausführt, oder ob er die volle sittliche Verantwortung für seine Entscheidungen trägt. Die Diskussion über Prädestination und freien Willen hat die islamische Theologiegeschichte weitge-

---

3 *Non enim pari conditione creantur omnes; sed aliis vita eterna, aliis damnatio eterna praeordinatur*: Institutio christianae religionis III, 21, 5. In: Opera Selecta Calvini. Hrsg. von P. BARTH et al. Bd. IV, 374, 11.
4 Die Kirchliche Dogmatik. Bd. II, 2: Die Lehre von Gott, [5]1974, 12.
5 Ebd.

hend beherrscht und zu äußerst differenzierten Lösungsversuchen geführt. Die Verteter der *Kadari*-Häresie wandten sich gegen die prädestinatianische Legitimierung der als ungerecht empfundenen Regierung der Umayyaden-Kalifen und schlugen verschiedene theologisch fundierte Formulierungen des freien Willens vor. Diese wurden dann in der rationalistisch orientierten Bewegung der *Mutazilah* weiterentwickelt: Allah, der Gerechte, könne keinen Menschen aufgrund von prädeterminierten, von diesem nicht verantwortbaren Handlungen mit der Hölle bestrafen. Dagegen argumentierten die *Ashariyah*, daß die strafbare menschliche Handlung zwar ein Schöpfungsakt Gottes ist, der menschliche Agent aber sich die Handlung angeeignet hat. Diese Theorie der Aquisition (*kasb*) hat maßgeblich im sunnitischen Islam gewirkt. Bezeichnend ist die peremptorische Aussage des Ayatullah KASHIF AL-GHITA, eines bekannten zeitgenössischen Schia-Gelehrten: »*ᶜAsha ᶜira believe in ›Fatalism‹ or in something which eventually ends in ›Fatalism‹*.«[6] Er hebt die Tatsache hervor, daß ohne den freien Willen jede Einladung zur Religion und jeder Moralkodex sinnlos werden.

5. Aus religionsphänomenologischer Sicht unterscheidet GERARDUS VAN DER LEEUW zwischen dem Glauben an das Schicksal bzw. an die Vorherbestimmtheit des Geschehens und der Prädestination, die »ausdrücklich den göttlichen Willen als Agens der Bestimmung voraussetzt«[7] und von einem eindeutigen religiösen, keine Erklärung der Naturnotwendigkeit verfolgenden Interesse geleitet wird. Insofern die Prädestination sich als Potenzierung bzw. Übertreibung der Auffassung der Gottheit als Wille deuten läßt, kann sie im Sinne eines »extremen Animismus« aufgefaßt werden. Auch RUDOLF OTTO wendet sich gegen die Gleichsetzung von göttlicher Prädestination und »Prädetermination durch die Natur«, die letztlich die völlige Beseitigung des religiösen Gehalts der ersteren impliziert. Entscheidend ist bei OTTO die These, daß die Idee der Prädestination »vom Boden des Rationalen aus das absurdum und skandalon schlechthin«[8] ist. Grundsätzlich unterscheidet er zwischen Prädestination als Erwählung und der *praedestinatio ambigua*. Während die erstere die »reine Explikation des Gnadenerlebnisses«[9] des Erwählten darstellt, ohne dabei die ›rationale‹ Konsequenz der Verdammnis der Nicht-Erwählten zu ziehen, bringt die eigentliche Prädestination im Sinne »der angeblichen Vorherbestimmung aller Menschen *entweder* zur Rettung *oder* zum Verderben« »den Selbstausspruch (des) Kreaturgefühls (...) gegenüber der überweltlichen majestas«[10] zum Ausdruck. Mit der Ansicht, daß der Prädestinationsgedanke »als solcher der Versuch eines begrifflichen Ausdrucks für ein im Grunde in Begriffen nicht Explizibles«[11] ist, scheint OTTO – seiner retheologisierenden Programmatik entsprechend – den numinosen Charakter der Prädestination dem Anspruchsgebiet einer kritischen Vernunft entziehen zu wollen.

6. Schon die ersten Aufklärer sehen in der Idee der Prädestination einen wichtigen Anklagegrund gegen die christliche Theologie im Namen einer um ihre ethische Autonomie ringenden Menschheit. DAVID HUME, der die calvinistische Prädestinationslehre

---

[6] Ayatullah KASHIF AL-GHITA, The Shia. Origin and Faith. Translated by M. FAZAL HAQ, 1982, 143.
[7] G. VAN DER LEEUW, Artikel: »Prädestination«. In: RGG^2 IV, 1368–1369.
[8] R. OTTO, Das Heilige. Über das Irrationale in der Idee des Göttlichen und sein Verhältnis zum Rationalen, 1963, 107.
[9] Ebd., 108.
[10] Ebd., 109.
[11] Ebd., 113.

in der gemilderten Version der schottischen Kirche von früh an kannte, teilt die Kritik des christlich unverdächtigen, dem französischen Quietismus nahestehenden und hofmännischen Mystikers ANDREW MICHAEL RAMSAY an dem »*barbarous, partial decree*«[12] der Prädestination und Verdammnis. Um zu zeigen, daß eine Religion es wirklich fertig bringt, die Gottheit in einem weit unmoralischeren und unfreundlicheren Licht darzustellen, als sie in der Antike gezeichnet wurde, zitierte HUME eine längere kritische Passage aus RAMSAYS »*Philosophical Principles of Natural and Revealed Religion*« (postum 1748), wo es unter anderem heißt: »*The grosser pagans contented themselves with divinizing lust, incest and adultery; but the predestinarian doctors have divinized cruelty, wrath, fury, vengeance and all the blackest vices.*«[13] Wenn spätere theologische Entwicklungen kritischen Ansätzen dieser Art dadurch gerecht zu werden versuchen, daß sie die Prädestination unter Ausschluß der Möglichkeit einer Vorherbestimmung zur Verdammnis deuten, wird dabei leicht übersehen, daß das eigentliche Problem in den theistischen Voraussetzungen liegt, auf denen die Prädestination fußt. Die theologische Reflexion scheint überfordert zu sein, wenn es darum geht, den Nachweis zu erbringen, daß die Annahme einer allmächtigen und allwissenden Instanz den unter den Bedingungen der Endlichkeit zu realisierenden Sinn der geschichtlichen Existenz und des sittlichen Strebens nicht gefährdet.

Literatur

BOETTNER, L., The Reformed Doctrine of Predestination, 1932; BOUBLIK, V., La predestinazione, 1961; BOURKE, V. J., Will in Western Thought. An Historico-Critical Survey, 1964; BREUNING, W., Neue Wege der protestantischen Theologie in der Prädestinationslehre, in: Trierer Theologische Zeitschrift 68 (1959) 193–210; FARRELLY, M. J., Predestination, Grace and Free Will, 1964; GOLDZIHER, I., Die Richtungen der islamischen Koranauslegung, ²1952; GREENE, W. CH., Moira. Fate, Good and Evil in Greek Thought, 1944; HAUCK, W. A., Die Erwählten, Prädestination und Heilsgewißheit nach Calvin, 1950; KARBACH, N., Der allgemeine Heilswille Gottes und seine Stellung im Prädestinationsproblem, 1937; MERRILL, E. H., Qumran and Predestination, 1975; MORGENBESSER, S. u. J. WALSH (Hrsg.), Free Will, 1962; MULLER, R. A., Christ and the Decree: Christology and Predestination in Reformed Theology from Calvin to Perkins, 1984; MUNCK, J., Paulus und die Heilsgeschichte, 1954; NYGREN, G., Das Prädestinationsproblem in der Theologie Augustins, 1956; OTTO, R., Die Gnadenreligion Indiens und das Christentum, 1930; PANNENBERG, W., Die Prädestinationslehre des Duns Skotus im Zusammenhang mit der scholastischen Lehrentwicklung, 1954; ders., Der Einfluß der Anfechtungserfahrung auf den Prädestinationsbegriff Luthers in: Kerygma und Dogma 3 (1957) 109–139; STEGMÜLLER, F., Die Lehre vom allgemeinen Heilswillen in der Scholastik bis Thomas von Aquin, 1929; TOURN, G., La predestinazione nella Bibbia e nella storia, 1978; VIGNAUX, P., Justification et prédestination au XIVᵉ siècle, 1954; WALLACE, D. D., Puritans and Predestination, 1982; WÄCHTER, L., Rabbinischer Vorsehungs- und Schicksalsglaube, 1958; WATT, W. M., The Formative Period of Islamie Thought, 1973; ders., Islamic Philosophy and Theology, 1985; ZAGZEBSKI, L., Divine Foreknowledge and Human Free Will, in: Religious Studies 3 (1983) 279–298.

J. Edgar Bauer

→ *Divination, Kausalität, Theodizee*

---

12 DAVID HUME, The Philosophical Works. Edited by T. H. GREEN and T. H. GROSE, in 4 Volumes. Reprint of the new edition London 1882, 1964, Bd. IV, 356.

13 Ebd.

Priester

I. Begriffsbestimmung II. Theorie

I. Begriffsbestimmung

1. *Definition*: Priester ist der für eine bestimmte Gruppe (Stamm, Familie oder Gemeinde) oder einen bestimmten Ort (Tempel, Schrein oder dergleichen) als Vermittler zur Gottheit bestellte Kultfunktionär, der in der Regel auch heiliges Wissen hütet (und lehrt) sowie Segen spendet. Sekundär können ihm auch administrative und judikative Aufgaben zukommen. Seine Autorität und Würde gründen im Charisma seines Amtes. Deshalb eignet ihm ein angemessener (hoher) sozialer Status, meist verbunden mit geistiger und politischer Macht. Priester können (je nach Religion und Kult bzw. spezieller Funktion) Frauen oder Männer sein.

2. *Wortgeschichte*: Im Deutschen leitet sich der Begriff vom Griechischen *presbyter* (= Ältester) her; im Lateinischen bedeutet *sacerdos* denjenigen, »der Heiliges bestellt«; das Griechische *hiereus* meint das gleiche: »wer Heiliges treibt«. Während das Hebräische (*kōhēn* = wer vor Gott steht) ebenso wie das Aramäische und Arabische auf das Stehen hinweisen, meint das Asyrische mit *kamaru* denjenigen, »der Prostration macht«. – In anderen Kulturen und Sprachen werden ähnliche, von der jeweils dominanten Funktion abgeleitete Bezeichnungen gebraucht.

II. Theorie

Religionssoziologisch ist auf die formale Funktion, nicht auf das jeweilige ideologische Selbstverständnis einer bestimmten (religiösen) Gruppe abzuheben. Dementsprechend muß eine Begriffsbestimmung so weit sein, daß alle Formen ständiger religiöser Funktionäre (also etwa auch die protestantischen Pfarrer und Prediger, ebenso wie der islamische Imam, die sich keineswegs als ›Priester‹, wohl aber als Religions-›Funktionäre‹ verstehen) darunter subsummiert werden können.

1. *Funktion*: Der Priester, Mittler zwischen Volk (Gemeinde) und jeweiliger Gottheit, repräsentiert also sowohl die göttliche Macht als auch das Hilfe heischende Volk, übt ›Herrschaft‹ eigenen Ursprungs aus: In seiner Person legitimiert die Gottheit, die er vertritt, die Herrschaft des ›Häuptlings‹. In dem Maße, wie durch zunehmende gesellschaftliche Komplexität der Häuptling (König) oder Sippen- bzw. Familienvorstand nicht mehr (alle notwendigen) Rituale vornehmen kann bzw. der traditionale Häuptling-Priester es sich ›leisten‹ kann, bestimmte Personen für diese besondere Vermittlertätigkeit anzustellen, entsteht ein eigenes Priestertum. Folge dieser Ausdifferenzierung ist in der Regel zunächst die Rationalisierung des Verhältnisses zur Gottheit durch Aufstellung bestimmter Regeln, ›Deutungen‹ und ›Zuständigkeiten‹, d. h. die bedrohliche Allmacht der Gottheit wird theoretisch (in bestimmte Zuständigkeiten) aufgeteilt: Das gegenseitige Verhältnis wird (theologisch) bestimmbar, etwa nach dem System des do ut des. Daraus folgt ferner die Ritualisierung im Sinne einer Veramtli-

chung: Anders als der Zauberer oder Schamane handelt der Priester nicht kraft persönlicher charismatischer Begnadung, vielmehr mit ordentlicher Vollmacht kraft des ihm übertragenen Amtes (Amtscharisma). Im eigenständigen Priester wird somit der Versuch, die Daseinsnot und Lebensangst des Menschen durch religiöse Praktiken zu bannen, der Zufälligkeit persönlichen Virtuosentums enthoben und durch Verselbständigung in der Form eines Amtes systematisiert und rationaler Ordnung zugänglich gemacht.

2. *Würde*: Darum kommt dem Priester – als demjenigen, der mit den geheimnisvollen Kräften der Gottheit umzugehen weiß – eine ihn von allen anderen Gemeindemitgliedern distanzierende Würde zu. Diese ›Heiligkeit‹ kraft Amtes wird durch besondere Tracht, rituelle Reinheitsvorschriften (z. B. sexuelle Enthaltsamkeit und dergleichen) sowie durch bestimmte, Distanz schaffende Tabus unterstrichen.
In der Regel werden die Priester aus sozial hoch stehenden Familien (Adel) genommen; es gibt jedoch auch Religionen, in denen sonst nicht (mehr) brauchbare Leute, insbes. Alte (z. B. bei den Inka) oder Eunuchen (z. B. bei westsemitischen Stämmen) als Priester bestellt werden.
Das Prestige des Priesters wird nicht allein von der Bedeutung derjenigen Gottheit, die er repräsentiert, bestimmt, sondern auch von der realen gesellschaftlichen Bedeutung, denn die Priesterschaft ist in der Regel eng mit dem politischen Verband verflochten.[1] Beispielsweise erlangt eine Priesterschaft dann besondere soziale Bedeutung, wenn sie die eigene traditionelle (Stammes-)Religion gegen rivalisierende Religionen – die womöglich noch fremde ethnische bzw. politische Kulturen vertreten – verteidigt und das eigene System festigt. Das hohe Ansehen kann (wieder) zu einer formalen oder funktionalen Einheit von Priestertum und Königtum führen, insbesondere durch Verbindung des feudalen mit dem bürokratischen Element. Dabei kann das Priestertum schließlich zur Konkurrenz für die weltliche Machthaber (z. B. Investiturstreit) wie auch die Priesterschaft ihrerseits zu einem (zentralistischen) bürokratischen Apparat werden (z. B. römisch-katholische Kirche).
Verletzungen von Regeln und Tabus werden häufig mit Verlust der priesterlichen ›Würde‹, d. h. gesellschaftlicher Diskriminierung, sanktioniert. Umgekehrt können die Priester, aufgrund ihres großen (magischen) Wissens und ihrer rituellen Macht, größeres Ansehen als die Götter selbst besitzen (z. B. bei bestimmten Versionen des Brahmanismus).

3. *Bestellung*: Anders als der Prophet wird der Priester aufgrund vorangegangener Auswahl, einer möglichen ›Ausbildung‹ und Einführung in die religiösen Praktiken formal ›bestellt‹. Das schließt Erblichkeit des Amtes oder Zugehörigkeit zu einer bestimmten Priesterfamilie oder -kaste nicht aus. Das Priestersein ist jedoch unabhängig von dem Gefühl der eigenen ›Berufung‹. Im Gegensatz zum Propheten oder zum Heiland kann sich niemand selbst zum Priester bestellen. Dementsprechend wird der Nachwuchs ausgebildet bzw. erzogen und durch formalen Ritus – Initiation, Ordination oder Vocation – zum Priester bestellt. An der rechtmäßigen Bestellung hängt in der Regel die ›Gültigkeit‹ – d. h. die wie immer gedeutete Wirksamkeit – der priesterlichen Funktion.

---

1 Weber, Wirtschaft und Gesellschaft, 356.

4. *Aufgaben und innere Ordnung*: Die Priester haben in den einzelnen religiösen Kulturen dem Umfang und der Diversifikation nach unterschiedliche Funktionen: Neben Opfer und Auspizien, also kultischen Aufgaben, können ihnen politische, finanzwirtschaftliche, mathematische und juristische Kompetenzen zukommen. Gebet, Lehre (Katechese und Predigt), sowie ›Seelsorge‹ gehören nicht in jedem Fall notwendig dazu. In fast allen Religionen waren es die Priester, die im Laufe der Zeit die Lehre geordnet und systematisiert, schriftlich gefaßt und die religiösen Pflichten kasuistisch gegliedert, also rationalisiert haben. Dieses rationale Verhalten unterscheidet die Priester wesentlich von Zauberern, Propheten und dergleichen; sie sind Beamte im Dienste eines sachlichen Zwecks und müssen weder Charismatiker noch religiöse Virtuosen sein.[2]
Sofern es sich nicht nur um einzelne Haus- oder Tempelpriester handelt, sind sie in der Regel zu einer Priesterschaft zusammengefaßt, die oft kollegial, sowie hierarchisch gestuft und durch ein dementsprechend gegliedertes Sozialprestige unterschieden sind. Nicht selten gibt es auch zwischen den verschiedenen Priesterschaften hinsichtlich der gesellschaftlichen Bedeutung signifikante Differenzen.

5. *Unterhalt*: Ein hauptberufliches Priestertum – als gesonderte »Profession« neben dem Familien- bzw. Königspriestertum – entwickelt sich stets nur dann, wenn die ökonomischen Verhältnisse und die Möglichkeit einer Vorratswirtschaft den Lebensunterhalt solcher eigenen Funktionäre gewährleisten. Die tatsächlichen Formen der Unterhaltssicherung reichen vom Anteil an den Opfergaben und Abgaben, anläßlich bestimmter Kulthandlungen, dem Besitz von Landrenten, festen Steuern und Gehältern, der Verpflichtung zum eigenen Broterwerb (teilweise aufgrund bestimmter zum Priestertum gehöriger Dienste, etwa als Geldverleiher oder Devotionalienfabrikant bzw. -händler) bis zum Betteln. Sie sind oft innerhalb ein und derselben Religion nach Zeit, Ort und theologischer Richtung unterschiedlich und gemischt. Zum hauptberuflichen Priester gehört jedoch in jedem Fall, daß entweder der Tempel oder Dritte unterhaltspflichtig sind. In der Regel sind die Subsidien (sehr) reichlich.

Literatur

Haekel, J., Art. Priester (religionsgeschichtlich), in: Lex. f. Theologie u. Kirche 8 (^{2}1963) 735–741; Honigsheim, P., Art. Priestertum (religionsgeschichtlich), in: RGG^{3} V, 569–574; James, E. O., The Nature and Function of Priesthood, 1955; Koch, K., Art. Priestertum (in Israel), in: RGG^{3} V, 574–578; König, F. (Hrsg.), Religionswissenschaftliches Wörterbuch. Die Grundbegriffe, 1956, 671–673; Landtmann, G., The Origin of Priesthood, 1905; Lipowatz, T., Das Heilige und das Geweihte, in: Kamper, D. – Wulf, Ch., Das Heilige. Seine Spur in der Moderne, 1987, 507–515; Lohse, B., Priestertum (im Christentum), in: RGG^{3} V, 578–581, Mensching, G., Die Religion. Erscheinungsformen, Strukturtypen, Lebensgesetze, 1959; Prümm, K., Religionsgeschichtliches Handbuch für den Raum der altchristlichen Welt, 1943; Reicke, B., Art. Priester, in: Bibl.-hist. Handwörterbuch 3 (1966) 1486–1487; Sabourin, L., Priesthood, A Comparative Study, 1973; Weber, M., Gesammelte Aufsätze zur Religionssoziologie, (1920/21) ^{5}1972, II. Bd.: 33 ff., III. Bd.: 168 ff.; ders., Wirtschaft und Gesellschaft, (1922) ^{5}1976, insbesondere 280 ff., 451, 553, 677 ff.

Johannes Neumann

→ *Initiation, Prophet, Rolle, Schamanismus, Opfer*

---

[2] Weber, Wirtschaft und Gesellschaft, 280 ff., 553.

Projektion

Mit Projektion wird in den Sozialwissenschaften der psychische Vorgang bezeichnet, bei dem subjektive Qualitäten und Eigenschaften (Triebstrebungen, Wünsche, Ängste, Aggressionen u. a. m.) nach außen verlagert werden und anderen Personen, Gegenständen oder Abstrakta zugeschrieben werden. – Die Geschichte der Verwendung des Begriffs ist uneinheitlich. Er wurde in der Kunst (Perspektive), in der Mathematik (z. B. als Abbildung von einem Punkt auf eine Fläche), in der Kartographie und Astronomie und in der Optik (als Abbilden auf einem Bildschirm), in der Philosophie (als Gegensatz zur Perzeption) gebraucht, schließlich bezeichnet eine »Projektion tun« bei den Hermeticis eine durch Aufwerfen einer Tinktur oder des Steines der Weisen bewirkte Verwandlung.

1. Die Projektion wird im 19. Jh. zur Grundlage eines Erklärungsversuches der Religion, in welchem die Bestimmungen Gottes und der Religion auf überhöhte Eigenschaften des Menschen, Angstvorstellungen, Wünsche und Phantasiebildungen, zurückgeführt werden. Doch wird dieser Erklärungsversuch im Ansatz bereits in der Antike (z. B. *Prodikos von Keos*) vertreten, zugleich liegt dieser psychische Prozeß inhaltlich auch der im Interesse eines absolut gesetzten Gottes vorgeführten Kritik am Anthropomorphismus (→ Gottesvorstellungen), der menschlichen Gestaltung der Götter, zugrunde.
L. Feuerbach (1804–72) hat die aus der Religion stammende Anthropomorphismuskritik radikalisiert, indem er erklärte, daß das »Geheimnis der Theologie die Anthropologie« sei (1841, S. 7). Der Mensch vergegenständliche sein Wesen und mache sich selber zum Objekt dieses vergegenständlichten und in ein Subjekt verwandelten Wesens. Dies sei das Geheimnis der Religion (1841, S. 71). Alle göttlichen Eigenschaften seien überhöhte oder absolut gesetzte Eigenschaften des Menschen bzw. der menschlichen Gattung. Möglich sei dieser Prozeß, da das Wesen des Menschen nicht im Einzelnen, sondern nur in der Gattung vollständig verwirklicht werde. Die Religion sei daher das Verhalten des Menschen zu seinem Wesen als einem anderen; das göttliche Wesen mithin »nichts anderes als« das Wesen des Menschen, gereinigt und befreit von den Schranken des individuellen Menschen, vergegenständlicht und verehrt als von ihm unterschiedenes, eigenes Wesen: »alle Bestimmungen des göttlichen Wesens sind darum menschliche Bestimmungen« (1841, S. 48f.). Feuerbach verwendet m. W. das Wort (Projektion) nicht, auch wenn er den Prozeß sachlich zur Grundlage seiner Religionskritik macht. Der Mangel seiner Theorie liegt u. a. darin, daß er den psychischen Prozeß, der ein Vergessen des Entstehungsprozesses der nach außen verlegten Vorstellung voraussetzt, nicht zureichend begründen kann.
Die heutige Verwendung des Begriffes, insbesondere in der Religionswissenschaft geht außerdem auf die Psychologie (Condillac, W. Volkmann et al.) und die Verallgemeinerung durch Helmholtz zurück, jedoch erhält er eine eindeutige Bestimmung erst in der Psychoanalyse.

2. S. Freud (1856–1939) bezeichnet mit Projektion einen allgemeinen und verbreiteten psychischen Abwehrmechanismus, der aber insbesondere von Paranoikern in den Dienst ihres Wahngebildes gestellt wird (vgl. z. B. 1911, S. 302ff.). Mit dem Mechanismus der Projektion werden von einem Subjekt Qualitäten, Gefühle, Wünsche etc,

die es ablehnt und für sich selber verleugnet, einem Anderen (Person oder Gegenstand) unterstellt. Voraussetzung des Projektionsmechanismus ist die durch die Verdrängung verursachte Teilung der Psyche in Bewußtes und Unbewußtes. Bestimmte Wünsche, Aggressionen u. a., die das Subjekt bewußt nicht erledigen kann, werden zunächst unbewußt gemacht, verdrängt. Durch die Verdrängung sind sie aber nicht aufgehoben, sondern kehren wieder und führen in Kompromissen zur Symptombildung. Eine Möglichkeit der Wiederkehr des Verdrängten besteht in der Projektion, indem die für das Subjekt unannehmbaren oder mit seinen, z. T. gesellschaftlich durch die Moral bestimmten Vorstellungen von sich selbst unvereinbaren Strebungen einer anderen Person oder einem Gegenstand zugeschrieben werden (z. B. nicht ich habe den Wunsch, untreu zu sein, sondern mein Ehepartner; nicht ich habe einen Mordwunsch, sondern die anderen). Durch die Projektion schützt sich das Individuum gegen die mit seinem Ich und Überich unverträglichen inneren Strebungen, zugleich erhalten diese Strebungen eine Äußerungsmöglichkeit. Die Projektion stellt insoweit einen Versuch dar, die durch die abgelehnten Wünsche etc. entstandenen und zur Angstentwicklung führenden psychischen Konflikte zu lösen.

3. Die strenge FREUD*sche* Bestimmung der Projektion schließt die Ablehnung des Projizierten ein. Jedoch wird der Begriff in der Psychologie und in einzelnen Fällen in der Psychoanalyse auch auf von Individuen und der Gesellschaft positiv bewertete Vorstellungen angewendet. Da bei diesen der der Projektion zugrundeliegende Konflikt und damit die Notwendigkeit der Verdrängung und die Unbewußtheit des Vorganges selber nicht recht erklärbar ist, stellt diese Ausweitung des Begriffs ein bislang nicht zureichend geklärtes Problem dar.
FREUD selber gebraucht den Begriff gelegentlich im erweiterten Sinne, wenn er z. B. schreibt, »daß ein großes Stück der mythologischen Weltauffassung, die weit bis in die modernsten Religionen hinein reicht, nichts anderes ist als die in die Außenwelt projizierte Psychologie. Die dunkle Erkenntnis (sozusagen endopsychische Wahrnehmung) psychischer Faktoren und Verhältnisse des Unbewußten spiegelt sich ... in der Konstruktion einer übersinnlichen Realität, welche von der Wissenschaft in Psychologie des Unbewußten zurückverwandelt werden soll. Man könnte sich getrauen, die Mythen vom Paradies und Sündenfall, von Gott, vom Guten und Bösen, von der Unsterblichkeit u. dgl. in solcher Weise aufzulösen, die Metaphysik in Metapsychologie umzusetzen« (1901, S. 287f.). Allerdings nimmt FREUD, auch wenn er hier von projizierter Psychologie spricht, für den psychischen Prozeß selber den Mechanismus der Verschiebung in Anspruch. – Die erweiterte Anwendung des Begriffes in der Religionswissenschaft, z. B. die Erklärung einiger, in den verschiedenen Religionen den Göttern zugeschriebener Bestimmungen durch den Projektionsmechanismus, läßt die Notwendigkeit der Projektion von positiv bewerteten Eigenschaften der Menschen auf die Götter unerklärt.

Literatur

FEUERBACH, L., Das Wesen des Christentums (1841), 1973; FREUD, S., Zur Psychopathologie des Alltagslebens (1901), in: G. W. Bd. 4; ders.: Psychoanalytische Bemerkungen über einen autobiographisch beschriebenen Fall von Paranoia (1911), in: G. W. Bd. 8.

Hartmut Zinser

Prophetismus

A Begriff, *profétes* und *nābī'* B Die Propheten Israels C Prophetismus in der Religionsgeschichte außerhalb Griechenlands und Israels I. Alter Orient II. Etrusker, Rom III. NT, Kirchengeschichte IV. Prophetische Gestalten der Religionsgeschichte D ›Profaner‹ Prophetismus

A Begriff, *profétes* und *nābī'*

Als Prophetismus bezeichnet man im umfassenden Sinne die Erscheinung von Propheten, Prophetien und Prophezeiungen in einer Religion, so z. B. bei CORNILL, »*Der israelitische Prophetismus*«; LANCZKOWSKI, »*Altägyptischer Prophetismus*«; NEHER, »*L'Essence du Prophétisme*«. Prophetismus (und die Parallelbegriffe in europ. Sprachen) ist dann Synonym zu ›Prophetentum‹ u. ä.

Ein präziserer Sprachgebrauch wird den Begriff festmachen an der Differenz prophetischer Offenbarungsvermittlung zu anderen Formen der →Divination und der religiösen Verkündigung. Prophetismus wäre dann gekennzeichnet durch eine persönliche Verbindung zur Gottheit einerseits und durch ein innovatorisches und institutions- bzw. traditionskritisches Moment andererseits, vor allem im Gegensatz zum ›Priesterlichen‹. Prophetismus wäre von daher (1) das Spezifische der Propheten selbst, (2) dessen Weiterwirken überall dort, »wo in einer religiösen Gesellschaft die Möglichkeit eines Propheten grundsätzlich anerkannt, mit dem Kommen eines neuen Propheten gerechnet wird, prophetische Kritik an dem traditionellen und institutionalisierten Religiösen, an einer ›Kirche‹ nicht a limine als ›irreligiös‹ abgelehnt, die Religion ebenso von ihrer Zukunft wie von ihrer Vergangenheit verstanden, prophetische Kritik als inneres Moment von Religion selber anerkannt wird« (RAHNER[1]), aber auch (3) das Vorhandensein eines prophetischen (durch personale Vermittlung und innovatorische Kritik gekennzeichneten) Elements in Kunst, Politik und Theorie.

Da der umfassende Sprachgebrauch mit der ›Erscheinung von Propheten‹ zusammenfällt und der präzisere sie voraussetzt, empfiehlt es sich, beim Begriff ›Prophet‹ selbst einzusetzen. Doch auch dieser Ansatz trifft auf die Verbindung von Heterogenem als ›Ursprung‹ der Prophetie. Von ›Prophetie‹ zu sprechen, bedeutet anzuknüpfen an einen griechischen Fachausdruck *profétes* in seiner Übertragung auf eine – in sich vielschichtige – Sache der Religionsgeschichte Israels und des AT, entsprechend dem Sprachgebrauch der Septuaginta, des NT und von daher der gesamten späteren Rezeptionsgeschichte.

Die mit dem griechischen Wort bezeichneten ›Propheten‹ Israels, genauer: die jeweilige Theorie über die Rolle des Propheten, wurden ihrerseits zum Maßstab für den außerbiblischen Gebrauch des Begriffs. Ihre Rolle als Empfänger göttlicher Wahrheiten wird da aufgenommen, wo sich Mohammed als Prophet versteht (s. u. C); ihrer Rolle als Künder der Zukunft entspricht die Bezeichnung ›Propheten‹ für verschiedene Träger divinatorischer Praxis – bis hin zu den Futurologen und ›Wetterpropheten‹; ihre Rolle als Seher der Zukunft führt zum Alltagssprachgebrauch bei abermaliger Verkür-

---

1 RAHNER, Art. Prophetismus, in: Sacramentum Mundi III, 1315 ff. nach einem Art. Propheten, prophetische Bücher.

zung der Prophetie auf Prognostik und Geheimwissen (etwa: ›ich bin doch kein Prophet‹ = ›ich habe keine Ahnung‹); ihre Rolle als Verkünder und Vorläufer Jesu Christi begründet den ntl. Sprachgebrauch, auch er verbunden mit einer Verkürzung und Entschärfung der atl. Prophetie als im Kommen Christi »aufgehoben«, und erlaubt, banalisiert jede Art von Vorläufern und Wegbereitern als Propheten zu bezeichnen, vgl. z. B. SCHWEDHELM, »*Propheten des Nationalismus*«; ihre Rolle als radikale Gesellschaftskritiker erlaubt, das prophetische Erbe gerade in der ›Ketzergeschichte‹ festzumachen – »Zwickauer Propheten«, aber auch LUTHER selbst, vgl. H. HERRMANN. Ihre Rolle als Exzentriker, dabei keineswegs in der Regel ökonomisch Marginalisierte, von denen sich der Besonnene absetzt, kennzeichnet GOETHES (Selbst)beschreibung: »Prophete rechts, Prophete links, das Weltkind in der Mitten« (s. u. D); ihre Rolle als Redende, die ihre Worte zugleich in symbolischen Aktionen vermitteln, geradezu in der Symbolhandlung antizipieren, läßt, in Verbindung mit anderen Vergleichspunkten, Gestalten wie GANDHI, M. L. KING oder D. und PH. BERRIGAN als Propheten erscheinen. Alle diese Übertragungen – und die ihnen inhärenten Theorien über die Propheten der Bibel selbst – treffen Richtiges, keine umgreift das gesamte Spektrum der Prophetie Israels.

Dabei hat die Heterogenität der Rezeptionen an der Vielfalt des atl. Prophetentums selbst Anhalt. Bereits im AT wird die Bezeichnung *nābî'*, als deren ›Äquivalent‹ *profétes* dient, auf sehr verschiedene Rollenträger bezogen, die mit der Bezeichnung durch eine Theorie des Prophetismus verbunden werden. Bereits der atl. Prophetenbegriff ist mithin das Ergebnis einer Rezeptionsgeschichte. Angesichts des komplexen Ursprungs und der vielschichtigen Rezeptionsgeschichte bereits des Begriffs kann es nicht darum gehen, festzustellen, was ein Prophet ›wirklich‹ sei. Die Rückbeziehung der Sache auf das, was das Wort ursprünglich meinte, fiele ebenso hinter das Problem zurück wie die Identifikation des Prophetischen mit einem ›typischen‹ Propheten / *nābî'* Israels, schon deshalb, weil sich seine ›typischsten‹ Vertreter selbst nicht so nannten (vgl. Am. 7, 14, s. u. B). Dennoch kann die Rezeptionsgeschichte nicht jeden Sprachgebrauch legitimieren. Strikte Antisemiten (JAHN, LAGARDE, TREITSCHKE, CHAMBERLAIN, MOELLER VAN DEN BRUCK) als Propheten zu bezeichnen (SCHWEDHELM), ist mehr als geschmacklos. Denunziatorisch ist die in der politischen Debatte geläufige Rede von den »linken Heilspropheten«, vgl. »*Falsche Propheten. Hegel, Marx und die Folgen*« in POPPERS Buchtitel. Freilich ist die Nähe von Prophetie und Radikalität nicht falsch, wie auch die Propheten als »Bürgerschreck« (vgl. LINSE) einen Zug atl. Prophetie treffen. Der Wortgebrauch wäre nicht daran zu messen, ob er der Etymologie oder der histori(sti)schen Rekonstruktion entspricht, sondern daraufhin zu befragen, welche Momente des Prophetismus er beerbt und welche anderen er vernachlässigt, schließlich, ob er, etwa im Sinne der Beschreibung RAHNERS, eine ›prophetische‹ Kritik an und in jeder Art von ›Kirche‹ ermöglicht oder verstellt.

Wenn auch deshalb die Etymologie nicht den Legitimitätsrahmen für den Wortgebrauch abgeben kann, so bleibt sie doch wichtig als Prüfstein für die Veränderungen im Gebrauch. Beim Wort *profétes* (vgl. FASCHER, AUNE, S. HERRMANN, NILSSON I^2, 625 ff.) gilt das umso mehr, als der spätere Gebrauch von ›Prophet‹ im Sinne von ›Vorhersager‹ im griechischen *pró-femì, pro-fétes* nur scheinbar Anhalt hat. Denn erst seit dem 2. Jh. n. Chr. ist hier eine futurische Bedeutung von *pro-* belegt, nicht ohne christlichen Einfluß, genauer: den Einfluß einer gesamtbiblischen Theologie, die nach dem Deuteschema von Weissagung und Erfüllung in den atl. Propheten die Vorhersager Christi sahen. Dagegen nennt der ursprüngliche Gebrauch *profétes* nicht den, der etwas *voraus*sagt, sondern den, der etwas *heraus*sagt. Der *profétes* (fem. *profétis*) ist der Künder des göttlichen Willens. Die Abgrenzung zur Prognostik schließt die Verbindung von Propheten und Orakeln nicht aus. Doch ist der Prophet an der Orakelstätte (z. B. in Dodona, Delphi, am Ptoion) nicht der Seher / die Seherin (*mántis*), sondern zunächst der, der die Orakelsprüche öffentlich verkündet, d. h. auch: in eine kündbare, verstehbare Sprache bringt. Der Prophet ist daher geradezu der Übersetzer des Gotteswillens. Die Differenz zum *mántis* kann verschwimmen; wo sie betont ist, eignet dem Propheten geradezu ein intellektuelles Moment, vgl. PLATON (Charmides 173 c), wonach nur derjenige *mántis* auch ein *profétes* sein kann, dem *sofrosýne'* / Vernunft zukommt. Zum Prophetischen gehört daher das Künden wie das Deuten und Verstehen. Früh ist die Verbindung des Prophetischen mit dem Poetischen belegt: »Dichter als Propheten der Musen« (PINDAR, Päan 6), vgl. auch das Proömium in HESIODS Theogonie im Vergleich zu atl. Prophetenberufungen, ferner EURIPIDES, Bakch. 210. Der Prophet ist derjenige, der aufnimmt, deutet und weitergibt, was ihm selbst durch göttliche oder göttlich vermittelte Eingabe (Inspiration) zukommt. Dieser von vornherein weite Bedeutungshorizont des griechischen Wortes erlaubt, Dichter, Philosophen und Priester als Propheten zu bezeichnen. So konnte der Prophetentitel[2] nicht nur auf eine ägyptische Priesterklasse übertragen werden, sondern, vermutlich im alexandrinischen Judentum, auch auf die *nebī'ī́m* (Pl. von *nābī́') der hebräischen Bibel.*

B Die Propheten Israels

»Es ist die griechische Tradition gewesen, die diesen Begriff, den sie in erster Linie für alttestamentliches *nābī* verwendete und den die lateinische Bibel als ›propheta‹ übernahm, zu einem scheinbar spezifischen Wort biblischer Tradition machte. Er drang unter biblischem Vorzeichen in das christliche und westeuropäische Bewußtsein ein. Daß er dabei auch von den griechischen Vorstellungen mitgeprägt wurde und alttestamentliche Begrifflichkeit nicht nur übersetzte, sondern auch interpretierte, muß in Rechnung gestellt werden.«[3] Dennoch ist festzuhalten, daß die Grundbedeutungen des griechischen *profétes* und des hebräischen *nābī́'* einander und gemeinsam gegen den heutigen Alltagssprachgebrauch nahestehen. Denn auch *nābī́'* verweist auf die Wurzel ›rufen‹ (akkadisch *nabû[m]).* Nahezu kongruent wären *profétes* und *nābī́'*, wenn *nābī́'* als Nominalbildung mit aktivischer Bedeutung ›Rufer, Künder, der etwas heraussagt,‹ zu verstehen wäre. In Frage kommt aber auch eine passivische Bedeutung ›Berufener‹. Wenn die personale Beziehung zur Gottheit und das Künden und Deuten die beiden Hauptmomente des Prophetismus sind, so betont das Wort *nābī́'* je nach Ableitung eine der beiden Seiten.[4] Das mit dem Nomen zusammenhängende Verb in der Bedeutung ›prophezeien‹ ist in der Bibel nur in passivischen und reflexiven Bedeutungen belegt (Nifal *hínnābḗ'),* verweist also auf eine Aktionsform, in der der Prophet zugleich kündet und durch ihn gekündet wird, er also Rufer und Berufener ist.
Mit dem Wort *nābī́'* belegt das AT sehr verschiedene Rollenträger. Ekstatische Gruppenpropheten (1 Sam. 10; 18; 2 Kön. 2; 4; 6) scharen sich um einen Meister (z. B. Elischa), gehören zu einer ›Schule‹, in der religiöses Wissen und ekstatische Techniken

---

2 FASCHER, PROPHETES, 51 f.
3 S. HERRMANN, Ursprung und Funktion der Prophetie, 12 f.
4 JOHNSON, Cultic Prophet, 24 f.

vermittelt werden.[5] Jene Ekstatikerkonvente, vergleichbar den Derwischorden, sind als Randgruppen vorzustellen, die wenig Ansehen genossen, vgl. die schon im AT sprichwörtliche Frage über den in Ekstase geratenen Saul: Ist etwa Saul auch unter den Propheten? (1 Sam. 10, 11 f.). Waren diese Prophetengruppen mit den kultischen und politischen Institutionen offenbar nicht fest verbunden, vgl. allerdings die Rolle eines Elischa-Schülers bei der Salbung Jehus zum Gegenkönig in 2 Kön. 9, so ist in 1 Kön. 22 (vgl. 1 Kön. 18) von einer Prophetengruppe die Rede, die vom König vor einem Kriegszug um einen Gottesbescheid gefragt wird. Mit dem Ba'alkult verbunden sind die 450 Propheten, gegen die nach 1 Kön. 18 Elia am Karmel im Kampf um den wahren Gott antritt, zugleich ein Hinweis darauf, daß das AT nicht nur Jahwe-Propheten als *nebī'ī́m* bezeichnet. In beiden Texten sind die jeweiligen Opponenten der Prophetengruppen, Micha ben Jimla und Elia, in Richtung auf die späteren Einzelpropheten stilisiert.

Einem traditionsvereinheitlichenden Interesse entspringt die Bezeichnung wichtiger Gestalten der Frühzeit Israels als Propheten, z. B. Abraham, Mose, Samuel. Konnte sie sich für Abraham auf dessen unmittelbare Kommunikation mit Gott beziehen und für Mose auf dessen Übermittlung der religiösen Weisungen schlechthin, so verbindet die Bezeichnung Samuels als *nābī́'* das Nabitum mit den Traditionen des nomadischen Sehertums (1 Sam. 9,9). An den Seher wandte man sich in Alltagsfragen (in 1 Sam. 9,9 ist es die Suche nach entlaufenen Eselinnen), aber die Geschichten vom Seher Bileam (Num. 22–24) zeigen auch politische Funktionen des Sehers (vgl. 2 Sam. 24). Stärker noch im Feld politischer Institutionalisierung finden wir einen Propheten wie Natan am Hofe Davids und Salomos. Auch er wird als *nābī́'* bezeichnet.

Der israelitische Prophetismus in seiner spezifischen Ausprägung geht zurück auf die Verbindung des nomadischen Sehertums mit dem kanaanäischen Typ des ekstatischen Propheten einerseits[6] und auf die von Propheten seit Elia – zugespitzt bei Hosea und zum Monotheismus geworden in der Exilszeit bei Deuterojesaja – vertretene Alleinverehrung Jahwes[7] andererseits.

Die Propheten verstehen sich als Mittler zwischen Gott und Mensch (deshalb sind sie zugleich »Propheten Jahwes« und »Propheten Israels«, »Jerusalems« etc.). Als Boten Gottes leiten sie ihre Sprüche oft mit der aus der Diplomatensprache stammenden Botenformel ein: »so hat Jahwe gesprochen«. Ihre Divination erfolgt nicht oder nur selten durch technische Orakelverfahren, sondern durch Intuition (Vision, Audition). Dabei beziehen sich die Visionen nicht nur, nicht einmal in erster Linie auf ›übersinnliche‹ Wahrnehmung; sie machen sich vielmehr oft an jedermann zugänglichen Alltagswahrnehmungen fest, z. B. einem Früchtekorb, der Amos (8, 1–3) auf der Grundlage der Wort- und – hebräisch gedacht – damit Sachverbindung von *qjṣ* und *qṣ* (etwa: Ernte und Ende) zum Bild für den bevorstehenden Untergang Israels wird. Die Bilder und Worte, die sich dem Propheten einstellen, bedürfen der Deutung und der Adressierung. Der Übergang zu den ›Schriftpropheten‹ (d. h. denjenigen, auf die ein biblisches Prophetenbuch zurückgeht) ist durch einen Adressatenwechsel gekennzeichnet.

---

[5] LANG, Prophet, bes. 33 ff.

[6] S. HERRMANN, Ursprung, 44 ff.

[7] Die Auseinandersetzungen über den Monotheismus in Israel, sein Alter und seine Charakteristika lassen sich an den z. T. kontrovers angelegten Sammelbänden O. KEEL (Hrsg.), Monotheismus im Alten Israel und seiner Umwelt, 1980; B. LANG (Hrsg.), Der einzige Gott, 1981; E. HAAG (Hrsg.), Gott, der Einzige, 1985 erkennen.

Sie wenden sich nicht mehr wie ihre Vorgänger an den König, sondern – beginnend mit Amos um 760 v. Chr. – zunehmend an das Volk. Im Adressatenwechsel manifestiert sich auch die Selbständigkeit des freien Propheten gegenüber Tempel und Palast. Bereits Amos, den ältesten der Schriftpropheten, finden wir in scharfem Konflikt mit König und Reichspriestern (Am. 7); er hatte den Untergang von König und Reich angesagt, und zwar in einer Zeit scheinbarer wirtschaftlicher und politischer Blüte. Unheilsansagen zeichnen die vorexilischen Propheten, vor allem Amos, Hosea, Micha, Jesaja, Jeremia, überhaupt aus, nur jenseits der nahenden Katastrophe kommt bei ihnen, wo überhaupt, eine neue Zeit des Glücks in den Blick. Das Verhältnis dieser nichtinstitutionalisierten Unheilspropheten zu den Vertretern des kultisch verankerten oder konventikelartig organisierten Nabitums ist schwer zu bestimmen. Wenn Amos es explizit ablehnt, ein *nābī́'* oder ein *ben-nābī́'* (Gruppenprophet) zu sein (7, 14), für sich aber gleichwohl das Tun des Prophezeiens *(hínnābē')* beansprucht, so richtet sich sein Widerspruch nicht gegen prophetische Praxis, sondern gegen ein prophetisches →›Amt‹. Die Reklamierung des ›Verbs‹ gegenüber dem ›Nomen‹, der Aktion gegenüber dem Amt, wäre wohl ein Kriterium des Prophetischen bis heute. In der Frühzeit der Schriftprophetie war die Abgrenzung gegen die *nebī'ī́m* vorherrschend, Jeremia am Ende des 7. Jh. weiß sich dagegen zum *nābī́'* über die Völker (1, 5) berufen; in einer Buchüberschrift findet sich der Nabititel zuerst bei Jeremias Zeitgenossen Habakuk (1, 1). Grenzen sich die Schriftpropheten gegen die früheren Vertreter des Nabitums ab, indem sie anders als die Ekstatikerkonvente einzeln und anders als die Kultpropheten ohne institutionelle Bindung an Tempel und Palast auftreten, so weisen sie doch auch mit beiden Gruppen Gemeinsamkeiten auf. Wie jene vermitteln sie ein Gotteswort, das sich ihnen wie eine bezwingende Macht (Am. 3, 8) auferlegt. Hier zeichnet sich ein weiteres Merkmal des Prophetismus ab: das Reden-Müssen. Mit den ekstatischen Propheten verbindet die Schriftpropheten ein ›exzentrischer‹ Standort, wie überhaupt im AT Individualität im Widerspruch zu den gemeinschaftsbildenden Institutionen und zentralen Auffassungen sich ausbildet. Die Rolle des exzentrischen Opponenten geht einher mit der symbolischen Verbindung von Botschaft und eigenem Auftreten: Jesaja tritt eine Zeit lang nackt auf (20); agiert mit einem ›Plakat‹ mit gereimter, ›staatsfeindlicher‹ Aufschrift (8, 1); Jeremia und sein Gegenspieler Hananja (Jer. 28) unterstreichen ihre Worte mit Symbolhandlungen; Ezechiel identifiziert sich bis zu heftigen körperlichen Symptomen und Krankheitserscheinungen mit dem von ihm angesagten Geschick.[8] Von daher hat man bei den Propheten Anzeichen von Wahn diagnostiziert (vgl. Heimann; Jaspers; Lang, Ezechiel), doch wird man – über die allfällige Parallele der Klassifizierung von Oppositionellen als Geisteskranke und als ›Spinner‹ hinaus – im ›devianten‹ Verhalten der Propheten eine weitgehende Kongruenz von Worten und Lebensführung, Botschaft und Praxis erkennen können. Zudem wird man in den prophetischen Symbolhandlungen (dazu Fohrer) Formen der Agitation, der szenischen Aktion, geradezu des Straßentheathers erkennen können.[9]

Kern der Prophezeiungen der vorexilischen Schriftpropheten ist die Ansage von umfassendem Unheil über Israel bzw. Juda. Amos, Hosea, Jesaja, Micha weissagen im 8. Jh. zur Zeit der assyrischen Expansion nach Westen. Ein Jahrhundert später treten in der Zeit der neubabylonischen Expansion abermals Propheten auf, Jeremia, Hesekiel, Zefanja, Habakuk, die vor allem Unheil ansagen. Heil kommt nur jenseits der

8 Lang, Ezechiel, 57 ff.

9 Lang, Prophet, bes. 28 ff.

Katastrophe in den Blick: für einen Rest bei Jesaja; nach einem erneuten Auszug aus der Wüste, in die Israel zurück muß, bei Hosea; nach einer endlich gerechten Landverteilung nach der Eroberung bei Micha; unter fremder Oberhoheit bei Ezechiel. Die Unheilsankündigungen erfolgen im Horizont der weltpolitischen Lage,[10] doch suchen die Propheten den wahren Grund für den Zusammenbruch in den zutiefst gestörten inneren Verhältnissen in Sozialordnung und Kult. Je nach der eigenen sozialen Verortung differieren die Schwerpunkte der Kritik: bei Amos spielt die Sozialkritik die entscheidende Rolle, bei Hosea der falsche Kult, Jesaja hat die Außenpolitik, mit der Aufgabe der Identität Israels zugunsten des Mitspielers im Konzert der Weltmächte, im Blick, Micha die schlechte Lage der Landjudäer. Doch gibt es in den verschiedenen Formen der Kult- und Sozialkritik ein Zentrum. Der Besitz des Landes, die kultische Vergegenwärtigung des Landbesitzes und das Recht der Familien und Sippen auf einen Landanteil, gegen Latifundienwirtschaft und Enteignungen, bilden einen Zusammenhang, dessen Störung den Verlust des Landes (Exil, Deportation) und den Zusammenbruch des Kultes, der gestört ist, wo man der Landnahme dankend gedenkt, während in Israel Bauern um ihr Land gebracht werden, nach sich zieht. Dieser Zusammenhang – besonders deutlich bei Amos – manifestiert sich als vielschichtiger Zusammenhang von Unheil. Amos sieht den Feind aus dem Norden (Assur), die Rache der Erde selbst, den gleichsam eigengesetzlichen Zusammenbruch von Gesellschaft und Kult und die unmittelbare Ahndung durch Gott als einen vermittelten Unheilszusammenhang, der dem vielschichtigen, doch zu einem vermittelten Unrechtszusammenhang entspricht. KOCH[11] schlägt für jenen Zusammenhang den Begriff »Metahistorie« vor. Die Fähigkeit der Propheten, hinter den vordergründigen Fakten eine umfassende Wirklichkeit zu sehen und deshalb den Zusammenbruch bereits in der Blüte erkennen zu können – Amos singt Leichenlieder auf das ›blühende‹ Israel (5, 1 ff.), verbindet abermals die Propheten Israels mit dem griechischen *profétes* als Deuter und Dichter. Damit dürfte es zusammenhängen, daß die Sprüche der Propheten bereits vor ihrer Kompilation und Komposition zu den späteren Prophetenbüchern durch Schüler und Tradenten eine poetische Struktur aufwiesen. Die Propheten sind nicht einfach Sprachrohre und Werkzeuge Gottes. Durch sie redet Jahwe, indem sie selbst reden, gestalten, deuten, argumentieren, adressieren. Jeder Versuch der säuberlichen Trennung zwischen dem Propheten als Wortempfänger und dem Propheten als Interpreten scheitert nicht nur an der Sperrigkeit des Materials, sondern vor allem daran, daß eine solche Trennung von ›innen‹ und ›außen‹ dem atl. Denken fremd ist.[12] In der Religionsgeschichte Israels markieren die vorexilischen Schriftpropheten eine Wendung zur Zukunft. Zukunft kommt nicht mittels technischer Orakel in den Blick, sondern als umfassende Folge von Vergangenheit und Gegenwart. Dabei wird die Zukunft nicht als Entwicklung des schon Herrschenden angesagt, sondern als dessen Abbruch. Der Zusammenbruch der herrschenden Verhältnisse ist aber nicht nur der Inhalt der Unheilsweissagen, sondern ebenso die Voraussetzung der Heilsweissagungen. So setzt die Hoffnung auf das »Reis« aus der Wurzel Jesse in Jes. 11 den abgehauenen Stammbaum der Davididen voraus. Über die Kritik an der Süßlichkeit des »Es ist ein Ros entsprungen …«, das von solcher Dramatik nichts mehr enthält, hinaus

---

[10] Vgl. die historische Zuordnung bereits im Untertitel von KOCH, Profeten I/II nach assyrischer bzw. babylonischer und persischer Zeit.
[11] KOCH, Profeten I, 82 ff.
[12] EBACH, Leviathan, 52 ff.

wäre eine christologische Lektüre von Jes. 11 und anderen ›messianischen Weissagungen‹ – wie sie in der Weihnachtsliturgie erfolgt – zu befragen, wie sie es mit den herrschenden Verhältnissen heute halte – womit ein weiteres Kriterium für einen gegenwärtigen ›Prophetismus‹ formuliert ist.
Die Wende in der israelitischen Religionsgeschichte von einer auf die Vergangenheit und die Vergegenwärtigung der bisherigen Geschichte orientierten Selbstvergewisserung Israels zur Zukunft als Kritik der Verhältnisse und als Vorschein auf eine bevorstehende, zunächst verheerende Offenbarung Gottes beginnt mit Amos. Die Propheten selbst fanden zunächst wenig Gehör, wurden verfolgt, vertrieben, verhaftet, getötet. Zumindest erschienen sie ihren Zuhörern als Exzentriker. Sie litten nicht selten unter der Nötigung, ansagen zu müssen, was sie selbst nicht wollten (vgl. Am. 3,8; vor allem Jer. 15; 28); hier zeichnet sich ein weiteres Kriterium für wahre Prophetie und für die gegenwärtige Möglichkeit des Prophetismus ab. Erst das Eintreten der angesagten Katastrophen – 722 Untergang des Nordreichs Israel, 597 und 586 des Südreichs und Jerusalems mit dem Exil und der Zerstörung des Tempels – veränderten die Einstellung zu den Unheilsweissagungen der vorexilischen Propheten. Nun ermöglichten sie, das Unheil als die von Jahwe gewirkte Folge des eigenen Tuns zu erkennen. Damit war in der religiösen Reflexion auch im Unheil noch immer Israel Bewirker des eigenen Geschicks und die Geschichte noch immer – und nun unter Einschluß der von Jahwe gewirkten Aktionen der Weltmächte erst recht – die Geschichte Jahwes, der im Horizont dieser Deutung nicht nur mit Staat und Tempel nicht mit untergegangen war, sondern sich gerade jetzt als Weltgott erwies. So tragen gerade die Unheilsprophetien zur ›Rettung‹ bei, indem sie den Interpretationsrahmen für die neue Lage liefern. Zugleich werden sie somit entschärft, indem sie aufgehoben werden – ein Vorgang, der sich (s. u. C III) wiederholen wird.
In nachexilischer Zeit lösen sich die prophetischen Bewegungen allmählich auf bzw. gehen in anderen Institutionen auf. Die Kultpropheten werden zu einer Gruppe der Sänger am zweiten Tempel (*hínnābē'* heißt in 1 Chron. 25,1 ff. ›singen‹). Die Nachfolger der freien Propheten treten nicht mehr als Empfänger und Künder eigener Botschaften auf, sondern ›sichten‹ die Worte der älteren Propheten, indem sie sie sammeln, ergänzen, zu Büchern machen. Der Prophet wird zum Schriftgelehrten. Doch verliert die Prophetie damit nicht ihre politische Kraft. So ist die Apokalyptik das Erbe von Prophetie und Weisheit zugleich, die eine neue, subversive Verbindung eingehen. Sie zeigt sich z. B. im apokalyptischen Danielbuch (vgl. Koch u. Mitarb.), das seine radikale Kritik an der hellenistischen Herrschaft und ihren Kollaborateuren im Gewand einer fiktiven Prophetie aus der Vergangenheit formuliert. Der fiktive Standort in der Vergangenheit erlaubt, Gegenwart als Zukunft zu beschreiben und zugleich deren Überwindung anzusagen. Doch zeigt gerade die Wirkungsgeschichte des Danielbuches, daß aus Kritik Affirmation wird, wenn sie aus ihrer Zeit herausgelöst und ›zeitlos‹ wird.[13] So steht am Ende der atl. Prophetie das Nebeneinander zweier Rezeptionsweisen, die bis in die Gegenwart zu verfolgen sind. Auf der einen Seite werden die Propheten durch ihre ›Kanonisierung‹ und ihre Zuordnung zu wichtigen, doch vergangenen Phasen der Geschichte ebenso gewürdigt wie ›stillgestellt‹; auf der anderen Seite steht eine Geschichte immer wieder unternommener Beerbung der Rolle der Propheten in neuer Zeit, sei es ›*par imitation*‹, sei es in der Wiederbelebung einzelner Elemente prophetischer Kritik, prophetischer Symbolhandlungen oder prophetischer

---

13 Koch u. Mitarbeiter, Danielbuch, 6 ff.; Ebach, Apokalypse, 33 ff.

Deutung und ›Poetik‹. Prophetismus als Erbe der Propheten knüpft an die je besondere, an ihre Zeit und deren konkrete Bedingungen gebundene Rede und Praxis der Propheten an, indem er gegen den ›kanonisch‹ festgeschriebenen Verlauf der Geschichte und gegen die Vorstellung zeitloser, gar übergeschichtlicher Wahrheiten zugleich streitet und die offenen Stellen – im Sinne von Wunden wie im Sinne von Alternativen – der Geschichte heraussagt, ›prophezeit‹. »Der prophetische Geist meint nicht wie der platonische, eine allgemeine und zeitlos begriffliche Wahrheit zu besitzen. Er empfängt immer nur eine Botschaft für eine Situation; aber gerade deshalb redet sein Wort noch nach Jahrtausenden zu den wechselnden Situationen der Volksgeschichte« (Buber, Hinweise, 139)

C Prophetismus in der Religionsgeschichte außerhalb Griechenlands und Israels

Die folgenden Bemerkungen zu verschiedenen Formen des Prophetismus außerhalb des Sprachfeldes von *profétes* und außerhalb des atl. Nabitums sind als knappe Hinweise zu verstehen. Der Versuch klarer definitorischer Abgrenzung von verwandten Erscheinungen (Schamanismus, Nativismus) unterbleibt, weil er gegenüber den Anknüpfungsmöglichkeiten an die vielschichtigen Elemente der vom *profétes* und *nābī́'* herkommenden Geschichte künstlich wäre. Wo das AT einen Offenbarungsmittler wie Mose, einen Charismatiker wie Samuel, einen Kultfunktionär wie Nahum und einen Ekstatiker wie Elischa gemeinsam als *nebī'ī́m* bezeichnet und *profétes* sowohl der Dichter wie der Priester und der Orakelverkünder sein kann, dürften wohl auch *Mohammed* und ein *Derwisch, Montanus, Nichiren* und *Kimbangu*, die *Sibylle* und *Gandhi, Lavater* und *Bloch* (s. jeweils u.) unter dem Stichwort ›Prophetismus‹ genannt werden, ohne daß sie eine schlüssige Theorie verbände, wenn bezeichnet wird, auf welche(n) Aspekt(e) des *profétes* oder *nābī́'* dabei verwiesen ist.

I. Alter Orient

1. Ägypten. Mit dem Stichwort Prophetismus werden in der Ägyptologie zwei verschiedene Bereiche verbunden, einmal ist *profétes* in Dekreten der Ptolemäerzeit Äquivalent von *ḥm-nṯr* (Gottesdiener), zum anderen bezeichnet man als ›Prophezeiungen‹ eine literarische Form von Lehren, in denen, vergleichbar dem Danielbuch, von einem fiktiv eingenommenen Standort der Vergangenheit die Gegenwart vorhergesehen und deren Herrschaftsverhältnisse, anders als im Danielbuch, legitimiert werden, so in der »Prophezeiung« des *Neferti* für die Zeit Amenemhets I, (vgl. den Textauszug bei Wolf, 90ff., eine Interpretationsmöglichkeit dieser Prophezeiungen bei Lanczkowski).

2. Mesopotamien. Als Vorläufer des israelitischen Prophetismus sieht man die ›prophetischen Briefe‹ aus Mari am mittleren Euphrat. Es handelt sich um Mitteilungen über das Auftreten von Ekstatikern, die (Priester und »Laien«) im Tempel vor allem des Dagan an den König gerichtete bestärkende, aber auch kritische Botschaften »empfingen« (vgl. Ellermeier). Über ähnliche Ekstatiker berichtet für den syrisch-pa-

lästinischen Bereich auch der Reisebericht des Wenamun und die Stele des Zakir von Hamat (vgl. EBACH / RÜTERSWÖRDEN). Auf den politischen Einfluß solcher Ekstatiker verweist auch die Warnung des assyrischen Königs Asarhaddon (ANET, 535).

II. Etrusker, Rom

In Rom überwiegen technische Formen der Divination wie Leberschau, Vogelschau etc. Ihre Durchführung obliegt den *haruspices* und *augures*. Das Wort *vates* – ›Seher‹ – (vgl. griech. *mántis*) ist bei den augusteischen Dichtern HORAZ und VERGIL Selbstbezeichnung; ihr korrespondiert die Stilisierung z. B. der Aeneis als Offenbarungsliteratur (vgl. CANCIK). Die Sühnung von Blitz- und anderen Vorzeichen ist Aufgabe der *Etrusca disciplina*; sie beruht auf Prodigiensammlungen, die ihrerseits auf frühe Offenbarungsmittler (Tages, Cacus, Vegoia, vgl. HEURGON, 320ff.) inspirierte Menschen bzw. Halbgötter zurückgeführt werden. Eine etruskische Prodigiensammlung mit hellenistischem Einschlag waren wohl auch die Sibyllinischen Bücher, deren legendarischer Ursprung auf ein Angebot der Sibylle von Cumae an Tarquinius Superbus zurückgehen soll. Sie sind zu unterscheiden von der Orakelsammlung der Sibyllinen aus hellenistischer Zeit (KURFESS). Die Sibylle war zunächst eine Ekstatikerin aus dem Osten, die ohne Orakelanfrage prophezeite (PLATON, Phaidr. 244 B). Später wurde Sibylle zum Gattungsnamen, berühmt waren die Sibylle von Marpessos, Erythrai, Delphi, Cumae. Die Bücher der Cumäischen Sibylle, z. Zt. VERGILs *libri fatales* (vgl. CANCIK) genannt, wurden seit ca. 500 v. Chr. in Rom aufbewahrt, unter Augustus neu gesichtet und in Geltung gesetzt. Auf die Cumäische Sybille bezieht sich VERGIL in der 4. Ekloge, einem Dokument der Überführung der Prodigien in politische und geschichtstheoretische Literatur. Sie wurde wie die Sibyllinischen Weissagungen überhaupt in der christlichen Spätantike und noch einmal in der Renaissance christlich-heilsgeschichtlich gedeutet (vgl. EBACH[14]), ein Dokument christlicher Deutung der Sibyllinen insgesamt sind die Fußbodenmosaiken im Dom von Siena.

III. NT, Kirchengeschichte

In der Tradition der atl. Prophetie steht Johannes der Täufer (Matth. 11,9; Mark. 6,15; 11,32). Auch Jesus selbst konnte wegen der Umkehrpredigt (vgl. Mark. 4,24) und der Auslegung des Willens Gottes (Mark. 1,22) als Prophet angesehen werden. Die Geschichte, vor allem die Passion Jesu, gelten zugleich als Erfüllung der atl. Prophetie. Eine andere Rezeption der atl. Prophetie begegnet in den urchristlichen Gemeinden (Apg. 2). PAULUS (1 Kor. 14) legitimiert diese Prophetie und zähmt sie zugleich: »Denn Gott ist nicht ein Gott der Unordnung, sondern des Friedens.« Die Aufgabe der urchristlichen Prophetie, die sich in Geistbewegung und Zungenreden manifestiert, besteht auch in Mahnung und Trost, in Beauftragungen, vor allem in der inspirierten Schriftauslegung; an diese Funktion knüpft ZWINGLI an, indem er seit 1525 in Zürich die Lesung und Auslegung des AT unter dem Namen »Prophezei« institutionalisiert – der Ursprung der Zürcher Bibelkommentare.

---

[14] EBACH, Ende des Feindes oder Ende der Feindschaft, in: Ursprung und Ziel, 75ff.

Daneben verweisen die Warnungen vor falschen Propheten (z. B. Matth. 7,15 ff.) auf die Beunruhigung, die von Wanderpropheten ausging. Die Furcht vor solchen subversiven Propheten führte in der Geschichte des frühen Christentums zur Auflösung der Prophetie überhaupt (vgl. DAUTZENBERG; AUNE). An ihre Stelle traten im 2. Jh. die Lehrer und die Auslegung der atl. Prophetie, der Evangelien und der Apostelbriefe. »Neuer« Prophetismus wird von nun an ein Element der Ketzergeschichte. Ihre erste Ausprägung erfuhr sie mit *Montanus*, einem ehemaligen phrygischen Kybelepriester, der um 160 als Enthusiast und Ekstatiker auftrat und sich selbst als den Parakleten von Joh. 14,6 verstand. Die »Neue Prophetie« (so die Selbstbezeichnung) verstand sich als abschließende Offenbarung. Sie ist damit ebenso die Fortsetzung der ntl. Naherwartung wie Vorschein auf die millenaristischen Bewegungen – *Joachim von Fiore*, aber auch im »linken Flügel der Reformation«. Prophetismus wird in der Kirchengeschichte entweder als »Schwärmertum« abgewiesen oder, über die Lehre vom prophetischen Amt Christi, zum kirchlichen »Amt« erklärt und damit gezähmt.

IV. Prophetische Gestalten der Religionsgeschichte

Unter den Gestalten, die sich selbst als Propheten verstanden, ist nach *Montanus* zuerst *Mani* (216–277) zu nennen, der sich, wie später *Mohammed*, als »Siegel der Propheten«, nämlich als Erbe sowohl Jesu als auch *Zarathustras* und *Buddhas* begriff. Als Erbe der biblischen Propheten, darunter auch *Jesus, Hiob, Salomo*, versteht sich *Mohammed* als *ḫatām* (Siegel). Nach muslimischer Auffassung sandte Gott allen Völkern *rasu'l* (Gesandte), den ›Schriftbesitzern‹ (Juden und Christen) aber *nabīyūn* (Propheten).

Prophetische Elemente kann man auch bei *Zarathustra* erkennen: vgl. die Berufung (*Yasna 43*), eschatologische Züge seiner Botschaft und eine persönliche Verbindung zur Gottheit. Für NIETZSCHE ist *Zarathustra* Wahr-sager, da er »wahrhaftiger sei als sonst ein Denker«. Unter dem Aspekt der Prophetie reziperte schon die Romantik östliche Religionen; so pries A. W. SCHLEGEL den Dichter der *Bhagavad-Gītā* als »Seher und Prophet der Gottheit«.

In mehrfacher Hinsicht ist Nichiren (1222–1282) den atl. Propheten vergleichbar. Er begründete in Japan eine erneuerte buddhistische Religionsgemeinschaft (vgl. ANESAKI). Sein öffentliches Auftreten, die politischen Dimensionen, die zentrale Bedeutung der Gerechtigkeit, eine geschichtstheoretische Abfolge von Zeitaltern, nicht zuletzt seine Anfeindung als Geisteskranker und die ihm zugeschriebenen Heilkräfte verbinden ihn mit den Propheten Israels.

Für den Prophetismus Afrikas ist eine prinzipielle Unterscheidung angebracht. »Propheten« sind (1.) die → Schamanen vergleichbaren Charismatiker der traditionellen Stammesreligionen (vgl. LIENHARDT; EVANS-PRITCHARD) und (2.) die im Zuge der Afrikanisierung des Christentums auftretenden Propheten im Zusammenhang des Nationalismus und Nativismus. Diese Propheten – unter ihnen ist *Kimbangu* (vgl. USDORF) der bekannteste, der 1921 als »*Ngunza*« / Prophet auftrat – reformulieren in sozialen Spannungen traditionell Afrikanisches (für das südliche Afrika vgl. SUNDERMEIER; SUNDKLER).

D ›Profaner‹ Prophetismus

Vielschichtig wie die Prophetie selbst und ihre im engeren Sinne religionsgeschichtliche Rezeptionsgeschichte ist auch die Wirkungsgeschichte über die Religionsgeschichte hinaus. Die ›profane‹ Rezeption hält ›Prophetisches‹ oft gerade in den Einseitigkeiten fest. Das kann in der Betonung des »ethischen Rationalismus« (M. WEBER) der jüdischen Propheten bestehen, aber auch – gleichsam als Gegenpol, gerade im Blick auf die so (re)konstruierte Haltung zum je gegenwärtigen Bürgertum – in einer Imitation esoterischer, symbolischer Kündung in der Selbstbezeichnung der »Nabis«, einer Gruppe der symbolistischen Maler, oder – abermals anders akzentuiert – in der Reklamierung des Prophetentitels für die Denker, die ein heraufkommendes Zeitalter deuten – so NIGG, der NEWMAN, KIERKEGAARD, DOSTOJEWSKI und NIETZSCHE als »prophetische Denker« thematisiert. Prophetisch im Sinne von »exzentrisch« ist Hölderlins Gegenposition zu Goethes Standort zwischen den »Prophete« links und rechts, d. h. in der Mitte der Parteien oder, vgl. LINK, bei den Parteien der Mitte. Der Standort am Rande verbindet einen solchen »Prophet links« nicht nur mit den Propheten des AT, sondern – dezidiert im Falle Hölderlin – auch mit den Ortsbestimmungen in PLATONS Phaidros (244), wonach der Wahr-Sager immer auch Wahn-Sager sei, indem der wahnhaft agiert, der dem Wahn der Verhältnisse nicht erliegt. Prophetisch wäre daher das Zugleich des Entgegengesetzten, was die Weimarer Klassiker nur bedauern konnten, vgl. in den Xenien die auf Lavater gemünzte, aber auf Prophetie insgesamt zu beziehende Formulierung: »Der Prophet / Schade, daß die Natur nur *Einen* Menschen aus dir schuf, / Denn zum würdigen Mann war und zum Schelmen der Stoff.« (Xenien I, 20).

Gegen die Linie des Religiösen,[15] die auf Tröstung, Bewahrung und Kontinuität geht (das Priesterliche), zielt das Prophetische auf das Heraussprengen des Unabgegoltenen aus dem Kontinuum, auf die Entlarvung des falschen Scheins und die Bestreitung falscher Versöhnung. In diesem Sinne bezeichnete E. FROMM Bloch als »Wahr-sager«[16] und deshalb als Revolutionär. »Exzentrisch« ist das Prophetische auch gegenüber dem Verlauf der Geschichte. Die Zukunft ist ihm nicht unabänderliches Geschick, sondern, das unterscheidet »Jesaja« von »Kassandra«, vgl. BLOCHS entsprechenden Abschnitt im »Prinzip Hoffnung«,[17] noch dem unerbittlichsten Unheilspropheten enthält die Zukunft verschiedene Möglichkeiten. Er ist zuletzt darin wahrer Prophet, daß er nicht Recht haben will, daß er, was Jona schwer begreift, das Unheil unerbittlich kündet, damit es nicht eintrete; hier liegt der Unterschied zwischen einem gegenwärtigen Propheten wie G. ANDERS und einem Kulturpessimisten à la SPENGLER. Prophetismus ist von daher der Gegensatz zu Fatalismus und Affirmation des Prognostizierten zugleich. Die Möglichkeit nicht-fatalistischer Zukunft beruht auf der Unabgeschlossenheit der Vergangenheit. So wird nur *der* Historiker »ein rückwärtsgekehrter Prophet« (F. SCHLEGEL[18], vgl. SCHOLTZ) sein, der die »Zukunft in der Vergangenheit« (NOVALIS[19]) – und zwar die *Zukunft* in der Vergangenheit und die *Vergangenheit* in der Zukunft

15 Vgl. BAHR, Ohne Gewalt, ohne Tränen, in: SÖLLE u. a., Religionsgespräche, 31 ff.

16 K. BLOCH / A. REIF (Hrsg.), Denken 317 (Beileidsschreiben zum Tode Blochs), vgl. die Bezeichnung Blochs als »Fremdprophet« durch GREINACHER, ebd. 319.

17 BLOCH, Gesamtausgabe 5, 1511 ff.; EBACH, Kassandra und Jona.

18 Athenäum-Fragment 80 (1798).

19 Vgl. FABER, Apokalyptische Mythologie, in: DISCHNER / FABER (Hrsg.), Romantische Utopie, 66.

sucht. In diesem Sinne ist W. BENJAMINs Geschichtsphilosophie prophetisch, ihr Zentrum ist »profane Erleuchtung und rettende Kritik«.[20] Im allgemeinsten Sinne, der zugleich präzise an die »Berufung« zum Propheten (ohne Amt) anknüpft (Am. 3,8), ist ein Prophet jemand, der im Augenblick der Gefahr reden – *muß*.

Literatur

ANESAKI, M., Nichiren, the Buddhist prophet, ^{2}1949; AUNE, D. E., Prophecy in Early Christianity and the Ancient Mediterranean World, 1984; BLECKINSOPP, J., A. History of Prophecy in Israel, 1984; BLOCH, K. / REIF, A. (Hrsg.), »Denken heißt Überschreiten.« in Memoriam E. Bloch, 1978; BOLZ, N. / FABER, R. (Hrsg.), Walter Benjamin, 1982; BUBER, M., Der Glaube der Propheten, 1950 (Werke II, 1964); ders., Hinweise 1953; CANCIK, H., Libri fatales. Römische Offenbarungsliteratur und Geschichtstheologie, in: HELLHOLM, D. (Hrsg.), Apocalypticism in the Mediterranean World and the Near East, 1983 (^{2}1989), 548–576; CORNILL, C. H., Der israelitische Prophetismus, 1894; CULLEY, R. C. / OVERHOLT, T. W., Anthropological Perspectives on OT Prophecy (Semeia 21), 1982; DAUTZENBERG, G., Urchristliche Prophetie, 1975; DIETRICH, W., David, Saul und die Propheten, 1987; DISCHNER, G. / FABER, R. (Hrsg.), Romantische Utopie – Utopische Romantik, 1979; La divination en Mesopotamie ancienne et dans les régions voisines (XVIe Rencontre Assyriologique Internationale, Strasbourg, 2–6-juillet 1965), 1966 (darin u. a.: NOUGAYROL, J., Trente ans de recherches sur la divination babylonienne; DOSSIN, G., Sur le prophétisme à Mari; BLOCH, R., Liberté et déterminisme dans la divination étrusque et romaine; MANDRY, P., La divination en Grèce: état actuel de quelques problèmes); EBACH, J., Leviathan und Behemoth, 1984; EBACH, J. / RÜTERSWÖRDEN, U., Der byblitische Ekstatiker, in: GöMisz 20 (1976) 17–22; EBACH, J., Ursprung und Ziel, 1986; ders., Kassandra und Jona, 1987; ELLERMEIER, F., Prophetie in Mari und Israel, 1968; EVANS-PRITCHARD, E. E., The Nuer, 1940; FASCHER, E., PROPHETES, 1927; HAGEMANN, L., Propheten – Zeugen des Glaubens. Koranische und biblische Deutungen, 1985; HARDMEIER, CHR., Prophetie im Streit vor dem Untergang Judas, 1990; HEILER, F., Die Religionen der Menschheit, neu hrsg. v. K. GOLDAMMER, 1984; HEIMANN, H., Prophetie und Geisteskrankheit, 1956; HERRMANN, H., Ketzer in Deutschland, 1978; HERRMANN, S., Ursprung und Funktion der Prophetie im alten Israel, 1976; HEURGON, J., Die Etrusker, 1971; JOHNSON, A. R., The Cultic Prophet in Israel's Psalmody, 1979; JOSUTTIS, M. / LEUNER, H. (Hrsg.), Religion und die Droge, 1972; KOCH, K., Die Profeten, 2 Bde. 1978/80; ders. u. Mitarb., Das Buch Daniel (EdF), 1980; KOLAKOWSKI, L., Der Priester und der Narr, in: ders., Der Mensch ohne Alternative, 1964, 250–280; KURFESS, A., Sibyllinische Weissagungen, 1951; LANCZKOWSKI, G., Altägyptischer Prophetismus, 1960; LANG, B., Ezechiel (EdF), 1981; ders., Israels Propheten im Licht von Sundéns Rollentheorie, in: Arch. f. Rel. Psych. 14 (1980) 19–27; ders., Wie wird man Prophet in Israel?, 1980; ders. (Hrsg.), Der einzige Gott, 1981; LIENHARDT, G., Divinity and Experience, 1961; LINDBLOM, J., Prophecy in Ancient Israel, 1962; LINK, J., asymetrie und exzentrizität bei hölderlin, in: kultuRRevolution 6 (1984) 56–59; LINSE, U., Barfüßige Propheten. Erlöser der zwanziger Jahre, 1983; MÜLLER, U. B., Prophetie und Predigt im NT, 1981; MÜNDERLEIN, G., Kriterien wahrer und falscher Prophetie, ^{2}1979; NEHER, A., L'Essence du Prophétisme, 1972; NEUMANN, P. H. A. (Hrsg.), Das Prophetenverständnis in der deutschsprachigen Forschung seit Heinrich Ewand (WdF), 1979; NIGG, W., Prophetische Denker, ^{2}1968; PETERSEN, D. L., The Role of Israel's Prophets, 1981; POPPER, K., Falsche Propheten. Hegel, Marx und die Folgen, 1958; RAD, G. VON, Theologie des AT, Bd. 2. Die Theologie der prophetischen Überlieferungen Israels, ^{6}1975; RAHMAN, F., Prophecy in Islam, 1958; RAHNER, K., Art. Prophetismus, in: Sacramentum Mundi III, 1315–1321; SAWYER, J. F. A., Prophecy and the Prophets of the OT, 1987; SCHLOSSER, K., Propheten in Afrika, 1949; SCHMIDT, W. H., Zukunftsgewißheit und Gegenwartskritik, 1973; SCHOLTZ, G., Der rückwärtsgekehrte Prophet und der vorwärtsgewandte Poet, in: Philos. Jb. 89 (1982) 309–324; SCHÜTTE, A. G., Die Nativistischen Bewegungen als Handlungsabläufe, 1969;

[20] So der Untertitel von BOLZ / FABER (Hrsg.), WALTER BENJAMIN.

SÖLLE, D., u. a., Religionsgespräche, 1975; SUNDERMEIER, TH., Die Mbanderu, 1977; SUNDKLER, B., Bantupropheten in Südafrika, 1964; USTORF, W., Afrikanische Initiative. Das aktive Leiden des Simon Kimbangu, 1975; WILSON, R. R., Prophecy and Society in Ancient Israel, 1980; WOLF, W., Das alte Ägypten, 1971; WOLFF, H. W., Prophetische Alternativen, 1982; ders., Studien zur Prophetie, 1987.

Jürgen Ebach

→*Amt, Buchreligion, Divination, Ekstase, Inspiration, Kerygma, Kult*

Pseudoreligion

Mit ›Pseudoreligion‹ (Ersatzreligion; vgl. Aberglaube) werden umgangssprachlich, aber manchmal auch in religionswissenschaftlicher Literatur, Erscheinungen bezeichnet, die von ihren Trägern als ›Religion‹ angesehen werden (z. B. die ›Neuen Religionen‹), denen aber von den jeweiligen Kritikern der Charakter einer Religion abgesprochen wird.[1] Die Bezeichnung einer Religion als ›Pseudoreligion‹ kann von einem *theologisch* gebundenen Standpunkt ausgehen und auf dieser Grundlage die Religion des Anderen als unwahr, unecht, falsch bewerten. Die Unterscheidung kann auch *juristische* Bedeutung haben, indem sie bestimmten Glaubensgemeinschaften den Status der Religion und das damit verbundene Privileg zuerkennt, es den gesellschaftlich als solcher (noch) nicht anerkannten aber verweigert.

In jedem Falle setzt die Bestimmung eines Ritual- und Glaubenssystems als ›Pseudoreligion‹ eine normative Definition von ›Religion‹ voraus, die die Religionswissenschaft als eine geschichts- und sozialwissenschaftliche Erfahrungswissenschaft zurückweisen muß, da es kein zureichendes Kriterium gibt, um Religion ohne Rückgriff auf die Selbstinterpretation ihrer Anhänger zu bestimmen. Zwar kann Religionswissenschaft nicht bestimmen, was eine richtige oder falsche Religion sei, aber sie kann in der Regel unterscheiden, was Religion ist und was nicht Religion ist.[2]

Bisweilen wird der Ausdruck ›Pseudoreligion‹ auch verwendet, um einer Lehre, die selber beansprucht, Wissenschaft zu sein, die Wissenschaftlichkeit zu bestreiten (z. B. dem Positivismus Comtescher Prägung oder bestimmten marxistischen Richtungen). Sofern in einer wissenschaftlichen Lehre religiöse Elemente direkt oder verborgen enthalten sind, ist es eine Aufgabe der Religionswissenschaft, dies offenzulegen und zu analysieren.

Hartmut Zinser

→*Apologetik / Polemik, Bürgerliche Religion / Civil Religion, Religion*

---

1 Zur Wortbildung vgl. ›Pseudo-Propheten‹ (Sacharja 13,2; Jeremia 6,13; Mark. 13,22), ›Pseudo-Apostel‹ (PAULUS 2 Kor. 11, 13), ›Pseudo-Messias‹ (Mark. 13, 22) u. ä.

2 Vgl. H. ZINSER, Der Markt der Religionen, Kap. 9, München 1997.

Rasse / Rassismus

I. Begriffsbestimmung II. Rassismus als Diskriminierung III. Bekämpfung des Rassismus

I. Begriffsbestimmung

Das Wort »Rasse« ist vermutlich arabischer Herkunft. In romanischen Sprachen seit dem 13. Jahrhundert belegt (span. *raza*; portug. *raça*) fand es über das Französische und Englische (*race*) ins Deutsche Eingang; die heutige Schreibweise findet sich erst im 19. Jahrhundert. Der von Anfang an als Kampfbegriff gegen den »Rassenhaß« u. a. des Nationalsozialismus geprägte Neologismus »Rassismus« ist dagegen eine Wortschöpfung aus den zwanziger Jahren des 20. Jahrhunderts.[1]

Es gibt keine unumstrittene Definition des Begriffs »Rasse«. Am ehesten kann die von DUNN und DOBZHANSKY gegebene Umschreibung akzeptiert werden: »Rassen können als Populationen definiert werden, die sich in der Häufigkeitsverteilung ihrer Gene unterscheiden«[2]. Die Unterschiede der Individuen innerhalb einer so beschriebenen Population, die phänotypisch in der Hautfarbe, Haarstruktur und -farbe, Schädelform, Nasenform etc. hervortreten, sind aber oft größer als die zwischen zwei verschiedenen Populationen. Es existieren keine wissenschaftlich exakten Hinweise dafür, daß es eine kausale Beziehung zwischen einer Rasse in diesem Sinn und bestimmten charakterlichen und psychischen Eigenschaften oder auch kulturellen Leistungen gibt.

Hinsichtlich bestimmter Gemeinsamkeiten des physischen Phänotyps werden gewöhnlich drei Hauptrassen unterschieden: die mongolide, die europide und die negride Rasse, die wiederum verschiedenen geographischen Verbreitungsgebieten zugeordnet werden können. Für die mongolide Rasse sind dies Teile Asiens und ursprünglich ganz Amerika; für die europide Europa, Nordafrika und Teile Asiens; für die negride Teile Afrikas. Doch gibt es daneben zahlreiche Mischrassen; auch haben menschliche Wanderungen zu einer Überschreitung dieser ursprünglichen geographischen Schwerpunkte geführt.

Sozialwissenschaftlich gesehen kann man Rasse als eine Gruppe von Menschen definieren, die aufgrund bestimmter äußerer Merkmale von anderen Gruppen als »Rasse« angesehen wird oder sich selbst als eine solche versteht. Indes gibt es keine naturwissenschaftliche Begründung dafür, beispielsweise die »Semiten« als eine Rasse zu bezeichnen, wie es der Antisemitismus seit jeher tat, da es sich dabei lediglich um eine Sprachgruppe handelt. Erst recht können die Angehörigen des jüdischen Glaubens im physisch-anthropologischen Sinn nicht als Rasse bezeichnet werden. Somit ist die Ideologie des Rassismus nichts weiter als ein Versuch, Menschen anderen Glaubens, anderer Hautfarbe oder auf andere Weise von der eigenen Gruppe unterschiedene Individuen und Gruppen auszugrenzen. Rassismus bedeutet also Diskriminierung und löst sich von einem wissenschaftlich begründbaren Rassenbegriff. Ursprüngliche Motivation ist wohl die Fremdenfurcht, die in Fremdenhaß umschlagen kann.

---

[1] Vgl. GEISS, Geschichte des Rassismus, 16f.

[2] DUNN u. DOBZHANSKY, Vererbung, Rasse und Gesellschaft, 109.

II. Rassismus als Diskriminierung

Rassismus richtet sich vorwiegend gegen von der Mehrheit unterschiedene Minderheiten: Die Schwarzen in den USA, die Juden, Sinti und Roma in Europa, die Asiaten in Afrika, die Kurden im Iran und in der Türkei usw. Es ist aber auch möglich, daß Machteliten wie in Südafrika die Mehrheit mit politischen und rechtlichen Mitteln zu Minderheiten machen und auf diese Weise diskriminieren.

Das wichtigste Beispiel für einen religiös begründeten Rassismus ist die Judenfeindschaft, deren Anfänge bis in die Antike zurückgehen und die in der Geschichte des Christentums von den Kirchenvätern angefangen über die Pogrome im Zeitalter der Kreuzzüge bis hin zu MARTIN LUTHERs judenfeindlichen Äußerungen immer wieder eine Rolle spielte (→ Antisemitismus). Der frühe Kolonialismus und der Sklavenhandel beruhten ebenfalls auf einem religiös begründeten Überlegenheitsgefühl der christlichen Europäer über die Bevölkerungen anderer Erdteile und wurden von der Kirche und ihren führenden Theologen gerechtfertigt. Erst der spanische Bischof BARTHOLOMÉ DE LAS CASAS (1474–1566) kritisierte diese Haltung vor allem gegenüber den Indios in Mittel- und Südamerika.

Seit dem späten 17. Jahrhundert traten neue Elemente hinzu. Es wurden erste Versuche einer sich von den Völkertafeln des Alten Testaments (Japhet, Sem, Ham) unterscheidenden Klassifikation der Menschenrassen unternommen. In der von Philosophen der Aufklärung vertretenen und sich gegen die biblische Überlieferung richtenden Theorie vom polygenetischen Ursprung des Menschengeschlechts fand der Rassismus erstmals eine pseudo-wissenschaftliche Begründung. Zu einem der grundlegenden Werke für die rassistischen Doktrinen des 19. und 20. Jahrhunderts sollte J. A. DE GOBINEAUS (1816–1882) »*Essai sur l'inégalité des races humaines*« (1853–55) werden, eine Abhandlung, in der er die These vertrat, daß die arischen Rassen allen anderen Rassen überlegen seien. Diese Ideen fanden in Deutschland u. a. bei RICHARD WAGNER und seinem Schwiegersohn HOUSTON STEWARD CHAMBERLAIN ein positives Echo, der durch seine Schriften wiederum Hitler beeinflussen sollte. Die Evolutionstheorie von CHARLES DARWIN (1809–1882), die er bewußt auf biologische Vorgänge beschränkte, wurde ebenfalls im 19. Jahrhundert vom Sozialdarwinismus aufgegriffen und unreflektiert auf gesellschaftliche und kulturelle Phänomene übertragen. Der Imperialismus bestärkte ein sozialdarwinistisch beeinflußtes Überlegenheitsgefühl der weißen Europäer gegenüber den Bevölkerungen der kolonisierten Gebiete, das teilweise auch von christlichen Missionaren vertreten wurde. ERNST HAECKEL (1834–1919) sah den Fortschritt der Menschheit durch den Kampf um das Dasein und die »natürliche Züchtung« garantiert. Sehr bald wurde dieses Prinzip auf die Nation übertragen. FELIX VON LUSCHAN (1854–1924), Direktor des Berliner Völkerkundemuseums, verlangte bereits 1909 eine Gesetzgebung, die die Starken schützen und die ›Minderwertigen‹ präventiv ausschalten sollte. Ähnliche Vorstellungen vertraten in England und den USA die Anhänger der »Eugenik«, einer Lehre, die von FRANCIS GALTON (1822–1911), einem Vetter Darwins, begründet worden war. In Deutschland entwickelte sich hieraus die »Rassenhygiene« (A. PLOETZ, W. SCHALLMAYER), die später vom Nationalsozialismus dazu mißbraucht wurde, »Nichtarier« und »Erbkranke« zu verfolgen und in Massenvernichtungslagern umzubringen. In den christlichen Kirchen erwuchs aus ihrer ursprünglichen Ablehnung der Lehre DARWINs auch Widerstand gegen die rassistische Eugenik und die daraus resultierende Euthanasieprogramme der Nationalsozialisten. Doch blieb der Widerstand gegen den Antisemitismus als solchen auf einzelne Christen (wie etwa den evangelischen Theologen DIETRICH BONHOEFFER) beschränkt.

III. Bekämpfung des Rassismus

Neben den Folgen nationalsozialistischer Vernichtungspolitik gegen Angehörige anderer »Rasse« haben nach 1945 auch die Unabhängigkeitsbewegungen in den von Europa kolonisierten Ländern dazu geführt, daß der Rassismus schließlich weltweit geächtet wurde. Bereits in der Menschenrechtserklärung der Vereinten Nationen vom 10. Dezember 1948 wurde gegen die Diskriminierung von Menschen aufgrund ihrer »rassischen« Zugehörigkeit Stellung bezogen. Die Prinzipien der Gleichheit, der Toleranz, der Menschenwürde und der Religions- und Gewissensfreiheit sind seither zur Grundlage des Kampfes gegen den Rassismus und der Minderheitenschutz zu einem Bestandteil des Völkerrechts geworden. Die Menschenrechtserklärung der Vereinten Nationen, das *»Internationale Abkommen zur Beseitigung jeder Form der Rassendiskriminierung«* von 1966 und die verschiedenen internationalen Menschenrechtskonventionen richten sich nicht nur an Individuen und Staaten, sondern auch an die Religionen und deren Träger. Das Antirassismusprogramm des Weltkirchenrats hat diese Herausforderung angenommen und unterstützt alle Gruppen, die sich gegen die rassistische Diskriminierung von Minderheiten wenden. Innerhalb dieses Programms wird den Schwarzen in den USA und Südafrika in ihrem Kampf gegen Diskriminierungen ebenso geholfen wie den Ureinwohnern Australiens, den indianischen Minderheiten in Amerika und den Sinti und Roma in Europa. Das II. Vatikanische Konzil und der ökumenische Rat der Kirchen sind sich einig in der Verwerfung des Rassismus und der Anerkennung der Menschenrechte. Auch auf der *»Weltkonferenz der Religionen für den Frieden«* (Kyoto 1970, Löwen 1974, Princeton 1979, Nairobi 1984) werden regelmäßig von Vertretern aller Weltreligionen Erörterungen zum Schutz religiöser Minderheiten, zur Frage der Menschenwürde und zur Überwindung des Rassismus angestellt. Innerhalb des modernen Islam wird zwar einerseits über alle Rassenschranken hinweg die Gleichheit aller Gläubigen anerkannt, andererseits wird aber das Prinzip der Glaubensfreiheit und Toleranz gegenüber anderen Religionen durchaus nicht von allen Richtungen akzeptiert. Die Auflösung der UdSSR und der Zusammenbruch des sozialistischen Blockstaatenverbands hat in Ost- und Südosteuropa mit dem Ethnizismus eine besondere Spielart des Rassismus wiederaufleben lassen, der auch aus anderen Regionen der Welt (Irland, Spanien, Afrika, Südostasien) bekannt ist. Sprachliche, soziale und religiöse Unterschiede sowie einseitige Interpretationen der eigenen Geschichte führen zu Konflikten zwischen Gruppen, die in einem geographischen Bereich zusammenleben, wobei vor allem Minderheiten zum Objekt von Aggressionen werden. Auch der Antisemitismus scheint gegenwärtig in den Staaten der ehemaligen UdSSR eine gewisse Renaissance zu erleben. In Westeuropa hat die zunehmende Arbeitsmigration in Zusammenhang mit wirtschaftlichen und sozialen Krisensymptomen ebenfalls zu einer Wiederbelebung rassistischer Einstellungen geführt, die heute allerdings weniger »erbbiologisch« als vielmehr »mentalistisch« begründet werden, sich als Angst vor kultureller »Überfremdung» artikulieren und sich in diesem Sinne insbesondere gegen Angehörige nichtchristlicher Religionen richten. Argumentativ wird diese Form des Neorassismus durch wissenschaftlich fragwürdige ethologische und soziobiologische Studien unterstützt, denen zufolge Fremdenfeindlichkeit und Gruppenegoismus anthropologische Grundkonstanten darstellten.

Gerade das Wiedererstarken solcher Positionen in der jüngsten Zeit zeigt, daß der Kampf gegen den Rassismus durch die Vereinten Nationen, die UNESCO, die verschiedenen Menschenrechtskonventionen, die christlichen Kirchen und andere religiöse wie nichtreligiöse Organisationen noch lange nicht zu dessen Überwindung geführt hat.

Literatur:

ADLER, E., Ökumene im Kampf gegen den Rassismus – ein erster Anfang, 1975; ALTNER, G., Der Sozialdarwinismus, in: ders. (Hrsg.), Der Darwinismus, 1981, 95–99; CONZE, W., und A. SOMMER, s. v. Rasse, in: BRUNNER, O., CONZE, W., und R. KOSELLECK (Hrsg.), Geschichtliche Grundbegriffe, Bd. 5, 1984, 135–178; DUNN, L. C., und T. DOBZHANSKY, Vererbung, Rasse und Gesellschaft, 1970; GEISS, I., Geschichte des Rassismus, 1988; GINZEL, G. B. (Hrsg.), Antisemitismus. Erscheinungsformen der Judenfeindschaft gestern und heute, 1991; HINZ, R., und KÜRSCHNER-PELCKMANN (Hrsg.), Christen im Widerstand. Die Diskussion um das südafrikanische Kairos-Dokument, 1987; KOCH, H. W., Der Sozialdarwinismus. Seine Genese und sein Einfluß auf das imperialistische Denken, 1973; LIND, A. (Hrsg.), Race Relations in World Perspective, 1955; MILES, R., Rassismus. Einführung in die Geschichte und Theorie eines Begriffs, 1991; MÜHLEN, P. VON ZUR, Rassenideologien. Geschichte und Hintergründe, 1977; PATON, D. M. (Hrsg.), Church and Race in South Africa; 1958; SIMPSON, G. E., und I. M. YINGER, Racial and Cultural Minorities: An Analysis of Prejudice and Discrimination, 1958; UNESCO (Hrsg.), The Race Question in Modern Science, 11 Bde., 1951 ff.

Gerhard Grohs

→ *Antisemitismus, Ideologie, Faschismus, Fremder, Imperialismus / Kolonialismus*

Rationalisierung

A Allgemeines

I. Begriffsbestimmung

Rationalisierung, rationalisieren: durch methodisches Vorgehen vernünftig gestalten; systematischer Einsatz von Mitteln für bestimmte Zwecke (zweckrationales Verhalten), möglichst hoher Gewinn (oder Leistung) bei möglichst geringem Aufwand (wirtschaftlich, effektiv, optimal organisieren). Wegen des vielfältigen Gebrauchs ist eine eindeutige Definition nicht möglich. Gebräuchlich vor allem in der Organisation industrieller Arbeit, dann in benachbarten (z. B. Verwaltung) oder auch entfernteren Bereichen (z. B. geistige Tätigkeit). Im allgemeinen nur für moderne Gesellschaften (speziell kapitalistische), aber auch etwa für systematisierte religiöse Praktiken oder Glaubenslehren in anderen Gesellschaften. – Bedeutung in der Tiefenpsychologie: ›die wirklichen Motive durch vernünftig scheinende Erklärungen verdecken.‹

II. 1. Etymologie

Zu Anfang des 19. Jh. Ableitung von *rational, Ratio* (lat. *ratio* Methode, System, Rechnung, Buchhaltung, Wissenschaft; frz. *rationel* vernünftig, *rationaliser* vernünftig denken / gestalten).

2. Begriffsgeschichte

Ursprünglich ›dem Rationalismus des 18. Jh. gemäß denken‹, diesen anwenden; seit Mitte des 19. Jh. ›mit Ratio durchdringen‹, ›rational machen‹, insbes. für die nachträgliche Anpassung von emotionalen, mythischen und anderen Denk- und Verhaltensweisen an die Vernunft (als *eine* vorgestellt, d. i. die okzidentale Vernunft), für eine Ersetzung von Unbewußtem durch Bewußtes, ›bewußtmachen‹. Von daher die tiefenpsychologische Bedeutung (seit JONES 1908; in dieser Bedeutung auch in der engl., frz., ital., span. Sprache). – Nach dem 1. Weltkrieg vor allem in ökonomischen und technischen Zusammenhängen, besonders unter einzelbetrieblichen Gesichtspunkten: Gewinnsteigerung und Kostensenkung durch systematische Einführung entsprech. Verfahren (Fließband, Automation usw.). (Engl. meist *(Scientific) Management*, nur wissenschaftlich auch *rationalization*; frz. meist *organisation (scientifique du travail)*; in der DDR hatte Rationalisierung überwiegend eine *gesamt*wirtschaftliche Bedeutung). In diesem Sinn zunächst durchaus positiv verstanden (Erfahrungen der Kriegswirtschaft, Versuche zur Produktionssteigerung nach USA-Vorbild auch unter Zustimmung der Gewerkschaften); abwertend (›wegrationalisieren‹, näml. Arbeitsplätze) in Teilen der Arbeiterbewegung (besonders linksradikalen, christlichen). Der Begriff der Rationalisierung ist also, vom Standpunkt wissenschaftlicher Eindeutigkeit aus, nicht nur unscharf, sondern auch wertmäßig aufgeladen. Gerade in dieser Doppeldeutigkeit ist er ein charakteristischer Begriff, der geschichtliche Entwicklungen und Auseinandersetzungen in sich aufgenommen hat, tief verankert in der tatsächlichen Entwicklung der industriell-kapitalistischen Gesellschaft und deren Verarbeitung und Bearbeitung durch die Beteiligten; und dies zunehmend bis heute.
Eine andere Ebene der *kritischen Verwendung* von Rationalisierung ist aus verschiedenen Strömungen der Kulturkritik seit Ende des 19. Jh. entstanden (z. B. NIETZSCHE, BURCKHARDT; später die Lebensphilosophie; vorausgehend die romantische Kulturkritik, zurückgehend bis zu ROUSSEAU) und auf alle möglichen Lebensbereiche, z. T. ganz global bezogen worden (›Rationalisierung und Technisierung des ganzen Lebens‹). Seit dem Meilenstein von MAX WEBERS umfassender und systematischer Behandlung des Begriffs ist diese Kritik in einer Reihe von theoretischen Ansätzen bis heute weitergetragen worden (s. u.); sie hat teilweise erheblichen Einfluß auf politische Bewegungen ausgeübt (speziell die *Kritische Theorie* auf die Studentenbewegung seit 1967 (›Technokratie‹); mit Weiterwirkung auf die Alternativbewegung seit den 70erJahren: Technikkritik, Interesse an vorrationalen Gesellschaften, nichtokzidentalen Religionen, nichtrationalen Verhaltensformen, Mystik usw.).

III. Wichtige heutige Verwendungsformen

1. Die wirtschaftliche Rationalisierung

Sie ist heute von zentraler, ständig zunehmender Bedeutung, mit kaum noch überschaubaren Ausstrahlungen in fast alle gesellschaftlichen Bereiche. Ihr Ausgangspunkt war (und bleibt vielfach) die Steigerung des Gewinns (allgemeiner: der Leistung) des einzelnen Unternehmens durch Senkung der Kosten (allgemeiner: von Aufwand) jeder Art; was sich letzten Endes als Steigerung der Produktivität der Arbeit begreifen läßt (Marx 1867). »Unter Rationalisierung werden die Planung und Realisation von Anpassungsmaßnahmen in den verschiedenen Funktionsbereichen eines Unternehmens verstanden, die einer Erhöhung der Wirtschaftlichkeit des Unternehmens dienen.« (Mathes 1981, 400).

Die wirtschaftliche Rationalisierung, heute in einer Vielzahl von Anwendungsformen verbreitet, wird zunächst im *Industriebetrieb* entwickelt. Häufig gilt F. W. Taylor (1856–1915) als herausragender Pionier der Rationalisierung. Er befaßte sich damit, das Erfahrungswissen der traditionellen handwerklichen Arbeiter systematisch zu beobachten und zu erfassen, um die einzelnen Elemente dieses Wissens nach rationalen Gesichtspunkten, d. h. möglichst effizient zusammenzusetzen und jedem einzelnen Arbeiter genauestens – unter Zuhilfenahme von Anreizsystemen – eine entsprechende, effektive Arbeitsweise vorzuschreiben. Daraus konnte eine völlig neue Arbeitsplatz-, Arbeitsstätten- und Betriebsorganisation und eine zeitökonomische Einordnung der Arbeit in einen maschinenbestimmten Produktionsablauf entwickelt werden – ›reelle Subsumtion der lebendigen Arbeit unter das Kapital‹ (Marx 1867). Die Ergebnisse seiner jahrzehntelangen Arbeit lassen sich in den folg. Zitaten zusammenfassen. 1. »Den Leitern fällt es zu, all die überlieferten Kenntnisse zusammenzutragen, die früher im Alleinbesitz der einzelnen Arbeiter waren, sie zu klassifizieren und in Tabellen zu bringen, aus diesen Kenntnissen Regeln, Gesetze und Formeln zu bilden ...« (Taylor 1919, 38). 2. »Die völlige Trennung der geistigen und vorschreibenden Arbeit von der ausführenden Arbeit in der Werkstätte und die Übernahme derselben in das Arbeitsbureau ...« (Taylor 1912, 43). 3. Die »Pensumidee«: »Die zu leistende Arbeit eines jeden Arbeiters ist von der Leitung ... vorher aufs genaueste ausgedacht und festgelegt. Der Arbeiter erhält gewöhnlich eine ausführliche schriftliche Anleitung, die ihm bis ins Detail seine Aufgabe, seine Werkzeuge und ihre Handhabung erklärt.« »Dieses Pensum ... setzt genau die Zeit fest, die zur Vollbringung der Arbeit gestattet ist.« (Taylor 1919, 41). – Die degradierenden Folgen für die Mehrzahl der Arbeitenden sind seither ganz selten so unverblümt ausgesprochen worden (gewöhnlich erscheint die lebendige Arbeit allenfalls noch in Formulierungen wie »Steigerung der Ergiebigkeit des Humanfaktors«, Mathes 402).

Taylor bildet den ersten Höhepunkt eines Trends, dessen Prinzip sich seit den Anfängen der kapitalistischen Produktionsweise im 17. Jh. verfolgen läßt. Der klassische Ökonom A. Smith stellte die Einsparungsmöglichkeiten durch rigorose Arbeitsteilung bei der Nadelmanufaktur dar (1776), Babbage (1832) betont die Einsparungen, die durch die Beschäftigung der für den jeweiligen Arbeitsschritt gerade noch ausreichend qualifizierten, daher geringst bezahlten Arbeitskraft (z. B. Frau) zu erzielen sind (Braverman 68 ff.). Dieser Enteignung der Masse der Handarbeiter von fast allen ihren Arbeitsfähigkeiten bzw. dieser Degradierung zum Detailarbeiter (Vernichtung von Bauern und Handwerkern) entspricht nach Marx (1867) auf der anderen Seite die Erzeugung einer wissenschaftlichen und technologischen Intelligenz, welche das enteignete und das als separates zusätzlich erzeugte Wissen in sich vereinigt – freilich ebenfalls strikt arbeitsteilig und ohne Gesamtüberblick – und im Dienste profitabler Produktion systematisch anwendet. Der Anteil dieser Intelligenz an der Gesamtbeschäftigtenzahl hat – wie derjenige der Büroangestellten überhaupt – seit Ende des 19. Jh. enorm zugenommen (um heute selbst zum bevorzugten Gegenstand der Rationalisierung zu werden, s. u.).

Zur Zeit von TAYLOR stehen die *Zeitstudien* und im Zusammenhang damit die Einführung der *Leistungsentlohnung* im Vordergrund des Interesses (in Deutschland verbreitet als REFA-Systeme; vgl. SCHMIEDE / SCHUDLICH; SPITZLEY). TAYLORs Ansatz wird weitergeführt von den *Bewegungsstudien* unter systematischer Anwendung von Zeitlupenaufnahmen (besonders in USA, heute z. B. MAYNARD u. a., *Methods Time Measurement* MTM; vgl. dt. MTM-Vereinigung); es geht dabei auch um die ›Bestgestaltung‹ des Arbeitsplatzes (Ausschaltung ›überflüssiger‹ Bewegungen und Wege) bis hin zur Möglichkeit der Ersetzung menschlicher durch maschinelle Verrichtungen. Weitere Ziele im Rahmen der Rationalisierung im engeren, um die materielle Produktion zentrierten Sinn – heute oft als *Industrial Engineering* bezeichnet: Planung von ganzen Arbeitsstätten, von Arbeits- und Fertigungsverfahren, von Material- und Informationsflüssen, usw.

Nach dem *Poppelreuterschen Axiom* widerstrebt die Natur des Menschen beim Arbeiten und Wirtschaften der Rationalisierung (vgl. PENTZLIN 678; LINDEMANN 51: »eine streng logische und damit zutiefst ›unmenschliche‹ Zusammenfassung und Ordnung«, wohingegen auch im Management die Informationsverarbeitung immer noch »so außerordentlich heterogen, persönlichkeitsgeprägt, sogar gelegentlich emotionell gefärbt« erfolge; was sich letztlich nur »mit Despotismus oder mit Systemtechnik bewältigen« lasse). Auch aufgrund des Widerstands der Industriearbeiter gegen die neuen Methoden (vgl. STOLLBERG) wurden seit den 20er Jahren neue wissenschaftliche Disziplinen erschlossen, welche den allzu mechanistischen *Taylorismus* zu kritisieren, zu relativieren oder anzupassen versuchen. Unter diesen Disziplinen sind zu nennen die *Betriebs- und Industriepsychologie* (vgl. SAUERMANN) und die *Betriebs- und Industriesoziologie* (vgl. BURISCH, mit geschichtlicher Einführung; HERKOMMER / BIERBAUM), welche den ›menschlichen Faktor‹ im Betrieb, das ›*Human Engineering*‹ bzw. die ›*Human Relations*‹ zu ihrem Gegenstand machen. Die *Arbeitsmedizin* und die *Arbeitspsychologie* erforscht unter anderem die Hintergründe von Ermüdung und Arbeitsfreude bzw. die Voraussetzungen für einen gleichmäßig intensiven Leistungsfluß; andere Sparten der *Arbeitswissenschaft* (vgl. HACKSTEIN) unter anderem Arbeitsphysiologie, Ergonomie, Arbeitspädagogik, Arbeitsrecht; alle möglichen Disziplinen können hilfsweise herangezogen werden (z. B. Verhaltens-, Kreativitäts-, Motivationsforschung, Gruppendynamik, *Sensitivity Training*; Kybernetik, Spieltheorie) und werden umgekehrt von der Rationalisierung angeregt. Scheinbar wenig oder gar nicht mit dem ›Humanfaktor‹ ist die *technische* Rationalisierung verbunden; sie wird daher meist separat vorgestellt. Diese Unterscheidung ist jedoch künstlich, weil sie die aus der Enteignung der Mehrheit der Arbeitenden entsprungene Verselbständigung von moderner Naturwissenschaft, Technologie und Technik als naturgegeben unterstellt, gewissermaßen als den Gott der modernen Gesellschaft, welchem jeder einzelne Detailarbeiter und ›Fachidiot‹ weit blinder und ohnmächtiger ausgeliefert sein dürfte als es je ein ›Primitiver‹ seinem Fetisch war. Hierzu zählt ganz allgemein jede »Substitution des Humanfaktors durch *Mechanisierung* und *Automatisierung*« (MATHES 400), z. B. im Transport und in der Montage, weiter die *Standardisierung*: als *Normung* von Teilen, Symbolen usw. (von Werks- bis hin zu internationalen Normen; in Deutschland DIN-Normen, durch das Rationalisierungs-Kuratorium der deutschen Wirtschaft / RKW) und als *Typung* von Erzeugnissen, schließlich etwa die Anwendung von *Baukastensystemen.*

Die *betriebswirtschaftliche* Rationalisierung ergibt sich als Konsequenz aus der technischen Rationalisierung; auf diese sollen das betriebliche Rechnungswesen und die organisatorische Struktur des Unternehmens ganz allgemein optimal abgestimmt, in diesem Sinn durchschaubar, berechenbar und kontrollierbar gemacht werden.

Die Rationalisierung hat zunehmend der materiellen Produktion fernerliegende Bereiche ergriffen: Lagerhaltung und Beschaffung, Absatz und Vertrieb, Finanzierung, Personalwesen, Konstruktion, Forschung und Entwicklung, Informationswesen, Planung und Führung, Management. Entsprechend allgemein einsetzbare Methoden sind dafür entwickelt worden (z. B. *Operations Research*, Lineare Programmplanung, Wertanalyse). Grundsätzlich sind wesentliche Schritte solcher Methoden die Erfassung des Ist-Zustands bzw. von Schwachstellen, die eindeutige Festlegung von Zielen, die Analyse der dafür erforderlichen Vorgänge und die Konstruktion eines Ablaufmodells, der Vergleich des tatsächlichen mit dem intendierten Ablauf und die Korrektur des Modells. Entscheidend ist dabei die *Quantifizierbarkeit aller Einzel- und Besonderheiten* und die Normierung natürlicher Verschiedenheiten (vgl. oben Zitat LINDEMANN 51), um strikt formalisierte, mathematische Methoden anwenden zu können. Die Entwicklung und die enorme Miniaturisierung und Verbilligung der *elektronischen Datenverarbeitung* (neuerdings ihre dezentrale Anwendbarkeit) hat hier vielfach ganz neue Perspektiven eröffnet; es gibt kaum einen Bereich, für den nicht computergestützte Programme entwickelt würden. Nicht nur die Verwaltung im weitesten Sinn (außerhalb der Industrie: Banken, Versicherungen, Handel und andere Dienstleistungsunternehmungen, nicht zuletzt auch die öffentlichen Verwaltungen), sondern auch geistige und leitende Tätigkeiten werden immer stärker von dieser Entwicklung ergriffen; schlagwortartig zusammengefaßt: ›*from scientific management to management science*‹. Gerade große Teile jener Schichten, die im Prozeß der Polarisierung von wissenschaftlich-technischer Intelligenz und Detailarbeitern Ende des 19. Jh. erst erzeugt worden waren, werden neuerdings zu einem bevorzugten Objekt der Rationalisierung. Von Autoren eines Forschungsprojekts (TESCHNER / HERMANN) wird die Rationalisierung in Forschungs- und Entwicklungsabteilungen als »Tendenzen zur Taylorisierung geistiger Arbeitsprozesse« charakterisiert. Sie bezieht sich – in diesem exemplarischen Fall – auf diejenigen Techniker und Ingenieure, bei denen im Himblick auf die erwartete Kreativität ein besonders hohes Maß an Selbstbestimmung für notwendig gehalten wird. Jedoch: »Von den Leitern der F.- u. E.-Abteilungen wurde der Anteil am Personal, der tatsächlich innovativ tätig ist und unbedingt erhalten bleiben sollte, auf 15–20 % geschätzt.« (TESCHNER / HERMANN 129, 128). Nicht wenige der Betroffenen suchen sich dieser Entwicklung zu entziehen (der Physiker, der seine hochbezahlte Tätigkeit in einem Forschungsinstitut aufgibt und eine Fahrradreparaturwerkstatt eröffnet – Randerscheinung oder Zukunftstendenz?).

Zentrum und Motor der Rationalisierung ist im Kapitalismus die *einzelne* Unternehmung (was Rationalisierung durch Kooperation zwischen verschiedenen Unternehmen einschließt); es bestehen daher vielfältige Wechselbeziehungen zur konjunkturellen Entwicklung (z. B. über Rationalisierungsinvestitionen). Dagegen spielt die *volkswirtschaftliche* Rationalisierung nur als Ergänzung (z. B. RKW, s. o.) oder in Randsituationen (Kriegswirtschaft, Sozialisierungsbestrebungen) eine Rolle, während sie dagegen in sozialistischen Wirtschaftssystemen im Vordergrund stand.

2. Rationalisierung in der Tiefenpsychologie

Das einzelne Subjekt versucht, einer Verhaltensweise, einer Handlung, einem Gedanken oder Gefühl usw., deren wirkliche Motive nicht erkannt werden, weil sie Angst und Unbehagen bereiten würden, mit dem Selbstbild nicht zu vereinbaren wären, vor anderen wie vor sich selbst eine logisch kohärente oder moralisch akzeptable Erklärung zu unterlegen. Insbesondere als Rationalisierung eines Symptoms, eines Abwehrmechanismus, einer Reaktionsbildung, auch beim Wahn, mit Übergängen bis hin zum normalen Denken. Der Terminus wird abgegrenzt von ›Intellektualisierung‹ sowie von ›Abwehrmechanismus‹ (da nicht direkt gegen die Triebbefriedigung gerichtet). Gewöhnlich stützt sich die Rationalisierung auf allgemein akzeptierte moralische, religiöse, politische usw. Normen. – Im allgemeinen Sprachgebrauch auch auf *kollektive* Vorgänge ausgedehnt. Systematisch angewandt in der Werbepsychologie: die verwendeten Symbole wenden sich an sexuelle Bedürfnisse, zugleich werden Argumente angeboten, die den Kauf als nützlich, notwendig usw. darstellen (vgl. PACKARD 1957).

B Zur Theorie der Rationalisierung

I. MAX WEBER

1. Vorbemerkung

Definitiv seit MAX WEBER ist der Begriff der Rationalisierung aufs engste mit dem der modernen Gesellschaft und deren Entstehung (bzw. dem der bürgerlichen oder der kapitalistischen Gesellschaft) verknüpft; er gilt häufig als *das* spezifische Charakteristikum dieser, im Unterschied zu ›vormodernen‹ Gesellschaften. Daher gibt es auch kaum einen gesellschaftstheoretisch relevanten Autor, der nicht explizit oder implizit den Begriff der Rationalisierung aufgenommen hätte; für viele historische Untersuchungen gilt das ähnlich. Im folgenden können nur lückenhafte Hinweise auf wichtige Ansätze und Richtungen gegeben werden; mit Rücksicht auf seine epochemachende und vielfältige, wie immer kontroverse Wirkung wird der Darstellung des Ansatzes von MAX WEBER ein besonderer Platz eingeräumt.

2. Darstellung

MAX WEBER (1864–1920) ist der bedeutendste und einflußreichste Gelehrte, der sich mit der *Besonderheit* und mit der *Entstehung und Entwicklung des modernen okzidentalen Rationalismus*, in diesem Sinne: mit der Rationalisierung beschäftigt hat. Das Telos dieses ›Rationalismus der Weltbeherrschung‹ ist nach WEBER: *durch Berechnen beherrschen*; Berechenbarkeit aller technisch entscheidenden Faktoren des menschlichen Handelns, restlose Beherrschung einer Welt, die aller irrationalen Qualitäten entkleidet ist. In diesem Sinne ›*formale Rationalität*‹ ist die Verwendung von Mitteln, welche bewußt und planvoll an Erfahrung und Nachdenken orientiert ist; im optimalen Fall: in einer mit den Methoden der empirisch-analytischen (der ›exakten‹) Wissenschaften gewonnenen Exaktheit von Sätzen, Gesetzesaussagen und daraus abgeleiteten Prognosen. Neben der rationalen *Beherrschung der Dinge* geht es um die *Beherrschung des eigenen Inneren* durch methodische Lebensführung; schließlich auch um die *Systematisierung von Sinnzusammenhängen* (metaphysisch-ethischer Rationalismus).

WEBER faßt Rationalisierung zunächst als *Charakteristikum des »Kapitalismus«*, »der schicksalsvollsten Macht unseres modernen Lebens« (WEBER 1920/21 I, 4) auf. Kennzeichen des »bürgerlichen *Betriebs*kapitalismus mit seiner rationalen Organisation der *freien Arbeit*«, im Unterschied etwa vom antiken Kaufsklavenkapitalismus, sind: Sonderung von Betriebsvermögen und Privatvermögen (Werkstatt / Kontor und Haushalt); rationale Betriebsbuchführung; stehendes Kapital (in Gestalt sachlicher

Produktionsmittel) und formell freie Arbeit (in Gestalt von Lohnarbeit), vereinigt in der formell-rationalen Organisation des Betriebs. Hier wird auch die methodische Einbeziehung von Wissenschaft möglich (ebd. 7ff.). – Die spezifische Rationalität des modernen Betriebskapitalismus stellt WEBER jedoch auch in anderen Erscheinungen der modernen europäischen Kulturwelt fest, im Unterschied zu anderen Kulturen. So etwa im Bereich der Wissenschaft: die von den Griechen hervorgebrachte mathematische Fundierung sei der babylonischen Astronomie und der indischen Geometrie fremd gewesen; der mit reichlichen Beobachtungen gesättigten indischen Naturwissenschaft habe die auf das rationale Experiment gegründete neuzeitliche Empirie gefehlt; eine rationale Rechtslehre habe erst das römische und darauf gestützt das okzidentale Recht hervorgebracht. Oder in der Kunst: rationale harmonische Musik sei nur dem Okzident bekannt; ebenso in der Architektur und in der Malerei. Weiter: der rationale und systematische Fachbetrieb der Wissenschaft an Universitäten zur Schulung von Fachmenschen und Fachbeamten: »die absolut unentrinnbare Gebanntheit unserer ganzen Existenz, der politischen, technischen und wirtschaftlichen Grundbedingungen unseres Daseins, in das Gehäuse einer fachgeschulten Beamten-*organisation*, den technischen, kaufmännischen, vor allem aber den *juristisch* geschulten staatlichen Beamten als Träger der wichtigsten Alltagsfunktionen des sozialen Lebens, hat kein Land und keine Zeit in dem Sinn gekannt wie der moderne Okzident« (ebd. 3) – damit auch nicht den modernen Staat als rationale Anstalt. Auch der moderne Sozialismus sei nur als derart »rationaler Sozialismus« möglich.

Die Besonderheit dieses modernen okzidentalen Rationalismus, vor allem aber die Gründe für dessen Entstehung und – möglicherweise universelle – Durchsetzung ist WEBERs zentrale Fragestellung (SCHLUCHTER 1979; vgl. BREUER 1978, der WEBERs Auffassung von ›der Geschichte der Rationalisierung und Disziplinierung‹ und ihren entscheidenden weltgeschichtlichen Schritten, zumal ihren orientalisch-vorrationalen Vorstufen und ihren okzidentalen Verwirklichungsschritten, in einer sehr geschlossenen Darstellung vorstellt). Diese Frage stellte sich WEBER zuerst bei der Erforschung der Geschichte von Klöstern; in seiner Untersuchung der kausalen Bedeutung des asketischen Protestantismus für die kapitalistische Berufsethik und deren rationale Lebensführung entwickelte er seine, zunächst noch stark geisteswissenschaftliche Methode (Die protestantische Ethik und der Geist des Kapitalismus, 1904/05; Die protestantischen Sekten und der Geist des Kapitalismus, 1906; in: WEBER 1920/21). Prononciert gegen MARX und besonders gegen den zeitgenössischen Marxismus (an dem er auch die ›geschichtstheologische‹ Emanzipationserwartung ablehnte) insistiert er für die Erklärung der Genesis des modernen Kapitalismus auf der *Bedeutung des ›Kapitalistischen Geistes‹* (des ›Überbaus‹ und speziell der ›religiösen Nebelbildungen‹: MARX) als *eigenständigen Kausalfaktors* mit innerer Eigengesetzlichhkeit, welcher *gleichrangig* neben anderen Faktoren stehe. WEBER wendet sich gleichermaßen gegen die Verabsolutierung materieller wie ideeller Faktoren; seine eigene Protestantismusstudie kann nur ein Teilbild der geschichtlichen Entwicklung geben.

Bezogen auf die Bedeutung der Reformation und des asketischen Protestantismus: einen ihm adäquaten Lebensstil vermochte der Kapitalismus nicht aus sich heraus zu erzeugen; nur eine *religiöse* Ethik konnte die religiös-traditionalistischen Widerstände gegen die Ausdehnung des Gelderwerbs einebnen; zugleich beschränkte diese Ethik den Konsum und den Genuß durch einen ›asketischen Sparzwang‹, erleichterte damit den Übergang zum Kapitalismus als Betrieb, zu einem *System* der Kapitalverwertung. Insofern stellt also die Reformation mit ihrem spezifischen Asketismus einen »Angelpunkt der ganzen Kulturentwicklung des Occidents« dar (WEBER 1920/21, III 7) – freilich nur einen neben anderen! An ›inneren Faktoren‹ lassen sich unter anderem nennen: die altjüdische Prophetie mit der paulinischen Mission, die griechische Geisteskultur, die gregorianische Reform, die Ethik des mittelalterlichen Katholizismus, die Renaissance und der humanistische Rationalismus, die wissenschaftlich-technische Revolution (die praktische Einbeziehung der Naturwissenschaft in die Ökonomie gilt WEBER als spezifisch protestantische Leistung). Als ›äußere Faktoren‹ gelten ihm: das römische Recht und die davon angeregte Formalisierung des Rechts im Okzident, die auf dem römischen Amtsbegriff fußende Kirche, spezifische politische und religiöse Organisationsformen (wie der okzidentale Lehensfeudalismus und dessen Wandel zum Ständestaat; Machtkonkurrenz gleichrangiger Legitimitäten, z. B. geistlicher und weltlicher, die eine Zentralinstanz verhinderten), die Verselbständigung der okzidentalen Stadt (von der *politisch* dominierten Polis zur mittelalterlichen, *marktwirtschaftlich* expansiven Gewerbestadt) und die Entwicklung des europäischen Bürgertums, die Marktvergesellschaftung der Ökonomie und die Herausbildung der rationalen Staatsanstalt samt Bürokratisierung der Politik.

Nur Teile seines Programms hat WEBER ausgeführt; jedenfalls können WEBERs religionssoziologische Untersuchungen nicht mehr als – ihrerseits nicht vollständige – Beiträge zur Erforschung der historischen Entwicklung des modernen okzidentalen Rationalismus sein. Andererseits gilt sein besonderes Interesse gerade den religiösen Strömungen. Um die Bedeutung des Protestantismus, allgemeiner des okzidentalen Christentums, und von dessen vorderasiatischen und jüdischen Wurzeln genauer einschätzen zu können, stellt er diese in idealtypischer Zuspitzung den großen Erlösungsreligionen des Ostens (Hinduismus, Buddhismus, Konfuzianismus, Taoismus) gegenüber (wobei er selbst die Einseitigkeit sowie die spezifische Zweckbestimmtheit seiner begrifflichen Zuordnungen betont). Während etwa im vorderasiatisch-okzidentalen Raum das religiöse Weltbild theozentrisch auf einem transzendenten, allmächtigen, persönlichen Schöpfergott beruht, dessen Werkzeug der Mensch ist, wird im Osten kosmozentrisch eine immanente göttliche Macht vorgestellt, deren Gefäß der Mensch ist und dessen Seele sich von der Welt entleert und zugleich mit ihr vereinigt, statt sie aktiv handelnd zu formen. Im Denken ist die asiatische Tradition der Ontologie wahlverwandt, die vorderasiatisch-okzidentale Tradition hingegen der Geschichtsmetaphysik (Heilsgeschichte). Ähnliche Unterschiede gelten für Ethik, Prophetie und Theodizee.

Auf dem Hintergrund dieser Gegenüberstellung wird sodann die Eigenart des *asketischen Protestantismus* auch gegenüber der okzidentalen Kultur in 5 Dimensionen deutlich. Dimensionen der Heilsgrundlage: theozentrisch (statt kosmozentrisch); Heilsmethodik: asketisch (statt mystisch); Heilsbereich: innerweltlich (statt außerweltlich, wie das arbeitsasketische *ora et labora* des abendländischen Mönchstums); Heilsmittel: spirituell (subjektiv werkheilig, statt sakramental bzw. magisch); Heilsorganisation: partikularistisch-sektenhaft (statt kirchlich-universalistisch). Mit dieser Kombination wird die Welt*beherrschung* begünstigt (statt der Weltüberwindung, -anpassung, -flucht), zunächst als totale Unterordnung der Welt unter den göttlichen Auftrag, die so jeden Eigenwert verliert, ›religiös entzaubert‹ wird. »Nur der asketische Protestantismus machte der Magie, der Außerweltlichkeit der Heilssuche und der intellektualistisch kontemplativen ›Erleuchtung‹ ... wirklich den Garaus, nur er schuf die religiösen Motive, ... in methodisch *rationalisierter* Berufserfüllung ... das Heil zu suchen« – und nur mit derart religiösen Motiven waren – unter den Bedingungen eines religiösen Weltbildes – die seelischen Hindernisse gegen die Weltbeherrschung im Sinne eines konsequent sachlichen Verhaltens gegenüber der Natur und einer Versachlichung der zwischenmenschlichen Beziehungen zu überwinden, wie es für den modernen okzidentalen Rationalismus charakteristisch ist (WEBER 1956; vgl. SCHLUCHTER 1979, 204ff.).

Für die von einer Religion jeweils erreichte Stufe von Rationalisierung ist nach WEBER der eine Maßstab der Grad der Abstreifung von Magie (›Entzauberung‹), der andere der Grad von systematischer Einheitlichkeit, in welchen das Verhältnis von Gott und Welt gebracht worden ist (WEBER 1920/21, I 512). Eine 1. Stufe der Rationalisierung wird also in dem Maße erreicht, in dem der Monismus des magischen Weltbilds (keine scharfe Trennung von Diesseits und Jenseits; unmittelbare Einheit von Geschehen und Bedeutung, mit ihrer »urwüchsigen Unbefangenheit der Beziehung zur Außenwelt« (ebd. 541); Bezwingung der göttlichen Mächte durch magische Praktiken) überwunden wird. An seine Stelle tritt die dualistische Vorstellung, daß Götter die Ordnungen bestimmter Handlungsbereiche gesetzt haben und ihre Einhaltung überwachen (Sünde, Gewissen, Erlösung); diese Götter werden systematisch geordnet (›Pantheonbildung‹ durch Anthropologisierung, Spezialisierung, Hierarchisierung); zur Bewältigung der dualistischen Spannung zwischen Macht und Tugend der Götter und Unvollkommenheit des Diesseits werden intellektuelle Anstrengungen unternommen (Theodizeen). In der Ausarbeitung des Gottesbegriffs scheiden sich indische und jüdisch-christliche Tradition in folgenreicher Weise (kosmozentrisch bzw. theozentrisch – s. o.); nur in der letzteren konnte die Entzauberung bzw. die Rationalisierung jene Stufe erreichen, in der die Welt – nach Abwerfen des religiösen Kleides – zum bloßen Arbeitsmittel geworden ist.

Auf der einen Seite teilt MAX WEBER die Hoffnung auf die aufklärende Macht der Vernunft mit Theoretikern der bürgerlichen Gesellschaft, von HOBBES über MARX bis zu PARSONS und POPPER; auf der anderen Seite sieht er den – übrigens keineswegs kontinuierlich aufgefaßten – Prozeß der Rationalisierung mit sehr skeptischen Augen: als »Umsichgreifen der Disziplinierung«, als »Zunahme der zwangsmäßigen Schematisierung«. Indem im Kapitalismus, im Gegensatz zu vorrationalen Herrschaftsformen, das Herrschaftsverhältnis in die Produktion und Reproduktion eindringt, erreicht es eine völlig neuartige Sachlichkeit und Härte, impliziert eine »eigentümliche Verengung und Verdrängung des natürlichen Trieblebens«, eine »bewußte Verschlossenheit gegen die Einflüsse und Eindrücke der ›Welt‹« (1921/22, I 530) und eine »unerhörte innere *Vereinsamung des einzelnen Individuums*« (ebd. I 93). Die »Bürokratie in Staat und Wirtschaft« gilt ihm als die »einzige ganz sicher *unentfliehbare* Macht«, mit der Errichtung des »Gehäuses jener Hörigkeit der Zukunft« beschäftigt; »wie ist es angesichts dieser Übermacht der Tendenz zur Bürokratisierung *überhaupt noch möglich, irgendwelche Reste* einer in *irgend*einem Sinn ›individualistischen‹ Bewegungsfreiheit zu retten?« (1971, 332f.; vgl. BREUER 433ff.).

3. Zur Rezeption (Japan, USA)

WEBER hat im Deutschland der 20er Jahre stärksten Einfluß auf viele sich umorientierende Wissenschaftler ausgeübt, oft in verschwiegener Form. Durch den Nazismus wurde seine Rezeption abgebrochen, mit Folgewirkungen bis heute in der Bundesrepublik. Eine gesonderte Darstellung dieser Rezeptionsgeschichte ist hier nicht möglich; vgl. jedoch unten zur *Kritischen Theorie* (sowie ABRAMOWSKI, SEYFARTH / SPRONDEL, SCHLUCHTER). Im Ausland hat WEBER teilweise außerordentliche Beachtung gefunden, jeweils unter spezifischen Gesichtspunkten.

In Japan haben vor allem die religionssoziologischen Untersuchungen Aufmerksamkeit erregt: welche dem westeuropäischen Protestantismus vergleichbaren quasi-religiösen, ethischen und intellektuellen Entwicklungen – neben anderen vergleichbaren ›Faktoren‹, wie dem japanischen Feudalsystem, seiner Zersetzung durch Geldwirtschaft usw. – haben in Japan den Übergang zur ›modernen Gesellschaft‹ und zur Rationalisierung begünstigt? – Vgl. MARUYAMA (1974), eine klassische Arbeit unter dieser Fragestellung; OTSUKA (1982), ein führender Wirtschaftshistoriker; BENDIX (1971). In USA ist WEBER unter dem Gesichtspunkt der Rationalisierung wohl zuerst durch den Religionssoziologen NELSON (vgl. SPRONDEL / SEYFARTH 1981) dargestellt worden. Die ältere Rezeption war vor allem durch PARSONS (1937) vermittelt, der WEBER vornehmlich im Hinblick auf eine soziologische Handlungstheorie verarbeitet und verbreitet hat; WEBERS historische Dimension ist in USA besonders durch die Arbeiten von BENDIX (1960/1972) untersucht worden (beide Autoren mit erheblichem Einfluß auf die Neurezeption in der Bundesrepublik).

II. Kritische Theorie

1. MAX HORKHEIMER, THEODOR W. ADORNO

Was WEBER mit Wahrscheinlichkeit kommen sieht, das ist für Emigranten wie HORKHEIMER, ADORNO oder MARCUSE – unter dem Eindruck der Entwicklung zum Faschismus in Deutschland wie der zum fortgeschrittenen Kapitalismus in USA – Gewißheit geworden: die »trotz aller Rationalisierung irrationale Gesellschaft« (HORKHEIMER / ADORNO 1947, 149; vgl. MARCUSE 1967, 11, 29 u. ö.). Dem einzelnen gegenüber habe sich eine monopolkapitalistische, mit dem Staat zusammengeschlossene totale Macht verselbständigt, in der technische Rationalität und Rationalität der Herrschaft in eins zusammenfallen. Eine Macht, welche überdies über Konsum und Kulturindustrie die Massen manipuliert – unter Verwendung neuester wissenschaftlicher Resultate; die Struktur der Tatsachenforschung ist jener der totalen Herrschaft analog und ruft derartige Anwendung hervor. In ihrem Fortschritt ist also die europäische Aufklärung, selbst aus dem Mythos entstanden, in Rückschritt und Barbarei, in Irrationalismus und neue Mythologie umgeschlagen. Dieser Umschlag ist nicht zufällig, sondern aus ihr selbst begründet: ihrem spezifischen Herrschaftsverhältnis gegen die Natur, innere wie äußere, also der Spaltung in Geist und toten Gegenstand, Subjekt und Objekt, der Voraussetzung von Abstraktion; die Ursprünge lassen sich in der Herrschaft patriarchalischer Eigentümer und der Tauschgesellschaft der frühen Antike auffinden. Soweit die Kernthesen der »Dialektik der Aufklärung« (HORKHEIMER / ADORNO 1947). ADORNO vor allem hat diese Thesen in vielen Publikationen vertieft, dabei mit besonderer Aufmerksamkeit Ursprünge und Tendenzen der Rationalisierung in ihrer Gestalt als herrschende Form der Wissenschaft (›Positivismus‹) kritisierend; die Kritik jener Wissenschaft müsse deren Begrifflichkeit und Ordnung selbst als Formen von Herrschaft bezeichnen, daher ›negativ‹ und ›dialektisch‹ verfahren (vgl. ADORNO 1966).

2. HERBERT MARCUSE

Der politisch einflußreichste Theoretiker aus dem Umkreis der *Kritischen Theorie* ist wohl HERBERT MARCUSE, speziell mit Arbeiten wie »*One-Dimensional Man*« (1964) oder »Repressive Toleranz« (1965). Einige seiner – oft selektiv rezipierten – Überlegungen sind in der Studentenbewegung seit 1967 und z. T. untergründig weiterwirkend in späteren Bewegungen – z. B. der Alternativbewegung – zu verbreiteten Überzeugungen geworden. Dazu gehört die Auffassung, daß technologische Rationalität zum Medium einer umfassend integrierenden *politischen* Herrschaftsrationalität geworden (›Technokratie‹) und daß Technik auch als solche keineswegs neutral sei, eine qualitative Veränderung der Industriegesellschaft daher eine ›alternative‹, eine vom Ausbeutungsverhältnis zu Natur und Menschen freie Rationalität voraussetze. Weiter die Auffassung, daß zu jener ›totalitären Herrschaft‹ die systematische Erzeugung ›falscher Bedürfnisse‹ sowie eine streng geregelte ›repressive Toleranz‹ gehöre, in der Politik ebenso wie in der Alltagskultur; daß schließlich in der modernen kapitalistischen Gesellschaft deren klassischer Antagonist, die Arbeiterbewegung, integriert und Träger einer fundamentalen Opposition allenfalls als Randgruppen (z. B. Teile der Jugend, Arbeitslose, Dritte Welt) auszumachen seien. Gegen die ›reine Form der Herrschaft‹ als Bürokratie wirke die traditionelle Form der Opposition nur bestätigend, habe allenfalls die abstrakte, politisch ohnmächtige ›absolute Weigerung‹ eine Chance.

3. Jürgen Habermas

Prominentester Fortsetzer der *Kritischen Theorie* ist heute sicher Jürgen Habermas – auch ihn hat das Problem der Rationalisierung in vielen Schriften beschäftigt. Charakteristisch für seine Argumentation ist die deutliche, im Dualismus von ›Arbeit‹ und ›Interaktion‹ anthropologisch verankerte Unterscheidung zweier verschiedener Bereiche von Rationalität. Einerseits jene ökonomische und bürokratische Rationalität der gesellschaftlichen Arbeit, welche mit der Entwicklung der modernen Produktion sich nach und nach sämtliche Lebensbereiche einzuverleiben versucht. Andererseits aber, von dieser Zweckrationalität prinzipiell unabhängig, eine moralisch-praktische Rationalität, die in der kommunikativen Alltagspraxis auch den kapitalistischen Gesellschaft gegenwärtig sei und sich aus der allgemeinen Struktur möglicher Sprechsituationen erschließen lasse. (Vgl. Habermas 1976). Habermas hat sich eingehend mit der Entwicklung des Rationalisierungs-Begriffs befaßt und speziell Max Weber als befangen im Modell der Zweckrationalität kritisiert (1981).

4. Alfred Sohn-Rethel u. a.

In nur losem Zusammenhang mit der *Kritischen Theorie* und in explizitem Anschluß an die *Marxsche Tradition* hat Alfred Sohn-Rethel das Verdienst, das Problem der Genesis der Formen der abstrakten Rationalität aus seiner anthropologischen Fassung in eine entschieden gesellschaftlich-historische Fragestellung überführt zu haben. Der Grundgedanke seiner Argumentation ist, daß der Austausch von Waren und die Herauskristalisierung des Geldes in der griechischen Antike konstitutiv für die scheinbar ewigen, übergesellschaftlichen ›Denkformen‹ (z. B. Quantität) sei (vgl. Sohn-Rethel 1969 / I. u. II. Teil). Dieser Ansatz ist von einer Reihe von Untersuchungen vertieft worden (vgl. z. B. Müller 1977, Woesler 1978, Dudek 1979). Sohn-Rethel hat im übrigen auch für Forschungen zur wirtschaftlichen Rationalisierung anregend gewirkt (vgl. Sohn-Rethel 1969, III. Teil; Schmiede / Schudlich; vgl. zusammenfassend Stollberg 21 ff.).

C Zur europäischen Geschichte der Rationalisierung

Die Geschichte der Rationalisierung in Europa ist seit einigen Jahrzehnten in einer Fülle von Untersuchungen im einzelnen behandelt worden. Derartige Untersuchungen können gegen den zwingenden Charakter der ›legalistisch‹ ordnenden Darstellungsweise WEBERs – der sich auf der Höhe der Forschung seiner Zeit befand – schützen: vor der Gefahr, Empirisches nur noch in WEBERs Verarbeitung aufzunehmen.

Besonders Erwähnung verdient NORBERT ELIAS (geb. 1897; wegen seiner Verfolgung in der Nazizeit in Westdeutschland erst spät bekannt geworden) – auch weil er zwischen Theorie und Geschichte steht: im Unterschied zu den o. g. Autoren ist er nicht nur ein (bedeutender) Theoretiker, sondern verarbeitet zugleich ausgiebig und eigenständig historische Quellen. Für ELIAS übergreift die Rationalisierung der ›*Prozeß der Zivilisation*‹: eine umfassende Entwicklung zu mehr Berechenbarkeit, Durchschaubarkeit, Kontrolle und Zwang, von außen (Monopolisierung der körperlichen Gewaltausübung im Staat) und vor allem von innen (Ummodellierung der Triebe und Affekte von unmittelbarer Befriedigung zu Verschiebung auf lange Fristen, ›Langsicht‹ oder Verdrängung von innen, Verschiebung der Peinlichkeitsschwelle, ›Selbstzwangapparatur‹). Damit unternimmt er zugleich eine historisch-gesellschaftliche Vermittlung zentraler Kategorien der FREUD*schen* Psychoanalyse: »Beide, die Verstärkung der Schamängste, wie die stärkere Rationalisierung, sind nichts als verschiedene Aspekte der stärkeren Spaltung des individuellen Seelenhaushalts, die sich mit der zunehmenden Funktionsteilung einstellt, verschiedene Aspekte der wachsenden Differenzierung zwischen Triebfunktionen und Triebüberwachungsfunktionen, zwischen ›Es‹ und ›Ich‹ oder ›Über-Ich‹.« (ELIAS 1969 II, 400).

Dieselbe Entwicklung untersucht auch RUDOLF ZUR LIPPE (1974) exemplarisch an der frühen Geschichte des europäischen Kunsttanzes; allerdings mit grundsätzlich anderer, von der *Kritischen Theorie* angeregter Blickrichtung: unter dem Aspekt der kritischen Darstellung der Geschichte der Unterdrückung von innerer Natur oder menschlicher Körperlichkeit im Gefolge der Durchsetzung der Produktion von Waren.

Wenn man Mechanisierung als wesentlichen Bestandteil von Rationalisierung versteht, so ist auf LEWIS MUMFORD (1966/64) zu verweisen, nach dessen These die Mechanisierung der Arbeitsinstrumente durch die ›Mechanisierung der Menschen‹ in der ›archetypischen Megamaschine‹ (d. i. der straffen Organisation der alten Hochkulturen durch die Priesterkönige) begründet ist. (Zu derartigen gesellschaftsbezogenen Ansätzen der Technikgeschichte vgl. unter anderen TROITZSCH / WOHLAUF, HAUSEN / RÜRUP). Für das Mittelalter zeigt WHITE (1978) den engen Zusammenhang von technischem und gesellschaftlichem Selbstverständnis – beide untrennbar eingebettet in religiöse und ethische Vorstellungen des der technologischen Entwicklung förderlichen lateinischen Christentums. Bahnbrechender war die Untersuchung *Histoire de la Folie* von MICHEL FOUCAULT (1961): Hier wird die Geheimgeschichte der Rationalisierung, als Evolution der ›Disziplinargesellschaft‹, geschrieben: die Geschichte der Ausgrenzung verschiedenster Arten der ›Unvernunft‹, durch ihre Zusammenfassung in Anstalten, vor allem aber in neuartigen alltäglichen Sehgewohnheiten und wissenschaftlichen Definitionen, speziell im Zeitalter des Rationalismus (17. und 18. Jh.); bemerkenswert dabei der enge Zusammenhang der Durchsetzung von Disziplin der ›*raison*‹ und der Arbeit in der Manufaktur bzw. Industrie, und zwar vermittels staatlich-rechtlicher Maßnahmen. Vgl. auch DÖRNER (1969), der die Verhältnisse in Deutschland und im 19. Jh. stärker berücksichtigt.

Rationalisierung – das ist auch die *Herausarbeitung der Kategorien des rationalen Weltverständnisses.* Die klassische Physik etwa konnte von einem axiomatischen Begriff von Raum ausgehen, weil vor allem Maler in der Renaissance über die Zentralperspektive die dreidimensionale räumliche Sehweise erarbeitet hatten (vgl. PANOFSKI 129 ff.; → Zeit). Mit der absolutistisch-bürgerlichen Stadtplanung und Straßenarchitektur und mit der Industrialisierung – z. B. über den Eisenbahnbau – wird eine derartige Sehweise vertieft, differenziert und im gebildeten Verstand fest verankert (vgl. z. B. SCHIVELBUSCH); durch die Kamera schließlich beliebig produzierbar (vgl. auch oben SOHN-RETHEL, MÜLLER, WOESLER, DUDEK).
Repräsentativ für eine am historischen Material gewonnene, ›explizit kritische Auseinandersetzung mit der WEBER'*schen* Position ist die Untersuchung von HUBERT CANCIK (1979). Nicht nur bezüglich der ökonomischen und technischen Rationalität und der – im großen Maßstab aktionsfähigen – Technologie der Römer vertritt CANCIK die These von deren ›frühneuzeitlichem Charakter‹, sondern auch spezifisch für das jene tragende, geradezu puritanische Arbeitsethos: ›Systematik der Lebensführung‹ sei »nach Wort und Sache bereits römisch ...: *ratio vitae* – ›Kalkül, Bilanz des Lebens‹.« (CANCIK 1979, 80) »In anderer, kulturspezifischer Ausprägung – bäuerlich-soldatisch – hat die römische Kultur ebenfalls Formen der ›innerweltlichen Askese‹ geschaffen ...« (ebd.), ohne prinzipielle sexuelle Askese.

Literatur

ABRAMOWSKI, G., Das Geschichtsbild MAX WEBERS. Universalgeschichte am Leitfaden des okzidentalen Rationalisierungsprozesses, 1966; ADORNO, TH. W., Negative Dialektik, 1966; Arbeitsorganisation – Ende des Taylorismus? Kursbuch 43, 1976 (mit Betriebsberichten); BENDIX, R., Max Weber. An Intellectual Portrait, 1960; ders., Japan and the Protestant Ethic, in: BENDIX, R. / ROTH, G. (Hrsg.), Scholarship and Partisanship. Essays on Max Weber, 1971, 188–206; BÖNIG, J., Technik und Rationalisierung in Deutschland zur Zeit der Weimarer Republik, in: TROITZSCH / WOHLAUF, 1980, 390–419; BRAVERMAN, H., Die Arbeit im modernen Produktionsprozeß (USA 1974), 1977; BREUER, S., Die Evolution der Disziplin. Zum Verhältnis von Rationalität und Herrschaft in M. Webers Theorie der vorrationalen Welt, in: Kölner Zeitschrift f. Soziologie u. Soziopsychologie (1978) 409–437; BURISCH, W., Industrie- und Betriebssoziologie, [7]1973; CANCIK, H., Römische Rationalität. Religions- und kulturgeschichtliche Bemerkungen zu einer Frühform des technischen Bewußtseins, in: P. EICHER (Hrsg.), Gottesvorstellung und Gesellschaftsentwicklung (Forum Religionswissenschaft 1), 1979, 67–92; ders., Disziplin und Rationalität. Zur Analyse militärischer Intelligenz am Beispiel von Caesars ›Gallischem Krieg‹, in: Saeculum 37 (1986) 166–181; ders., Rationalität und Militär. Caesars Kriege gegen Mensch und Natur, in: GLÜCKLICH, H.-J. (Hrsg.), Lateinische Literatur – heute wirkend, 1987, Bd. 2, 7–29; Deutsche MTM-Vereinigung (Hrsg.), Einführung in das MTM Grundverfahren (o. J. ca. 1976); DUDEK, P., Naturwissenschaften und Gesellschaftsformation. Zum Problem der historischen und begrifflichen Konstitution der klassischen bürgerlichen Naturwissenschaften, 1979; ELIAS, N., Über den Prozeß der Zivilisation. Soziogenetische und psychogenetische Untersuchungen, 2. Bde., 1936/1969; DÖRNER, K., Bürger und Irre. Zur Sozialgeschichte und Wissenschaftssoziologie der Psychiatrie, 1969; FOUCAULT, M., Wahnsinn und Gesellschaft. Eine Geschichte des Wahns im Zeitalter der Vernunft (fr. 1961), 1969 (gekürzte Übersetzung); HABERMAS, J., Zur Rekonstruktion des Historischen Materialismus, 1976; ders., Theorie des kommunikativen Handelns, 2 Bde., 1981; HAUSEN, K. / RÜRUP, R. (Hrsg.), Moderne Technikgeschichte, 1975; HERKOMMER, S. / BIERBAUM, H., Industriesoziologie. Bestandsaufnahme, Kritik, Weiterentwicklung, 1979; HERZOG, B., Von der Hand in den Mund. Frauen im Akkord, 1976 (Erlebnisdarstellung aus der Sicht von Arbeiterinnen); HORKHEIMER, M. / ADORNO, TH. W., Dialektik der Aufklärung. Philosophische Fragmente, 1947; JONAS, R., Rationalisation in Everyday Life, 1908; LAPLANCHE, J. / PONTALIS, J.-B., Art. Rationalisierung, in:

Das Vokabular der Psychoanalyse (1967), 2 Bde. 1973, 418f.; LINDEMANN, F. O. A., Art. Rationalisierung, in: Management Enzyklopädie. Das Managementwissen unserer Zeit in 6 Bänden, Bd. 5, 1971, 44–52; LIPPE, R. ZUR, Naturbeherrschung am Menschen. I: Körpererfahrung als Entfaltung von Sinnen und Beziehungen in der Ära des italienischen Kaufmannskapitals. II: Geometrisierung des Menschen und Repräsentation des Privaten im französischen Absolutismus, 1964; MARCUSE, H., Der eindimensionale Mensch. Studien zur Ideologie der fortgeschrittenen Industriegesellschaft (1964), 1967; ders., Repressive Toleranz, in: WOLFF, R. P. / MOORE, B. / MARCUSE, H., Kritik der reinen Toleranz, 1966, 91–128; MARUYAMA, M., Studies in the Intellectual History of Tokugawa Japan, 1941–44; MARX, K., Das Kapital. Kritik der politischen Ökonomie, 3 Bde., 1867ff.; MATHES, H. D., Art. Rationalisierung, in: Handwörterbuch der Wirtschaftswissenschaft, Bd. 6, 1981, 399–406; MÜLLER, R. W., Geld und Geist. Zur Entstehungsgeschichte von Identitätsbewußtsein und Rationalität seit der Antike, 1977; MUMFORD, L., Mythus der Maschine. Kultur, Technik und Macht (USA 1966/64), 1974; OTSUKA, H., The Spirit of Capitalism. The Weber Thesis in an Economic Historical Perspective (1941ff.). 1952; PACKARD, V., The Hidden Persuaders, 1957; PANOFSKY, E., Die Renaissancen der europäischen Kunst (1960), 1979; PARSONS, T., The Structure of Social Action. A Study in Social Theory ..., Bd. 2: Weber, 1937; PENTZLIN, K., Art. Rationalisierung, in: Handwörterbuch der Sozialwissenschaft, Bd. 8, 1964, 676–682; SAUERMANN, P., Betriebspsychologie. Einführung in die Praxis der Wirtschaftspsychologie, Bd. 1, 1979; SCHIVELBUSCH, W., Geschichte der Eisenbahnreise. Zur Industrialisierung von Raum und Zeit im 19. Jahrhundert, 1979; SCHLUCHTER, W., Die Entwicklung des okzidentalen Rationalismus. Eine Analyse von Max Webers Gesellschaftsgeschichte, 1979; ders., Die Paradoxie der Rationalisierung. Zum Verhältnis von ›Ethik‹ und ›Welt‹ bei M. Weber, in: ders., Rationalismus der Weltbeherrschung, 1980; SCHMIEDE, R. / SCHUDLICH, E., Die Entwicklung der Leistungsentlohnung in Deutschland. Eine historisch-theoretische Untersuchung zum Verhältnis von Lohn und Leistung unter kapitalistischen Produktionsbedingungen, ³1978; SEYFARTH, C. / SPRONDEL, W. M. (Hrsg.), Seminar: Religion und gesellschaftliche Entwicklung, 1973; SOHN-RETHEL, A., Geistige und körperliche Arbeit. Zur Theorie der gesellschaftlichen Synthesis, 1970; SPITZLEY, H., Wissenschaftliche Betriebsführung, REFA-Methodenlehre und Neuorientierung der Arbeitswissenschaft, 1980; SPRONDEL, W. M. / SEYFARTH, C., Max Weber und die Rationalisierung sozialen Handelns, 1981; STOLLBERG, G., Die Rationalisierungsdebatte 1908–1933. Freie Gewerkschaften zwischen Mitwirkung und Gegenwehr, 1981; TAYLOR, F. W., Die Betriebsleitung insbesondere der Werkstätten (USA 1903), 1912; ders., Die Grundsätze wissenschaftlicher Betriebsführung (USA 1911), ³1919; TESCHNER, E. / HERMANN, K., zur Taylorisierung technisch-geistiger Arbeit, in: Institut für Sozialforschung (Hrsg.), Ges. Arbeit und Rationalisierung. Neuere Studien aus dem Institut ..., 1981 (= Leviathan Sonderheft 4/81) 118–135; THOFERN, D. / GABBANI, S. / VOSSE, W. (Hrsg.), Rationalität im Diskurs. Rudolf Wolfgang Müller zum 60. Geburtstag, 1994; TROITZSCH, U. / WOHLAUF, G. (Hrsg.), Technik-Geschichte. Historische Beiträge und neuere Ansätze, 1980; WEBER, M., Gesammelte Aufsätze zur Religionssoziologie, 3 Bände, 1920/21; ders., Wirtschaft und Gesellschaft. Grundriß der verstehenden Soziologie, ⁴1956; ders., Gesammelte politische Schriften, ³1971; WIESNER, H., Rationalisierung, Problem und Konfliktfeld unserer Zeit, 1979; WHITE, L., Medieval Religion and Technology. Collected Essays, 1978; WOESLER, C., Für eine begreifende Praxis in der Natur. Geldförmige Naturerkenntnis und kybernetische Natur, 1978.

Rudolf Wolfgang Müller

→*Irrationalismus / das Irrationale, Säkularisierung, Weltbild*

Raum

A Allgemeines I. Begriffsbestimmung II. Wortgeschichte III. Alltägliche und übertragene Verwendungsweisen B Theoretischer Teil I. Theoretische Raumkonstrukte 1. Die Bedeutung des Raumes im abendländischen Denken 1.a Physikalisch-mathematische Modelle 1.b Erkenntnistheoretische Modelle II. Die pragmatische Konstitution des Raumes 1. Strukturierung des Raumes 1.a Psychophysiologische Voraussetzungen 1.b Phylogenetische Verankerung von Raumvorstellungen 1.c Wahrnehmungsraum und symbolische Repräsentation 2. Topographische Relationen 2.a Gliederung des natürlichen Raumes 2.b Siedlungsgeographie – Sakrale Landschaft 2.c Mythische Geographie 3. Die soziale Dimension des Raumes 3.a Klassische soziologische Ansätze 3.b Wechselbeziehungen zwischen räumlicher Ordnung und sozialer Struktur III. Elemente der Raumstruktur 1. Ort 1.a Sakrale Orte 1.b Ortsgebundenheit und kollektive Identität 2. Zentrum 2.a Zentralität als Ordnungsprinzip 2.b In der Mitte der Welt 3. Grenze 3.a Grenzmarkierung 3.b Grenzüberschreitung

A Allgemeines

I. Begriffsbestimmung

»Raum ist zunächst die gegebene Stätte für eine Ausbreitung oder Ausdehnung. Gegensatz dazu Ort, der auf einem solchen Raume erst entsteht.«[1] Ort bezeichnet einen bestimmten Punkt im Raum. In seiner elementaren Bedeutung hat Ort immer einen hinzeigenden, punktuellen Charakter. Raum dagegen ist das Umfassende, »in dem alles seinen Platz, seinen Ort oder seine Stelle hat«.[2]

II. Wortgeschichte

In seiner Grundbedeutung bezeichnet Ort die Spitze, Schneide oder Ecke, insbesondere die scharfe oder spitze Waffe (Klinge). Älteste Belegstelle ist das Hildebrandslied, wo sich die Kontrahenten »ort widar orte«, Speerspitze gegen Speerspitze gerichtet, entgegentreten. Der Begriff erweitert sich in der Folge zur Bezeichnung eines Anfangs- oder Endpunktes (Grenze, Rand, Seite). Bereits im mhd. dient er zur Angabe eines konkreten wie auch abstrakten »Standortes«, einer Stelle oder eines Platzes. Schließlich erfuhr der Begriff eine Erweiterung als Sammel- bzw. Oberbegriff für Siedlungen, Städte und Dörfer. Die ursprüngliche Bedeutung von Raum verweist auf die Tätigkeit des »Räumens«, d. h. auf die Urbarmachung von Land, auf das Roden eines Platzes, um darauf siedeln zu können; sie bezeichnet auch den Siedlungsplatz selbst. Raum ist also nicht etwas an sich Gegebenes, sondern vom Mensch geschaffener Raum.

---

1 J. u. W. Grimm, Deutsches Wörterbuch.
2 Bollnow, Mensch und Raum, 37.

III. Alltägliche und übertragene Verwendungsweisen

Umgangssprachlich hat sich der Begriff Ort seit dem mhd. verengt auf Ortschaft, Standort. In übertragenem Sinne verweist der Begriff auf eine geistige Grundhaltung, auf einen Standpunkt, den man einnimmt. Der Begriff Raum wurde zunehmend vielschichtiger. In seiner alltäglichen konkreten Verwendungsweise bezeichnet er eine Räumlichkeit (Wohnraum, Zimmer), in übertragener Bedeutung Freiraum, Lebensraum, Spielraum. Die ursprüngliche Verwendung des Begriffs erfuhr hier eine Ausweitung auf spezifische menschliche Handlungsfelder: Raum haben, Raum geben, Raum schaffen usw., Räume also, die sich der Mensch handelnd erschließt. Der Begriff erweist sich hier als Maß sowohl der körperlichen als auch der geistigen Ausdehnung und Entfaltung (»Denkräume«). Damit ist die zentrale Bedeutung der Kategorie Raum für menschliches Denken und Handeln bereits angedeutet. Die Vorherrschaft räumlicher Begriffsbildungen zeigt sich auch im alltäglichen Sprachgebrauch, wo selbst zeitliche Bezüge wie z. B. »kurz« oder »lang« mit räumlichen Begriffen ausgedrückt werden, ebenso sprechen wir etwa von »Zeiträumen«.

B Theoretischer Teil

I. Theoretische Raumkonstrukte

1. Die Bedeutung des Raumes im abendländischen Denken

In der Entwicklung abendländischen Denkens war die Diskussion um die Beschaffenheit des Raumes als fundamentaler Faktor menschlicher Existenz von erheblicher Bedeutung. Die Reflexionen über den Raumbegriff lagen über Jahrhunderte hinweg im Zuständigkeitsbereich vor allem der Philosophie, Physik und Mathematik. Nicht zu unterschätzen ist auch der Anteil theologischer Spekulationen an der Formulierung von Raumtheorien. Mit der zunehmenden Auffächerung in immer mehr wissenschaftliche Einzeldisziplinen erweiterte sich auch der theoretische Zugriff auf den Raum. Raumproblematische Fragestellungen und Ansätze variieren je nach methodischen Prämissen und Implikationen der beteiligten Disziplinen mit einer inzwischen kaum noch überschaubaren Fülle von Akzentsetzungen.[3] Neben die abstrakten Raumkonstrukte mathematisch-physikalischer sowie erkenntnistheoretischer Provenienz treten vor allem psychologische und sinnesphysiologische Erkenntnisse, die den Anteil von Wahrnehmungs-, Entwicklungs- und Lernprozessen untersuchen. Schließlich hat die Verhaltensforschung wertvolle Beiträge zur phylogenetischen Verankerung von Raumvorstellungen geliefert. Ebenso ist die Raumproblematik für Literatur, Kunst und Architektur von besonderer Signifikanz, wohingegen »Raum« in den kultursoziologischen Disziplinen zu den eher vernachlässigten Kategorien gehört.[4] Die reichhaltige Palette unterschiedlicher Raumtheorien, insbesondere die seit der Antike in erkenntnistheoretischen Modellen immer wieder thematisierten Raumvorstellungen, sowie die Revolutionierung des klassisch-physikalischen Raumbegriffs durch die relativistische und quantentheoretische Physik kann hier nicht im einzelnen nachgezeich-

---

[3] Zur Verortung des Raumes vgl. Stud. Gen. 10 (1957) und 11 (1958).
[4] Inzwischen aufgearbeitet bei GEHLEN, Welt u. Ordnung.

net werden. Eine knappe Skizzierung der dominantesten dieser Raumtheorien muß daher genügen.[5]

1.a Physikalisch-mathematische Modelle

PLATON wurde von seinem Schüler ARISTOTELES als derjenige bezeichnet, der als erster eine Erklärung des Raumes versuchte. Im »*Timaios*« griff PLATON Raum als philosophisches Problem auf und stellte ihn in einen ontologischen Zusammenhang. Eine zusammenfassende und für die Folgezeit bedeutsame Diskussion griechischer Raumvorstellungen blieb indes ARISTOTELES vorbehalten. Er unterschied begrifflich nicht zwischen Raum (*chora*) und Ort (*topos*), sondern er verwendete fast ausschließlich den Ausdruck *topos*, so daß wir bei ARISTOTELES streng genommen nur von einer Theorie des Ortes sprechen dürfen. Anders als unsere Begriffsbestimmung nahelegt, verfügt der Ort über eine räumliche Ausdehnung, er ist stets erfüllt und wird von ARISTOTELES definiert als die anliegende Begrenzung des umfassenden Körpers.[6]

Der Raum gliedert sich in sechs »Teile« oder »Arten«, indem jedes Element an seinen »natürlichen Ort« drängt: nach oben und unten, vorne und hinten, rechts und links. Der Raum bzw. Ort verfügt also über Eigenschaften; als Kategorie ist Ort ein Akzidens, jedoch kein unabhängiges Seiendes. Mit seinen Teilen umfaßt der Ort ein Ganzes, Raum im Sinne der aristotelischen Definition ließe sich demnach verstehen als die Summe aller von Körpern eingenommener Orte. Teile dieser Raumlehre, insbesondere die in Zusammenhang mit seiner Ortdefinition stehende Leugnung einer Existenz des Vakuums wurden bereits von Schülern des ARISTOTELES in Frage gestellt. Dennoch blieb sein Raumbegriff bis ins 14. Jh. hinein von maßgeblicher Bedeutung.

Grundlegend für die klassische Physik und das wissenschaftliche Weltbild der Neuzeit wurden die Theorien NEWTONs, in dessen System der Raum eine überragende Stelle einnimmt. In seinen »*Philosophiae naturalis principia mathematica*« (1687) entwikkelte NEWTON seine Lehre des absoluten, unveränderlichen und leeren Raumes und der absoluten, linear fortschreitenden Zeit. Raum und Zeit entbehren danach jeglicher »Beziehung auf irgendetwas Äußeres«, sie sind »gewissermaßen ihre eigenen und aller Dinge Örter«. Da Lage und Bewegungen der Körper im Raum nur in Relation zu einem ruhenden Bezugssystem sinnlich wahrnehmbar sind, »*in philosophicis autem abstrahendum est a sensibus*«[7], war die Annahme eines absoluten Raumes Grundvoraussetzung für NEWTONs erstes Bewegungsgesetz, dessen Gültigkeit ein absolutes Bezugssystem erforderte. NEWTON hat seine Gesetze der Mechanik jedoch nie als rein physikalische Theorien verstanden, sondern sein System auch theologisch untermauert – offenbar beeinflußt von den Schriften HENRY MOOREs und ihren kabbalistischen Implikationen. MOORE rekurrierte auf den jüdischen Begriff »*makom*«, Ort, als »göttliches Numen« – ein Gedanke, den auch NEWTON aufgriff: Raum und Zeit sind Attribute der Allgegenwart Gottes, »in ihm ist alles enthalten und bewegt sich alles«. Die Beseitigung von NEWTONs metaphysischen Spekulationen aus seiner Physik führte in der Nachfolge zur Übernahme seines Systems, das über 200 Jahre lang den physikalischen Raumbegriff dominierte. Erst die Entdeckung nichteuklidischer Geometrien,

---

5 Überblicke bei GENT, Die Philosophie des Raumes und der Zeit; GOSZTONYI, Der Raum; JAMMER, Das Problem des Raumes.

6 ARISTOTELES, Die Lehrschriften, Physik 211 b und 212 a.

7 Scholion, 8. Definition.

verbunden mit Namen wie GAUSS und RIEMANN, MINKOWSKIs Raum-Zeit-Kontinuum und schließlich EINSTEINs Raumtheorie wirkten revolutionierend auf die bis dahin geltenden Prinzipien über die Beschaffenheit des physikalischen Raumes.

1.b Erkenntnistheoretische Modelle

Bedeutsam für die Diskussion des Raumproblems wurde KANTs Transzendentalphilosophie, sowohl für den weiteren Gang der idealistischen Philosophie insgesamt als auch für die Psychologie der Wahrnehmung. KANTs erkenntnistheoretisches Modell postuliert die Idealität des Raumes und der Zeit, die als »reine Anschauungen a priori« keine der Empirie zugänglichen Begriffe darstellen, sondern im Menschen angelegt und vorgegeben sind. Sie bilden selbst keinen Gegenstand unserer Wahrnehmung, sondern sind deren Bedingung. Grundvoraussetzung war dabei die Rückführung des Raumes auf die euklidische Geometrie, die als »apodiktische Wissenschaft« a priori gegeben ist und daher Allgemeingültigkeit besitzt.[8] Gegen diese Auffassung hat bereits HELMHOLTZ den Einwand erhoben, daß der geometrische Charakter der von uns wahrgenommenen Gegenstände der äußeren Welt allein auf Erfahrungstatsachen beruhe.[9] Auf der Folie neuerer entwicklungspsychologischer Ergebnisse schließlich hat sich die kantische Formel von Raum und Zeit als »Bedingungen der Möglichkeit von Erfahrung« als unhaltbar erwiesen.

II. Die pragmatische Konstitution des Raumes

1. Strukturierung des Raumes

Erkenntnistheoretische Erörterungen zur Raumproblematik oder mathematisch-physikalische Raumanalysen sind mit dem evident-anschaulichen Wahrnehmungsraum, den die Alltagserfahrung dem Subjekt abnötigt, freilich kaum in Einklang zu bringen. Auch ist der durch die Vermittlung des Leibes konstituierte »gelebte Raum«[10] oder »espace vécu«[11] keine schlechterdings feststehende Größe, sondern er unterliegt den Erfordernissen räumlicher Selbstbegründungen und Sinngebungen in der Zeit. Das grundlegende Modell zur kategorialen Aufteilung des Raumes und konstitutiv für sozioreligiöse wie territoriale Gliederungen ist der Rückgriff auf die Symmetrien bzw. Asymmetrien des menschlichen Körpers mit der durch die Schwerkraft bestimmten, absolut feststehenden vertikalen Achse und der horizontalen Ebene als natürlichem Koordinatensystem. Die Übertragung der Körperschemata auf den Raum ermöglicht die Auszeichnung und Wertbesetzung bestimmter Orte und Richtungen, d. h. für den Wahrnehmungsraum gilt eine qualitative Inhomogenität und Anisotropie. Anders der Raum der klassischen Physik, der durch Homogenität und Isotropie gekennzeichnet ist.

---

[8] Entwickelt in *»Kritik der reinen Vernunft«*, 1781.
[9] HELMHOLTZ, Über die Thatsachen.
[10] DÜRCKHEIM, Untersuchungen zum gelebten Raum.
[11] MINKOWSKI, Le temps vécu; ders., Vers une Cosmologie.

1.a Psychophysiologische Voraussetzungen

Die Raumanschauung hängt an der Reizgebundenheit jeglicher Wahrnehmung. Um den Aufbau der kategorialen Form des Raumes überhaupt sicherzustellen, müssen somit erhebliche Lern- und Wahrnehmungsleistungen erbracht werden. Die Reizeinwirkungen auf die Rezeptoren der Sinnesorgane werden zentralnervös weiterverarbeitet, wobei sowohl sensorisch-perzeptive als auch motorisch ermittelte Raumdaten über den Rauminhalt informieren. Die Wahrnehmungspsychologie nennt dieses Vermitteln von Rauminformationen »Lokalisation«.[12] Entscheidend für die Wahrnehmung ist auch die »räumliche Leistung« des Bewußtseins[13], denn ohne ein Sich-Ausrichten des Bewußtseins auf die möglichen Gegenstände der Wahrnehmung entfällt das sonst automatische Einsetzen physiologischer Vorgänge (Konvergenz der Augen, Akkomodation, parallaktische Verschiebung), bzw. der Sinnesapparat liefert – je nach Konzentrationsleistung – mehr oder minder stark abgeschwächte Ergebnisse. Unter den raumvermittelnden Sinnen dominiert der Gesichtssinn das Gehör und den Tastsinn. Keiner dieser Sinne ist jedoch für die räumliche Wahrnehmung allein verantwortlich; es wirken z. B. Tonusverteilung, Kinästhesie und die Einwirkung der Schwerkraft auf das Vestibularorgan stabilisierend auf das gesamte Wahrnehmungsfeld. Hinzu treten thermische und olfaktorische Sinnesleistungen. Als höchst organisierter Sinn vermag jedoch nur der Sehapparat eine Übersicht des Raumes zu vermitteln; bei Defekten, z. B. Blindheit, müssen Gehör und Tastsinn über Hör- und Bewegungsdaten – in Verbindung mit dem Zeitmoment – die Ermittlung der Raumordnung bewerkstelligen.[14] Die Dreidimensionalität der Raumwahrnehmung korrespondiert augenscheinlich mit der entsprechenden Ausbildung eines dreidimensional strukturierten Sinnesorgans, des Labyrinths. Es liegt nahe, dieses Organ, das mit seinen in drei Raumrichtungen senkrecht aufeinanderstehenden Bogengängen den dreidimensionalen Raum repräsentiert, für die Dreidimensionalität der inneren Raumvorstellung verantwortlich zu machen. Tatsächlich sind dafür aber die Leistungen nahezu aller Sinne erforderlich. Dafür spricht die Tatsache, daß auch Menschen mit angeborenem Labyrinthdefekt über eine Vorstellung der Dreidimensionalität verfügen.[15] Die unmittelbare sinnliche Wahrnehmungsfähigkeit der Dreidimensionalität des phänomenalen Raumes allein erklärt aber noch nicht die Struktur unserer inneren Raumvorstellung, deren neurophysiologische Faktoren noch einer Klärung bedürfen. Anders als es die Abstraktion des euklidischen Raumes nahelegt, sind in der menschlichen Wahrnehmung die drei Dimensionen des Raumes keineswegs gleichwertig. Zahlreiche optische Täuschungen belegen, daß der Mensch senkrechte Entfernungen gegenüber waagerechten erheblich überdimensioniert. Dies ist darauf zurückzuführen, daß der Mensch in der Waagerechten über eine bessere Bewegungsfähigkeit verfügt als in Lotrechten. Für die Tiefenwahrnehmung (»relative Tiefenlokalisation«) als eine Grundlage räumlicher Orientierung sind verschiedene Phänomene ausschlaggebend, so vor allem die Querdisparation, d. h. die beim binokularen Fixieren von Objekten entste-

12 N. Bischof, Psychophysik der Raumwahrnehmung, in: W. Metzger (Hrsg.), Handb. der Psychologie 1 (1966) 307–408.

13 Gosztonyi, a. a. O., 799 ff.

14 Über den Ort als feststehende Größe im Tastraum vgl. auch Uexküll und Kriszat, Streifzüge durch die Umwelten von Tieren und Menschen; eine zusammenfassende Diskussion der Lokalzeichentheorien (»Ortswerte«) bei N. Bischof, a. a. O., 342 ff.

15 Lorenz, Die angeborenen Formen möglicher Erfahrung, 334.

henden »seitlich versetzten« Netzhautbilder, die im Wahrnehmungsprozeß zu einem Seheindruck zusammengefügt werden.[16] Daneben sind Fremd- und Eigenbewegung bedeutsam, da jede Bewegung das Lokalisieren von Sehdingen im Raum erleichtert und als raumerzeugend erfahren wird.[17] Raumtiefe beruht maßgeblich auf einer durch Erfahrung gewonnenen Kenntnis der Raumordnung, die Generalisierung und Übertragung von Erfahrungswerten wiederum ermöglicht die Strukturierung anderer Räume. So kann z. B. die »scheinbare Größe« eines Sehdings erst dann sinnvoll zur Entfernungsermittlung eingesetzt werden, wenn neben dem Wissen um seine tatsächliche Größe ein räumliches Bezugssystem bereits ausgegliedert wurde und damit Vergleichsmöglichkeiten gegeben sind. Unterstützt wird die Tiefengliederung des Sehraums auch durch das perspektivische Sehen, »die Perspektive ist die Erscheinungsweise der Tiefe«.[18] Allerdings muß die Verwertung der Fluchtperspektive (»perspektivische Verkürzung«) für die Tiefenwahrnehmung erst erlernt werden; sie stellt sich bei Kindern im Alter von etwa 8–12 Jahren ein. Für die Behandlung des Raumproblems von Belang sind somit auch die Ergebnisse der Entwicklungspsychologie, denn Wahrnehmen, Denken, Sprechen und Handeln unterliegen Entwicklungs- und Lernprozessen, wobei die Entwicklungspsychologie die Denk- und Erlebnisweise des Kindes als »egozentrisch« beschreibt: das Kind sieht sich selbst als Mittelpunkt der Welt. In diesem Zusammenhang hat auch die Entwicklungspsychologie wiederholt auf Analogien zwischen Erwachsenen in »primitiven« und Kindern in »fortgeschrittenen« Gesellschaften verwiesen, sowohl hinsichtlich der Entwicklung kognitiver Leistungen als auch hinsichtlich der Entwicklung der Wahrnehmung – bezeichnenderweise unter Verwendung aus der Ethnologie bekannter und auch dort nicht unproblematischer Begriffe wie »magisch« und »animistisch«.[19] Mit solchen Bestimmungen ist freilich für den Aufweis möglicher struktureller Analogien nichts gewonnen. Die Entwicklungspsychologie konnte indes den Nachweis erbringen, daß sich in der Ontogenese räumliches Denken zunehmend ausbildet, und daß der uns »natürlich« erscheinende euklidische Raum als einziger uns anschaulicher Raum keineswegs vorgegeben ist, sondern aufgrund zunehmender logischer Operationen erst entsteht. Die kindliche Raumvorstellung beginnt vielmehr mit elementaren »topologischen« Relationen, die durch Begriffe wie »Umhüllung«, »Nachbarschaft« oder »Trennung« veranschaulicht werden können.[20] Der Aufbau des euklidischen Raums wird erst durch das im Laufe der kindlichen Entwicklung allmähliche Zurücktreten des egozentrischen Denkens ermöglicht.

1.b Phylogenetische Verankerung von Raumvorstellungen

Aufschlußreich sind die unter Bezugnahme auf tierisches Verhalten – hier insbesondere auf das der Primaten – gewonnenen Ergebnisse der Ethologie und ihrer Rückübertragung auf menschliche Verhaltenssteuerungen.[21] Allgemein zeigt sich bei der

---

16 Schöne, Orientierung im Raum, 47.
17 Merleau-Ponty, Phänomenologie der Wahrnehmung, 441 f.
18 Linschoten, Anthropologische Fragen zur Raumproblematik, 93.
19 So etwa Piaget und Werner, Belege bei Oerter, Moderne Entwicklungspsychologie, 314 ff.
20 Piaget u. Inhelder, Die Entwicklung des räumlichen Denkens.
21 Zum folgenden Lorenz, Die angeborenen Formen möglicher Erfahrung und ders., Psychologie und Stammesgeschichte (1954), in: Über tierisches u. menschliches Verhalten, 201–255.

tierischen Bewältigung von Raumproblemen eine enge Korrelation zwischen Orientierungsverhalten und Lebensraum. Eine differenziert ausgestaltete Umwelt erfordert entsprechend entwickelte Orientierungsleistungen, um in der Auseinandersetzung mit den räumlichen Gegebenheiten erfolgreich zu sein. Viele Steppentiere etwa, die weit weniger komplizierte räumliche Strukturen vorfinden als artverwandte Wald- oder Gebirgsbewohner, können senkrechte Hindernisse nicht bewältigen. Vor allem aber für unsere baumbewohnenden Vorfahren mußte aufgrund ihres Lebensraumes eine zentrale Repräsentanz des Raumes verfügbar sein. Voraussetzung hierfür ist ein entsprechend ausgelegter sensomotorischer Apparat. Greifhandkletterern ermöglichen die nach vorne gerichteten Augen eine binokulare Fixierung ihres Sprungzieles und damit eine exakte Tiefenwahrnehmung, die ihnen gestattet, im richtigen Moment zuzugreifen; d. h. vor dem Absprung müssen verläßliche Daten über Raumlage, Richtung, Entfernung und Umfang lokalisierter Sehdinge im ZNS ausgewiesen sein. Dies schafft die Möglichkeit einer vorstellungsmäßigen, von der unmittelbaren Motorik abgelösten »Erfassung« des Raumes. Der biologische Vorteil liegt auf der Hand: erfolgreiches »Hantieren« im Raum kann ohne peinliche Konsequenzen antizipiert werden. Versuche mit Menschenaffen, etwa KÖHLERS bekannte Schimpansenexperimente, zeigen deutlich, wie Raumprobleme »einsichtig« durch Ortsveränderungen von Objekten gelöst werden können. Die Fähigkeit zur Ausnutzung der zentralen Repräsentanz des Raumes markiert nach LORENZ den »Anfang allen Denkens«[22] und verweist auf dessen räumliche Herkunft und Gebundenheit. In neuerer Zeit wird zunehmend das stammesgeschichtliche Erbe zur Bestimmung kultureller Leistungen des Menschen herangezogen, vor allem seitens der Evolutionsbiologie, weniger von den Kulturwissenschaften.[23] Der Aufweis einer in der Phylogenese verankerten Fixierung von Verhaltensprogrammen enthebt den Menschen freilich nicht des Zwanges, sich in der Auseinandersetzung mit der Umwelt seine geistig-kulturellen Lebensformen selbst zu schaffen.[24]

1.c Wahrnehmungsraum und symbolische Repräsentation

Kulturanthropologisch relevant ist die Tatsache, daß räumliche Ordnung als symbolische repräsentiert wird. Grundlegend für die unmittelbare Gliederung der räumlichen Umwelt sind dabei die durch sprachliche Kategorien vorgegebenen Benennungen und Klassifikationsmöglichkeiten. Erst die sprachliche bzw. symbolische Etikettierung erlaubt die Identifizierung von Objekten und Ereignissen.[25] Am weitesten getrieben ist der Zusammenhang zwischen Wahrnehmung und Sprache bei WHORF, der die unterschiedlichen Weltbeschreibungen als durch das jeweilige linguistische System determiniert betrachtet[26]; so finden etwa sprachliche Raum-Zeit-Konfigurationen ihr Korrelat

---

22 LORENZ, Über tierisches u. menschliches Verhalten, 230.

23 Zum naturwissenschaftlichen Zugriff auf genuin religionswissenschaftliche Thematiken vgl. B. GLADIGOW, Religion im Rahmen der theoretischen Biologie, in: GLADIGOW u. KIPPENBERG (Hrsg.), Religionswissenschaft, 97–112; für die zweite Richtung modellhaft G. J. BAUDY, Hierarchie oder: die Verteilung des Fleisches. Eine ethnologische Studie über die Tischordnung als Wurzel sozialer Organisation, ebd., 131–174.

24 Eine differenzierte Argumentation bei DUX, Logik der Weltbilder.

25 LEACH, Kultur und Kommunikation, 45 ff.

26 WHORF, Sprache, Denken, Wirklichkeit, 12 f.

in kosmischen Modellen. Wie die Sprache fungieren auch sämtliche nonverbalen Manifestationen einer Kultur als Bedeutungsträger und verweisen auf deren Symbolvorrat. Im Kontext von Religion eignet sich besonders der Raum zur Repräsentation symbolischer Ordnungen. Die »Externalisierung metaphysischer Ideen«[27] in materiellen Objekten, heiligen Stätten, umbauten Räumen ermöglicht ihre Überdauerung in der Zeit und somit den Fortbestand von Religion. Auf die qualitative Auszeichnung von Raumteilen und Richtungen im Raum durch affektive Werte hat bereits DURKHEIM hingewiesen, der die manifesten Raumstrukturen in der sozialen Organisation verankert sieht.[28] In der strukturalistischen Nachfolge gewinnen die architektonisch-räumlichen Strukturen an Bedeutung, insofern sie die Umsetzung binärer Denkschemata in räumliche Codes demonstrieren.[29] Die Relevanz von Raumvorstellungen in »archaischen« Gesellschaften hat auch die Religionsphänomenologie besonders hervorgehoben. Ihr gilt der gegliederte, »kraftgeladene« Raum als Manifestation des »Heiligen«, und seine Konstituierung wird als gleichbedeutend mit einer ontologischen Weltgründung interpretiert.[30] Transkulturelle Gemeinsamkeiten bei der Gliederung des Raumes und seiner symbolischen Repräsentation, wie sie die beiden zuletzt genannten Richtungen herausgearbeitet haben, dürfen indes nicht den Blick dafür verstellen, daß spezifische soziokulturelle Hintergründe die Raumwahrnehmung maßgeblich beeinflussen.

2. Topographische Relationen

Jede Gesellschaft läßt sich räumlich lokalisieren, ist in einem bestimmten geographischen Raum angesiedelt. Die Beziehungen sozialer Gruppen zu den von ihnen eingenommenen Territorien, die Gestaltung und Strukturierung des jeweiligen Siedlungsraumes, ist auf den verschiedenen Ebenen gesellschaftlicher Entwicklung von unterschiedlicher Relevanz. Dies gilt umso mehr für die Interdependenzen zwischen Religion und Raum. In tribalen und frühhochkulturellen Gesellschaften wird eine Scheidung zwischen Natur und Welt nicht getroffen. Kosmographische Vorstellungen werden analog den elementaren topographischen Manifestationen des bewohnten Raumes mimetisch reflektiert; gleiches gilt für die Sozialwelt, die »kartenähnlich« den territorialen Raum modellhaft widerspiegelt.[31] In diesem aus heutiger Sicht einheitlich erscheinenden Raumhorizont sind Kosmos, Gesellschaft und soziale Lebenswelt des Einzelnen aufeinander abbildbar, wobei die geographischen Verhältnisse als anschauliche Repräsentanten fungieren. Dagegen läßt sich die Entwicklung zu modernen Industriegesellschaften als eine Ablösung von sinnhaften räumlichen Bezügen beschreiben, als eine Emanzipation vom Raum[32], der durch die bewußtseinsmäßige Ausdifferenzierung vielfältiger Raumhorizonte für den Einzelnen zunehmend unanschaulich und unüberschaubar wird.[33]

---

[27] LEACH, Kultur und Kommunikation, 50.
[28] DURKHEIM, Die elementaren Formen des religiösen Lebens, 30f.
[29] LÉVI-STRAUSS, Strukturale Anthropologie I, 148ff.
[30] ELIADE, Das Heilige und das Profane.
[31] LEACH, Kultur und Kommunikation, Kap. 11 und 12.
[32] SIMMEL, Soziologie, Kap. 9 sowie ders., Philosophie des Geldes.
[33] Vgl. KUNAU, Raum und soziales Handeln, 56ff.

2. a Gliederung des natürlichen Raumes

Das reichhaltige ethnologische Material macht deutlich, wie geographische Verhältnisse und sozioökonomische Bedingungen auf die dominanten Raumordnungsprinzipien einer Kultur einwirken, die damit auch Bestandteil des gesamten Weltbildes sind. Die kulturmorphologische Schule hat diese Raumbezogenheit an zwei Haupttypen idealtypisch festzumachen versucht, die einmal durch das »Weitengefühl« (äthiopische Kultur), zum anderen durch das »Höhlengefühl« (hamitische Kultur) gekennzeichnet sei. Maßgebend dafür waren jedoch nicht das geographische Umfeld oder ökonomische Bedingungen, sondern das »Paideuma«, die den Menschen formende Kulturseele – ein Interpretationsmodell freilich, von dem man längst abgerückt ist.[34] Welche spezifischen Ausformungen das Raumbewußtsein in den einzelnen Kulturen auch immer angenommen hat, die Welt ist prinzipiell eine endliche Welt, dies gilt für tribale wie frühhochkulturelle Gesellschaften gleichermaßen. Auch »Jenseits« oder Totenreich haben in diesen Vorstellungskreisen ihren Ort an den äußersten Grenzen der Welt. Prägend für dieses raummythische, das Gesamtbild umfassende Denken bleiben allenthalben die Dichotomien zwischen »Nähe« und »Ferne«, »Drinnen« und »Draußen«. Nur der bekannte, d. h. geordnete Raum bietet Schutz und Geborgenheit und ist somit sicheres Terrain. Die »übrige Welt« hingegen ist gefahrvoll und häufig Projektionsort für alles Unheil schlechthin, als negativ besetzter Fremdraum gekennzeichnet durch mitunter abwegige Raumvorstellungen, in denen die sonst gültigen Prinzipien der vertrauten Welt außer Kraft gesetzt sind.[35] Bei der Strukturierung des Raumes dominiert der menschliche Körper mit seinem natürlichen Koordinatensystem. Aus den Gegensatzpaaren vorne:hinten, links:rechts, oben:unten resultiert in der Horizontalen eine Quadrierung des Raumes oder der viergeteilte Kreis, am klarsten ausgedrückt im System der Himmelsrichtungen, wobei dem Osten als Ort des Sonnenaufgangs Priorität zukommt (→Orientierung). In der Vertikalen überwiegt eine aus drei oder mehreren Schichten bestehende, stufenartige Gliederung des Kosmos. Die Übertragung der Körperschemata auf den Raum bietet eine plausible Erklärung für die Bevorzugung der Vierteilungen, die zum festen Bestand zahlreicher Kulturen gehören.[36] Augenscheinlich ist das Viererschema am besten geeignet, Welttotalität darzustellen: Vier Himmelsrichtungen, vier Winde, eine auf vier Pfosten oder Säulen ruhende Welt, vier Weltzeitalter oder das inkaische *Tahuatinsuyu*, »das Reich der vier Weltgegenden«. Bereits der Ṛgveda spricht von der Viereckigkeit der Erde[37], auch die frührömische Kosmologie beruht auf der Vorstellung einer viergeteilten *terra*.[38] Daneben existieren zahlreiche Ordnungsschemata, wo Himmelsrichtungen und Vierteilungen keine Rolle spielen, etwa bei den kalifornischen Yurok. Hier bilden Flußläufe die relevanten Raumachsen, zugleich verweisen sie auf die Orte von Leben (»flußauf«) und Tod (»flußab«).[39] Bei vielen Südseeinsulanern wiederum dominieren Richtungsbezeichnungen wie »dem Meere zu« oder »dem Inselinnern zu«, wobei diese Richtungsangaben oft im Widerspruch stehen zu den tatsächlichen Verhältnissen. Dessen ungeachtet verfügen etwa mobile Jägergruppen über präzise Kenntnisse

34 FROBENIUS, Erlebte Erdteile 5, 106.

35 BARTHEL, Raumvorstellungen bei Naturvölkern, 300.

36 Belege bei M. MÜLLER, Die heilige Stadt; ders., Amerika, die neue oder die alte Welt?

37 *»bhunim caturbṛṣṭim«*, RV 10, 58, 3.

38 W. MÜLLER, Die heilige Stadt, 24 ff.

39 WATERMAN, Yurok Geography, 189 ff.; JENSEN, Wettkampf-Parteien; BARTHEL, a. a. O., 307.

des eigenen Aktionsraumes. Hinweise darauf, wie topographische Manifestationen und räumlich-prognostisches Vorstellungsvermögen zueinander in Beziehung gesetzt werden können, liefert z. B. das Konzept der »kognitiven Karten«.[40]

2.b Siedlungsgeographie – Sakrale Landschaft

Der geordnete Raum als ein Geflecht angebbarer räumlicher Bezüge ist für die Stabilität sozialer Gruppen unabdingbar. Damit einher gehen Vorstellungen, die das eigene Areal als zugleich sakrosankt ausweisen, wovon zahlreiche Ursprungsmythen berichten. Der Ort der ersten Inbesitznahme eines Gebietes – durch göttliche Wesen, Ahnen oder Zeichen festgelegt – ist notwendig sakraler Raum, und der mythische Zeitpunkt dieses Aktes oft gleichbedeutend mit dem Ursprung der betreffenden Ethnie. Auch das häufig anzutreffende Bild einer sakralen »Mutter Erde« fußt auf einer räumlichen Konzeption, die sich letztlich auf den eigenen, bekannten Lebensraum bezieht und auf dessen topographische Beschaffenheit. Als Ort religiöser Aktivitäten ist es aber primär der vom Menschen gemachte, umbaute Raum, dem diese Qualität des Sakralen zukommt. Dabei finden vorwiegend dieselben Prinzipien, die den geographischen Raum gliedern, auch in den sakralen Architekturen Anwendung. Die mythische Auffassung, wonach Ritualbauten das Universum anschaulich repräsentieren, findet sich allerorten. Zahlreiche Beispiele dafür sind aus der Amerikanistik bekannt. Von dem Ritualgebäude der Delawaren heißt es, daß sein Boden die Erde repräsentierte, seine vier Wände die vier Weltgegenden, das Dach steht für den Himmel, und der Stützpfeiler in der Mitte fungiert als kosmische Achse.[41] Die Errichtung des Gebäudes selbst war ein ritueller Akt, der ein urzeitliches Geschehen wiederholen sollte. Solche kosmologischen Entsprechungen mußten nicht notwendig auf singuläre Architekturen beschränkt bleiben, sondern die Anlage ganzer Dörfer oder Siedlungen konnte Ausdruck einer universalen Ordnung sein. Bei den Plains-Indianern dominierte die Teilung von Dorfanlagen in zwei gleiche Hälften, die wiederum mehrfach unterteilt werden konnten, wobei kosmologische Entsprechungen wie Himmel / Erde, Sonne / Mond usw. deutlich hervortraten.[42] Die Wiedererstehung des Kosmos in den Tempelanlagen gehörte auch zur wesentlichen Aufgabe indischer Architekten. In den hinduistischen Raumordnungssystemen überwiegt gleichfalls das Viererschema und verweist damit auf die Struktur des Universums mit seinen vier Vierteln. Der Idealtypus indischer Tempel- und Stadtanlagen zeigt einen quadratischen Umriß mit vier konzentrisch ineinander liegenden Mauerreihen, die das zentrale Heiligtum umgeben.[43]

Mit dem Ziehen der primordialen Furche um die »Weltgrube«, den *mundus*, wurde auf dem Palatin das viergeteilte Rom, »Roma quadrata«, gegründet. Diese Vierteilung beruhte augenscheinlich auf dem kosmographischen Bild einer viergeteilten *terra*, ebenso die für Rom so bedeutsam werdende augurale Visiertechnik, die den Himmelsraum in Quadranten zerlegt, die für die Beurteilung der Zeichen herangezogen wurden. Vermutlich bestehen hier Zusammenhänge zwischen römischen Limitationsver-

---

40 Downs u. Stea (Hrsg.), Image and Environment.

41 W. Müller, Die Religionen der Waldlandindianer Nordamerikas, 261.

42 W. Müller, Glauben und Denken der Sioux, 130ff.

43 St. Kramrich, The Hindu Temple, 2 Bde., 1946; Bohle, Religionsgeographie, 105ff.

fahren und auguralem Designationsritus.[44] Sichtbar wird allenthalben die zeitliche Tiefe, denn die Furchenziehung um den *mundus* steht am Anfang römischer Existenz. Ein Kennzeichen sakraler Architekturen ist ihre Orientierung. Dabei gehört vor allem die Ostung von Kultbauten und -handlungen, ihre Anbindung an den Sonnenlauf, zu den am meisten verbreiteten kulturellen Grundmustern. Nicht selten erfüllen Sakralbauten, wie z. B. bei den Maya, zusätzlich kalendarische Aufgaben. Fehlt hingegen die gebräuchliche Solarorientierung, so können die für eine Kultur besonders signifikanten Orte zur Orientierungsnorm werden; so sind etwa Moscheen traditionell nach Mekka ausgerichtet. In sakralen Architekturen, seien es nun ganze Siedlungen oder einzelne Bauten, werden die symbolischen Ordnungen einer Gesellschaft in Raum und Zeit manifest. In ihrer Komplexität sind sie Ausdruck und Bezugspunkt kultureller Identität und geben somit wesentlichen Aufschluß über die Traditionen, Werte und Verbindlichkeiten einer Kultur.

2.c Mythische Geographie

Die schon mehrfach erwähnte qualitative Verschiedenheit der Himmelsrichtungen sowie der menschliche Körper als natürliches Bezugssystem sind auch konstitutiv für den idealistischen Ansatz CASSIRERs. Die Bestimmung des »mythischen Raumes«, wonach Orte und Richtungen durch einen primären Gefühlsakt ihre eigene »Tönung«, einen besonderen, wertmäßigen »Akzent« erhalten, ist nach CASSIRER rückführbar auf eine im mythischen Weltbild verankerte Scheidung von heilig und profan.[45] Diese Raumordnungsprinzipien können für die Konstruktion einer »mythischen Geographie« nutzbar gemacht werden und lassen Zusammenhänge zwischen sozioreligiöser und räumlicher Ordnung erkennen. Beispiele für diese Zusammenhänge findet CASSIRER vor allem in der Kosmologie der Zuñi und in der römischen Sakralordnung. Als besonders ausgezeichnete Richtungen treten neben die vier Kardinalrichtungen (bzw. Zwischenrichtungen) noch die den Schnittpunkt aus horizontaler und vertikaler Raumachse bildende Mitte sowie Zenith und Nadir. Allen Weltrichtungen können bestimmte Farben, Elemente, Zahlen, Tiere u. a. m. zugeordnet werden, die zusammen ein in sich geschlossenes, kohärentes Bezugs- und Wertsystem darstellen.[46] Nach altindischer Vorstellung ist der Kosmos nach dem biomorphen Modell des vierblättrigen Lotus mit dem Weltenberg Meru in der Mitte konzipiert. In den kosmographischen Puraṇa-Texten wird dieses Modell erweitert zu einem siebenschichtigen Universum.[47] Als symbolische Repräsentationen einer kosmischen Ordnung haben diese Spekulationen schließlich auch in den buddhistischen Mandalas ihren bildnerischen Ausdruck gefunden.[48] Ist die Struktur des Kosmos erst einmal festgelegt, so können diese Ordnungsprinzipien fundamentale kulturelle Kategorien abgeben, die das gesamte soziale, politische und rituelle System einer Gesellschaft bestimmen.[49] Die kognitive Leistung solcher Modelle gerät dann unter Legitimationszwang, wenn sich

---

44 Einzelheiten bei W. MÜLLER, Die heilige Stadt, a. a. O., Kap. A; vgl. auch CANCIK, Rome as sacred landscape.

45 CASSIRER, Philosophie der symbolischen Formen 2, 109.

46 Vgl. TEDLOCK, Zuñi Religion and World View.

47 KIRFEL, Kosmographie der Inder.

48 TUCCI, Geheimnis des Mandala.

49 Vorgeführt von ORTIZ, The Tewa World sowie von GOSSEN, Chamulas in the World of the Sun.

neue kosmologische Vorstellungen durchzusetzen beginnen. So bedeutete etwa der auf geometrischen Grundlagen konstituierte Raum des ANAXIMANDER eine folgenreiche Ablösung eines mythisch bestimmten, durch privilegierte Raumrichtungen gekennzeichneten Kosmos.[50]

3. Die soziale Dimension des Raumes

Der Frage nach der sozialen Dimension des Raumes ist die Frage nach dem Verhältnis von Raum und Gesellschaft immanent. Für die Aufhellung dieser Frage können zwei grundsätzliche Strategien unterschieden werden: eine primär soziologisch ausgerichtete und eine vorwiegend an kulturanthropologischen Aspekten orientierte Vorgehensweise. Von der soziologischen Theorie wurde »Raum«, insbesondere die Raumbezogenheit sozialen Handelns, bislang kaum thematisiert bzw. nur ungenügend in eine handlungstheoretische Perspektive integriert.[51] Sie soll hier nur deshalb erwähnt werden, weil es ratsam erscheint, verschiedene Raumebenen sozialen Handelns voneinander abzuheben, wie etwa den körpernahen Bereich des Mikroraumes und den des globalen, über das unmittelbare Wohnumfeld hinausreichenden Makroraumes. Die klassischen Analysen von DURKHEIM und SIMMEL als Ausgangspunkte soziologischer Theoriebildung bleiben dagegen einer eher mittleren Ebene zwischen Mikro- und Makroraum verhaftet.

3.a Klassische soziologische Ansätze

Die Reflexion von DURKHEIMS Ansatz, von dem noch genauer zu sprechen sein wird, macht deutlich, daß für eine Bestimmung des Verhältnisses von Raum und Gesellschaft zwischen unterschiedlichen Formen gesellschaftlicher Organisation differenziert werden muß. Seine von ethnologischem Material ausgehenden Untersuchungen sollten prinzipiell auch auf moderne Gesellschaften übertragen werden können. Eben das aber vermag seine Analyse nicht zu leisten, weil in tribalen Gesellschaften – anders als in komplexen Gesellschaften – eine Differenzierung verschiedener Raumebenen nicht vorgenommen wird. Besser als DURKHEIM hat SIMMEL »Raum« als Faktor der Vergesellschaftung begriffen. Ist bei DURKHEIM der gegliederte Raum (Lager und Dorfstrukturen, wie er sie in traditionalen Gesellschaften vorfand) gleichbedeutend mit sozial strukturiertem Raum, so rückt in SIMMELS Soziologie der großstädtische Raum in den Mittelpunkt der Analyse. Hier sind es nicht mehr Gruppenverbände, die den Raum vergesellschaften, sondern »die eigentlichen Schauplätze dieser über alles Persönliche hinauswachsenden Kultur« werden von Individuen als überwältigend erfahren.[52] Eine Bestimmung von weiteren Ebenen räumlicher Bezogenheit, die von einer soziologischen Theorie miterfaßt werden müßten (Makro- und Mikroräume) liegt außerhalb der Möglichkeiten beider Ansätze. SIMMEL hat wohl den Nahraum in seinem »Exkurs über die Sinne« gesondert behandelt und vor allem dem Auge eine »einzigartige soziologische Leistung« bescheinigt.[53] So wird gerade über das wechselseitige Sichanblicken die »unmittelbarste und reinste Wechselbeziehung« hergestellt, Kom-

---

[50] VERNANT, Entstehung des griechischen Denkens, 121 ff.; RESCHER, Cosmic Evolution in Anaximander.
[51] Grundlegend zum Problem KUNAU, a. a. O.
[52] SIMMEL, Die Großstädte und das Geistesleben, 241.
[53] SIMMEL, Soziologie, 484 et passim.

munikationschancen werden ausgelotet, ein »Erkennen« des sozialen Gegenübers sinnlich vorweggenommen. Es fehlt freilich eine systematische Einarbeitung dieser Ergebnisse in seine Soziologie. An Versuchen, DURKHEIMs und SIMMELs Ansätze zu modifizieren und für die moderne Soziologie fruchtbar zu machen, hat es nicht gefehlt. In neueren Gesellschaftstheorien, etwa der Systemtheorie LUHMANNs, behält der Raum auf der Ebene einfacher Sozialsysteme eine gewisse »Bedeutung als Interaktionssubstrat«.[54] Für die weitere Erörterung von Belang ist hier jedoch die Weiterentwicklung des DURKHEIM*schen* Ansatzes durch die strukturale Anthropologie.

3.b Wechselbeziehungen zwischen räumlicher Ordnung und sozialer Struktur

Es waren die Anthropologen des *L'année sociologique*, die als Erste den Zusammenhang zwischen Raum und sozialer Struktur beschrieben haben und eine soziogenetische Erklärung der Kategorienbildung versuchten: räumliche Kategorien sind sozialen Ursprungs. Wenn auch DURKHEIMs und MAUSS' Thesen heftig kritisiert worden sind, so steht außer Zweifel, daß ihre Arbeiten wie eine Initialzündung wirkten, und ihr Verdienst ist unbestritten. So sind DURKHEIMs und MAUSS' *»De quelques formes primitives de classification«* (1901/02) wie auch der Essay von MAUSS und BEUCHAT *»Essai sur les variations saisonnières des sociétés Eskimos«* (1904/05) als »explizite Angriffe auf einen geographischen oder technologischen Determinismus bei der Interpretation von Haushaltsorganisation« gewertet worden.[55] In Abgrenzung zu KANTs »reinen Anschauungen a priori« ist »Raum« bei DURKHEIM stets gegliederter Raum, dem die gesellschaftliche Gliederung als Vorbild dient. »Raum« erscheint hier als das Ergebnis primär religiöser und damit kollektiver Vorstellungen, und nicht etwa kognitiver Fähigkeiten, individueller Erfahrungen oder eines instrumentell-pragmatischen Umgangs mit der räumlichen Umwelt. Durch den Primat der sozialen Struktur, aus dem sich die Kategorien ableiten, sind bei DURKHEIM somit nicht nur die Kategorien, sondern die Fähigkeit zur Klassifikation, zur Kategorienbildung selbst, das Ergebnis sozialer Tatsachen. Indem er so die Kategorisierung als sozial determiniert auffaßt und keine Unterscheidung zwischen kollektiven Klassifikationen und der Fähigkeit der Klassifikation macht, setzt er sich dem Verdacht der Simplifizierung aus. Tatsächlich sind seine Thesen gerade hier angegriffen worden, denn es ist weder auszumachen, woher die Fähigkeit, Raum zu kategorisieren überhaupt stammen soll, noch läßt sich zeigen, daß das klassifikatorische Ordnen in der sozialen Organisation verankert ist.[56] Neuere Ansätze schlagen vor, die bei DURKHEIM implizierte Kausalitätsbeziehung zwischen sozialer Organisation und symbolischer Ordnung nicht zu generalisieren.
Anknüpfend an DURKHEIM und MAUSS hat LÉVI-STRAUSS die Vielschichtigkeit der Wechselbeziehungen zwischen sozialer Struktur und räumlichen Manifestationen herausgearbeitet.[57] Voraussetzung hierfür war sein Strukturbegriff, von dem aus er zu einer über DURKHEIM hinausgehenden Analyse primitiver Klassifikationen gelangte. Denn

---

54 LUHMANN, Die Weltgesellschaft, in: ders., Soziologische Aufklärung 2, 60; zum Problem von Territorialität und Interaktion vgl. auch E. GOFFMANs Katalog der »Territorien des Selbst«, in: ders., Das Individuum im öffentlichen Austausch, 54 ff.
55 M. DOUGLAS, Symbolic orders in the use of domestic space, in: P. J. UCKO u. a. (Hrsg.), Man, settlement and urbanism, 1972, 513 f.
56 R. NEEDHAM, Einleitung zu DURKHEIM u. MAUSS, Primitive Classification.
57 LÉVI-STRAUSS, Strukturale Anthropologie I.

»soziale Struktur« bezieht sich nach strukturalistischer Auffassung nicht auf die empirische Realität, »sondern auf die nach jener Wirklichkeit konstruierten Modelle«.[58] So kann gezeigt werden, daß tiefliegende latente Strukturen durchaus im Widerspruch zu manifesten Äußerungen stehen können, wie z. B. die Raumordnung der Bororo-Lager ihrer tatsächlichen sozialen Struktur zuwiderläuft. Dies besagt gleichzeitig, daß Orten zwar eine besondere Qualität zur Angabe symbolischer Beziehungen eignet, sie aber nicht in jedem Fall soziale Beziehungen abbildhaft repräsentieren müssen. Auch die Sichtweise von LÉVI-STRAUSS wurde massiv kritisiert. Die Vorwürfe reichten von der Manipulation soziologischer Modelle bis hin zur willkürlichen Konstruktion gleicher Diagramme für disparate Inhalte.[59] In seiner vielbeachteten Arbeit »*Das wilde Denken*« schließlich hat LÉVI-STRAUSS die schiere Tatsache, daß in primitiven Gesellschaften Klassifikationen vorgenommen werden, auf allzu subtile Weise mit der wissenschaftlichen Form des Klassifizierens verknüpft.[60]
Wie räumlich-geographische Ordnungsschemata und soziale Struktur miteinander korrespondieren, zeigt beispielhaft BOURDIEUs Studie über die Kabylen.[61] Die Ordnung des bewohnten Mikrokosmos, des Hauses, steht hier in einer homologen Gegensatzbeziehung zu seiner Umwelt, indem es diese einerseits abbildet und gleichzeitig ihren Gegensatz darstellt. Gegenüber der Außenwelt ist es Innenwelt, entsprechend verhält es sich zur Umwelt wie dunkel / hell, drinnen / draußen, männlich / weiblich, oben / unten, wobei jeder Teil dieser Gegensatzpaare wieder auf denselben Gegensätzen beruht. Auch das Haus selbst ist nach diesen Prinzipien räumlich gegliedert. Das räumlich geordnete Dorf wiederum steht im Gegensatz zur ungeordneten Umwelt und bezieht diese damit in eine umfassende Ordnung mit ein. Solche Ordnungsschemata regeln die sozialen Beziehungen bis ins kleinste Detail. Ob im Haus der Kabylen, in mongolischen Jurten oder in indianischen Tipis: in allen Fällen wird jedem Individuum ein je nach Geschlecht, Rang oder Status genau fixierter Ort innerhalb des bewohnten Raumes zugewiesen, wobei sämtliche Aktivitäten – soziale, religiöse wie technische – an eben diesen Ort gebunden bleiben. In diese Strukturen gleichsam eingebaut sind Rangordnungen nach dem Schema »oben« und »unten« als Ausdruck sozialer Nähe bzw. sozialer Distanz. Sozial hochrangige Individuen genießen nicht selten das Privileg eines erhöhten Platzes, während umgekehrt Niedriggestellte sich zu Boden werfen, den Kopf oder Blick senken oder bestimmte, von höhergestellten Personen benutzte Wege meiden müssen.[62] Auch die Metaphorik von »rechts« und »links« kommt hier zum Tragen, wonach die rechte Hand vorwiegend mit positiven, die linke Hand jedoch mit negativen Eigenschaften assoziiert wird.[63] Die Symbolik der Kategorien rechts und links reicht freilich weit über den Bereich unmittelbarer Interaktion hinaus. Sie können die Grundlage für ganze Reichsordnungen abgeben: die nomadischen Imperien in Eurasien etwa unterschieden ein östliches, rechtes, im Rang höheres Gebiet von einem westlichen, linken, im Rang niedrigeren Teil.[64]

---

58 Ebd., 301.
59 D. MAYBURY-LEWIS, The analysis of dual organization.
60 LÉVI-STRAUSS, Das Wilde Denken; DUX, a. a. O., 116 f.
61 BOURDIEU, Entwurf einer Theorie der Praxis, 48 ff.
62 LEACH, Kultur und Kommunikation, Kap. 12.
63 HERTZ, La prééminance de la main droite.
64 PRITSAK, Orientierung und Farbsymbolik.

Die Abbildbarkeit von Sozialwelt, relevanter räumlicher Gliederung und die nach den gleichen Prinzipien aufgebaute kosmologische Ordnung bleibt in den primären Hochkulturen im wesentlichen unangetastet. Die Gestaltungskompetenz von Herrschaft reicht nicht so weit, daß die grundsätzliche Strukturanalogie zwischen sozialem Raum und Kosmos gefährdet würde.[65] Eine neue Qualität liegt dann vor, wenn die Einteilung des Raumes resp. die Ordnung des Kosmos als ein »Aspekt der Königsfunktion« erscheinen[66], wenn bestehende Herrschaftsstrukturen und Kosmologien miteinander harmonisiert werden. Eine so gedeutete kosmische Ordnung gerät hier zur Legitimationsformel für Macht und Herrschaft für die irdische Ordnung mit ihren Formen sozialer Organisation, die sich auf diese Weise gegenüber Kritik als immun erweist.[67] Während somit räumliche Ordnungssysteme besonders vorstaatlichen und frühhochkulturellen Gesellschaften Stabilität und Sinn verleihen, erscheint die Thematisierung von Raumvorstellungen zur Angabe von Sozialbeziehungen in modernen Industriegesellschaften zunehmend obsolet. Mit der Schaffung von Großräumen, Massenkommunikationsmitteln und einer verkehrstechnisch ermöglichten Globalisierung[68] wird »Raum« für den Einzelnen vermehrt unanschaulich und sinnentleert. Identität kann nicht länger primär räumlich sichergestellt werden, subjektiv relevante Sinnsetzungen finden kein Korrelat mehr in einem einheitlichen, gemeinsamen Raum, sondern erscheinen verlagert auf die Kategorie → Zeit.

III. Elemente der Raumstruktur

1. Ort

1.a Sakrale Orte

Ohne den in der Religionswissenschaft problematischen Begriff des »Heiligen«[69] und die damit verbundenen Konnotationen zu verfolgen, ist eines ersichtlich: keine kulturanthropologische Forschung scheint bei der Bestimmung von »Religion« auf die Scheidung in einen profanen und einen sakralen Bereich verzichten zu können.[70] Auch wenn man den offenbarungstheologischen Tendenzen einer Religionsphänomenologie nicht folgen will: man wird mit ihr insoweit einiggehen, daß ein universaler Zug von »Religion« in ihrer Bindung an ganz spezifische, »heilige Orte« besteht, an denen der Verkehr mit numinos gedachten Mächten hergestellt wird. Ohne solche Plätze ist »Religion« schlechterdings nicht denkbar. Wenn alles seinen »rechten Ort« im Kosmos hat, augenfällig in territorialen Gliederungen ebenso wie in sozialen Beziehungen, dann muß auch der Verkehr mit jenen Mächten an präzise zu bestimmende Orte gebunden sein, wobei religiös belangvolle Ereignisse (Zeichen, das Erscheinen eines

---

65 Dux, Logik der Weltbilder, 265.
66 Vernant, Entstehung des griechischen Denkens, 114.
67 Vgl. auch E. Topitsch, Phylogenetische und emotionale Grundlagen menschlicher Weltauffassung, in: W. E. Mühlmann u. E. W. Müller (Hrsg.), Kulturanthropologie, 1966, 63f.
68 Zur beginnenden »Vernichtung« von Raum und Zeit durch mechanische Verkehrsmittel vgl. W. Schivelbusch, Geschichte der Eisenbahnreise.
69 Vgl. Colpe (Hrsg.), Die Diskussion um das »Heilige«.
70 In Frage gestellt hat diese Unterscheidung Goody, Religion and Ritual, vgl. dagegen Dux, a. a. O., 167ff.

Gottes, göttliche Anweisung[71]) die Etablierung solcher Orte begünstigen. Götter sind nicht von dieser Welt. Wo immer ihre Heimat auch angesiedelt ist, sei es »im Himmel«, »in der Erde«, »im Meer« usw., der Mensch muß sich zu dieser »anderen Welt« gleichwohl Zugang verschaffen. Diese »andere Welt« – die überirdische zumal – bildet in der Regel das erhoffte Ziel der Jenseitsreise der Glaubenden, hin zu »jenem Gestade, auf dem die Götter stehen«.[72] Um eine einigermaßen stabile Kommunikation mit den Mächten immer wieder erneut sicherstellen zu können, bedarf es daher vermittelnder Brücken zu jenen Welten.[73] Natürliche und künstliche, vom Menschen geschaffene Orte können diese Brückenfunktionen wahrnehmen. Sie sind häufig selbst Gegenstand der Verehrung bzw. eines →Kultes. Vertikale Objekte wie Berge, Bäume, Säulen u. ä. fungieren als Verbindungsglieder zwischen Himmel und Erde, wovon insbesondere die schamanistische Praxis Gebrauch macht (→Schamanismus). Vielen jägerischen Kulturen eigentümlich ist das Deponieren von Schädeln auf Bäumen und Pfählen wie auch die Baumbestattung von Menschen und Tieren. Daran knüpft sich die Hoffnung auf Wiederbelebung in Analogie zur lebensspendenden Kraft von Bäumen, die mithin Sitz göttlicher Mächte sind[74] (→Baum). Quellen, heilige Haine und Höhlen gelten als bevorzugter Aufenthaltsort numinoser Mächte. Letztere wurden bereits im Jungpaläolithikum als →Kultorte für mit Mutter- oder Erdgöttinnen verbundene Initiationsrituale genutzt.[75] Weit verbreitet ist die Verbindung von Kultorten mit →Kultbildern oder -objekten. In ihnen glaubt man jene göttlichen Adressaten präsent, die durch Opfer und Gebete beschwichtigt werden sollen oder deren Hilfe man erhofft. Dabei bleibt die Verehrung einzelner Götter oder »heiliger Personen« häufig an bestimmte Regionen und Städte gebunden. Anschauliche Beispiele für solche Lokal- oder »Ortsgötter« liefert das alte Ägypten[76]; verwandte Konzeptionen finden sich im christlichen Kontext in Gestalt der »Ortsheiligen«. Derart durch »Heilige« ausgezeichnete Orte sind bevorzugtes Ziel von Wallfahrten. Der Zutritt zu heiligen Orten ist nicht allen jederzeit ungehindert möglich. Als tabubeladene Bezirke können von ihnen segensreiche, aber auch als schädlich empfundene Wirkungen und Einflüsse ausgehen. Die Kontrolle über diese Orte glaubt man daher nur bestimmten, im Umgang mit Göttern und Mächten besonders befähigten Personen wie Priestern oder Schamanen antragen zu müssen. Dessen ungeachtet werden heilige Orte in Zeiten individueller oder kollektiver Krisen als Zufluchtsstätten aufgesucht (→Asyl), denn die räumliche Nähe zu den numinosen Mächten verspricht ein Höchstmaß an Sicherheit und Schutz. Die Ausgezeichnetheit von Orten hat sich in signifikanter Weise auch der europäische Volksglauben zu eigen gemacht. Vor allem Herd, Schwelle, Kreuzwege und Grabstätten gelten als von Geistwesen besetzt.[77] Dies führt einerseits zur Meidung solch »ortloser Orte«[78] besonders zu Zeiten, wo man jene Mächte hauptsächlich wirksam glaubt; andererseits nutzt man die eben diesen Orten zugeschriebene Wirksamkeit zur Rechtsprechung und zu zauberisch interpretierten Handlungen und

[71] Besonders instruktiv Ex 25 mit genauen Vorschriften für Bau und Ausstattung.
[72] J. Assmann, Tod und Initiation im altägyptischen Totenglauben, in: H. P. Duerr (Hrsg.), Sehnsucht nach dem Ursprung, 344.
[73] Leach, Kultur und Kommunikation, 91 f.
[74] Meuli, Griechische Opferbräuche; ders., Die Baumbestattung.
[75] Vgl. Duerr, Traumzeit sowie ders., Sedna.
[76] Hornung, Der Eine und die Vielen.
[77] Zu o. g. Stichworten vgl. Bächthold-Stäubli (Hrsg.), HWDA.
[78] Duerr, Traumzeit, 150.

Kulten. Verschiedene Vorstellungen von Seelenglauben, Toten- und Ahnenkult wirken hier zusammen.

1.b Ortsgebundenheit und kollektive Identität

Die Beziehung zu Orten ist vor allem für religiöse Gruppen konstitutiv. Insbesondere umbaute Räume wie Tempel, Kirchen, Klöster, aber auch ganze Städte sichern den Zusammenhalt von Glaubenden über Zeiten und Räume hinweg. Orte wie Rom als Zentrum religiöser Macht, Mekka und die Ka'bah oder Jerusalem demonstrieren diese von ihnen ausgehende bindende Wirkung auch auf weit verstreut lebende Gruppen auf evidente Weise. In solchen Orten manifestieren sich Traditionen und Geschichte der Gruppenmitglieder, und ihre Permanenz ist sichtbarster Ausdruck für das Fortbestehen einer einmal als sinnvoll erkannten religiösen Ordnung. An die Beständigkeit heiliger Stätten heften sich die Überzeugungen religiöser Gruppen, denn nichts könnte deutlicher machen, daß auch »religiöse Gefühle sich nicht geändert haben«.[79] Die Permanenz des religiösen Raums, seine Unveränderlichkeit in der Zeit erlaubt, religiös belangreiche Ereignisse aus der Vergangenheit immer wieder aktuell ausfindig zu machen. Heilige Stätten wirken somit sinnstiftend auf die kollektive Identität religiöser Gruppen; oftmals genügt allein das Wissen um ihre Existenz, um diese Gruppenidentität auch weiterhin aufrechtzuerhalten.[80] Die Inbesitznahme heiliger Stätten oder gar ihre Zerstörung – etwa die des Tempels von Jerusalem – schafft daher eine für die Identität religiöser Gruppen höchst prekäre Situation. Mit dem Verweis auf heilige Orte als Orte des Ursprungs und der Identität ganzer Ethnien wird heute versucht, Landansprüche indigener Populationen gerichtlich durchzusetzen.[81]

2. Zentrum

2.a Zentralität als Ordnungsprinzip

Die Bedeutsamkeit eines Ortes, seine besondere Attraktivität, erfährt eine zusätzliche Steigerung durch seine räumliche Verankerung als Mittelpunkt. Das Ordnen um die Mitte gehört fraglos zu den kulturgeschichtlichen Universalien. Erklärbar ist diese Dominanz des Zentrums aus der Stellung des Menschen im Raum mit dem eigenen Körper als Koordinatennullpunkt.[82] Die in der Ontogenese für die Konstituierung von Welt vorherrschende egozentrische Haltung, die »Konzentration« des Denkens oder der Sinne auf einen Punkt hin, den es zu erfassen gilt, verweisen auf die mit der Zentrierung zusammenhängenden kognitiven Leistungen. Menschen, so läßt sich verallgemeinern, streben danach, ihr Dasein »zentrozentrisch« zu organisieren. Umgekehrt werden dezentrale Strukturen dazu benutzt, um »mangelnde Kohärenz, Verfall, Abweichung und Anomie zu bezeichnen und Außenseiter zu benennen«[83] (Randgruppen, »Exzentriker«). Die Schaffung von Zentren vollzieht sich unter den Erfordernis-

---

79 Halbwachs, Das kollektive Gedächtnis, 151.
80 Halbwachs, Das kollektive Gedächtnis, 160, 162; vgl. auch ders., La topographie légendaire.
81 Vgl. Schlesier, Die Wölfe des Himmels.
82 Vgl. oben Kap. II. 1.
83 Confurius, Mitte der Welt, 105.

sen praktischer Weltbewältigung. Jede Ordnung verlangt nach einem Zentrum; Zentrierung ist das ordnende Prinzip schlechthin.[84] Als idealer Raumplan hat der zentrierte bzw. viergeteilte Kreis die Gestalt tribaler Dorfanlagen ebenso dominiert wie mittelalterliche Stadtpläne oder Staatsgliederungen (»Stadtviertel«, »Vier Reichsprovinzen«).[85] Das Zentrum selbst ist Ort bedeutsamer gesellschaftlicher Ereignisse. Auf die Mitte hin richten sich alle rituellen Aktivitäten; viele tribale Gesellschaften etwa beginnen ihre Zeremonien mit der Errichtung eines sakralen Mittelpfahls. Die Mitte gilt als Ort der Sicherheit, wie bereits das Šatapathabrāhmaṇa ausführt[86]; mithin ist etwas erst dann wirklich, wenn es im Zentrum verankert ist. Im Zentrum verdichten sich die Kräfte von Macht und Herrschaft. Seine Preisgabe würde die Chance reduzieren, an deren Ausübung teilzuhaben, ja Einfluß überhaupt geltend zu machen. Unter der grundlegenden Voraussetzung, daß die irdische Ordnung den Anforderungen kosmischer Zentralität genügen muß, haben religiöse Spezialisten häufig versucht, ihr exklusives Wissen um die Beschaffenheit des Kosmos zu monopolisieren und für die Durchsetzung ihrer Interessen nutzbar zu machen. Zentralität beinhaltet somit nicht nur die bloße Verortung im Raum, sondern sie ist zugleich ein Machtphänomen.[87] Sozial hochrangige Personen sind schon allein daran erkenntlich, daß sie Inhaber von Zentren sind, während alle übrigen und alles nach den Wertvorstellungen einer Gesellschaft Irrelevante und Gefährliche vom Zentrum ausgeschlossen bleibt und an die Peripherie verwiesen wird. Das Verhältnis von Zentrum und Peripherie läßt sich als Macht- und Sinngefälle beschreiben, insofern es die soziale Hierarchie und das Wertsystem einer Gesellschaft widerspiegelt.[88]

2.b In der Mitte der Welt

In archaischen Gesellschaften hat die Dignität des Zentrums sinnfälligen Ausdruck in kosmischen Pfählen, Säulen[89] und Bergen gefunden. Als Weltstütze (*axis mundi*) oder als Abbild des Kosmos markieren sie den mythischen Mittelpunkt. Namen wie »Nabel der Erde«, »Berg der Länder«, »Band zwischen Himmel und Erde« usw. unterstreichen ihre räumliche Verortung im Zentrum des Kosmos.[90] Die Symbolik des Zentrums trägt auch bei Bauwerken und Siedlungen. Das Haus, der Tempel, das Dorf oder die Stadt liegen ebenso in der Mitte – kartographische Projektionen zeigen Jerusalem bis ins 18. Jh. hinein als Nabel (*omphalós)* der Welt – und sind nach einem kosmischen Vorbild konstruiert.[91] Selbst dann, wenn sakrale Architekturen nur temporär, zur Durchführung eines Rituals – insbesondere zu Gründungsriten – errichtet werden, befinden sie sich gleichwohl im Zentrum. Denn die Verankerung im Zentrum hat kos-

---

[84] E. Shils, Das Zentrum des Kosmos und das Zentrum der Gesellschaft, in: Duerr (Hrsg.), Sehnsucht nach dem Ursprung, 539.
[85] Vgl. oben Kap. II. 2.
[86] Vgl. Gonda, Die Bedeutung des Zentrums im Veda, in: Duerr (Hrsg.), Sehnsucht nach dem Ursprung, 383.
[87] Shils, Das Zentrum des Kosmos und das Zentrum der Gesellschaft, in: Duerr (Hrsg.), Sehnsucht nach dem Ursprung, 544.
[88] Confurius, Mitte der Welt, 110.
[89] Aufgearbeitet bei W. Müller, Jupitergigantensäulen.
[90] Eliade, Mythos der ewigen Wiederkehr, 24ff.
[91] Vgl. W. Müller, Die heilige Stadt, sowie ders., Le Symbolisme Cosmique.

mogonischen Sinn: jeder Gründungsakt muß notwendig in der Mitte stattfinden.[92] Von hier aus wird auch das bei Gesellschaften mit hoher Mobilität häufig anzutreffende Phänomen eines wandernden Zentrums oder ganzer Hierarchien von »Mitten« verständlich.[93] In der Mitte zu sein bedeutet allenthalben in der Welt zu sein, explizit gemacht im Gesang des Kwakiutlnovizen bei seiner Initiation in den höchsten Geheimbund: »Ich bin im Zentrum der Welt.«[94] Auch sämtliche Meditationspraktiken heben darauf ab, die »eigene Mitte« zu finden, wohingegen der Verlust der Mitte – ganz gleich ob räumlich repräsentiert oder als ideelle Mitte verstanden – gleichbedeutend ist mit dem Verlust der Partizipation am Eigentlichen.

3. Grenze

3.a Grenzmarkierung

Jede Ordnung impliziert neben der Konstituierung eines Zentrums auch eine diese Ordnung markierende Grenze. Die Relevanz des Grenzbegriffs läßt sich an der Feststellung eines Kabylen, daß »alles eine Grenze hat«, ablesen[95] oder – dezidierter noch – an dem Satz des Philosophen, daß sprachliche Grenzen Weltgrenzen abstecken.[96] Eine absolute Grenze bildet der Horizont als mit dem Menschen sich fortbewegende und unerreichbare Grenze des Wahrnehmungsraumes. Obwohl eine »gedachte Linie«, ist der dem Horizont anhaftende »bergende Charakter« konstitutiv für die räumliche Verfaßtheit menschlicher Lebensweise; auch in übertragener Bedeutung (»geistiger Horizont«) bleibt er seinem Charakter nach stets Begrenzung.[97]

Grenzen dienen der Unterscheidung. Sei es, daß sie eigenes, bewohntes Gebiet von einem fremden Territorium abschließen – wobei das »Niemandsland« zwischen den Grenzen als neutraler Raum der Ort ist, an dem häufig Tauschbeziehungen stattfinden –, sei es, daß Grenzen als Orte des Übergangs kultiviertes Gebiet von der »Wildnis«, Bekanntes von Unbekanntem, sakrale Zonen von profanen oder, umfassender, Ordnung von Nichtgeordnetem trennen. Aus der Verortung der Grenze an der Nahtstelle zwischen zwei Bereichen resultiert ihr mehrdeutiger, doppelsinniger Charakter, der sie als gleichzeitig angstbesetzten, konfliktbeladenen wie auch als unverletzlichen und »heiligen« Ort ausweist.[98] Die scheinbare Paradoxie der Grenze korrespondiert augenscheinlich mit der Logik symbolischer Zusammenhänge, »Grenze« als einen Ort »logischer Verkehrung« zu begreifen, als den Ort, »wo sich die Welt in ihr Gegenteil verkehrt«.[99] Materiell repräsentiert werden Grenzen durch Schwellen, Türen, Öffnungen oder Zäune. Sie gelten als Aufenthaltsort von Geistern, Seelen und numinosen Grenzwächtern. Dort vergräbt man Amulette und opfert den Göttern – die Römer z. B. hatten in Limentinus einen eigenen Gott der Schwelle. Bezeichnend sind auch die engen Verbindungen von Grenzen mit Rechtsordnungen: im römischen Staatsrecht

---

92 ELIADE, Mythos der ewigen Wiederkehr, 33.
93 BARTHEL, Raumvorstellungen bei Naturvölkern, 299.
94 BOAS, The Social Organization, 457.
95 BOURDIEU, Entwurf einer Theorie der Praxis, 271.
96 »Die Grenzen meiner Sprache bedeuten die Grenzen meiner Welt«, L. WITTGENSTEIN, Tractatus logico-philosophicus, (1921) 1963, 5.6.
97 Vgl. BOLLNOW, Mensch und Raum, 74ff.
98 LEACH, Kultur und Kommunikation, 46ff.
99 LEACH, Kultur und Kommunikation; BOURDIEU, a. a. O., 63.

fußte die Scheidung in einen öffentlichen und einen privaten Bereich auf dem Grundakt der Grenzziehung (»Limitation«).[100] Grenzmarkierungen besonderer Art errichten sibirische Schamanen. Sie umgeben ihr Sippengebiet mit einem Schutzzaun von Geistern, um es vor äußeren Gefahren abzusichern. Stirbt ein Schamane, zerfällt auch der Schutzzaun, und sein Nachfolger muß erhebliche Mühen aufwenden, um den Zaun wieder neu aufzurichten.[101] Ein Überschreiten dieser notwenig mit Gefahr verbundenen materiellen wie »spirituellen« Grenzen müssen Rituale absichern helfen, folgerichtig werden »unbefugte« Grenzübertritte mit Sanktionen belegt.

3.b Grenzüberschreitung

Allen Übergangsriten (*»rites de passage«*) gemeinsam ist die Symbolik der Schwelle als Ort von Ankünften und Abgängen (→Initiation)[102], exemplarisch formuliert im Bericht des APULEIUS über die Einweihung in die Isismysterien.[103] Initiationen sind notwendig Grenzüberschreitungen, und was für die Absicherung räumlicher Grenzen zutrifft, gilt analog auch für die Überschreitung sozialer Grenzen. Riten begleiten den kritischen Wechsel der Initianden von einem Status in einen neuen, z. B. den Übertritt vom Kindesalter zum Erwachsenendasein. Die soziale »Ortsveränderung« korrespondiert mit einer räumlichen, denn in aller Regel finden Initiationen oder wenigstens Phasen der Initiation »am Rande«, außerhalb des sozial strukturierten Raumes statt. Diese prekären Übergangsphasen sind gekennzeichnet durch einen Zustand sozialer Raum- und Zeitlosigkeit der Novizen – sozial zeitlos, weil der bisherige Zustand bereits verlassen, der nächste aber noch nicht erreicht ist.[104] Evidente Beispiele räumlicher Isolierung sind die afrikanischen Buschschulen[105] oder auch die Initiation künftiger Schamanen, die in die Wälder fliehen, um nach Tagen verwildert zurückzukehren. Damit wird das »Draußen« bedeutsam für das »Drinnen«, die Wildnis zum Erziehungsort als auch zum Erziehungswert. Hierauf lassen sich erkenntnistheoretische Positionen errichten[106]: das Durchbrechen von Grenzen, der Überstieg von einer Zone in eine andere, ist demgemäß grundlegende Voraussetzung für einen Zuwachs an Wissen.

Literatur

ARISTOTELES, Die Lehrschriften, herausgegeben, übertragen und in ihrer Entstehung erläutert von DR. P. GOHLKE, 1956; BARTHEL, T. S., Raumvorstellungen bei Naturvölkern, in: Geographische Zeitschr. 54 (1966) 295–309; BÄCHTHOLD-STÄUBLI, H. (Hrsg.), HWDA 1927ff.; BENZ, E. (Hrsg.), Die Grenzen der machbaren Welt, 1975; BOAS, F., The Social Organization and the Secret Societies

---

[100] CASSIRER, Philosophie der symbolischen Formen 2, 126ff.; vgl. auch H. J. KLIMKEIT, Das Phänomen der Grenze im mythischen Denken, in: BENZ (Hrsg.), Grenzen der machbaren Welt, 95–111.

[101] FRIEDRICH, Bewußtsein eines Naturvolkes.

[102] GENNEP, Les Rites de Passage.

[103] »Ich ging bis zur Grenzscheide des Todes. Ich betrat Proserpinas Schwelle ...«, vgl. NILSSON, Geschichte der griechischen Religion 2, 606.

[104] Vgl. LEACH, Kultur und Kommunikation, 47f., 78f., 98f.

[105] Vgl. PARRINDER, West African Religion.

[106] Getan hat dies DUERR, Traumzeit.

of the Kwakiutl Indians, in: Report of the U.S. Nat. Mus. for 1895, 1897, 311–738; BOHLE, H.-G., Politische und ökonomische Aspekte der Religionsgeographie. Das Beispiel mittelalterlicher südindischer Tempelgründungs- und Ritualpolitik, 1986; BOLLNOW, O. F., Mensch und Raum, 1963; BOURDIEU, P., Entwurf einer Theorie der Praxis, 1976; BÜTTNER, M. u. a. (Hrsg.), Religion und Siedlungsraum (Geographia Religionum 2) 1986; CANCIK, H., Rome as sacred landscape, in: Visible Religion 4/5 (1985/86) 250–265; CASSIRER, E., Philosophie der symbolischen Formen, Bd. 2, 1925; COLPE, C. (Hrsg.), Die Diskussion um das »Heilige«, 1977; CONFURIUS, G., In der Mitte der Welt, in: Unter dem Pflaster liegt der Strand, Bd. 11, 1982, 105–120; DOWNS, R. M., und D. STEA (Hrsg.), Image and Environment. Cognitive Mapping and Spatial Behavior, 1973; DUERR, H. P., Traumzeit. Über die Grenze zwischen Wildnis und Zivilisation, 1978; ders. (Hrsg.), Sehnsucht nach dem Ursprung. Zu Mircea Eliade, 1983; ders., Sedna oder die Liebe zum Leben, 1984; DURKHEIM, E., Die elementaren Formen des religiösen Lebens, (1912) 1981; ders. und M. MAUSS, Primitive Classification, (1902) 1963; DÜRCKHEIM, K. GRAF, Untersuchungen zum gelebten Raum, 1932; DUX, G., Die Logik der Weltbilder. Sinnstrukturen im Wandel der Geschichte, 1982; ELIADE, M., Der Mythos der ewigen Wiederkehr, 1953; ders., Das Heilige und das Profane, 1957; FRIEDRICH, A., Das Bewußtsein eines Naturvolkes von Haushalt und Ursprung des Lebens, in: Paideuma 6 (1955) 47–54; FROBENIUS, L., Erlebte Erdteile, Bd. 5, 1928; GEHLEN, R., Welt und Ordnung. Zur soziokulturellen Dimension von Raum in frühen Gesellschaften, 1995; GENNEP, A. VAN, Les Rites de Passage, 1909; GENT, W., Die Philosophie des Raumes und der Zeit, 2 Bde., 1926/30; GLADIGOW, B., und H. G. KIPPENBERG (Hrsg.), Neue Ansätze in der Religionswissenschaft, 1983; GOFFMAN, E., Das Individuum im öffentlichen Austausch, 1974; GOODY, J., Religion and Ritual: the Definitional Problem, in: British Journal of Sociology 12 (1961) 142–164; GOSSEN, G. H., Chamulas in the World of the Sun. Time and Space in Maya Oral Tradition, 1974; GOSZTONYI, A., Der Raum. Geschichte seiner Probleme in Philosophie und Wissenschaften, 2. Bde., 1976; GRIMM, J. u. W., Deutsches Wörterbuch, 1854ff.; HALBWACHS, M., Das kollektive Gedächtnis, 1967; ders., La topographie légendaire des évangiles en terre sainte, (1941) ^{4}1971; HELMHOLTZ, W. V., Über die Thatsachen, welche der Geometrie zum Grunde liegen, in: Gött. gelehrte Nachr. (1868) 193–221; HERTZ, R., La prééminance de la main droite: étude sur la polarité religieuse, in: Revue Philosophique LXVIII (1909) 553–580; HORNUNG, E., Der Eine und die Vielen, 1971; JAMMER, M., Das Problem des Raumes, ^{2}1980; JENSEN, A. E., Wettkampf-Partien, Zweiklassen-Systeme und geographische Orientierung, in: Stud. Gen. 1 (1947) 38–48; KIRFEL, W., Die Kosmographie der Inder, 1920; KRAMRICH, ST., The Hindu Temple, 2 Bde., 1946; KUNAU, E., Raum und soziales Handeln. Studien zu einer vernachlässigten Dimension soziologischer Theoriebildung, Diss., 1973; LEACH, E., Kultur und Kommunikation. Zur Logik symbolischer Zusammenhänge, 1978; LÉVI-STRAUSS, C., Strukturale Anthropologie I, 1967; ders., Das wilde Denken, 1968; LINSCHOTEN, J., Anthropologische Fragen zur Raumproblematik, in: Stud. Gen. 11 (1958) 86–99; LORENZ, K., Die angeborenen Formen möglicher Erfahrung, in: Zeitschr. f. Tierpsychologie 5 (1943) 234–409; ders., Über tierisches u. menschliches Verhalten, Ges. Abh. II, 1965; LUHMANN, N., Soziologische Aufklärung 2, 1975; MAYBURY-LEWIS, D., The analysis of dual organisation: a methodological critique, in: Bijdragen tot de taal-, land- en volkenkunde 116 (1960) 17–44; MERLEAU-PONTY, M., Phänomenologie der Wahrnehmung, 1966; METZGER, W. (Hrsg.), Handbuch d. Psychologie, 1966; MEULI, K., Griechische Opferbräuche (1945), Ges. Schriften II, 1975, 907–1021; ders., Die Baumbestattung und die Ursprünge der griechischen Göttin Artemis (1965), Ges. Schriften II, 1975, 1083–1118; MINKOWSKI, E., Le temps vécu, 1933; ders., Vers une Cosmologie, 1936; MÜHLMANN, W. E., und E. W. MÜLLER (Hrsg.), Kulturanthropologie, 1966; MÜLLER, W., Die Religionen der Waldlandindianer Nordamerikas, 1956; ders., Le Symbolisme Cosmique, 1957; ders., Die heilige Stadt, 1961; ders., Glauben und Denken der Sioux, 1970; ders., Die Jupitergigantensäulen und ihre Verwandten, 1975; ders., Amerika, die neue oder die alte Welt?, 1982; NILSSON, M. P., Geschichte der griechischen Religion, Bd. 2, 1950; OERTER, R., Moderne Entwicklungspsychologie, 1967; ORTIZ, A., The Tewa World. Space, Time, Being & Becoming in a Pueblo Society, 1969; PARRINDER, G., West African Religion, ^{2}1961; PIAGET, J., und B. INHELDER, Die Entwicklung des räumlichen Denkens beim Kinde, 1971; PRITSAK, O., Orientierung und Farbsymbolik, in: Saeculum 5 (1954) 376–383; RESCHER, N., Cosmic Evolution in Anaximander, in: Stud. Gen. 11 (1958) 718–731; SCHIVELBUSCH, W., Geschichte der Eisenbahnreise. Zur Industrialisierung von Raum und Zeit im 19. Jh., 1977; SCHLESIER, K., Die Wölfe des Himmels. Welterfahrung der Cheyenne, 1985; SCHÖNE, H., Orientierung im Raum. Formen und Mechanismen der Lenkung des Verhaltens bei Tier und Mensch, ^{2}1983; SIMMEL, G., Die Großstädte und das Geistesleben, in: ders., Brücke und Tür, 1957; ders., Philosophie des Geldes, (1900) ^{6}1958; ders., Soziologie, (1908) ^{5}1968; TEDLOCK,

D., Zuñi Religion and World View, in: ORTIZ, A. (Hrsg.), Handbook of North American Indians, Bd. 9, Southwest, 1979, 499–508; TUCCI, G., Geheimnis des Mandala: Theorie und Praxis, 1972; UCKO, P. J., u. a. (Hrsg.), Man, settlement and urbanism, 1972; UEXKÜLL, J. v., und G. KRISZAT, Streifzüge durch die Umwelten von Tieren und Menschen – Bedeutungslehre, 1956; VERNANT, J.-P., Die Entstehung des griechischen Denkens, 1982; WATERMAN, T. T., Yurok Geography, in: University of California Publications in American Archaeology & Ethnology 16 (1920) 177–314; WHORF, B., Sprache, Denken, Wirklichkeit, 1963; WITTGENSTEIN, L., Tractatus logico-philosophicus, (1921) 1963.

Rolf Gehlen

→ *Grenze, Kultort, Orientierung, Zeit*

Recht

A Allgemeines

Rechtsordnung ist der Inbegriff aller in einer bestimmten Gesellschaft bestehenden zwingenden Normen, die das gesellschaftliche Zusammenleben verbindlich regeln und durch eine Autorität legitimiert sind. Recht ist dann eine ständige, einer Gesellschaft obliegende Aufgabe, die sozialen Beziehungen jeweils, sowohl im Binnen- als auch im Außenbereich, vernünftig zu regeln. Dabei erweist sich die Ausbildung des Rechts (im Abendland) als Vermittlung von Herrschaft durch Geschichte, als Begrenzung von Macht durch ordnende Vernunft auf der Grundlage personaler Gleichheit in Freiheit.[1] Unter diesen Aspekten ist Recht ein Instrument strukturierender Emanzipation. Es wird bestimmt von der Idee einer Gerechtigkeit, die jedem das Seine gibt bzw. sichert. Dieser ›Jeder‹ ist – wenigstens theoretisch – gleichberechtigter Genosse.

I. Wortgeschichte, -feld

Sprachlich kommt der deutsche Begriff »Recht« aus dem gemeingermanischen *reht* (= gerade, richtig). Dessen Wurzel dürfte das indogermanische *reg* (= aufrichten) sein. Im Lateinischen meint der (ältere) Begriff *fas* (sabinischer Herkunft?) die göttliche Satzung (*fas est* = es ist pflichtgemäß, erlaubt; im Gegensatz dazu: *nefas* = es ist verboten, frevelhaft). Der (jüngere) Begriff *ius* (altlateinisch *ious*; altindisch *yōh* = das Heil) ver-

---

[1] Vgl. L. RAISER, Rechtsbildung als Vermittlung von Vernunft und Geschichte, in: J. SCHWARTLÄNDER, Menschenrechte. Aspekte ihrer Begründung und Verwirklichung, 1978, 229–321.

steht Recht als Gesamtheit des »menschlichen Rechts« (*ius hominum*) mit Verordnungen, Gesetzen und verbindlichen Gewohnheiten. Allerdings dürfte die oft gebrauchte Formel »*fas ac iura*« nicht einen strengen Gegensatz, vielmehr unterschiedliche Weisen der Legitimation und der Rechts-Wirkungen, ausdrücken.[2] Der griechische Begriff *dike* (= Weisung) hängt in der Mythologie zusammen mit *eunomia* (= Wahlordnung) und *eirene* (= Frieden), Töchtern des Zeus und der Themis, die als Erdgöttin das altheiligte Recht verkörpert. Diese Trias stellte die Ordnung dar und sicherte Bestand und Reichtum des Staates.[3]

Während Themis bei Homer die gesamte (als göttlich empfundene) Ordnung des Lebens meint, versteht er unter *dike* mehr die konkrete Anwendung des Rechts, vor allem die Rechtssprechung, obwohl er (erstmals?) mit dem Plural *themistes* die königlichen Rechtssprüche bzw. Fallentscheidungen bezeichnet. Doch erst die Griechen des Zeitalters der Polis verstanden sich als Träger einer von ihnen selbst geschaffenen Rechtsordnung (*nomoi*). Recht und Polis sind nun nicht mehr zu trennen.[4] Es ist ein auf der Gleichheit der Bürger (nicht der Menschen) beruhendes, nach dem Mehrheitsprinzip geordnetes Herrschaftssystem, das für den einzelnen wie für die Polis eine Daueraufgabe darstellt, und vor der vielfältigen und permanenten Gefährdung des Lebens schützen soll. Dem Menschen obliegt es handelnd sein Dasein und seine Welt zu gestalten, wissend, daß er, auch bei aller Anstrengung, der Gerechtigkeit nie voll genügen kann. Darin liegt Tragik und Größe des griechischen Rechtsdenkens (SOKRATES).

Im orientalisch-israelitischen Kulturkreis ist Recht (hebräisch = *sedeg*, *dāgā* = Ordnung, *mišpat* = Richtspruch; aramäisch *dāt* = Bestimmung) – wie auch im AT – eine religiös begründete und sanktionierte soziale Ordnung.[5] Dabei entwickelt sich das Welt- und Menschenbild des Deutero-Jesaja (ca. 530 v. d. Zw.), das den bisherigen Rahmen (des ägyptisch-semitischen Umfelds) sprengt: Jahwe steht dem Menschen als der ganz andere gegenüber; er ist der keinem menschlichem Recht unterworfene ›Herr‹ und dem Menschen auch durch magische Praktiken nicht verfügbar. Dennoch hat er von sich aus mit seinem Volk einen eigenartigen Bund geschlossen, an dem Er – trotz aller Untreue der Menschen seines Volkes – festhält. Dabei bezeichnet der hebräische Begriff *berit* ein Verhältnis eines Mächtigen zu einem weniger Mächtigen, wobei einerseits der ›Herr‹ dieses Bundes die Kondition bestimmt (J. BEGRICH), andererseits der Schwächere aber auch Anteil an der Macht des Stärkeren gewinnt. Bund bedeutet somit auch Abgrenzung und Abwehr nach außen und Frieden nach innen, dank gemeinsamen Rechts. Dem Bundesherrn sind alle Israeliten gleichermaßen rechtlich verpflichtet. So entsteht – wenn auch kraft anderer Legitimation – ähnlich wie in der griechischen Polis, die *Wirklichkeit* einer auf die Treue (Jawehs), die Freiheit und die Gleichheit (der Angehörigen des ›auserwählten Volkes‹) gegründeten Rechtsordnung, die mehr (bzw. wenigstens anderes) sein will als die reinen Ordnungs- bzw. Herrschaftssysteme der umliegenden Gesellschaften. Die Andersartigkeit wird

---

2 Vgl. C. A. PEETERS, Fas en Nefas, 1945; Der kleine Pauly II (1967); Georges I, 26. 90f., II 11. 28f. 500ff.

3 Der kleine Pauly II, 24ff. 1215ff.

4 W. JAEGER, Praise of Law. The Origin of Legal Philosophy and the Greeks, in: Pound-Essay (19–47) 352ff., insbes. 394f.

5 B. REICKE, L. ROST (Hrsg.), Art. Recht, in: Biblisch-historisches Handwörterbuch III (1966) 1559ff.

dadurch noch verstärkt, daß die Wirklichkeit dieses Bundes radikal geschichtlich verstanden wird: Er vermittelt Herrschaft (nämlich die Jawehs) durch die Geschichte (»Bund« als die »Formel für die Ideologie der Geschichte«: A. WEISER).[6] Dabei sind im (nachexilischen) Judentum und im Hellas der Polis zwei verwandte, wenn auch unterschiedlich legitimierte Rechtsvorstellungen entwickelt worden, die personale Beziehungen auf der Grundlage der Gerechtigkeit mittels Vernunft aktiv strukturieren. Die Behauptung, alle anderen Rechtskulturen scheinen dieses aktive, personenbezogene und rationale, auf Gleichheit und Freiheit gründende Paradigma nicht zu kennen,[7] beruht auf einer einseitig eurozentrischen Weltdeutung. Es ist davon auszugehen, daß Recht in jeder organisierten Gesellschaft existiert.

II. Definition

KANTs Feststellung, die Juristen würden immer noch nach einer Definition des Rechts suchen, gilt nach wie vor.[8] Trotz dieser Warnung hat auch er versucht, Recht zu definieren: Es sei »der Inbegriff der Bedingungen, unter denen die Willkür des einen mit der Willkür des anderen nach einem allgemeinen Gesetz der Freiheit zusammen vereinigt werden«, der ferner durch »die Befugnis des Zwanges« urgiert werden könne.[9] Doch auch dieser Versuch hat nur Segmente bestimmen können und durch die Rede vom »allgemeinen Gesetz der Freiheit« und von der »Befugnis des Zwanges« lediglich weitere unbestimmte und allgemein nicht bestimmbare Begriffe hinzugefügt.

Die einzige auf uns gekommene Definition eines römischen Juristen, die durch ULPIAN (Dig. 1, 1, 1 pr.) überlieferte Begriffsbestimmung des CELSUS, «*ius est ars boni et aequi*«, sagt weder etwas über Form noch über Funktion des Rechts aus, wie der Inhalt selbst unbestimmt bleibt. Immerhin werden jene beiden Topoi genannt, die für abendländisches Rechtsdenken typisch sind: ›*bonum et aequus*‹ als Zielpunkte gerechten Rechts. Recht als Inbegriff der Ordnungsnormen einer Gesellschaft kann somit nur von seiner jeweiligen gesellschaftlichen, und das heißt ordnenden und herrschenden Funktion und Bedeutung her bestimmt werden; es ist ein Ergebnis der praktischen, nicht der theoretischen Vernunft. Darum sind sämtliche generalisierende Definitionsbemühungen nicht nur vergeblich, sondern auch entbehrlich. Es ist vielmehr vom jeweiligen gesellschaftlichen Ordnungssystem auszugehen, das das soziale Leben verbindlich regelt (Recht im objektiven Sinn) und dem Rechtsunterworfenen Befugnisse verleiht und Pflichten auferlegt (Recht im subjektiven Sinn), wobei gerade dies letztere eine typische Eigenart des abendländischen Rechts jüdisch-griechischer Tradition ist.

Ganz allgemein können als Recht alle jene Verhaltensnormen bezeichnet werden, die die Chance haben, durch organisierten und obrigkeitlichen Zwang durchgesetzt zu werden und die – einmal durchgesetzt – dem friedlichen Ausgleich der Personen in einer bestimmten Gesellschaft dienen. Es hat also die Funktion, eine dauerhafte Orientierung für soziales Verhalten sicherzustellen, um dadurch in einem gesellschaftlichen

[6] Vgl. J. HEMPEL und L. GOPPELT, Art. Bund I–II, in: RGG^3 I, 1512–1518; J. HASPECKER, Art. Bund, in: Handb. theol. Grundbegriffe I (1962) 197–203.

[7] Vgl. FIKENTSCHER, Methoden des Rechts, 117 ff. 235 ff.

[8] I. KANT, Kritik der reinen Vernunft. Transzendentale Methodenlehre I, 1 (Philosophische Bibliothek Bd. 37a, (1781) [16]1956, 672.

[9] Ders., Einleitung in die Rechtslehre § B und § E (Philosophische Bibliothek Bd. 42), 1966, 33. 37.

Teilbereich die Beständigkeit der bedeutsamen Verhaltensmuster zu verbürgen und zu tradieren.[10]

III. Die Entstehungsformen, Gestalt und Geltungsbereiche des Rechts

Das Recht ist zwar ein universelles Phänomen, doch ist es hinsichtlich seiner Entstehungsformen, seiner Gestalt und seiner Geltungsbereiche verschieden. – Nach der Weise der Rechtsbegründung ist zwischen (vorrechtlichem) *Herkommen* (Sitte), *Gewohnheitsrecht* und *positiv gesatztem Recht* zu unterscheiden. Alle diese Formen werden in der mythischen Epoche als von der Gottheit begründet verstanden: Es wird angenommen, daß die Götter oder vergöttlichte Ahnen es erlassen oder wenigstens selbst solches geübt hätten.

1. Das *Herkommen*: In allen vorstaatlichen, *fragmentierten Gesellschaften*[11] sind die geltenden Verhaltensregeln meistens (noch) keine Rechtsnormen. Zwar gibt es überall soziale Kontrolle, doch ist diese nicht überall mit Recht identisch. Sitte und Brauch bestimmen das Gesollte, das mehr oder weniger ritualisiert tradiert und »religiös« sanktioniert wird. Sittliches Gebot und rechtliche Norm werden noch nicht unterschieden. Dennoch leben die Menschen auch in dieser Zeit keineswegs in einem Zustand des »Krieges aller gegen alle« wie Hobbes glaubte annehmen zu sollen.[12] Vielmehr sichern mythisch-religiös begründete Sanktionen das bestehende Herkommen unnachsichtlich. Streitigkeiten werden nach bestimmten Grundsätzen (Faust- und Fehderecht) ausgetragen. Sofern Rechtssprechungsinstanzen existieren, sind sie personengebunden. Numinose Mächte[13] legitimieren diese Ordnungssysteme, sie müssen aber nicht ihre Quelle sein! Mit der Entstehung eines neuen Bewußtseins des Menschen von sich selber, entsteht in der Achsenzeit[14] nach den Göttern das Recht im eigentlichen Sinn.

2. Das *Gewohnheitsrecht*: Mit zunehmender Kultur, wachsender Differenziertheit der Gesellschaft und komplizierteren Lebensverhältnissen entwickeln sich sittliches Gebot und rechtliche Norm vor allem dadurch auseinander, daß das Recht stärker institutionalisiert und seine Handhabung aus der Sitte heraus in die Hand der Herrschenden

---

[10] Vgl. GÖRLITZ, Politische Funktionen des Rechts, 64f.

[11] Der Begriff stammt in dieser Form von L. HAMBURGER, Art. Fragmentierte Gesellschaft, in: Kölner Zeitschr. f. Soziologie u. Sozialpsychologie 17 (1965) 49ff.; FIKENTSCHER, Methoden des Rechts, 172. 193., hat ihn übernommen und generalisiert. Davon sind zu unterscheiden die »segmentären Gesellschaften« im Sinne E. Durkheims. U. Wesel (Frühformen des Rechts, 212ff.) hat diesen Sprachgebrauch zur Beschreibung der Rechtsentwicklung angewandt. Solche Gesellschaften seien grundsätzlich egalitär.

[12] TH. HOBBES, Leviathan – oder Wesen, Form und Gewalt des kirchlichen und bürgerlichen Staates, I. XIII, dt. 1965, 99.

[13] R. HERNEGGER, Der Mensch auf der Suche nach Identität, 1978, 371ff.

[14] Vgl. K. JASPERS, Vom Ursprung und Ziel der Geschichte, 1949, 19ff.: Dieser Begriff versucht die geistige Neuorientierung der Menschheit zwischen 800 und 400 v. d. Zw. zu charakterisieren: Konfuzius, Laozi, Buddha, Zarathrustra, die jüdischen Propheten und die griechischen Philosophen und Dichter seien Protagonisten der Entmythologisierung und des Erwachens eines allgemeinen Selbstbewußtseins der Menschen; FIKENTSCHER, Methoden des Rechts, 117. 131, um die geistige Neuorientierung der Menschheit zwischen 800 und 400 v. d. Zw. zu charakterisieren.

verlegt und formalisiert wird. Es entsteht ›Gewohnheitsrecht‹, ein Normsystem, das zwar nicht kodifiziert ist, das jedoch kraft seiner Geltung seit alters her als geheiligt gilt. Sein Alter verleiht ihm Ansehen und Gewicht und eine Stabilität, die es ermöglicht, später gesatztes Recht zu überdauern oder wenigstens neben ihm (teilweise nur für bestimmte Gruppen) weiterzugelten. Dabei ist es anpassungsfähig und kann, wenn die Stunde der Herrschenden abgelaufen ist, auch gegen sie gewandt werden. Oft mit dem Argument, diese hätten das »alte Recht« mißachtet. Es ist Rechtsentwicklung ohne Staat, gewissermaßen »von unten«.[15]
Auch bei schließlicher Dominanz des gesatzten Rechts behält das Gewohnheitsrecht seine Bedeutung für die Interpretation und Fortbildung des kodifizierten Rechts. Es wird nun zur dynamischen Kraft, die das Recht zum sachgemäßen und menschengerechten Wandel befähigt und die Rechtsanwendung durch Vernünftigkeit menschlich werden lassen kann. Ob Gewohnheitsrecht im modernen Rechtswesen von einer Gestattung durch die Staatsorgane abhängt, ist kontrovers. Ganz sicher läßt der Grundsatz »*nulla poena sine lege praevia*« im Strafrecht kein Gewoheitsrecht zu. Dagegen stellt es im Völkerrecht (vgl. u. Ziff. 4) teilweise die einzige Rechtsquelle dar.[16]

3. *Das positiv gesatzte Recht* setzt eine differenzierte Rechtskultur voraus, sowohl was die Satzungskompetenz als auch die Ausübung der Sanktionsgewalt anbelangt. Das Bemühen um Kodifikation geht mit dem Bewußtsein einher, daß die alten Götter Gerechtigkeit nicht (mehr) verbürgen können, der Mensch sich deshalb selbst seinen Lebensraum ordnen muß. Das (gesatzte) Recht ist ein Resultat der ›Aufklärung‹: Der ›Erkenntnis‹, daß die Unterscheidung von Gut und Böse eine Frage der Macht sei. Meist entwickelt sich ein solches Rechtssystem durch (richterliche bzw. hoheitliche) Einzelfallentscheidung (*case law*) auf dem Fundament einiger, allgemein anerkannter Grundnormen kraft herrscherlicher Willkür. Dabei kommt dem Gewohnheitsrecht, das die Willkür des Herrschers zu binden vermag, wesentliche Bedeutung zu. Eine weitere wichtige Quelle für die Entwicklung des positiv gesatzten Rechts ist das Vertragsrecht. Nur auf seinem Fundament ist eine (weitere) Steigerung sowohl der Rechtssicherheit als auch eine Vertiefung der Idee der Gerechtigkeit möglich (*do ut des*). Wenn schließlich noch dafür gesorgt ist, daß die (staatliche bzw. öffentliche) Verwaltung ebenso wie die Rechtssprechung im Rahmen eines pflichtgemäßen Ermessens nach Billigkeit, d. h. gemäß rechtlicher Angemessenheit (*aequitas*), handeln können, hat die Rechtsordnung hinsichtlich ihrer formalen Institutionalisierung einen gewissen Höhepunkt erreicht, allerdings häufig um den Preis wachsender Schwerfälligkeit, zunehmender Bürokratisierung und Verechtlichung. Überdies können Recht, Rechtssicherheit und Billigkeit einander widerstreiten; deshalb werden immer neue Instanzen (rechtlichher) Kontrolle nötig.
Das positiv gesatzte Recht kann hinsichtlich seines Ursprungs unterschieden werden in *staatliches Recht* (Bundes-, Landes-, Kantonal- oder Provinzial-Recht), in *autonomes Satzungsrecht* (also abgeleitetes Recht) und *Vertragsrecht* (z. B. privates oder internationales) sowie *kirchliches* bzw. *religiöses Recht*, also verbindliche Normen aufgrund religiöser Gesetzgebung. Diese können in Gebieten mit verschiedenen traditionellen Religionen auch für den Bereich des öffentlichen bzw. bürgerlichen Rechts gelten (z. B. Israel).

---

15 U. WESEL, Frühformen, 62.
16 K. H. FRIAUF, Art. Gewohnheitsrecht, in: Evang. Staatslex. I. Bd. (1987) 1150–53; hier: 1152.

4. *Göttliches Recht*: Sowohl für die Entwicklung des europäischen Rechts als auch der Rechtsidee spielt das sogenannte göttliche Recht eine nicht unwesentliche Rolle. Es stellt den Übergang des mythologisch begründeten Gewohnheitsrechts organisierter Gesellschaften zu rational strukturierten dar. Das *ius divinum positivum* wird dadurch legitimiert, daß die Promulgation in Form eines Offenbarungsaktes geglaubt wird. Im technischen Sinn kommt dieser Begriff im römischen Rechtsbereich auf. Er meint nicht nur den Gegenstandsbereich von *fas* (= als das, was man tun darf, ohne religiöse Bedenken haben zu müssen), sondern, unter dem Einfluß der stoischen Philosophie zunehmend, einen Gegensatz zum staatlich sanktionierten Recht (= *lex* bzw. *ius*); er meint also die aus kultischer Tradition hervorgehenden Normvorstellungen.[17]
Das in unserem Kulturkreis bekannteste Beispiel einer solchen Rechtssetzung durch Gott ist die Offenbarung der schriftlich fixierten »*Zehn Gebote*« an Moses (Ex. 34, 28 bzw. Dt. 4, 13, 10, 4). Dementsprechend kennen die drei monotheistischen Religionen des Mittelmeerraumes bis heute Rechtssätze, die auf unmittelbare göttliche Anordnung zurückgeführt werden. Das kanonische Recht und die katholische Theologie verstehen ebenso wie der Koran unter *ius divinum* solche Normen, die direkt oder indirekt auf göttlichem Gebot gründen und zum unaufgebbaren, weil geoffenbarten Normbestand der Kirche bzw. des Islam gehören. Anwendung und Interpretation solcher gottgegebenen Rechtssätze liegen in der Regel bei den geistlichen Fachleuten (den Rabbinern, dem bischöflich-päpstlichen Richteramt, den *ulamā* bzw. *fuqaha*).
Im Islam ist die Vorstellung eines göttlich verordneten Rechts ausgeprägt. Dort gibt es die Vorstellung eines eigenen staatlichen Rechts, das zwar unter Gottes Hoheit steht – wie es sich im Christentum entwickelt hat – nicht. Die gesamte gesellschaftliche Ordnung ist durch Allahs Willen geordnet. Er hat mit dem Koran den Menschen durch den Propheten ein ewig gültiges Gesetz gegeben, das nur anzuwenden, das jedoch einer Veränderung oder ›Verbesserung‹ unzugänglich, wohl aber im Blick auf neue Erfordernisse auslegungsfähig ist.[18]
Es gehört zu den bleibenden Leistungen abendländisch-mediterranen Rechtsdenkens auch solch ›geoffenbartes‹ Recht wandlungsfähig gemacht zu haben durch Differenzierung (z. B. des Tötungsdelikts in Mord, Totschlag, fahrlässige Tötung, Notwehr u. a.). Als Beispiel mag auch das eherechtliche Axiom der röm.-kath. Kirche von der Unscheidbarkeit einer einmal gültig geschlossenen Ehe gelten. Man bemühte sich, die Unverträglichkeit der puren Norm durch Interpretation ›menschlich‹ und damit erträglich, im Sinne ›gerechter‹ Anwendung, zu machen.
Andererseits ist dadurch das theonome Recht, als absoluter Machtanspruch (Gottes), in die Hand fehlbarer Menschen gelegt, die den religiös-moralischen Wahrheitsanspruch in der konkreten Lebenswirklichkeit mit Gewalt durchsetzen sollen.

5. *Das Naturrecht*: Das *ius naturale* (= natürliches Recht, Natur-Recht) als säkularisierte Form des göttlichen Rechts gründet in der Vorstellung, es gebe eine Wesensnatur des Menschen, an der das Recht ausgerichtet werden könne. Max Weber definiert das Naturrecht als »Inbegriff, der unabhängig (ist) von allem positiven Recht und ihm gegenüber präeminent geltenden Normen, welche ihre Dignität nicht von willkürlicher Satzung zu Lehen tragen, sondern umgekehrt deren Verpflichtungsgewalt erst

---

17 Vgl. Neumann, Grundriß des katholischen Kirchenrechts, 90ff.; Wolf, Jus divinum, 36.
18 C. Cahen, Der Islam (Bd. 1), 1982, 77.

legitimieren«. In diesem Zusammenhang verweist er darauf, daß das Naturrecht »die spezifische Legitimationsform der revolutionär geschaffenen Ordnungen« sei.[19] Tatsächlich sind in der Philosophie und der Rechtswissenschaft zahlreiche Theorien über das Naturrecht entwickelt und ebenso oft in Frage gestellt worden.[20]
Das Christentum gab dem Gedanken einer alles durchwaltenden Vernunft eine theologische Begründung: Der Geist Gottes ordne die Welt. Lehrte AUGUSTINUS (354–430), alles werde vom unerforschlichen Ratschluß Gottes gelenkt, so ging THOMAS VON AQUIN (ca. 1225–1274) von dem Gedanken aus, die Welt sei vernünftig geordnet und diese Ordnung könne durch das Licht der natürlichen Vernunft erkannt werden. Die Gegründetheit der gesamten sittlichen Ordnung, also auch der Rechtsordnung, im weltordnenden Vernunftwillen Gottes, nimmt die katholische Rechtsauffassung bis heute an (I. Vatikan. Konzil v. 1870: Const. dogm. de Fide Cathol. cap. 2; Zweites Vatik. Konzil (1962–1965) vor allem in der *Pastoralkonstitution über die Kirche in der Welt* von heute Art. 15, 21, 28 u. a.). Dem so verstandenen Naturrecht erschließen sich die gerechten Verhältnisse aus der naturgegebenen Ordnung der Dinge von selbst. Das kanonische Recht versteht das Naturrecht darum auch als *ius divinum naturale*, als jenen Teil des *ius divinum*, dessen Normen sich der ›gesunden Vernunft‹ des Menschen erschließen. Die ›klassische Naturrechtslehre‹ (des 17. und 18. Jahrhunderts) war von der Überzeugung getragen, daß Grundlage des Rechts die vorgegebenen natürlichen Sachverhalte und anthropologischen Gegebenheiten seien, diese mittels der menschlichen Vernunft erfaßt, und dementsprechend angemessen kodifiziert werden könnten, so daß die auf diese Weise gefundene Rechtsnorm als *ratio scripta* gelten könne.[21] Die Annahme, daß das Recht an sich vernünftig und ›aus der Natur‹ ableitbar sei, war die Voraussetzung für die moderne abendländische Rechtsentwicklung: Die Bindung der Gewalt des Fürsten an die Ratsgremien des Adels, der Stände, der Bürgerschaft bzw. der ›Ehrbarkeit‹, führte über das Budget-Bewilligungsrecht zum (republikanischen) Parlamentarismus und zur ›Herrschaft der Gesetze‹ aufgrund allgemeiner Gleichheit und die Willkür der Herrschenden beschränkenden Freiheit der Untertanen. Der Mensch und seine von ihm gestaltete Gesellschaft bildete nun den Maßstab und gleichzeitige Legitimationsgrundlage des Rechts, das nun selber einen mythisch-religiösen Charakter erhält (»Heiligkeit« des Rechts und des Staates sowie der Fahne als Symbol der Verfassung, eigene priesterliche Gewandung der Rechtswahrer, quasi-liturgischer Ablauf des Prozesses u. a. m.).

IV. Heutige Ausdifferenzierung der Rechtsgebiete

Am Anfang der Entwicklung und Ausdifferenzierung des Rechts stand das Privatrecht (*ius privatum*, *ius civile*, Bürgerliches Recht). Es hat die Rechtsbeziehungen der Bürger untereinander zum Gegenstand und dient ihren privaten Interessen; dabei ist es grundsätzlich so angelegt, daß sich die Rechtsgenossen gleichberechtigt (im sog. Koordinationsverhältnis) gegenüberstehen und ihre privaten Interessen mit den Instrumenten ihrer Privatautonomie vertreten. Das aufkommende Gewaltmonopol des Staates schuf das Strafrecht als jenen Rechtsbereich, der die öffentliche Ordnung zu garantie-

---

[19] M. WEBER, Wirtschaft und Gesellschaft, (1922) ^{5}1976, 497.
[20] NEUMANN, Grundriß des katholischen Kirchenrechts, 90.
[21] ZIPPELIUS, Das Wesen des Rechts, 77 ff.

ren und mittels staatlichem Zwang durchzusetzen hat. Erst danach entwickelte sich das sogenannte Öffentliche Recht (*ius publicum*) als Sonderrecht, welches das Staats- und Verfassungsrecht, das Polizei- und Beamtenrecht, das Verwaltungs- und Steuerrecht, das Strafrecht sowie das Recht der gerichtlichen Verfahren (Prozeßrecht) umfaßt; es ist geprägt durch den zwingenden Charakter seiner Normen.

In Deutschland bildete sich eine Lehre vom Öffentlichen Recht erst im 17. Jahrhundert heraus. Der Umfang des Öffentlichen Rechts ist wandelbar und abhängig einerseits von dem durch die (jeweilige) Verfassung gesteckten Rahmen und andererseits durch das Ermessen des Gesetzgebers. Eine besondere Verwaltungsgerichtsbarkeit wurde zuerst 1863 in Baden, dann für die anderen deutschen Staaten (z. B. Preußen 1875/80, Württemberg 1876, Bayern 1878) eingeführt; sie gehörte damals allerdings nur in der letzten Instanz zur Justiz, sonst zur Verwaltung (wie heute noch im französischen Recht). Im Deutschen Reich wurde das in Artikel 107 der Weimarer Reichsverfassung vorgesehene Reichsverwaltungsgericht erst 1941 errichtet; es hat keine Änderung der bestehenden (und von den Nationalsozialisten verschärften) Einschränkungen gebracht.[22]

Nach dem Zusammenbruch des Dritten Reiches wurden in den Ländern der drei westlichen Besatzungszonen Gesetze und Verordnungen zur Verselbständigung der Verwaltungsgerichtsbarkeit erlassen. Nach dem Inkrafttreten des Grundgesetzes wurde durch das Gesetz über das Bundesverwaltungsgericht (1952) und die Verwaltungsgerichtsordnung vom 21. 1. 1960 dieser Rechtsbereich neu geordnet. Die Verwaltungsgerichtsbarkeit bietet nicht nur Schutz gegenüber Verwaltungs-, sondern auch gegenüber Regierungsmaßnahmen und Akten der Gesetzgebungsorgane. Das 1983 in Kraft getretene neue kirchliche Gesetzbuch der katholischen Kirche kennt keinen eigentlichen Verwaltungsgerichtsweg und keinen Rechtsschutz gegen kirchliche Verwaltungsakte, obwohl dies ursprünglich geplant war. Tatsächlich würde ein eigenständiger Verwaltungsrechtsweg der bischöflichen Gewalteneinheit, insbesondere der päpstlichen Universal- und Höchstjurisdiktion widersprechen. Der neue »*Codex Juris Canonici*« (cc. 1732–1739) sieht darum lediglich ein Widerspruchsrecht vor.[23]

Die deutschen evangelischen Landeskirchen haben ihre Gerichtsbarkeit weitgehend staatlichem Recht nachgebildet; aufgrund des verfassungsrechtlich gewährleisteten Selbstbestimmungsrechtes nehmen sie zunehmend für sich in Anspruch, eine eigene Gerichtsbarkeit zu installieren. Damit sind immer mehr Bereiche innerkirchlichen Tuns einer Überprüfung durch staatliche Gerichte entzogen und allein Angelegenheit innerkirchlicher Rechtsprechung. Das BVerwG und das BVerfG haben die Zulässigkeit des staatlichen Rechtswegs für Statussachen weithin verneint, während für Rechtsverhältnisse aus öffentlich-rechtlicher Dienstherreneigenschaft und Vermögensfragen je nach Lage des Falls eventuell staatliche Gerichte zuständig sein können. Da auch die kirchlichen Gerichte für Bekenntnisfragen und Streitigkeiten über geist-

---

22 Vgl. O. BACHOF, Die Verwaltungsgerichtsbarkeit in der Bundesrepublik Deutschland, in: Livre jubilaire du Conseil d'État du Grand-Duché de Luxembourg (1957) 147–191; H. J. WOLFF und O. BACHOF, Verwaltungsrechts Bd. III, (1966) 1978, 321 ff., bes. 397 ff.

23 Den sogenannten *recursus hierarchicus* vgl. bei K. WALF, Einführung in das neue katholische Kirchenrecht, 1984, 247; R. PUZA, Katholisches Kirchenrecht, 142 f.

liche Amtshandlungen nicht zuständig sind[24], müssen kirchliche Mitarbeiter (fast) aller Rangstufen und Funktionen des Rechtsschutzes weithin entbehren.

Anders als im anglo-amerikanischen Rechtskreis ist im kontinentalen Recht die Unterscheidung zwischen *Privatem* und *Öffentlichem Recht* grundlegend: Obwohl das Privatrecht im Deutschen Reich erst im Jahre 1900 durch das Bürgerliche Gesetzbuch zu einem homogenen Ganzen gestaltet worden ist, mußten, aufgrund der rasch wechselnden Komplexitiät der modernen Gesellschaft und der darauf basierenden Vielfalt der rechtlichen Probleme und der zunehmenden Notwendigkeit staatlicher Interventionen in weiten Teilen des Privatrechts, immer mehr Rechtsbereiche ihres rein privatrechtlichen Charakters entkleidet und verselbständigt werden. Diese neuen Rechtsbereiche nehmen, wegen der in ihnen vorgesehenen staatlichen Interventionsmöglichkeit, eine Zwischenstellung ein zwischen dem Öffentlichen und dem Privaten Recht. Zu erwähnen sind vor allem das *Arbeitsrecht*, das *Wirtschaftsrecht* und schließlich das besonders wichtige und komplexe, in viele andere Rechtsbereiche hineinreichende *Sozialrecht*. In ihnen sind jeweils Elemente des Öffentlichen und solche des traditionellen Privaten Rechts zu neuen umfassenden Systemen verwoben.[25]

Ein seit alters her bedeutsamer Sonderbereich ist das *Völkerrecht*.[26] Es stellt den permanenten Versuch dar, das Verhalten der Staaten untereinander nach ethischen Grundsätzen zu regeln und zu sanktionieren. Auch wenn die beteiligten Staaten, aufgrund besonderer Verträge in bestimmten Angelegenheiten und bestimmten Partnern gegenüber, auf die Ausübung und Wahrnehmung ihrer Souveränität verzichten und sich supranationalen Rechtssystemen unterworfen haben (z. B. EG-Recht; Europäischer Gerichtshof u. ä.), bleibt die Frage unbeantwortet, ob Völkerrecht im eigentlichen Sinne Recht sei oder lediglich eine Sollensordnung eigener Art.

Th. Hobbes (1588–1679) und F. W. Hegel (1970–1831)[27] leugnen den Rechtscharakter der völkerrechtlichen Ordnung. Dem steht jedoch die dauernde tatsächliche Praxis der Staaten gegenüber, die völkerrechtliche Argumente verwenden, völkerrechtliche Verträge abschließen und völkerrechtliche Gemeinschaftsorgane unterhalten. Auch die Tatsache, daß Normen des Völkerrechts im Konfliktfalle an der Souveränität der einzelnen Staaten ihre Grenzen finden und deshalb in der Regel nicht mit friedlichen, weil allgemein akzeptierten Sanktionen urgiert werden können, stellt kein zwingendes Argument für die Behauptung dar, Völkerrecht sei kein Recht im eigentlichen Sinn. Vielmehr wird am Völkerrecht sowohl der politische Charakter als auch die moralische Bindung des Rechts sichtbar. Die Tatsache, daß das Grundgesetz der Bundesrepublik Deutschland das Völkerrecht höher stellt als das eigene Recht (Artikel 25), hat

---

[24] Vgl. H. Maurer, in: Evangel. Staatslex. 1. Bd. (1987) 1083–89; W. Rüfner, Zuständigkeit staatlicher Gerichte in kirchlichen Angelegenheiten, in: HdbStKirchR 2. Bd. (1995) 1081–1116, bes. 1098 f.

[25] Vgl. H. J. Wolff, O. Bachof, Verwaltungsrecht Bd. I, (1956) 1974, 97 ff.

[26] Vgl. F. J. Berber, Art. Völkerrecht, in: Evang. Staatslexikon II. Bd. (1987) 3875–3890; A. Verdross und B. Simma, Universelles Völkerrecht, ^{3}1984; Kimminich, Einführung in das Völkerrecht; dazu kommt noch das Problem der ›Rechterzeugungsakte‹ internationaler Organisationen mit ihren Beschlüssen und Resolutionen (dem sogenannten *soft law*), vgl. dazu Kimminich, a. a. O., 255 ff.

[27] Hegel, Grundlinien der Philosophie des Rechts, hier § 333: »Weil aber deren Verhältnis (= der Völker, J. N.) ihre Souveränität zum Prinzip hat, so sind sie insofern im Naturzustand gegeneinander, und ihre Rechte haben nicht in einem allgemeinen zur Macht über sie konstituierten, sondern in ihrem besonderen Willen ihre Wirklichkeit« (338 ff.).

zwar programmatischen Charakter, ist aber aus der Entstehungszeit dieser Verfassung zu verstehen und hat sicherlich keine rechtsgestaltende Bedeutung für das Völkerrecht selbst.[28]

B Theorie:

I. Begründung des Rechts

Hier sollen keine Theorien über die Grundlegung des Rechts vorgestellt, vielmehr jene *gesellschaftlichen Relationen* aufgezeigt werden, die verlangen, daß der Mensch Recht setzt.

Die Wirklichkeit einer Gesellschaft verlangt mit wachsender Komplexität nach verläßlichen Verhaltensnormen, die das Verhältnis der Gesellschaftsgenossen zueinander strukturieren und regeln, die herrschende Macht legitimieren und stabilisieren, sowie die Ausübung von Herrschaft formalisieren und begrenzen. Insofern ist Recht eine der wesentlichsten Institutionen jeder (höheren) Gesellschaft: Es macht das soziale Handeln nicht nur berechenbar und verläßlich, sondern bietet auch dem Individuum durch vorgegebene Entscheidungsmuster für sozialverträgliches Verhalten stützenden Außenhalt (sozialkybernetische Funktion). Es ist jedoch keine bloße Regelmäßigkeit, sondern ein Normsystem verbindlichen Sollens. Dabei sind die formalen und inhaltlichen Differenzen zwischen den Rechtssystemen groß. Allen jedoch ist gemeinsam, daß sie die Ordnung der Gesellschaft stabilisieren und ihre Funktion – insbesondere durch Befriedung – gewährleisten. Gemeinsam auch die Tendenz, ihre Bedeutung »religiös« zu überhöhen etwa durch Eides- und Gelöbnisformeln, sowie durch die Darstellung religiöser oder nationaler (Weihe-)Symbole in Gerichtssälen und Amtsräumen.

In Kulturen des mythologischen Stadiums *legitimieren* numinose Mächte, die Gottheiten, das Recht; sie garantieren seine Richtigkeit und die Nützlichkeit der geltenden Sollenssätze. Ein solches Recht ist rational nicht hinterfragbar. Es ist ›heilig‹ (in einem mehrdimensionalen Sinn); wer es verletzt, versündigt sich gegen die Gottheit. Eine solchermaßen fundierte Legitimation des Rechts bleibt auch dann noch erhalten, wenn im Prozeß aufgeklärter Säkularisierung die Menschen sich dessen bewußt werden, daß sie es selbst sind, die Recht setzen.

Zu Ende des abendländischen Mittelalters führten das Erstarken des städtischen Bürgertums sowie die geistigen und politischen Folgen der Reformation und Gegenreformation zu einer fortschreitenden – aber unterschiedlich ausgeprägten – Säkularisierung der europäischen Gesellschaften. Paradoxerweise bahnte gerade die gegenreformatorische Jurisprudenz, insbesondere der (spanischen) Jesuiten (u. a. Fr. Vitoria, D. de Soto und Fr. Suarez), den Weg zur modernen Grundrechtsdemokratie. Dank ihrer ›vernunftrechtlichen‹ Begründung förderte sie das säkulare Freiheitsverständnis.[29]

---

28 Vgl. Ch. Tomuschat, Art. Völkerrecht, II. Bd. (1987) bes. 3888. – Immerhin gibt es die (monistische) Lehre, die das Völkerrecht nicht für zwischenstaatlich, sondern für überstaatlich hält, z. B. H. Krabbe, Die Lehre der Rechtssouveränität, 1906, im Anschluß an Vitoria und Suarez, vgl. dazu Verdross, Simma, Universelles Völkerrecht, 66f.

29 Fikentscher, Methoden des Rechts I, 405f.

In einer pluralistischen Gesellschaft muß sich das Recht – als konkrete Ordnung – durch seine Funktionalität, die Förmlichkeit seiner Verfahren (besonders bei Gesetzgebung und Rechtsanwendung) und durch die ihm innewohnende wertorientierte Rationalität legitimieren, da über ideologische Legitimationen ein Konsens vielfach nicht (mehr) möglich ist. Insofern vermag der freiheitliche säkularisierte Staat, die Voraussetzungen, aus denen er lebt, selbst nicht zu garantieren,[30] er findet sie in den Menschen und ihren Vorstellungen vor.
Nach abendländischer Auffassung trägt das Recht seinem Wesen nach die Tendenz in sich, die *Idee der Gerechtigkeit* zu konkretisieren und zu realisieren. Dennoch ist eine allgemeine Bestimmung des Gerechten nicht möglich. Was als gerecht beurteilt wird, ist jeweils abhängig vom kulturellen Kontext, von den betroffenen Interessen, den vorfindlichen Machtkonstellationen sowie vom jeweiligen Erkenntnisstand der Gesellschaft. Die Bestimmung des Gerechten ist somit ein relatorisches Verhältnis. Der aristotelisch-thomasische Satz, das Recht gebe ›jedem das Seine‹, korreliert zwei soziale Beziehung: die Beziehung des Einzelnen, als einem Teil des Gesellschaftsganzen zu einem anderen Teil des Ganzen (*justitia commutativa*); das Verhältnis des Ganzen zu seinen Teilen dagegen ordnet die *justitia distributiva*.[31] Damit ist jedoch wenig ausgesagt über den Inhalt dessen, was dem einzelnen zusteht, zumal dann, wenn es um den Austausch unterschiedlicher Güter, Dienstleistungen und Rechte geht. Was gerecht ist, muß also jeweils bestimmt werden. Wer – oder was – aber besitzt die Definitionskompetenz? Die Antwort kann sehr unterschiedlich ausfallen, je nach dem, welcher Rechtsbereich in Rede steht: So läßt beispielsweise selbst der Grundsatz der strikten Gleichbehandlung unterschiedliche Handhabungen zu, entsprechend den gesellschaftlichen Rahmenbedingungen (etwa Ausschluß von Frauen, Farbigen oder marginalisierten Gruppen). Beispielsweise fordert die ›Verkehrsgerechtigkeit‹ den Lohn ohne Ansehen der Person, allein nach dem Wert der Leistung anzusetzen. Die ›austeilende Gerechtigkeit‹ dagegen wird den Gedanken sozialer Gerechtigkeit in dem Sinn berücksichtigen, daß auch den individuellen Bedürfnissen in gewissem Maße Rechnung getragen wird, z. B. ein Lohnempfänger für seine Kinder zusätzliche Vergütung erhält. Es ist somit theoretisch nicht unilinear zu begründen, welche Konzeption die ›gerechte‹ ist. Eine um Gerechtigkeit bemühte Ordnung ist notwendig komplex. Sie kann gesellschaftliche, kulturelle und ökonomische Gesichtspunkte nicht unbeachtet lassen. Wenn aber Recht als ein auf Dauer angelegtes Sollen, auf Gerechtigkeit angewiesen ist, dann ist es stets von einer grundlegenden Wertvorstellung abhängig. Da absolutes Recht dem Menschen nicht erkennbar ist und er immer zwischen einer Mehrzahhl von Möglichkeiten wählen kann (bzw. muß), braucht er für die konkrete Entscheidungsfindung ein Wertsystem, das seinem Recht die moralische Legitimation verleiht.[32] Allerdings verträgt sich die Freiheitsvorstellung des deutschen Grundgesetzes nicht mit dem Anspruch bestimmter gesellschaftlicher Kräfte, allen Menschen konkrete Wertvorstellungen liefern zu wollen.[33] Überdies ist zu berücksichtigen, daß die Staatsgewalt ihrerseits keineswegs frei ist von Herrschsucht und bestimmten Interessen dient bzw. dienen kann. Weder jedes Gesetz, das sie erläßt, noch jedes Urteil, das

---

[30] Vgl. E. W. Böckenförde, Die Entstehung des Staates als Vorgang der Säkularisierung, in: ders., Staat, Gesellschaft, Freiheit. Studien zur Staatstheorie und zum Verfassungsrecht, 1976, 60f.
[31] Zippelius, Das Wesen des Rechts, 72ff.
[32] Fikentscher, Methoden des Rechts IV, 395ff.
[33] Vgl. Neumann, Demokratie und Normativität, 43–107, hier 106.

sie spricht, ist ›gerecht‹, zumal eine Spannung bestehen kann zwischen dem, was das Individuum subjektiv als ›gerecht‹ empfindet und dem objektiv Gebotenen. Das je konkrete Recht steht jeweils nur in einer prinzipiellen Zuordnung zum abstrakten Wesen des Rechts. Nach abendländischer Auffassung ist es Aufgabe von Politik, Rechtssprechung und Wissenschaft, unter Berücksichtigung der Idee vom ›richtigen Recht‹ und der gesellschaftlichen Umstände in der jeweiligen Rechtsordnung, Gerechtigkeit – wenigstens annäherungsweise – mittels formaler Verfahren zu verwirklichen. Dabei sind ideologische Gerechtigkeitsvorstellungen ebenso wie (Gruppen-)Interessen stets bestrebt, die Rechtssentwicklung in ihrem Sinn zu beeinflussen. Deshalb sind Zielkonflikte über das jeweils anzustrebende ›richtige Recht‹ von der Gesellschaft auszuhalten, und von der politischen Vernunft zur konkreten Entscheidung zu führen. Dabei ist nicht zu übersehen, daß die Versuchung »des« Staates bzw. der herrschenden Eliten, das Recht den eigenen Interessen dienstbar zu machen, um so größer ist, je länger die gleichen Gruppen an der Macht sind. Sie bemühen dann zur Legitimation ihrer Ansprüche gerne religiöse bzw. civilreligiöse Argumente.

II. Funktion des Rechts

Für die Verwirklichung des Rechts ist wesentlich, daß seine abstrakten Ideen durch die Transformation in konkrete Rechtssätze operationalisierbar gemacht werden, damit sie als verbindliche Sollenssätze das gesellschaftliche Verhalten der Rechtsgenossen zueinander regeln und die Ausübung der Herrschaft nach rationalen Kriterien ordnen. Denn die Kenntnis der Tatsachen und Normen allein vermag ebenso wenig wie der Rekurs auf die Tradition Streitfragen zu lösen.

1. *Recht und Gesetz*: Die zu diesem Zweck erlassenen →Gesetze haben im Idealfall die Aufgabe, den Frieden in einer Gesellschaft zu sichern und das Zusammenleben der Individuen in Freiheit zu ordnen. Dazu muß Recht berechenbar, verläßlich und für alle Rechtsgenossen verbindlich sein (was sachlich begründete Verschiedenheit nicht auszuschließen braucht). Die Gesetze sind es, die das Herrschaftssystem legitimieren, an deren Qualität seine Güte gemessen wird. Denn nur, wenn jedermann weiß, was ›gilt‹, worauf er sich zur Behauptung ›seines‹ Rechts und zur Verteidigung seiner Freiheit berufen kann, wenn also ›die Gesetze herrschen‹ und nicht die Willkür des Mächtigen, kann von Recht gesprochen werden[34].

2. *Recht und Macht*: Die positive Setzung der Sollensnormen ist nicht zuletzt deshalb notwendig, weil niemand »aus der Natur der Sache«, also rein abstrakt festzustellen vermag, was gerecht ist; deshalb muß jemand festsetzen, was als rechtens gelten soll. Wer dagegen nicht die Macht hat, einen jeden im Volk gegen den anderen zu schützen, hat auch nicht die Kompetenz, ihm zu befehlen.[35] Eine solche *ordinatio rationis* muß, weil sie widerstreitende Interessen ordnen soll, von anderer Art sein, als eine philosophisch-wissenschaftliche Feststellung. Als Entscheidung, die das Leben der Rechtsgemeinschaft ordnen und befrieden soll, bedarf sie der notwendigen Machtmittel zur

---

34 Vgl. NEUMANN, Bedeutung und Begrenzung des Rechts, 7–28, besonders 15ff.

35 So z. B. G. RADBRUCH, Rechtsphilosophie, 179 (unter Berufung auf I. KANT, Metaphysik der Sitten, Rechtslehre II, 1. Abschnitt, Allg. Anm. A, 1798).

Durchsetzung ihrer Normen, wenngleich theoretisch die Durchsetzbarkeit nicht zum Wesen des Rechts gehört. In der Wirklichkeit ist davon auszugehen, daß das Recht die tatsächlich bestehenden Macht- und Interessenverhältnisse widerspiegelt, sie zwar begrenzt, gleichzeitig aber auch legitimiert und stabilisert. Dazu muß sich das Recht nicht nur auf eine bereits anerkannte Autorität stützen können, sondern auch die Chance haben, seine Vorstellungen von Frieden und Ordnung gegen Widerstrebende durchzusetzen. Es bedarf darum der dazu notwendigen Macht. Deshalb wird es sich auf die (jeweils) vorhandenen Machtpositionen stützen. Das aber schwächt andererseits seinen Auftrag, die Macht- und Gewaltpotentiale zugunsten der Freiheit des einzelnen zu bändigen. Allerdings repräsentiert sich die tatsächlich wirksame Macht nicht nur in der Staatsgewalt, sie äußert sich vielmehr auch durch die in einer Gesellschaft wirksame ›Atmosphäre‹ (der Freiheit oder des Zwanges). Je größer die Basis eines Konsenses über den Umfang von Ordnung und Freiheit ist, um so weniger bedarf das Recht zu seiner Durchsetzung der Macht, um so weniger muß in seinem Namen Gewalt angewandt werden. Darum macht es keinen Sinn, heute die Gesellschaft(en) mit Sinnimplikationen überziehen zu wollen, die nicht mehr nachvollziehbare Vorstellungen voraussetzen. Die gegenwärtigen Gesellschaften brauchen Kommunikation und Verständigung. Jenseits ihrer regiert Gesetzlosigkeit und Gewalt[36]. – Was auf den ersten Blick plausibel erscheint, bedeutet jedoch tatsächlich andererseits auch eine Gefährdung des Rechts und eine mögliche Ursache seiner Entartung: Wenn nämlich der tragende Konsens einer Rechtsordnung abnimmt, wird von den Machthabern regelmäßig versucht, durch Anwendung von Gewalt das bestehende Rechtssystem zu stabilisieren. Dann kann es geschehen, daß im Namen des (traditionellen) Rechts überkommene Interessen und Herrschaftsverhältnisse mittels schierer Gewalt verteidigt werden. Das Recht ist dann zur bloßen Zwangssatzung geworden. Gegen eine solche Entwicklung ist auch die Rechtsordnung einer parlamentarischen Demokratie nicht gefeit: Ebenso kann im Namen des Rechts Macht über das Gewissen der einzelnen ausgeübt werden. Dies gilt insbesondere für religiös begründete Rechtsordnungen, die Sanktionen kennen, die unmittelbar über das Gewissen des einzelnen ihre Rechtswirkungen entfalten. Auch hierin erweist sich, daß Recht weder hinsichtlich seiner Begründung, noch bezüglich der Art und des Umfangs seiner Durchsetzungsmöglichkeit, noch in bezug auf sein Verhältnis zur Macht eine definitiv bestimmbare Größe ist. Auf jeden Fall jedoch genügt bloße Macht nicht zur Legitimation von Recht.

Was den Zustand des Rechts von der schieren Macht unterscheidet, ist die Tatsache, daß die Macht nicht nach Willkür des Augenblicks, sondern nach Regeln ausgeübt wird.[37] Wobei der Erlaß immer neuer Normen schwindende Gesetzestreue nicht aufzuhalten vermag, vielmehr das Gegenteil bewirkt. Damit Recht bestehen kann, müssen Macht (der Institutionen) und Freiheit (der Individuen) in einem ständigen, rationalen und öffentlichen Prozeß austariert werden. Andernfalls wird die Erfahrung »politischer Ohnmacht bei voller Freiheit real«.[38] Eine solche Erfahrung jedoch destruiert nicht nur das Rechtsbewußtsein, sondern ruft nach »letztbegründeten«, totalitärer Gewalt.

---

[36] G. DUX, Die Logik der Weltbilder, 307f.

[37] Vgl. GEIGER, Vorstudien zu einer Soziologie des Rechts, 351.

[38] H. ARENDT, Macht und Gewalt, 103.

3. *Recht und Freiheit*: Rechtsnormen grenzen im Verhältnis der Menschen untereinander deren Willkür ein und begrenzen notwendig die sogenannte ›natürliche Freiheit‹ des Individuums; erst dadurch ermöglichen sie gesellschaftliche bzw. bürgerliche Freiheit: »Freiheit« – so schreibt MONTESQUIEU – »ist das Recht alles zu tun, was die Gesetze erlauben. Wenn ein Bürger tun könnte, was die Gesetze verbieten, so hätte er keine Freiheit mehr, weil dann die anderen ebenfalls diese Macht hätten«.[39] Das Recht sichert grundsätzlich die Freiheit des Individuums sowohl gegenüber den Rechtsgenossen als auch gegenüber den Eingriffen und Vorschriften der staatlichen Gewalt. Wie weit freilich die Freiräume des einzelnen anderen und dem Staat gegenüber ausgelegt werden, hängt von der jeweils geltenden Rechtsordnung ab. Verallgemeinert kann festgestellt werden: Recht und Freiheit sind wesentlich aufeinander bezogen. Wie es einerseits ohne Recht keine Freiheit gibt, so ist andererseits eine Herrschaftsordnung, die nicht die grundsätzliche Freiheit aller sichert, kein Recht. Vielmehr versucht Recht im Bereich des Sollens die Interessen der Individuen so gegeneinander abzugrenzen, daß der einzelne in Freiheit und Würde zu leben vermag. Dominieren jedoch die individuellen Ansprüche, wird nicht nur das objektive Normgefüge erschüttert, sondern geraten sowohl die Individuen als auch die gesamte Gesellschaft in den Sog einer schwer aufzuhaltenden, ständig zunehmenden (rechtlichen wie tatsächlichen) Abhängigkeit vom Staat: Alle Lebensbereiche werden zu Rechtsbereichen. Am Ende steht die Totalität des Staates, die völlige Verrechtlichung der Gesellschaft, die nichts weiter mehr ist als die völlige Organisation und Überwachung des Menschen, die Absenz von Recht.[40]

Literatur

ARENDT, H., Macht und Gewalt, (^{3}1975); BECKER, M., Natur, Herrschaft, Recht 1997; BOCK, M., Recht ohne Maß. Die Bedeutung der Verrechtlichung für Person und Gemeinschaft, 1988; COLPE, C., Problem Islam, 1989; DUX, G., Logik der Weltbilder. Sinnstrukturen im Wandel der Geschichte, 1982; FIKENTSCHER, W., Methoden des Rechts in vergleichender Darstellung Bd. I. Frühe und religiöse Rechte, 5 Bde., 1975; FRIAUF, K. H., Art. Gewohnheitsrecht, in: Evang. Staatslex. I. Bd. (^{3}1987) 1150–1153; GEIGER, TH., Vorstudien zu einer Soziologie des Rechts, (1947) ^{2}1964; GÖRLITZ, A., Politische Funktionen des Rechts, 1976; HEGEL, G. W. F., Grundlinien der Philosophie des Rechts, 1821; HÖFFE, O., Vernunft und Recht, 1996; KIMMINICH, O., Einführung in das Völkerrecht, (1975) ^{2}1984; LUHMANN, N., Ausdifferenzierung des Rechts, 1981; MAURER, H., Art. Gerichtsbarkeit (kirchliche), in: Evang. Staatslexikon; MAURER, H., Art. Gerichtsbarkeit (kirchliche), in: Evang. Staatslex. I. Bd. (^{3}1987) 1083–1089; NEUMANN, J., Bedeutung und Begrenzung des Rechts bei Thomas von Aquin, in: Zeitschr. f. ev. Kirchenrecht 23 (1978); ders., Demokratie und Normativität. Gegen die Tyrannei der Werte, in: HARTMANN, K. (Hrsg.), Demokratie im Spektrum der Wissenschaften, 1980; ders., Grundriß des katholischen Kirchenrechts, 1981; PUZA, R., Katholisches Kirchenrecht, ^{2}1993; RADBRUCH, G., Rechtsphilosophie, (^{3}1932) ^{6}1964; TOMUSCHAT, CH., Art. Völkerrecht, in: Evang. Staatslex. II. Bd. (1987) 3875–3890; VERDROSS, A. - B. SIMMA, Universelles Völkerrecht, ^{3}1984; WEBER, M., Wirtschaft und Gesellschaft, (1922) ^{5}1976; WESEL, U., Frühformen des Rechts in vorstaatlichen Gesellschaften, 1985; WOLFF, H. J. - O. BACHOF, Verwaltungsrecht III. Bd. (1966) 1978; ZIPPELIUS, R., Das Wesen des Rechts. Eine Einführung in die Rechtsphilosophie, (1965) ^{4}1978.

Johannes Neumann

---

39 CH. L. MONTESQUIEU, Vom Geist der Gesetze, (franz. 1758, eingeleitet und übersetzt von K. WEIGAND) 1965, 210 (XI, 3).

40 M. BOCK, Die Bedeutung der Verrechtlichung für Person und Gemeinschaft, 1985, insbes. Kap. V.

Reinheit / Unreinheit

1. Die Kategorien Rein und Unrein sind Elemente der Kommunikation über die hygienischen, psychologischen und kulturellen Aspekte menschlichen Handelns. Sie bezeichnen individuelles Verhalten (Körperpflege, Umweltverschmutzung), sind aber gleichzeitig Teil der Semantik psychischer wie gesellschaftlicher Deutungssysteme. Der deutsche Sprachgebrauch reflektiert diese Multivalenz; die folgenden Beispiele sollen die inhaerente Metaphorik des Wortfeldes zum Ausdruck bringen: rein (›reine Weste‹), sauber (›Saubermann‹, ›Säuberung‹), lauter (›geläutert‹), schmutzig (›schmutzige Gedanken‹), fleckig (›befleckt‹).
Reinigen gehört – wie Bekleiden oder Ernähren – zu den elementaren Akten menschlichen Lebens und Zusammenlebens. Wenn ich mich wasche, vollziehe ich eine hygienische Handlung und erfülle zugleich gesellschaftliche Erwartungen. Wer andere wäscht, handelt auf der Ebene des sozialen Nahkontaktes. Das Baden des Kindes symbolisiert neben dem hygienischen Aspekt Vertrautheit und Schutz, während in der Taufe ein Übergang (Aufnahme) durch ein Reinigungsritual dramatisiert wird. Das zeremonielle Waschen, Salben und Kleiden einer übergeordneten Person anerkennt Autorität und stimuliert gleichzeitig die Reziprozität von Kommunikation. Die Reinigung von →Kultbildern ist im Spannungsfeld solcher Bedeutungen zu erklären. Reinigung ist hier immer Teil einer Handlungsfolge und nur im Zusammenhang einer übergeordneten Sequenzierung verständlich.
Auch Kommunikation über gesellschaftliche Zustände verwendet die Metaphorik von Rein und Unrein: In der Vergangenheit sei das Leben einfacher und dadurch reiner gewesen, die Gottesfürchtigkeit unmittelbarer und intensiver – so lautet ein Vorwurf der antiken stoischen Moralphilosophie. Die Gegenwart vernichtet in der Rhetorik →apokalyptischer oder revolutionärer Bewegungen als reinigendes Feuer, und sei es das Feuer der Bücherverbrennungen, die Vergangenheit.

2. In »*Purity and danger*« deutet Mary Douglas Verunreinigung als Gefährdung sozialer Ordnung: Unreinheit wohne Phänomenen ambivalenter oder marginaler Natur inne; als soziale Normen brechende Anomalie symbolisiere sie den Bereich, der aus dem Komplex geordneter Beziehungen herausfalle. Reinheitsvorschriften sind demnach symbolische →Klassifikationssysteme, mit deren Hilfe eine Gesellschaft Wirklichkeit strukturiert; was eine gegebene Ordnung bedroht, sei es eine Person oder Sache, gilt als unrein, als rein, was innerhalb der definierten Grenzen bleibt. Diese Überlegungen sind aber kaum universalisierbar. Nicht jedes ambivalente Phänomen wird als unrein, nicht jede Unreinheit als ungeordnet oder bedrohlich empfunden. Die *Igbo* in Nigeria kennen sowohl ungefährliche als auch die Gemeinschaft bedrohende Verunreinigungen (›*inyi*‹ und ›*alu*‹). Lediglich ›*alu*‹ verlangt nach (ritueller) Reinigung. Offenbar unterscheiden selbst geringfügig differenzierte Gesellschaften innerhalb von Klassifikationssystemen feingliedriger, als die (strukturalistische) Theoriebildung zugesteht.[1] Andererseits werden ambivalente oder marginale Phänomene durch Moden und Traditionen verschiedener gesellschaftlicher Gruppen ansatzweise inte-

---

[1] Ikenga-Metuh, Ritual dirt and purification; vgl. Meigs, A Papuan perspective on pollution.

griert (»Ästhetisierung des Häßlichen«, *subcultures*). Tatsächlich existieren in sozialen Systemen mehrere kontradiktorische Klassifikationssysteme nebeneinander.

›Rein‹ und ›Unrein‹ sind also nicht lediglich symbolische Kategorien von Ordnung und Anomalie. Sie konstituieren – in Form hygienischer Vorschriften, physischer und psychischer Vorgänge – soziale Wirklichkeit. In vielen Kulturen gelten Geburt und Tod als unrein. Die *Ndembu* in Sambia verbinden Beschneidung mit Reinheit, das Beschneidungsritual findet während der Pubertät statt. Dieser klassische *rite de passage* inszeniert den Übergang vom Jungen zum Mann und zugleich die Eliminierung einer die Gruppe bedrohenden Verunreinigung.[2] Detaillierte Reinigungsvorschriften implizieren in diesen Fällen die Unnatürlichkeit natürlicher biologischer Abläufe, Sozialisationsmodelle wie die rituelle Reinigung oder der zeitweilige Ausschluß von der Gruppe indizieren den Zustand des Außer-Gewöhnlichen und die Notwendigkeit der Reintegration. Im Kontext der Internalisierung gesellschaftlicher Normen und unter dem Druck zur Integration interpretiert individuelle Erfahrung den eigenen Körper in Abhängigkeit von zum Teil massiv, etwa durch Ritualisierung, legitimierten Reinheitsethiken. Kulturelle Klassifikationen beeinflussen die psychische Organisation dessen, was rein und natürlich sei. Das Ergebnis ist die Verinnerlichung äußerlicher Reinheitsvorschriften.[3] Dabei sollte das Beharrungsvermögen traditioneller Reinheitsvorstellungen (etwa der Sexualmoral) selbst in funktional differenzierten Gesellschaften nicht unterschätzt werden – auch wenn die zeitgenössische Semantik sie hygienisch und nicht länger ethisch legitimiert. Oft indizieren Rein und Unrein kulturelle, nicht universelle, Geschlechterrollen: Menstruation oder der weibliche Körper gelten in vielen Stammesgesellschaften zeitweilig als unrein und bedrohlich und unterliegen strengen Reinigungsritualen. Das Buch Leviticus formuliert Reinigungsvorschriften für die Menstruierende und die mit ihr in Kontakt Gekommenen. Vergleichbare Kodifikationen existieren in muslimischen und hinduistischen Gesellschaften. Aber Menstruation indiziert bei der tamilischen Bevölkerungsgruppe Sri Lankas gleichzeitig Heiratsfähigkeit und war im klassischen Griechenland zumindest nicht offen negativ konnotiert.[4] Das Ideal der unberührten reinen Jungfrau ist ebenso kulturspezifisch (und nicht auf die christliche Sexualmoral beschränkt) wie die Isolierung der Frau als befleckt während Schwangerschaft und Geburt oder die Differenzierung von männlicher und weiblicher, unterschiedlichen (Un-)Reinheitskonzepten unterliegender, Sexualität[5].

Reinheit und Unreinheit verleihen auch Gebrauchsgegenständen eine soziale Dimension. So indizierten im praekolonialen Indien Farbe, Material und Form der Kleidung nicht nur den materiellen Status einer Person, sondern beeinflußten gleichzeitig ihre

---

2 Turner, Forest of symbols.

3 C. M. Worthman, Cupid and Psyche: investigative syncretism in biological and psychosocial anthropology, in: Th. Schwartz u. a. (Hrsg.), New directions in psychological anthropology, 1992, 150–178.

4 MacCormack, Ethnography of fertility and birth (mit reichem ethnographischen Material); Griechenland: Parker, Miasma, 100–103. Nach L. A. Dean-Jones, Women's bodies in classical Greek science, 1994, 225–253 ist das nachklassische griechische Postulat, menstruierende Frauen seien unrein, eine gesellschaftliche Abwehrreaktion auf eine zunehmende weibliche Emanzipation. Allgemein: Th. Buckley, A. Gottlieb (Hrsg.), Blood magic: the anthropology of menstruation, 1988.

5 MacCormack, Ethnography of fertility and birth, passim; Parker, Miasma, 48–50; von Staden, Women and dirt.

moralische Verfassung. Wie die Kleidung den Menschen reiner machte und gesellschaftlich erhöhte, konnte sie auch durch ihn rein oder unrein werden. Diese Vorstellung ist Teil der sozialen Differenzierung im indischen Kastensystem.[6]

3. Viele Religionen postulieren die Reinheit der von ihnen verehrten Götter. Daß der antike Polytheismus dieser Grundforderung nicht entspricht, macht ihn zur Zielscheibe der christlichen Apologeten; die Missionierung der Zweiten und Dritten Welt benutzt dieselbe Argumentationsstruktur. Philosophen und Theologen in Antike und Neuzeit kritisieren unter Hinweis auf die Unreinheit und Sterblichkeit des menschlichen Körpers anthropomorphe zugunsten immaterieller →Gottesvorstellungen. Sakrale Gesetze fordern, daß heilige Handlungen störungsfrei verlaufen. Das Opfertier soll unversehrt, die Kultteilnehmer müssen physisch rein sein. Die theologische Optimalforderung heißt Reinheit in Tat, Wort und Gedanke.[7] Die Reinigung von Gruppen durch die rituelle Austreibung eines Sündenbocks, ob Mensch oder Tier, der die Verunreinigung der Gruppe stellvertretend trägt, ist vielfältig dokumentiert.[8] Heilige Orte und sakrale Gegenstände gelten als rein, sind aber von Verunreinigung und Entweihung bedroht und müssen durch kathartische Rituale gesäubert oder durch apotropäische Akte prokuriert werden. Unreinen Personen ist der Zugang zum Heiligtum verwehrt oder nur nach ritueller Waschung gestattet; kontaminierende Handlungen stellen das – legalistische, emotionale, spirituelle – Verhältnis zwischen Menschen und Göttern in Frage. Nach dem neronischen Brand Roms (64 n. Chr.) besprengen die römischen Matronen auf staatliche Weisung Tempel und Kultbild der Iuno Moneta auf dem Capitol mit reinem Wasser. Die rituelle Reinigung hat die Besänftigung der Göttin zum Ziel.[9]

Wenn das Waschen der Hände vor einer Mahlzeit und vor einer rituellen Handlung im Handlungsverlauf nicht unterscheidbar sind und Reinigungsrituale (Taufe, *Lavatio*) auf medizinische und hygienische Muster wie sexuelle Enthaltsamkeit, Fasten, Verwendung von Feuer, Wasser, Schwefel, Räucherwerk, usw., zurückgreifen,[10] wenn hygienische und rituelle Reinigung im Handlungsverlauf also potentiell identisch sind, entscheidet der Kontext über ihre jeweilige Bedeutung. Durch den religiösen Rahmen werden Reinigungshandlungen transformiert (Sakralisierung, Spiritualisierung), in differenzierten religiösen Deutungssystemen gegebenenfalls auch moralisch legitimiert. Offenbar ist in solchen Systemen die Tendenz zur Anbindung autoritätsdefizienter Konzepte an Geltung verschaffende, im speziellen Fall transzendente, Autoritäten besonders ausgeprägt, wird hier die Verbindung von Religion und Moral verstärkt gesucht.[11] Differenzierte religiöse Deutungssysteme forcieren die Dichotomie von Rein und Unrein, Heilig und Profan, *in-group* und *out-group*. Während die Ethnologie Unreinheit als das Übertreten eines →Tabus beschreibt, ist sie in den Theologien solcher Systeme das Ergebnis von →Sünde. Durch einen elaborierten Verhaltens-

---

[6] BAYLY, The origins of swadeshi; allgemein: DUMONT, Homo Hierarchicus.
[7] Vgl. CICERO, De legibus 2, 10, 24.
[8] Vgl. z. B. S. SIMONSE, Kings of disaster. Dualism, centralism and the scapegoat king in southeastern Sudan, 1992.
[9] TACITUS, Annales 15, 44, 1; allgemein: WÄCHTER, Reinheitsvorschriften.
[10] J. J. PRESTON, Art. Purification, in: ER 12 (1987) 91–100.
[11] P. ANTES, Religiöse Deutungssysteme und Ethik, in: H. ZINSER (Hrsg.), Religionswissenschaft. Eine Einführung, 1988, 155–163; N. LUHMANN, Die Ausdifferenzierung der Religion, in: ders., Gesellschaftsstruktur und Semantik. Bd. 3, 1989, 259–357.

kanon unterscheiden sie unbeabsichtigte und intendierte, reversible und irreversible Verunreinigungen. Dem entspricht der Grad der Sündhaftigkeit. Der *Pentateuch* ist ein Beispiel für eine solche Reglementierung. Verunreinigungen, die aus Sexualität, Geburt, Menstruation und Kontakt mit dem Tod resultieren, erlauben die Teilnahme an religiösen Handlungen nur nach Durchführung kodifizierter Reinigungsrituale. Das Übertreten gesellschaftlicher und religiöser Tabus führt im Einzelfall zum Ausschluß von der Gruppe oder Gemeinde.[12] Hier legitimieren religiöse Reinheitsvorschriften durch die Bestimmung des Unnormalen die gesellschaftliche Normalität, da das religiöse und das gesellschaftliche System weitgehend kongruent sind. Dagegen begrenzt den jüdischen Diasporagemeinden die Unvereinbarkeit der hebräischen Reinheitsvorschriften und der (christlichen, islamischen) Umwelt die Integration. Die Aufrechterhaltung der Ordnung innerhalb des religiösen Deutungssystems führt zur sozialen Marginalisierung.
Reinheitsvorschriften sind allerdings nicht ausschließlich restriktiv, sondern implizieren positive moralische Forderungen: Sie dienen in erster Linie nicht dazu, eine Abnormität zu bestimmen, sondern sind negativ formulierte Affirmationen einer positiven Ordnung. Das Unreinheitsverbot garantiert den Status desjenigen, der ihm nicht zuwiderhandelt. An moralischer Autorität gewinnt, wer die Reinheitsvorschrift befolgt. Wer das Reinigungsritual vollzieht, akzeptiert die implizierte positive Ordnung. Die Existenz reversibler Verunreinigungen reflektiert das Vorhandensein nicht sühnbarer, tabuisierter Unreinheiten (Inzest, Sakrileg) und die von ihnen ausgehende Bedrohung für die Gemeinschaft.[13] Am oberen Ende dieser Skala religiösen Wohlverhaltens steht der Heilige oder Asket, der im Streben nach Gottgefälligkeit ein reines und entsagendes Leben führt – als Vorbild einer religiösen Gruppe (Katharer, Puritaner) und zum Ärgernis der Obrigkeit. Dagegen demonstriert der Eremit oder der heilige Mann im Hinduismus seine Absage an die Normen einer säkularen Welt durch die Ablehnung allgemein akzeptierter Reinheitsvorstellungen wie Waschen, Scheren des Bartes oder Schneiden der Haare.

Literatur

Bayly, C. A., The origins of swadeshi (home industry): cloth and Indian society, in: A. Appadurai (Hrsg.), The social life of things. Commodities in cultural perspective, 1986, 285–321; Boehm, Fr., Lustratio, in: RE 13,2 (1927) 2029–2039; Douglas, M., Purity and danger. An analysis of concepts of pollution and taboo, 1966 (dt. 1985); dies., Pollution, in: IESS 12 (1968) 336–342; dies., Natural Symbols. Explorations in Cosmology, (1970) ²1973 (dt. Ritual, Tabu und Körpersymbolik, 1974); Dumont, L., Homo Hierarchicus – essai sur le système des castes, (1966) ²1979 (dt. 1976); Eilberg-Schwartz, H., The savage in Judaism. An anthropology of Israelite religion and ancient Judaism, 1990; Ginouvès, R., Balaneutiké. Recherches sur le bain dans l'antiquité grecque (BEFAR 200), 1962; Hershman, P., Hair, sex and dirt, in: Man N. S. 9 (1974) 274–298; Ikenga-Metuh, E., Ritual dirt and purification rites among the Igbo, in: Journ. of Religion in Africa 15 (1985) 3–24; Lambek, M., Taboo as cultural practice among Malagasy speakers, in: Man N. S. 27 (1992) 245–266; MacCormack, C. P. (Hrsg.), Ethnography of fertility and birth, 1982; Meigs, A. S., A Papuan perspective on pollution, in: Man N. S, 13 (1978) 304–318; Moulinier, L., Le pur et l'impur dans la pensée des Grecs d'Homère à Aristote (Études et commen-

[12] Wright, Spectrum of priestly impurity; ders., Disposal of impurity; Eilberg-Schwartz, Savage in Judaism.
[13] Lambek, Taboo as cultural practice.

taires 12), 1952; NEUSNER, J., Das pharisäische und talmudische Judentum (TSAJ 4), 1984, 74–92; NEWTON, M., The concept of purity at Qumran and in the letters of Paul, 1985; PARKER, R. C. T., Miasma. Pollution and purification in early Greek religion, (1983) ²1996; PASCHEN, W., Rein und Unrein. Untersuchungen zur biblischen Wortgeschichte, 1970; TURNER, V., The forest of symbols. Aspects of Ndembu ritual, 1967; VON STADEN, H., Women and dirt, in: Helios 19 (1992) 7–30; WÄCHTER, TH., Reinheitsvorschriften im griechischen Kult (RGVV 9, 1), 1910; WRIGHT, D. P., The disposal of impurity. Elimination rites in the Bible and in Hittite and Mesopotamian literature, 1987; ders., The spectrum of priestly impurity, in: ANDERSON, G. A., OLYAN, S. M. (Hrsg.), Priesthood and cult in ancient Israel (ISOT Suppl. ser. 125), 1991, 150–181.

Andreas Bendlin

→*Kult, Ritual / Ritus, Schuld, Sünde*

Reinkarnation

A Begriffsbestimmung

Reinkarnation ist Unterbegriff zu Wiedergeburt:
Im Gegensatz zur geistlichen Wiedergeburt handelt es sich um natürliche Wiedergeburt. Reinkarnation ist Oberbegriff zu Seelenwanderung: Seelenwanderung ist Reinkarnation nach den Vorstellungen, nach denen ein bleibendes Substrat (Seele) von einer Existenz in eine andere wandert (so die meisten Hindureligionen); Reinkarnation umfaßt aber auch Vorstellungen von natürlicher Wiedergeburt ohne solch bleibendes Substrat (so die meisten Schulen des Buddhismus). Reinkarnation ist abzugrenzen von Eingehen in einen ewigen Endzustand: sie ist durch Wiedertod gekennzeichnet.
Definition: Reinkarnation ist natürliche Wiedergeburt, auf die Wiedertod folgt. – Wichtige Arten von Reinkarnation: Reinkarnation in Verbindung mit einer Vergeltungslehre (*karma*) (meiste indische Religionen) – Reinkarnation ohne solche Verbindung (z. B. germanischer Wiedergeburtsglaube); Reinkarnation nur innerhalb derselben Spezies (Mensch wird nur als Mensch wiedergeboren, oder nur innerhalb desselben Clans oder nur in seinen Nachkommen) – Reinkarnation quer durch die Spezies der Lebewelt (von Elementarwesen, Pflanzen- oder Tierwelt bis höchste Götterwelten Übergang von einer Spezies in die andere).

B Reinkarnation in der Religionsgeschichte

Reinkarnation als Seelenwanderung läßt sich in vielen Religionen nachweisen (z. B. germanische Religion, orphische Religion, Gnosis, Manichäismus, Katharer, einzelne Rich-

tungen des Judentums und Islam, besonders Hindureligionen ab Brahmanazeit, Jainismus). Die Vorstellungen, welche Seele reinkarniert und wie Reinkarnation funktioniert, ist von den jeweiligen Vorstellungen von Seele abhängig. In den Hindureligionen und im Jainismus kommt noch das Problem des Transports des Karma durch die Existenzen hinzu.[1]
In den Vorstellungen der meisten Schulen des Buddhismus von Reinkarnation ohne Seele, wird das Problem der Kontinuität durch die Geburten dadurch gelöst, daß durch die einzelnen Geburten kein Substanzzusammenhang herrscht, sondern ein Bedingungszusammenhang: spätere Zustände sind durch frühere bedingt, ohne das ein gemeinsamer Stoff oder dergleichen von einem Zustand in den anderen übergeht.[2]
Die Funktion der Reinkarnationslehre mit Vergeltung (*karma*) (meist in Religionen indischen Ursprungs) ist, daß sie die Begründung für die natürlichen und sozialen Unterschiede der Menschen in deren eigene Verantwortung legt und / oder als notwendige Evolutionsstadien des Individuums auf seinem Weg durch die Wiedergeburten betrachtet. Dadurch wird der Glaube an eine moralische Weltordnung ermöglicht und die sozialen Unterschiede stabilisiert. Gleichzeitig bietet sie einen Ansporn zur Pflichterfüllung in diesem Leben, um so in künftigen Leben in bessere Umstände hineingeboren zu werden. Allerdings gibt die mit der Karmalehre verbundene Wiedergeburtslehre als solche noch keine volle Rationalisierung des Problems des Übels und der Ungleichheit: Die Frage nach dem Grund des Daß der meist anfanglosen Serie der Wiedergeburten bedarf einer weiteren Antwort, oder man nimmt mit einer gewissen Denkenthaltung dieses Daß als gegeben hin. Die Tatsache der Wiedergeburt gilt weitgehend als selbstverständlich und wird durch viele Erinnerungserlebnisse an frühere Geburten erhärtet. Alle indischen Religionen machen einen klaren Unterschied zwischen dem Lauf der Wiedergeburten (*samsāra*) und der Erlösung: Erlösung ist das Aufhören der Wiedergeburten und des damit verbundenen Wiedersterbens. Doch ist eine Geburt in einen bestimmten Zustand (z. B. als Mensch in Indien) Voraussetzung dafür, daß man die Erlösung erlangen kann. Auch ist für die meisten Anhänger indischer Erlösungsreligionen eine gute Wiedergeburt faktisch viel erstrebenswerter als Erlösung.
Eine Spezialform von Reinkarnation sind Vorstellungen des Mahayanabuddhismus, wie sie besonders in der tibetischen Vorstellung vom Tulku bekannt sind (der bekannteste Fall ist der Dalai Lama): eine solche Wiedergeburt unterscheidet sich von den karmisch bedingten Wiedergeburten, da sie nicht karmisch bedingt ist, sondern durch den freien Entschluß eines erlösten Wesens, zum Wohl aller Wesen auf der Welt zu wirken und so für eine gewisse Zeit in einer Reihe von Menschen (z. B. den Dalai Lamas) wiedergeboren zu werden und wieder zu sterben. Diese Vorstellung ist ein Spezialfall der Inkarnation, Menschwerdung eines ›göttlichen‹ Wesens.
In neuerer Zeit erscheint die Reinkarnationslehre (meist als Seelenwanderungslehre) im Westen als attraktiv (J. B. v. HELMONT, LESSING, BONNET, LAVATER, GOETHE, insbesondere Anthroposophie und Theosophie)[3]; in allerneuester Zeit gibt es geradezu einen Boom an Literatur, in der auf wissenschaftliche Weise (durch Prüfung von Erinnerungen an unmittelbar vorangegangene Geburten, Hypnose, Berichte von wiedererweckten klinisch Toten usw.) die Richtigkeit der Wiedergeburtslehre (mit oder ohne Kar-

---

1 Siehe z. B. H. v. STIETENCRON, Hinduistische Perspektiven. Lebensseele und Wiedergeburt, in: H. KÜNG u. a. (Hrsg.), Christentum und Weltreligion, 1984, 314–318.
2 Vgl. NARADA, The Buddha and his teachings, 1973, 446–480.
3 Nachweise bei F. HEILER, Erscheinungsformen und Wesen der Religion, 1961, 525f.

matheorie) nachzuweisen versucht wird.[4] Rationalistische Skeptiker können durch diese Versuche allerdings kaum überzeugt werden.[5]

C Reinkarnation als religionswissenschaftlicher Begriff

Reinkarnation ist als religionswissenschaftlicher Begriff unverzichtbar, da er einen zentralen Punkt, besonders der Religionen ausdrückt, die in Indien ihren Ursprung haben. Zu vermeiden ist eine Verwechslung mit Seelenwanderung, wenn der Begriff auf den Buddhismus angewendet wird, da sonst so unsinnige Fragen wie die nach der Möglichkeit einer Seelenwanderung ohne Seele entstehen.

Literatur

GLASENAPP, H. V., Unsterblichkeit und Erlösung in den indischen Religionen, 1938; KEYES, C. F. (Hrsg.), Karma, an anthropological inquiry, 1983; O'FLAHERTY, W. D. (Hrsg.), Karma und rebirth in classical Indian traditions, 1980; dies.: Emotion and karma, in: SCHLUCHTER, W. (Hrsg.), MAX WEBERs Studie über Hinduismus und Buddhismus, 1984, 87–103.

Alois Payer

→*Strafe, Theodizee*

Religion, Definitionen der

I. Vorbemerkung II. Vom religiösen zum religionswissenschaftlichen Religionsbegriff III. Empirische gehaltvolle Religionsbegriffe IV. Der Religionsbegriff in der Religionsphänomenologie V. Der Religionsbegriff der Religionswissenschaftler

I. Vorbemerkung

In keiner Wissenschaft wird so anhaltend und so kontrovers über den Gegenstand, der der Disziplin den Namen gibt, gestritten wie in der Religionswissenschaft und ihren Nachbardisziplinen. Schon das Wort »Religion« ist nicht eindeutig. Wird es aus dem

---

[4] z. B. I. STEVENSON, Twenty cases suggestive of reincarnation (1966) [2]1974 (dt. Reinkarnation, (1976) [4]1983; H. S. WAMBACH, Reliving past lives, 1978 (dt. Seelenwanderung, 1984).
[5] A. T. KOVOOR, Gods, demons and spirits, 1980.

lateinischen Verb *relegere* abgeleitet, wie CICERO[1] vorschlug, oder aus dem gleichfalls lateinischen Verb *religare*, wie LACTANTIUS vermutete?[2] Was wie ein müßiger etymologischer Streit erscheinen könnte, ist zugleich Programm. Folgt man CICERO (106–43), so ist Religion in erster Linie eine kultische Angelegenheit, folgt man LACTANTIUS (6. Jh. n. Chr.), so liegt ein fast existentialistisch anmutendes Begegnungs- und Verbindungsmodell zwischen göttlicher Transzendenz und menschlichem Dasein nahe. – Noch verwirrender wird die Diskussion um den Religionsbegriff, wenn man feststellt, daß die meisten Sprachen kein Wort für Religion haben, wie PETER ANTES sehr gut aufgezeigt hat.[3] Selbst in den modernen europäischen Sprachen wurde das Wort für Religion aus dem Lateinischen entlehnt[4], es scheint kein slawisches oder germanisches Pendant gegeben zu haben. Aber nicht nur das Wort wurde entlehnt, sondern auch die Sache, die es bezeichnete: Religion war christliche Religion, unterscheidbar von Kultur, die von dieser Religion geprägt wurde und die diese Religion prägte. DAVIO SABBATUCCI hat diese Dialektik von Kultur und Religion in ihrer historischen Singularität eindrücklich herausgearbeitet[5] bis zu der Konsequenz, den Religionsbegriff in den Kulturbegriff aufzulösen und damit den Gegenstand »Religion« verschwinden zu lassen.

Begriffe, die einen großen Gegenstandsbereich abzudecken beanspruchen, sind immer problematisch und das besonders in Wissenschaften, die sich mit sehr unterschiedlichen Gesellschaften und deren Kulturen beschäftigen. Aber meistens kann man sich doch darüber einigen, was man unter diesen Begriff subsumieren will und was nicht. Im Fall des Begriffs »Religion« scheint dies jedoch sehr schwer zu gelingen.

II. Vom religiösen zum religionswissenschaftlichen Religionsbegriff

Die Religionswissenschaft ist eine okzidentale Wissenschaft und damit mit der Geschichte der Religion verbunden, die seit der Spätantike religiös den Okzident dominierte. Religion, das war zunächst einmal die christliche Religion, später auch die verschiedenen christlichen Konfessionen, die z. B. der Westfälische Friedensvertrag ganz unbefangen als *religiones* bezeichnet.[6] Aber, daß es neben den christlichen Religionsparteien auch nichtchristliche Religionen gab (wenn auch *religiones falsae*), war ebenfalls bekannt, zumal ja der Islam seit dem Beginn der arabischen Expansion in unmittelbaren Kontakt zum Christentum kam. Die Frage, ob alle Religionen etwas Gemeinsames beinhalteten, dem gegenüber das Trennende sekundär sei, war naheliegend, auch wenn die Antwort auf diese Frage so lange hintenan gehalten werden konnte, wie man an der religiösen Unterscheidung von *religio vera versus religiones falsae* festhielt, wobei nur zu erklären war, warum es überhaupt vor und nach Christus falsche Religionen gegeben hat und gibt. Aber schon bei der Überlegung, ob nicht auch in den falschen Religionen ein Rest oder ein Keim der wahren Religion enthalten

---

1 CICERO, De natura deorum, II, 28.
2 LACTANUS, Divinae institutiones, IV, 28.
3 P. ANTES, »Religion« einmal anders, in: Temenos 14 (1978), 184 ff.
4 Eine Ausnahme ist teilweise die niederländische Sprache, die neben *religie* auch das germanische *godsdienst* für Religion kennt.
5 Vgl. D. SABBATUCCI, Kultur und Religion, in: Band I dieses Handbuchs, 43–58.
6 Instrumentum Pacis Caesareo-Suecicum osnabrugense, V, 1 et passim.

sei, stellte sich ein religionsphilosophisches Problem ein, das zu Beginn der Aufklärung eine Antwort erfahren sollte, die auch für die Geschichte der Religionswissenschaft bedeutsam wurde. An die Stelle der Unterscheidung von wahrer und falscher Religion trat die Unterscheidung von natürlicher und positiver Religion, wobei statt ›natürlicher Religion‹ auch ›Vernunftreligion‹, ›natürliche Theologie‹ treten konnte und statt ›positiver Religion‹ auch ›geoffenbarte Religion‹ gesagt wurde.[7] Die Geschichte der Konzeption der »natürlichen Religion« ist die Geschichte des Deismus als eine Variante der christlichen Religion unter Absehung bestimmter dogmatischer Bestandteile besonders der christologischen. Ob diese natürliche Religion reines Gedankenprodukt war oder ob sie historisch als Anfang der Religionen oder als Ziel der Religionen postuliert wurde, ist für das Konstrukt unerheblich. Wichtig ist dagegen, daß mit dem Begriff der natürlichen Religion eine Kategorie gefunden worden war, die inhaltlich das *genus* aller Religionen beanspruchte zu bestimmen, während die einzelnen historischen, positiven Religionen als *specifica* des allgemeinen *genus* verstanden werden konnten. – Die Unterscheidung von natürlicher Religion und positiven Religionen war keine wertneutrale, sondern eine religiöse Unterscheidung in religionsphilosophischer Sprache. Die natürliche Religion ist die christliche Religion ohne Kirchen, ohne Priester, ohne *sacrificium intellectus*, mit den Worten BLAISE PSCAL*s* (leicht abgewandelt): Die Religion der Philosophen, wie sie mit dem Programm der weniger radikalen Aufklärung kompatibel erschien und wie sie bis weit in die christlichen Kirchen des 18. und beginnenden 19. Jahrhunderts vordrang. Die religiöse Reaktion auf die Konstruktion einer natürlichen Religion, die mit SCHLEIERMACHER*s* »*Reden über Religion an die Gebildeten unter ihren Verächtern*« von 1799[8] datierbar ist, bezeichnet auch den Beginn der Religionswissenschaft, die somit indirekt an der Konzeption der »natürlichen Religion« teilhatte. Wichtig ist es zu verstehen, daß SCHLEIERMACHER*s* Reaktion gegen das Aufklärungskonstrukt der natürlichen Religion selbst nicht anti-aufklärerisch war, sondern durch die positive Religion vermittelt eine Dimension von Religion in das Zentrum stellte, die in der Religionsphilosophie des 18. Jahrhunderts nicht oder nur wenig berücksichtig wurde: Gefühl und Kreatürlichkeit – zusammengefaßt in der berühmt gewordenen Definition von Religion als dem »Anschauen des Universums«.[9] Aber nicht diese Definition allein markiert einen Wendepunkt, sondern vor allem die Rehabilitation der positiven Religionen. Während für die Aufklärung Religion als allgemeine nur unter Absehung von den besonderen Religionen möglich war, ist für SCHLEIERMACHER das Allgemeine der Religionen nur mit und durch die besonderen Religionen erkennbar. – Die SCHLEIERMACHER*schen* Bestimmungen sollten für die beginnende Religionswissenschaft bis zum Ersten Weltkrieg bedeutsam bleiben.[10]

---

[7] Die Konzeption einer natürlichen Religion reicht von HERBERT VON CHERBURY bis GOTTFRIED EPHRAIM LESSING.

[8] F. SCHLEIERMACHER, Über die Religion. Reden an die Gebildeten unter ihren Verächtern, (1879) [6]1967.

[9] SCHLEIERMACHER, a. a. O., 52.

[10] So ist F. M. MÜLLER*s* Definition von Religion als »*faculty which enables man to apprehend the Infinite under different names, and under varying disguises*« (F. M. MÜLLER, Collected Works XIV, 1899, 13) direkt von SCHLEIERMACHER beeinflußt.

III. Empirisch gehaltvolle Religionsbegriffe

Die Religionsbegriffe der Aufklärung und auch die Religionsbestimmung SCHLEIERMACHERS waren philosophische Begriffe, die empirisch nicht vermittelbar waren, obwohl sie eine Emanzipation von einem dogmatisch festgelegten Verständnis bedeuteten. Mit einer immer vertiefteren Kenntnis von außereuropäischen Glaubenssystemen, die man unbefangen glaubte, als religiös klassifizieren zu können, mußte deutlich werden, daß weder ein deistischer noch ein SCHLEIERMACHER*scher* Religionsbegriff in der Lage waren, die Vielfalt der religiösen Erscheinungen zu erfassen. Besonders die Erforschung der religiösen Vorstellungswelt der »Primitiven«, wie das 19. Jahrhundert sie nannte, erschütterte die in der Aufklärung verankerten Konzeptionen, wenn auch evolutionistische Theorien[11] diese Erschütterungen eine Zeitlang nicht spürbar werden ließen. Auf der Suche nach der einfachsten (d. h. primitivsten) Religion wurden verschiedene Theorien[12] entwickelt, die alle empirischen Befunden nicht standhielten. Ein wesentlicher Schritt vorwärts zu einer empirisch gehaltvolleren Begriffsbildung wurde durch einen Ansatz ermöglicht, der nicht mehr von bestimmten Glaubensmerkmalen und Glaubensobjekten ausging, sondern von der Unterscheidung zwischen heiligen und profanen Dingen, wobei diese Unterscheidung nicht in der Objektqualität der Dinge gesehen wurde. EMILE DURKHEIM[13] hat diese Theorie entwickelt und damit einen Religionsbegriff formuliert, der universale Gültigkeit beanspruchte: »Religion ist ein solidarisches System von Glaubensvorstellungen und Handlungen, bezogen auf sakrale Dinge, das heißt abgetrennte und verbotene Dinge; diese Vorstellungen und Handlungen, vereinen in einer moralischen Gemeinschaft, genannt Kirche, alle diejenigen, die ihnen anhängen.«[14] Wesentlich an dieser Definition ist, daß die Dichotomie zwischen heiligen und profanen Dingen von Gesellschaft zu Gesellschaft variieren kann, daß aber für alle Gesellschaften gilt, daß sie diese Unterscheidung treffen. Der DURKHEIM*sche* Religionsbegriff entfernt sich sehr weit von dem populären Verständnis von Religion, wie es sich unter dem Einfluß des Christentums im Okzident entwickelt hat. Dies muß aber kein Nachteil sein, obwohl die Gefahr nicht übersehen werden darf, daß sehr unterschiedliche Erscheinungen unter den Begriff »Religion« subsumiert werden können, sofern die Unterscheidung zwischen heiligen und profanen Dingen vorgenommen wird. Überhaupt ist zu fragen, ob nicht mit der Dichotomierung von »heilig« und »profan« ein neues Problem auftaucht, wo man glaubt, ein altes überwunden zu haben. DURKHEIM*s* Religionstheorie ist im Kern eine Gesellschaftstheorie, die davon ausgeht, daß die Gesellschaft gegenüber dem Individuum eine Größe sui generis sei, der gegenüber der Einzelne sich »religiös« verhalte. Diese Theorie ist selbst sehr stark philosophisch bestimmt und empirisch nicht überprüfbar, auch wenn sie heuristisch sehr anregend ist.

Eine weitere Überwindung evolutionistischer Konzeptionen in bezug auf Entstehung und Entwicklung von Religion wurde durch BRONISLAW MALINOWSKI erreicht.[15] Die von ihm neu vorgenommene Unterscheidung von Magie, Religion und Wissenschaft

---

11 Vgl. G. SCHLATTER, Religionsethnologie, in: Band I dieses Handbuchs, 157–194.

12 SCHLATTER, a. a. O., 172 ff.

13 E. DURKHEIM, Les formes élémentaires de la vie religieuse. Le système totémique en Australie, (1912) ^{4}1960 (Erste deutsche Übersetzung: 1981 mit zahlreichen Fehlern.)

14 DURKHEIM, a. a. O., 65.

15 B. MALINOWSKI, Magic, Science and Religion and other Essays, 1954.

fragt konsequent nach der Funktion dieser drei Glaubenssysteme für die Menschen und versucht nachzuweisen, daß sie in allen Gesellschaftsformationen – wenn auch in unterschiedlicher Stärke – vorhanden sind. Während Wissenschaft das System des technologisch beherrschten Austauschprozesses mit der Natur ist, wird durch Magie der Teil des Prozesses abgedeckt, der entsprechend dem Stand des technologischen Wissens nicht beherrschbar ist; Religion bietet die Lösung für die ›existentiellen‹ Probleme des individuellen, aber vor allem kollektiven Lebens der Menschen: Tod und der Zusammenhalt der Gruppe, die durch den Verlust eines Mitglieds bedroht ist und die Verpflichtung der jungen Gesellschaftsmitglieder auf die gültige soziale Charta der Gesellschaft.

Sowohl durch DURKHEIM als auch durch MALINOWSKI wurde der Religionsbegriff immer stärker von seinen traditionellen Elementen befreit und damit einem rein funktionalistischen Verständnis zugeführt, das jedoch in der späteren wissenschaftlichen Diskussion nicht unbestritten blieb. Der gegenwärtige Diskussionsstand kann beschrieben werden als eine unentschiedene Debatte um einen funktionalistischen oder substantiellen Religionsbegriff. Beide Religionsbegriffe beanspruchen, empirisch gehaltvoll zu sein.

Man kann den Unterschied zwischen funktionalistischem und substantiellem Religionsbegriff auf den folgenden Nenner bringen: Substantielle Definitionen sagen, was Religion ist, funktionalistische Definitionen sagen, was Religion leistet.[16] Es handelt sich dabei um mehr als eine rein akademische Unterscheidung, wie an den folgenden Beispielen deutlich werden wird. Eine der prägnantesten substantiellen Definitionen der jüngeren Vergangenheit stammt von M. E. SPIRO: »Religion ist eine Institution, die aus kulturell geformter Interaktion mit kulturell postulierten übermenschlichen Wesen besteht.«[17] Mit dieser Definition wird festgehalten, daß sowohl die »übermenschlichen Wesen« als auch die »Interaktion« mit diesen kulturelle Phänomene sind, also keinesfalls impliziert ist, daß es irgendwelche übermenschliche Wesen in einem ontologischen Sinne geben müsse. Ebenso wenig wird in dieser Definition die logische und / oder empirische Universalität von Religion vorausgesetzt. Von Religion kann – gemäß der Definition SPIROs – dort und nur dort gesprochen werden, wo in einer Gruppe von Menschen übermenschliche Wesen (Götter, Dämonen, Engel, Geister usw.) postuliert werden und mit diesen in kulturell geformter Weise interagiert wird. Betrachtet man demgegenüber eine rein funktionalistische Definition von Religion, so wird die weitreichende Differenz zwischen beiden deutlich. J. MILTON YINGER stellt folgende Definition auf: »Religion ist ein System von Überzeugungen und Handlungen, durch welche eine Gruppe von Menschen mit (den) letzten Problemen des menschlichen Lebens ringt. Sie drückt ihre Weigerung aus, vor dem Tode zu kapitulieren, aufzugeben angesichts der Enttäuschung, der Feindseligkeit zu gestatten, menschliche Gemeinschaft zu zerstören. Die Qualität der religiösen Existenz ... beinhaltet zwei Dinge: Erstens: Einen Glauben, daß das Übel, der Schmerz, die Verwirrung und das Unrecht fundamentale Tatsachen des Lebens sind; und zweitens: Ein System von Praktiken und damit verbundenen geheiligten Überzeugungen, die die Gewißheit ausdrücken, daß der Mensch letztlich von diesen Tatsachen erlöst werden kann.«[18] Auch

---

[16] K. DOBBELAERE und J. LAUWERS, Definitions of Religion – A Sociological Critique, in: Social Compass 20 (1974), 536.

[17] M. E. SPIRO, Religion: Problems of Definition and Explanation, in: M. BANTON (Hrsg.), Anthropological Approaches to the Study of Religion, 1966, 96.

[18] J. M. YINGER, The Scientific Study of Religion, 1970, 7.

diese Definition ist trotz ihrer existentialistischer Sprache empirisch gehaltvoll. Sie geht davon aus, daß der Mensch mit bestimmten Problemen konfrontiert ist und daß er vor diesen Problemen nicht kapitulieren will und daß er Antworten auf diese Probleme findet, die ihn von ihrem Druck befreien. Allein schon die Tatsache, daß Gesellschaft existiert, wäre somit ein Hinweis auf die Existenz von Religion, so unterschiedlich sie auch von Gesellschaft zu Gesellschaft variieren mag. – Die beiden gerade behandelten Definitionen von Religion sind nur als Beispiele für funktionalistische und substantielle Religionsdefinitionen zu betrachten, die durch andere ersetzt werden könnten[19], wobei auffällig bleibt, daß substantielle Definitionen immer dazu tendieren, transzendente Phänomene in die Begriffsbildung aufzunehmen[20], während funktionalistische Definitionen um Probleme quasi existentieller Natur kreisen (Identität, Kosmos und Chaos, Tod usw.). Wichtiger ist jedoch, daß funktionalistische Definitionen einen weiten Phänomenbereich abdecken, Grundstrukturen menschlichen Daseins als religiöse Phänomene benennen, während substantielle Definitionen eher zu einer Verengung des Gegenstandsbereiches führen und wenigstens implizit voraussetzen, daß menschliche Existenz auch ohne Religion denkbar sei. – Beiden Definitionen ist aber gemeinsam, daß sie keinerlei Aussagen über das machen, was in den Religionen selbst als Aussagen enthalten ist. Die religiöse Welt wird nicht zum Gegenstand der wissenschaftlichen Betrachtung. Diese Reduktion auf beobachtbares Handeln und auf Vorstellungen ist die Bedingung für eine empirisch gehaltvolle Begriffsbildung. Eine irgendwie geartete Affinität zwischen dem auf Religion spezialisierten Wissenschaftler und den Religion ausübenden Subjekten ist nicht erforderlich. Der Religionswissenschaftler darf religiös ›unmusikalisch‹ sei.

IV. Der Religionsbegriff in der Religionsphänomenologie

Eine von dem im vorigen Abschnitt dargestellten Religionsverständnis abweichende Vorstellung wurde von einer Richtung der Religionswissenschaft entwickelt, die in der Zeit zwischen den beiden Weltkriegen und bis in die 60er Jahre vor allem in Mitteleuropa dominierte: die Religionsphänomenologie.[21] Als ihre erster Vertreter kann Rudolf Otto[22] bezeichnet werden, der religionsphilosophisch vor allem auf Schleiermacher zurückgriff. Er gab dem Begriff des »Heiligen« eine inhaltliche Bedeutung[23], die bis zu Mircea Eliade[24], Friedrich Heiler[25] und Gustav Mensching[26] weiterwirken sollte – um nur einige Namen zu nennen. Es ist wichtig festzuhalten, daß trotz der gleichlautenden Termini bei Durkheim und Otto zwischen beiden keinerlei Parallelen bestehen. Am präzisesten hat Gustav Mensching eine religionsphänomenologische Definition von Religion gegeben: »Religion (ist) erlebnishafte Begegnung des Menschen mit der Wirklichkeit des Heiligen und antwortendes Handeln des

---

19 Einige sind behandelt in: G. Kehrer, Einführung in die Religionssoziologie, 1988, 21–27.
20 Wobei nichts über die ontologische Qualität ausgesagt ist.
21 Vgl. B. Gladigow, Gegenstände und wissenschaftlicher Kontext von Religionswissenschaft, in Band I dieses Handbuchs, 29ff.
22 R. Otto, Das Heilige, (1917) [44]1987.
23 Vgl. C. Colpe (Hrsg.), Die Diskussion um das »Heilige« (Wege der Forschung 305), 1977.
24 M. Eliade, Das Heilige und das Profane, 1957.
25 F. Heiler, Erscheinungsformen und Wesen der Religion, RdM 1 (1961) 1–6.
26 G. Mensching, Die Religion. Erscheinungsformen, Strukturtypen und Lebensgesetze, 1959.

vom Heiligen bestimmten Menschen.«[27] Das »Heilige« tritt bei der Religionsphänomenologie an die Stelle »Gottes«, da religionshistorisch nicht mehr bestreitbar war, daß »Gott ein Spätling in der Religionsgeschichte (ist).«[28] Die Abstraktheit des Begriffs »Das Heilige« darf nicht darüber hinwegtäuschen, daß die Religionsphänomenologen von der Existenz des Heiligen ausgehen und sich gegen jede Reduktion auf psychische oder kulturelle Tatbestände wehren. Im Unterschied zur Theologie, die als christliche die Offenbarung Gottes zum Gegenstand des Nachdenkens macht, geht die Religionsphänomenologie von einem sehr weiten Religionsverständnis aus. Da das Heilige nur in seinen Manifestationen sich ›zeigt‹ (von dieser Vorstellung aus wurde auch der Begriff »Religionsphänomenologie« gewählt), gibt es keine Erscheinung aus der Welt der Religionen, die nicht am Heiligen teilhat und damit auch Gegenstand einer so verstandenen Religionswissenschaft ist. Man kann in diesem Sinne die Religionsphänomenologie als direkten Widerpart zur zeitgleichen dialektischen Theologie verstehen, wie FRIEDRICH HEILER auch formuliert hat[29]; sie ist damit letztlich selbst Theologie und verlangt vom Wissenschaftler, daß er einen vor der Wissenschaft liegenden Zugang zu religiösen Phänomenen hat, um Religion überhaupt sachgemäß verstehen zu können. – Die Faszination, die die Religionsphänomenologie über zwei Generationen ausübte, ist größtenteils erklärbar als Teil einer besonders in Mitteleuropa zwischen den Kriegen (wenn auch mit Vorläufern) vorherrschenden Dominanz geisteswissenschaftlicher Orientierungen, die mit den Stichworten ›Lebensphilosophie‹, ›Existentialismus‹ und ›Irrationalismus‹ umschrieben werden können.

V. Der Religionsbegriff der Religionswissenschaftler

Nach dem Auslaufen der Religionsphänomenologie wurde im Rückgriff auf die von der Sozialanthropologie entwickelten Definitionen mehrmals versucht, einen in der Forschung brauchbaren empirisch gehaltvollen Religionsbegriff zu finden. Wie im dritten Abschnitt beschrieben ist es zu keiner allgemein akzeptierten Entscheidung zwischen dem funktionalistischen und substantiellen Ansätzen gekommen, obwohl es nicht an Versuchen gefehlt hat, beide Verständnisse von Religion zu vermitteln.[30] – Allerdings ist zu konstatieren, daß trotz dieser Unvereinbarkeit der definitorischen Bestimmungen die konkrete Erforschung von religiösen Systemen nicht unmöglich ist und daß es den Ergebnissen oft nicht angesehen werden kann, welcher Definition ein Forscher anhängt.

Ein Konsensus besteht – auch wenn er nicht immer explizit ausgesprochen wird – darüber, daß der Gegenstand der Religionswissenschaft, die religiösen Systeme, selbst nicht religiös definiert werden darf. Dies bedeutet, daß die Kategorien der religiösen Subjekte, die der Gegenstand der Forschung sind, nicht die Begriffe abgeben, mit denen sie analysiert werden. Auch in abstraktester Verfremdung, wie es die Kategorie des »Heiligen« ist, bleiben die religiösen Kategorien religiös und

---

27 G. MENSCHING, Soziologie der Religion, (1947) ²1968, 103.

28 G. VAN DER LEEUW, Phänomenologie der Religion, (1933) ²1956, 103.

29 F. HEILER, a. a. O., 5 f.

30 H. SEIWERT, Religiöse Bedeutung als wissenschaftliche Kategorie, in: Annual Review for the Social Sciences of Religion 5 (1981) 57–99.

damit ungeeignet für die wissenschaftliche Begriffssprache. Für die Religionswissenschaft ist Religion eine ausschließlich kulturelle (d. h. von Menschen) gemachte Erscheinung. Sie unterscheidet sich damit systematisch nicht von anderen kulturellen Produkten, wie Technologie, Literatur, Musik usw. Ob es sinnvoll ist, für alle Gesellschaften und alle Zeiten anzunehmen, daß Religion als identifizierbares kulturelles System existiert, ist eine weiterhin offene Frage. Unbestritten ist jedoch, daß genügend Gesellschaften bestanden und bestehen, in denen Religion identifizierbar ist.

Literatur

ANTES, P., »Religion« einmal anders, in: Temenos 14 (1978), 184ff.; DURKHEIM, É., Les formes élémentaires de la vie religieuse. Le système totémique en Australie, [4]1960; KEHRER, C., Einführung in die Religionssoziologie, 1988; MENSCHING, G., Die Religion. Erscheinungsformen, Strukturtypen und Lebensgesetze, 1959; OTTO, R., Das Heilige, [44]1987; SPIRO, M. E., Religion: Problems of Definition and Explanation, in: M. BANTON (Hrsg.), Anthropological Approaches to the Study of Religion, 1966, 76ff.; YINGER, J. M., The Scientific Study of Religion, 1970.

Günter Kehrer

Religionstypen

I. Anwendung eines Typenbegriffs auf die Religionen

1. Ein methodologisches Defizit

In der Kasuskomposition »Religionstypen« kommen zwei Wörter zusammen, die je für sich äußerst verschieden auf einen Begriff gebracht worden sind. Von ihnen ist der Typenbegriff der logisch schwierigere, der Religionsbegriff der sachlich vieldeutigere. Der Typenbegriff hat eine lange Geschichte von Bedeutungsverschiebungen durchlaufen und harrt noch einer Präzisierung, die ihn unter anderem für die Religionswissenschaft geeigneter und verbindlicher macht, als er es in seinen bisherigen Verwendungen dort ist. Denn die Umgrenzung und Charakteristik einer historischen Religion im Vergleich zu anderen Religionen, die man von ihrer Typisierung erwartet, hängt nur zum Teil mit der Typenbildung, die man in Bezug auf sie vornimmt, zusammen, mehr aber noch mit institutions- und phänomengeschichtlichen Daten, die außerhalb einer solchen Prozedur liegen.

Der Religionsbegriff im Stichwort meint kollektiv die Religionen; denn nur eine jede von ihnen, nicht die Religion im allgemeinen läßt sich typisieren. Der Allgemeinbegriff Religion umfaßt so viele Gegenstände, darunter auch genügend solche, von deren Merkmalen her er definiert werden könnte, daß man zur Zeit aus ihnen ganz willkürlich wählen müßte und bis auf weiteres paradoxerweise mit der Methodik der »*application of an unknown principle*« zu brauchbareren Ergebnissen kommt als mit Versuchen durchgreifender Theoriebildung. Hält man sich aber an die Gegenstände und ihre Merkmale in ›der Religion‹, so kommt man auch von ihnen aus wieder zu den einzelnen Religionen, für die ein solcher Gegenstand oder mehrere solche ›typisch‹ sind.

Es geht also um *Typologie der Religionen.* Wenn eine solche aufgestellt werden soll, dann zeigt sich, daß man weder auf einen Typenbegriff zurückgreifen kann, der als gesichert gelten darf, noch auf einen Religionsbegriff, über den Einvernehmen besteht. Es läßt sich erst recht nicht der eine Begriff zur Sicherung des anderen verwenden. Aufgabe dieses Artikels kann es deshalb nur sein, einen Typusbegriff vorzustellen, dem man wenigstens den Vorwurf nicht mehr machen kann, er sei *ad hoc* festgesetzt, und ihn auf die Religionen so anzuwenden, daß diese wohl mit Einschluß ihrer Typisierbarkeit, aber nicht ausschließlich durch sie definierbar bleiben. Dieses Verfahren bedarf mannigfacher Ergänzungen, damit einst eine Typologie möglich wird, die nicht nur dem Verstehen, sondern auch dem Erklären der Religionen Genüge tut.

2. Brauchbare Ansätze in der Religions-Hermeneutik und -Systematik

Für eine reflektierte Möglichkeit, einen Typenbegriff für das Verstehen von Religionen zu verwenden, sind Hervorhebungen JOACHIM WACHs aus weiteren Theorien des 19. Jahrhundert wichtig geworden.

FRIEDRICH SCHLEIERMACHERs Gedanken über das grammatische und psychologisch-technische Verstehen implizieren Unterscheidungen zwischen zwei Typen von Schriftstellern, einem, der richtungsteuernd und auswählend, und einem, der kombinatorisch ergänzend arbeitet. Zu ihnen gehört ein je eigener Typus der Gedankenentwicklung, der für nicht mehr lebende Autoren die Kenntnis ihrer Personalität aufwiegen kann, und entsprechend eine je eigene Art hermeneutischer Operation.

Bei WILHELM V. HUMBOLDT findet WACH systematisch und für die weitere Geschichte der Hermeneutik, Logik, Erkenntnistheorie und Psychologie einflußreich den Typus verwendet, wie HERDER und GOETHE ihn kennen. Er hebt hervor, daß die Eigenart typischer Menschen und Völker, im Unterschied zu der von singulären, auf eine positiv zu wertende, elementare Einfachheit deuten kann. Züge, die für das Verstehen einen repräsentativen Charakter gewinnen, sind ›typische‹ Züge.

Von besonderer Bedeutung ist für WACH »*Die Typenlehre Trendelenburgs und ihr Einfluß auf Dilthey*« (Monographie 1926), die ihm vor allem als Sicherung gegen die Relativierung und Subjektivierung des Erkennes wichtig ist. Diese Sicherung wirkt in seinen eigenen »*Types of religious experience: Christian and Non-Christian*« (1951), wo Subjektivierung besonders nahegelegen hätte, noch nach.

Aus Definitionen seiner Autoren über das Allgemeine und das Besondere gewinnt WACH eigene Definitionen von Gemeinsamkeiten in der Religion und von Besonderheiten der Religionen. Was die Gemeinsamkeiten anlangt, so kann man nach Wach Typen mythischer und theologischer Begriffe, Typen des Gottesdienstes und Typen des religiösen Charismas aufstellen. Es treten außerdem Typen religiöser Führer in Erscheinung, deren Lebensgeschichte von Historikern aufgehellt, deren intellektuelles und emotionales Verhalten von Psychologen erforscht und deren soziale Rolle von Soziologen untersucht wurde. Ebenso entwickeln sich Typen religiöser Gruppenbildung und religiöser Autorität. Was die Besonderheiten anlangt, so könne die Typologie auch zur Charakterisierung von Religionen als Ganzheiten verwandt werden. Darauf hätten sich schon die Anstrengungen Herders und Hegels konzentriert. Heutzutage herrsche kein Mangel an derartigen Typologien.

Nach dem zu wenig beachteten Ansatz von Kurt Goldammer liegt bereits in den religiös erlebenden Einzelpersonen eine typenbildende Kraft. Das Typische ist im Grunde nur das Einmalige in unendlichen Spielarten, Wiederholungen und Abwandlungen, die zusammen den Typ ergeben. Die Sänger der Veden und die Seher der Upanishads, Gesetzgeber und Reformer wie Mose, Zarathustra und Konfuzius, Kontemplative wie Lao-tse und Buddha, Nonkonformisten wie Echnaton sind jeweils einmalig, aber sie werden doch zum Vorbild, zum Typ. Es gibt vor allem Typen des Frommseins und der religionsgeschichtlichen Funktion. Die ›heiligen Gestalten‹ sind zwar objektive historische Größen typenhafter Art, doch werden Typen wie der Priester, Lehrer, Prediger, Hierarch, Prophet, Theologe, Stifter, Reformator einerseits als Vertreter verschiedener Weisen des Frommseins, der schöpferischen Leistung, des Nachvollzugs, der Technik, der Routine festgelegt, andererseits durch die jeweilige Person mitbestimmt und abgewandelt. Analog halte der Mythus besonders gern das Typische und sich Wiederholende fest und setze schon bei einem Urereignis, auf das er verweist, typenbildende Bedeutung voraus, die sich den Wiederholungen mitteilt; Entsprechendes gelte für die typischen Handlungen im Kultus. Dann aber können Mythus und Kultus auch individuell abgewandelt werden. Die religiösen Erfahrungen der Einzelnen – in jedem können verschiedene Typen des Frommseins vorkommen! – verdichten sich zu Typengruppen, die historisch bedingt und in groben Zügen charakteristisch für jeweils zahlreiche Menschen sind. Es ergeben sich überraschende Gruppierungen und Verteilungen von bestimmten typenmäßigen Erlebnissen, die den Versuch der Einteilung auch der Religionen rechtfertigen. Wiegt gleichmäßig der eine oder der andere Typ vor, so werde der Typ zu einer kollektiven historischen Erscheinung. Es entstehen große geschichtliche Religionstypen: prophetische (Israel, Zoroastrismus), kultisch-priesterliche (Vorderer Orient) und mystische (Indien). Vorsichtig müsse man sein mit der Anwendung schematischer Typenbegriffe wie ›Gnadenreligion‹ und ›Werkreligion‹. Es ergeben sich auch Typen wie Glaubensreligiosität und Mystik, oder ein ethisch-prophetischer und mystisch-kontemplativer Typ; darunter liege meist die Grundschicht des Typs der Kult- und Gesetzesreligiosität.

Voll ausgeführt hat Goldammer diesen Ansatz nicht. Wichtig ist dreierlei: 1) Der Hinweis auf die innerchristliche Problematik um Glaubensfrömmigkeit und Mystik, die dazu geführt hat, aus partiellen Erscheinungen in Iran und Israel und aus dem Islam den ethisch-prophetischen Typ zu bilden und dagegenzusetzen; 2) die Implikation, daß die Typen religiöser Erfahrung quantifiziert werden müssen, damit man in jeder Religion zu einem Katalog ihrer Merkmale gelangt, an Hand derer diese im Ganzen typisiert werden kann; und 3) sind ›typologische Schemata‹ nur ›heuristische Prinzipien‹.

3. Teilweise Unzuständigkeit des Typus für religiöse Phänomene

Ein einfaches religiöses Phänomen (zum Beispiel das Heilige) ist kein Typus. Es lassen sich zwar manchmal differenzialanalytisch Komponenten diagnostizieren (beim Heiligen etwa das Numinose und das Ethische), aber solche Komponenten sind reine Abstraktionen und nicht dasselbe wie die vorfindlichen Elemente eines komplexen Phänomens. Sie lassen sich deshalb auch nicht zwecks Typenbildung reduzieren. Aus einem komplexen Phänomen hingegen läßt sich durch Elementenreduktion unter gewissen Umständen auch ein Typus bilden.

4. Gegenseitige Abhängigkeit von Religions- und Typenbegriff

Der Typenbegriff muß in einem Grade unscharf gehalten werden, daß er nicht auf eine Pauschaldefinition der ihm zugeordneten Religionen hinausläuft, wohl aber zur genauen Beschreibung einer jeden von ihnen mit beiträgt. Der Religionsbegriff muß seinerseits so beschaffen sein, daß von ihm aus bestimmbar ist, welche und wieviele Religionsmerkmale invariant sein müssen, damit er noch unter denselben Typus fallen kann.

II. Typologie nach Gottesvorstellungen

Unerachtet der Äquivalenzprobleme, die beim Religionsvergleich hinsichtlich der ein-eindeutigen Identifikation von Göttern entstehen, kann man doch die Vorstellungen, die »Götter« oder ihre Entsprechungen zum Inhalt haben, auf Funktionsebenen von transkultureller oder intersozietärer Vergleichbarkeit ansiedeln. Für die Erhebung solcher Gottesvorstellungen stellen die von Paul Tillich als Spezialfall ›phänomenologischer Beschreibung‹ angestellten ›typologischen Betrachtungen‹ die beste zusammenfassende Vorarbeit dar, sofern man nur auf die dort vorgenommene Anwendung eines Wahrheitskriteriums »dessen, was uns unbedingt angeht«, verzichtet. Im folgenden wird vorausgesetzt, daß man von Polytheismus einfach deshalb reden kann, weil viele Religionen eine Mehrzahl von ›Göttern‹ aufweisen. (Wenn dabei das griechische *poly-* ständig suggeriert, an eine Vielzahl zu denken oder von ›Vielgötterei‹ zu reden, so schwingt seit Prägung des Wortes die Wertung mit, daß schon mehr als ein Gott ›zuviele‹ Götter sind.) Der Gebrauch des Terminus Monotheismus geschieht in Übernahme der Konvention, die damit Eingottglauben bezeichnen will. (Daß das griechische *mono-* ›einzig‹ bedeutet, hat auf die Exaktheit der Terminologie keinen Einfluß gehabt.)

1. *Der mythologisch-polytheistische Typ:* Die Mehrzahl der Götter kommt ursprünglich vorwiegend im Gefolge der Mehrzahl entweder von Naturerscheinungen (einschließlich der Tierwelt) oder von Sozialfunktionen (einschließlich der Rollen in Familie, Clan und Volk), dann auch von Überkreuzungen oder Vermischungen beider zustande. Man kann in diesen Fällen von mythologischem Polytheismus sprechen. Darin ist die göttliche Kraft in individuellen Gottheiten von relativ fest umrissenem Charakter konzentriert, die weite Seins- und Wertbereiche repräsentieren. Jedoch transzendieren die mythischen Götter den Bereich, den sie beherrschen, und stehen zu anderen Göttern gleichen Charakters in der Beziehung der Verwandtschaft, der Feind-

schaft, der Liebe und des Kampfes. Dieser Typ des Polytheismus wird durch die großen Mythologien repräsentiert.

2. *Der universalistische Typ:* Die Mehrzahl der Götter kann in Richtung auf Einzahl oder in Richtung auf Zweizahl abgestuft werden. In Richtung auf die Einzahl ergibt sich ein universalistischer Typ. In ihm seien die besonderen göttlichen Wesen, zum Beispiel die Gottheiten von Orten und Bereichen und die numinosen Kräfte in Dingen und Personen, Verkörperungen einer universalen, alles durchdringenden heiligen Macht (*mana*), die hinter allen Dingen verborgen ist und zugleich durch sie manifest wird. Diese substantielle Einheit des Heiligen verhindert das Entstehen eines vollständigen Polytheismus. Aber sie ist keine wirkliche Einheit; denn sie transzendiert nicht die Mannigfaltigkeit, in die sie aufgespalten ist, und sie kann diese unzähligen Erscheinungen nicht beherrschen. Sie sei unter diese Erscheinungen zerstreut und widerspreche in ihnen sich selbst. Einige Formen des Pansakramentalismus, der Romantik und des Pantheismus seien Abkömmlinge dieses Typus des Polytheismus. – Von der Richtigkeit oder Verkehrtheit der hier vorausgesetzten Heiligkeits- bzw. dynamistischen Religionstheorie hängt diese Typusbestimmung nicht ab.

3. *Der dualistische Typ:* In Richtung auf die Zweizahl ergibt sich ein dualistischer Typ. Während er seinen klassischen Ausdruck in der Religion des Zarathustra und in einer abgeleiteten und rationalisierten Form im Manichäismus gefunden hat, erscheinen dualistische Elemente in vielen anderen Religionen, auch im Christentum. Der religiöse Dualismus konzentriert die göttliche Heiligkeit in einer Sphäre und die dämonische Heiligkeit in einer anderen Sphäre. Beide Götter sind schöpferisch, und verschiedene Bereiche der Wirklichkeit gehören zu der einen oder der anderen Sphäre. Manche Dinge sind von Natur böse, weil sie vom bösen Gott geschaffen wurden oder weil sie von einem letzten Prinzip des Bösen abhängig sind. Die Zweideutigkeit in der Sphäre der Heiligkeit ist zur radikalen Spaltung geworden. Dieser Typ des Polytheismus sei jedoch noch weniger fähig als die anderen, ohne monotheistische Elemente zu existieren. Gerade die Tatsache, daß der eine Gott ›gut‹ genannt wird, gebe ihm einen göttlichen Charakter, der höher sei als der des bösen Gottes; denn Gott als der Ausdruck dessen, was den Menschen unbedingt angeht, sei das Höchste nicht nur an Macht, sondern auch an Wert.

4. *Der monarchisch-monotheistische Typ:* Ebensowenig wie einen absoluten Polytheismus gibt es einen absoluten Monotheismus. Der monarchische Monotheismus liege auf der Grenze zwischen Poly- und Monotheismus. Der Gott-Monarch herrscht über die Hierarchie niederer Götter und gottähnlicher Wesen. Er repräsentiert Macht und Wert der Hierarchie. Doch sei der monarchische Monotheismus zu tief in den Polytheismus verwickelt, um sich vollständig von ihm befreien zu können. Der ›Herr der Heerscharen‹, von dem das Alte Testament und die christliche Liturgie oft sprechen, ist ein solcher Monarch.
Der zweite Typ des Monotheismus ist der mystische. Mystischer Monotheismus transzendiere alle Sphären des Seins und Wertes und deren göttliche Repräsentanten zugunsten des göttlichen Grundes. Die ontologische Struktur mit ihren Polaritäten, die die Götter in allen Formen des Polytheismus bestimmen, hat keine Gültigkeit für das transzendente ›Eine‹, das Prinzip des mystischen Monotheismus. Die Geschichte des mystischen Monotheismus in Indien und Europa habe gezeigt, daß er für Polytheismus zugänglich ist.

5. *Der exklusiv-monotheistische Typ:* Der Monotheismus kann dem Polytheismus radikal nur in der Form des exklusiven Monotheismus widerstehen. Eine solche Möglichkeit sei das Ergebnis einer überraschenden Konstellation von objektiven und subjektiven Faktoren in Israel, insbesondere in der prophetischen Linie seiner Religion. Hinzuzufügen ist hier der Monotheismus des Islam. Wie der Gott des mystischen Monotheismus sei der Gott des exklusiven Monotheismus in Gefahr, das konkrete Element in der Gottesidee zu verlieren. Die persönlichen Züge in seinem Bild werden als Anthropomophismen, die seiner Unbedingtheit widersprechen, entfernt. Die geschichtlichen Züge seines Charakters werden als zufällig und im Widerspruch zu seiner Universalität vergessen. Er kann mit dem Gott des mystischen Monotheismus oder mit der Umformung dieses Gottes in das philosophisch Absolute verschmolzen werden. Aber einen Rückfall in den Polytheismus könne es nicht geben; dafür stelle sich ›das trinitarische Problem‹.

6. *Der trinitarische Typ:* Das Problem besteht in der Einheit zwischen Unbedingtheit und Konkretheit im lebendigen Gott. Dies sei ein immer wiederkehrender Zug in der Religionsgeschichte. Jeder Typ des Monotheismus sehe sich diesem Problem gegenüber und gebe direkt oder indirekt Antworten darauf. Im monarchischen Monotheismus konkretisiert sich der höchste Gott zumeist in vielfältigen Inkarnationen, in der Entsendung niederer Gottheiten und in der Schaffung von Halbgöttern, aber in einigen Fällen erreiche er trinitätsähnliche Formen: Eine Vatergottheit, eine Muttergottheit und eine Kindgottheit sind im gleichen Mythos und im gleichen Kult geeint. Der mystische Monotheismus verleiht der Tendenz zum trinitarischen Monotheismus klassischen Ausdruck in der Unterscheidung des Gottes Brahma vom Brahman-Prinzip. Das letztere repräsentiert das Element der Unbedingtheit in der radikalsten Weise, der erstere ist ein konkreter Gott, geeint mit Shiwa und Vishnu in einer göttlichen Trias. Die Zahl Drei ist nicht wichtig, wie in der christlichen Trinität, wo der Streit um die Stellung des Heiligen Geistes zu binitarischen und um die Beziehung des Vaters zu der gemeinsamen göttlichen Substanz der drei *personae* zu quaternitarischen Positionen führen konnte. Das, worauf es im Indischen ankommt, ist die Unterscheidung des Brahman-Atman, des Absoluten, von den konkreten Göttern der Hindufrömmigkeit. Die Frage des ontologischen Ranges dieser drei Gottheiten und ihrer Beziehung zum Brahman-Prinzip ist eine echt trinitarische Frage, analog der Frage des Origenes nach dem ontologischen Rang des Logos und des Geistes in bezug auf den Abgrund des göttlichen Wesens.

7. *Der henotheistische Typ:* Die heute eingebürgerte Verwendung des Terminus Henotheismus meint eine religiöse Haltung, die zwar mit einer Anzahl von Göttern rechnet, jedoch eigentlich nur einen Gott verehrt. Das laufe sowohl auf die monotheistischen Tendenzen hinaus, ohne die der mythologische Typ des Polytheismus nicht leben kann – der Gott, der in einer konkreten Situation angerufen wird, erhält alle Charakteristika der Unbedingtheit –, als auch auf den monarchisch-monotheistischen Typ. Damit wird es möglich, zu dem Sinn des Terminus Henotheismus zurückzukehren, den Max Müller ihm bei seiner Prägung gab, nämlich daß unter überwältigenden, transzendenzeröffnenden Erscheinungen in einer konkreten Situation es nur eine ist, die überhaupt als Gott, und das heißt gleichzeitig: als einziger und höchster, angerufen und verehrt wird. Beim Aufhören der Situation tritt also der Gott nicht als wesenhaft gleicher in die Reihe der anderen zurück, sondern er verliert seinen Charakter als Gott überhaupt. Unter henotheistischen Religionstypen können dann sowohl Religionen

begriffen werden, die solchen Deifizierungen in einem ein traditionelles Pantheon übertreffenden Ausmaß Raum geben (eine solche wäre zum Beispiel die römische Religion), als auch Religionen, in denen solche Deifizierungen überhaupt noch nicht zu Göttern geworden sind, denen Konstanz eignet (das wären archaische Religionen, für die man dies aus einem entsprechenden Teilstatus neuzeitlicher Stammesreligionen erschließen kann).

III. Typologie nach Strukturen

Vorausgesetzt wird überall ein primordialer Unterschied zwischen heiliger und profaner Sphäre. Die letztere stellt die Umwelt der Religion dar. Deshalb sind Theorien über Säkularisierung, aus anderen Gründen auch Theorien über das Verhältnis zwischen Magie und Religion für die Typologie der Religionen nicht relevant. Strukturen sollen in denjenigen Bereichen liegen, wo möglichst viele Merkmale zu finden sind. Das ist im genuin religiösen Bereich, wo es um das jeweilige Wesen geht, nicht der Fall. Man muß vielmehr weit in den eigentlich historisch-sozialen Bereich ausgreifen und dort die Merkmale sammeln, die der Heilig-Profan- bzw. einer Religiös-Säkular-Dialektik unterliegen. Mit ihrem profanen Aspekt gehören sie zu Kultur, Sprache, Handeln, Bewußtsein usw. Aus diesen Bereichen werden die Merkmale geliefert, die kraft jener Dialektik auch einen heiligen Aspekt haben und damit auch zum religiösen Bereich gehören. Ihre Anzahl ist größer als die Anzahl derjenigen Merkmale, die der genuin religiöse Bereich liefern kann (zum Beispiel weist eine Priesterschaft mehr Merkmale auf, wenn man sie als soziale Gruppe statt als Mittlerinstanz zwischen Gott und Mensch betrachtet). Damit sind sie als Material für Typenbildung besser geeignet. Die Liste der im folgenden vorgeschlagenen sieben Religionstypen beinhaltet mit Nr. 1, 2, 6 und 7 insofern eine relative Chronologie, als jeder Typ den voraufgehenden partiell voraussetzt und diesem gegenüber ein Strukturelement aufweist, das wegen seiner Neuheit oder seiner hervortretenden Dominanz als Typenmerkmal ausgezeichnet werden darf. Doch betrifft dies nur die Endgestalt der Religionen (zum Beispiel sind das Urchristentum und der Urislam noch nicht synthetisch-komplex), und deren Zahl nimmt nicht, wie es theoretisch sein müßte, kontinuierlich ab, da de facto Komplexitätszunahmen mit Komplexitätsreduktionen wechseln. Nr. 3, 4 und 5 fügen sich in keinerlei chronologisches Schema. Ein solches läßt sich mit Strukturtypen überhaupt nicht, sondern nur mit soziologischen Typen aufstellen, die in die Stufenreihe der Gesellschaftsmerkmale an richtiger Stelle das der Religion aufnehmen; das sind aber keine Religionstypen mehr.

1. *Der umwelt- und sprachintegrierte Typ:* Heilig und profan stehen in einem korrelativen Verhältnis zueinander. Reduktion der Merkmale kann nach Maßgabe der Bedingungen erfolgen, unter denen sich die Umwelt dem Menschen als zum Jagen oder Sammeln, zum Anpflanzen oder Nomadisieren geeignet darbietet, wobei die Merkmalsgruppen ineinander übergehen können. Ein integrales Verhältnis zwischen Umwelt und Religion besteht vor allem, weil die Religion über die Gentilbildung hinaus, in der heilige und profane Sphäre zusammenfallen, keine nennenswerten Institutionen hat, aber auch deshalb, weil in den Sprachen profaner Alltags- und religiöser Symbolgehalt ineinander liegen. Prähistorische Religionen, Australier, Indianer Nord- und Südamerikas, Afrikaner (außer Bantus), Eskimos, Altaische Völker; Finno-Ugrier, Albaner; Kelten, Germanen, Balten, Slawen, Thraker; Phönizier, Philister, beduinische

Aramäer und Araber; alte Koreaner (Schamanen), alte Chinesen (Taoisten), alte Japaner (Shintoisten).

2. *Der kulturell desintegrierte Typ:* Die Merkmale der Religion und der jeweiligen Kultur sind voneinander unabhängig, können aber in Verbindung miteinander gebracht werden. Heilig und profan stehen in einem polaren bis gegensätzlichen Verhältnis zueinander. Die profanen Kulturmerkmale erhalten damit größeres Eigengewicht. Die Religion kann selbständig institutionalisiert sein und sich eines eigenen Wortschatzes bedienen. Azteken, Mayas, Olmeken, Tolteken; Bantus, Ägypter; Irano- und Indoarier, alte Armenier, Skythen, Griechen; Hethiter, Hurriter, Aramäer in eigenen Staaten, Sumerer, Akkader; alte Balinesen, Batak, Lao, alte Vietnamesen, Khmer, Thai, Sunda; Melanesier, Polynesier, Mikronesier.

3. *Der ritenorientierte Typ:* Innerhalb des sozialen Handelns und Verhaltens, das auch unter den anderen Typen oft ritualisiert sein mag, fallen als eigene Merkmale selbständige Rituale auf. Sie können das ganze Leben bestimmen, aber wichtiger ist, daß mit ihnen bestimmte Merkmale der von ihnen unabhängigen Gewohnheitsethik korrespondieren. Neue Götter ergeben sich eher aus rituellen Funktionen als aus der Personifikation von Mächten. Kanaanäer mit Dramatisierung des Jahreszeitenzyklus; Etrusker, frühe Römer, mediterrane Mysterienreligionen; vedische Inder, alte Tibeter (Bon), Jainismus, Hinayana-Buddhismus (bei Auffassung der Meditation als rituell disziplinierter Praxis).

4. *Der zeitbezogene Typ:* Aus allgemeinem Zeitbewußtsein, das auch eine Komponente in manchen Kulturen unter anderen Religionstypen ist, tritt als besonderes Merkmal eine umfassende Orientierung an linearer Zeit als Muster der Weltdeutung hervor. Anfang und / oder Ende der Welt können eigens thematisiert werden. Weltschöpfungslehren und Eschatologien gehören deshalb zum Erscheinungsbild solcher Religionen. Zarathustrismus / Zoroastrismus, Israel, frühes Christentum, früher Islam.

5. *Der normenorientierte Typ:* Während Normierung sonst in ritualisierter Religionsausübung und Gesetzlichkeit in der Zeitorientierung beschlossen ist, muß hier Norm oder Gesetz als eigenes Merkmal anerkannt werden. Vielleicht liegt hier ein Wesenselement vor, das zugleich das für die Selbständigkeit dieses Typus ausschlaggebende Grundmerkmal ist, nämlich die Orthopraxie. Konfuzianismus, klassisches Römertum, rabbinisches antikes und mittelalterliches Judentum.

6. *Der synkretistisch-komplexe Typ:* Viele Elemente aus Religionen und Kulturen verbinden sich, jedoch entweder nur temporär oder / und in der Weise, daß sie sowohl als Merkmale von Synkretismen als auch nach ihrer ursprünglichen Herkunft erkennbar sind. Die Religion drückt sich in mehr als einer Sprache aus und kann mehrere Kulturen übergreifen; entsprechend vielfältiger ist ihre Merkmalsstruktur. Hellenistisch-synkretistische Religionen einschließlich der gnostischen; Sikhismus, weite Bereiche des Hinduismus; Umbanda, Macumba, Synkretismen in der Karibik; in Korea, Südostasien, Tibet; einige sogenannte Neue Religionen einschließlich Bahai (gehört zum Teil auch nach 7) und messianischer Bewegungen.

7. *Der synthetische-komplexe Typ:* Merkmale verschiedener Traditionen und aus jeweils mehreren historischen Epochen und Kulturen sind eine Verbindung eingegangen, die entweder gar nicht mehr oder nur durch rigorose Reform aufgelöst werden kann. Reformen wollen den Bestand der strukturbestimmenden Merkmale zugunsten des Wesens verkleinern und würden die Religionen dieses Typs unter anderen Typen erscheinen lassen. Faktisch besteht eine Analogie zwischen der Komplexität der religionsstrukturellen und der kulturellen Synthesis, streckenweise sogar eine Synthese zwischen Kultur und Religion. Hellenistisches und neuzeitliches Judentum; Shivaismus, Vishnuismus; die »Weltreligionen« Mahayana-Buddhismus, Christentum, Islam.

IV. Grenz- und Problemfälle, Überschneidungen, Fehlaufstellungen

1. *Stadien von Nomaden-, Bauern-, Stadtreligionen:* Merkmale können dominant bleiben, wenn Bauern als Altpflanzer (also nicht als Stand wie z. B. Kaufleute oder Krieger), Nomaden als wandernde Hirten und Viehzüchter und antike Städter als genuine soziale Gruppe (und nicht als soziale Klasse wie zum Beispiel Bürger gegenüber Sklaven) eine der (späteren) Weltreligionen annehmen (Verbindung von III, 1 oder 2 mit 7).

2. *Regional begrenzt bleibende und expandierende Religionen:* Diese Einteilung liegt auf der Grenze zwischen Klassifikation und Typisierung. Wäre sie eindeutig nur das letztere, stünden die damit gegebenen beiden Typen quer zu den Typen 1–7 insgesamt, da diese Typisierung dann alle Religionen umfaßt.

3. *›Primitive‹ oder ›Natur‹- und ›Hoch‹- oder ›Kultur‹-Religionen:* Die Natur hat viele religiöse Phänomene geliefert, jedoch nie, ohne daß sie in eine soziale Interpretation eingebettet waren (zum Beispiel wird der Blitz nicht relevant als bloße Naturerscheinung, sondern weil er treffen kann wie eine vom Feind geschleuderte Waffe). Eine in der Geschichte differenzierter und komplexer ausgestaltete Religion, parallel zu entsprechender ›Hochkultur‹ nicht glücklich Hochreligion genannt, bezieht die Natur in ihr System oder in ihre Doktrin mit ein. Zwischen Natur als Basis sozialer Kontexte und Natur als in ein religiöses System aufgenommener Gegebenheit ist das Verhältnis so problematisch, daß auch die Unterscheidung zwischen Natur- und Hochreligion, und sei es unter besseren Namen, als Typen ein Problem bleibt, zumal die Merkmals- oder Wesensbestimmung hier in mehr als zulässigem Ausmaß der Werbung unterliegt.

4. *Überschneidung von Strukturen:* Die unter III, 1–7 angenommenen Strukturen überschneiden sich in Wirklichkeit oft. Damit ist das Abstufbarkeitskriterium erfüllt. Richtungen der Abstufbarkeit und Eignung der Typen für religionsgeschichtliche Erklärungen zu erörtern, ist nicht mehr Aufgabe dieses Artikels.

5. *Falsche Typen:* Phänomene kann man nicht über Verallgemeinerungen oder durch Abstraktionen zu Typen machen. So kann man zwar hier und da eine Charakterisierung zum Beispiel als Vater- oder Mutter-Religion riskieren, hat damit aber keine Religionstypen gefunden, da die Gestalten des Vaters oder der Mutter kulturell – auch im

Matriarchat, wenngleich mit anderer Gewichtung als im Patriarchat – zu allgemein, als Religionsmerkmale aber zu partikular sind.

Literatur

Colpe, C., The Sacred and the Profane, in: EncRel 12 (1987) 511–526; ders., Religionstypen und Religionsklassen. Von der Verwechslung zur Unterscheidung, in: Bianchi, U. (Hrsg.), The Notion of »Religion« in Comparative Research. Selected Proceedings of the XVIth IAHR-Congress Rome, 3rd–8th September 1990, 1994, 645–660 (dieser Beitrag enthält u. a. die Begründung für den oben angewandten Typen- im Unterschied zum Klassen- und zum Wesensbegriff sowie eine Auseinandersetzung mit den bisher von Religionswissenschaftlern vertretenen Positionen); Goldammer, K., Die Formenwelt des Religiösen, 1960; Neumann, E., Die Große Mutter. Der Archetyp des Großen Weiblichen, 1956; Ratschow, C. H., Magie und Religion, 1947; Tellenbach, H., Das Vaterbild, 4 Bde., 1976–1979; Tillich, P., Systematische Theologie Bd. 1, [2]1956; Van der Leeuw, G., Phänomenologie der Religion, (1933) [4]1977; Wach, J., Das Verstehen, Grundzüge einer Geschichte der hermeneutischen Theorie im 19. Jahrhundert, 3 Bde., 1926–1933 (ND 1966); ders., Vergleichende Religionsforschung, 1962.

Carsten Colpe

Reliquien

A Allgemeines

I. Wort

»*Reliquiae*« bezeichnet im klassischen Latein allgemein das Übriggebliebene, den Rest, im besonderen die Überreste eines toten Menschen oder Tieres (Gebeine, Gerippe) und die Asche eines verbrannten Leichnams.[1] Für das christliche Latein unterscheidet D. du Cange[2], unter Berufung z. B. auf Gregor den Großen[3], zwischen *corpus* als komplettem Leichnam und *reliquiae sanctorum*, Teilen des Leichnams heiliger Toter. Im mittelalterlichen Sprachgebrauch wird diese einschränkende Bedeutung zur Regel, erweitert sich aber insofern, als *reliquiae* seit der Spätantike außer leiblichen Überresten alle Gegenstände bezeichnen kann, die zu Lebzeiten mit densel-

[1] Vgl. K. E. Georges, Ausführliches lateinisch-deutsches Handwörterbuch 2 ([9]1951 2229f.

[2] Glossarium mediae et infimae latinitatis, s. v. 6 ([1883/87] 1954), 112.

[3] Dialogi 2, 38; zu Gregor insgesamt siehe J. A. MacCulloh, The cult of relics in the letter and dialogs of Pope Gregory the Great. A lexicographical study, in: Traditio 32 (1976) 145–184.

ben Verstorbenen in Berührung gekommen sind (Kleider, anderes Besitztum, Marterwerkzeuge u. dgl.).

II. Begriff und Arten

Die organische und anorganische Hinterlassenschaft ausgezeichneter Verstorbener ist auch mit »Reliquien« gemeint. Durch Berührung mit anderen Gegenständen, Auskochen, darüber fließendes Wasser u. ä. können künstliche, den vorgenannten ansonsten ebenbürtige Reliquien hergestellt werden. – Reliquienspender sind in christlich-theologischem Sprachgebrauch primär Jesus und seine exemplarischen Nachfolger. Für die Religionswissenschaft erweitert sich dieser Personenkreis auf alle mythischen und historischen Gestalten, die in einzelnen Religionen als Träger außergewöhnlicher Machtwirkung gelten, wobei die Grenzen zwischen der Pietät, die man in den einzelnen Kulturen allen Verstorbenen schuldig zu sein glaubt sowie den Interventionen, die die Lebenden von ihnen erwarten, einerseits und der besonderen Behandlung der Überreste ausgezeichneter Individuen und den höheren Erwartungen, die man an deren Überreste knüpft, andererseits fließend sein können. Erweitert wird in der Religionswissenschaft auch der Kreis der als Reliquien in Betracht kommenden Gegenstände besonders durch Naturgegebenheiten wie konkrete Steine, Flüsse, Bäume, Tiere u. dgl., in die sich nach der namentlich in traditionellen Kulturen verbreiteten Auffassung Ahnen, mythische Kulturheroen, große Schamanen u. a. bei ihrem Abschied von der gewöhnlichen Welt verkörpert haben sollen.

III. Wirksamkeit

Reliquien sind mehr als nur Andenken. Kritiker im Schoße aller Universalreligionen suchen sie darauf zurückzuführen. Im Gegensatz zu deren vielfach erstaunlich gleichlautenden Argumenten, die besonders auf die vielen kuriosen Züge der Reliquienverehrung abheben[4], beruht die Verwendung von Reliquien auf dem Glauben, daß Verstorbene, die sich zu Lebzeiten augezeichnet haben, auch nach ihrem Tod persönlich oder durch ihre Überreste wirken können.[5] Die von Fr. Pfister[6] eingeführte Unterscheidung zwischen animistischer – durch die Verehrung ihrer Reliquien von den Verstorbenen selbst – und orendistischer – einer bloß von den Reliquien und der ihnen innewohnenden Kraft ausgehenden – Wirksamkeit kann sich auf Unterschiede im Umgang mit Reliquien berufen, bleibt aber aufs ganze gesehen ein Konstrukt, das schon an der vorausgesetzten, ganz unpersönlich gefaßten Mächtigkeit (Orenda, Mana) scheitert. Grundsätzlich wird für die Wirksamkeit von Reliquien deren Echtheit vorausgesetzt. Dafür genügt aber eine längere Tradition, die selbst in der heutigen

---

[4] Für die innerchristlichen Kontroversen vgl. Heiler, Art. Reliquien, 1046. Im Buddhismus war die Reliquienverehrung ursprünglich nur für Laien gedacht, und nach späteren Auffassungen bleiben in der letzten Verfallsperiode vor dem Untergang der Lehre nur noch die Reliquien übrig, siehe E. Conze, Der Buddhismus. Wesen und Erscheinung, ^{3}1962, 80. 108f.

[5] Zur Macht der Gräber und Leichen siehe G. v. d. Leeuw, Phänomenologie der Reliquien, ^{2}1956, 262–266.

[6] Siehe Pfister, Art. Reliquien, 1961; zur Beschreibung des altgriechischen und frühchristlichen Reliquienkultes siehe ders., Der Reliquienkult im Altertum, 109–112.

römisch-katholischen Kirche, die auf Authentizität der Reliquien besonderen Wert legt, nur durch positive Unechtheitsbeweise außer Kraft gesetzt werden kann.[7] Alle wirksamen und wundertätigen Gegenstände, die nicht in ihrem konkreten materiellen Bestand auf »Heilige« zurückgeführt werden, gehören in den weiten Bereich öffentlicher und privater Devotionalien oder Andachtsgegenstände.

B Religionsgeschichtlicher Überblick

Verbreitung, Verwendungszwecke und konkrete Kultformen unterliegen zahlreichen Variationen.

I. Vorgeschichtliche und schriftlose Stammeskulturen

Der Glaube, mittels körperlicher Überreste toter Individuen der näheren oder entfernteren Vergangenheit in den Genuß der Heiligkeitskraft zu gelangen, die sie zu Lebzeiten auszeichnete, ist für vorgeschichtliche Kulturen anzunehmen und für rezente schriftlose Völker ausgiebig belegt. Er ist Teil ihres magischen Weltverständnisses und liegt Phänomenen wie Kopfjagd und Kannibalismus zugrunde. Organische Überreste werden in vielen Kulturen sowohl innerhalb als außerhalb des Grabes verehrt. Im Grab gewähren Leichnam oder Asche den Umwohnenden Schutz. Nicht selten versammeln sich auch entfernt wohnende Angehörige und selbst Stammesfremde an solchen Grabstätten, um Feiern abzuhalten, Tote beizusetzen oder sich bei besonderen Anlässen der Hilfe der Verstorbenen zu versichern. Daneben werden bestimmte Knochen sowie Haare und Nägel zum Schutz vor Feinden oder gefährlichen Tieren, vor alltäglichen Gefahren und bösen Geistern als Amulette an Körper, Kleidung oder Waffen getragen oder and der Feuerstelle, der Bettstatt oder sonstwo in der Behausung aufgehängt. Es kann aber auch das Fleisch kürzlich Verstorbener oder rituell Getöteter verspeist, das Blut zum Einreiben benutzt oder eine Salbe aus Fettsubstanzen, Asche u. dgl. hergestellt werden. Zahllos sind die Möglichkeiten, praktisch alle Körperpartikel beim Regenzauber, zur Heilung Kranker, zur Abwehr von Not und Unheil, bei Orakeln und Beschwörungen sowie zur Erhöhung der Wirksamkeit praktisch aller rituellen Prozeduren einzusetzen. In ähnlichem Sinne werden auch Waffen, Schmuck- und Kleidungsstücke benutzt. Instrumente wie das Schwirrholz, die nur die Stimme von Urahnen und Göttern darstellen oder mythische Heroen rein symbolisch repräsentieren, sind keine Reliquien mehr.

II. Volks- und Universalreligionen

1. *Volksglaube:* In den religiösen Literaturen erscheinen Reliquienglaube und -verehrung in sehr unterschiedlichem Umfang. Doch selbst wo sie ganz zu fehlen scheinen, werden sie in einzelnen Grenzziehungen gegenüber weitgehend invarianten Volksglauben zumindest in Form der Gräberverehrung anscheinend ungebrochen praktiziert.

---

[7] So nach der Enzyklika Papst Pius X. »*Pascendi dominici gregis*« vom 8.9.1910; zur gesamten katholischen Kirchenlehre siehe Niermann, Art. Reliquien.

Ein Musterbeispiel der jüngsten Forschung liefert das frühe Judentum. Während die religiösen Autoritäten hier von Reliquien so gut wie gar nichts wissen wollten und selbst Spezialisten deswegen davon ausgingen, ein Kult des Leichnams habe sich allein deswegen nicht entwickeln können, weil das Berühren von Leichen und selbst Gräbern verunreinige[8], ergab das Studium der Verehrung biblischer Heiliger im frühen Judentum und der Wallfahrten zu ihren Gräbern, daß eine sehr lebhafte Verehrung dieser Gräber praktiziert worden sein muß.[9]

2. *Volksreligionen:* Durchgehende Motive für die Verwendung und Verehrung von Reliquien sind nur schwer auszumachen. Ahnen- und Totenkult führen nicht automatisch zur besonderen Hochschätzung der Überreste einer bestimmten Klasse Verstorbener. In China ist das Reliquienwesen stärker an den Buddhismus als an Konfuzianismus und Taoismus gebunden, und in der römischen Religion fehlt ein eigener Kult von Heroen und »Heiligen«. Auch das Bemühen, den Leichnam Verstorbener möglichst lange unversehrt zu erhalten, führt nicht zwangsläufig zur Überzeugung einer besonderen Qualität der Gebeine im Grab. So kann man im alten Ägypten von Reliquien fast nur in Zusammenhang mit Osiris sprechen.[10] Zentren bildeten die sogenannten Serapeen über den Gräbern, in denen seine Leichenteile beigesetzt sein sollten. Verschiedene, der in griechisch-römischer Zeit auf 42 bezifferten, über ganz Ägypten verstreuten Begräbnisstätten, stritten miteinander um den Besitz einer oder mehrerer Leichenpartikel. Mehr als der schwunghafte Wallfahrtsbetrieb und die Bevorzugung des Umfeldes einiger dieser Osirisgräber als Bestattungsplätze zeigen diese Auseinandersetzungen die Hochschätzung der weitgehend nur im Grabe verehrten Reliquien. Daneben haben wir nur noch von einem Haar der Isis und von Knochen riesenhafter Wesen der Frühzeit nähere Kunde. Der wohl nur symbolische Dedpfeiler des Osiris gehört schon in den Bereichen wirkmächtiger Andachtsgegenstände. – Über Heroen, deren Reliquien überwiegend in den Gräbern verehrt wurden und daran gebunden blieben, und die Vorstellung, daß Sterbliche in den Bereich der Götter aufgenommen werden konnten, war der Reliquienkult in Griechenland stark an Mythen und Sagen gebunden. Der an der Schwelle zu den Universalreligionen stehende Hinduismus zeigt aber, daß die von Fr. Pfister[11] u. a. als Voraussetzung eines Reliquienwesens postulierte Existenz von Legenden und Sagen nur teilweise ausreicht. Trotz zahlreicher Erzählungen über göttliche und halbgöttliche Wesen kennt nämlich, wie Spezialisten wie H. v. Glasenapp[12] betonen, der Hinduismus kaum einen Reliquienkult. Erweckt auch der realpräsentische Charakter der Bilder, namentlich bei den vielen dieser auf wunderbare Ursachen zurückgeführten von Heiligen, vor allem wenn sie wie z. B. die hochverehrten Statuen von Puri die sterblichen Überreste des Jaganatha und seiner zwei Geschwister oder wie das berühmte Vishnu-pada in Gaya

---

8 Vgl. Num. 19, 11 und über die halachische Unreinheit von Leiche und Grab siehe Encyclopaedia Judaica 13 (Jerusalem 1972) 1407–1412, besonders 1409.

9 Grundlegend dazu M. Simon, Les saints d'Israël dans dévotion de l'Église ancienne, in: Rev. d'Hist. et de la Philos. Relig. (1954) 98–127 = ders., Recherches d'Histoire Judéo-Chrétienne, 1962, 154–180, besonders 161–170; ebenso J. Jeremias, Heiligengräber in Jesu Umwelt, 1958, besonders 138–143.

10 Dazu Näheres bei H. Beinlich, Art. Reliquie, in: W. Helck und E. Otto (Hrsg.), Lexikon der Ägyptologie 5 (1983) 230–232.

11 Pfister, Art. Reliquien, 1962.

12 Glasenapp, Glaube und Ritus der Hochreligionen, 1960, 103.

die Fußspuren desselben Vishnu enthalten, einen etwas anderen Eindruck, so spielt Reliquienverehrung im Hinduismus doch eine deutlich geringere Rolle als in dem gewiß nicht prinzipiell mythen- und sagenreicheren Buddhismus.

3. *Universalreligionen:* Für die mit Abstand umfassendste Ausprägung des Reliquienwesens in Buddhismus und Christentum waren die Ferne und Unanschaulichkeit des Heilszieles bedeutsam. Da aber die entschiedene Ablehnung der Reformatoren in den von ihnen initiierten Kirchen Bestand hat, werden die älteren Vorbilder, an die beide Traditionen aus unterschiedlichen Gründen anknüpfen mußten, den Ausschlag gegeben haben. Für das entstehende Christentum war dies der das Leben hellenistischer Städte stark prägende Heroenkult und die Verehrung biblischer Heiliger im frühen Judentum.
(a) Der Reliquenglaube entstand, als Heroen und biblische Heilige von den Märtyrern, die dem »getreuen Zeugen« Christus bis zur Hingabe ihres Lebens gefolgt waren, verdrängt wurden. Nach Anrufung von Märtyrern seit dem 2. Jahrhundert wurde wohl ab etwa 200 das Totengedächtnismahl an ihrem Grab durch die Eucharistie ergänzt und langsam ersetzt. Als seit dem 4. Jahrhundert die Eucharistie nach und nach nur noch über Märtyrergräbern gefeiert wurde, sah man sich im griechischen Osten, wo die Trennung von Grab und Wohngebiet der Lebenden vor allem bei Heroen und die Bestimmungen über die Unantastbarkeit von Gräbern, die das römische Recht kannte, weniger streng gehandhabt wurden, allgemein früher als im römischen Westen gezwungen, die Gebeine von Märtyrern an die gewünschte Stelle zu transferieren, dem großen Bedarf durch Aufteilung der Gebeine in kleinste Partikel abzuhelfen, auf Grund übernatürlicher Hinweise bisher unbekannte Märtyrergräber zu entdecken, die neue Kategorie anorganischer Reliquien einzuführen und künstliche Reliquien herzustellen. Ergänzend erfreute sich schon bald nach Konstantin die Hinterlassenschaft Jesu und dessen engerer Umgebung besonderer Beliebtheit[13] und wurde, wie z. B. das Kreuz, in kleinen Partikeln über die ganze bewohnte Erde verteilt. Spätere Kuriosa wie Fläschchen mit Milch Mariens, die Vorhaut Jesu oder Federn des Heiligen Geistes verdeutlichen, wie dadurch Betrug und Mißbrauch Tür und Tor geöffnet waren. Namentlich die Verquickung mit kommerziellen Interessen ließ den Protest der Reformatoren auf fruchtbaren Boden fallen, so daß Reliquien in den der Reformation entsprungenen Kirchen bis auf verschwindende Ausnahmen offiziell abgeschafft und in der römisch katholischen Kirche dem mäßigenden Einfluß von Kirchenrecht und Theologie unterworfen wurden.[14]
(b) Das Reliquienwesen muß auch in Buddhas Umwelt eine festverankerte Institution gewesen sein, als er um 480 v. Chr. starb. Obwohl mit dem traditionellen Buddhabild nicht zu vereinbaren, läßt das kanonische Mahaparinibbana Sutta rückblickend die Tradition der Buddhareliquien mit den wunderbaren Ereignissen bei Einäscherung des Leichnams und der Verteilung der unversehrt erhaltenen Knochen und der Asche an 9 Familien beginnen, die sie in Rundhügeln, Vorformen der späteren sich nach oben verjüngenden Stupas, beisetzten. Die spätere Legende kennt 7 Hauptreliquien (4 Eckzähne, die beiden Schlüsselbeine und das Stirnbein) sowie zahlreiche kleine und kleinste Partikel, die hauptsächlich von König Ashoka in der gesamten buddhistischen Welt verteilt worden sein sollen. Dabei kamen zahlreiche mit Sicherheit falsche leibli-

[13] Beispiel: von wunderhaften Wirkungen der Kleider des Apostels Paulus berichtet bereits Apg. 19, 12.

[14] Die seit Pfister modifizierte Sicht der frühchristlichen Reliquienverehrung ist besonders bei Kötting, Reliquienverehrung und ders., Der frühchristliche Reliquienkult, nachzuverfolgen.

che Überreste, Haare, Nägel, Fußspuren und der gewaltige Zahn in Kandy / Ceylon und Gegenstände, die in engerer Beziehung zu ihm gestanden haben sollen (z. B. eine Kutte oder seine Almosenschale), nicht nur Buddhas, sondern auch von Vorläufern und anderen Buddhas und Boddhisattvas, sowie verschiedenen Heiligen vor allem in Indien, auf Ceylon und in Hinterindien auf. In Tibet sind es vor allem Überreste von Dalai Lamas und anderen Kirchenfürsten, die vereinzelt bereits zu Lebzeiten Gegenstand der Verehrung waren. Im alten Buddhismus noch vorrangig hochgeschätzte Andenken[15], werden die Reliquien in Mahayana Buddhismus machthaltige, Unheil abwehrende und die Erlösung fast magisch fördernde Objekte. Die große Bedeutung der Reliquien Buddhas erhellt daraus, daß namentlich auf Ceylon und in Hinterindien viele vor- und außerbuddhistische Heilige Stätten durch angebliche Reliquien des Erhabenen oder anderer buddhistischer Heiliger buddhistisch angeeignet werden. Während die Reliquien sonst bevorzugt in den Stupas und Schreinen ehrfurchtsvoll begrüßt, umschritten, berührt oder geküßt werden und Huldigungen verschiedener Art erhalten, kommt es an den sekundär buddhistischen Heiligtümern auch zu Reliquienhandel und zu allerlei magischen Applikationen beweglicher Objekte. Zumindest Ansätze zur Reliquienverehrung hat es zeitweise auch im Jainismus gegeben.
(c) Reliquien sind auch dem Islam ursprünglich fremd. Auch hier hat sich die Verehrung der Barthaare des Propheten z. B. in Bidschapur / Indien, seines Gewandes oder Mantels in Konstantinopel, seiner Fußspuren an verschiedenen Orten sowie der Gräber zahlreicher Sufi-Pirs und anderer Ortsheiliger unter bestimmendem Einfluß der vor- und außerislamischen Umgebung zunächst in ausgesprochenem Gegensatz und langsam mit halbherziger Duldung der Orthodoxie eingebürgert.

Literatur

Heiler, Fr., Art. Reliquien, in: RGG³ 5, 1044–1047; Kötting, B., Reliquienverehrung. Ihre Entstehung und ihre Formen, in: Trierer Theol. Zeitschr. 67 (1958) 321–334; ders., Der frühchristliche Reliquienkult und die Bestattung im Kirchengebäude, 1965; Niermann, E., Art. Reliquien, in: Sacramentum Mundi 4 (1969) 281–286; Nola, D. di, Art. Reliquie, in EdR 5 (1973) 309–314; Pfister, Fr., Der Reliquienkult im Altertum, in: Religionsgesch. Versuche u. Vorarbeiten 5, 1/2, 1909–1912; ders., Art. Reliquien, in: RGG² 4, 1961–1963; Smith, V. A., Art. Relics, in: ERE 10 (1952) 650–662.

Karl Hoheisel

→ *Kultobjekte, Totenkult*

[15] Zum Sinn altbuddhistischer Reliquienverehrung siehe E. Conze, Der Buddhismus, 74–76; mit Blick auf spätere Formen siehe B. Schlinghoff, Die Religion des Buddhismus 2, 1963, 62–68.

Rhythmus

Der Rhythmus, vorzugsweise wahrgenommen in menschlichen Artefakten wie Musik, Dichtung, Malerei, Architektur usw., ist die elementare Weise der natürlichen (Ein-)Gliederung der Lebewesen in Zeit und Raum. Organisches Leben pulsiert, und in diesem Puls, dem Atem des Lebens, findet der Rhythmus seine Grundlage. Neurophysiologisch werden Bedeutungen – in weiterer Folge Information, Sinn, Kommunikation – durch Muster generiert, die die Form rhythmisch stoßweiser Trägerprozesse, der Aktionsströme der Nervenbahnen, bilden. Die rhythmische Ordnung kann hier nach Frequenz, Amplitude, Interferenz und Modulation klassifiziert werden. Dabei gilt: je komplizierter der Rhythmus, insbesondere die Modulation, desto höher organisiert die Lebensform.[1] Wie die Muster konkret lesbar sind, ist noch unbekannt. Es kann jedoch festgehalten werden, daß schon auf der organisch unbewußten und unbeeinflußbaren Ebene ein direkter Weg vom Rhythmus zur sinnstiftenden Bedeutung führt. Das begründet das Postulat, daß der Rhythmus unbewußt wirkt. Diese Wirkung macht sich zuerst in instinktiven Verhaltensweisen geltend, denn »der Instinkt ist die Logik der Organe«[2]. Instinktives Verhalten funktioniert durch periodische Wiederholungen in bestimmten zeitlichen Abständen und bildet dadurch eine rhythmische Struktur, nicht anders Reflexe und basale Bedürfnisse: Hunger, Durst, Sexualität. Der Rhythmus scheint dabei biologisch noch grundlegender zu sein als selbst die Reiz-Reaktions-Logik, denn durch sog. Übersprunghandlungen können Tiere sich zu den auslösenden Mechanismen adäquate Reize selbst suchen und setzen und offenbar nur dadurch innerhalb ihres Rhythmus der Triebbeherrschung bleiben.

Der Rhythmus besitzt bereits eine reversible Struktur, die für höhere Operationen und intelligente Handlungen funktional ist: »das rhythmische Schema erfordert immer in der einen oder anderen Weise das abwechselnde Funktionieren von zwei entgegengesetzten Prozessen, von denen der eine die Richtung A–B und der andere die Richtung B–A hat«[3]. Insofern ist dem Rhythmus eine kreisende Rückbezüglichkeit eigentümlich, auf die sich die primären sensu-motorischen Verhaltensweisen stützen, wenn sie die ersten Regulierungen aufbauen und organisierte Handlungsschemata integrieren[4]. In diesem Zusammenhang kann der sinnlich zurückgekoppelte, noch bedeutungslose Laut als die erste Sprachwurzel verstanden werden. Der Säugling wird nämlich in rhythmisch gegliederter Form, etwa einem »rerere«, zur sprachlichen Imitation provoziert[5]. Parallel zu diesem ontogenetischen Ursprung der Sprache darf phylogenetisch vermutet werden, daß rhythmisch ebenso permanente Wiederholungsformen, also Tanz und Ritus, für den Frühmenschen die Veranlassung zur sprachlichen Kundgabe gebildet haben müssen[6]. Sprache fungiert dabei als unbewußtes und nur handlungsbegleitendes Medium. So kann sie ihr magisches Potential, das in der unablässigen formelhaften Wiederholung besteht, gewinnen und in dieser Funktion sich vom

---

1 H. Benesch, Der Ursprung des Geistes, 1977, vgl. S. 96ff.
2 J. Piaget, Die Psychologie der Intelligenz, 1971, S. 189.
3 Piaget, a. a. O., S. 191
4 Piaget, a. a. O., vgl. S. 192ff.
5 A. Gehlen, Der Mensch, ^{9}1972, vgl. S. 141ff.
6 Gehlen, a. a. O., vgl. S. 144, 270f.; L. Mumford, Mythos der Maschine 1977, vgl.S. 91ff.

Ritus ablösen, wenn eine Raum-Zeit-Unabhängigkeit gewonnen ist und metaphorische Kontextüberschreitungen gelingen.

Alle rituellen und kultischen Selbstverständigungen des Menschen sind als periodische Wiederholungsleistungen rhythmischer Natur. Die Schwelle zum Bewußten wird passiert, wenn von einem reinen Wiederholungsautomatismus zur verfügbaren und inszenierungsnotwendigen Wiederholbarkeit fortgeschritten und in ihr Bedeutung konstituiert wird. Insofern ist dann der Rhythmus, in dem die Gemeinschaft ihre Feste und Zeremonien durchführt, frei gewählt, weil die zeitlichen Abstände seines Beginns dies sind. Wahrscheinlich sind dabei die Raum und Zeit weit übergreifenden Perioden erst relativ späten Datums und, wie z. B. die Neujahrsfeste, dann immer auch in natürliche Rhythmen eingelagert.

Jedem Rhythmus, der zum Anfang zurückkehrt, eignet ein diskontinuierliches Element, denn jede Ordnung, die im immer wieder einmaligen Akt der rituellen Anstrengung hergestellt wird, verliert bis zur nächsten »Schöpfung« an Durchsetzungskraft, ähnlich wie eine Uhr, die, sofern man sie nicht aufzieht, abläuft. Der Rhythmus offenbart hier seinen Ausdruck als den eines pendelartigen Schwingens, das, wie LORENZ gezeigt hat, sehr tief in das menschliche Leben hineinreicht, auch dort, wo es nicht mehr rituell geregelt ist[7]. Das Ritual jedenfalls bündelt die Stimmung der es Praktizierenden zusammen und läßt sie in eine gleiche Schwingung, einen einheitlichen Rhythmus, geraten, am besten dokumentiert durch den Tanz und die Trance, in die er mündet. Die solchermaßen vereinheitlichende Stimmungsmache ist seine Aufgabe, und schon im Tierreich wird durch das Ritual eine rhythmisch strukturierte, geformte Stimmungslage durchgesetzt[8].

Rhythmische Formung reicht weit in hochkulturelle Vergesellschaftungsprozesse hinein und wird dort an ihrem herausragenden Merkmal, der Schrift, besonders deutlich. Auch geschriebene Sprache scheint nämlich, im Einklang mit ihrem tradierbaren Charakter, überhaupt nur Geltungskraft zu haben, wenn sie in rhythmisch stereotyper, konventioneller und formelhafter Manier Anwendung findet. An der altchinesischen Literatur, die nur »aus übernommenen Redensarten« besteht, hat GRANET[9] exemplarisch deutlich gemacht, daß Sprechen und Schreiben hier überhaupt nur Wirkung erzielen können – und das ist ihr Zweck –, wenn althergebrachte Wendungen in rhythmisch kodifizierter Form aneinandergereiht werden. Diese sprachliche Organisation ist nicht logisch und analytisch, deshalb syntaktisch kaum gegliedert, und auch nicht an Originalität interessiert. Erst das Wiederfinden und Wiederholen standardisierter Formeln übt beim Adressaten magische Gewalt aus. Die Sentenzen sind dabei so allegorisch und metaphorisch abgefaßt, daß sie in beliebige Kontexte passen und dort trotzdem eine eigenständige Bedeutung entwickeln. Zurück gehen diese konventionellen Wendungen auf rituelle Wechselgesänge, deren hauptsächliche Funktion es ist, in Ekstase zu versetzen. Und genau dieses suggestive Unterlaufen des Bewußten ist denn auch der generelle Zweck der vom Ritus abgelösten Sprache, sofern sie diesem Gesangsrhythmus verhaftet bleibt und ihn in sich fortsetzt. Hier wie dort, sprachlich wie rituell, ist mit der Subsumtion der Menschen unter zeremonielle Regeln die Einbindung ihrer Verhaltensweisen in die ›heilige‹ Ordnung angezielt. Und zusammengehalten wird das Ganze, Rede so gut wie Ritus, durch den Rhythmus. Je mehr Redean-

---

7 K. LORENZ, Die Rückseite des Spiegels, 1973, vgl. S. 295ff.

8 A. PORTMANN, Das Tier als soziales Wesen, 1978, vgl. S. 333.

9 M. GRANET, Das chinesische Denken, 1980, S. 39, vgl. zum folgenden S. 38ff.

teile im gleichartigen Rhythmus auf konventioneller Basis zusammengefügt werden können, desto hypnotischer die Wirkungskraft.
Sprache ist also aufgrund ihres rhythmischen Charakters auch ein unbewußtes, hypnotisches und eher körperlich spürbares denn geistig konstruiertes Medium des Ausdrucks. Als solches, in einer Einheit mit Musik und Tanz, ist sie auch in der antiken griechischen Poesie faßbar. Der Rhythmus schafft hier erfüllte Zeiten des Sprechens und Singens, die in einer geregelten Aneinanderreihung von kurzen und langen Silben Muster des Ausdrucks und intersubjektiv gleichförmige Ausdrucksmöglichkeiten hervorbringen. Die rhetorischen Mittel der Wortstellung zum Zweck eines einheitlichen Pulsierens zielen auf die Symbiose von Sprecher und Hörer auf der Linie der gemeinsam körperlich wahrnehmbaren rhythmischen Ordnung. Der Vortrag des Redners soll deshalb als eine Art Sprechgesang, unterstützt durch tänzerische Bewegungen, sich subjektiv der suggestiven Wirkungsmacht des in der Sprache objektiv vorgegebenen Rhythmus anpassen.[10]
In einer großen Bandbreite von Manifestationen stellt somit der Rhythmus die ursprüngliche »Kontaktfläche« (GEORGIADES) des Bewußtseins mit der Wirklichkeit her. Auch in der – europäischen – Neuzeit, in der ein wesentlich abstraktes Zeitverständnis den eruptiven Rhythmus, zumal in der Musik durch die leere Zeit der Takteinteilung und die Überkreuzungen der Mehrstimmigkeit, gezähmt und seine Kraft sublimiert hat, bleibt offenbar die Möglichkeit des magischen Durchschlagens rationaler Weltverständigung virulent. Es sei daran erinnert, mit welchem Erfolg z. B. die nationalsozialistische Diktatur sich die Gewalt des Rhythmus, umgesetzt in Techniken der Massenpropaganda, zu Nutze gemacht hat.

Thomas Böhm

→*Ekstase, Ritual / Ritus, Sprache, Tanz, Zeit*

Ritual / Ritus

A Begriff, Begriffsgeschichte

»Ritual« ist Oberbegriff für religiöse Handlungen, die zu bestimmten Gelegenheiten in gleicher Weise vollzogen werden, deren Ablauf durch Tradition oder Vorschrift

---

[10] E. NORDEN, Die antike Kunstprosa, [5]1958, Bd. 1, vgl. S. 42 ff., 55 ff.; T. GEORGIADES, Musik und Rhythmus bei den Griechen, 1958, vgl. S. 7 ff., 18, 40, 64.

festgelegt ist, und die aus Gesten, Worten und dem Gebrauch von Gegenständen bestehen mögen. In diesem Sinne sind die katholische Messe, der evangelische Predigtgottesdienst, die christliche Taufe, die jüdische Beschneidung, das vedische Schlachtopfer, die Rezitation buddhistischer Texte durch einen Mönch, das Schattentheater des Priester-Poeten auf Bali, Beispiele für Ritual. Als Ritual bezeichnet man sowohl die wirklich stattfindende Handlung als auch die für sie maßgebenden Regeln.

Ritual und Ritus leiten sich ab von lat. *ritus* bzw. *ritualis* (zum *ritus* gehörig). Das lat. Wort ist von ungewisser Etymologie. Viele denken an einen Zusammenhang mit dem Sanskrit-Wort *rta*; dieses bezeichnet »die auf Gesetzmäßigkeit und Regelmäßigkeit beruhende normale und deshalb richtige, natürliche und deshalb wiederum wahre Struktur des kosmischen, weltlichen, menschlichen, rituellen Geschehens«.[1] In Frage kommt jedoch auch das indogermanische Wort *ri-*, das etwa im griechischen *rheo* (fließen) wiederkehrt und auf einen Verlauf, eine Handlungsabfolge verweist.[2] Das lat. *ritus* bedeutet »Sitte, Brauch« und wird besonders in der Juristensprache (*rite*, »in der rechtlich vorgeschriebenen Form«) und Sakralsprache gebraucht.[3] So lautet eine von CICERO[4] vorgeschlagene sakralrechtliche Grundforderung: »*Ex patriis ritibus optima colunto*« (Von den väterlichen [Religions]bräuchen soll man die besten pflegen). Hier steht *ritus* für »*mos comprobatus in administrandis sacrificiis*« (die anerkannte Weise, Opfer darzubringen).[5] CICERO erwähnt einmal die *libri rituales* (Ritualbücher) der Etrusker, die offenbar der Wissenschaft von der Opferschau gewidmet waren.[6] *Ritus* und *ritualis* wurden in der lateinischen Kirchen- und Gelehrtensprache im Zusammenhang mit dem christlichen Gottesdienst gebraucht, vgl. folgende Umschreibung: »Die Gesamtheit aller sichtbaren, eine gottesdienstliche Handlung (liturgischen Akt) bildenden Formen wird Ritus genannt (z. B. Taufritus usw.). Mit dem Worte ›Ritus‹ bezeichnet man auch die Art und Weise der Ausführung und die besondere Eigentümlichkeit dieser Formen, besonders in sprachlicher Hinsicht und spricht daher von einem römischen, griechischen usw. Ritus. Bei den den Ritus bildenden Formen unterscheidet man wesentliche oder Kultakte und außerwesentliche oder Zeremonien. Je mehr Kultakte und je mehr Zeremonien bei einer gottesdienstlichen Handlung vorkommen, desto feierlicher ist der Ritus.«[7] Der Ritus ist also die vorgeschriebene Form der Messe, der Sakramentenspendung usw. Im »*Rituale Romanum*« (1614) sind die Vorschriften und Gebetstexte für wichtige Riten zusammengefaßt (mit Ausnahme der Messe, für die es ein eigenes Buch gibt, das »*Missale*«).

Als Psychologen wie S. FREUD (1907)[8] und Zoologen wie JULIAN S. HUXLEY (1914)[9] den Ausdruck Ritual säkularisierten und für Zwangshandlungen neurotischer Patienten

---

1 J. GONDA, Die Religionen Indiens 1, 1960, 78. Zu dieser Etymologie ROLOFF, RITUS, 61 f. und G. DUMÉZIL, La religion romaine archaique, [2]1974, 96.

2 Vgl. den Hinweis bei A. WALDE, J. B. HOFMANN, Lateinisches etymologisches Wörterbuch, 1954, Bd. 2, 437.

3 R. GANSCHINIETZ, Ritus, Kultakt und Kultus, in: RE II 1, 924–934; ROLOFF, Ritus, 36–65.

4 CICERO, De legibus 11, 22.

5 Festus, De verborum significatu, in: J. W. PIRIE, W.-M. LINDSAY, Glossaria latina, Bd. 4, 1965, 389 (2. Jh. n. Chr.).

6 CICERO, De divinatione I, 72.

7 P. HARTMANN, Repertorium Rituum, [5]1886, 1.

8 S. FREUD, Zwangshandlungen und Religionsübungen, in: Gesammelte Werke 7 (1941) 129–139.

9 J. S. HUXLEY, The Courtship Habits of the Great Crested Grebe, in: Proceedings of the Zoological Society of London 35 (1914) 491–562.

bzw. angeborenes »ritualisiertes« Signalverhalten von Tieren gebrauchten, setzte eine Inflation des Wortgebrauchs ein. Besonders Sozialpsychologie, Verhaltensforschung und Ethnologie verwenden ihn für alle durch Sitte geregelten Formen menschlichen Umgangs. So sind für E. GOFFMANN Interaktionsrituale »die Verhaltensregeln, die es überall gibt, wo Leute sind, unabhängig davon, ob es sich um öffentliche, halböffentliche oder private Orte handelt und ob diese unter den Auspizien einer sozialen Gelegenheit oder den lockeren Zwängen eines einfachen routinierten sozialen Rahmens stehen«.[10] Der Artikel »*Ritual Studies*« in der »*Encyclopaedia of Religion*«[11] sowie das seit 1987 erscheinende »*Journal of Ritual Studies*« setzen einen entsprechend weiten Ritualbegriff voraus. An diesem umfassenden Gebrauch von Ritual für stereotype und vorzugsweise nichtverbale Handlungen und Verhaltensweisen wird jedoch auch berechtigte Kritik geübt: »Ein Mann, der einem anderen die Hand gibt; ein anderer, der seinen Gott anbetet; ein dritter, der sich weigert, unter einer Leiter zu gehen; ein vierter, der nach dem Konzert klatscht, und schließlich einer, der ›Medizin‹ auf seinen Acker legt – welchen Sinn hat ein Ausdruck, der diese zusammenstellt? Gar keinen; es gibt nichts von Interesse, was diesen gemeinsam ist.«[12]

Seit dem ausgehenden 18. Jh. verwendet das Deutsche Ritus und Ritual in gleicher Bedeutung.[13] M. E. SPIRO[14] will »Ritual« als Gattungsbegriff für jede Art kultischen Verhaltens verwenden, »Ritus« dagegen als Bezeichnung für die kleinste Sinneinheit rituellen Handelns. Da Riten selten einzeln vorkommen, sondern Teile größerer Zusammenhänge bilden, will er die kleinste aus Riten aufgebaute Sinneinheit als Zeremonie (*ceremony*) bezeichnen, während er für den gesamten Handlungskomplex, der zu einem bestimmten Anlaß gehört, das Zeremoniell (*ceremonial*) nennt. Der Ausdruck ›Kult‹ (*cultus*) soll schließlich das gesamte Repertoire von Riten, Zeremonien und Zeremoniellen in einer Religion bezeichnen (wofür V. TURNER[15] freilich »*ritual system*« sagen möchte). Gleichgültig, ob man SPIROs Sprachregelung in allen Stücken folgen will oder nicht, es empfiehlt sich, zwischen ›Ritus‹ und ›Ritual‹ zu unterscheiden: Während ›Ritus‹ (Plural: Riten) die kleinsten Bestandteile heiliger Handlungen meint, bleibt Ritual für das sich aus Riten aufbauende Gesamtgeschehen vorbehalten. Man kann sagen, daß Ritual (unter dem Einfluß des Englischen) den Ausdruck ›Kult‹ zu verdrängen beginnt.

---

[10] E. GOFFMAN, Interaktionsrituale, 1971, 8.

[11] R. L. GRIMES, Art. Ritual Studies, in: ER XII, 422–425.

[12] J. SKORUPSKI, Symbol and Theory, 1976, 171. Zur Kritik an der biologischen Usurpation des Ritualbegriffs vgl. B. GLADIGOW, Religion im Rahmen der theoretischen Biologie, ders. Neue Ansätze in der Religionswissenschaft, und H. G. KIPPENBERG (Hrsg.) 1983, 97–112. Den Unterschied zwischen biologischem und kulturellem Ritualbegriff stellt auch M. ARGYLE heraus: Bodily Communication, 1975, 174.

[13] H. SCHULZ u. a., Deutsches Fremdwörterbuch 3 (1977) 454–458.

[14] M. E. SPIRO, Buddhism and Society, 1971, 199: »*The rite is the minimum significant unit of ritual behavior.*«

[15] V. UND E. TURNER, Image and Pilgrimage in Christian Culture, 1978, 244.

B Phänomenologie

I. Elemente ritueller Wirklichkeit

In der Vielfalt ritueller Handlungen lassen sich gewisse, immer wiederkehrende Grundbestandteile erkennen, die gleichsam dessen ›Atome‹, dessen kleinste Bestandteile darstellen. Als Handlungen oder Objekte machen sie entweder den Kern von Ritualen aus oder treten noch häufiger als mannigfach kombinierbare Teile komplexer, oft langdauernder Handlungsabfolgen auf. Die religionsphänomenologische Tradition hat sie vor allem als »heilige Handlungen« und »heilige Gegenstände« inventarisiert und zu beschreiben versucht. Im Anschluß an eine von A. F. C. WALLACE gegebene Liste lassen sich folgende (alphabetisch geordnete und durch Beispiele erläuterte) Elemente angeben:

(1) *Berührungsgeste:* Handauflegung bei der katholischen Priesterweihe, Backenstreich bei der katholischen Firmung, Salbung bei der Taufe, Krankensalbung als christliches Sakrament, Austauschen des Friedenskusses in der Messe, Kuß des Altars und Evangelienbuches, Berühren einer Heiligenstatue.

(2) *Eingriff in den Körper:* Beschneidung, Anbringen von Stammesmarkierungen im Gesicht oder an anderen Stellen des Körpers, Selbstverwundung, Kasteiung.

(3) *Ekstase:* Rituelles Verhalten kennt neben steifer Würde auch Wildheit und Ekstase als seelisch-körperliche Sonderzustände.

(4) *Elimination:* Der biblische Sündenbock trägt die ihm aufgeladene Schuld in die Wüste; tote menschliche Körper werden beseitigt durch Bestattung, Verbrennen oder Aussetzen auf einem Baum; Opferreste werden beseitigt.

(5) *Essen und Trinken:* Christliches Abendmahl, Verzehr von geopferten Tieren, Genuß von halluzinogenen Pflanzen.

(6) *Gebet:* Bitte, Dank, Beschwörung eines Geistes, Segen des Priesters.

(7) *Gesang* des Priesters, eines Chores, der ganzen Gemeinde.

(8) *Imitation:* Darstellung von Göttern oder Geistern durch Masken, Bemalung und Tanz; rituelles Nachspielen von Jesu Abendmahl.

(9) *Inspiration:* Geister sprechen aus Menschen, die sich im Zustand einer Trance befinden; Zungenrede in christlichen Pfingstgemeinden.

(10) *Kleidung:* Talar des protestantischen Pfarrers, katholisches Meßgewand (zur Markierung der Grenze zwischen Priester und Laie), jüdischer Gebetsmantel, Taufkleid, untersagte oder vorgeschriebene Kopfbedeckung; ähnlich: bestimmte Bemalung des Körpers, Schmuck (zum Imponieren), Maskierung, Tonsur; schließlich: rituelle Nacktheit (als Erniedrigung).

(11) *Körperhaltung und -bewegung:* Knien im katholischen Gottesdienst (als Beispiel für eine Geste der Selbsterniedrigung), Senken des Kopfes in bestimmten protestantischen Traditionen, Sitzen oder Stehen während bestimmter Handlungen, gemeinsames Schreiten in einer Prozession.

(12) *Musik und Klangkörper:* Trommel, Gong, Orgel; das Orchester führt eine »Messe« auf; Kirchenglocken, Altarschellen der katholischen Liturgie.

(13) *Objekt, rituelles:* Götterbild, Buddhastatue, Reliquien, Ikone; aufbewahrtes eucharistisches Brot im Tabernakel der katholischen Kirche.

(14) *Opfer:* Töten eines Tieres oder – selten – eines Menschen; Selbsthingabe eines Menschen im Martyrium oder in der schiitischen Aschura-Prozession; Einsammeln einer Geldgabe.

(15) *Predigt:* Kern regelmäßiger Kulthandlungen in Christentum, Judentum, Islam; auch im Buddhismus.
(16) *Rezitation:* Gemeinsame Rezitation des Glaubensbekenntnisses oder bestimmter Gebete – Vaterunser – im christlichen Gottesdienst; Vorlesen aus Bibel, Koran oder aus buddhistischen Schriften.
(17) *Tabu-Beachtung:* Fasten vor Empfang der Eucharistie; Verbot, in der Kirche zu reden; Trennung von Männern und Frauen im Gottesdienst – bes. bei Juden und Muslimen.
(18) *Tanz:* In der christlichen Tradition fehlend oder nur schwach ausgeprägt, sonst aber häufig.[16]
(19) *Versammlung:* Die meisten religiösen Rituale erfordern die Anwesenheit mehrerer Personen, der ›Gemeinde‹.
(20) *Waschung:* Christliche Taufe, islamisches Waschen vor dem Gebet, indisches Baden im heiligen Fluß, katholischer Gebrauch von Weihwasser (mit Benetzung oder Besprengung als Andeutung einer Waschung).
Ein erster Blick auf die Liste vermag darüber zu belehren, daß sie ›primitive‹, ins Tierreich zurückreichende Elemente (etwa Unterwerfungs- und Imponiergesten: Verkleinerung durch Kniebeuge und Prostration; Vergrößerung durch Tragen einer Mitra) ebenso erhält wie kulturell stark entwickelte (Vorlesen aus Büchern). Allerdings darf sich eine Interpretation nicht auf die Elemente beschränken, denn Rituale sind organisierte Handlungsabläufe, nicht wahllose Spiele mit einem Repertoire von Elementen. Diese werden durch Teilnehmer und Ablauf, durch Anlässe und Zwecke, aber auch durch ihre Verwurzelung im Mythos strukturiert und organisiert.

II. Teilnehmer und Funktionäre

Zum Verständnis eines religiösen Rituals ist die Bestimmung des Teilnehmerkreises von großer Bedeutung. Dabei läßt sich in der Regel zwischen Ritualen unterscheiden, die für eine Gruppe der primären (Familie, Verwandtschaftsgruppe) oder eine solche der sekundären Sozialstruktur (Gemeinde, Staat) durchgeführt wird.[17] So kennt das biblische Israel, neben dem vom König unterstützten Jerusalemer Tempelkult, auch den Kult der Sippe (1 Sam. 20, 6) und die Verehrung von Hausgottheiten (Gen. 31). Im Christentum werden bestimmte Rituale vor allem in der Familie durchgeführt (etwa Taufe und Hochzeit), während andere zur größeren Öffentlichkeit der Gemeinde gehören (Messe, Predigtgottesdienst am Sonntag). Dementsprechend lassen sich »Kleinkult« der Familie und »Großkult« (oder »Hochkult«) der umfassenderen Gruppe unterscheiden, so daß die von F. Tönnies[18] eingeführte Unterscheidung zwischen »Gemeinschaft« und »Gesellschaft« hier eine Entsprechung hat. Der Großkult hat nach der Idee seiner Träger das Wohlergehen der Gruppe zu sichern, etwa den Sieg des Heeres, die Gesundheit des Königs (die dem ganzen Staat zugute kommt), Fruchtbarkeit des Landes und ähnliches. Dagegen stehen im Kult der Primärgruppe Anliegen

---

[16] R. R. Marett, The Threshold of Religion. ^{2}1914, XXXI: »*Savage religion is something not so much thought out as danced out*«.
[17] R. Albertz, Persönliche Frömmigkeit und offizielle Religion, 1978; D. Wachsmuth, Aspekte des antiken Hauskults, in: Numen 27 (1980) 34–75.
[18] F. Tönnies, Gemeinschaft und Gesellschaft, ^{2}1912.

der Familie, wie Gesundheit der Mitglieder, Fruchtbarkeit der Frau, Schutz auf Reisen und dergleichen, im Vordergrund.

Wo Ahnenverehrung gepflegt wird, stellt die Familie oder Lineage eine Kultgruppe dar; so etwa bei den Römern. Ein bekanntes Familienritual ist das jüdische Pascha (Passa). Sofern die Familie nicht (wie 1 Sam. 1) zu rituellen Zwecken ein Heiligtum aufsucht, liegt das Zentrum des Hauskults im Wohnhaus der Familie selbst, und zwar in der Form eines Schreines, eines Herrgottswinkels oder Hauskultzimmers (lat. *sacella*). Als im westlichen Christentum des 19. Jahrhunderts, besonders im Protestantismus, die Idee der ›christlichen Familie‹ aufkam, galten häusliche Schriftlesung, Beten und Singen als grundlegende, andere Ritualformen in den Schatten stellende Aufgaben.[19]

Einen ausgeprägten Staatskult kannte neben dem biblischen Israel z. B. auch das alte Ägypten, wo der Priester bei jeder Kulthandlung als Stellvertreter des Königs agierte und der gesamte tägliche Kult ohne Beteiligung von ›Publikum‹ durchgeführt wurde. Ähnlich war der Staatskult des alten China ausschließlich Sache des Kaisers und seiner Beamten. Die Dominanz des ›offiziellen‹ Kults kann so weit gehen, daß der Hauskult eingeschränkt und vereinheitlicht (so im antiken Judentum) oder sogar bekämpft wird. Nach PLATONs Verfassungsentwurf in den ›*Nomoi*« soll der Staat den Privatkult vollständig unterbinden: »Für alle ohne Ausnahme soll folgendes Gesetz gelten: Niemand darf im eigenen Haus Heiligtümer haben. Wenn jemand opfern will, soll er zu den öffentlich-staatlichen Heiligtümern gehen, und die Opfergabe soll er Priestern und Priesterinnen aushändigen... Nur in Gemeinschaft mit ihnen soll er beten.«[20] Bei mehrfachem Zuwiderhandeln sieht PLATON sogar die – an Dtn. 13, 7–12 erinnernde – Todesstrafe vor. Der islamische Mystiker AL-GHAZALI[21] hält den öffentlichen Kult für »siebzigmal besser« als private Frömmigkeitsübungen; ähnlich äußert sich FRANZ VON SALES[22], obwohl Jesus gerade das Gebet im Verborgenen schätzt (Matt. 6, 6).

Neben Großkult und Kleinkult gibt es auch individuellen Kult persönlicher Frömmigkeitsübungen. Bekannt sind etwa die protestantische tägliche Bibellektüre (oft vom einzelnen allein und nicht im Hausgottesdienst durchgeführt) und der Andachtsbesuch des Katholiken in der Kirche.[23] Im Bereich des individuellen Rituals kann – oder in manchen Fällen: muß – durchaus auch ein Spezialist herangezogen werden, so der katholische Priester bei der Beichte. Viele Religionen kennen den Wahrsager, Medizinmann, Heiler, Astrologen, Spezialisten für Liebesmagie usw., dessen Dienste von einzelnen Kunden in Anspruch genommen werden.

Eine besondere Bedeutung kommt daher neben den Teilnehmern einer Kulthandlung auch den *Kultspezialisten* zu. Tatsächlich kennen die meisten Religionen nicht nur einen – von der Religionswissenschaft meist generell als ›Priester‹ bezeichneten – Spezialisten, der rituelle Handlungen ausführt, sondern eine Vielzahl solcher. Dabei besteht die Tendenz zur Spezialisierung (nicht jeder Priester kann und darf jede rituelle Handlung durchführen), zur Hierarchisierung (es gibt einen höheren und einen niederen Klerus) und zur Vervielfältigung kultischer Spezialisten und Rollenträger. Oft ent-

---

19 Siehe McDANNELL, The Christian Home in Victorian America 1840–1900, 1986.

20 PLATON, Nomoi X, 909D / E.

21 W. M. WATT, The Faith and Practice of al-Ghazali 1953, 99.

22 FRANZ VON SALES, Introduction à la vie dévote, 1619, Teil 2, § 15.

23 S. WILSON, Cults of Saints in the Churches of Central Paris, in: Comparative Studies in Society and History 22 (1980) 48–575.

wickelt sich eine Verteilung von Vorsteher- und Assistenzrollen[24], wie wir sie schon im frühen Christentum in der Unterscheidung von Episkopos und Diakon kennen. Mit der Entwicklung eines für Kulthandlungen qualifizierten Klerus entsteht auch die Frage nach dessen Unterhalt. (→Kult).

III. Typischer Verlauf und Eigenschaften

Die vielleicht auffälligste Eigenart religiöser Rituale ist ihre *Stereotypie*.[25] In den meisten Fällen werden Rituale nicht für einen einmaligen Anlaß entworfen, sondern sind bereits festgelegt und werden wiederholt. Der Formalismus des Rituals wird an folgenden, häufig auftretenden Merkmalen besonders deutlich:
(1) Häufiges Wiederholen gleichbleibender sprachlicher Äußerungen oder Gesten. Die Wiederholung verleiht dem rituellen Geschehen eine beschwörende Eindringlichkeit.
(2) Betonung jedes Teilaspekts einer Handlung. Diese von LÉVI-STRAUSS[26] so genannte »Stückelung‹ (*morcellement*) bewirkt eine Verlangsamung und läßt den Eindruck eines zeitlupenartig zerdehnten Vorgangs entstehen.
(3) Es wird nicht eine spontane Sprache gesprochen, sondern feste Ausdrücke und Redewendungen werden bevorzugt, vgl. etwa die feststehenden, in der katholischen Messe gebrauchten Formeln und Worte wie »der Herr sei mit euch«, »durch Christus unsern Herrn«, »Amen« und »Sünde«. Die katholische Liturgie besitzt eine aus Formeln aufgebaute Gebetssprache.
(4) Bevorzugung bestimmter Sprachformen, wie z. B. den aus den biblischen Psalmen bekannten »kanonischen Parallelismus«, der aus Satz- und Wortpaarung besteht.[27]
(5) In formalisierten Handlungen und Äußerungen werden nicht Gefühle spontan geäußert, sondern richtige Einstellungen präsentiert. Diese können, aber müssen nicht aktuelle Empfindungen wiedergeben. Nach GUARDINI[28] ist die katholische Liturgie »gebändigtes Gefühl«.
In der römischen Religion wird der Formalismus durch die Ansicht verstärkt, der Kult sei ein formgebundener Rechtsverkehr mit den Göttern.[29] So rückt rituelle Formgebundenheit in die Nähe von juristischer und bürokratischer Normierung. Im traditionellen China trat die Formgebundenheit der geregelten Kulthandlung so stark ins Bewußtsein, daß der sie bezeichnende Ausdruck *li* gleichzeitig jedes durch Vorschrift und Sitte festgelegte Verhalten (etwa das Hofzeremoniell oder die alltägliche Höflichkeit) bedeutet.[30] Die Formgebundenheit ging bei der katholischen Messe so weit, daß nicht nur jede Abweichung als sündhaft galt, sondern auch die »Gültigkeit« des Kultaktes in Frage stellte. »Wie viele Meßpriester kannst du täglich überall sehen, die sich selbst erbärmlich eines großen Verbrechens anklagen, wenn sie durch unvorschriftmäßige Kleidung oder ungewaschene Hände oder ein Stocken im Gebet einen kleinen

---

24 N. FORSBERG, Une forme élémentaire d'organisation cérémonielle, 1943.
25 M. BLOCH, Symbols, Song, Dance and Features of Articulation, in: Archives européennes de sociologie 15 (1974) 55–81 und besonders S. J. TAMBIAH, Culture, Thought, and Social Action, 1985, 123–166 in seinem Aufsatz »*A Performative Approach to Ritual*«.
26 C. LÉVI-STRAUSS, L'homme nu, 1971, 601 f.
27 J. J. FOX, To Speak in Pairs: Essays on the Ritual Languages af Eastern Indonesia, 1988.
28 R. GUARDINI, Vom Geist der Liturgie (1918), ^{8}1922, 11.
29 G. WISSOWA, Religion und Kultus der Römer, ^{2}1912, 394–398.
30 D. S. NIVISON, Art. Li, in: ER VIII, 535–536; T. GRIMM, Art. Ritual, in: HWPh VIII, 1060.

Fehler begangen haben?» ruft LUTHER aus.[31] Der Formalismus steht in enger Beziehung zu zwei weiteren, häufig zu beobachtenden Eigenschaften kultischer Handlungen: der Erstarrung zur Unveränderlichkeit und der konservativen Weitergabe einmal festgelegter Riten. Als Beispiel für starres Festhalten am überkommenen Brauchtum ist etwa die Verwendung von archaischen Steinmessern (statt Messern aus Metall) beim Schlachten der Opfertiere im römischen Kult der klassischen Zeit oder das Vorlesen der Thora in der Synagoge, nicht aus einem auf Papier gedruckten Buch, sondern aus einer handgeschriebenen Pergamentrolle. Etwas übertreibend wurde gesagt, der Kult sei »das konservativste Element in der Religion«.[32]

Kultische Handlungen sind typischerweise außer durch Formalismus auch durch auffällige *Ausgestaltung* gekennzeichnet. »Daß aller Kult die Neigung hat, sich zu vervielfachen, daß im Kult der Aufwand, die Massenhaftigkeit, die Sinnfälligkeit, die sinnliche Schönheit, die Erlesenheit seiner Mittel wichtig sind«,[33] läßt sich allenthalben beobachten. Mitunter werden sämtliche Elemente des Rituals schier endlos vervielfältigt und ausgebaut, denn »je länger der Vollzug eines Ritus ist, je größer der Aufwand, je eindrücklicher die Pracht, um so wichtiger und wirksamer schätzt man ihn ein«.[34] Als Beispiel dafür läßt sich die Auffassung anführen, daß ein katholisches Hochamt wertvoller und wirksamer sei als eine gewöhnliche Messe.[35] Dabei spielt das ästhetische Moment eine große Rolle: »Die *Schönheit der Kulthandlung* ist unerläßlich, denn der Mensch hat Gott nicht recht gedient, wenn er nicht auch in Schönheit dient.«[36]

Zwar erlaubt es die Fülle ritueller Handlungsabläufe nicht, gemeinsame Grundmuster *aller* Rituale festzustellen. Wenn man aber mit WALLACE[37] der Meinung ist, daß »sich jegliches Ritual mit dem Problem der Transformation eines Zustandes im Menschen oder in der Natur befaßt«, dann kann es nicht überraschen, daß sich analoge Handlungsabläufe wiederfinden, die gerade diesen Aspekt – die Transformation – hervorheben. Das geschieht in den von A. VAN GENNEP[38] beschriebenen Übergangsriten (*rites de passage*), die ein dreiteiliges Grundmuster aufweisen. In ihrer vollständigen Form besteht die *rites de passage*-Struktur aus folgenden Teilen: Auf die Trennungsphase (1), die vom früheren Ort bzw. Zustand löst, folgt die Schwellen- bzw. Umwandlungsphase (2), in der man sich gleichsam zwischen zwei Welten befindet. Den Abschluß bildet die Angliederungsphase (3), die in den neuen Ort bzw. Zustand integriert. Besonders bei der Aufnahme in einen katholischen Männer- oder Frauenorden läßt sich die Dreigliederung gut beobachten. Auf das Verlassen der Familie folgt die ›probeweise‹ Aufnahme ins Kloster. Die Umwandlungsphase wird durch das Noviziat gebildet. Während dieser Zeit steht der Novize zwischen ›Welt‹ und ›Orden‹, ohne beiden richtig zuzugehören. Erst nach dem Noviziat erfolgt (als dritte Phase) die volle Aufnahme in das Kloster durch Ablegen der Gelübde. Besonders häufig enthalten

---

31 M. LUTHER, Von der babylonischen Gefangenschaft der Kirche (1520), WA 6, 517. P. INNOZENZ III erörtert, was zu tun ist, wenn der Priester nach der Wandlung entdeckt, daß kein Wein im Kelch ist (PL 217, 873).

32 F. PFISTER, in RE XI, 2185. Es handelt sich um eine verbreitete Meinung, vgl. etwa P. D. CHANTEPIE DE LA SAUSSAYE, Lehrbuch der Religionsgeschichte 1, 1887, 49.

33 L. KÖHLER, Theologie des Alten Testaments, 1936, 184.

34 TAMBIAH, Culture, 153.

35 J. HOPPENOT, La messe, 1906, 278.

36 C. G. JUNG, Gesammelte Werke 11, 1971, 272f.

37 WALLACE, Religion, 106.

38 A. VAN GENNEP, Übergangsriten (1909) 1986.

Rituale die von VAN GENNEP hervorgehobene Trennungs- oder Vorbereitungsphase. So muß in der katholischen Messe der Gläubige vor Empfang der Eucharistie seine Sünden bekennen, die Lossprechung des Priesters empfangen und das Glaubensbekenntnis ablegen. Bekannt ist auch die »Fastenzeit«, die vierzig Werktage lang dauert und den katholischen Gläubigen auf das Osterfest vorbereitet. Schon diese Beispiele zeigen, daß es unangemessen ist, überall ein dreiteiliges VAN GENNEP*sches* Schema finden zu wollen.[39]

Eine weit verbreitete Struktur komplexer Rituale hat TH. H. GASTER[40] nachgewiesen. Er findet in Ritualen, die auf den Wechsel der Jahreszeiten bezogen sind, eine Abfolge »kenotischer« und »plerotischer« Bestandteile. Auf Riten, die »Altes abtun« und von gedrückter Stimmung beherrscht sind (Abtötung, rituelle Reinigung), folgen solche, die auf Erneuerung zielen und in freudiger Stimmung zelebriert werden (Jubel). Das bekannteste einschlägige Beispiel ist die Abfolge von christlicher Fastenzeit (mit Kulmination im Karfreitagsritual) und Osterfeier. Diese Struktur erinnert gleichzeitig daran, daß das kultische Leben von Religionen durchweg in großen, oft jährlichen Festen gipfelt.

IV. Anlässe und Zwecke

Rituelles Tun begegnet dem Beobachter in der Form von mehr oder weniger festgelegten oder ›typischen‹ religiösen Handlungsabläufen. Wie jedes menschliche Handeln, so ist auch rituelles Tun zielgerichtet und zweckbezogen. Die Ausführenden wollen etwas erreichen oder zumindest eine Pflicht erfüllen. Daher ist es sinnvoll, eine Klassifikation von Kulthandlungen nach den intendierten Zielen vorzunehmen. Die umfassendste Einteilung ist die von WALLACE, der als Unterscheidungsmerkmal das vom Handelnden intendierte Ziel zugrunde legt.[41] WALLACE kommt zu folgenden fünf Klassen, wobei die meisten mehrere Unterklassen aufweisen:

(1) *Technologische Rituale:* unter diesem Titel faßt *Wallace* Rituale zusammen, die der Umweltbeherrschung dienen. In der Divination wird relevantes Wissen erworben, jägerische und agrarische Riten dienen der Erhöhung oder Sicherung des Erfolgs von Jagd und Ackerbau, apotropäische Riten schützen vor schadenden Einflüssen. (2) *Therapeutische und antitherapeutische Rituale* sollen Gesundheit wiederherstellen oder die Gesundheit anderer durch Hexerei beeinträchtigen. (3) *Soziale* (oder *ideologische) Rituale* dienen dazu, das rechte Verhalten und Fühlen sowie die in Achtung gehaltenen Werte einer Gesellschaft zu bestimmen. Dazu gehören Übergangsrituale, die vor allem den Rollenwechsel während des Lebenszyklus begleiten (Geburt, Ehe, Tod); soziale Verstärkungsrituale, die den Glauben durch regelmäßige Ermahnung erneuern und stärken und so vor dem Verblassen bewahren (christlicher, jüdischer und islamischer Gottesdienst mit Predigt); Einhalten bestimmter Tabus und Verhaltensformen im Alltag. In diese Klasse stellt WALLACE auch Rebellionsrituale, in denen durch kurzzeitige Verkehrung aller Ordnungen die rechte Ordnung wieder gefestigt wird (Karneval, Saturnalien, ritueller Aufstand gegen den König bei den Swasi in Afrika). (4) Unter dem Titel *Erlösungsrituale* behandelt WALLACE Besessenheit, das

---

39 Davor warnt TAMBIAH, Culture, 144f.

40 TH. H. GASTER, Thespis, ^{2}1961, 23–76. GASTERs Beobachtung läßt sich ergänzen durch R. CAILLOIS, L'homme et le sacré, 1939 (Kap. »*Le sacré de transgression: théorie de la fête*«).

41 WALLACE, Religion, 102–126.

Werden zum Schamanen, mystische Versenkung und Sühne. Gilt es, Probleme individueller Identität zu bewältigen, dann ist zu solchen Ritualen zu greifen. (5) Die letzte Klasse bildet die *Revitalisierung*, die das kollektive Gegenstück des individuellen Erlösungsrituals darstellt. Gerät ein ganzes Sozialsystem aus den Fugen, dann wird versucht, in einer Revitalisierungsbewegung eine neue Identität zu finden. Solche Bewegungen richten sich regelmäßig gegen Weiße, Amerika, oder christliche Missionare.
Während J. J. Collins[42] die Einteilung von Wallace nur geringfügig abwandelt und F. Bird[43] eine ähnliche, ebenfalls auf dem rituell angestrebten Ziel beruhende Klassifikation aufstellt, fordert J. A. M. Snoek[44] eine auf strengeren Kriterien beruhende Liste. Im Unterschied zu Wallace, der den äußeren *Anlaß* (nicht das intendierte Ziel) der rituellen Handlung zugrunde legt, kommt er zu folgender Aufstellung:
(1) *Kalendarische Rituale der Gruppe* (zyklisch wiederkehrend), z. B. Neujahrsritual;
(2) *Krisenrituale der Gruppe* (nichtzyklisch wiederkehrend), z. B. Kriegsritual;
(3) *Statusrituale der Gruppe* (nicht wiederkehrend), z. B. Altersgruppen-Ritual;
(4) *Bestärkungsrituale des Einzelnen* (wiederkehrend), z. B. Osterbeichte;
(5) *Krisenrituale des Einzelnen* (nichtzyklisch wiederkehrend), z. B. Heilungsritual;
(6) *Lebenszyklusrituale des Einzelnen* (nicht wiederkehrend, voraussehbar), z. B. Trauungsritual;
(7) *Inaugurationsrituale des Einzelnen* (nicht wiederkehrend, voraussehbar), z. B. Initiation des Schamanen.

V. Mythus und Ritual

Das Ritual ist oft mit dem Mythus verbunden, wobei beide eine lockere, aber auch eine sehr feste Verbindung miteinander eingehen können. Es lassen sich vier verschiedene Arten der Zuordnung beider unterscheiden: das Ritual kann den Mythus dramatisch darstellen (Dramatisierung); im Rahmen eines Rituals kann ein Mythus rezitiert werden (Rezitation); ein Mythus kann erklären, warum eine bestimmte Kulthandlung vorgenommen wird (Ätiologie); ein Mythus kann ein Ritual auslegen (Exegese).
Dramatisierung liegt vor, wenn ein mythisches Ereignis im Ritual nachgespielt oder ›aufgeführt‹ wird, um dieses zu vergegenwärtigen und so wirksam werden zu lassen. In diesem Fall spricht man von einem Kultdrama. Dabei braucht der dramatisierte Mythus nicht eine Göttergeschichte zu sein; es kann sich auch um ein historisches Ereignis handeln, das mythische Qualität besitzt. Als Beispiel läßt sich die christliche Eucharistie als Vergegenwärtigung des Abendmahls Jesu anführen. Im alten Ägypten gab es Kultdramen, bei denen es um die Auseinandersetzung zwischen Osiris und Seth ging; dabei spielte der Kampf um die Leiche des ermordeten Osiris und dessen Auferstehung eine große Rolle. Leider fehlen uns genaue Berichte über die Art der dramatischen Darstellung in Ägypten.[45] Von *Rezitation* sprechen wir, wenn ein Mythus in einem rituellen Kontext in seinem Wortlaut zitiert wird, um eine bestimmte Wirkung

---

42 J. J. Collins, Primitive Religion, 1978, 53–158.
43 Bird, The Nature and Function of Ritual Forms, 387–402.
44 J. A. M. Snoek, Initiations: A Methodological Approach to the Application of Classification and Definition Theory in the Study of Rituals. 1987, 57–89.
45 H. Brunner, Grundzüge der altägyptischen Religion, 1983, 92f. Zum ägyptischen Kultdrama vgl. E. Drioton, Le théâtre égytien, 1942; H. W. Fairman, The Triumph of Horus, 1974.

zu erzielen. Im Unterschied zur dramatischen Vergegenwärtigung des Mythus haben wir es hier eher mit einer verbalen Vergegenwärtigung zu tun. Der Mythus kann als Kultlegende dienen; so etwa beim jüdischen Paschamahl, bei dem die biblische Geschichte vom Auszug aus Ägypten vorgelesen wird und so die Anwesenden zu »Zeitgenossen« des mythischen Ereignisses werden. Beim babylonischen Neujahrsfest wurde ein Schöpfungsmythus vorgetragen, damit das neue Jahr an der unverbrauchten Kraft der Schöpfung Anteil hat. Ägyptische Heilungs- und Schutzrituale bedienen sich häufig des Mythus von der Göttin Isis, die ihr vaterlos aufgewachsenes Kind Horus vor den Nachstellungen des Seth, aber auch vor Schlangen und Skorpionen beschützt, vor allem durch Zaubersprüche. Der in dieser Weise als »*historiola*« rezitierte Mythus ist geläufiger Bestandteil von der Magie zugerechneten Beschwörungen.

Mitunter besteht ein *ätiologisches* Verhältnis zwischen Mythus und Ritual. Dabei erklärt der Mythus, warum ein Ritual (oder eine bestimmte Teilhandlung innerhalb des Rituals) stattfindet. Im biblischen Israel gehörte zum Paschafest auch der Brauch, die Türpfosten des Wohnhauses mit Opferblut zu markieren. Als Begründung dieses Brauchs wird angegeben, daß dies bei den ägyptischen Plagen das Schutzzeichen der israelitischen Wohnungen war, so daß nur die Ägypter von den Plagen betroffen wurden (Ex. 12, 26f.). Oft bilden solche Ätiologien einen Bestandteil von Kultlegenden.

Von anderer Art ist das *exegetische* Verhältnis von Mythus und Ritual. Hier haben wir es mit einer nachträglichen Mythisierung einer kultischen Handlung zu tun. Indogermanische Opferrituale sind als ›Wiederholung‹ einer Schöpfungshandlung gesehen worden; diese Auslegung legte sich nahe, da die Welt als aus dem Körper eines getöteten Wesens entstanden geglaubt wurde.[46] Bei der priesterlichen Pflege der altägyptischen Kultstatue werden einzelne Handlungen mit Mythen in Verbindung gebracht. So wird z. B. die Entriegelung des Schreins glossiert mit der Bemerkung: »der Finger des Seth ist aus dem Auge des Horus gezogen«.[47] Die Anspielung bezieht sich auf den Mythus, nach dem der Gott Seth im Zweikampf das Auge des Horus verletzt hat. In ähnlicher Weise deutet Paulus das bei der christlichen Taufe erfolgende Eintauchen in Wasser als ein Sterben und Auferstehen mit Christus, wobei Wasser den Tod symbolisiert (Röm. 6, 3–4). Hier ist die Ritualhandlung das Primäre, die mythische Ausdeutung sekundär und ohne Einfluß auf das Geschehen selbst. Ein komplexes Verhältnis zwischen allegorischer Exegese und kultischer Handlung läßt sich aus der Geschichte der katholischen Messe belegen.[48] Vom frühen Mittelalter bis ins 19. Jahrhundert wurden nicht nur einzelne Gesten der Messe allegorisch auf Ereignisse des Lebens Christi gedeutet; auch die Messe als ganze galt in frommen Meßerklärungen als eine Darstellung des Lebens Christi, die in dessen Hingabe am Kreuz und Auferstehung vom Tod gipfelte. Die allegorische Meßerklärung hat aber auch auf den Ritus selbst zurückgewirkt; so sollte der Priester der mittelalterlichen Messe fünf Kreuze mit der Hostie machen, um auf die fünf Wunden des Gekreuzigten hinzuweisen.

---

[46] B. LINCOLN, Death, War, and Sacrifice, 1991, 167–175.

[47] H. BRUNNER, Grundzüge, 89f.

[48] J. A. JUNGMANN, Missarum Sollemnia 1, ^{2}1949, 110–116. 138ff. 148ff.; ders. Symbolik der katholischen Kirche, 1960, 37f.; R. SUNTRUP, Die Bedeutung der liturgischen Gebärden und Bewegungen in lateinischen und deutschen Auslegungen des 9. bis 13. Jahrhunderts, 1978.

E Psychologie und Verhaltensforschung

I. Tiefenpsychologie (S. FREUD)

In seinem Aufsatz über »*Zwangshandlungen und Religionsübungen*« (1907) parallelisiert S. FREUD[49] sinnlose, neurotische Zwangshandlungen wie Waschzwang mit religiösen Ritualen. In dieser Abhandlung macht er allerdings keine Aussagen über das krankhaft-neurotische Wesen religiöser Rituale insgesamt; er wertet sie sogar positiv. Er sieht sie nicht als »Verdrängungen«, die vom Unbewußten gesteuert werden, sondern als Handlungen, die auf bewußtem Verzicht auf das Ausleben sozialschädlicher Triebe beruhen. FREUDs einziges Beispiel für neurotische religiöse Rituale, die auf Verdrängung (des unbewußten Sexualtriebs?) beruhen, sind nicht näher erläuterte »Bußhandlungen, zu denen man in der Zwangsneurose die Gegenstücke findet«, also wohl Rituale wie Fasten und Kasteiungen. An FREUD anknüpfend meint A. VERGOTE,[50] daß »gesundes« religiöses Ritual zu neurotischem Ritualismus entarten kann. Das kann kollektiv wie individuell geschehen. Durch ihre übertriebene Regelung und Festlegung selbst kleinster Details habe die katholische Kirche lange Zeit hindurch das symbolische Spiel zu einer kollektiven Zwangshandlung verfälscht, und zwar als Abwehrreaktion auf den Protestantismus, von dem sie sich belagert sah. Auch wenn ein einzelner Gläubiger unter einem Schuldwahn leidet und sich ständig von einem ihn bestrafen wollenden Gott überwacht wähnt, kann er den stets peinlich beachteten religiösen Ritus als neurotische Abwehrhandlung benützen. Zu solchen Verwandlungen symbolischer Rituale in neurotische Ritualismen neigen nach VERGOTE auch Gruppen, die sich ganz dem religiösen Leben verschrieben haben, z. B. klösterliche Gemeinschaften.

II. Analytische Psychologie (C. G. JUNG, E. NEUMANN)

Im Mittelpunkt der Psychologie C. G. JUNGs steht die Auseinandersetzung zwischen dem Bereich des Unbewußten und Archetypischen mit dem Bewußtsein, wobei dieser Vorgang dem Menschen teils bewußt wird, teils verdeckt und unbewußt bleibt. Die Aussöhnung des Bewußten mit den vitaleren Kräften des Unbewußten bezeichnet JUNG als Prozeß der Individuation. Obwohl JUNG für sich selbst private Rituale schuf – etwa im Malen und in der Bildhauerei[51] –, sah er auch die Bedeutung bestehender religiöser Riten. Religion kommt ins Spiel, weil die Begegnung mit dem Göttlichen, dem Numinosum, zugleich Begegnung mit der Welt der Archetypen ist. Das religiöse Ritual ist »seit undenklichen Zeiten ein sicherer Weg ... mit den unberechenbaren Kräften des Unbewußten fertig zu werden«.[52] »Die heilige Handlung in allen ihren Formen wirkt wie ein Gefäß, welches die Inhalte des Unbewußten aufnehmen kann.«[53] Während

---

49 S. FREUD, Zwangshandlungen und Religionsübungen, in: Gesammelte Werke 7 (1941) 129–139.

50 A. VERGOTE, Dette et désir, 1978, 136–142.

51 C. G. JUNG, Erinnerungen, Träume, Gedanken (hrsg. von A. JAFFÉ), 1971, 178.

52 C. G. JUNG, Gesammelte Werke 9 (1963) 50.

53 C. G. JUNG, Gesammelte Werke 11 (1971) 379.

JUNG nur »die [katholische] Messe als Ritus des Individuationsprozesses«[54] untersucht, ohne sich über die Bedeutung des Kults systematisch zu äußern, liegt von ERICH NEUMANN[55] eine an JUNG anknüpfende Abhandlung »*Zur psychologischen Bedeutung des Ritus*« vor.

Nach NEUMANN hatte das Ritual ursprünglich eine schützende Funktion: »Der sich durchsetzende Archetyp wird in einem Ordnungssystem [d. h. dem Ritual] aufgefangen, das nicht vom Bewußtsein gemacht, sondern vom Archetyp selbst kontrolliert wird, der, wie der Instinkt, seine eigene Ordnung mitbringt. In diesem Sinne gleicht das Ritual einem Bewässerungssystem, mit dessen Hilfe die Urströmung des Unbewußten der Persönlichkeit zugeleitet wird.«[56] Während in der Urzeit der Menschheit dieser Vorgang zur Ausbildung und Ausgestaltung von Kollektivritualen führte, sind diese später oft zu »sakraler Ritualstarre« degeneriert. In ihr wird das Ritual »zum Abwehrsystem eines fixierten Bewußtseins, durch das die Welt des Numinosen in ihrer sich immer neu konstellierenden Einbruchsmacht geradezu ausgeschlossen wird«.[57] Das echte Phänomen des Rituals begegnet in der Moderne beim schöpferischen Prozeß, in der seelischen Krankheit und beim Individuationsprozeß, also nicht mehr in prächtigen Kollektivritualen, sondern in dürftigen Individualritualen, deren Echtheit dadurch garantiert ist, »daß es – im Gegensatz zum kollektiven Außenritual – spontan und nur spontan auftritt«.[58] Neurotische Zwangsrituale, die sich durch Wiederholung auszeichnen, findet NEUMANN z. B. bei Frauen, die sich beim Zubettgehen sorgfältig schmücken, gleichzeitig aber unter der Zwangsvorstellung eines nächtlichen Todes leiden. Grundlage dieses Todesbraut-Zeremonials ist das archteypische Bild des Drachens, der gleichzeitig Todesbringer und Liebhaber ist. Nichtrepetitive Rituale begegnen beim Individuationsprozeß in großer Vielfalt, oft als Traum; als Beispiele führt NEUMANN an: Einweihungs-, Anrufungs-, Beschwörungs-, Schutz- und Abwehrrituale, Todes- und Wiedergeburts-, Erneuerungs- und Wandlungsgeschehen, Mysterien, Feste, Errichtung von Sakralbauten, Hantieren mit rituellen Gegenständen im Traum.

III. F. D. GOODMAN

Einen eigenen psychologischen Zugang zu religiösen Ritualen sucht die amerikanische Anthropologin FELICITAS GOODMAN. Sie versteht Rituale als in Trance geschehende Kontaktaufnahme mit der anderen Wirklichkeit (»*contact in trance with the alternate reality*«).[59] Der Verkehr mit der anderen Welt vollzieht sich in symbolischen Handlungen, die einen oft bizarren und zunächst unverständlichen Eindruck machen, die jedoch psychologisch entschlüsselt werden können. In einer eher dem Surrealismus eines Dalí als dem Realismus eines Rembrandt verwandten Weise kommen die drei grundlegenden Themen des menschlichen Lebens zur Darstellung: Geburt, Sexualität und Tod. Wenn etwa ein Schamane während des Schamanisierens ›stirbt‹, weil seine

[54] C. G. JUNG, Das Wandlungssymbol in der Messe, in: Gesammelte Werke 11 (1971) 219–323, Zitat 299.
[55] E. NEUMANN, Kulturentwicklung und Religion, 1–63.
[56] Ebd., 44 f.
[57] Ebd., 38.
[58] Ebd., 50.
[59] F. D. GOODMAN, Ecstasy, Ritual, 86; siehe auch dies., How about Demons?

Seele den Körper verläßt und die Welt der Ahnen besucht, dann müssen wir das Ritual oder den betreffenden Abschnitt eines Rituals vom Tod her verstehen. Phallische Tänze oder ritueller Beischlaf gehören zum Thema der Sexualität. Das Drama der Geburt, das auch Fütterung und Brutpflege mit einschließt, liegt Ritualen am häufigsten zugrunde. Initiationsriten werden oft als Geburt dargestellt. Die Aufnahme eines Geistes in den menschlichen Körper läßt sich von der Erfahrung der Schwangerschaft oder der Nahrungsaufnahme her begreifen; hierher gehören Besessenheitskulte, Exorzismus (als Vertreiben eines Geistes) und die christliche Kommunion (als Widerspiegelung der Fütterung des Säuglings). Der oft bizarre Charakter der Symbolisierung beruht auf Trance, einem besonderen psychischen Zustand, der uns mit einer anderen Wirklichkeit verbindet als der des Alltags und der uns alles in einem besonderen Licht erscheinen läßt. Die besondere Bedeutung der medizinisch noch zu wenig erforschten Trance liegt in ihrer Begeisterung erzeugenden und sogar physische Heilung ermöglichenden Wirkung.

IV. Psychologische und ethologische Ursprungstheorien

Will man auf die Annahme verzichten, in ferner Vergangenheit hätten Götter den Menschen Rituale als Lebenshilfen oder Medien zur Kommunikation mit der übernatürlichen Welt geoffenbart, so ist nach »natürlichen« Ursprüngen zu fragen. Entsprechende Überlegungen stellen J. Huizinga, A. Gehlen, F. H. Erikson und F. Staal im Rahmen philosophischer Anthropologie und Psychologie an, wobei auch dem Verweis auf ritualisiertes Verhalten in der Tierwelt[60] (Beispiel: Singen der Vögel) ein Erklärungswert zuerkannt wird.

Huizinga und Gehlen führen religiöse Riten auf vorkultische Ritualisierung zurück. Dabei denkt Huizinga an das bei Tieren und Kindern zu beobachtende Spiel, dem eine »wortlose« Qualität eignet. Indem das Spiel mit Bedeutung befrachtet wird, wird es zum Kult: »Nach und nach dringt die Bedeutung einer heiligen Handlung in das Spiel ein. Der Kult pfropft sich auf das Spiel auf, das Spielen an sich aber war das Primäre.«[61] Nach Gehlen[62] stand am Anfang eine zweckfreie Reaktion des Menschen auf das vor allem in Tieren erfahrene »Auffällige« und »Unwahrscheinliche«. Tanzend ahmt der frühe Mensch die Tiere nach oder fixiert das »Auffällige« in einem Bild, um es stets erleben zu können. Solches zweckfreie Tun ist jedoch nur der einzelnen Ausgestaltung nach beliebig; als Tun überhaupt hat es Verpflichtungs- und Zwangscharakter. Dieser ist als Instinktrest zu bestimmen. Während die genau festliegenden Reaktionen der instinktgeleiteten Tiere durch bestimmte Situationen ausgelöst werden, wird im Menschen nur eine »unbestimmte Verpflichtung« zum Handeln hervorgerufen. Der Mensch verfügt nur über wesensmäßig unbewußte, residuale Instinkte. Auf diesen beruht das archaische Ritual, das als stilisierte und entwickelte Reaktion auf einen aus der Umwelt kommenden Appell umschrieben werden kann. Auf einer späteren Stufe wird das Ritual zur Erreichung bestimmter Zwecke eingesetzt. Da der

---

60 Frühere Versuche, »biologische Grundformen religiöser Frozesse« (P. Weidkuhn) zu finden, erörtert B. Gladigow, Religion im Rahmen der theoretischen Biologie, in: ders. und H. G. Kippenberg (Hrsg.), Neue Ansätze in der Religionswissenschaft, 1983, 97–112.

61 J. Huizinga, Homo ludens, 1938, 29.

62 A. G. Gehlen, Urmensch und Spätkultur, 122–170.

frühe Mensch Jäger war, hat sein »instrumentalisiertes« Ritual mit Tieren und Jagd zu tun. So erfindet man Verehrung tiergestaltiger Götter, Bestattung von Tierskeletten und Magie, die der Sicherung oder Verbesserung der Jagdchancen dienen soll.

Mit der Auffassung GEHLENS berührt sich die Auffassung HAHNS[63], wenn sie einen »Rohzustand rituellen Reagierens« postuliert. Rituelles Handeln entsteht in Situationen, die starke Emotionen erzeugen – z. B., wenn ein anderer Mensch stirbt. Da für diese Situation kein rationales Handlungsmuster zur Verfügung steht, kommt es zu rituellen »Ersatzhandlungen«, die den leeren Raum »überbrücken« und der »Abfuhr« der angestauten affektiven Energie dienen.

Auch wer GEHLENS und HAHNS Anschauung über den historischen Ursprung des Ritualwesens nicht für annehmbar hält, muß anerkennen, daß manche Rituale als Reaktion von geradezu instinktmäßigem Charakter aufgefaßt werden können. Der Mensch fühlt sich entlastet, wenn er in einer Situation, die er nicht zweckrational beherrschen kann, rituell handelt. Wer in Not betet oder ein Opfer darbringt, ist erleichtert, weil er nicht tatenlos bleiben muß. Offenbar besteht ein Zwang, auf bestimmte Herausforderungen zu reagieren, auch dann, wenn die Herausforderung nicht »sinnvoll« und zweckmäßig beantwortet werden kann. In diesem Sinne spricht A. HAHN[64] vom Ritual als »Reaktion auf den *horro vacui* des Handelnden«. Während wir im Dunkeln pfeifen, um unsere Angst zu vertreiben, singt der Navaho-Indianer ein Lied: »Ein Lied, das in den Raum hinausgeht, der einen Menschen unmittelbar umgibt – etwa einen nächtlichen Reiter oder einen, der allein und furchtsam ist – schafft eine tröstende Zone des Schutzes.«[65] Will man nur diese ›psychologische‹ Seite der These GEHLENS gelten lassen, so reduziert sie sich auf eine Ansicht vom Ursprung rituellen Verhaltens in der Psyche des Menschen. Dazu hat sich ERIKSON geäußert.

Nach ERIK H. ERIKSON[66] wurzelt das religiöse Ritual in frühkindlicher Erfahrung, die als Prägung ins Leben mitgenommen wird. Die wiederholte, regelmäßige Zuwendung der Mutter im Begrüßen oder Trösten des Kleinkindes schafft ein Gefühl der Sicherheit und Geborgenheit, das in religiösen Ritualen aufgrund göttlicher Zuwendung erfahren wird. Die Mutter ist der Gott des Kleinkindes. Sowohl weltliche Zeremonielle als auch religiöse Rituale, die das Kind in seinem späteren Leben mitmacht, finden eine tiefe Resonanz, weil sie an jene in frühkindlicher Zeit erfolgte erste Ritualisierung erinnern. ERIKSON: »Doch ob sich die zeremoniellen Veranstaltungen auf persönliche Vorfahren im Jenseits oder auf Helden der eigenen Kultur, auf Geister oder Götter, auf Könige, Gründer oder Verfassungen berufen, sie sind vor allem dazu bestimmt, die informellen Ritualisierungen von Kindheit und Jugend wieder erklingen zu lassen und zu bestätigen: darin liegt die Einheit der Kultur.«[67] Während ERIKSON Rituale als kulturelle Tatsachen hinnimmt, sieht der Freudianer W. LA BARRE[68] in magischen und religiösen Ritualen einen Rückfall des Erwachsenen in ein frühkindliches Stadium, in dem das von der Mutter abhängige Kind durch Schreien seinen Wil-

---

63 A. HAHN, Sakramentale Kontrolle, in: W. SCHLUCHTER (Hrsg.), Max Webers Sicht des okzidentalen Christentums, 1988, 229–253, hier 234.

64 Ebd.

65 G. A. REICHARD, Navaho Religion, ²1970, 288.

66 E. H. ERIKSON, Kinderspiel und politische Phantasie, 1978, 69–72; im selben Sinne äußert sich P. BERGER, Auf den Spuren der Engel, 1970, 82–85.

67 ERIKSON, Kinderspiel, 90.

68 W. LA BARRE, Freudian Biology, Magic and Religion, in: Journal of the American Psychoanalytic Association 26 (1983) 813–830.

len durchsetzen kann. Ritual ist seinem Wesen nach ein ungerechtfertigter Rückgriff auf Verhaltensweisen, die nur in einer kleinkindlichen Phase lebenswichtig und erfolgreich sind. Der Erwachsene muß auf sie verzichten.

Zu den Ursprungstheorien gehört auch F. STAALs These über die ›Bedeutungslosigkeit‹ (*meaninglessness*) von Ritualen.[69] Er geht von einem charakteristischen Unterschied zwischen westlichen und östlichen Ritualen aus. Während Rituale im Christentum sehr eng mit einem Lehrbestand verknüpft sind, ist das in Indien und China nicht der Fall. Dort sind ursprünglichere Verhältnisse anzutreffen, die Geschichte und Wesen rituellen Verhaltens zu entschlüsseln helfen. STAALs Hauptbeispiel ist das Agnicayana, ein noch heute im südwestlichen Indien praktiziertes altes vedisches Ritual. Anhand dieses und anderer asiatischer Beispiele entwickelt er folgende Interpretation: (1) Rituale sind nicht ursprünglich und höchstens beiläufig und nachträglich mit religiösen Lehren verbunden. Sie gehören daher nicht zur Religion (die STAAL als Lehre definiert). (2) Sie sind als in sich stehende Gebilde zu studieren, denen eigene Regeln zugrunde liegen, haben aber keine religiöse oder gesellschaftliche Bedeutung. Hierin sind sie der Musik und dem Gesang der Vögel verwandt. (3) Rituale wurzeln letztlich in der Frühzeit der Evolution. Sie gehören zu einer Phase, in der Regeln erkannt und entwickelt wurden, bilden aber noch keine Sprache (für die ›Bedeutung‹ konstitutiv ist). In sich selbst stehend, wird ein Ritual über Jahrtausende hin unverändert tradiert und praktiziert; von wechselnden Auslegungen nur wenig berührt, kann es sich mit fremden Ritualen leicht mischen. STAALs These teilt die spekulative Natur anderer Ursprungstheorien. Als Versuch, einen Grundbegriff bewußt mit Hilfe nichtwestlichen Materials zu gewinnen, ist sie bemerkenswert.

Literatur

A Begriff, Begriffsgeschichte

GLEI, R., u. a., Art. Ritus, in: HWPh VIII, 1052–1060; HAUSCHILDT, E. Was ist ein Ritual? in: Wege zum Menschen 45 (1993) 24–35; ROLOFF, K.-H., Ritus, in: Glotta 33 (1954) 36–65; VARENNE, J., L'art, le rite et l'articulation, in: Revue française de Yoga 38 (1989) 3–15.

B Phänomenologie

BIRD, F., The Nature and Function of Ritual Forms, in: Studies in Religion 9 (1980) 387–402; BLONDEAU, A.-M., SCHIPPER, K. (Hrsg.) Essais sur le rituel, 2 Bde., 1988 / 90; COLLINS, J. J., Primitive Religion, 1978; GENNEP, A. VAN, Übergangsriten (1909), 1986; FRANKFURTER, D., Narrating Power, in: M. MEYER, M. und MIRECKI, P. (Hrsg.), Ancient Magic and Ritual Power, 1995, 457–467 (»historiola«); HEILER, F., Erscheinungsformen und Wesen der Religion, 1961, 176–266 (»Die heilige Handlung«); HONKO, L. (Hrsg.), Science of Religion: Studies in Methodology, 1979; LANG, B., Sacred Games: A History of Christian Worship, 1997; SMITH, J. Z., To Take Place: Toward Theory in Ritual, 1987; WALLACE, A. F. C., Religion: An Anthropological View, 1966.

C Psychologie und Verhaltensforschung

DREWERMANN, E., Tiefenpsychologie und Exegese I, 1984, 298–320; GAGEY, J., Freud et le christianisme, 1982, 162–167; GAY, V. P., Freud on Ritual, 1979; GEHLEN, A., Urmensch und Spätkultur, ^{2}1964; GOODMAN, F. D., Ecstasy, Ritual, and Alternate Reality, 1988; dies., How about Demons?

---

69 STAAL, The Meaninglessness, 2–22; ders., Rules without Meaning; eine ähnliche, jedoch auf die ethologische Seite verzichtende Interpretation vedischen Rituals findet sich bei J. C. HEESTERMANN, The Inner Conflict of Tradition, 1985, 95–107; die Thesen HEESTERMANNs und STAALs kritisiert B. K. SMITH, Reflection on Resemblance, Ritual and Religion, 1989.

Possession and Exorcism in the Modern World, 1988 (dt. Ekstase – Besessenheit – Dämonen, 1991); dies., Where the Spirits Ride the Wind, 1990 (dt. Trance – der uralte Weg zum religiösen Erleben. Rituelle Körperhaltungen und ekstatische Erlebnisse, 1992); NEUMANN, E., Kulturentwicklung und Religion, 1953; STAAL, F., The Meaninglessness of Ritual in: Numen 26 (1979) 2–22; ders. Rules without Meaning: Ritual, Mantras, and the Human Sciences, 1989.

Bernhard Lang

→*Kult, Opfer, Ritual (komplexes)*

Ritual, komplexes

1. Differenzierung der Rituale 2. Erwartungen an komplexe Rituale 3. Semiotik und Struktur 4. Erweiterung und Komplexität von Ritualen

1. Betrachtet man die Entwicklung bestimmter Rituale über einen längeren Zeitraum, so scheint es einen typischen Entwicklungsprozeß zu geben: Rituale werden differenzierter, zeitlich umfangreicher, aufwendiger. Diese anwachsende Komplexität von Ritualen scheint Teil des allgemeinen Prozesses der Professionalisierung von Religion zu sein, in einem doppelten Sinne: Die ›Arbeit am Ritual‹ ist weitgehend Tätigkeit von Spezialisten, die Rituale neuen Bedürfnissen anpassen, und zweitens, die regelrechte Durchführung eines komplexen Rituals wird so schwierig, daß sie von den gleichen Spezialisten garantiert und überwacht werden muß (›*in caerimoniis nihil debet esse ambiguum*‹)

2. Im Wechselspiel zur Differenzierung von Ritualen als Ergebnis einer Professionalisierung stehen Erwartungen der beteiligten Öffentlichkeit: Die Dramatik des Geschehens, Pracht der Inszenisierung, Freigebigkeit der Bewirtung, Dauer der Veranstaltung, Bestätigung der sozialen, religiösen, politischen Bedeutung der Gruppe sind jeweils steigerungsfähig und müssen sich an früheren und konkurrierenden Veranstaltungen messen lassen. Die Hekatombe als Ritual, in dem in einem Prestige-Schema viele Rinder geopfert werden, kann für die Erweiterung eines Elements, der Menge und Qualität der Opfertiere, stehen, die *ludi* bei den Römern für eine hochkomplexe, durch viele zusätzliche Elemente vollzogene Erweiterung auf unterschiedlichen Ebenen. Nicht ohne Bedeutung ist auch, daß während der Festzeit allgemeiner Friede gelten kann, die Menschen von Verpflichtungen freigestellt sind, die Arbeit ruht. Die Abstände zwischen den verschiedenen Festen gliedern vielfach den Jahreslauf und erzeugen gewissermaßen über die ›profanen‹ Zeitintervalle ein spezifisches Zeitbewußtsein[1].

3. In der Forschung sind Rituale gern als eine Art Sprache[2] bezeichnet worden, und die Arten der Kodierung, etwa restringiert oder elaboriert, in Beziehung dazu gesetzt

---

[1] Dazu plakativ LEACH, Die Zeit und die falschen Nasen.
[2] Gute Auseinandersetzung mit diesem Ansatz bei C. BELL, Ritual Theory 37 ff.

worden. Einen ausgeführten Versuch, nicht nur die Elemente von Ritualen[3] zu bestimmen, sondern auch die Regeln ihrer Verknüpfung in der Art einer »Grammatik« oder »Kompositionslehre« von Ritualen zu erkennen, gibt es dem Anschein nach nicht. Auf diesem Feld dominiert die Typologie ritueller Abfolge, die von V. TURNER im Anschluß an G. VAN GENNEP[4] entworfen wurde: Das Grundmuster der Abfolge von *rites de passage* ist durch die Sequenz Segregation, Liminalität, Aggregation charakterisierbar. Dieses Phasenmodell klassifiziert die Riten freilich nur funktional. Die Attraktivität des Modells besteht gerade darin, daß beispielsweise die Segregation durch höchst unterschiedliche Riten vollzogen und annonciert werden kann. Welche konkreten Riten aber nach welchen Konventionen kombiniert werden können, ist gerade nicht Gegenstand des Modells. Eine ›Kompositionslehre‹ von Ritualen bleibt weiter ein Desiderat.

4. Das Fest ist der typische Fall eines komplexen Rituals, in dem sich höchst unterschiedliche rituelle und religiöse (oder ideologische) Elemente verbinden. Im Blick zunächst auf Stammeskulturen hat V. LANTERNARI für Feste folgende konstitutive Elemente herausgestellt[5]: *socialità* (Geselligkeit), *partecipazione* (Mitwirkung), *ritualitâ* (rituelle Organisation), *annullamento temporaneo e simbolico dell'ordine* (zeitlich begrenzte, symbolische Aufhebung der Ordnung). Nach diesem Schema, das auch auf Feste der europäischen Traditionen anwendbar ist, werden im Fest Restriktionen und Mängel der ›normalen Welt‹, die die Teilnehmer bedrücken[6], aufgehoben und ihre Alternativen in einem Szenario durchgespielt.
Das Modell zeigt vor allem im Blick auf die marginale oder liminale Phase Berührungspunkte mit VAN GENNEPs und V. TURNERs Drei- oder Vier-Phasen-Modellen. Von →Ritualen unterscheiden sich Feste – ohne daß man scharfe Grenzen ziehen könnte – durch eine fast grenzenlose Integrationsfähigkeit höchst unterschiedlicher Elemente. Bestattungsfeiern, Einweihungen und Inaugurationen, sowie Prozessionen erweisen sich als besonders erweiterungsfähig und, wohl aus Prestigegründen, besonders häufig reich ausgestaltet. Typisch ist eine Aufnahme von Spielelementen und von szenischen Darbietungen in ein komplexes Ritual, wobei gegebenfalls auch Kritik an der religiösen Relevanz des neuen – oder veränderten Elements[7] – geübt wurde. Trotzdem scheinen die traditionellen großen Feste einen religiösen Rahmen oder Bezugspunkt beibehalten zu haben[8], erst die Feste der jüngsten Geschichte lassen sich nicht mehr ohne weiteres einem religiösen Grundmuster zuordnen.

---

3 Eine Auflistung von typischen Bestandteilen eines Rituals Ritus / Ritual B I (nach A. F. C. WALLACE) WALLACEs Klassifikation übersieht, daß etwa Opfer (Nr. 13) selbst aus einer Vielzahl von Handlungselementen zusammengesetzt ist: Das vedische Roßopfer besteht aus mehreren Dutzend rituellen Elementen, selbst das alltägliche antike Tieropfer hat mindestens zwei Dutzend gegeneinander abgrenzbare und in anderem rituellen Kontext wiedererscheinende Handlungselemente.
4 A. VAN GENNEP, Les rites de passage, 1909. V. TURNER, Das Ritual.
5 V. LANTERNARI, Spreco, ostentazione, competizione 132–150.
6 Diese Aspekte sind völlig vernachlässigt in der ›christlichen Festtheorie‹ J. PIEPERs, vgl. PIEPER, J., Zustimmung zur Welt. Gegenmodelle sind entworfen worden von J. MOLTMANN, Die ersten Freigelassenen der Schöpfung, 1971 und G. M. MARTIN, Fest und Alltag.
7 Klassisch ist die Kritik an den Stoffen der griechischen Tragödie im Rahmen der Dionysos-Feste: Sie hätten nichts mit Dionysos zu tun (*ouden pros ton Dionyson*). Kirchliche Kritik an der Ausweitung der Kirchweih-Feste im 19. Jahrhundert ist ein verbreiteter Topos, der nun im Schema sakral-profan argumentiert.
8 Dies zentrale These von WUNENBERGER, La fête, le jeu et le sacré.

Literatur

Bell, C., Ritual Theory, Ritual Practice, 1992; Bianco, C.; Ninno M. del. (Hrsg.), Festa, antropologia e semiotica. Relazioni presentate al Convegno di studi »Forme e pratiche della festa, 1981; Bird, F., The Nature and Function of Ritual Forms, in: Studies in Religion 9 (1980) 387–402; Caillois, R., L'homme et le sacré, 1950; Coppet, D. H., Understanding Rituals, 1992; Debord, G., La société du spectacle, 1967; Eichberg, H.; alii (Hrsg.), Massenspiele. NS-Thingspiel, Arbeiterweihespiel und olympisches Zeremoniell, 1977; Gaster, Th. H., Thespis. Ritual, Myth and Drama in the Ancient Near East, 1950; Haug, W.; Warning, R. H., (Hrsg.), Das Fest, Poetik und Hermeneutik XIV (1990); Honko, L., Zur Klassifikation der Riten, Temenos 11 (1975) 61–77; Hugger, P. (Hg), Stadt und Fest. Zur Geschichte und Gegenwart europäischer Festkultur, 1987; ders., Das Fest – Perspektiven einer Forschungsgeschichte, in: ders. (Hrsg.), Stadt und Fest 9–24; La Fontaine, J. S.. Initiation. Ritual Drama and Secret Knowledge across the World, 1985; Lang, B., Kleine Soziologie religiöser Rituale, in: H. Zinser (Hrsg.), Religionswissenschaft. Eine Einführung, 1988, 73–95; Lanternari, V., La grande festa. Vita rituale e sistemi di produzione nelle società tradizionali (1959), 1976; ders., Spreco, ostentazione, competizione. Antropologia del comportamento festivo, in: Bianco; del Ninno, Festa, antropologia e semiotica 132–150; ders., Celebration, Studies in Festivity and Ritual, 1982; Lawson, E. T., Ritual as Language, Religion 6 (1976) 123–139; Leach, E. R., Die Zeit und die falschen Nasen, in: W. E. Mühlmann; E. W. Müller (Hrsg.), Kulturanthropologie 1966, 402–407; Martin, G. M., Fest und Alltag. Bausteine zu einer Theorie des Festes, 1973; Pieper, J., Zustimmung zur Welt. Eine Theorie des Festes, 1963; Schultz, U. (Hrsg.), Das Fest. Eine Kulturgeschichte von der Antike bis zur Gegenwart, 1988; Strong, R., Feste der Renaissance 1450–1650. Kunst als Instrument der Macht, 1991; Turner, V. (Hrsg.), Celebration. Studies in Festivity and Ritual, 1982 ders., Das Ritual. Struktur und Anti-Struktur (engl. 1969), 1989; Wunenberger, J.-J., La fête, le jeu et le sacré, 1977.

Burkhard Gladigow

→*Kult, Ritus / Ritual*

Rolle

A Begriffsbestimmung, Begriffsgeschichte

Unter Rolle wird ein Verhaltensmuster verstanden, das mit einer sozialen Position, einem Amt oder Status in einem bestimmten sozialen System oder einer bestimmten Situation verbunden ist. Als Beispiel mag die soziale Position des Pfarrers in einer Kirchengemeinde dienen. Wenn Herr X. diese Position innehat, dann erwartet man von ihm die Wahrnehmung eines ganzen Bündels von Rechten und Pflichten sowie bestimmte typische Verhaltensweisen, die alle unter der Bezeichnung »Rolle« zusammengefaßt werden. Aufgrund der engen Zusammengehörigkeit von Position und Rolle wird mitunter beides unter den Rollenbegriff gebracht.

In Religionen bilden sich besondere Rollen wie Priester, Diakon, Ordensfrau, Schamane usw. heraus. Darüber hinaus setzt sich in Religionen, die Götter, Geister, Heilige und ähnliche »übernatürliche« Gestalten kennen, das soziale Positions- und Rollensystem in diesen Bereich hinein fort, so daß auch Götter usw. als Träger von Rechten und Pflichten auftreten. Den übernatürlichen Rollenträgern treten Menschen mit entsprechenden Pflichtleistungen (z. B. Opfergaben, Beachtung ritueller Tabus oder moralischer Regeln) und Erwartungen (Hilfe in Not, Gewährung von Erfolg) gegenüber, so daß zwischen menschlicher und übernatürlicher Welt ein Netz von Beziehungen entsteht und eine – z. T. sehr intensiv empfundene – Interaktion abläuft.

Die Soziologie beschäftigt sich mit sozialen Gebilden, die aus Positionen und Rollen aufgebaut sind. Ihre Aufmerksamkeit gehört den typischen, durch Positionen und vorgegebene Rollenmuster geprägten Verhaltensweisen, nicht aber individuellem, variablem Handeln. Daher bleibt soziologisches Interesse allgemein und gegenüber dem Einzelfall abstrakt. »Individuell variable Verhaltensweisen charakterisieren zwar den Menschen unserer täglichen Erfahrung, nicht aber *homo sociologicus*«.[1] Das Studium des eigentlichen Rollenverhaltens gehört eher in das Gebiet der Sozialpsychologie. Diese fragt nach der Steuerung des Verhaltens einer Person durch Rollenerwartungen; der Wahrnehmung und Interpretation solcher Erwartungen durch den Rollenträger; der Umsetzung von Rollenerwartungen in konkretes Verhalten; der Verinnerlichung von Rollenmustern; dem langfristigen Einfluß von Rollenerwartungen auf die Persönlichkeitsbildung des Rolleninhabers; der persönlichen Interpretation und Ausgestaltung einer Rolle durch den Rollenträger aufgrund besonderer Fähigkeiten und Wünsche. Während sich die Sozialpsychologie mit den Rollenaspekten zwischenmenschlicher Interaktion beschäftigt, richtet die Religionspsychologie ihre Aufmerksamkeit auf die Interaktion zwischen Menschen und ›übernatürlichen‹ Wesen – etwa Ahnen, Göttern und Geistern.

Der Rollenbegriff gehört zu den erfolgreichsten soziologischen und sozialpsychologischen Begriffsbildungen. Seine Bedeutung geht über die wissenschaftliche Fachsprache hinaus und wirkt in die Alltagssprache hinein. Den aus der Welt des Theaters stammenden Begriff hat H. G. Mead (»*Mind, Self and Society*«, 1934) in die Sozialpsychologie und Ralph Linton (»*The Study of Man*« 1936) in die Soziologie eingeführt.[2] Als T. Parsons (»*The Social System*«, 1951) dem Begriff eine Schlüsselrolle in seiner strukturfunktionalistischen soziologischen Theorie zuwies, begann er zum soziologischen Grundbegriff aufzusteigen. Dazu verhalfen auch Arbeiten wie »*The Theory of Social Structure*« (1957) des Sozialanthropologen S. F. Nadel und, in Deutschland, R. Dahrensdorfs »*Homo sociologicus*« (1959).

Zwar wird der Rollenbegriff gelegentlich in der Religionssoziologie gebraucht[3], doch kann von einer Rezeption kaum die Rede sein. Dagegen hat der schwedische Religions-

---

[1] R. Dahrendorf, Pfade aus Utopia, (1967) ^{3}1974, 172.

[2] Zur Forschungs- und Begriffsgeschichte vgl. B. J. Biddle und E. J. Thomas (Hrsg.), Role Theory, 1966, 3–19; A.-M. Rocheblave-Spenle, La notion de rôle en psychologie sociale, (1962) ^{2}1969.

[3] Vgl. etwa J. Waardenburg, Religionen und Religion, 1986, 177.

psychologe H. Sundén (»*Religionen och rollerna*«, 1959) den Rollenbegriff auf übernatürliche Wesen angewandt und in seiner Theorie religiöser Erfahrung verwendet.

B Theorie

I. Soziologische und sozialpsychologische Aspekte

Eine Rezeption des Rollenbegriffs hat in der Religionssoziologie bisher kaum stattgefunden. Dieser bedauerliche Mangel kann im Rahmen des vorliegenden Artikels nur unzureichend behoben werden. Jedoch soll auf verschiedene Sachverhalte hingewiesen werden, bei denen die Verwendung des Rollenbegriffs sinnvoll ist und zu einer besseren Erfassung der betreffenden Erscheinung beiträgt. Dies wird in acht thesenartigen Sätzen geschehen.

1. Religiöse Positions- und Rollensysteme

Religiöse Gruppen bauen Positions- und Rollensysteme auf, die die soziale Identität des einzelnen innerhalb der Gruppe bestimmen. Während die Religionsphänomenologie Gestalten wie Priester, Propheten und Mönche als »der heilige Mensch«[4] charakterisierte und die Religionssoziologie von »Typen religiöser Autorität«[5] sprach, kann die Verwendung des Rollenbegriffs umfassendere Gegebenheiten in den Blick bekommen: Rechte und Pflichten, die mit einer Position verbunden sind; Erwartungen, die an einen Rollenträger herangetragen werden; Interaktionen eines Rollenträgers mit anderen Menschen, deren Verhalten natürlich ebenso rollengeprägt ist. Besondere Aufmerksamkeit verdienen folgende Erscheinungen: das Hervorbringen bestimmter neuer Positionen und Rollen im charismatischen Frühstadium von Religionen; deren Fixierung zu festen, genau definierten, womöglich (kirchen-)rechtlich festgeschriebenen Rollen; die Professionalisierung von Positionen; die freie oder institutionelle Rekrutierung religiöser Spezialisten (Beispiele: Famulatur des künftigen Schamanen, Ausbildung des katholischen Klerus im Priesterseminar); der Wandel religiöser Rollen (Beispiel: veränderte Rolle des katholischen Priesters in der säkularisierten Industriegesellschaft).[6] Natürlich gehören hierher nicht nur außerordentliche und relativ ›seltene‹, wenngleich auffällige Rollen von Führern, sondern auch die Rollen der ›gewöhnlichen‹ Mitglieder. Dementsprechend läßt sich →Konversion[7] als Rollenwechsel und Rollenerwerb, religiöse →Sozialisation als Rollenlernen auffassen. Religiöse Rollen werden insbesondere in rituellen Situationen deutlich, wie etwa beim frühchristlich

[4] F. Heiler, Erscheinungsformen und Wesen der Religion, 1961, 365.
[5] J. Wach, Religionssoziologie, 1951, 375.
[6] J. H. Fichtner, Die gesellschaftliche Struktur der städtischen Pfarrei, 1957, 104–117; L. von Deschwanden, Eine Rollenanalyse des katholischen Pfarreipriesters, in: Internationales Jahrbuch für Religionssoziologie 4 (1968) 123–157; ders. Die Rolle des Gemeindepriesters zwischen Kirche und Gesellschaft, in: J. Wössner (Hrsg.), Religion im Umbruch, 1972, 395–409.
[7] H. Zetterberg, The Religious Conversion as a Change of Social Roles, in: Sociology and Social Research 36 (1952) 159–166. Vgl. auch S. A. Wright, Leaving Cults: The Dynamics of Defection, 1987.

1. Klemensbrief, der die Rollen von Klerus und Laien unterscheidet: »Dem Hohenpriester ist sein eigener Dienst übergeben, und den Priestern ist ein eigener Platz vorgeschrieben, und den Leviten obliegen besondere Dienste; der Laie ist an die Vorschriften für das Volk gebunden. Jeder von uns, Brüder, soll an der ihm gewiesenen Stelle Gott gefallen und in gutem Gewissen und in heiliger Würde nicht die festgelegte Richtschnur seines Dienstes überschreiten« (1 Klem. 40, 5–51, 1; PG 1, 289).

Unter den wenigen vorhandenen Studien sind solche hervorzuheben, die sich mit dem christlichen Gemeindeklerus in westlichen Gesellschaften beschäftigen, mit seinen Aufgaben und den Erwartungen, die an ihn gestellt werden. So hat S. W. BLIZZARD[8] die umfassende Rolle des nordamerikanischen protestantischen Pfarrers in fünf Teilrollen zerlegt: Er ist zu 40 % als Verwalter, zu 25 % als Seelsorger, zu 15 % als formeller und informeller Repräsentant der Gemeinde, zu 20 % als Priester und Prediger tätig; die letztgenannte Tätigkeit gilt trotz ihres geringen Anteils an der Arbeitszeit, im Bewußtsein und Image des Pfarrers als zentral, während die Verwaltungstätigkeit eher als ärgerlich angesehen wird. Eine ebenfalls in den USA durchgeführte, großangelegte Untersuchung der Erwartungen, die an den protestantischen Pfarrer heute gestellt werden, hebt folgende Faktoren hervor: (1) offene, affirmative Haltung; (2) Fähigkeit zur Seelsorge; (3) demokratische Gemeindeleitung; (4) theologische Kompetenz; (5) persönliche Glaubenshaltung; (6) Fähigkeit zur Gemeinschaftsbildung in Gottesdienst und Gemeindeleben; (7) Solidarität mit der überlokalen kirchlichen Gemeinschaft und ihrer besonderen Eigenart (als anglikanische, baptistische usw. Kirche).[9]

Wichtige Einblicke in die Wirklichkeit religiöser Rollen könnte die empirische Untersuchung eines Sachverhalts aufdecken, der aus anderen Bereichen[10] bekannt ist: mit bestimmten Rollen sind ganz bestimmte Einstellungen zu anderen sozialen Rollen und sogar ganze Weltanschauungen verbunden: ein Laie sieht die Welt anders als ein Mönch, Priester, Bischof usw. Typische Bewertungen und typisches Verhalten ist bei Menschen nachzuweisen, die bestimmte Rollen verlassen; das haben Untersuchungen gezeigt, die sich mit ehemaligen Nonnen und ehemaligen Mitgliedern einer Kirche oder Sekte beschäftigen.[11]

2. Vorübergehende und ›totale‹ Rollen

Religiöse Rollen können vorübergehend und situationsbezogen oder aber ›total‹ sein. Nicht jeder Rolle kommt für den Rollenträger dieselbe Bedeutung zu. Periphere Rollen lassen sich von dominanten unterscheiden, wobei die dominante Rolle andere in den Schatten stellt oder zu stellen droht. Ein Arzt bleibt oft auch nach Dienstschluß ein Arzt, so daß ihn seine Freunde auch in der Freizeit konsultieren. Die dominante Rolle kann sich zur ›totalen‹ Rolle steigern. Eine ›totale‹ Rolle liegt dann vor, wenn ein Rollenträger in seiner Rolle völlig aufgeht, das heißt, jede Interaktion mit anderen von

---

8 S. W. BLIZZARD (Hrsg.), The Protestant Parish Minister: A Behavioral Science Interpretation, 1985. Vgl. das katholische Gegenstück: M. E. REILLY, Perceptions of the Priest Role, in: Sociological Analysis 36 (1975) 347–356.

9 D. S. SCHULLER u. a. (Hrsg.), Ministry in America, 1980, bes. 25.

10 V. L. ALLEN, Role Theory and Consistency Theory, in: R. P. ABELSON u. a. (Hrsg.), Theories of Cognitive Consistency, 1968, 201–209, hier 204f.

11 S. A. WRIGHT, Leaving Cults: The Dynamics of Defection, 1987; H. R. F. EBAUGH, Becoming an Ex: The Process of Role Exit, 1988.

seiner Position geprägt ist. Das ist etwa bei einer Nonne und beim katholischen Priester der Fall. »Ohne Zweifel können wir die Rolle des Priesters das Rollenbeispiel *par excellence* nennen, läßt sich doch wohl kaum ein vergleichbarer Fall finden, bei dem eine einzelne Rolle praktisch die gesamte Persönlichkeit eines Menschen belegt. Wohl gibt es bestimmte öffentliche Amtspersonen, die überall, wo sie gesehen werden, sich als Inhaber dieser bestimmten Position zu verhalten haben. Doch haben diese ein anerkanntes Privatleben, wohin sie sich etwa als Ehegatte oder Vater zurückziehen können. Nicht so der Priester, der sowohl im Privatleben, falls bei ihm überhaupt so etwas existiert, wie in der Öffentlichkeit als Träger dieser Rolle zu agieren hat. Ein allgemein anerkanntes Privatleben, wie es in der hochspezialisierten Gesellschaft üblich und funktional ist, gibt es bei ihm nicht. Es liegt hier ein Fall mittelalterlicher Sozialformen vor. Denn um das, was wir heute Privatleben nennen, muß es damals dürftig bestellt gewesen sein. Fest steht jedenfalls, daß beim Priester auch heute noch das Großgebilde Kirche sein persönliches Leben genauso erfaßt wie sein Öffentliches. Wir sprechen daher bei ihm von einer *totalen Rolle.*«[12] Nach dieser Beschreibung erscheint der Priester als Gefangener seiner Rolle, der er nicht oder nur schwer entkommen kann. Auch ein Berufswechsel, der das Verlassen der Rolle darstellt, ist bei einem Priester schwierig; seine Ausbildung und seine Fähigkeiten sind weithin an seine Rolle gebunden und außerhalb der Rolle nur begrenzt anwendbar und sinnvoll.

Häufiger als totale kommen partiale, vorübergehende und situationsbezogene Rollen vor. Der katholische Priester übernimmt während eines Teils der Messe die Rolle Christi. Zwar kann man sagen, daß sein Leben insgesamt von dieser Rolle geprägt ist, aber nur während der Messe wiederholt er die Handlung Christi, so daß die Christusrolle sichtbar dargestellt wird. In bestimmten rituellen Zusammenhängen tritt situationsbezogener Rollentausch (*role reversal*) auf. So kennt die Ethnologie Rebellionsrituale, bei denen hierarchische Verhältnisse auf den Kopf gestellt werden. Nach dem als ›Ventil‹ für Unmut dienenden Ritual kehrt man wieder zur gewöhnlichen, nun rituell gefestigten Ordnung zurück.[13] Einen anderen Sinn haben Tänze der als Männer verkleideten Frauen bei den Gogo in Tansania: der durch den Mißbrauch von Männerkleidung und Waffen erfolgte Tabubruch setzt besondere Kräfte frei, mit deren Hilfe Unglück abgewehrt werden kann.[14]

3. Priviligierte Positionen

Bestimmte Positionen werden privilegiert. Daß Religionen ein eigenes hierarchisches System sozialer Positionen aufbauen oder bestehende Systeme unterstützen, ist eine verbreitete Erscheinung. Beispiele sind die Sakralisierung des Königtums und die geistliche Privilegierung besonderer Stände, etwa der Mönche im Buddhismus, der Mitglieder des ›Standes der Vollkommenheit‹ (Mönch, Ordensfrau, Priester) im traditionellen Katholizismus und der Angehörigen des (niemals manuelle Arbeit verrichtenden)

---

[12] L. von Deschwanden, Eine Rollenanalyse, 124f; ferner: M. Blasberg-Kuhnke, Überforderung in der Pastoral. Eine rollentheoretische Problemanzeige, in: Bibel und Liturgie 63 (1980) 42–46.

[13] M. Gluckman, Rituals of Rebellion in South-East Africa, 1954; E. Norbeck, African Rituals of Conflict, in: American Anthropologist 65 (1963) 1254–1279.

[14] P. Rigby, Some Gogo Rituals of »Purification«, in: E. R. Leach (Hrsg.), Dialectic in Practical Religion, 1968, 153–178.

Arioi-Bundes auf Tahiti. Im historischen Prozeß treten hier tiefgreifende Wandlungen durch die Schaffung neuer und die Entwertung alter Privilegien auf (Beispiel: protestantische Privilegierung des Berufsmenschen). Natürlich gibt es nicht nur in hierarchisch organisierten, sondern auch in egalitären Gesellschaften religiöse Rollenträger (Beispiel: der Leopardenfell-Priester bei den Nuer im Sudan).

4. Rollensignale

Rollengeprägtes Handeln ist an Signalen erkennbar. Oft ist das ganze Leben religiöser Rollenträger, vor allem aber deren öffentliches Auftreten – z. B. im Gottesdienst und bei ›Amtshandlungen‹ –, rollengeprägt. Diese Prägung läßt sich am besten an Signalen erkennen, die von Körpersymbolen wie Haartracht, über Kleidung und Insignien, bis zur Beachtung auffälliger Tabus und Verwendung bestimmter Gesten und Sprachformen reichen. Beispiele für *Körpersymbolik:* glattrasierter Kopf des buddhistischen Mönchs; zeitweise Rasur des Haupthaares bei Hindus, die von einem Trauerfall betroffen sind; die (heute nicht mehr übliche) Tonsur des katholischen Klerus; völliges Bedecken der Haupthaare weiblicher Mitglieder bestimmter katholischer Orden; ungepflegtes, langes Haar als Symbol der Marginalität, aber auch der Freiheit von gesellschaftlicher Konvention bei Propheten und Schamanen.[15] *Kleidung, Insignien:* Amtstrachten, liturgische Gewänder, Ordenshabit, Kollar des katholischen und anglikanischen Geistlichen, Ring und Brustkreuz des Bischofs.[16] Solche Markierungen haben umfassende Funktion, nicht nur für die menschlichen Interaktionspartner, sondern auch für den Rollenträger selbst und dessen Konzentration auf seine Aufgabe (so daß die jüdischen Gebetsriemen auch angelegt werden, wenn der Beter allein ist). *Sprache:* Rollengeprägte Sprache ist weit verbreitet. Sie findet sich im prophetischen Orakel (»Hört das Wort Jahwes..., Hos. 4, 1), in der christlichen und buddhistischen Predigt, im Gebet, in der Anrede von Rollenträgern (›Exzellenz‹ als Anrede des Bischofs), in religiösen Literaturformen (bischöflicher Hirtenbrief).

5. Rollenübernahme

Die Rollenübernahme wird durch besondere religiöse Rituale hervorgehoben. Wie alle sozialen Rollen werden auch die speziell religiösen im informellen und formellen (Unterweisung) Sozialisationsprozeß angeeignet.[17] Aber die Übernahme besonderer Rollen wird oft durch besondere Rituale markiert, die allgemein als »Übergangsriten« (*rites de passages*) zu bezeichnen sind. Beispiele sind Pubertäts- und Initiationsfeiern, die christliche Taufe, Hochzeitsbräuche, Priesterweihe, Ablegung von Ordensgelüb-

---

15 M. DOUGLAS, Ritual, Tabu und Körpersymbolik, 1974, 130; C. R. HALLPIKE, Social Hair, in: Man 4 (1969) 256–264; L. TRICHET, La tonsure, 1990.

16 J. MAYO, A History of Ecclesiastical Dress, 1984; L. TRICHET, Le costume du clergé, 1986; vgl. auch N. JOSEPH und N. ALEX, The Uniform: A Sociological Perspective, in: Americ. Journ. of Sociology 77 (1972) 719–730.

17 Die verschiedenen Stufen des ›Rollenerwerbs‹ (vorbereitende, formelle, informelle, persönliche Stufen) erörtern R. THORNTON und P. M. NARDI, The Dynamics of Role Acquisition, in: Americ. Journ. of Sociology 80 (1974 / 75) 870–885; eine Anwendung auf den Erwerb der prophetischen Rolle in Israel erfolgt bei B. LANG, Wie wird man Prophet in Israel?, 1980, 42f.

den (Profeß), Einsetzung von Amtsinhabern wie König (Krönung), Beamter (Vereidigung mit religiöser Formel), Papst (Inthronisierung). Dabei wird in manchen Fällen nicht nur eine neue Position erreicht und eine neue Rolle übernommen, sondern gleichzeitig eine alte Position verlassen – etwa die des Angehörigen einer bestimmten Altersklasse, des ›Laien‹ (bei der katholischen Priesterweihe) oder des ›Weltmenschen‹ (bei der Ordensprofeß).

Der britische Ethnologe GLUCKMAN[18] hat die Frage aufgeworfen, warum in vormodernen – z. B. traditionellen afrikanischen – Gesellschaften Übergangsriten eine so große Rolle spielen, während sie in modernen westlichen Gesellschaften von untergeordneter Bedeutung sind. Er sieht den Schlüssel zum Verständnis in der rituellen Trennung und Markierung gesellschaftlicher Rollen. Ein westlicher Stadtbewohner kann an einem Wochenende oder im Urlaub ohne weiteres auf Jagd gehen, obwohl er sonst Büroangestellter ist. Zwar mag der Hobbyjäger besondere Kleider anlegen und seinen Jagdclub besuchen, aber der Übergang wird durch keine besonderen religiösen Rituale markiert. Anders beim afrikanischen Tsonga, der gewöhnlich Bauer ist. Geht er jagen oder fischen, dann wird seine neue Rolle durch Tabus hervorgehoben, die er selbst und seine Familie sorgfältig beachten. Auf der sozialen Ebene dient die Ritualisierung der Trennung von Rollen. So verhindern die Tabus, daß die Rolle des Mannes als Jäger durch seine Rollen als Vater, Ehemann, Verwandter u. ä. behindert wird. Ritualisierung ist daher für Gesellschaften typisch, in denen jedes Individuum eine Vielheit von Rollen innehat, wobei die Rollenpartner durchweg dieselben Menschen sind, weil sie zum selben Haushalt, zur selben wirtschaftenden Einheit, zur selben Verwandtschafts- und Wohngruppe gehören. Zwischen diesen ständigen Interaktionspartnern treten allerlei Konflikte auf, die durch Ritualisierung überdeckt oder verhindert werden. Vielleicht kann man auch sagen, daß die Ritualisierung das Bewußtsein des Individuums stärkt, einer bestimmten Aufgabe nachkommen zu müssen, ohne sich davon ablenken zu lassen. Die zur Rollenmarkierung eingesetzten Rituale beziehen sich auf übernatürliche Kräfte, Götter oder Geister. Das im Ritual auf eine Rolle verpflichtete Individuum muß in seinem Tun einen göttlichen Auftrag sehen. Werden Tabus gebrochen, dann fürchtet man weitreichende Folgen, etwa Unglück, Mißerfolg, Streit, Krankheit oder Mißernte. – In modernen westlichen Gesellschaften sind die sozialen Rollen in der Regel getrennt. Man arbeitet außerhalb des Wohnbereichs / und die Arbeitskollegen sind meist keine Interaktionspartner auch des ›privaten‹ Bereichs, d. h. keine Verwandten, Ehepartner oder Nachbarn. Entsprechend wird die mit sozialen Rollen verbundene Ritualisierung stark reduziert.

6. Rollenkonflikte

Es gibt durch Religion verursachte Rollenkonflikte. Wenn ein Individuum verschiedene Rollen innehat, die schwer zu vereinbarende oder sich ausschließende Anforderungen stellen, dann spricht man von Rollenkonflikt. Entfällt die Möglichkeit eines Kompromisses, dann führt der Konflikt zur Rollenverweigerung, d. h. der Aufgabe der einen zugunsten der anderen Rolle. Ein Beispiel aus der frühen Geschichte des Christentums ist der Konflikt zwischen familiären Rollen und der Rolle des einzelnen als Anhänger(in) der Gemeinde Jesu. Jesus selbst setzt sich über seine Familienbindun-

[18] GLUCKMAN, Les rites de passage, in: ders. (Hrsg.), Essays on the Rituals, 1–53.

gen hinweg und betrachtet seine Anhänger (statt seiner Verwandten) als Brüder und Schwestern (Mk. 3, 31–35). Daß Religion wichtiger ist als Familiendinge wird wenigstens einmal offen ausgesprochen (Matt. 8, 21) und ist ebenso ein jüdischer (Dtn. 13, 6 ff.) wie islamischer (Sure 9, 23 f.) Grundsatz, der erst in der modernen, nicht mehr auf Verwandtschaftsbasis organisierten Gesellschaft seinen revolutionären Ton verloren hat. Der Rollenkonflikt führte im frühen Christentum zu zerrütteten Familien (Matt. 10, 21 f., 35) und Ehen, wobei Paulus für letztere die Scheidung des christlichen vom nichtchristlichen Partners erlaubt, sofern der nichtchristliche Teil dies wünscht (1 Kor. 7, 13 ff.). In der katholischen Kirche bieten etwa Mönchtum und (im Mittelalter) Beginenwesen für Männer und Frauen die Möglichkeit, gesellschaftlichen und familiären Rollenzuweisungen zu entgehen.[19]

Natürlich gibt es nicht nur durch Religion verursachte Rollenkonflikte (die aus der Sicht der Religionen stets in ihrem Interesse zu lösen sind), sondern auch Rollenkonflikte innerhalb religiöser Gruppen selbst. B. R. Wilson[20] hat den interessanten Fall des Pfarrers in englischen Pfingstgemeinden untersucht. Während der Pfarrer das institutionelle Element der sich von ihrer charismatischen Anfangsphase entfernenden Gruppe verkörpert, ist in dieser selbst noch die Idee des sich im Individuum spontan äußernden Heiligen Geist lebendig, dem die höchste Autorität zukommt. So besteht ein struktureller Antagonismus, den wir bereits bei Paulus finden, der in der charismatisch geprägten Gemeinde von Korinth Ordnung schaffen will (1 Kor. 12–14). Aus dieser Situation ergeben sich Rollenunsicherheit und Rollenkonflikte des Pfarrers in der Pfingstgemeinde.

7. Intensität im Rollenverhalten

Die Intensität religiösen Rollenverhaltens weist unterscheidbare Grade auf. T. R. Sarbin und V. Allen[21] haben in der Sozialpsychologie eine Skala eingeführt, die hilft, die Intensität körperlicher und seelischer Beteiligung am Rollenverhalten (*role enactment*) zu beschreiben. Die Skala enthält folgende Stufen: beiläufiges, mechanisches, beteiligtes, hypnotisches, histrionisches, ekstatisches, moribundes Handeln. Während beim beiläufigen Handeln dem Rollenträger sein Handeln nicht bewußt wird, steht am anderen Ende die nicht mehr reversible, das heißt zum Tod führende Übernahme der Rolle des Sterbenden (etwa durch Sterbensuggestion eines Vodoo-Rituals, an dessen Wirkung der Behexte glaubt). Dazwischen liegen verschiedene Stufen, von denen das ›beteiligte‹ Handeln (*heated acting*) von jedem guten Schauspieler erwartet wird. Religiöses Rollenverhalten kommt auf allen Stufen der Sarbin / Allen-Skala vor, es findet sich alles, von der beiläufigen Ausführung einer religiösen Geste (Beispiel: die Bekreuzigung im Katholizismus) bis zur völligen Identifikation mit einer Rolle im moribunden Handeln. D. L. Petersen[22] hat das Rollenverhalten alttestamentlicher Propheten

19 P. Dinzelbacher, Rollenverweigerung, religiöser Aufbruch und mystisches Erleben mittelalterlicher Frauen, in: ders. und D. R. Bauer (Hrsg.), Religiöse Frauenbewegungen und mystische Frömmigkeit im Mittelalter, 1988, 1–58.

20 B. R. Wilson, The Pentecostalist Minister, in: Americ. Journ. of Sociology 64 (1959) 494–504.

21 T. Sarbin, V. Allen, Role Theory. In: G. Lindzey, E. Aronson (Hrsg.), The Handbook of Social Psychology 1, (1956) ^{2}1968, 488–567, hier 493.

22 D. L. Petersen, The Role of Israel's Prophets, 1981, 30–33.

analysiert; er ordnet es hauptsächlich den Stufen des beteiligten, hypnotischen (visionäre Erfahrung) und histrionischen Verhaltens zu, wobei er bei letzterem an prophetische Niedergeschlagenheit denkt (Jer. 15, 17–18). Die Bedeutung der inneren Beteiligung an religiösem Rollenhandeln erläutert P. SMITH am Beispiel des katholischen Priesters, der die Messe zelebriert: »Die Einstellung des Priesters und der Gläubigen im Augenblick der Konsekration, vorbereitet durch den ganzen ersten Teil der Messe, führen uns zur Annahme, daß etwas Wichtiges geschehen ist – selbst wenn sich Brot und Wein in Wirklichkeit nicht verändert haben sollten.«[23] Über starke körperliche und seelische Beteiligung in religiösen Ritualen haben I. M. LEWIS[24] und F. D. GOODMAN[25] wichtige Studien vorgelegt.

8. Ein Grenzfall: Individuelle Rollen

Individuelle religiöse Rollen stellen ein Grenzphänomen dar. Die Rollentheorie beschäftigt sich nie mit dem Individuum als solchem[26], sondern mit der Verteilung von Rechten und Pflichten auf die Mitglieder einer Gruppe und mit der Interaktion innerhalb von Gruppen. Da mancherlei Erscheinungen im Bereich der Religion jedoch mit dem Selbstverständnis einzelner zu tun haben, die gerade aus dem kulturellen Rollenrepertoire herausfallen, kommt hier die Rollentheorie an die Grenze ihrer Anwendbarkeit. Für charismatische Neuerer wie Jesus und Mohammed gibt es zwar im Rollenrepertoire des Judentums (Prophet) und arabischen Heidentums (Wahrsager) bestimmte Anknüpfungspunkte, aber keine festgelegten Rollen. Auch der Mystiker, der Reformator u. ä. Gestalten besitzen keine etablierte Position. Vielmehr scheren solche Personen aus dem überkommenen Rollensystem einer Kultur oder Religion aus. Der religiöse Virtuose bestimmt seine Rechte und Pflichten selbst, dem Rollenträger sind sie – mit unterschiedlichem Spielraum – vorgegeben. Unter Vermeidung des Rollenbegriffs kann man vom Typus des Charismatikers, des Reformators usw. sprechen.
Von den Positionen und Rollen, aus denen sich ein soziales System aufbaut, sind Lebensmuster zu unterscheiden, die zu persönlicher ›Nachfolge‹ anleiten und sehr eng mit dem Namen einer religiösen Gründergestalt verbunden sind (oder nachträglich verbunden werden). Wie der buddhistische Mönch das Leben Buddhas zu wiederholen sucht, so nimmt der urchristliche Wanderprediger das unstete Bettlerleben Jesu, der spätere christliche Mönch das Leben biblischer Gestalten (Elija, Elischa, Johannes der Täufer), Mönchsväter (Antonius) oder Ordensgründer (Franziskus) zum Vorbild. Auch die im Christentum verbreitete Lektüre von Heiligenlegenden und der »*Nachfolge Christi*« des THOMAS VON KEMPEN verweisen auf den Rollencharakter der Nachfolge: die persönliche Rolle wird aus der Lektüre gelernt (wie Don Quixote sein Wissen über die Rolle des Ritters aus Romanen bezieht). So sah sich der UN-Generalsekretär DAG HAMMARSKJÖLD nach Ausweis seiner Tagebücher in der Rolle Christi. Vom

---

[23] P. SMITH, Aspects of the Organization of Rites, in: ders. und M. IZARD (Hrsg.), Between Belief and Transgression, 1982, 103–128, hier 105.
[24] I. M. LEWIS, Ecstasic Religion, 1971.
[25] F. D. GOODMAN, How about Demons? Possession and Exorcism in the Modern World, 1988 (dt. Ekstase – Besessenheit – Dämonen, 1991).
[26] T. SARBIN, V. ALLEN, Role Theory, 490: »*Study of the isolated individual* per se *has no place in role theory.*«

soziologischen Rollenbegriff her gesehen liegt hier ein Grenzfall vor, für welchen H. SUNDÉN den Rollenbegriff beibehalten will (siehe unten, II).

II. Sundéns Rollentheorie religiöser Erfahrung

1. Die Fragestellung

In seiner »*Italienischen Reise*« berichtet GOETHE von einer Gruppenfahrt mit einem Segelschiff, das die Meeresströmung auf Klippen getrieben hätte, wäre nicht in letzter Minute ein günstiger Wind aufgekommen, der eine Änderung der Fahrtrichtung ermöglicht hätte. Die in ihrer Verzweiflung Maria um Hilfe anflehenden Reisenden mußten in der Rettung das Werk der Heiligen Jungfrau sehen. – Das Gebet der Reisenden läßt verschiedene Deutungen zu. Nach B. MALINOWSKI[27] dient das Gebet zwar nach Meinung des Beters zur Herbeiführung eines Ziels, tatsächlich bewirkt es aber nur die Reduktion der Angst. Mit A. GEHLEN[28] könnte man sagen, dem Gebet liege die Nötigung zugrunde, etwas in einer Lage zu tun, in der eigentlich nichts getan werden kann. Solche Beurteilungen, die dem Selbstverständnis der Beter keinen Platz einräumen, stellen nach H. SUNDÉN[29] eine Engführung dar. Er will ihr entgehen, indem er die Aussage: die Heilige Jungfrau hat geholfen, in seine religionspsychologische Analyse mit einbezieht. Er will die Interaktion von Mensch und transzendentem Partner grundsätzlich berücksichtigen. Wo solche Interaktion geschieht, haben wir es nach SUNDÉN mit religiöser Erfahrung zu tun. Diese ist grundsätzlich als Begegnung und Geschehen ›von Person zu Person‹ aufzufassen, selbst wenn – wie im Beispiel – der jenseitige Handlungsträger nur mittelbar (durch Aufkommen des Windes) in Erscheinung tritt.
SUNDÉN will erklären, wie religiöse Erfahrung zustande kommt und worin sie besteht. Im folgenden wird SUNDÉN*s* religionspsychologischer Ansatz skizziert und durch Hinweise auf Theorien der Wahrnehmungs- und Lernpsychologie ergänzt, wie sie vor allem M. E. SPIRO auf die religiöse Sozialisation angewandt hat.

2. Übernatürliche Wesen als Rollenträger

Bevor der Begriff göttlicher Rollenträger erläutert werden kann, ist eine Hinführung zu Grundbegriffen der Interaktionsanalyse notwendig. Die (eigentlich selbstverständliche) Voraussetzung der Interaktionsanalyse ist, daß es keine Einzelrollen gibt. Eine Einzelrolle mag es im Theater geben, wenn ein Ein-Mann-Stück aufgeführt wird. Im Sinne der Sozialpsychologie gibt es jedoch nur binäre Rollen. Der Lehrer ist nicht »an und für sich« Lehrer, sondern nur in Bezug auf Schüler, so daß Lehrerrolle und Schülerrolle komplementär sind. Andere Beispiele sind Priester / Gemeinde, Direktor / Untergebener, Polizist / Zivilist. Machen wir aus dem Zivilisten einen Autofahrer, der einen Verkehrspolizisten sieht, dann können wir uns die typische Struktur der Interaktion verdeutlichen. Die Selbstkontrolle des Fahrers, der nachprüft, ob seine Geschwindigkeit den Vorschriften entspricht, beruht auf ›Rollenaufnahme‹ (*role-taking*). Diese

27 B. MALINOWSKI, Magic, Science and Religion, 1954, 90.
28 A. GEHLEN, Studien zur Anthropologie und Soziologie, 1963, 79–92.
29 SUNDÉN, Die Religion und die Rollen.

auf G. H. MEAD zurückgehende Bezeichnung besagt, daß der Fahrer sein Verhalten an dem Bild orientiert, das er von der Rolle des Polizisten hat. Die Rolle des Polizisten impliziert nämlich Strafgewalt, und sich diese vergegenwärtigend handelt der Fahrer (indem er z. B. seine Fahrgeschwindigkeit verringert). Das Zusammenspiel der beiden Rollenträger – Fahrer und Polizist – ist durch Erwartungen (Strafe, Straffreiheit) und Gefühle (z. B. der Furcht oder Sicherheit) gekennzeichnet. *Role-taking* bedeutet: sein Handeln an den Erwartungen des (möglichen) Interaktionspartners auszurichten.

Greifen wir auf das Beispiel aus GOETHE zurück, dann erscheint die Anwendung des Rollenbegriffs auf den jenseitigen Rollenträger nicht abwegig: Die betende Reisegesellschaft nimmt die Rolle Marias auf, d. h. vergegenwärtigt sich ihre an Gebet, Unterwerfung, Bußgesinnung und treue Anhängerschaft geknüpfte Bereitschaft zum helfenden Eingreifen. Im binären System ist es die Rolle des Beters, als schutzsuchendes ›Kind‹ der Heiligen gegenüberzutreten, während der Heiligen Jungfrau die mütterliche Helferrolle zukommt. Diese Rolle steht den Betern aus frommen Legenden ebenso vor Augen wie in der ikonographisch geläufigen Schutzmantel-Madonna. Auch hier sind die Rollen mit einem Komplex von Gefühlen und Erwartungen verbunden.

Unsichtbare, der Transzendenz zugehörige Wesen mit dem Rollenbegriff zu erfassen, ist nicht nur ein Kunstgriff der Sozialpsychologie. Schon religiose Riten selbst bieten Ansätze dazu. Im rituellen Drama Ägyptens werden Götter von Menschen gespielt, die deren Rolle übernehmen. Medizinmänner oder Tänzer treten in Götterrollen auf, bei denen der Mensch hinter den Masken zurücktritt und diese die Rolle ausdrücken läßt. Bekannt sind die zahlreichen Geisterrollen, die von besessenen, meist weiblichen Mitgliedern des Zâr-Kults im islamischen Milieu Afrikas gespielt werden. Dabei verlangen die ›europäischen‹ Geister westliche, die islamischen Geister arabische Geschenke.[30] Fragt man nach den Eigenschaften und Funktionen übernatürlicher Wesen, dann bekommt man in Erzählungen und Mythen die Beschreibung von Rollen, die vor allem als ›Zuständigkeiten‹ figurieren. Der heilige Antonius ist Helfer derer, die etwas verloren haben; St. Blasius schützt vor Halskrankheiten. Der religiöse Mensch kennt die Rollen der Götter, Heiligen oder Geister, mit denen er zu tun hat und die er ›aufnehmen‹ muß, wenn er mit ihnen in Kontakt treten will.

Eine Veranschaulichung für die Rollenaufnahme eines unsichtbaren Partners bieten die sexuelle Stimulierung durch die Vorstellung eines anziehenden Partners und das geläufige kindliche Spiel mit abwesenden oder völlig imaginären Gefährten.[31]

---

[30] I. M. LEWIS (Hrsg.), Symbols and Sentiments, 1977, 71ff.

[31] Zu »imaginären Spielgefährten« kindlicher Phantasie vgl. A.-M. RIZZUTO, The Birth of the Living God, 1979, 190–201; S. PROSKAUER u. a., Imaginary Companions and Spiritual Allies of Three Navajo Adolescents, in: Journal of Psychological Anthropology 3 (1980) 153–174; J. T. PARTINGTON u. a. Imaginary Playmates and Other Useful Fantasies, in: P. K. SMITH (Hrsg.), Play in Animals and Humans, 1984, 217–240.

3. Vorstrukturiertheit von Wahrnehmung

Nach der klassischen, von W. JAMES begründeten Wahrnehmungspsychologie[32] müssen wir von der naiven Vorstellung abrücken, Wahrnehmung vermittle ein ›Abbild‹ der Umwelt, das auf Sinneseindrücke zurückgehe. Tatsächlich stellen die Sinneseindrücke nur *ein* Element in der Entstehung von Wahrnehmung dar. Der komplizierte Vorgang läßt sich am besten mit den Begriffen ›Konstruktion‹ und ›Hypothesenprüfung‹ beschreiben. Auf den seine Umwelt wahrnehmenden Menschen strömt eine Überfülle verschiedenster Sinneseindrücke ein. Aus diesen wählt das Bewußtsein bestimmte Teile aus, um aus ihnen ein Bild der Umwelt zu konstruieren. Die Biologie weiß – besonders aus der Beobachtung geheilter Blinder –, daß das Sehvermögen nicht mit dem Funktionieren des Auges gleichzusetzen ist. Das Sehen muß in einem längeren Prozeß erst mühsam erlernt werden, denn wir sehen nicht die ›Welt an sich‹, sondern was wir wahrzunehmen gelernt haben und gewohnt sind. Das Gehirn muß auswählen und lernen, ein sinnvolles Bild der Umwelt zu konstruieren. Dabei werden auch Hypothesen entwickelt, d. h. Annahmen über die Eigenart und das typische Verhalten der Umwelt. Sie beruhen auf persönlicher Erfahrung und Werthaltung, aber auch auf in der Gesellschaft üblichen, überlieferten Überzeugungen. Bei der Bildung von Hypothesen spielt also die Kultur wie das Vorhandensein persönlicher Neigungen eine Rolle. Wie schon KANT hervorhob, sehen die Menschen »nicht, was ist, sondern was ihnen ihre Neigung vormalt: der Naturaliensammler im Florentinerstein Städte, der Andächtige im gefleckten Marmor die Passionsgeschichte, jene Dame durch ein Sehrohr im Monde die Schatten zweier Verliebten, ihr Pfarrer aber zwei Kirchtürme. Der Schrecken macht aus den Strahlen des Nordlichts Spieße und Schwerter und bei der Dämmerung aus einem Wegweiser ein Riesengespenst«.[33] Jede neue Erfahrung bestätigt oder entkräftet bereits bestehende Hypothesen.

M. E. SPIRO[34] und SUNDÉN übertragen diesen Ansatz auf die Psychologie der religiösen Erfahrung und zeigen, daß das religiöse, durch die Erwartungs- und Erfahrungsmuster einer bestimmten (z. B. der biblischen) Tradition vorgegebene Bezugssystem (*frame of reference*) aus solchen Hypothesen oder geistigen Dispositionen besteht. In Anknüpfung an M. MERLEAU-PONTYS »*Phénoménologie de la perception*« (1945) argumentiert SUNDÉN, »daß wir in der Wahrnehmung niemals die Objekte erreichen, sondern immer nur die ›Inszenierung‹, die unser intentionales Denken unbewußt vor aller Erfahrung mit den Objekten vorgenommen hat. Handelt es sich um ›Gott‹, so muß man mit der strukturierenden Wirkung von dualen Rollensituationen rechnen.«[35] Das

---

32 Die Vorstrukturiertheit und der selektive bzw. konstruktive Charakter des Wahrnehmungsprozesses ist seit W. JAMES, The Principles of Psychology [1891], 1952, 184–187 (Kap. 9) bekannt; eine neuere Darstellung ist R. E. ORNSTEIN, The Psychology of Consciousness, 1972, 16–47. Als Vorläufer kann ARISTOTELES gelten: »Erst viele Erinnerungen an ein- und dieselbe Sache ergeben schließlich die Fähigkeit zur Erfahrung« (Metaphysik 980b / 981a). Die »Hypothesentheorie« beschreiben und begründen F. H. ALLPORT, Theories of Perception and the Concept of Structure, 1955, und G. KELLY, The Psychology of Personal Constructs, 1955; zum Sehenlernen geheilter Blinder vgl. J. Z. YOUNG, Doubt and Certainty in Science, 1960, 61–71.

33 I. KANT, Versuch über die Krankheiten des Kopfes (1764), in: Werke, hrsg. von W. WEISCHEDEL, 1960, I, 894f.

34 M. E. SPIRO, Ghosts, in: Journal of Abnormal and Social Psychology 48 (1953) 365–382; ders. in R. G. D'ANDRADE, A Cross-Cultural Study of Some Supernatural Beliefs, in: American Anthropologist 60 (1958) 456–466.

35 SUNDÉN, Die Rollenpsychologie und die Weisen, 143.

Individuum, das Erfahrungen mit übernatürlichen Wesen macht, ›besitzt‹ die Götter- und Geisterrollen als Elemente eines umfassenden, ein religiöses Weltbild ausmachenden Deutungs- und Bezugsrahmen (*frame of reference*) bereits vor einer Einzelerfahrung. Der Bezugsrahmen geht in den Wahrnehmungsvorgang mit ein. Im religiösen Erlebnis wird der religiöse Bezugsrahmen wirksam und drängt andere vorhandene, alltägliche Bezugsrahmen beiseite.

Religiöse Erfahrung beruht auf der ›Aufnahme‹ eines übernatürlichen Wesens. Im *role-taking* rechnet der Gläubige mit dem Handeln eines solchen Wesens – etwa damit, daß Maria einen Wind aufkommen läßt, der es ermöglicht, das Schiff zu manövrieren.

Sundén darf nun nicht etwa so verstanden werden, als handle es sich bei der religiösen Erfahrung um eine gleichsam beliebige ›Zuschreibung‹ (Attribution), über die man sich streiten kann. Gewiß: einige Schiffsgäste schreiben die Rettung Maria zu, andere etwa einem Zufall oder dem Glück. Aber Sundén ist der Meinung, daß die gläubigen Beter das Handeln Marias wirklich erleben, erfahren und wahrnehmen, nicht lediglich eine willkürliche Zuschreibung vornehmen. Denn die Wahrnehmung des religiösen Menschen ist bereits so vorstrukturiert, daß eine solche Wahrnehmung möglich, wenn nicht sogar unvermeidlich ist.

Der religiöse Mensch geht demnach von einer inneren Einstellung (Hinwendung zu Gott, einem Heiligen usw.) und seinem religiösen Wissen aus, um daran Umweltreize und Informationen zu messen und sie dem Bezugsrahmen zuzuordnen. Dabei ist es keineswegs zwingend, daß eine bestimmte Hypothese evoziert wird. Nicht alle Umwelteinflüsse werden von vornherein religiös interpretiert, nicht jedes Geschehen wird unwillkürlich überweltlicher Verursachung zugeschrieben. Ob eine bestimmte Hypothese eingesetzt wird, hängt von der Anzahl der passenden und unterstützenden, von ›außen‹ kommenden Informationen ab; je größer ihre Anzahl, um so leichter wird sie abgerufen. Es ist ohne weiteres klar, daß einzelne Individuen – etwa Propheten und Heilige – einen religiösen Referenzrahmen mit großer Hypothesenstärke ausbilden können und mehr Bereitschaft besitzen als andere, ein bestimmtes Geschehen in einer religiösen Rollenkonstellation zu erfahren. Die Frage ist freilich, wie ein internalisierter religiöser Referenzrahmen überhaupt entsteht. Sundén und Spiro beantworten diese Frage, im Rahmen der Wahrnehmungspsychologie bleibend, mit dem Hinweis auf Sozialisations- und Lernprozesse.

4. Die Bedeutung von Lernprozessen

Durch Religion geprägte Gesellschaften, Gruppen oder Familien geben ihren nachwachsenden Mitgliedern auch den Glauben an übernatürliche Wesen als Teil des Weltbildes mit. Wie aber kommt es, daß das Individuum diesen Glauben nicht nur oberflächlich annimmt, sondern sich ständig präsente, internalisierte Wahrnehmungs- und Empfindungsgrundlage (*cognitive set, frame of reference*) aneignet? Die Antwort kann nur im Sozialisations- und Lernprozeß selbst gesucht werden, der nach Spiro in drei, zumindest theoretisch unterscheidbaren Phasen verläuft: (a) Zuerst werden im Kleinkind grundlegende Erwartungen über die Umwelt ausgebildet; sie implizieren, daß in der kindlichen Erfahrung ständig mächtige Wesen auftreten, die freundlich oder feindlich sind oder beides zugleich. (b) In einer zweiten Phase wird dieses grundlegende Wahrnehmungsmuster (*perceptional set*) in Menschen und andere, übernatürliche Wesen differenziert, wobei sich ein individuelles Phantasiesystem ausbildet, das sich jedoch dem traditionellen Glauben der Eltern, Lehrer usw. angleicht und so seine endgültige Gestalt findet. Durch die Verwurzelung in der grundlegenden Vorprägung des

Wahrnehmungssystems erhält der traditionelle Glaube eine Erfahrungsbasis. (c) Der Glaube an übernatürliche Wesen beruht jedoch nicht nur auf der Tradition und dem bruchlosen Anschluß von grundlegender Wahrnehmungsdisposition und kindlicher Phantasie an die Tradition, sondern auch auf konkreter, vom erwachsenen Individuum selbst gemachter Erfahrung. Bei der Wahrnehmung wird der tief im Individuum verwurzelte traditionelle Glaube als erklärende Hypothese über bestimmte Vorgänge in Umwelt, Geschichte oder eigenem Schicksal abgerufen und findet eine Bestätigung.

Fehlt einem Menschen ein religiöser Referenzrahmen, d. h. verfügt er über keine Rolle ›Gott‹ (oder ›Geist‹ usw.), die er aufnehmen könnte, so kann er auch keinem übernatürlichen Wesen begegnen. Aus diesem Grund beruht religiöse Erfahrung grundsätzlich auf religiöser Sozialisation, auf einem Lernprozeß, der den neuen oder heranwachsenden Mitgliedern einer religiösen Gruppe das Repertoire von Rollen vermittelt. Dabei geht es nicht isoliert um die Rollen übernatürlicher Wesen, sondern gleichzeitig um die damit gegeben entsprechenden menschlichen Rollen. Wenn wir zu unserem Beispiel aus GOETHE zurückkehren, dann macht der Erzähler in seiner auf dem Schiff gehaltenen Predigt diesen Zusammenhang selbst deutlich: »Was euch betrifft, rief ich aus, kehrt in euch selbst zurück und dann wendet euer [in]brünstiges Gebet zur Mutter Gottes, auf die es ganz allein ankommt, ob sie sich bei ihrem Sohne verwenden mag, das er für euch tue, was er damals für seine Apostel getan, als auf dem stürmenden See Tiberias die Wellen schon das Schiff schlugen, der Herr aber schlief, der jedoch, als ihn die Trost- und Hilflosen aufweckten, sogleich dem Wind zu ruhen gebot, wie er jetzt der Luft gebieten kann, wenn es anders sein heiliger Wille ist.«[36]

Indem die Beter die Rolle Marias aufnehmen (*role-taking*), übernehmen sie gleichzeitig die Rolle der hilflosen Jünger aus dem Evangelium (*role-adopting*). Indem sie diese Rolle übernehmen, begeben sie sich in eine ›duale Rollensituation‹, in der ihre Erwartungen von der biblischen Situation vorgegeben sind. Tritt die erhoffte Rettung nicht ein, dann enthält die religiöse Überlieferung dafür bestimmte Erklärungen, z. B. die Unwürdigkeit und Unbußfertigkeit der Beter. Im religiösen Sozialisationsprozeß wird eine große Anzahl von menschlichen Rollen gelernt: solche des Freundes und des Gegners Gottes, des von Gott geprüften Menschen (Hiob), des Propheten, Apostels, Priesters usw. SUNDÉN zeigt, wie die Übernahme (*role-adopting*) bestimmter religiöser Rollen das Selbstverständnis religiöser Menschen strukturiert. Als Beispiel verweist er auf Lewi Pethrus (der zu Beginn unseres Jahrhunderts die schwedische Pfingstbewegung ins Leben rief).[37] Indem sich Pethrus mit der Rolle des biblischen Elija identifizierte, konnte er sich vorher erlernte religiöse Lehren in einer vertieften Weise aneignen und verinnerlichen. Auf diese Weise dient ihm die Bibel nicht nur als Repertoire für religiöse Rollen, sondern geradezu als ›*libretto*‹ für umfassende Handlungs- und Erwartungszusammenhänge. Wie die Lektüre bestimmter Bücher die Erwartungs- und Erfahrungswelt eines einzelnen vorprägen (und natürlich auch verzerren) kann, hat CERVANTES an der Romangestalt des Don Quixote vorgeführt, der jede Erfahrung nach dem vorgegebenen und von ihm längst internalisierten Muster der Ritterromane deutet und gegen Windmühlen und Schafe kämpft, die er für Gegner hält. Bei Don Quixote sehen wir auch, wie schwer es ist, einmal vorgeprägte Wahrnehmungsstrukturen zu verändern; warum sollten Windmühlen nicht verzauberte Riesen sein? Der in CERVANTES' Satire als Verblendung geschilderte Sachverhalt wird in der Religion zum

---

36 Goethe, Italienische Reise, 389.

37 SUNDÉN, Die Religion und die Rollen, 28f.

Ernst. Gleichzeitig macht das Beispiel deutlich, wie religiöses *role-adopting* pathologische Züge annehmen kann (vgl. das ›Jerusalem-Syndrom‹: Pilger entdecken an heiligen Stätten, daß sie König David oder ein Prophet sind[38]).

5. Religiöse Erfahrung

Religiöse Erfahrung beruht auf der Vergegenwärtigung eines übernatürlichen Partners (*role-taking*), an den gewisse Erwartungen geknüpft werden. Diese Erwartungen sind durch religiöses Lernen und internalisierte religiöse Vorstellungen (*perceptional set*) vorstrukturiert. Gewöhnlich wird das übernatürliche Wesen nicht unmittelbar, sondern mittelbar, indirekt wahrgenommen. Das ist auch in dem genannten Beispiel aus GOETHE der Fall: in der Änderung der Windrichtung wird Marias Eingreifen erlebt. Bei diesem Erleben tritt die gewöhnliche, im Alltag erfahrene, äußerlich bleibende Gestalt von Ereignissen zugunsten ihres rollengeprägten Hintergrundes zurück. Dieser Vorgang darf nicht so verstanden werden, als lebe der religiöse Mensch ständig in solcher überwältigenden Erfahrung. Er lebt vielmehr in einer gewöhnlichen Welt, die ihm jedoch eine andere – rollengeprägte – Dimension offenbaren kann. Hat sich einmal eine solche Offenbarung ereignet, dann weckt sie die Bereitschaft, weitere solcher Erfahrungen zu machen. Nach SUNDÉN greift die Psyche des Gläubigen auf den religiösen Referenzrahmen vor allem dann zurück, wenn er sich in einer Lage sieht, die er mit den kognitiven Mitteln des Alltags nicht bewältigen kann. Aber auch die besondere, nicht durch Unzulänglichkeit des kognitiven Inventars hervorgerufene psychische Situation des Menschen kann religiöse Erfahrung zur Folge haben. Das Subjekt läßt sich religiös manipulieren. Der eine religiöse Wahrnehmung machende Mensch befindet sich oft in einem außeralltäglichen psychischen Sonderzustand, der etwa durch Einsamkeit (aber auch die Anwesenheit erregter größerer Gruppen), Fasten, Singen, Verbrennen von Weihrauch, Kirchenglocken usw. hervorgerufen oder unterstützt wird. Die besondere Situation des menschlichen Körpers kann hier mit einem nichtalltäglichen physischen und sozialen Umfeld zusammenwirken. Dieser erlernbare und mit einem Lernprozeß verwobene Zustand wird oft als ›Trance‹ bezeichnet.

Religiöse Wahrnehmung erschöpft sich nicht in der indirekten, über äußere Ereignisse vermittelten Erfahrung übernatürlicher Wesen. Es kann zu einer weniger vermittelten, in visionärer Trance erlebten unmittelbaren Interaktion kommen. Für SUNDÉN steht fest, »daß Visionen rollenpsychologisch gesehen gar nicht pathologischen Charakter bekommen, wie es der Fall ist, wenn sie als isolierte Phänomene betrachtet werden. Rollenpsychologisch gesehen bedeuten sie, daß das Andachtsleben eines Menschen sehr innig gewesen ist, und daß er sich die Situationen und Rollen z. B. der Bibel so tief angeeignet hat, daß eine Gehirndisposition ähnlicher Art entstanden ist wie die, die das Einüben einer fremden Sprache schließlich hervorbringt. Erst nachdem eine solche Disposition im Gehirn fixiert wurde, lassen sich die verschiedenen Lautmassen der fremden Sprache so bearbeiten, daß sinnvolle Erlebnisinhalte hervortreten. Erst wenn Übung in Rollenübernahme und -aufnahme vorangegangen ist, treten Visionen – aber nur unter gewissen Bedingungen – ein.«[39]

Natürlich ist SUNDÉN realistisch genug zu wissen, daß keineswegs *alle* gläubigen Menschen religiöse Erfahrungen machen. Idealtypisch steht neben dem durch stark ausge-

---

[38] H. WIESENDANGER, Jerusalem-Syndrom, in: Psychologie heute 19 (August 1992) 14.

[39] SUNDÉN, Die Rollenpsychologie und die Weisen, 136.

prägte Emphatie ausgezeichneten »Rollenmenschen« der »Lehrmensch« (*role person – dogma person*), dessen Auffassungen weniger von der persönlichen Erfahrung als von der herrschenden Lehre geprägt sind. SUNDÉN verhehlt nicht seine Abneigung gegen die ›Gehäusefrömmigkeit‹ des Lehrmenschen und dessen Neigung zu fanatischer Orthodoxie.

6. Wissenschaftlicher Status der Theorie

SUNDÉN hat eine umfassende psychologische Erklärung religiöser Wahrnehmung vorgelegt, die sich ebenso auf »alltägliche« religiöse Erfahrungen wie auf besondere visionäre und mystische Erlebnisse bezieht. Ihr Wert beruht vor allem auf dem engen Anschluß an drei Theoriefelder, die aus dem wissenschaftlichen Bewußtsein nicht wegzudenken sind: die sozialpsychologische Rollentheorie, die Lern- und Sozialisationstheorie, sowie die eng mit dieser verknüpfte Wahrnehmungspsychologie. Er selbst hat seine Theorie in Arbeiten über die heilige Birgitta, über Meditation und Drogenerlebnisse angewandt; andere haben seinen Ansatz zur Analyse alttestamentlicher Propheten (B. LANG[40]), neutestamentlicher Gestalten (G. THEIẞEN[41]), des Ignatius von Loyola (KÄLLSTAD[42]) und nordischer Schamanen (HONKO[43]) herangezogen. Mag auch SUNDÉN selbst theologische Interessen verfolgen, so steht doch die Objektivität seines Ansatzes fest, denn das Rollenkonzept erlaubt ihm, übernatürliche Wesen zu erfassen, ohne in den Streit über deren Existenz einzugreifen.

Literatur

B I Soziologische und sozialpsychologische Aspekte

CHALFANT, H. P. u. a., Religion in Contemporary Society, (1981) ²1987, 109–115; GLUCKMAN, M. (Hrsg.), Essays on the Ritual of Social Relations, (1962) ²1975; MOORE, M. S., Role Pre-Emption in the Israelite Priesthood, in: Vetus Testamentum 46 (1996) 316–329; PETERSEN, D. L., The Roles of Israel's Prophets, 1981; SCHNEIDER, U., Rollenkonflikte des Religionslehrers, 1984; WHITLEY, O. R., Religious Behavior, 1964.

B II Rollenpsychologie

GOETHE, J. W. VON, Italienische Reise (Münchner Ausgabe Bd. 15), 1992, 386–391; HOLM, N. G., Scandinavian Psychology of Religion, 1987, 39–55. 110–111; ders., Role Theory and Religious Experience, in: HOOD, R. W. (Hrsg.), Handbook of Religious Experience, 1994, 397–420; ders. und BELZEN, J. A. (Hrsg.), Sundén's Role Theory – an Impetus to Contemporary Psychology of Religion, 1995; KÄLLSTAD, T. u. a., Symposium on Hjalmar Sundén's Role-Theory of Religion, in: Journal for the Scientific Study of Religion 26 (1982) 366–412; MCINTOSH, D. N., Religion-as-Schema: with Implications for the Relation between Religion and Coping, in: International Journal of the Psychology of Religion 5 (1995) 1–16; SUNDÉN, H., Die Religion und die Rollen, 1966 (schwed. Religionen och rollerna, 1959); ders., Die Rollenpsychologie als heutige Aufgabe der

---

[40] B. LANG, Wie wird man Prophet in Israel?, 1980, 11–58; ders. Israelitische Prophetie und Rollenpsychologie, in: B. GLADIGOW und H. G. KIPPENBERG (Hrsg.), Neue Ansätze in der Religionswissenschaft, 1983, 175–197.

[41] G. THEIẞEN, Soziologie der Jesusbewegung, 1977, 14–32; ders. Psychologische Aspekte paulinischer Theologie, 1983.

[42] T. KÄLLSTAD, Ignatius Loyola, in: ders. (Hrsg.) Psychological Studies on Religious Man, 1978, 13–45.

[43] L. HONKO, Role-taking of the Shaman. In: Temenos 4 (1969) 26–55.

Religionspsychologie, in: Archiv für Religionspsychologie 9 (1967) 70–81; ders., Die Religionspsychologie und die Weisen des Religionserlebens, in: Wesen und Weisen. Festgabe für W. KEILBACH, 1969, 132–144; ders., Meditation and Perception, in: Scripta Instituti Donneriani Aboensis 5 (1970) 34–46; ders., Die Persönlichkeit der heiligen Birgitta, in: Archiv für Religionspsychologie 10 (1971) 249–259; ders., Erlebnisse, Drogen und Referenzsysteme, in: Archiv für Religionspsychologie 11 (1975) 124–130: ders., Religionspsychologie, 1982; UNGER, J., On Religious Experience, in: Acta Universitatis Upsaliensis. Psychologia Religionum 6 (1976) 9–32.

Bernhard Lang

→*Amt, Beruf; Askese, Charisma; Prophetismus, Schamanismus; Priester, Spezialist*